金华广播电视大学(浙江商贸学校)志

1978-2018

《金华广播电视大学(浙江商贸学校)志》编纂委员会　编

方志出版社
Publishing House of Local Records

《金华广播电视大学(浙江商贸学校)志》编纂委员会

主　任: 单　勇　　郭航鸣

副主任: 黄　俊　　徐　骏　　张兰生　　俞一夫　　王高坚

委　员: 朱印华　　胡燮南　　吴学东　　郑　骏　　巴晓伟　　王汝启　　郑秀峰
黄炜倩　　盛建荣　　吕　刚　　曹利民　　童永通　　应巧姿　　徐　建
何　静　　邵　玲

《金华广播电视大学(浙江商贸学校)志》编辑部

主　编: 俞一夫

副主编: 朱印华　　徐文良

谨以本志致敬

为学校的建立建设改

革发展付出辛勤劳动的人们

【领导班子】

2018 年学校领导班子成员（左起：王高坚、张兰生、黄俊、单勇、郭航鸣、徐骏、俞一夫）

【历史传承】

学校历史沿革简图

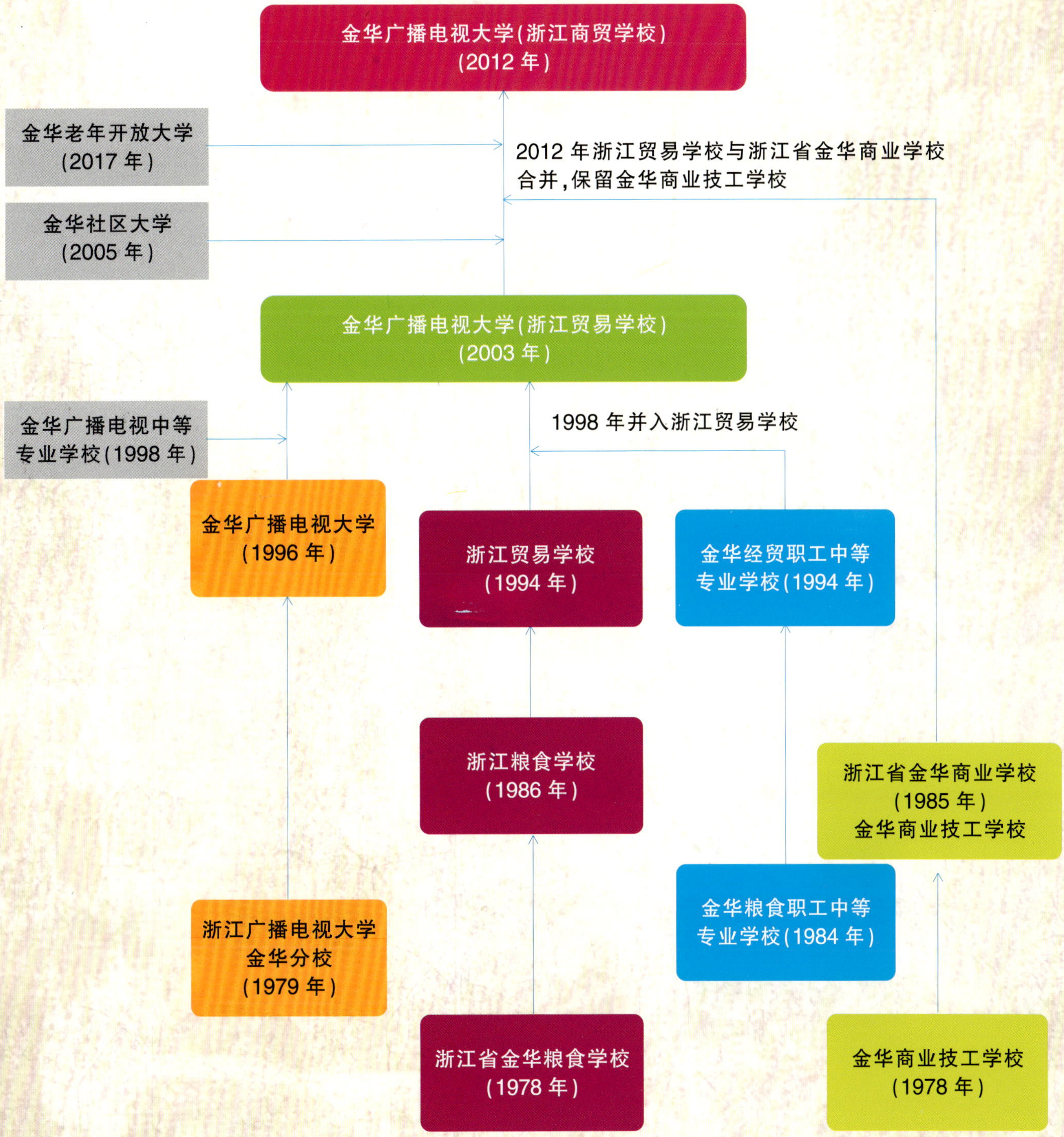

原浙江广播电视大学金华分校校门

初创期浙江省金华粮食学校校门

原浙江粮食学校校门

原浙江贸易学校校门

原浙江省金华商业学校建校 20 周年校门

原金华广播电视大学(浙江贸易学校)校门

清照路校区北校大门

人民东路校区校大门

芙苑路校区校大门

【校园建设】

原浙江贸易学校图书楼

原金华商业学校校区

原金华电大综合大楼

南花园

教学楼

学生宿舍

学生公寓楼

【教学活动】

“精彩世贸·青春有约”首届浙江商贸学校世贸班学生毕业秀

烹饪西点技能训练

财会专业学生技能训练

电子商务专业学生在实训室学习

国际商务专业学生顶岗实习

首届联通杯“和合之声”校园歌手争霸赛总决赛

老年开放大学学员汇报表演

学校社团艺术文化节

【合作交流】

2001 年尼日利亚粮食仓储管理技术人员培训班在浙江贸易学校举办

2008 年原金华商业学校师生访问韩国

2016 年学校骨干教师赴台湾参加培训学习

2017 年学校骨干教师赴台湾亚太创意技术学院参加培训学习

2018 年台湾致理大学、树德科技大学到校交流

2018 年校领导参加省电大组织的赴英国开放大学考察活动

【办学成果】

国家级重点中专学校
中华人民共和国教育部
二〇〇一年三月

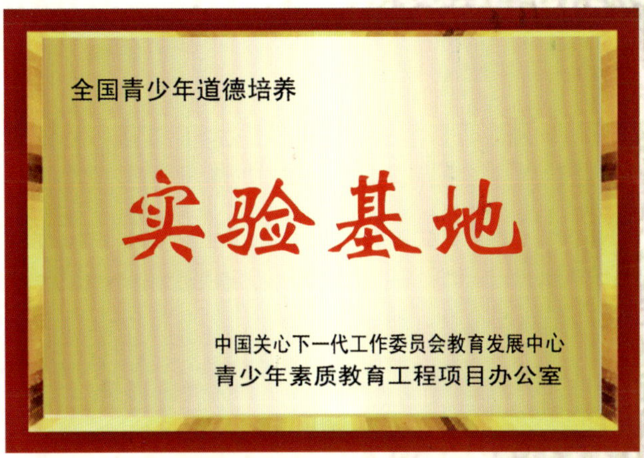
全国青少年道德培养
实验基地
中国关心下一代工作委员会教育发展中心
青少年素质教育工程项目办公室

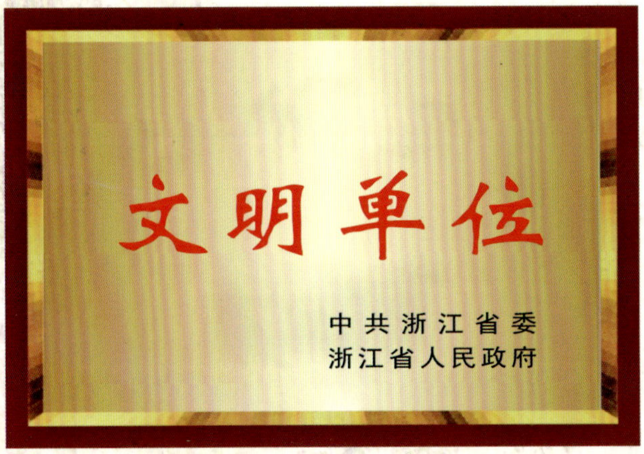
文明单位
中共浙江省委
浙江省人民政府

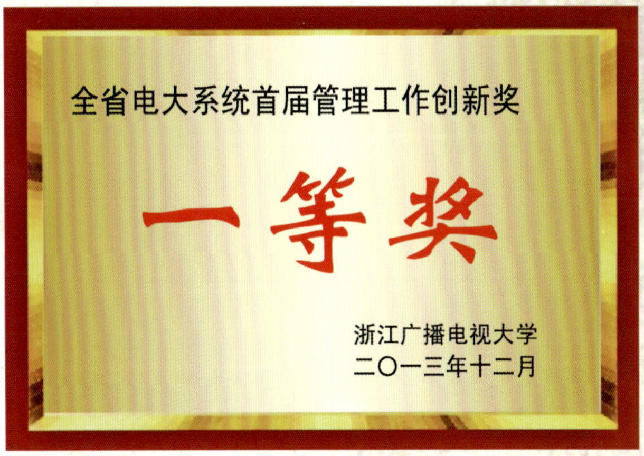
全省电大系统首届管理工作创新奖
一等奖
浙江广播电视大学
二〇一三年十二月

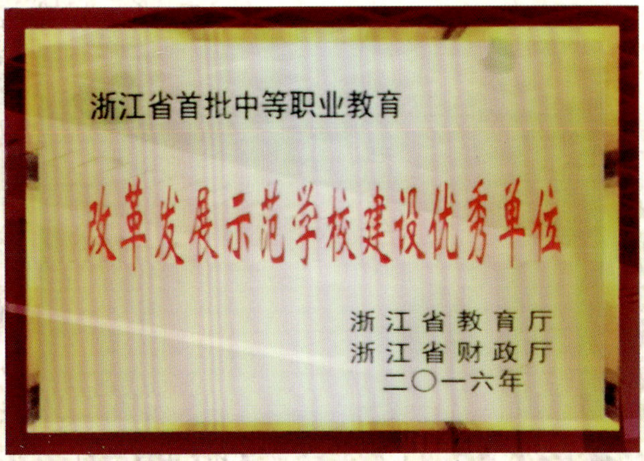
浙江省首批中等职业教育
改革发展示范学校建设优秀单位
浙江省教育厅
浙江省财政厅
二〇一六年

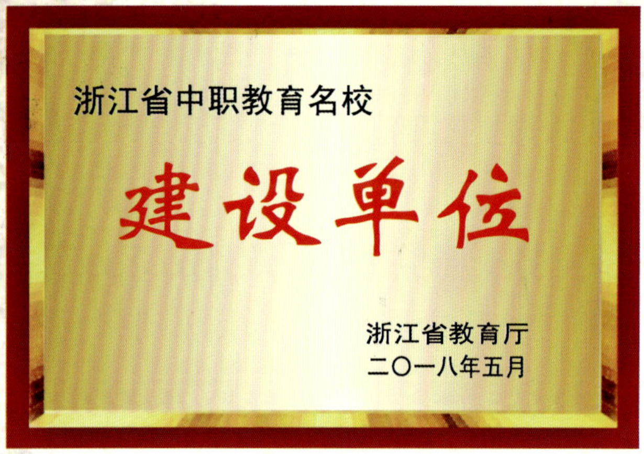
浙江省中职教育名校
建设单位
浙江省教育厅
二〇一八年五月

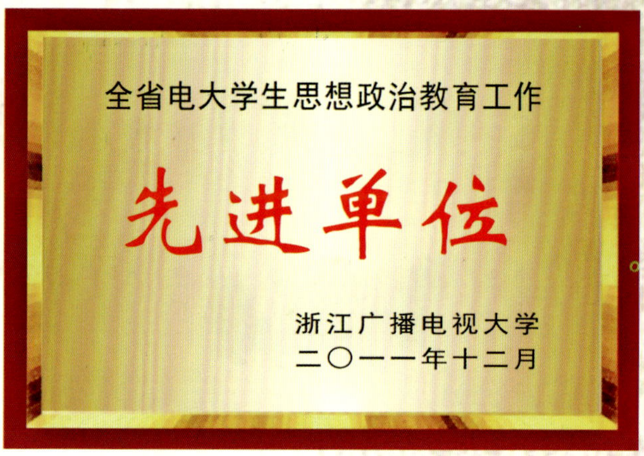
全省电大学生思想政治教育工作
先进单位
浙江广播电视大学
二〇一一年十二月

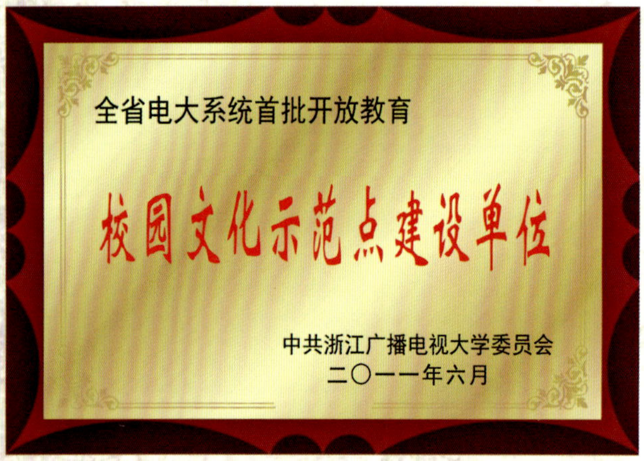
全省电大系统首批开放教育
校园文化示范点建设单位
中共浙江广播电视大学委员会
二〇一一年六月

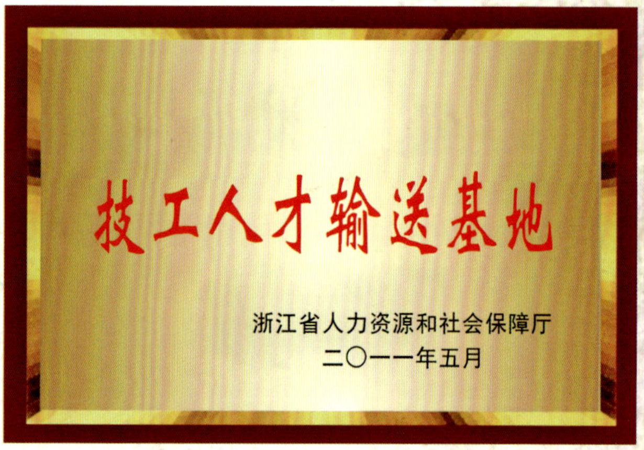
技工人才输送基地
浙江省人力资源和社会保障厅
二〇一一年五月

JINHUAYOUTH
STARTUP VALLY
青年创业谷
No. 014
青年创客工场
金华市人民政府

序

为充分展示金华广播电视大学(浙江商贸学校)建校四十年来的辉煌成就,学校决定追根溯源,回头寻找曾经的轨迹,编纂《金华广播电视大学(浙江商贸学校)志》。学校是一所地方成人高校和省级中职名校,我们有责任去认识它的历史,总结历史,以历史为依据进行梳理,以便承上启下,付诸后世。现校志正式出版发行,实为全社会和全校师生值得庆贺的一件大事。

这部校志,详尽记录了金华广播电视大学、浙江贸易学校、浙江省金华商业学校和金华经贸职工中等专业学校由创建、合并到发展的重大史实,详细记载了学校的发展和历史沿革,四十年峥嵘岁月,弹指一挥间,走过改革开放四十年不平凡的岁月,是学校艰苦创业、奋力向前的四十年,有辉煌,也有低落,既有春夏的繁华与茂密,也饱含秋冬的斑斓与萧索。

前人创造了昨天的历史,今人创造着现在的历史。今日的金华广播电视大学(浙江商贸学校)以全新面貌跨入了新时代,学校坚持先进的办学理念,师资队伍实力雄厚,校园面貌日新月异,办学特色不断彰显,教学质量稳步提升,已发展成为一所在全省具有较大影响力的既能开展终身教育、又能开展职业教育的新型院校。

编纂校志是一项艰巨而细致的工作,是一件有益于学校建设发展的大事。校志出版发行,是各级领导高度重视和亲切关怀的结果,是全体编纂人员辛勤笔耕之结晶。

这本沉甸甸的校志,承载着四十年所积累的历史文化,是学校的一部创业史、发展史,功在当代,启迪来者。砥砺前行克时艰,厚积薄发待启航。衷心祝愿金华广播电视大学(浙江商贸学校)承前启后,继往开来,不忘初心,再创辉煌!

是为序。

党委书记:单　勇

校　　长:郭航鸣

2019 年 11 月 18 日

凡　例

一、本志以马克思列宁主义、毛泽东思想、邓小平理论、“三个代表”重要思想、科学发展观、习近平新时代中国特色社会主义思想为指导，坚持辩证唯物主义和历史唯物主义的立场、观点和方法，求真存实，近详远略，力求全面、准确地记述金华广播电视大学(浙江商贸学校)的历史和现状。

二、本志时限始于 1978 年，讫至 2018 年年底。追溯合并前原四所学校(金华广播电视大学、浙江贸易学校、浙江省金华商业学校、金华经贸职工中等专业学校)历史，重点记述 2003 年合并后学校的发展历程。

三、本志以时为序，横排纵叙。设“概述”“大事记”“各校独立办学时期”“合并后的金华广播电视大学(浙江商贸学校)”“人物与荣誉”等，共 19 章，图表随文附列。

四、本志人物直书其名，必要时冠以职务。教职工名录排名不分先后。所涉组织机构首次出现用全称，并括号注明公认的简称，括注后用简称。历史机构按当时名称记述。

五、本志资料来自学校档案、资料原件和校友的信息反馈等，均经撰稿部门核实。

目　录

第二篇　合并后的金华广播电视大学(浙江商贸学校)

第三篇　人物与荣誉

概 述

金华广播电视大学成立于1979年2月，前身为浙江广播电视大学金华分校,1996年12月更名为“金华广播电视大学”。浙江贸易学校创办于1978年,其前身为“浙江省金华粮食学校”,1986年更名为“浙江粮食学校”,1994年又更名为“浙江贸易学校”,是“国家级重点中等职业学校”。1998年5月,金华经贸职工中等专业学校并入浙江贸易学校。2003年5月，金华市委市政府决定，金华广播电视大学和浙江贸易学校合并。创办于1978年的浙江省金华商业学校和金华商业技工学校是一所以中专、技工学历教育为主的全日制普通中专学校和技工学校。2012年8月,金华市委市政府决定,浙江贸易学校和浙江省金华商业学校合并组建“浙江商贸学校”,成为浙江省首批中职教育改革发展示范校建设单位和省中职课改首批试点学校。至2018年年底,金华广播电视大学(浙江商贸学校)在传承金华广播电视大学、浙江贸易学校、浙江省金华商业学校和金华经贸职工中等专业学校几十年办学历史的基础上,整合资源,优势互补,实行“一套班子、两块牌子”的运作模式。学校积极探索新型人才培养模式,开拓多层次、多类型、多形式办学的新思路,形成了以职业教育为主体,开放教育、远程教育、社区教育、老年教育等多种类型协调发展,学历教育和非学历教育并举的办学新格局。

2018年年底,学校有清照路校区、芙蓉路校区、人民东路校区共三个校区,占地面积16.6万平方米,建筑面积10.72万平方米。在编在岗教职工296人,其中高级职称74人,中级职称142人,“双师型”教师达87%以上,离退休教职工211人。学校现有全日制在校生4600余人,其中中专和技工学生3200余人,成专学生1400余人;开放教育等非全日制学生6000余人。

学校是一所以商贸财经类专业为主体、现代服务类专业为特色的国家级重点中专、省级优秀示范学校和“十三五”期间浙江省中职名校立项建设单位,也是一所地方成人高校和现代远程开放大学。学校同时具有中专、技工、3+2、中高职一体化、成人脱产与非脱产教育等多种办学形式,实行二级学院管理模式。现有全日制财经管理学院、国际商务学院、城市服务学院,有非全日制开放学院、远程学院、培训学院及社区大学等办学单位。全日制办学开设会计、金融事务、国际商务、电子商务、商务英语、食品药品检验、建筑工程施工、建筑装饰、工程造价、休闲体育服务与管理、烹饪、美发与形象设计和学前教育等13个专业,其中国际商务、会计、食品工艺与检验和烹饪为省级示范专业(骨干专业、优势特色专业),电子商务和商务英语专业为市级示范专业,国际商务、电子商务、食品加工技术等3个专业均拥有省级实训基地,还建有金华市财经商贸公共实训基地和金华市青年创业工场等。

学校环境优美,交通便捷,设施齐全。至2018年年底,有计算机2026台,微机房18间,多媒体教室135个,各类语音、理化、模拟等实验室56个,各类实训设备价值2042万元。学校图书馆配有电子阅览室和图书阅览室,图书馆藏书达36多万册,其中纸质藏书26多万册,生均83.5册,较上年增长7.34%。电子图书10多万册,各类期刊276种,报纸58种,电子教学参考书和期刊以及其他教学资料260种。拥有宽带网、校园网、学校网站和先进卫星接收系统,现代教育技术水平位居全省电大系统和中职学校前列。

学校坚持立德树人,全面推行“二全五有”道德实践体系,实施“三实一体、二元并重”育人模式。以浙江一流的开放、远程、社区教育中心和省中职名校建设为重点,全面深化教育教学改革,强化专业内涵和核心素养提升;开展丰富的校园活动,围绕全国文明城市和智美校园、文明校园、清廉校园建设,积极打造“一院一品”素养提升活动,校园环境不断优化。学校通过不断优化现代学徒制、一岗双证、联合办学、订单班、顶岗实习等人才培养方式,培养学生的首岗胜任、多岗迁移、自主学习、创新创业等职业能力。以创新创业能力培养为突破口,通过建创新创业实验班、创新创业培训讲座、创新创业大赛等形式,提高学生创业意识和能力,强化毕业生岗位适应能力的培养,提高就业竞争力。

全校师生员工正以崭新的姿态,坚持先进的办学理念,做到稳中求进,协调发展,朝着建设具有区域特色的现代远程开放大学和浙江省中职名校而不懈努力。

大事记

（1978—2018）

1978 年

6 月 19 日，浙江省革命委员会下发《批转省教育厅“关于恢复和新建一批中等专业学校的意见》，批准建立“浙江省金华粮食学校”，设置粮食会计与统计、粮食储藏与检验两个专业。校址暂设在距金华城西约 15 公里处的古方村的粮库内，隶属浙江省粮食厅，委托金华地区粮食局代管。杨大忠任首任校长，鲁兴隆任党支部书记。

8 月 23 日，浙江省革命委员会浙革发〔1978〕81 号文《关于同意恢复、新建 21 所商业技工学校的批复》，批准建立“金华商业技工学校”，设置烹饪专业。校址暂设于金华市婺江中路，借用金华地区食品公司、地区糖烟公司和金华县农资公司的库房作为临时校舍。隶属浙江省商业厅，委托金华地区商业局代管。宋宗谦任副校长（主持工作）。

10 月 19 日，浙江省金华粮食学校第一届新生共 200 人，在原金华县古方粮库作为临时校舍报到入学，并举行开学典礼。

1979 年

2 月 26 日，浙江省金华粮食学校首届校团委成立，下设 9 个团支部。

2 月，浙江广播电视大学金华分校成立，下设 14 个电大工作站（含地直、金华、义乌、兰溪、东阳、永康、武义、浦江、衢州、衢化、江山、常山、开化、龙游），校址设在金华地区机关大院内。实行双重管理体制，行政归属中共金华地委，业务直接受中央广播电视大学与浙江广播电视大学指导与管理；党员的组织关系归属中共金华地区教育局机关支部管理。蒋汝芬任分校副校长（主持工作）。

3 月，金华商业技工学校首次招收烹饪专业学生 43 名。

9 月，浙江省金华粮食学校投资 24 万元，在金华市郊东关建设“三通”、教学楼、学生宿舍 5600 平方米。

1980 年

6 月，原国家粮食部副部长赵发生由浙江省粮食厅厅长李宏陪同，到浙江省金华粮食学校（原金华县后杜粮库临时校舍）视察工作，校领导杨大忠、鲁兴隆等陪同视察。

11 月，借用金华琅琊中学操场，举行浙江省金华粮食学校第一届田径运动会。

1981 年

1 月，浙江省金华粮食学校首届工会委员会成立。周浓任主席，顾瑞任副主席。

4 月，浙江省金华粮食学校从古方、后杜两地迁址东关新校舍。

5 月 5 日，中共金华地委决定，建立浙江广播电视大学金华分校校务委员会。由吴昌夫等十三位成员组成，吴昌夫任校长，蒋汝芬任党支部书记。

6 月 11 日，浙江省金华地区行政公署〔1981〕63 号文批准建立浙江省金华地区商业干部学校，同金华商业技工学校两块牌子，一套机构，担负本地区商业系统在职干部培训任务。

7月14日，中共金华地委干部任免通知，韩书简任浙江省金华粮食学校党支部书记、校长。

7月，浙江省金华地区商业干部学校在金华双龙举办了第一期县(市)公司经理轮训班。

是月，浙江省金华粮食学校在金华市区杨思岭老市委党校礼堂举行首届学生毕业典礼，浙江省粮食厅阎墨林副厅长等领导莅临大会。

1982年

2月19日，共青团金华地委同意建立共青团浙江广播电视大学金华分校委员会。

5月，浙江省金华粮食学校(市郊东关)基建工程教学楼、学生宿舍、食堂、80吨水塔等16项分项工程全部竣工。

1983年

1月18日，中共金华地区财贸办公室党组文件，戴敦庭任金华商业技工学校校长。

2月，召开浙江省金华粮食学校第一届学代会，会议产生了第一届学生委员会，通过学生会章程，设置学习、文娱、体育、劳卫、生活五个部。

1984年

1月27日，中共金华地委干部任免通知，戴敦庭任中共金华商业技工学校、金华地区商业干部学校党支部书记；蒋荷荆任金华商业技工学校、金华地区商业干部学校校长。

3月7日，中共金华地委干部任免通知，武道明任浙江省金华粮食学校校长。

4月6日，浙江省金华粮食学校召开第一届教职工代表大会。

4月18日，中共金华地委干部任免通知，钱柏林兼任浙江广播电视大学金华分校校长。

5月7日，浙江省人民政府浙政发〔1984〕101号文件批复同意，在原金华商业技工学校基础上，举办金华商业职工中等专业学校，规模为600人，设置商业企业管理和食品经营两个专业。同年9月开办商业企业管理专业，招收新生3个班164名。

5月，经浙江省人民政府批准，成立金华市粮食职工中等专业学校，隶属金华市粮食局，系差额拨款事业单位。

9月，浙江广播电视大学金华分校招收首届电子类、机械类等成人专科生300多人。

10月，中共金华地委宣传部部务会议决定，建立中共浙江广播电视大学金华分校总支委员会。巫箕魁任总支委员会副书记。

1985年

1月，召开共青团浙江广播电视大学金华分校委员会第一次代表大会。

3月11日，浙江省计经委、教育厅浙计经文〔1985〕144号、浙教职字〔85〕第21号文批复同意，在金华商业技工学校、金华商业职工中等专业学校、金华地区商业干部学校基础上建立浙江省金华商业学校，由浙江省商业厅主管，总规模为在校生1000人，不包括职工中专和进修生，设置商业企业管理、食品经营与管理、食品卫生检验三个专业，招收初中毕业生。同年下半年首次招收商业企业管理专业2个班102名学生。

6月，浙江省金华粮食学校《粮食教学与业务》创刊(内部发行)。

是月，由于金华地区撤地建市，浙江广播电视大学金华分校原下属14个县级电大工作站调整为兰溪、浦江、义乌、东阳、磐安、永康、武义7个电大工作站。

8月1日，中共金华市委干部任免通知，邵德林任中共浙江广播电视大学金华分校总支部委员会书记。

9月，浙江广播电视大学金华分校召开第一届工会会员大会。

是月，浙江广播电视大学金华分校招收首届财务会计、金融等专业普通专科生200多人。

12月9日，中共金华市委〔1985〕8号文件通知，市委同意建立中共浙江省金华粮食学校党委，吴樟桂任学校党委副书记。

12月，金华市委决定建立中共浙江广播电视大学金华分校委员会，邵德林任学校党委书记。

1986年

2月26日，浙教委职字〔1986〕第215号和浙计经文〔1986〕第114号文件通知，同意把“浙江省金华粮食学校”更名为“浙江粮食学校”，并逐步将学校规模从在校生600人扩大到1000人。

1987年

1月21日，浙江省粮食局〔1987〕第12号文件批复同意扩建浙江粮食学校。学校扩改建建筑面积为12200平方米，总投资为264万元。

10月17日，中共金华市委干部任免通知，吴樟桂任中共浙江省粮食学校委员会书记。

1988年

5月4日，金华市人民政府干部任免通知，陈智荣任浙江广播电视大学金华分校校长。

8月29日，浙江省商业厅文件通知，周树根任浙江省金华商业学校校长。

9月，经金华市教委批准，浙江省金华商业学校开办职业高中班。

10月22日，浙江粮食学校举行建校十周年庆祝大会，浙江省粮食局沈惠子副局长，原浙江省粮食厅李宏厅长、尹兴孝书记，原金华地区财办姚志升主任，原浙江省粮食厅教育处领导高明善、王一民，原金华地区粮食局领导艾瑞龙、程万里、王清海，历届校领导班子成员，及浙江省粮食局基建处、科教处、人事处、办公室、金华市教委、市粮食局领导出席了大会。

1989年

7月，浙江粮食学校与南京经济学院合作，增设了储检专业大专函授站。

11月，浙江粮食学校文工团、广播站成立。

1990年

2月15日，金华市商业局金商党〔1990〕第2号文件，任命陈培均为浙江省金华商业学校党委副书记，主持工作。

6月15日，浙江粮食学校荣获全省第十一届珠算技术比赛中专学生队总分第一名。

1991年

2月1日，中共金华市委干部任免通知，陈培均任中共金华商业学校委员会书记。

10 月 21 日,浙江粮食学校举行首届毕业生教育改革座谈会。

11 月 8–9 日,浙江省教委合格评估检查组来校复查,确认浙江粮食学校为合格中等专业学校。

1992 年

3 月 12 日,浙江粮食学校业余党校成立并正式开学。

4 月 7 日,浙江粮食学校第一届校园文化艺术周活动开幕。

9 月,浙江广播电视大学金华分校招收“二专生”(第二专科学历教育)金融、计算机、法律专业等学生 100 多人。

12 月,浙江省教委办学水平评估复评小组来校复查,确认浙江粮食学校为“办学水平 A 级学校”。

同年,金华市商业局将“浙江省金华地区商业干部学校”迁至金华市气象巷新校址,改称“金华市商业干部学校”。

1993 年

7 月 9 日,浙江省教委、浙江省计经委下文公布浙江粮食学校为“省部级重点中等专业学校”。

是月,浙江粮食学校四届一次教代会召开,审议通过了《学校内部管理体制综合配套改革方案》,实行校长负责制、岗位目标责任制、教职工全员聘任制。

1994 年

4 月 7 日,浙粮发〔1994〕第 87 号函转发浙教职字〔1994〕第 125 号文《关于省粮食局所属中专学校更改校名的批复》:“浙江粮食学校”更名为“浙江贸易学校”。

11 月 16 日,内贸教〔1994〕第 254 号文公布浙江贸易学校为“国内贸易部系统重点中专学校”。

11 月 19 日,金华市人民政府干部任免通知,方伟中任浙江广播电视大学金华分校校长,廖志林任浙江贸易学校校长。

1995 年

5 月 7 日,浙江省粮食局陈加元局长,应达泉、颜世棣副局长到浙江贸易学校视察,金华市粮食局林月华局长、陈仲达副局长陪同。

6 月 30 日,“环保世纪行”一行 9 人在金华市副市长余义耕陪同下,到浙江贸易学校考察生态教学综合楼。

9 月,浙江广播电视大学金华分校招收法律、会计专业注册视听生学生约 300 人。

1996 年

5 月 11 日,金华市文明委、绿化委等命名浙江贸易学校为“金华市花园式单位”。

12 月 30 日,浙江省教育委员会同意“浙江广播电视大学金华分校”更名为“金华广播电视大学”。

1997 年

4 月 9 日,金华市机构编制委员会同意成立金华市广播电视中等专业学校。

4 月,浙江贸易学校获“金华市文明单位”称号。

5 月 31 日至 6 月 4 日,“全国粮食学校学生管理工作研讨会”在浙江贸易学校召开。国内贸易部教育司宿敏处长、浙江省粮食局蒋欢罗副局长、戴莲玉处长、马振娟副处长、省教委职教处王友葆处长、省财政厅商贸处金根娣副处长及有关市领导、全国35所粮校的校长等参加了此次会议。

7月,浙江贸易学校获“省级卫生先进单位”称号。

1998年

2月25日,浙江省粮食局蒋欢罗副局长和宁金来副处长考察金华经贸职工中专,并会同金华市粮食局楼洪才局长、市粮食局机关党委徐顺华书记和浙江贸易学校领导商议与金华经贸职工中专合并办学的意向。

3月19日,金华市委副书记李成昌到浙江贸易学校考察。

3月20日,金华市委书记仇保兴到浙江贸易学校考察。

4月10日,金华经贸职工中专校长陈加达等人到浙江贸易学校参加两校校级领导联席会议,就两校合并办学的问题进行了协商,最后就两校合并办学的原则性框架以及两校合并计划进程达成了一致的意见。

5月16日,浙江省粮食局李林访局长等领导到浙江贸易学校考察。

5月18日,浙江省粮食局浙粮发〔1998〕第100号文件《关于浙江贸易学校与金华经贸职工中专合并办学的批复》下达,两校正式合并。

1999年

9月,金华广播电视大学招收首届远程教育专科生50人和中央电大开放教育本科生160人。

10月12日,金华市人民政府干部任免通知,张纯汉任浙江贸易学校校长。

10月,经浙江省委批准,浙江贸易学校获“浙江省文明单位”称号。

2000年

1月10日,金华市机关党〔2000〕1号文件批复,同意中共浙江贸易学校委员会选举结果,第四届党委由王顺仁、张纯汉、胡清、陈加达、姜刚等5人组成,王顺仁为党委副书记。

3月8日,金市粮机党〔2000〕4号文件批复,新一届浙江贸易学校纪律检查委员会成员由王顺仁、徐文良、陈秀莲等3人组成,王顺仁兼任纪委书记。

6月28日,根据省政府浙政发〔2000〕103号《关于省属普通中等专业学校体制调整问题的批复》,浙江省教育厅浙教计〔2000〕54号、浙江省发展计划委员会、浙江省财政厅浙财行〔2000〕89号《关于省属普通中等专业学校体制调整有关问题的通知》联合发文,浙江贸易学校由浙江省粮食局主管、浙江省金华商业学校由浙江省商业集团公司主管统一划转给金华市人民政府。

9月16日,中共金华市委办公室第30号抄告单《两所原省属中专学校有关管理问题的协调意见》,归口金华市教育局管理,浙江贸易学校、浙江省金华商业学校人事、工资、档案、教职工组织关系等移交金华市教育局管理。

9月,金华广播电视大学宽带网正式开通。

2001年

3月5日,教育部教职成〔2001〕5号文,浙江贸易学校荣获第二批“国家级重点中等职业学校”称号。

11 月 6 日–11 月 25 日，受国家外经贸部委托，尼日利亚农村农业发展部派遣 10 名技术人员到浙江贸易学校进行为期 20 天的粮食仓储技术和管理培训。

11 月 23 日，浙江贸易学校会计专业被省教育厅评定为中等职业学校“省级示范专业”。

11 月 28 至 29 日，尼日利亚联邦农业部战略粮食储备局局长塔拉比一行 3 人到浙江贸易学校考察访问，受到了金华市人民政府副市长严高文的会见，张纯汉、王顺仁等参加会见。

2002 年

1 月 7 日，金华市民政局批准，由金华广播电视大学、金华市广播电视中等专业学校及浙江广播电视大学东阳学院联合发起筹建的金华市现代远程教育学会正式成立。方伟中任首任会长。

3 月 21 日，金华广播电视大学开发的“自主学习与自检自测系统”软件通过浙江广播电视大学组织的专家组鉴定并在全省电大系统推广。

4 月，金华市教育局批准浙江省金华商业学校招收第一届综合高中班。

9 月 16 日，金市机党〔2002〕37 号文，中共浙江贸易学校党委由金华市粮食局直属机关党委管理划归金华市教育局直属机关党委管理。

9 月，浙江省金华商业学校与金华广播电视大学联合举办电大班，招收商业管理专业。

是月，浙江贸易学校首次聘请了两位加拿大教师(艾薇·布鲁斯和伊凡·藤乔夫)到校任教。

11 月 23 日，浙江贸易学校举行第一届人才招聘交流会，共有 55 家用人单位进场招聘。

11 月 29 日，浙财国资字〔2002〕214 号文规定，浙江省粮食局所属浙江贸易学校资产、经费、人员均相应划转给金华市管理。

2003 年

1 月 7 日，金政发〔2003〕5 号文，同意“金华广播电视大学与浙江贸易学校”并轨，实行“两块牌子、一套班子”运作和党委领导下的校长负责制。张纯汉任党委书记，方伟中任校长。

5 月 20 日，浙江省教育厅同意金华广播电视大学成立奥鹏远程学习教育中心。

6 月，浙江省金华商业学校与金华第八中学联合举办综合高中班。

9 月，浙江贸易学校通过“国家级重点中专”复评。

12 月 20 日，金华电大(浙江贸校)两校合并后首届工会会员代表大会召开，共有 58 名会员代表参加了会议，王顺仁当选为工会主席。

2004 年

3 月 16 日，金华市副市长林一心、市政府副秘书长严金发、市教育局局长应恩民等有关部门领导到金华电大(浙江贸校)视察。

3 月 29 日，金华市教育局下文，浙江贸易学校计算机及应用专业和商务英语两个专业为市级中等职业学校示范专业。

3 月，金华电大(浙江贸校)荣获“2003 年度金华市思想政治工作优秀单位”称号，成为全市教育系统唯一获此殊荣的一所学校。

4 月 1 日，浙江省教育厅浙教督〔2004〕79 号文件《浙江省教育厅关于批准慈溪市浒山中学等 9 所学校为省一级重点学校的通知》，批准浙江省金华商业学校为“省一级重点中等职业学校”。

6月，金华电大(浙江贸校)两校合并后首届一次教代会胜利召开，会议审议通过了方伟中校长作的《学校工作报告》和《财务工作报告》，审议通过了《教职工聘任制实施办法》和《学校结构工资制实施意见》。

是月，浙江省教育厅浙教高教〔2004〕158号文件批复：浙江省金华商业学校与北京对外经济贸易大学联合办远程教育，在金华商业学校设立“对外贸易大学远程金华教育中心”。

8月29日，金华电大(浙江贸校)顺利通过“市级文明单位”复评。

9月8日，金华市市长徐止平、市人大常委会副主任黄友源、市政协副主席何兆浦等带领有关部门负责人走访慰问金华电大(浙江贸校)。

12月28日，金华电大(浙江贸校)举行两校合并后首届党委换届选举大会，张纯汉任党委书记，方伟中任党委副书记，郑素贞任纪委书记。

2005年

1月12日，浙文明委〔2005〕2号下发《关于公布省级文明单位、省级文明村镇复查结果的通知》文件，金华电大(浙江贸校)顺利通过省级文明单位的复评，继续保留“省级文明单位”的称号。

1月18日，金华市副市长林一心、市政府副秘书长严金发、市教育局局长应恩民和国土、规划、建设、金东区开发区管委会等部门负责人在校党委书记张纯汉、校长方伟中的陪同下，考察了北山路校区、人民东路校区和东关校区，并就金华电大(浙江贸校)发展扩建问题进行现场办公。

1月26日，金华市政府下发《关于建立金华市社区大学的意见》文件，批准建立金华市社区大学。

5月18日，金华市市长葛慧君带领财政、规划、建设、国土、教育等有关部门负责人来金华电大(浙江贸校)考察调研，副市长林一心、王建平、市政府秘书长陶诚华陪同考察调研。

7月20日，金华电大(浙江贸校)会计学被确定为首批市级大专重点学科。

9月9日，金华市人民政府办公室抄告单〔2005〕129号，同意金华电大(浙江贸校)在原址扩建方案，并同意将东关初中搬迁后的校园和原规划给东关初中的预留用地等共计3.5万多平方米土地作为扩建用地。

12月，浙江省金华商业学校与北京经贸职业技术学院航空学院签订联合办学协议，举办航空乘务专业。

2006年

8月18日，金华市人民政府文件，黄俊任浙江省金华商业学校校长。

9月23日，金华社区大学参加“金华2006哲学社会科学普及周”活动。

9月28日，浙江省教育厅先进制造业实训基地检查组到金华商业学校，实地核查学校申报的食品加工技术省先进制造业实训基地情况。

10月9日，浙江省金华商业学校推行新一轮全员聘任。

10月29日至31日，浙江省电大检查组到金华电大检查开放教育试点项目终结性评估整改工作。

10月30日，金华市教育局等有关领导到金华电大(浙江贸易学校)检查大专市重点学科会计专业建设情况。

11月，金华商业学校与新狮街道五一社区、道院塘社区签订土地征用协议，在北围墙以北新征土地3100平方米，并向市政府争取将芙苑路建设向东延伸80米。

是月，金华商业学校师生参加金华市第五届师生技能比武，获一等奖5项、二等奖6项、三等奖12项。

12月12日，浙江贸易学校现代物流专业、金华商业学校商务英语专业被确定为金华市中等职业学校示范专业。

12月14日，浙江省教育厅、浙江省财政厅公布2006年浙江省中等职业学校省级示范专业、实业基地评审结果，浙江贸易学校国际商务专业被确定为“2006年中等职业学校省级示范专业”；金华商业学校食品加工实训基地被确定为“2006年中等职业学校省先进制造业示范实训基地”。

12月，中国共产党金华市教育局委员会授予金华电大(浙江贸易学校)“学习型党组织”称号。

是月，金华商业学校通过市教育局“群体师德创优”、“平安校园”考核，成为金华市第三批“群体师德创优”先进单位和“平安校园”。

2007年

1月2日，浙江贸易学校召开一届三次教代会。

1月8日，浙江贸易学校被授予浙江省成人教育与职业教育协会2006年“先进集体”称号。

2月5日，金华电大(浙江贸校)被定为2006年度工作综合考核表扬单位。

4月26日至5月3日，金华商业学校黄俊随浙中教育考察团访问了韩国，并与韩国忠清大学签订了教育合作协议。

5月8日，金华电大(浙江贸校)首届教师技能比武大赛在清照路校区拉开帷幕，大赛为期四天。

6月12日，金华电大(浙江贸校)召开扩建一期工程可行性研究报告评审会

9月7日，金华电大(浙江贸校)扩建一期工程初步设计审查会开。

12月6日，在第五次全省电大思想政治工作会议上，金华电大被评为“2006–2007年浙江广播电视大学学生思想政治教育工作先进单位”。

2008年

1月15日，金华电大(浙江贸校)一届四次教代会召开。

1月，金华市教育局授予金华广播电视大学关工委“金华市教育局直属学校2006–2007年度关心下一代工作先进集体”。

是月，金华商业学校与西安工业交通中等专业学校洽谈中西部合作办学事宜，并签订合作办学协议，培养食品加工技术人员。

4月18日，由金华社区大学、金华市文明办、金华市社科联等三家单位共同主办的“2008婺州市民课堂”正式启动。

6月，金华商业学校黄俊主持的《“产教一体、工学结合”人才培养模式的创新与实践》荣获金华市第三届职业教育教学成果一等奖。

9月8日，金华电大(浙江贸校)国际贸易实训基地通过省教育厅初选。

11月8日，浙江贸易学校建校30周年庆祝大会在学校运动场举行。有关部门和兄弟单位领导以及来自省内外的嘉宾、离退休职工、校友及师生员工3000多人参加庆祝大会。

11月19日，学校成立金华广播电视大学30周年校庆筹备委员会。

12 月 6 日，金华商业学校 30 周年庆典活动在金华市体育馆举行。

2009 年

2 月 19 日，金华电大（浙江贸校）获金华市发改委颁发的 2008 年度社区共建工作先进单位。

3 月 12 日，金华电大校友会成立，知名校友评选和省电大“杰出校友”推荐工作也基本完成。

3 月 16 日，金华电大（浙江贸校）被金华市建设局授予“2008 年金华市绿化先进单位”称号。

4 月 20 日，金华商业学校获金华市首批校本培训示范学校荣誉称号。

5 月 7 日，金华商业学校与马来西亚英迪教育集团、新西兰维多利亚学院签订合作办学协议。

5 月 27 日，金华广播电视大学网站改版成功运行。

6 月 4 日，“金华青年网商创业行动计划”启动仪式隆重举行。团市委授予学校“金华市青年网商创业基地”牌匾。该创业基地为全市第一家。6 月 8 日 新版浙江贸易学校网站成功运行。

11 月 27 日，金华广播电视大学在金华市人民大会堂隆重举行建校 30 周年庆典大会。浙江广播电视大学校长方志刚，市人大常委会副主任陈三富，副市长林一心，市政协副主席傅路红，浙江师范大学副校长王辉，市政府副秘书长郭金仪、马亚平，市发改委主任詹强，市教育局局长应恩民等应邀出席庆典大会。

11 月 27 日，金华市糕点行业协会成立大会在金华商业学校体育馆举行，俞一夫被推选为名誉会长。

12 月 21 日，“金华市民大讲堂”获浙江省社区教育优秀实验项目。

2010 年

3 月 29 日，金华电大（浙江贸校）与金华世贸大饭店签订紧密型校企合作办学协议。金华电视台、金华日报、金华晚报等媒体对该次签约仪式活动进行了采访报道。

6 月 4 日，金华电大（浙江贸校）新增旅游特色专业——“金旅特色班”。

6 月 11 日，金华电大（浙江贸校）与金华国贸景澜大饭店签订校企合作订单培养协议，举办“国贸班”。

7 月 20 日，根据市委干〔2010〕16 号文件、金市教党〔2010〕7 号文件通知，方伟中任中共金华广播电视大学（浙江贸易学校）委员会书记；陈益伟任中共浙江省金华商业学校委员会书记。

9 月 16 日，根据金政干〔2010〕17 号文件通知，金华市人民政府决定：黄宏伟任金华广播电视大学（浙江贸易学校）校长，试用期一年。

10 月 10 日，金华电大（浙江贸校）召开“十二五”发展规划编制工作推进会，学校全体中层以上干部参加会议，黄宏伟主持会议。

10 月 16 日，浙江电大党委副书记、纪委书记张一军，组织部副部长、人事处副处长徐旭东一行到学校考察指导工作。

10 月 18 日 根据市委干〔2010〕20 号文件、金市教党〔2010〕11 号文件通知，黄宏伟任中共金华广播电视大学（浙江贸易学校）委员会委员、副书记，试用期一年。

11 月 3 日，由浙江省经济和信息化委员会、浙江省教育厅、共青团浙江省委员会主办，理工学院、校团委承办的第五届电子商务大赛暨电子商务青年创业论坛高校巡回活动在金华电大（浙江贸校）举行。

2011 年

2 月 21 日，中共金华市委、金华市人民政府授予金华电大(浙江贸校)为 2010 年度金华市社会治安综合治理工作“先进集体”荣誉称号。

5 月 12 日，浙江贸易学校“新型特长生培养基地”在龙泉欧冶国际学校正式挂牌。

5 月 27 日，金华商业学校被人社部职业技能鉴定中心授予“国家职业核心能力”项目试点单位。

5 月 30 日，浙江贸易学校和金华商业学校联合申报的食品检验专业在第四批浙江省优秀教学指导方案征集活动中，通过了专家组的评审，成为该专业省级教学指导方案的制订单位。

6 月 10 日，金华市电大系统纪念建党 90 周年文艺汇演“颂歌献给党”在市人民大会堂隆重举行。浙江广播电视大学党委书记、校长方志刚，金华市政协副主席傅路红等领导应邀出席。

10 月 18 日，金华电大(浙江贸校)承办，浙江省委宣传部、浙江省社会科学界联合会举办的“浙江省 2011 社会科学普及周”科普下基层活动在金华正式拉开序幕。

12 月 28 日，金华广播电视大学社科联成立暨第一次会员代表大会召开，会议审议并通过了《金华广播电视大学社会科学联合会章程》，选举产生了第一届理事会成员，校长黄宏伟当选为理事会主席，副校长张兰生、胡吉省当选为副主席。

2012 年

1 月 11 日，金华市社区教育网开通暨婺城、金东社区学院授牌仪式在今日大酒店隆重举行。

5 月 22 日 金华市副市长林丹军、市政府副秘书长郭金仪、市教育局局长徐志坚、副局长胡锦全、楼红华等一行到校调研。

8 月，金华市人民政府办公室抄告单〔2012〕39 号抄告单《关于浙江贸易学校与金华商业学校合并的意见》，经市政府研究，同意浙江贸易学校与金华商业学校合并。两校合并后更名为浙江商贸学校，继续与金华广播电视大学合署办学。

8 月 24 日，浙江贸易学校与浙江金华商业学校合并大会在原浙江贸易学校大礼堂举行。大会由市教育局党委副书记、副局长何耀明主持。市委组织部干部一处处长褚惠斌、市教育局副局长楼红华分别宣读了金华市人民政府、中共金华市委干部任免文件和中共金华市教育局委员会、金华市教育局干部任免文件，黄宏伟任浙江商贸学校校长。林丹军副市长，市教育局党委书记、局长徐志坚分别在合并大会上作重要讲话。

9 月，浙江贸易学校黄宏伟主持的《支撑中职商贸类专业教学模式的“校企一体”三级平台的构建》、金华商业学校黄俊主持的《食品类专业课程改革探究与实践》分别荣获金华市第四届职业教育教学成果一等奖。

10 月 10 日，金华市机构编制委员会金市编办〔2012〕134 号《关于浙江贸易学校与金华商业学校合并的批复》，同意浙江贸易学校与金华商业学校合并。两校合并后更名为浙江商贸学校，继续与金华广播电视大学合署办公。金华广播电视大学(浙江商贸学校)为相当于正处级全额拨款公益二类事业单位，核定人员编制 380 名。

10 月，浙江商贸学校通过了浙江省教育厅“浙江省中职一级学校”评估和“浙江省中等职业教育改革发展示范学校”的评审，成为浙江省首批 35 所中等职业教育改革发展示范学校立项建设学校。

2013 年

1 月 5 日，宋伟佳、陆美琳、蔡露恬三位同学的《金华大淘客网络推广服务平台》创业创新项目，获浙江省第届电子商务大赛创业创新精英赛一等奖。

1 月 9 日，金华电大的金华九峰现代农业实训基地被确定为“浙江广播电视大学第四批农民大学生教学实践基地”。

1 月 30 日，学校荣获“浙江省人力资源和社会保障学会系统 2011-2012 年度先进单位”荣誉称号。

4 月 3 日，经浙江广播电视大学 NTC 管理中心审核，金华电大成为浙江省首批 18 家 NTC（全国网络与信息技术培训认证）考试中心之一。

5 月 21 日，经中国国家汉办/孔子学院审核批准，金华电大成为此次获批的全国 17 个汉语水平考试（HSK）网考的考点之一。

11 月 18 日，金华电大（浙江商贸）与浙江海河环境科技有限公司在芙苑路校区报告厅举行校企合作签字仪式。

11 月 29 日，在全省电大系统首届管理工作创新奖全省联评会上，金华电大提交的“掌上电大”移动学习项目获管理工作创新奖一等奖。

12 月 10 日，据省电大〔2013〕44 号文件公布，金华电大“快乐学习”开放教育校园文化建设项目在 2013 年全省电大系统校园文化品牌评审会议上被评为全省电大系统校园文化品牌。

12 月 12 日，金华电大被评为 2012-2013 年全省电大系统学生思想政治教育工作“先进单位”。

2014 年

4 月 18 日，学校首届三“十佳”表彰大会在清照路校区大礼堂举行。

5 月 7 日，浙江省教育厅职称教育处处长王志泉一行到校调研职业教育与成人教育发展情况，金华市教育局副局长何耀明、校长黄宏伟，市教育局职成教处、市教研室相关负责人以及学校相关人员陪同调研。

5 月 23 日，学校获“2013 年度金华市思想政治工作先进单位”称号。

9 月 22 日至 24 日，浙江广播电视大学校长、党委副书记叶宏一行在金华市、县电大调研。

10 月 29 日，学校农民大学生教学实践基地授牌仪式在婺城区浙联山庄举行。这是学校“一村一”农民大学生观光农业等专业的第二个校外教学实践基地。

11 月 1 日，学校召开领导班子会议，根据金委干〔2014〕94 号文件及金市教党〔2014〕25 号文件，宣布单勇任学校党委书记的决定。

11 月 6 日，学校获 2014 年第十一届全国文明风采大赛“全国优秀组织奖”。

12 月 2 日，在全国青少年第 17 届五好小公民“美丽中国、我的中国梦”主题教育活动中，学校获金华市级“先进集体”称号。

12 月 10 日，由浙江商贸学校承办的浙江省重点职校创新联盟第十五次年度会议在金华召开。《职业技术教育》杂志社社长于志晶、浙江省教育科学研究院院长方展画、浙江省教育厅职成教教研室主任程江平、副主任崔陵、省教育厅《职教通讯》编辑俞佳飞等参加会议。

2015 年

3 月 5 日，学校召开全体干部会议，宣布郭航鸣任学校校长的决定。金华市副市长林丹军，市委组织部副部长褚惠斌、市教育局局长徐志坚出席会议。褚惠斌副部长宣读任职文件。

4 月 7 日，《光明日报》第 15 版刊发郭航鸣校长“养成教育急需突围”一文。

4 月 17 日，浙江省中职商贸大组理事会在金华举行，来自全省商贸理事学校及部分非理事学校教师共 50 多人参加，学校作为副理事长单位承办了该次会议。

5 月 13 日，由中共金华市委整改落实办公室编辑成《整改落实亮点做法 100 例》刊发，我校群众路线实践做法总结《金华广播电视大学：精准发力为教职工排忧解难》一文入选其中。

5 月 15 日 全市电大工作会议在金华电大召开，校长郭航鸣、副校长张兰生及各县市电大校长、书记出席会议。

5 月，全省地市电大书记校长会议在金华举行，浙江电大党委书记方志刚、校长叶宏出席并主持会议。各地市电大书记、校长和省电大相关处室领导参加会议。

6 月 3 日至 4 日，全国商科中等职业学校校长论坛在广西省柳州市广西商业学校召开。浙江商贸学校作为商贸中专研究会副会长单位，党委副书记黄俊应邀出席会议并作题为“凝练商贸文化，推进融合发展”的发言。

6 月 5 日，学校与台湾曼都国际集团正式签署“美发与形象设计”专业校企共建协议，校长郭航鸣与曼都国际集团总经理赖志郎在协议上签字，副校长俞一夫出席。该专业首批招生 55 名学生。

7 月，学校完成新一轮全员聘任工作，调整校内机构，实施二级管理。

10 月 22 日，学校与金华国贸景澜大饭店签订校企合作协议。

10 月 30 日，金华市中等职业学校师生创新创业大赛暨省赛选拔赛在学校举行。

11 月 10 日，金华市委常委、组织部长温暖到校指导工作，金华市教育局党委书记、局长徐志坚，市委组织部部务会议成员、两新工委副书记、招才局副局长陆品能，市纪委驻市教育局纪检组长吴成功，市委组织部办公室主任朱俊华，市委组织部电教中心主任何峰参加调研。学校党委书记单勇、校长郭航鸣、党委副书记徐骏、副校长张兰生、俞一夫、王高坚陪同调研。

11 月 17 日，学校与金华天硕企业管理有限公司签订校企合作协议。

12 月 3 日至 4 日，由浙江省教育评估院组织，省内外职业教育专家组成的专家组对浙江商贸学校首批中职改革发展示范校建设单位进行实地验收评估。

12 月 21 日，金华市委常委、常务副市长金中梁在市教育局副局长赵海均等相关部门领导的陪同下，到校调研检查指导工作。校长郭航鸣、副校长王高坚陪同调研。

12 月 28 日，学校与浙江山山家食品有限公司共同组建，成立金华电大山山学院烘焙实训基地。金华市副市长林丹军、市政府副秘书长金艳、市教育局局长徐志坚、市总工会副主席黄爱君、共青团市委副书记庄子书、市就业局局长葛根华、浙江山山家食品有限公司董事长王平等应邀出席揭牌仪式。揭牌仪式由学校党委书记单勇主持，校长郭航鸣致辞，副市长林丹军揭牌。

2016 年

1 月 4 日，经评审，学校“和合文化”被评选为全省电大系统第二批校园文化品牌。

1 月 6 日，学校与永康康廷大酒店签订校企合作协议。

1 月 8 日，浙江省第十届电子商务大赛在杭州举行，学校《跨境电商外包服务平台》创业项目，获得浙江省第十届电子商务创业创新精英赛中职组一等奖。吴菁同学获“CEO 潜质奖”。

是日，浙江省职业技能教学研究所所长俞翟一行到学校调研考察，市人力资源和社会保障局副局长徐金韩等陪同调研。

1 月 19 日，学校党委以“强服务争创信义先锋 党团携手力推学校发展”为主题的创建活动获批“服务民生关爱群众”类型的机关党建示范点；学校招生中心荣获 2015 年度市直机关“共产党员示范岗”称号；财经管理学院党支部“红色成长实践场景”在原“工作品牌”的基础上，被评为金华市直 2015 年度机关党建“优秀品牌”。

3 月 4 日，金华市国民经济与社会发展第十三个五年规划纲要正式发布。学校被列入《金华市国民经济与社会发展第十三个五年规划纲要》重点支持名单。

4 月 19 日下午，学校作为金华市第二批青创工场认定通过单位，受邀参加金华市青年创客联盟成立大会暨青创工场负责人座谈会，正式成为金华市创客联盟成员。

5 月 13 日至 14 日，学校四届一次教代会暨四届一次工代会在清照路校区召开。出席该次“双代会”的正式代表 65 人，特邀代表 12 人，列席代表 7 人。大会听取并审议通过了校长郭航鸣作的题为《坚定信心 真抓实干 奋力开创“十三五”学校事业发展新局面》的工作报告，以及《学校财务工作报告》《学校章程》《学校“十三五”规划》《学校工会工作报告》，选举产生了第四届教代会执委会委员和第四届工会委员会委员。

5 月 26 日，学校通过了首批“浙江省中职教育改革发展示范学校”终期验收，并被评为优秀等级，位列全省前三。校长郭航鸣、副校长俞一夫、创建办主任郑秀峰参加省教育厅授牌仪式。

是日，浙江省农办副主任高启华一行到校专题调研金华市农民培训工作。浙江电大副校长眭宝良等 40 余人出席。座谈会由金华市委副秘书长、市农办主任祝维伟主持。

5 月 31 日，《浙江老年开放大学关于公布第二批试点单位的通知》公布，浙江老年开放大学同意筹办金华老年开放大学。

5 月，学校组建辅导员队伍，首批正式招聘录用了 3 名辅导员。

6 月 20 日，学校成立反邪教协会。

9 月 9 日，校长郭航鸣与宏武跆拳道俱乐部总经理张标分别代表校企双方签订了现代学徒制合作培养跆拳道教练的协议。省跆拳道协会常务副秘书长朱志农、市体育局局长方雨辉、副校长俞一夫等出席签字仪式，开设体育服务与管理(跆拳道教练方向)专业。首批招生 31 名。

9 月 19 日至 30 日，学校党委副书记、纪委书记徐骏带领学校 9 名骨干教师赴台湾亚太创意技术学院进行职业教育培训学习。

9 月，学生素养发展中心建成。

10 月 26 日，以“推进全民继续教育，建设学习型社会”为主题的 2016 年金华市首届全民终身学习活动周启动仪式在金华市人民广场隆重开幕。该次开幕式由金华市教育局主办，金华市社区大学和金华广播电视大学承办。浙江电大副校长王正东、金华市人大副主任江跃进、市政府副市长林丹军、市政协副主席傅路红、市教育局局长徐志坚、学校党委书记单勇、校长郭航鸣以及金华市社区教育工作领导小组成员单位的领导出席启动仪式。

12 月 28 日晚上，学校举行"和合之光”首届校园文化建设成果汇演。金华市政协副主席、市教育局副局长胡锦全，市人社局副局长周燕祥、市教育局职成高教处处长金尚昶等出席。

12 月，学校在金华市直属学校2015 学年发展性评价中，排名市直中职学校第一。

2017年

3月,浙江省教育厅浙教职成〔2017〕17号发文公布2016年浙江省"中职教育质量提升行动计划"有关项目建设名单,学校应森林电子商务中职名师工作室、何湘娟会计大师工作室、国际商务品牌专业、中餐烹饪与营养膳食中职特色优势专业等4个项目上榜。

是月,何湘娟会计大师工作室建成。

4月7日,奥鹏远程教育中心"奥鹏发展战略研究"课题组一行6人在中央广播电视大学奥鹏远程教育中心主任严冰的带领下到校调研。

4月,中国成人教育协会公布"2016年全民终身学习活动周先进单位"名单,金华市榜上有名,荣获"2016年全民终身学习活动周成功组织奖"称号。

5月24–26日,浙江省现代远程教育学会暨浙江广播电视大学社科联2017年系列学术沙龙(第一期)、全省电大科研骨干培训会在金华举行。国家开放大学王迎、徐长威教授,浙江省远程教育学会会长方志刚、浙江广播电视大学副校长王正东、党委委员张吉先、科研处处长吴伟赋,金华市教育局党委委员、副局级调研员叶志林,学校党委书记单勇、校长郭航鸣出席会议。

5月,学校二期扩建工程完成征地工作。

6月7日上午,金华市市委常委、组织部长余杰到校指导工作。市委组织部副部长普赤,市委组织部部务会议成员、办公室主任朱俊华、市委组织部办公室副主任、主任科员施海明、市委组织部调研室副主任杨晓开参加调研。学校领导班子成员陪同调研。

6月28日下午,金东区区长陈峰齐,区委常委、宣传部长曹一勤、副区长朱茂丹、区府办主任夏志坚一行到校调研指导工作。学校领导班子成员参加调研。

8月26日,学校举行二期扩建工程开工仪式。

9月5日,金华市委第六巡察组巡察金华广播电视大学党委工作动员会召开。市委第六巡察组组长马金厅作巡察动员讲话,市委巡察办副主任沈俊峰就配合做好巡察工作提出要求,学校党委书记单勇主持会议并作表态发言。此次巡查通过个别谈话、查阅资料、召开座谈会、实地核查、接受群众举报等方式,对学校党委班子及其成员的政治意识、大局意识、核心意识、看齐意识,执行政治纪律、组织纪律、廉洁纪律、群众纪律、工作纪律和生活纪律等方面情况进行监督检查。12月27日举行了巡察情况反馈会。

9月19日至27日,副校长王高坚带领第二批骨干教师赴台湾学习培训。

10月24日上午,金华市副市长陶叶萍到校考察指导工作,市政府副秘书长金艳、市教育局党委委员叶志林、市府办文教处处长陈向阳、市教育局职成高教处处长金尚昶陪同调研。学校党委书记单勇、校长郭航鸣、副校长张兰生、俞一夫、王高坚陪同调研。

10月,金华市财经商贸公共实训基地提档改造完成。

11月8日,"2017年金华市全民终身学习活动周暨首届社区教育文化节启动仪式"在中国婺剧院拉开帷幕,此次活动由金华市社区教育领导小组、金华市教育局主办,金华社区大学、金华广播电视大学承办。副市长陶叶萍、浙江广播电视大学副校长眭宝良、金华市人大常委会教科文卫主任潘云秋、金华市政府副秘书长金艳、金华市教育局局长徐志坚、浙江省教育厅职成教处副处长金仁康、浙江省社区教育指导中心办公室副主任杨淑珺、金华市教育局党委委员叶志林、校长郭航鸣出席启动仪式。启动仪式由学校党委书记单勇主持。

11月底,芙苑路校区田径场和篮排球场完成塑胶改造。

12月12日上午,“国家开放大学信息化管理与服务” 课题组一行6人由浙江广播电视大学原党委书记方志刚、福建广播电视大学原校长带队到校调研。学校党委书记单勇、校长郭航鸣、副校长张兰生等领导参加调研座谈。

12月,经过学校自评,金华市教育局、市政府教育督导室核查认定,浙江商贸学校在金华市教育局直属学校第三轮第一年发展规划评价中,“基础性指标”和“发展性指标”得分均为99分,均列市直中职学校第一名。综合两项指标得分情况及学校规划适切度系数,综合得分97.17分,在市直17所被评学校中排名第二。

是月,由楼洪亮主持的楼师傅工作室获批“浙江省技能大师工作室”。

2018年

1月19日,浙江省中职教育“三名工程”商贸类评建协作会在学校召开。浙江省教育评估院书记张江琳,省教育评估院所长王向东,金华市政协副主席、市教育局副局长胡锦全,金华市教研室教研员以及评建协作会成员学校18个单位的领导、老师参加了会议。校长郭航鸣作主题发言。

1月23日,《浙江日报》第7版作了题为《金华电大:“五创五育”推动高校思政工作内涵发展》的报道,大篇幅介绍学校思想政治教育工作模式。

1月,浙江省教育厅发文公布了2017年浙江省“中职教育质量提升行动计划”有关项目立项名单,学校共有浙江省中职名校项目、校企合作共同体项目、创新创业实验室项目和中职德育品牌项目等4个项目立项。至此,学校正式成为浙江省中职名校建设单位。

3月19日,金华老年开放大学(金华市老年教育中心)揭牌仪式暨开班典礼在人民东路校区举行。金华市副市长陶叶萍、浙江广播电视大学副校长眭宝良、金华市教育局局长徐志坚、省社区教育指导中心办公室主任程晓建、市老干局副局长柴建华、市教育局党委委员叶志林、校长郭航鸣等参加了揭牌仪式。揭牌仪式开班典礼由学校党委书记单勇主持。校长郭航鸣作开班讲话,陶叶萍、眭宝良共同为金华老年开放大学揭牌,徐志坚、程晓建为金华老年教育中心揭牌。

4月13日至14日,金华广播电视大学(浙江商贸学校)四届二次教代会暨四届二次工代会在清照路校区召开。65名正式代表,11名列席代表和8名特邀代表参加了此次大会。大会听取并审议通过了校长郭航鸣作的题为《不忘初心 砥砺前行 全面推动学校事业发展再上新台阶》的工作报告、王高坚副校长作的《财务工作报告》、工会副主席吴学东作的《工会工作报告》;大会还审议通过了《专业技术职务聘期管理工作实施方案》、《社会服务收入管理分配方案》以及通过征集、审议、表决评选出了提高教职工体检标准、改善食堂超市服务拓展饭卡消费渠道、改善学生住宿条件等三项2018年学校民生实事。

5月7日,金华市建设局质量监督站组织专家对扩建二期项目基础进行验收。

5月16日下午,金华市社区教育高级研修班在湖州举行。省社区教育指导中心主任程晓建、金华市教育局职成教处副处长唐川、湖州市教育局职成教处副处长顾明华,湖州广播电视大学副校长叶主等出席开班仪式。

6月13日,金华老年开放大学金东学院授牌仪式暨金华社区大学金东学院揭牌仪式在多湖街道金都美地社区举行。金华市教育局党委委员叶志林、学校党委书记单勇、金东区副区长朱茂丹、金东区教育局局长曹波及相关领导参加仪式。仪式由金东区区府办副主任沈利群主持。

6月25日,浙江省中等职业学校创新创业教育实验室联盟筹备工作会议在学校召开,来自全省各地中职学校分管创新创业的领导参加会议，俞一夫被推举为副会长。

7月，学校完成新一轮全员聘任工作，并对内设机构作了调整，单设了“纪检监察室”；将信息技术中心与图书馆合并更名为“图文信息中心”；撤销“督导处”，将相关职能归并到教务处。同步完成专业技术职务聘期管理考核工作。

9月1日，教育部“2018年职业教育东西协作计划”项目34位云南省梁河县新生来到学校，开启了3年的中职学习生涯。

9月10日，金华市人大常委会主任黄锦朝带领市人大财经工委、市发改委、市教育局等部门负责人来校视察扩建二期工程情况。学校党委书记单勇，党委副书记、纪委书记徐骏，副校长王高坚等陪同视察。

10月4日，金华市编办核准学校三定方案：内设机构20个，教学机构6个，校级领导职数7名，中层领导职数57名。

11月7日，“2018年金华市全民终身学习活动周暨第二届社区教育文化节开幕式”在中国婺剧院举行。此次活动由金华市社区教育领导小组、金华市教育局主办，金华社区大学、金华广播电视大学承办。活动周以“服务‘八八战略’，推进全民终身学习”为主题，旨在推动金华市全民终身学习深入开展。金华市人大常委会副主任王丁路、浙江广播电视大学副校长王正东、金华市教育局局长徐志坚、市教育局党委委员叶志林，金华广播电视大学党委书记单勇，金华广播电视大学、金华社区大学校长郭航鸣，金华广播电视总台党委委员、副台长胡水申出席活动。

11月25日，学校教师楼洪亮前往东非国家卢旺达，开始为期三个月的援非生活，为包括穆桑泽职业技术学校在内的8所卢旺达职业技术学校进行师资培训以及烹饪专业建设。

11月27日，第九届“青春飞扬 书香两岸”浙台大学生文化交流活动召开。活动由浙江省人民政府台湾事务办公室、金华市人民政府台湾事务办公室、金华职业技术学院、金华广播电视大学主办，金华职业技术学院和金华广播电视大学承办。两校学生开展了剪纸、烹饪、雕刻等丰富多彩的交流互动活动。郭航鸣校长与致理科技大学签订姊妹校合作意向书。

11月，全市电大系统在2018年全省电大教务工作先进集体和优秀个人评选中获得多项荣誉，其中金华电大开放远程学院、浙江电大永康学院获得全省电大教学工作先进集体称号、浙江电大东阳学院获得全省电大示范性考点称号。

12月7日，浙江省“一带一路”国际应用型人才培养协作联盟成立大会在杭州浙江经济职业技术学院举行，俞一夫被推选为副理事长，浙江商贸学校被推选为副理事长单位。

12月，浙江商贸学校在金华市教育局直属学校第三轮第二年发展规划评价中综合得分93.97分，继续保持金华市教育局直属中职学校第一名的位次。

第一篇

各校独立办学时期

第一章　金华广播电视大学
（1979—2003）

第一节　历史沿革

1979年2月，浙江广播电视大学金华分校成立（1979年6月25日开始启用浙江广播电视大学金华分校印章），下设14个电大工作站（含地直、金华、义乌、兰溪、东阳、永康、武义、浦江、衢州、衢化、江山、常山、开化、龙游），校址设在金华地区机关大院内。

1984年9月，学校从金华地区机关大院迁至城区人民东路80号（现为人民东路1071号）办公和教学，拥有了自己独立的办学场所；学校占地面积9.44亩，共有建筑面积4348平方米，其中教学实验楼2034平方米，教工宿舍1137平方米。

1985年，金华地区撤地建市后，取消金华市电大工作站，归属浙江广播电视大学金华分校本级。浙江广播电视大学金华分校由原来下属14个电大工作站调整为下属兰溪、浦江、义乌、东阳、磐安、永康、武义7个电大工作站，担负着指导与监督的职责，金华县及城区由浙江广播电视大学金华分校直接管理。

1996年12月30日，浙江省教育委员会同意浙江广播电视大学金华分校更名为金华广播电视大学，为市属成人高等学校。

1996年至1998年，金华市属电大各工作站先后通过浙江省教育委员会评估升格为浙江广播电视大学义乌分校、东阳分校、永康分校、磐安分校、浦江分校、武义分校、兰溪分校。

1999年，经浙江省教委批准浙江电大东阳分校更名为浙江广播电视大学东阳学院；2003年12月，浙江广播电视大学下文批准浙江电大永康分校升格为浙江广播电视大学永康学院，浙江电大义乌分校升格为浙江广播电视大学义乌学院。

1999年学校成为首批参加中央广播电视大学“人才培养模式改革和开放教育试点”项目的地市级电大。通过试点，学校形成了“以开放教育为主体，以教育质量为生命，以持续发展为目标”的工作思路，构建了以学生自主学习为主体，以教师导学、媒体助学、机制督学三者相结合的“三位一体”教学管理模式；2001年，通过了中央广播电视大学“人才培养模式改革和开放教育试点”项目中期和终结性的教学评估。

2002年1月7日，经金华市民政局批准，由金华广播电视大学、金华广播电视中等专业学校及浙江广播电视大学东阳学院联合发起筹建的金华市现代远程教育学会成立，并于2002年1月23日，召开了金华市现代远程教育学会第一次会员代表大会。

2003年1月7日，经金华市人民政府批准，金华广播电视大学与浙江贸易学校合并。

第二节　管理体制与组织机构

一、管理体制

1979年2月，浙江广播电视大学金华分校为双重管理体制，行政归属中共金华地委，业务直接受中央广播电视大学与浙江广播电视大学指导与管理；党员的组织关系归属中共金华地区教育局机关支部管理。

1981 年 5 月，为加强对广播电视教育工作的领导，中共金华地委设立浙江广播电视大学金华分校校务委员会，由吴昌夫等十三位成员组成，并由吴昌夫任校长。

1988 年 5 月始，金华广播电视大学校长经金华市人民政府公开招聘，并试行校长负责制，陈智荣任招聘后首任校长。

1994 年 11 月 19 日，经公开选拔，方伟中任浙江广播电视大学金华分校校长。

1996 年 12 月 30 日，浙江省教育委员会同意浙江广播电视大学金华分校更名为金华广播电视大学，为市属成人高等学校。

2003 年 1 月 7 日，金华市人民政府，同意“金华广播电视大学与浙江贸易学校”合并为金华广播电视大学(浙江贸易学校)，实行“两块牌子、一套班子”运作和党委领导下的校长负责制。在管理体制上，学校为市政府直属、委托市教育局管理的成人高等学校，教学业务受中央广播电视大学及浙江广播电视大学管理与指导。

二、组织机构

1.行政组织和行政领导

(1)行政组织

1980 年 9 月，初设办公室、教务处、学生管理处、总务处。

1984 年 12 月，进行机构改革，改设办公室、教务处、电教设备处、总务处；撤销学生管理处，原该处工作归教务处管理。

1985 年 11 月，机构调整，教务处分教务处与教学处；原有机构有办公室、教务处、总务处、服务部。

1996 年，机构由教学处、教务处、电教处、培训处、学生处(保卫科)、总务处、团委、中专教务处等构成。

1998 年，机构由学校办公室、教务处、教学处、电教设备处、学生处、保卫处、总务处(财务处)、培训处、中专教务处、校团委等组成。

2000 年 8 月，对内部机构作出调整：一是增设校党委办公室；二是将电教处更名为现代教育技术处，将培训处更名为继续教育处，除保留原机构非学历教育职能外，增加成人学历教育的任务；三是保留校办公室、教学处、教务处、学生处、总务处、团委、中专教务处、保卫科，其职责与工作内容不变。

2001 年 8 月，增设科研考核处，主要负责学校教科研工作的管理和部门业务的考核工作，原有机构有：党办与校办公室、教学处、教务处、继续教育处、现代教育技术处、学生处、保卫科、总务处、中专教务处、团委等。

(2)行政领导

表 1-1-1　　历任校行政领导名单一览表

姓名	性别	职务	任期
蒋汝芬	男	浙江广播电视大学金华分校副校长(主持工作)	1979.2–1980.8
蒋汝芬	男	浙江广播电视大学金华分校副校长	1980.8–1988.12
吴昌夫	男	浙江广播电视大学金华分校校长	1981.5–1984.4

续表

姓名	性别	职务	任期
钱柏林	男	浙江广播电视大学金华分校校长	1984.4–1985.2
邵德林	男	浙江广播电视大学金华分校校长	1985.8–1987.9
陈智荣	男	浙江广播电视大学金华分校校长	1988.5–1994.11
汪友竹	男	浙江广播电视大学金华分校副校长	1988.8–1990.8
冯拾松	男	浙江广播电视大学金华分校副校长	1992.3–1993.10
龚明善	男	浙江广播电视大学金华分校副校长	1992.9–1993.9
陈士雷	男	浙江广播电视大学金华分校副校长	1993.9–1996.11
黄华胜	男	浙江广播电视大学金华分校副校长	1993.9–1996.12
方伟中	男	浙江广播电视大学金华分校校长	1994.11–1996.12
方伟中	男	金华广播电视大学校长	1996.12–2003.5
陈士雷	男	金华广播电视大学副校长	1996.11–2002.2
黄华胜	男	金华广播电视大学副校长	1996.12–2003.5

2.党群机构

(1)中国共产党组织

1982年7月12日，根据《关于建立电大金华分校党支部及其成员任职的通知》，经部务会议研究决定，建立浙江广播电视大学金华分校党支部，蒋汝芬任支部书记，洪其伟任宣传、保卫委员，楼绍文任组织、纪律检查委员。

1984年10月20日，根据《关于巫箕魁同志任职的通知》，中共金华地委宣传部部务会议决定，建立中共浙江广播电视大学金华分校总支部委员会，下设教工、学生两个支部委员会，巫箕魁任中共浙江广播电视大学金华分校总支部委员会副书记。

1985年12月1日，金华市委决定建立中共浙江广播电视大学金华分校委员会，下设教工、学生两个支部委员会。

1996年4月4日，根据浙组〔1996〕3号、浙老干〔1996〕2号《中共浙江省委组织部、省委老干部局局加强老干部党支部建设的意见》精神，建立金华广播电视大学老干部(职工)党支部，由巫箕魁任书记。

1998年11月，建立金华广播电视大学第二学生党支部，刘波任书记；2000年3月，原教工第一支部与第二支部合并，成立金华广播电视大学教工党支部。

为加强基层党建工作，金华广播电视大学先后成立了系列小组，主要有2000年4月成立的校党风廉政建设工作领导小组，2000年5月成立的党委理论学习中心小组及2001年11月成立的校“四五”普法、依法治校工作领导小组。

表 1–1–2　　历任校党组织领导名单一览表

姓名	性别	职务	任期
蒋汝芬	男	中共浙江广播电视大学金华分校支部委员会书记	1982.7–1984.10

续表

姓名	性别	职务	任期
巫箕魁	男	中共浙江广播电视大学金华分校总支部委员会副书记	1984.10–1988.10
邵德林	男	中共浙江广播电视大学金华分校总支部委员会书记	1985.8–1987.8
邵德林	男	中共浙江广播电视大学金华分校委员会书记	1987.8–1995.5
巫箕魁	男	中共浙江广播电视大学金华分校委员会副书记	1988.10–1991.10
巫箕魁	男	中共浙江广播电视大学金华分校委员会正校级协理员	1991.10.–1992.3
陈士雷	男	中共浙江广播电视大学金华分校委员会副书记	1992.8–1996.11
方伟中	男	中共浙江广播电视大学金华分校委员会书记	1996.11–2003.5
陈士雷	男	中共金华广播电视大学委员会副书记	1996.11–2002.2
郑素贞	女	中共金华广播电视大学委员会副书记	2002.2–2003.5

(2)工会组织

1985 年 9 月 25 日，召开浙江广播电视大学金华分校第一届工会会员大会，成立第一届浙江广播电视大学金华分校工会委员会，楼绍文任工会主席，郭玕任组织委员、包云翔任宣传委员、何云初任财务委员、吴根良任劳保与生活福利委员。

浙江广播电视大学金华分校第一届教代会于 1986 年 8 月 8 日至 9 日召开，通过浙江广播电视大学金华分校教职员工岗位责任制，含各处室职责范围、人员编制、考勤制度、工作量制度。

1989 年 5 月 4 日，召开第二届浙江广播电视大学金华分校工会会员大会，楼绍文任工会主席。

1991 年 4 月 15 日，金华市总工会授予浙江广播电视大学金华分校工会“先进职工之家”。

1997 年 10 月 29 日，选举产生金华广播电视大学第三届工会委员会成立，黄华胜任工会主席，为加强工会工作，还成立了学校经费审查委员会、计划生育领导小组、民主理财监督小组及校务公开领导小组和监督小组。

2001 年 2 月 28 日，选举产生金华广播电视大学第四届工会委员会，黄华胜任工会主席。在 2000 年至 2003 年召开金华广播电视大学第四届一至三次教代会上，修改、审议并通过了系列学校相关管理制度，包括金华电大教职工聘用(任)实施办法、结构工资制实施细则、学期考核办法、教育与教学成果奖励办法、教师聘任实施办法、中层干部聘任的方法与程序、普通管理岗位聘任说明书、教职工聘任制实施办法、科长与教研组长聘任实施办法、各处室主要工作职责、教师工作量管理办法、课时计算办法等。

(3)共青团组织

金华广播电视大学团委的建制与提法，历经浙江广播电视大学金华分校团总支、浙江广播电视大学金华分校团委、金华广播电视大学团委，设专职干部一人，与学生工作办公室配合，下设办公室、宣传部、组织部、实践部等，其委员均由学生担任。

1983 年 2 月 19 日，共青团金华地委同意建立共青团浙江广播电视大学金华分校委员会，刘金海任团委书记。

1984 年 6 月，共青团浙江广播电视大学金华分校教工支部委员会成立，郭玕为首任支部书记。

1985 年 1 月，召开共青团浙江广播电视大学金华分校委员会第一次代表大会。

1985 年 12 月，首个直属脱产班团支部建立，并确定其团组织关系由分校团委统一领导管理。

1988 年 12 月 17 日，召开共青团浙江广播电视大学金华分校第二次代表大会。

2001 年 5 月 21 日，召开共青团金华广播电视大学第三次代表大会。

(4)学生会

1991 年，浙江广播电视大学金华分校学生会成立，每三年召开一次学代会，每年下半年改选一次学生管理委员会成员，常设有主席团、组织纪检部、学习部、体育部、文娱部与生活卫生部等，积极开展各项活动，如联欢活动、暑期社会调查活动、庆祝元旦活动及体育竞赛等，为学生提供了锻炼自我、展示自我的舞台。

第三节　学生

一、招生与就业

1979–2003 年金华广播电视大学主要开展的教育项目主要有成人高等学历教育、全日制普通高等专科教育、电视中等专业学历教育及证书教育等。

(一)招生

自 1979 年建校来，招收的学生主要是在职成人继续教育学员与成人专科全日制学员，1986 年招收的普通高校全日制专科学员及 1988 年成立金华广播电视中等专业学校后招收的广播电视中专学员，1993 年招收的“二专生”(第二专科学历)学历教育学员，1995 年招收的注册试听生，1999 年“人才培养模式改革和开放教育试点” 试点以来招收的开放教育学员及 1999 年招收的现代远程教育学员等类型的业余学员、2011 年秋组织实施了教育部“一村一名大学生计划”等；此外，学校还承担了系列培训工作，主要有单科证书教育、专业证书教育、岗位资格培训与适应性培训等。

1.成人高等学历教育

(1)概况

1979–2003 年间，金华广播电视大学所招收的成人高等学历教育学员主要有正式生(全脱产、半脱产、业余)、自学视听生、普通专科生、单科生、试读生、自学生、二专生、注册视听生、现代远程教育学员、开放教育学员(专升本、专科)等。

1979 年秋季，全地区广播电视大学各工作站共招收首届专科生 317 人、试读学员 104 人，共有 421 名学员；其中市本级共招收电子类全科学员 47 名、机械类全科学员 11 名、数学单科学员 23 名，共计 81 名，学员主要分布在经委、商业、交通等行业；1980 年，学校再次招收正式生 98 名、试读生 48 名，专业除首届设置的电子类全科、机械类全科及数学类单科外，还增加了英语、物理、化学、语文单科等；1983 年，学校招收的学生分为全脱产学员、业余正式生、业余自学生、业余生等大类，共计招收 533 名，其中全脱产学员共 112 名，有财务会计、金融两个专业；业余正式生 137 名，有物资管理、商业企业管理、工业会计等专业；业余自学生 23 名，有物资管理、商业企业管理两个专业；业余生 261 名，主要有商业会计、商业企业经营管理、工商企业管理、工业会计、工业统计、财政等专业。

1993 年学校首次招收“二专生”(第二专科学历教育)35 名，分计算机应用与对外经济贸易两个专业，后增加财务会计、金融、文秘、法律、英语等专业，至 1998 年，总计招收 571 名；1995 年，学校开始招收注册视听生，首期招收注册视听生 312 名，专业有法律、财务会计和英语，后增加应用电子、会计统计与核算等专业， 至 2000 年总计招收注册视听生 1319 名；1999 年秋季学校试点招收现代远程教育专科学员，至 2003 年秋季共计招收 6 批次现代远程教育专科学历教育 2116 名学员，开设专业有工商管理、计算机、行政管理、英语、会计学、法律、工民建等;1999年秋“人才培养模式改革和开放教育试点”启动后,秋季开始试点开放教育专升本学历教育,首期招收开放教育本科学员177名,开设法学与计算机应用两个专业,到2003年春季共计招收8个批次开放教育专升本学历教育学员1337名,开设专业有金融学、法学、汉语言文学、计算机、土木工程、会计学、工商管理、教育管理等,2004年春季开始现代远程学历教育在籍学员与开放教育学历教育并轨;2000年春季,开始试点开放教育专科段学历教育,首期招收教育管理专业43名学员,至2003年春季,累计招收4个批次开放教育专科学历教育学员361名,开设的专业有金融学(货币)、小学教育、计算机信息管理、教育管理等专科专业;此外,2000年共计招收法律、计算机应用及财务会计普通高职生,共计105名。

到2003年春季,各类成人高等学历教育共计招收学员15588名。

(2)专业

1979年至1999年,学校成人高等学历教育先后开设30余个专业,其中理工科8个专业,分别为机械工程、电气工程、化工、机电工程、土木建筑工程、物理、电子技术、计算机技术与应用等专业;文科13个专业,分别为汉语言文学、图书馆学、档案学、新闻学、法律、经济法、英语、政史、涉外文秘、文秘、行政管理、党政管理干部专修科(培养军地两用人才)等专业;经济管理11个专业,分别为工业企业管理、商业企业管理、财务会计、物资管理、财务管理、工业统计、财政税收、金融、国际金融、审计、对外经济贸易等专业。

1999年秋现代远程教育专科开设专业有工商管理、计算机、行政管理、英语、会计学、法律、工民建等;1999年秋“人才培养模式改革和开放教育试点”启动后,开放教育专升本学历教育开设有金融学、法学、英语、汉语言文学、计算机、土木工程、会计学、工商管理、教育管理、行政管理等;2000年春,开放教育专科学历教育开设的专业有金融学(货币)、小学教育、计算机信息管理、教育管理、电子商务等专科专业;此外,2000年普通高职教育开设的专业有法律、计算机应用及财务会计等。

表1-1-3　　1979-2003年成人高等学历教育招生人数一览表　　单位:人

年份	成人高等学历教育	注册视听生	二专生	现代远程教育	开放教育本科	开放教育专科	普通高职生	备注
1979	81							
1980	136							
1981								缺资料
1982	232							
1983	544							
1984	162							含金华县工作站
1985	107							含金华县工作站
1986	289							
1987	415							
1988	2648							含全市电大各校
1989	2111							含全市电大各校
1990	137							含全市电大各校

续表　　　　单位：人

年份	成人高等学历教育	注册视听生	二专生	现代远程教育	开放教育本科	开放教育专科	普通高职生	备注
1991	349							含全市电大各校
1992	197							
1993	337		35					
1994	197		63					
1995	206	312	229					
1996	171	224	180					
1997	129	223	47					
1998	621	345	17					
1999	233	107		1	177			
2000	64	108		17	225	206	105	
2001	165			192	395	69		
2002	100			789	396	86		
2003				1107	314	51		
合计	9558	1319	571	2116	1507	412	105	15588

表 1-1-4　　1979—1989 年成人高等学历教育分专业招生人数一览表　　单位：人

	1979	1980		1982	1983			1984		1985	1986	1987		1988		1989		合计
		正式	试读		脱产	自学	正式	正式	试读			正式	自学	正式	自学	正式	自学	
电子类全科	47	10		32														89
机械类全科	11	32	3	24														70
数学单科	23	25	3															51
英语单科		20	11															31
物理单科		5	18															23
化学单科		6	3															9
语文类				115														115
单科类				61														61
财务会计					53						30	53	147	5	346	68	825	1527
商业会计						16												16
商企经营管理						27												27
经济法														10	24	7	39	80
商企管理（商业会计）						55	18				21	4	11			7	138	254

续表

单位：人

	1979	1980		1982	1983			1984		1985	1986	1987		1988		1989		合计
		正式	试读		脱产	自学	正式	正式	试读			正式	自学	正式	自学	正式	自学	
物资经济管理						11	25				11					10	9	66
金融					59						65			95	245	24	102	590
财政						68					6							74
工业企业管理						61					21	26	33	29	108	7	181	466
工业会计						21					28							49
工业统计						25												25
工业、工会、工统						43	62											105
电气工程								34	2									36
党政干部								38	4	19								61
机械工程								23	3		32	9	2			3	17	89
土建工程								22	3					49	92			166
化(轻)工								29	4							21	5	59
档案管理										18				1	77			96
汉语言文学										12				8	197	7	80	304
法律										32				33	959	19	269	1312
文史										4								4
新闻										18								18
图书馆										4					4			74
财政税收											6							6
审计											66	11	18	20	147	1	57	254
英语											3	33	12				87	135
政史												14	33				4	51
电子												4	5			10	58	77
城乡企业管理														5	16	15	41	77
人事管理															23			23
对外经济贸易														10	113			123
行政管理														3	29			33
合计	81	136		232	544			162		107	289	415		2648		2111		6748

表 1-1-5　　1990-2003 年成人高等学历教育分专业招生统计总表　　单位:人

	1990	1991	1992	1993		1994	1995	1996	1997	1998	1999	2000	2001	2002	合计
类别	成人	成人	成人	成人	业余	业余	业余	业余	业余	业余	业余	业余	业余	业余	
审计	4														4
政史	5														5
外贸英语	7														7
电气工程	11	24	31	20	20										106
电子工程	2									2					4
家电维修	1														1
商业企业管理	2		27	14	12										55
工业企业管理	26	25	12												63
机电工程	17					1	9								27
土木建筑工程	4	3		10	12	5	9	7	10		9			2	71
机械工艺装配	7														7
法律	2	17	22	13	11	13	17	14	16	156	62	16	18	12	389
经济法	1														1
财务会计	48	79	39	55	49	84	72	60	41	70	76	22	21	35	751
金融	9	193	49	50	43	59	49	28	19	92			4	6	601
工业企业会计					6										6
文秘(秘书)			17					1						2	20
计算机应用				3		35	37	30	23	68	46	15	4	5	266
电子技术应用				2	2										4
汉语言文学	2	8			1					107			5	16	139
涉外文秘					5										5
国际金融					8										8
工商企业管理							13	18	20	81	24	6	2	18	182
英语				1						32	16	5	6	4	64
市场营销										13					13
联合办学								13							13
合计	148	349	197	168	169	197	206	171	129	621	233	64	60	100	2812

表 1-1-6　　1995-2000 年注册视听生分专业招生人数一览表　　单位:人

专业	1995	1996	1997	1998	1999	2000	合计
法律	67	61	85	104	39	54	356
财务会计	200	163	138	164	47	54	712
英语	45			43	15		103
应用电子				19	6		25
会计统计与核算				15			15
合计	312	224	223	345	107	108	1319

说明:注册视听生数据来源于 1995-2000 年学校录取名册

表 1-1-7　　1993-1998 年"二专生"分专业招生人数一览表　　单位:人

专业	1993	1994	1995	1996	1997	1998	合计
计算机应用	20	17	20	62	13	2	112
对外经济贸易	15	14	12				19
财务会计		14	84	33	11	15	21
法律		18	50	41	18		67
金融			25	21	4		15
文秘			9	8			8
英语			29	15	1		16
合计	35	63	229	180	47	17	571

说明:二专生数据来源于 1993-1999 年学校年度报表

表 1-1-8　　1999-2003 年现代远程教育分专业招生人数一览表　　单位:人

专业	1999 秋	2000 秋	2001 秋	2002 秋	2003 春	2003 秋	合计
工商管理(商校)				21		59	80
工商管理(贸校)				37			37
工商管理(脱产)				4		2	6
工商管理(计算机信息管理)				87		60	147
工商管理(旅游及饭店管理)						13	13
工商管理(业余)				86		34	120
汉语言文学			6	32		14	52
计算机信息管理(脱产)			10	7		47	64
计算机信息管理(业余)			81		31	4	116
法律	1	11	11	139	103	80	345

续表

单位:人

专业	1999 秋	2000 秋	2001 秋	2002 秋	2003 春	2003 秋	合计
工业与民用建筑(脱产)				2		2	4
工业与民用建筑(业余)				43		22	65
工业与民用建筑(证转)				9		2	11
英语(脱产)			5	18		75	98
英语(业余)			55	34		7	96
会计学(商校)						51	51
会计学(脱产)				84		96	180
会计学(业余)		6	24	186	139	176	531
行政管理					40	60	100
合计	1	17	192	789	313	804	2116

说明:因 2004 年现代远程教育与开放教育并轨,因此该表含 2003 秋

表 1-1-9　　1999-2003 年春开放教育专科分专业招生人数一览表　　单位:人

专业	2000 春	2000 秋	2001 秋	2002 春	合计
金融学(货币)		80	69	50	199
小学教育		83			83
计算机信息管理(业余)				36	36
教育管理	43				43
合计	43	163	69	86	361

表 1-1-10　　1999-2003 年春开放教育本科分专业招生人数一览表　　单位:人

专业	1999 秋	2000 春	2000 秋	2001 春	2001 秋	2002 春	2002 秋	2003 春	合计
金融学				63			24		87
法学	111	45		69	120	56	94	63	558
汉语言文学					35		23		58
计算机技术	66		58						124
土木工程							51		51
工商管理			61			23			84
会计学			61		108	52	40	46	307
教育管理							33	35	68
合计	177	45	180	132	263	131	265	144	1337

表 1-1-11　　1999-2003 年普通高职生分专业招生人数一览表　　单位:人

专业	1999	2000	2001	2002	2003	合计
文秘		35				35
计算机应用		35				35
财务会计		35				35
合计		105				105

2.全日制普通高等专科教育

(1)概况

金华广播电视大学于 1986 年与地区审计局联合,首批招收普通高等教育专科 60 名学员(审计专业)、1987 年市本级招收普通高等教育专科学员 30 名(财务会计专业)、1988 年招收土木建筑工程专业专科学员 50 名,学制为三年或两年;1992 年起扩大普通专科生招生规模,共计招收学生 269 名,专业扩展为土木建筑工程、财务会计、政史、对外经济贸易、英语、计算机及应用等六个专业;1994 年与 1995 年连续两年与水电部十二局联合招收土木建筑工程专业学员,共计 80 名;至 2003 年为学校招收普通高等教育学员总计招收 18 个批次,学员总数达 3777 人(含部分合作办学学员)

(2)专业

1986 年至 2003 年,全日制普通高等专科教育先后开设 18 个专业,主要有财务会计、政史、对外经济贸易、英语(师范)、计算机及应用、国际金融、电子技术、汉语言文学、数学教育、土木建筑工程、法律、市场营销、工商企业管理、国际贸易、机电工程、电子商务、金融、审计、装潢艺术设计等专业。

表 1-1-12　　1986-2003 年全日制普通高等专科教育招生情况一览表　　单位:人

	合计	审计	财务会计	政史	对外经济贸易	英语	国际贸易	计算机及应用	国际金融	电子技术	汉语言文学	数学教育	土木建筑工程	法律	市场营销	电子商务	工商企业管理	机电工程	金融
1986	60	▲60																	
1987	60		30			◆30													
1988	50												50						
1989	—																		
1990	—																		
1991	50			50															
1992	233		43	47	50	95													
1993	269		42	44	49	45		50					39						
1994	343		70		46			55	53	40			●40					22	
1995	347		39			65		47			64		●40						85
1996	225					36		33			35	47	40	34					
1997	155		45					35					40	35					

续表　　　　　　　　　　　　　　　　　　　　　　　　　　　　　单位：人

	合计	审计	财务会计	政史	对外经济贸易	英语	国际贸易	计算机及应用	国际金融	电子技术	汉语言文学	数学教育	土木建筑工程	法律	市场营销	电子商务	工商企业管理	机电工程	金融
1998	219		30			38		45					45	35	26				
1999	250		30			40		70					35	35			40		
2000	245					85							40	40	40		40		
2001	222		29			50		52					31	32			28		
2002	563		109			84	81	105					65		38		81		
2003	524		120			86	82	58					50		40	40	48		
合计	3777	60	578	141	145	654	163	550	53	52	99	47	507	211	144	40	237	22	85

说明：▲1986年普专班审计专业60人系与金华市审计局联合办学招生

◆1987年英语(师范)专业30人系兰溪工作站招生

●1995、1996年土木建筑工程专业共计80人系与金华白龙桥水电部十二局联合办学招生

表 1-1-13　　　1979-2003年各类学历教育毕业学生人数一览表

年份	毕业生(人)
1979	—
1980	—
1981	—
1982	49
1983	31
1984	9
1985	277
1986	604
1987	175
1988	539
1989	481
1990	525
1991	1184
1992	766
1993	1012
1994	620
1995	1345
1996	1589

续表

年份	毕业生(人)
1997	1874
1998	2428
1999	1290
2000	1318
2001	1398
2002	1195
2003	1797

说明:1.本表所列成人高等教育毕业学生数来自“金华广播电视大学30周年校庆”统计数据,含全市电大毕业数据在内;2. 数据包含自1982–2003年所有成人高等学历教育、普专生及现代远程教育、开放教育毕业生。

表1-1-14　　1990–2003年普专生毕业人数一览表　　单位:人

	合计	财务会计	政史	对外经济贸易	师范英语	英语	外贸英语	服装设计	审计	计算机及应用	国际金融	电子技术	汉语言文学	数学教育	土木建筑工程	法律	机电工程	金融	市场营销	工商企业经营管理	装潢艺术设计	工商管理	文秘
1989	55								53														
1990	51	22			29																		
1991	29														29								
1994	47		47																				
1995	226	41	43	49	93																		
1996	218	60		38						32	50				34+4								
1997	414	33			61	35				33		40	61		39		34	78					
1998	234	31					32			72					40	31	28						
1999	406	68			35	33		36		60			33	43	66	32							
2000	442	70				109		37		65			40		67	33			21				
2001	254	29				39				40					37	33				38	38		
2002	212									67								36	31	40	38		
2003	284	49				84				28						37					26	29	31
合计	2870	403	90	87	218	300	22	73	53	397	50	40	134	43	305	166	62	114	52	78	102	29	31

说明:该表统计数据来源于省电大,含兰溪电大、义乌学院与东阳学院普专生毕业数据

二、学生管理机构与制度

1.学生管理机构

学校创办以来，由学生管理处(1984年学生管理处撤销，其工作职能归并至教务处)会同学校办公室、校团委(初时为团总支)等负责全校学生的思想政治教育、日常管理、奖勤管理、安全稳定以及优良学风校风创建、和谐文明校园建设等工作，教务处主管学生成绩管理、学籍管理；1996年校内机构调整后，学生管理机构主要由学校办公室、学生处(保卫科)与校团委组成；2000年后，学生管理工作中全日制学生管理工作由学生处会同学校办公室、保卫处、校团委、学生会共同承担，成绩管理、学籍管理工作则由教务处承担；而成人学员的学籍管理工作由继续教育处承担。

2.学生管理制度

1979年，根据《浙江广播电视大学教学班管理规定》与《浙江广播电视大学学生学籍管理规定》等主要管理制度开展学生管理工作；1985年省电大对《关于学籍管理若干问题的规定(试行)》全面规定了电大各类学员的入学注册、成绩考核、学籍及转学休学退学、毕业等制度，使学生管理工作规范化；从招收普专生开始，浙江广播电视大学又出台《浙江广播电视大学关于普通专科班学生学籍管理的规定》，内容包括入学注册、成绩考核、转专业、转学、休学、复学、退学等。

三、思想政治教育

学校积极做好师生思想政治工作，构筑党、政、工、团齐抓共管的思想政治工作体制。在学校党组织的领导下，设立以校长、教务处、学生处、团委、班主任和学生社团干部组成的思想政治工作基本队伍。培养学生具有爱国主义思想，拥护中国共产党的领导，拥护社会主义，愿意为社会主义现代建设事业服务，为人民服务，逐步树立马克思主义的辩证唯物主义观点；重视发挥学生自主管理组织的作用；大力开展教书育人、管理育人、服务育人活动，提高广大教职工的思想政治素质。注重从教职工和学生中发展优秀分子加入中国共产党组织，在党员及入党积极分子模范带头作用下，学校形成良好的学风、教风和校风。

第四节　教职工

一、教职工队伍

教职工队伍由学校领导、中层干部、专任教师等专业技术人员与行政后勤人员组成。

1979年建校初期，学校校级领导由金华地委任命，教师和职员由金华地委(金华市教育局)调派。

1981年，学校教职工人数为18名，之后逐年增多，至2000年人数达到最高值，为75人，至2003年学校与浙江贸易学校合并时，学校在编教职工为68人。

表1-1-15　　1981-2013年部分年份学校教职工人数情况表　　单位：人

年份	总数	其中女性	专任教师	高级职称(含副高)	中级职称	初级职称及教员	数据来源
1981	18	4	11	—	—	—	1981年干部登记表
1985	37	13	18	—	—	—	1985年干部登记表
1989	61(含离退休)	27	32	1	9	22	1989年国家机关、事业单位人员名册
1996	63	30	33	5	21	12	校档案室《职工考核表》统计

续表 单位:人

年份	总数	其中女性	专任教师	高级职称(含副高)	中级职称	初级职称及教员	数据来源
2000	75	31	43	5	19	19	学校 2000/2001 统计报表
2002	73(不含离退休)	33	48	7	28	13	校档案室《职工考核表》统计
2003	68(不含离退休)	34	46	6	33	12	《2003 年从业人员登记表》统计

3.职称评定

金华广播电视大学专业技术人员职称评定工作始于 1987 年。1987 年 6 月,学校成立职称改革领导小组,由邵德林任组长,蒋汝芬等 9 人组成;1987 年 10 月由邵德林为组长,蒋汝芬等 7 人组成浙江广播电视大学金华分校专业技术人员职称评审组; 至 1987 年 12 月底完成首次教师职称评审工作,在首轮评审中,共计确定高校系列中级职称 10 人(其中 1987 年 12 月通过 7 人,1988 年 4 月通过 3 人)、初级职称 10 人;1988 年 6 月聘任讲师 9 人,工程师 1 人,助教 19 人,助理馆员 1 人,助理会计师 1 人;此后,每一年均不同程度对专业技术人员职称评审组作调整,以确保职称评审工作正常开展。

此外,金华市广播电视中专教师职务评审组也于 1993 年 9 月成立,陈智荣为组长,同时启动中专系列职称评审工作。

二、教职工选用与引进、流动与退休

学校师资队伍建设,一是向高等院校要专业对口的毕业生,二是从相关单位调进有教学工作经验的教职工充实教师队伍,三是鼓励在职的教师通过各类途径进修提高教学业务水平。至 2003 年初,有大专院校毕业分配的教师有 35 人,其他单位调入的教师有 6 人,专任教师达到 41 人。

教职工离休由金华地委组织部审批,退休由金华地区人事局批准,2003 年,学校离退休人员为 18 人。

三、分配制度

学校教职工工资,教师按《事业单位专业技术人员基本工资标准表》《事业单位专业技术人员薪级工资套改表》等发放;管理人员、工人及其他人员的岗位工资均根据《事业单位管理人员基本工资标准表》发放。工资制度改革后,职工工资按照中共中央、国务院下达的《国家机关和事业单位工作人员工资制度改革方案》和国务院工资制度改革小组、劳动人事部下达的《关于实施国家机关和事业单位工作人员工资制度改革方案若干问题的规定》执行。

1994 年,试行全员聘任制,奖金分配上开始拉开档次。

1996 年,学校制定《教职工工作与考勤暂行制度》,并由 1997 年 12 月召开的三届二次教代会通过,同期通过的还有《考勤奖、学期考核奖与校内津贴暂行发放办法》,在档案工资的基础上实行校内津贴和效益工资,运用竞争机制,向教学一线人员和脏苦岗位工作人员倾斜。

为更好体现多劳多得、优质优酬的精神,与学校聘用、聘任制度相配套,贯彻按劳分配、效率优先原则,学校制定了新的聘任、奖励、分配等管理制度。2000 年 12 月,四届一次教代会议,制定并通过《金华电大结构工资制实施细则》。2001 年 9 月,四届二次教代会议,修订或通过了《金华电大教职工聘用(任)实施办法》《结构工资制实施细则》《学期考核办法》《教育与教学成果奖励办法》《教师聘任实施办法》《中层干部聘任的方法与程序》《普通管理岗位聘任说明书》《教职工聘任制实施办法》《科长与教研组长聘任实施办法》《各处室主要工作职责》等制度。2002 年 8 月，四届三次教代会对《金华电大教职工聘用（任）实施办法》《结构工资制实施细则》《教师工作量管理办法》《课时计算办法》《教师聘任实施办法》等制度进行修订，使学校在定编定岗、推行聘任制下，修订奖金分配办法，规定校内结构工资由固定工资与浮动工资两部分构成，固定工资包括职务工资、职务津贴、教龄津贴以及其他各项政策性补贴组成，占国家工资的 70%，经费来源为财政拨款，发放标准按国家现行标准执行，浮动工资由津贴工资和学校自筹经费而设立的内部工资组成，占国家工资的 30%，其经费来源为财政拨款，浮动工资与教职工的贡献紧密挂钩，拉开分配档次，实行全勤奖、岗位奖、效益奖、工作质量奖和教育成果奖等；坚持按劳分配和向一线教师和教育行政人员倾斜，兼顾全局平衡；按照行政职级、教师课时、职工岗位分配，教师基本工作量为每周 12 个标准课时，达到基本工作量的教师平均奖金高于行政后勤人员的 10%。

四、教职工教育与培训

学校重视教职工进修培养，提升教职工学历层次，鼓励教职工利用工余时间以读电大、函授和在职自学等不同形式进修培养；1999 年 4 月 8 日，学校制定《金华电大教师攻读硕士学位研究生、进修研究生主干课程暂行办法》，鼓励教师大力开展学历提升。2003 年合并时，有研究生学历教师 3 人、大学本科学历教师 48 人、专科学历教师 15 人。

第五节　人才培养

一、全日制普通高等教育（专科）

1.专业设置

1986 年，启动全日制普通高等教育（专科）项目，当年与审计局联合招收审计专业 60 名，自 1986 年始，共开设 18 个专业，财务会计、政史、对外经济贸易、英语（师范）、计算机及应用、国际金融、电子技术、汉语言文学、数学教育、土木建筑工程、法律、市场营销、工商企业管理、国际贸易、机电工程、电子商务、金融学、审计等。

2.课程设置

开设政治理论、普通文化课、专业课等三大类课程。

公共课包括政治理论课与文化课，主要有哲学、思想道德修养、政治经济学、中国革命史、邓小平理论、计算机基础、大学英语、简明世界史、简明中国古代史、中学心理学、中学教育学、书法、体育等。

专业课依据专业设置，具体情况为：

（1）电子技术应用专业：线性代数、高等数学、工程制图、大学物理、工程数学、BASIC 语言程序设计、电路与磁路上下、电子技术基础上下、管理系统工程、自动控制理论、微机技术、传感器原理与应用、现代电子电路与技术、机械工学。

（2）计算机应用专业。大学物理、高等数学、微机应用基础、线性代数、工程制图、电路与磁路上下、电子技术基础上下、BASIC 语言程序设计、离散数学、程序设计与汇编语言、数据结构、自动控制理论、计算机组成原理、微机接口技术、操作系统、现代电子电路与技术、C 语言程序设计、单片机技术。

（3）土木建筑工程专业。大学物理、高等数学、微机应用基础、画法几何及建筑制图、工程力学、结构力学、钢筋混凝土及砌体结构、房屋建筑学、BASIC 语言程序设计、土力学基础工程、建筑施工、建筑设备工程、测量学、建筑材料、机械基础与建筑机械、建筑预算、计算机制图。

(4)金融学专业。微机应用基础、经济数学基础、会计学基础、统计学原理、货币银行学、西方经济学、企业会计与财务、国际贸易、银行信贷管理、国际金融、经济应用文写作、企业经济活动分析。

(5)法律专业。法理学、宪法学、刑法学、行政法学、法律逻辑学、涉外经济法总论、民法学、刑事诉讼法、婚姻法学、行政诉讼法学、国际法学、中国法制史。

(6)汉语言文学专业。现代汉语、基础写作、中国现代文学、文学概论、普通逻辑学、文书学、古代汉语、秘书学、美学原理、中国古代文学、中国当代文学、法学概论、民间文学、应用写作、计算机应用基础、外国文学、办公自动化与计算机汉字处理、语言学概论、中学语文教学法。

(7)英语专业。英语听力、综合英语、英语语音、英语语法、计算机应用、英语口语、英语阅读、翻译教程、外国文学、旅游英语、英语写作基础、中学心理学、中学教育学、英语国家概论、简明现代汉语、中学英语教程、美术、书法、英文打字。

(8)数学专业。解析几何、数学分析、微机应用、高等代数、几何基础、大学物理、离散数学、BASIC 语言程序设计、复变函数、高等几何、常微分方程、概率论与数理统计、初等数学研究、应用写作、数论、初中教学教材法、教育实习、模糊数学、办公自动化与 OFFIC 基础、线性规划。

(9)财务会计专业。经济数学、基础会计学、计算机文字输入、计算机应用基础、统计学原理、审计学原理、西方经济学、财务会计、国际贸易、工商企业经营管理、成本会计、财务管理、经济应用写作、管理会计、计算机在会计中的应用、珠算。

(10)市场营销专业。经济数学基础、基础会计学、统计学原理、市场营销学、西方经济学、国家税收、经济法概论、公共关系学、贸易实务、经济应用写作、市场调查与预测、消费心理学、计算机文字输入、广告学、期货交易实务、推销策略艺术、普通逻辑学。

(11)工商企业经营管理(工商管理)专业。经济法概论、经济数学基础、基础会计、统计学原理、西方经济学、公共关系学、工商企业经济管理、财务管理、国家税收、合同法、经济应用文写作、贸易实务、市场调查与预测、中小企业管理、管理学基础。

(12)国际贸易专业。基础会计、国际贸易原理、数据库基础与应用、统计学原理、西方经济学、公共关系学、国际金融、商务英语、经济法概论、广告概论、管理学基础、货币银行学、市场营销学、商务英语基础、国际经算、国际商法、电子商务概论、国际贸易与实务、市场调查与预测。

二、成人高等学历教育

1.专业设置

自 1979 年学校创办以来,学校成人高等学历教育专业主要以招收在职成人学员、开展成人学历教育为主要业务。1999 年“人才培养模式改革和开放教育试点”以来,增加了开放教育和远程教育。专业设置依据大类划分,分为经济管理学科、文科、理工科等,其中理工科 8 个专业,分别为机械工程、电气工程、化工、机电工程、土木建筑工程、物理、电子技术、计算机技术与应用等专业;文科 12 个专业,分别为汉语言文学、图书馆学、档案学、新闻学、法律、经济法、英语、政史、涉外文秘、文秘、行政管理、党政管理干部专修科(培养军地两用人才)等专业;经济管理 11 个专业,分别为工业企业管理、商业企业管理、财务会计、物资管理、财务管理、工业统计、财政税收、金融、国际金融、审计、对外经济贸易等专业。

1999 年到 2003 年,金华广播电视大学与浙江贸易学校合并前,学校开设法律、金融学、英语、行政管理、计算机科学与技术、土木工程、工商企业管理、会计学、文秘、汉语言文学、粮油储藏检验、工业与民用建筑、旅游及饭店管理 13 个专业；1999 年秋季起招收开放教育学员，开设法学、金融学、机械设计制造与自动化、行政管理、计算机科学与技术、土木工程、工商管理、会计学、教育管理、汉语言文学 10 个本科专业，法学、金融学、英语、行政管理、小学教育、计算机信息管理、旅游及饭店管理、机械制造与自动化、电子商务、建筑施工与管理、数控技术、工商管理、会计学、工程造价、学前教育 15 个专科专业。

2.课程设置

从课程开设上看，可分为 1979–1989 年、1990–1999 年、1999–2003 年三个时期。

(1)1979–1989 年课程开设情况

文化课主要有政治经济学、思想道德修养、英语、哲学、中国革命史、英文打字等；

专业课设置

经济管理学科：经济数学基础、会计学原理、保险学概论、技术贸易、英语听力、经济法概论、统计学原理、工业经济管理、审计学原理、工商行政管理概论、市场营销学、货币银行学、西方经济学、商业经济学、中央银行概论、企业登记管理、涉外会计、国际贸易、国家预算与税收、中国对外贸易概论、工商企业经营管理、广告学、房地产经营管理、企业财务会计、企业会计与财务、建筑识图。

文科：行政管理学、心理学、会计学原理、中国通史、现代汉语、世界通史、中国古代史、法学基础理论、宪法学、国家公务员制度讲座、古代汉语、新闻学概论、英语听力、英语阅读、政治经济学、组织行为学、市场营销学、国际贸易、基础写作、中国古代文学、简明世界史、法学概论、刑法学、中国司法制度、书法、文书学、档案管理学、新闻事业史、广播电视专题、法律逻辑学、行政法学、涉外经济法总论、英语语法。

理工科：心理学、高等数学、线性代数、大学物理、画法几何及机械制图、工程制图、PASCAL 语言程序设计、无机化学、有机化学、建筑材料、数学分析、高等代数、工程数学、电路及磁路、计算机组成原理、有机化学、分析化学、测量学、几何基础、复变函数、解析几何。

(2)1990–1999 年课程开设情况

其中文化课主要有政治经济学、思想道德修养、英语、哲学、中国革命史、英文打字等；

专业课设置

经济管理学科：微机应用原理、经济数学基础、会计学原理、保险学概论、前厅服务与操作、技术贸易、计算机应用基础、社会学概论、经济应用文写作、市场调查与预测、商业企业经营管理、银行信贷管理、国际金融、保险学概论、企业管理原理、企业生产管理、商务谈判实务、成本会计、外国金融制度与业务、西方金融理论、社会主义市场的组织与管理、世界经济、外国财政、国家税收、企业经济活动分析、公共关系学、国际贸易实务、外贸英语函电、世界市场行情、国际市场营销、企业财务管理、财政与金融、消费心理学、新国民经济核算管理、经济信息概论、贸易实务、国家税收、企业文化、房屋建筑学、秘书学、经济法概论、统计学原理、工业经济管理、审计学原理、工商行政管理概论、市场营销学、西方经济学、货币银行学、商业经济学、中央银行概论、企业登记管理、涉外会计、国家预算与税收、国际贸易、工商企业经营管理、广告学、中国对外贸易概论、房地产经营管理、企业财务会计、企业会计与财务、英语听力、英语口语。

理工科：心理学、微机应用基础、高等数学、线性代数、工程制图、高等代数、无机化学、工科化学、建筑材料、管理系统工程教育学、概率统计、工程力学、理论力学、机械制造基础、金属工艺学、电工学、电工技术、数字电子技术基础、电机与拖动、房屋建筑学、机械工学、离散数学、C 语言程序设计、初等代数研究、中学数学教材教法、数论、微分几何、近世代数、实变函数、数据库原理与应用、BASIC语言程序设计、高等数学(上下)、工程数学、大学物理、画法几何及机械制图、电路及磁路,计算机组成原理、测量学、几何基础、复变函数、解析几何、数学分析。

文科:行政管理学、心理学、会计学原理、现代汉语、简明中国古代史、简明现代汉语、法学基础理论、宪法学、国家公务员制度讲座、简明古代汉语、英语口语、英语阅读、社会学概论、领导科学基础、教育学、公共关系学、外贸英语函电、政治经济学、英语、组织行为学、普通逻辑学、市场营销学、基础写作、古代汉语、中国古代文学、外国文学、中国现代文学、文学概论、中国通史、世界通史、简明世界史、美学原理、历史地理、民法学、刑事诉讼法学、秘书学、办公自动化与计算机汉字处理、当代中国政治制度、外国文学名著选讲、大众传播学、中国文学、语言学概论、简明古代汉语、新闻学概论、政治学概论、劳动改造法学、法学概论、刑法学、中国司法制度、书法、新闻采访与写作、文书学、档案管理学、现代汉语、新闻事业史、广播电视专题、法律逻辑学、行政法学、涉外经济法总论、英语阅读、英语语法。

(3)1999-2003年课程开设情况

表1-1-16 专业基础课程一览表

专业	本科	专科
行政管理	公共部门人力资源管理、公共政策概论、政府经济学	管理学基础、公共行政学、政治学原理
法学	中国法制史、知识产权法、国际经济法、商法、国际私法、国际公法	法理学、行政法与行政诉讼法、经济法学、宪法学、法律逻辑学、民法学(1)、刑法学(1)、民法学(2)、刑法学(2)
会计学	纳税筹划、西方经济学(本)、现代管理原理、金融学	统计学原理、经济法律基础经、济数学基础12、纳税基础与实务、会计操作实务、西方经济学
工商管理	组织行为学、现代管理专题、金融学、企业战略管理	经济法律基础、基础会计、品牌管理、统计学原理、管理学基础、西方经济学、市场营销学
学前教育	学前教育科研方法、学前儿童卫生与保健、学前教育原理、幼儿园课程与活动设计	幼儿园课程论、学前儿童发展心理学、学前教育学、人文社会科学基础、教师职业道德、心理学
计算机科学技术	操作系统、计算机组成原理、C语言程序设计、数据结构(本)、离散数学(本)	网络实用技术基础、管理信息系统、信息化管理与运作
建筑施工管理	工程数学(本)、土木工程CAD、混凝土结构设计原理、工程地质、土木工程力学(本)	建筑力学、建筑构造、建筑制图基础、建筑材料(A)
工程造价		工程经济、建筑构造、建筑构造实训、建筑制图基础、建筑制图基础实训、建筑材料(A)、工程造价基础
金融学	现代货币金融学说、金融学、西方经济学(本)	商业银行经营管理、西方经济学、金融企业会计、政治经济学、会计学概论、金融风险概论
机械设计制造及其自动化(数控技术)	机电控制工程基础、计算机绘图(本)	机械设计基础、Photoshop图像处理、Dreamweaver网页设计 Photoshop图像处理

表 1-1-17　　专业课程一览表

专业	本科	专科
行政管理	行政法与行政诉讼法、行政领导学、当代中国政治制度、城市管理学、西方行政学说、公共组织绩效管理	行政组织学、办公室管理、监督学、人力资源管理、应用写作(汉语)、社会调查研究与方法、个人与团队管理、公务员制度讲座
法学	律师实务、物权法、刑法学专题研究、劳动与社会保障法、合同法、法律文书	刑事诉讼法学、民事诉讼法学、婚姻家庭法学
会计学	财务案例分析、审计学、中级会计实务、会计制度设计、企业集团财务管理、高级财务会计、税务会计、财务报表分析	中级财务会计(一)、管理会计、电算化会计、中级财务会计(二)、成本会计、财务管理
工商管理	管理案例分析、成本管理、人力资源管理、公司概论、小企业管理、流通概论	企业文化、个人与团队管理、商务谈判实务、项目管理、生产与运作管理、资源与运营管理
学前教育	0–3 岁婴幼儿的保育与教育、儿童家庭教育指导、儿童发展问题的咨询与辅导、幼儿游戏与玩具	学前儿童艺术教育 (美术)、学前儿童语言教育、学前儿童艺术教育(音乐)、学前儿童科学教育、学前儿童健康教育、学前儿童社会教育、学前教育政策与法规、学前游戏理论与指导、婴幼儿营养与保育
计算机科学技术	数据库应用、技术软件工程、Java 语言程序设计、计算机网络(本)、管理信息系统	系统开发规范与文档编写、ERP 原理与应用、MySQL 数据库应用、VisualBasic 程序设计程序设计、基础微机系统与维护、Dreamweaver 网页设计
建筑施工管理	房屋建筑学、房地产估价、钢结构(本)、工程经济与管理、建设监理	建筑测量、建筑结构、建筑工程技术资料管理、建筑工程质量检验、建筑工程计量与计价、工程建设、监理概论、建筑工程项目管理、建筑施工技术
工程造价		建筑工程项目招投标与合同管理、建筑施工技术、建筑工程项目管理、建筑工程估价、建筑工程估价实训、建筑工程技术资料管理、安装工程估价、安装工程估价实训
金融学	中央银行理论与实务、金融风险管理、公司财务、投资学、金融法规、金融统计分析、证券投资分析	金融基础、金融营销基础、国际金融、金融专题讲座、互联网金融概论、个人理财
机械设计制造及其自动化(数控技术)	控制系统 CAD 数控原理与应用、数控原理与应用、机械 CAD/CAM、机电控制与可编程序控制器技术、液压气动技术传感器与测试技术、传感器与测试技术、电气传动与调速系统	机械制图、机械设计基础、数控机床、电工电子技术、机械制造基础、数控编程技术、数控加工工艺、机电一体化系统、液压与气压传动、数控机床电气控制

第六节　科学研究

1979年建校以来，在科学研究方面主要围绕教学工作开展科研，建校初期，侧重教学改革研究，教务处、教学处等组织教师钻研教材、开展教学研究、组织观摩课和评议，交流教学心得和教学经验，同时也进行一些专题理论研究，在报刊上发表了论文和教学经验介绍。

2002年3月21日，金华广播电视大学开发的“自主学习与自检自测系统”软件顺利通过浙江广播电视大学组织的专家组鉴定，并在全省电大系统推广。

2002年5月9日，金华广播电视大学开发制作的“Java语言和www技术”通过浙江广播电视大学组织的鉴定，进入省电大网站的相关网页和学校视听阅览室使用。

第七节　办学条件

一、办学经费

学校办学经费由金华财政下达当年教育经费预算。

二、教学辅助设施及图书

1984年9月，迁址人民东路校区，占地6296平方米，实验大楼2034平方米，教工宿舍1137平方米，建筑总面积3699平方米；电教设备设有BASIC语言、计算机原理、普通物理、电工学、电路分析、模拟电子技术、数字电子技术、机械等8个实验室，是全省电教实验中心单位之一；设备44万元、图书、资料等1.55万册。

1989年，拥有9个电教电工实验室。

1998年4月，校园面积达10005平方米，校舍建筑面积1.4万多平方米，图书资料1.8万册，拥有与Internet相联的校园网、宽带专用网、卫星接收系统、VBI接收装置，视听阅览室、多媒体教室10个，语音教室3个，网络教室10个。

1998年12月，学校综合大楼开工建设，2000年1月综合大楼正式投入使用时，拥有与Internet相联的校园网、宽带专用网、卫星接收系统、VBI接收装置，视听阅览室、多媒体教室10个，语音教室3个，网络教室10个；2000年9月，宽带网正式开通。

2003年，学校占地面积9821.5平方米，总建筑面积17586平方米，普通教室36间，网络教室2间，计算机270台，多媒体4间，视听阅览室4间，图书3万册，现代化教学设备WEB1台、数据服务器1台、视频点播服务器1台、双向视频设备1台。

第八节　校园文化

学校十分重视校园文化建设，积极开展各种有益活动。如师生联欢活动、暑期社会调查活动、创先争优活动等。庆祝国庆和元旦晚会等师生共同参与，气氛活跃，班级大合唱、舞蹈、器乐等，各班文体积极分子成为文体活动的主体。此外，学生志愿者走上社会，深入乡村、社区等，组织开展形式多样的志愿者服务和“学雷锋”等活动，赢得社会和市民的好评。

第九节　电大工作站

建校之初，浙江广播电视大学金华分校下设14个电大工作站（含今衢州市部分县），包括金华市属的金华（县）、兰溪、浦江、义乌、东阳、永康、武义、磐安（1983年成立）等8个工作站及衢州市属的衢县、江山、常山、开化、龙游等6个工作站和衢化等行业类工作站。

1985年，由于金华地区撤地建市，电大金华分校由原来下属14个电大工作站调整为下属兰溪、浦江、义乌、东阳、磐安、永康、武义7个电大工作站，担负着指导与监督的职责，金华县及城区由电大金华分校直接管理。

1996年至1998年，东阳、永康、兰溪、义乌、浦江电大工作站先后通过省教委评估，升格为浙江广播电视大学分校。

1999年，经浙江省教委批准浙江电大东阳分校更名为浙江广播电视大学东阳学院。

2003年12月，浙江广播电视大学下文批准浙江电大永康分校升格为浙江广播电视大学永康学院，浙江电大义乌分校升格为浙江广播电视大学义乌学院。

第十节　金华广播电视中等专业学校

1988年2月，浙江省教育委员会浙教成字〔88〕第114号文件批复，同意建立"金华市广播电视中等专业学校"，学制脱产三年，业余四年，按浙江广播电视大学颁布的教学计划组织教学，面向在职职工（包括乡镇企业职工）招生。

学校下辖兰溪、武义、永康、东阳、义乌、浦江、磐安等七所分校，学校及各分校均依托电大办学，采用"一套班子，两块牌子；一个整体，两个层次"的运行机制。

表1-1-17　　历任校行政领导名单一览表

姓名	性别	职务	任期
陈智荣	男	金华市广播电视中等专业学校校长（兼）	1988.2–1994.10
方伟中	男	金华市广播电视中等专业学校校长（兼）	1994.11–1996.11
黄华胜	男	金华市广播电视中等专业学校校长	1996.12–2005.10
楼绍文	男	金华市广播电视中等专业学校副校长	1988.2–1998.6

学校教学形式以面授为主，辅之以电视、录像等方式。

办学以来，共招生10批次计2257名学生，其中，中专普通班1340名，中专成人班656名，职高班261名。

校本级先后开设了机电设备与维修、工业与民用建筑、计算机及应用、企业管理、幼儿师范、财务会计（会计、财会电算化）、市场营销、农用机械、市场营销、乡村经营管理等专业。县市广播电视中专开设了机电设备与维修、工业与民用建筑、计算机及应用、经济信息管理、企业管理、幼儿师范、乡村家庭经营、财会（电算化）、对外经济贸易、市场营销、服装、农用机械、农村家庭经营、文秘、物业管理等专业。全市共有10届毕业生，共计1808名，其中中专普通班1009名，中专成人班603名，职高班196名。

学校全面贯彻党的教育方针，严格执行上级教育行政部门颁布的“中专生学籍管理条例”、各专业教学计划。制定和完善了《中专生守则》《学生考勤管理条例》《文明教室规则》《学生宿舍管理规则》《校园管理规则》和《奖励与处分规定》；注重实践环节的教学，学生“巩固率”“毕业率”“就业率”较高。

表 1-1-18　1988—1998 年金华广播电视中等专业学校招生人数一览表　单位：人

	机电			农机		建筑(工民建)			会计、财会(财会电算化)				计算机			幼师			企管	营销		乡村经管	合计
年份	普通	单科	职高	全脱	职高	普通	单科	职高	普通	单科	职高	成业	普通	职高	成业	普通	职高	成业	成业	普通	职高	成业	
1988	38	13				39	14		40	14													158
1989	45	3				42	1		31														122
1990	76	6							92														174
1991																							0
1992				40	1				40		66	22							11				180
1993	31		3						134		8							16	6	37	2		237
1994	22		33			9		42	41		6	51						29					233
1995	16		23						26		13		41	22				10				107	258
1996	32		4						100		2	22	75	1								63	299
1997									96		18	69	38	3		20		16	14				274
1998	44								3		7	23	132		89		7	17					322
合计	304	22	63	40	1	90	15	42	603	14	120	187	286	26	89	20	7	88	31	37	2	170	2257

表 1-1-19　1991—2002 年金华广播电视中等专业学校毕业人数一览表　单位：人

专业	机电			农机		建筑(工民建)			会计、财会(财会电算化)				计算机			幼师		企管	营销(信息管理)		乡村经管	合计
类别	普通	全脱	职高	全脱	职高	普通	全脱	职高	普通	全脱	职高	成业	普通	职高	成业	普通	成业	成业	普通	职高	成业	
1991	37	11				36	11		40	13												148
1992	34					47			28	1												110
1993	58	1	6						77		5											147
1994																						0
1995				37	1					40								6				84
1996	23	1	2						127		5					22		4	23	2		209
1997	22		27			8		33		38	7	39				13						187
1998	14	24	21				26		23	5	12	29	45	18		7		2			74	300
1999	31		3						42	7	2	6	39			19	13	1			50	213
2000									48		6	38	30				18					140
2001	35									8		27	45		3		25					143
2002												31	36	35	10		4			11		127
合计	254	37	59	37	1	91	37	33	385	112	37	170	195	53	13	61	60	13	23	13	124	1808

第二章　浙江贸易学校
（1978—2003）

第一节　历史沿革

1978年6月19日，浙江省革命委员会《批转省教育厅“关于恢复和新建一批中等专业学校的意见》文，批准建立“浙江省金华粮食学校”。

1978年7月，学校开始筹建。开办初期，校址暂设在距金华城西约15公里处的古方村的粮库内（今朱氏祠堂）。于8月下达招生计划，面向全省招收初高中毕业生200人，专业为会计统计和粮食储藏，学制为三年，当年10月19日学校正式开学。

1979年面向全省招收高中毕业生200人，专业为会计统计、粮食储藏、物价检验，学制为两年。同年，金华粮食技工学校招收保管防化、汽车修理两个中级技工班共100人。在校生人数达500人。校址除古方外，增设后杜粮库教学点，储藏、物检、保化、汽修专业学生在后杜教学点。

1979年4月，浙江省粮食厅决定另选校址，拨款新建。学校新址选择在金华市郊东关，首期征地36.13亩，用于建造教学楼、学生宿舍、食堂等基本设施。

1981年4月，学校从古方、后杜两地迁人金华市东关新校舍，同年7月初，首届（78、79级）学生毕业。

1986年2月26日，浙教委职字〔1986〕第215号和浙计经文〔1986〕第114号文件通知，同意把“浙江省金华粮食学校”更名为“浙江粮食学校”，并逐步将学校规模从在校生600人扩大到1000人。

1987年1月21日，浙江省粮食局〔1987〕第12号文件同意扩建浙江粮食学校。扩改建建筑面积为1.22万平方米，总投资为264万元。其中教工宿舍4220平方米、图书楼1700平方米、教学楼2430平方米、学生宿舍1500平方米、行政楼850平方米、食堂730平方米、后勤用房770平方米等。

1989年，学校与南京经济学院合作，开办了储检专业大专函授站。

1993年7月9日，省教委、省计经委下文，批准浙江粮食学校为“省部级重点中等专业学校”。

1994年4月7日，“浙江粮食学校”更名为“浙江贸易学校”。

1994年11月16日，国内贸易部内贸教〔1994〕第254号文件，认定浙江贸易学校为“国内贸易部系统重点中专学校”。

1998年5月18日，浙江省粮食局下发《关于浙江贸易学校与金华经贸职工中专合并办学的批复》文件（浙粮发〔1998〕第100号），两校正式合并办学，原北山路金华经贸职工中专成为学校另一校区。2000年1月，金华市粮食局下文，将金华经贸职工中专并入浙江贸易学校。两校合并后，原经贸职工中专的全部教职员工均由浙江贸易学校接收。

2001年3月5日，教育部教职成〔2001〕5号文件，学校成为第二批“国家级重点中等专业学校”。

2002年11月29日，浙财国资字〔2002〕214号文件明确，浙江省粮食局所属浙江贸易学校资产、经费、人员均相应划转给金华市管理，标志着学校正式“下放”金华市。

2003年1月7日，金华市政府下发文件（金政发〔2003〕5号），同意“金华广播电视大学与浙江贸易学校”合并，校名为金华广播电视大学（浙江贸易学校），实行“两块牌子、一套班子”的运作模式。至此，学校共有东关、北山路和人民东路三个校区。

第二节 管理体制与组织结构

一、管理体制

1978 年 6 月,“浙江省金华粮食学校”是在浙江省粮食厅、金华行署以及地区财办、粮食局的共同努力下,经中共浙江省革命委员会批准组建的,隶属省粮食厅领导,委托金华地区粮食局代管。

1978 年,金华地委任命了学校第一届领导班子;1981 年,任命了学校第二届领导班子;1984 年 3 月,任命了学校第三届领导班子;1987 年 4 月,由浙江省粮食局党组任命了学校第四届领导班子。

1993 年 7 月,学校四届一次教代会召开,审议通过了《学校内部管理体制综合配套改革方案》,实行校长负责制、岗位目标责任制、教职工全员聘任制。

1997 年 1 月 22 日,浙江省粮食局浙粮发〔1997〕第 19 号文件,批转浙江贸易学校校长负责制工作暂行规定。

1999 年 7 月,学校发文(浙贸校字〔1999〕第 49 号),学校研究制定的《学校科室布局调整方案》《关于中层干部竞聘的有关规定》《关于食堂社会化及行政系统定岗、定编、定系数的有关规定》的系列改革方案,经校六届教代会讨论通过后正式实施。

2002 年 10 月,学校发文(浙贸校字〔2002〕第 54 号),出台《浙江贸易学校中层干部竞聘上岗实施意见》。

2002 年 11 月,根据浙财国资字〔2002〕214 号文件精神,浙江省粮食局所属浙江贸易学校资产、经费、人员均相应划转为金华市管理。

2003 年 1 月 7 日,浙江贸易学校与金华广播电视大学并轨办学,实行“两块牌子、一套班子”的管理模式。

二、组织机构

1.行政领导

学校行政领导见下表。

表 1-2-1　　历任学校行政领导名单一览表

姓　名	性　别	职　务	任　期
杨大忠	男	校长	1978.10–1980.11
高香斋	男	副校长	1978.10–1984.3
侯雪江	男	副校长	1980.3–1984.3
刘墨川	男	副校长	1979.8–1984.3
韩书简	男	校长	1981.7–1983.10
陈樟星	男	副校长	1981.10–1984.3
周　浓	男	副校长	1981.10–1989.5
武道明	男	校长	1984.3–1994.12
王火江	男	副校长	1984.3–1987.4
张纯汉	男	副校长	1987.4–1999.10

续表

姓　名	性　别	职　务	任　期
廖文书	男	副校长	1992.1–1995.4
廖志林	男	校长	1994.11–1999.10
胡　清	男	副校长	1995.5–2003.5
陈加达	男	副校长	1998.8–2003.5
张纯汉	男	校长	1999.10–2003.5

2.中层机构及其领导

1978 年，学校设办公室、教务处和总务处。

1979 年 9 月，设立会统、储藏、粮油检验、汽车修理四个教研组，并由李翅展、陈玉明、李水龙分别担任会统、储藏、粮油检验教研组负责人，朱良琪兼任汽车修理教研组负责人。

1980 年，为更好地开展教研活动，重新划分了 5 个教研组：会统教研组、储藏教研组、粮仓机电教研组、政治经济理论教研组、普通课教研组。

1983 年初，把学校原下设的办公室、教务处、总务处改为人事秘书科、教务科、行政科，同时增设学生科、生活科。

1984 年，撤销原人秘科、行政科、生活科等机构，设置学校办公室、教务科、学生科和总务科。

1984 年 8 月，学校发文（浙金粮校〔84〕干字 1 号），张纯汉任教务科副科长，余宝成任学生科科长，胡道芳任学生科副科长，丁增荣任总务科科长，包玉林任总务科副科长，饶治基任办公室正科级协理员，张福隆任办公室副科级协理员，徐根洪任总务科副科级协理员。

1985 年 1 月，学校发文（浙金粮校〔85〕干字 1 号），杨东辉任教务科副科长。

1985 年 2 月，学校发文（浙金粮校〔85〕干字 2 号），胡清任教务科副科长。

1985 年 6 月，学校发文（浙金粮校〔85〕干字 3 号），余宝成任校长办公室副主任，免去学生科科长职务。

1985 年学校成立中专函授部，周浓兼任中专函授部主任。

1986 年 11 月，学校发文（浙江粮校〔86〕校字 42 号），张纯汉任校长办公室主任，免去教务科副科长职务；胡清任教务科科长，兼基础课教研室主任，免去教务科副科长职务；廖文书任学生科科长，丁增荣任行政科科长，龚顺海任生活科科长，楼正寿任人保科副科长，杨东辉任教务科副科长，梁麟祥任财会教研室主任，顾瑞任经管教研室主任，张如茆任函授部副主任，免去余宝成校长办公室副主任职务，免去胡道芳学生科副科长职务。

1986 年 11 月，学校发文（浙江粮校〔86〕校字 42 号），根据学校基建工作需要，决定成立基建办公室，贾樟信任基建办公室主任。

1987 年 6 月，学校发文（浙粮校〔87〕校字 20 号），李鹏强任马列主义教研室副主任，俞继雄任基础课教研室副主任，俞一夫任储检教研室副主任，汪发生任行政科副科长兼印刷厂厂长。

1988 年 2 月，学校发文（浙江粮校〔88〕校字 11 号），俞继雄任教务科副科长，卢梅芳任基础教研室副主任，姜刚任学生科副科长，免去廖文书学生科科长职务，免去俞继雄基础教研室副主任职务。

1988 年 7 月，学校发文（浙江粮校〔88〕校字 29 号），汪洋任校长办公室主任，沈倪英任储检教研室主任，俞一夫、徐王冠任储检教研室副主任，黄望列任财会教研室副主任，徐文良任经管教研室副主任。

1989年7月9日,学校发文(浙江粮校〔89〕党字8号),决定将原党办、校办合并,改称学校办公室;撤销人保科,单设保卫科,原人保科有关人事、劳动工资、老干部工作等划归学校办公室管理。

1989年7月,学校发文(浙江粮校〔89〕校字30号),汪洋任学校办公室主任,免去原校长办公室主任职务,楼正寿任保卫科科长。

1991年5月,学校发文(浙江粮校〔91〕校字19号),沈倪英任函授部主任,免去储检教研室主任职务;汪发生任生活科科长;俞继雄任图书馆副馆长,免去教务科副科长职务;耿新民任基础教研室副主任。

1992年1月,学校发文(浙江粮校〔91〕校字3号),许金伙任行政科科长,免去丁增荣行政科科长职务。

1992年9月15日,学校发文(浙江粮校〔92〕校字32号),杨东辉任学校办公室主任,杨如顺任教育研究室主任,沈晶任学校办公室副主任,陈秀莲任教务科副科长,郭其林任马列教研室副主任;聘李鹏强为学校印刷厂厂长,徐王冠为学校综合经营部经理。

1992年12月,将行政科与生活科合并,改称为总务科。廖文书任总务科科长(兼)。免去许金伙任行政科科长职务,免去汪发生生活科科长职务。

1992年12月29日,学校发文(浙江粮校〔92〕校字61号),黄望列任财会教研室主任,俞一夫任储检教研室主任,徐文良任经管教研室主任,郭其林任马列教研室主任,耿新民任基础教研主任,俞继雄任图书馆馆长,姜刚任学生科科长。

1993年2月,学校决定将函授部并入教务科,实行两块牌子一套班子。

1993年7月,学校调整中层机构,设立和保留的科室为:学校办公室、教务处、总务处、图书馆、保卫科、经济教研室、食品教研室、公共教研室。

1993年7月,学校发文(浙江粮校〔93〕校字29号),胡清任办公室主任,陈秀莲任教务处主任,楼正寿任总务处主任,吴耀中任图书馆馆长,杨如顺任经济教研室主任,俞一夫任食品教研室主任,耿新民任公共教研室主任。

1993年9月,学校发文(浙江粮校〔93〕校字38号),张捷任保卫科副科长,免去楼正寿保卫科科长职务。

1995年5月,学校调整科室,设立11个科室:学校办公室、教务处、总务处、学生科、财务科、保卫科、图书馆、基础部、会统教研室、食品教研室和商贸管理教研室。姜刚任学校办公室主任,郭其林任教务处主任,林鸿任教务处处副主任,楼正寿任总务处主任,陈秀莲任学生科科长,黄望列任财务科科长,张捷任保卫科科长,吴耀中任图书馆馆长,耿新民任基础部主任,陈茂庆任基础部副主任,徐文良任会统教研室主任,俞一夫任食品教研室主任,胡锦全任商贸管理教研室主任。

1996年"校爱国卫生运动委员会"成立。

1997年11月,学校发文(浙贸校字〔1997〕第49号),林鸿任学校招生就业办公室主任,兼任争创国家级重点中专办公室主任。

1998年8月,学校发文(浙贸校字〔1998〕第35号)《关于调整学校有关科室的决定》,学校教务处调整为教务科;撤销总务处,设立行政科、膳食科;撤销基础部(教研室),分设语文、数学、外语、微机四个教研组。

1998年8月,学校发文(浙贸校字〔1998〕第36号),周国中任行政科科长,吴富孝任行政科副科长;金礼正任膳食科科长;陈秀莲任基础部主任(兼),曹利民任基础部副主任;胡端秀任学生科副科长;邱强任教务科副科长。

1999 年 7 月，学校发文（浙贸校字〔1999〕第 50 号）（浙贸党字〔1999〕第 7 号），聘姜刚为校办党办主任，胡锦全为教务科科长，徐文良为会统教研室主任，俞一夫为食品教研室主任，杨东辉为实验中心主任，林鸿为招生就业办主任，陈秀莲为学生保卫科科长，周国中为行政科科长，吴富孝为膳食科科长，黄望列为财务科科长，曹利民为分部副主任。聘期两年。

1999 年 10 月，学校发文（浙贸校字〔1999〕第 83 号），聘周国中为基础部主任，李鹏强为商贸教研室主任，曹利民为行政科科长，杨如顺为教育研究室副主任。

2001 年 6 月，学校发文（浙贸校字〔2001〕第 32 号），聘任姜刚为校办党办主任，徐文良为校办党办副主任，胡锦全为教务处主任，李鹏强为经济类专业科科长，俞一夫为理工类专业科科长，王汝启为理工类专业科副科长，陈秀莲为学生科科长，郑秀峰为学生科副科长（兼），林鸿为招生就业办主任，张捷为保卫科副科长（主持工作），周国中为基础部主任，楼正寿为后勤服务公司经理。

2001 年 8 月，学校发文（浙贸校字〔2001〕第 39 号），聘任黄望列为教务处副主任，吴黎旦为经济类专业科副科长。

2002 年 10 月，学校发文（浙贸校字〔2002〕第 53 号），任命沈晶为学校招生办副主任。

3.党群机构

（1）中国共产党组织

1978 年 10 月，学校组建党支部。

1985 年 12 月 9 日，中共金华市委〔1985〕28 号文件通知，市委同意建立中共浙江省金华粮食学校委员会。

学校历任党组织领导名单见下表。

表 1-2-2　　1978-2003 年历任学校党组织领导名单一览表

姓 名	性 别	职 务	任 期
鲁兴隆	男	党支部书记	1978.10-1981.7
杨大忠	男	党支部副书记	1978.10-1980.11
高香斋	男	党支部副书记	1978.10-1984.3
侯雪江	男	党支部副书记	1980.3-1984.3
韩书简	男	党支部书记	1981.7-1983.10
吴樟桂	男	党委副书记	1984.3-1987.7
吴樟桂	男	党委书记	1987.7-1995.3
徐春州	男	党委副书记（主持工作）	1995.3-1996.4
王顺仁	男	党委副书记（主持工作）	1996.4-2003.5

1986 年 1 月，学校发文（浙金粮校〔86〕党字 2 号），学校党委下设三个党支部：教师党支部，党员 9 人，书记武道明（兼）；行政党支部，党员 13 人，书记张福隆；学生党支部，党员 6 人，书记廖文书。

1986 年 4 月 7 日，浙江粮校〔86〕党字 4 号通知，成立浙江粮校党的纪律检查小组，组长吴樟桂（兼），组员张福隆、张纯汉。

1988 年 1 月，经换届选举产生的各党支部分工，行政党支部书记张福隆，组织委员张纯汉，宣传委员丁增荣；教师党支部书记胡道芳，组织委员卢梅芳，宣传委员胡清；学生党支部书记汪洋，组织委员廖文书，宣传委员徐衔。

1992年，学校业余党校成立，为学生学习党的基本知识，培养入党积极分子搭建了良好的平台。

1993年，学校党委下设四个党支部：行政党支部，教师第一党支部，教师第二党支部，离退休党支部。

1993年1月8日，学校发文(浙江粮校〔93〕党字2号)，饶治基任离退休干部支部书记，张福隆任离退休干部支部副书记。

1993年2月13日，学校发文(浙江粮校〔93〕党字3号)，楼正寿任行政党支部书记。

1993年2月16日，学校发文(浙江粮校〔93〕党字5号)，俞继雄任教师第一党支部书记。

1993年2月26日，学校发文(浙江粮校〔93〕党字9号)，郭能飞任教师第二党支部书记。

1993年1月，学校党委研究决定，成立中共浙江粮校校办企业支部委员会。许金伙任支部书记，汪发生任支部副书记。

1995年1月，学校发文(浙江贸校〔95〕党字1号)，杨东辉任教师第一党支部书记，徐文良任组织委员，谢素娥任宣传委员。

1995年1月，学校发文(浙江贸校〔95〕党字2号)，姜刚任教师第二党支部书记，陈秀莲任支部副书记。

1995年1月，学校发文(浙江贸校〔95〕党字3号)，徐根洪任离退休干部党支部书记，张福隆和胡序芳任支部委员。

1995年1月，学校发文(浙江贸校〔95〕党字4号)，楼正寿任行政党支部书记，胡清任组织委员，廖文书任宣传委员(兼)。

1995年3月，学校成立首届纪律检查委员会，徐春州兼任纪委书记。

1995年9月29日，徐文良任教师第一党支部书记，杨东辉任教师第二党支部书记。

1997年3月，学校发文(浙贸校党字〔1997〕第4号)，同意教师第一党支部、教师第二党支部、行政党支部和离退休干部党支部的选举结果，徐文良任教师第一党支部书记，杨东辉任教师第二党支部书记，黄望列任行政党支部书记，徐根洪任离退休干部党支部书记。

1998年1月，学校发文(浙贸校〔98〕党字2号)，学校成立党委办公室，杨东辉任党委办公室主任。

1999年3月，学校发文(浙贸校党字〔1997〕第6号)，同意教师第一党支部、教师第二党支部、行政党支部和离退休干部党支部的换届选举结果。教师第一党支部书记徐文良，组织委员刘冬儿，宣传委员胡崇兵；教师第二党支部书记杨东辉，组织委员陈秀莲，宣传委员曹利民；行政党支部书记黄望列，组织委员沈晶，宣传委员周国中；离退休党支部书记徐根洪，组织委员吴樟桂，宣传委员赵瑞荣。

2000年3月8日，金市粮机党〔2000〕4号文件批复，新一届浙江贸易学校纪律检查委员会成员由王顺仁、徐文良、陈秀莲三位同志组成，王顺仁兼任纪委书记。

2001年10月，学校发文(浙贸校党字〔2001〕第8号)，同意各党支部的换届选举结果。教师第一党支部书记李鹏强，教师第二党支部书记俞一夫，教师第三党支部书记黄望列，教师第四党支部书记陈秀莲，行政第五党支部书记徐文良，离退休党支部书记赵瑞荣。

2002年9月16日，金市机党〔2002〕37号文，中共浙江贸易学校党委由原金华市粮食局直属机关党委管理，划归金华市教育局直属机关党委管理。

⑵工会组织

1981年1月，学校首届工会委员会成立。

1984年4月6日，学校首届教职工代表大会召开。

表 1-2-3　　　　1981-2003 年历届校工会领导一览表

姓　名	性　别	职　务	任　期
周　浓	男	主席	1981.8-1984.9
王火江	男	主席	1984.10-1987.11
张纯汉	男	主席	1987.12-1990.11
杨东辉	男	主席	1990.12-1993.5
胡道芳	女	主席	1993.6-1996.11
陈加达	男	主席	1996.12-1999.11
王顺仁	男	主席	1999.12-2003.1

(3)共青团组织

1979 年 2 月 26 日，学校成立中国共产主义青年团浙江省金华粮食学校委员会，下设 9 个团支部，王景瑜任书记。

1983 年 2 月，学校召开第一届学代会，会议产生了第一届学生委员会，通过了学生会章程，设置学习、文娱、体育、劳卫、生活五个部门。

1983 年 11 月，学校任命陈增加为团委书记。

1989 年 11 月，学校文工团、广播站成立。

1994 年 6 月，金华团委市委发文，学校团委获“为希望工程献爱心”最佳组织奖。

1995 年 11 月，学校发文（浙贸校党字〔1995〕14 号），陈秀莲任团委书记，郑秀峰、胡崇兵任副书记。

1997 年 11 月，学校发文（浙贸校党字〔1997〕第 19 号）《关于校团委第十一届委员会选举结果的批复》，郑秀峰任团委书记，胡凌、滕芳萍任团委副书记。

2000 年 3 月，学校发文（浙贸校党字〔2000〕第 9 号）《关于校团委选举结果的批复》，郑秀峰任团委书记，沈捷、潘晓丽任团委副书记。

(4)民主党派

1988 年 10 月 20 日，学校成立民盟浙江粮食学校支部。11 月，中国民主同盟金华市委文件（金盟字〔88〕第 53 号），同意民盟浙江粮食学校支部选举产生首届支部委员会，邹士芬任主委，朱文炳杨如顺任支部委员。

第二届支部委员会，杨如顺任主委，陈定坤、胡锦全任支部委员；第三届支部委员会，胡锦全任主委，陈勋任副主委，陈定坤、王立山、屠红卫任支部委员。

第三节　学生

一、招生与就业

1.招生

1978 年 10 月 19 日，第一届新生共 200 人入学报到，学制三年，设有粮食会统和粮食储藏两个专业。因学校正在筹建，特委托各地、市粮食局在当地招生办公室的统一安排下，根据省革委会对招生的要求和分配的各专业名额,在该地、市范围内组织挑选新生。

1978 年 12 月 26 日,浙江省粮食局下发“关于金华粮食学校初步设计的批复”,核定学校的规模为在校学生 600 人,分设粮食会统、物价检验、防化与保管、加工与机械四个专业,学制三年。学校的编制按 1:10(即 1 个教职工比 10 个学生)考虑。

1979 年,学校招收中专新生 200 人,其中会统专业 100 人,储藏检验专业 100 人,从高中中专考生中录取,学制 2 年;同时兼招保化、汽修两个中技班,共 100 人。2019 年学校在校生为数达到了 500 人。

1984 年,学校增设“粮食经营与管理”专业,同时,将原“会计与统计”专业改为“财务会计”专业。1986 年,学校规模从在校生 600 人扩大到 1000 人。

1988 年,增设粮油食品分析专业,当年招生 81 人。

1993 年,增设粮油食品专业,当年招生 89 人。

1994 年 9 月,招收对外贸易业务、涉外财务会计、企业财务会计、市场营销、文秘与档案、商品储运、粮油食品等七个专业共 420 名新生。

1995 年,增设了食品卫生检验、审计、经济法律事务、投资财务与信用、计算机操作与维修等 4 个专业,使学校专业设置达到了 20 个。

1997 年 1 月,学校向省教委申办“粮油储藏与检验”“营销策划与推销技术专业”“会计与统计电算化操作”等三个专业的职高班各 1 个。

1998–2003 年开设的专业如下表:

表 1–2–4　　1998–2003 年开设专业一览表

年份	专业名称
1998	粮油储检、食品卫生检验、商务秘书、电算会计、投资、经济法律事务、市场营销
1999	商品储藏与检验、食品卫生检验、电算会计、投资与会计核算、市场营销、旅游业务与酒店管理、会计与统计核算、计算机及应用
2000	环境监测与治理、营养与食品卫生检验、计算机、电子商务、商务英语、电工与电子技术、证券投资、电算会计、经济法律事务、旅游宾馆、营销策划、国际商务、计算机技术与应用
2001	计算机网络、计算机应用、环境保护与监测、产品质量监督与检验、电算会计、商务英语、经济法律事务、国际商务、电子商务、旅游
2002	环境保护与监测、计算机应用、商务英语、商务秘书、旅游、电子商务、电算会计、国际商务
2003	计算机技术与应用、计算机网络技术、环境保护与治理、电子技术应用、会计电算化、国际商务、市场营销、电子商务、法律事务、旅游、商务英语

表 1–2–5　　1978–2002 年全日制中专招生人数一览表

年份	招生人数(人)
1978	200
1979	200
1980	0
1981	200

续表

年份	招生人数(人)
1982	201
1983	190
1984	239
1985	323
1986	305
1987	328
1988	372
1989	230
1990	350
1991	342
1992	331
1993	313
1994	420
1995	610
1996	695
1997	792
1998	743
1999	680
2000	995
2001	700
2002	750

说明:因东关校舍尚未建成,1980 年未招新生

2.就业

1996 年前,中专毕业生由国家统一分配。

学校办学初期,每年都有部分毕业生统一分配到包括省粮食厅(局)和市粮食局在内的政府部门以及其下属事业单位,但多数毕业生分配到全省各地(市)、县级粮食系统。1981 年至 1991 年,共向社会培养输送全日制普通中专毕业生 2649 人,年均 265 人。

经对历届毕业生的跟踪调查及随机抽样反馈资料显示,学校历届毕业生绝大多数已成为全省粮食(包括中央储备粮管理系统)以及其他行业企事业单位的业务骨干,还有不少毕业生从粮食系统基层做起,逐步成长而成为地市县级党委、人大、政府、政协、纪监、国企的领导人,因此学校也称为“浙江省粮食系统的黄埔军校”。另外,毕业生中还有为数众多的自主创业成功人士,他们都在为经济、社会的发展做出各自的贡献。

表 1-2-6　　1981–1991 年历届中专毕业生人数一览表　　单位:人

地市	1981	1983	1984	1985	1986	1987	1988	1989	1990	1991	总计
杭州	40	16	20	25	26	30	29	23	61	54	324
宁波	47	35	28	25	24	30	27	23	47	53	339
温州	34	30	24	21	25	30	31	24	42	54	315
嘉兴	30	17	19	15	15	31	20	16	28	39	220
湖州	21	8	9	11	17	16	15	12	21	26	156
绍兴	37	18	18	18	15	16	16	14	27	36	215
金华	101	25	22	12	14	25	17	22	30	45	313
衢州	14	11	6	18	11	12	13	14	24	33	156
舟山	13	15	16	18	13	14	16	13	16	27	161
丽水	28	10	20	18	13	22	22	15	29	42	219
台州	34	15	20	19	16	24	20	15	24	44	231
合计	399	200	202	200	189	240	226	191	349	453	2649

说明:因东关校舍尚未建成,1980 年未招新生,所以 1982 年无毕业生

2002 年 4 月,学校发文《关于高年级学生提前就业问题的实施意见(试行)》。

2002 年 11 月 23 日,我校举行第一届人才招聘交流会,共有 55 家用人单位进场招聘。

二、学生管理制度

1978 年,学校先后制定了《学生学籍管理制度》《学习制度》《生活制度》《班主任职责》《学生守则》《先进班级条件》《三好学生条件》等规章制度,并在实践中逐步完善。

1982 年,学校新设学生科,专门从事学生管理工作。先后制定和完善了学生学籍管理制度、学生操行考核制度、请销假制度、文明宿舍制度及奖学金制度等,并根据学校实际,编写了《学生手册》,用以指导和规范学生的行为。

1987 年起,学校开始对新招收的学生进行军训,并对学生的日常行为实行准军事化管理。

1995 年,为强化学生管理,学校提出了“地上无垃圾、吃饭无跑步、考试无监考”的“三无”管理要求。

随着学校规模的不断扩大,学生管理工作得到进一步加强,学生管理制度日趋规范和完善,先后制定或修订了《学生考勤制度》《学生证管理规定》《学生考试管理规定》《图书馆(阅览室)管理规定》《教室卫生管理规定》《学生宿舍管理规定》《学生早操管理规定》《三好学生评比办法》《学生奖学金、优秀干部评比奖励办法》等制度。

三、思想政治教育

1. 德育目标

学校注重学生的思想政治工作,通过政治思想、品德、法纪和心理健康教育等,把学生培养成热爱祖国、拥护中国共产党、自觉践行社会主义核心价值观、遵纪守法、具有较高思想道德素质、良好行

为习惯和健全人格的公民，成为具有良好职业道德、较强职业发展能力和终身学习能力的高素质技能型人才。

2.德育内容

新生入学后，开展《学生守则》学习教育。根据青年学生的特点和兴趣，开展形式多样的思想品德教育活动，包括马克思主义者基本原理教育、共产主义道德品质教育、爱国主义教育、专业思想教育等。此外，利用业余党校、团校加强政治思想教育和法制观念教育，帮助学生树立正确的人生观、价值观和世界观，开展“学雷锋、树新风、争三好”“五讲四美三热爱”“创先进团支部”等活动等。在教师当中开展教书育人、服务育人、管理育人等“三育人”活动，对学生进行专业思想教育和学生守则教育；组织学生参加各种实践活动和公益活动，增强学生的社会责任感；聘请法制副校长，对学生进行法制教育等。

3.德育队伍

在学校党委的领导下，建立了一支由党、政、工、团、班主任、政治教师、任课教师、教职工组成的德育队伍。着力构建班主任队伍，注重调动班主任的积极性、主动性；注重学生干部的培养和使用。学校党、政、工、团、学生处、班主任等通力合作，共同做好学生德育工作。

1990 年以来，学校建立了较为完善的德育工作体系：一是组织落实，建立了以校长为组长，马列教研室主任、学生科长、团委书记和教师第二党支部书记参加的德育工作领导小组，具体负责德育工作计划的制定、实施和督促检查；二是队伍落实，建立了一支以专职政工干部和政治理论课教师为骨干，以班主任为主体的德育工作队伍；三是建立了政治辅导员制度，配备了两名专职政治辅导员。学校先后制定了《关于加强学校德育工作的意见》《学校德育大纲》《学校思想品德与形势任务教育实施计划》《学生操行评定办法》《班级、班主任工作考核办法》《优秀班集体和文明寝室达标考核制度》《值周班和班级讲评制度》《军训制度》《学生集会规则》《优秀团员、学生干部考核办法》等一系列制度，学校德育工作得到了中国职业技术教育学会和国内贸易部教育司的肯定。

1991 年年初，学校在原学校政治思想工作领导小组基础上，充实健全了政工队伍，明确了领导分工，由党委书记负责教职工政治思想工作制度，德育工作以马列教研室、校团委、学生科为相应职能机构。

1991 年 10 月，为加强学生思想政治工作，学校党委决定在学生中建立政治辅导员制度，政治辅导员属学生科编制，吴耀中、何静为学校首批政治辅导员。

1996 年 10 月，因学校领导班子及有关人员的工作变动，对教职工思想政治工作领导小组和德育工作领导小组成员作了调整。思想政治工作领导小组王顺仁任组长，廖志林、张纯汉任副组长；德育工作领导小组廖志林任组长，朱小平任副组长。

1999 年 1 月，学校下发（浙贸校党字〔1999〕第 1 号），学校成立关心下一代工作委员会，韩书简任主任，吴樟桂、楼正寿任副主任，鲁兴隆、曹伟、张福隆、徐根洪、顾瑞、梁麟祥、邹士芬为成员。

2002 年 3 月，学校下发（浙贸校党字〔2002〕第 4 号）《关于成立浙江贸易学校关心下一代工作小组的决定》，其组成人员：组长王顺仁，副组长吴樟桂、徐文良，组员赵瑞荣、崔念芹、宋鸾凤。

2000 年 2 月，学校下发（浙贸校字〔2000〕第 13 号），因有关人员变动，调整学校德育领导小组成员，张纯汉任组长，王顺仁、武道明（常务）、吴耀中任副组长。

2000 年 7 月，学校下发（浙贸校字〔2000〕第 55 号）《关于加强学校德育工作的几点意见》《关于加强班主任工作的意见》《学生社会实践周管理制度》等，经校长办公会议研究通过，自 2000 学年起贯彻执行。

2001年11月，学校发文《关于党员干部联系问题班级与问题学生开展帮教结对子活动的通知》。

第四节 教职工

一、教师工队伍与管理

1978年建校初期，教职工多数从金华地区及下属县粮食部门调入。随着学校的发展，通过高校毕业生分配、有关部门调动、本校优秀毕业生留校等多种途径引进充实教师队伍。留校人员经过保送上大学、业余进修及后期培训等，大都成为学校教学业务骨干或管理干部。

表1–2–7 1978–2003年教职工情况一览表

年份	全部职工(人)	其中:固定职工(人)	专任教师(人)
1978	20	20	7
1979	75	64	26
1980	94	74	36
1981	107	93	43
1982	101	88	44
1983	109	91	47
1984	120	93	44
1985	134	96	47
1986	173	116	66
1987	182	132	80
1988	184	141	86
1989	179	138	82
1990	167	132	76
1991	168	130	71
1992	161	125	70
1993	156	148	92
1994	155	146	91
1995	154	144	91
1996	160	152	99
1997	167	157	104
1998	167	157	106
1999	166	156	109

续表

年份	全部职工(人)	其中:固定职工(人)	专任教师(人)
2000	167	157	112
2001	168	158	113
2002	168	158	115
2003	169	159	116

1983 年 7 月开始,学校在《关于中等专业学校确定与提升教师职务名称的暂行规定》和教育部颁发的《关于中等专业学校评定教师职称工作的通知》文件的指导下,全面推进教师职称评定工作。

1984 年,学校试行教师量化考核办法,并建立教师业务档案。

1987 年 12 月,学校发文《关于公布首批教师初级专业技术职务任职资格名单的通知》中,学校教师系列初级专业技术职务任职资格,经各教研室评议,校评审小组评审通过,共确认助理讲师资格 36 人,教员资格 9 人。

1996 年以来,学校对教师提出了"学生是自己的孩子""上课是自己的天职""身教是最好的办法""学习是永恒的任务"四个方面的具体要求。

二、教职工考核与分配

1980 年 12 月,学校提出"关于教师实行定工作量"的意见,根据一般中等专业和技工学校的教师应完成的任务确定工作量,超工作量定额者给予奖励。

1990 年起,学校根据创收情况,每年定期或不定期以现金和实物形式改善在编在岗教职工生活待遇,并慰问离退休职工。

1991 年,由学校牵头,制定了全省粮食中专学校教师考核办法及量化指标体系,并由省粮食局下文颁发执行。

1993 年 2 月,学校发文(浙江粮校〔93〕校字 6 号),出台《优秀教师奖励办法》,试行校内低职高聘办法。

2000 年 2 月,学校发文(浙贸校字〔2000〕第 9 号),学校制定的《校内奖金分配办法》(第二次修订稿)经六届教代会讨论通过,从 2000 年 2 月起执行。

三、教职工教育与培训

办学初期,学校条件差,底子薄,师资数量严重不足。从 1980 年开始,学校派出年轻教师参加全国举办的各类师资培训班,以短期为主,并挑选本校的毕业生留校(甚至还没毕业就确定留校),送到有关粮食院校进修学习。

1985 年,学校发文鼓励和支持全校教职工在职通过电大、函授等方式进修,学习成绩合格者可报销学费。个别课程不及格,按比例自费;成绩优秀者,给予适当奖励。

1986 年 12 月,学校为鼓励教师提升学历水平,出台了《关于教师报考研究生的暂行规定》。

1987 年,学校首次评聘教师专业技术职称。对教师开展教育学、心理学知识的普及培训,选派教师挂职锻炼,开展教学专题调研;制定专项奖励办法,鼓励教师开展科研活动,提高教师的教学和科研能力;完善出台教师考核制度,强化师资管理,促使教师爱岗敬业、专心从教。

1987年年底,学校公布了首批教师初级专业技术职务名单。

到2002年12月底,学校共有专任教师115人,其中副高职称21人,中级职称68人,拥有一支结构合理、素质优良的师资队伍。

第五节　人才培养

一、专业与课程

学校办学初期,主要开设“会计统计”“粮油储藏”两大专业。各专业分别开设了政治课、普通课、专业基础课和专业课。政治课包括哲学、政治经济学、人生与道德等;普通课包括语文、英语、数学、物理、化学、体育等;专业基础课和专业课按照各自专业开设不同课程。“会计统计”专业主要开设计算技术、粮食经济、粮食经济地理、粮油商品知识、经济法基础知识、粮食市场学、电子计算机应用、会计原理、统计学原理、商业会计、商业统计、工业统计、工业会计、企业管理等课程;“粮油储藏”专业开设有机化学、分析化学、粮油商品知识、储粮生物化学、粮食微生物、机械制图、粮仓电器设备、储粮害虫及其防治、粮油储藏、粮油品质检验、粮油食品卫生检验、粮食仓库管理、粮仓机械等课程。

1984年1月27日,增设“经营与管理”专业。开设课程主要有计算技术、粮食经济、粮食经济地理、消费心理学、公共关系学、经济法、粮油商品价格、电子计算机应用、粮食商业计划、粮食市场学、粮食企业会计、粮食统计、粮油购销业务、粮食企业管理等课程。

1987年增设“文秘”专业,学制两年,每年招收高中毕业生100名。

从1987年开始,将“财务会计”和“粮食储藏检验”两个专业,从现行招收高中毕业生、学制二年改为招收初中毕业生、学制四年;“经营与管理”专业从现行招收初中毕业生、学制三年改为招收高中毕业生、学制二年。

1988年,在省粮食局的建议下,增设“粮油食品分析”专业,与“粮食储藏检验”专业轮换招生,学制两年,每年招收高中毕业生80名左右。

1989年学校在嘉兴市所属的市郊区、海宁市、桐乡县、嘉善县、平湖县等五个县(市)粮食部门建立经管专业学生的实习基地。

1990年11月,学校发文从1991年秋季开始,招收“计划统计”专业学生两个班。1992年秋季招生将“计划统计”专业更名为“信息统计”专业。开设专业基础课和专业课主要有:粮食经济、计算技术、粮食经济地理、粮油商品经济、经济法基础知识、粮食市场学、社会经济统计学原理、国民经济计划概论、计算机应用基础、粮油物价知识、财政与金融、粮食企业管理、粮食商业统计、粮食部门统计、粮油工业统计、粮食企业会计、粮食商业计划、粮食经济专门调查等。

1992年起,学校试招职业高中班,首届职高班先行开设“粮油经营专业”,原则上从学校所在地金华市以及省内其他各县市粮食系统干部、职工子女中招收应届初中毕业生,学制三年。职高班学生不转户粮关系,毕业后自谋职业,学校协助推荐介绍,除了普通文化课外,开设计算技术、粮食经济基础知识、粮食经济地理、经济法基础知识、会计核算基础知识、粮食统计基础知识、公共关系学、商业心理学、物价基础知识、粮食市场学、商品知识、贸易洽谈、粮食经营业务、应知应会专题讲座等。

1992年起,学校先后招收涉外财务会计、文秘与档案、外贸企业管理、对外贸易业务、商务秘书、电算会计、审计、市场营销、经济信息管理、计算机操作与维修、投资、经济法律与事务、投资与会计核算、旅游业务与酒店管理、计算机及应用、环境监测与治理、食品卫生检验、电子商务、商务英语、电工与电子技术、证券投资、旅游宾馆、营销策划、国际商务、计算机网络、产品质量监督与检验、环境保护、物流管理等专业学生，专业设置数达到35个。学校已初步形成全日制、函授、职高、岗位后培训及计划招生、委托培养、自费、定向培养等多层次、多形式办学的格局。

1996年10月，为加强对学生自考的管理，有利于统一协调开展工作，学校成立自学考试办公室。自考办归口教学副校长直接领导，挂靠教务处，自考办主任由林鸿兼任。

1999年9月，根据浙教职〔1999〕313号《关于公布浙江省普通中等专业学校教学管理水平评估结果的通知》，浙江贸易学校的教学管理水平被认定为优秀等级。

2001年6月，学校率先提出了"1+1+X"的教学目标培养模式，实行分层教学、试行学分制和"三级目标管理"办法，按照"因材施教、因人施教"的要求，积极推行教学改革和创新活动，成效显著。同年11月，"财务会计"专业被省教育厅评定为中等职业学校"省级示范专业"。

为强化学生实践能力的培养和操作技能的训练，学校提出了"一手好算盘、一副好口才、一篇好文章和一手好字"的专项技能要求，开展了学生暑期社会调查和实践专项工作，加大了毕业实习的检查和量化考核力度。

为了适应市场需求，提高学生操作技能水平，学校增设了实验中心，建立了商贸模拟公司和实习基地；文秘专业学生开设了汽车驾驶技能训练；举办了外语、电脑等级证书考试，开设了社会实践周等，鼓励学生积极参与社会实践活动。

二、体育与达标

学校积极贯彻执行《体育卫生工作条例》，由教务副校长直接抓体育工作，学生体育素质较好，达标水平逐年提高。1987、1988、1989、1990学年，达标率分别为80.7%、91.29%、97.5%、98.62%，优秀率分别为9.2%、8.71%、11%、21.5%。

1996年10月，学校成立健康教育领导小组，张纯汉任组长。

1997年3月，学校成立体育运动委员会，张纯汉任主任，周伟平任常务副主任。

第六节　科学研究

1978年以来，广大教师在完成各项教学任务的同时，教学研究、著书立说蔚然成风。

1984年，学校创办《粮食教学与业务》刊物，这是一本以促进校际之间教学经验交流，传递本省粮食教学与业务信息为主要内容的内部刊物，发送范围为华东、华北两大区各粮食学校、本省各县市粮食局、本校教师、学生、金华市各有关学校及相关部门等。

1989年6月26日，浙江省粮食经济学会浙江粮校分会暨第一届理事会在学校召开。会议选举产生由杨如顺、张纯汉、武道明、胡清、徐文良、顾瑞、梁麟祥七人组成的理事会。武道明为会长，张纯汉为副会长，徐文良为秘书长，理事会推举周浓为名誉会长，聘请王萃镛为顾问。

1990年，由储检教研室周象君任组长的浙江省粮食局立项课题——"储粮害虫对防虫磷敏感性调查"，通过省粮食局专家组的鉴定。

1993年，为适应学校发展的需要，先后制定了对外贸易业务、文秘与档案、商品储运等专业的实施性教学计划；在教务处等相关部门的组织下，举办了学校第六届教学论文报告会；基础教研室主持开发的“教务管理软件”项目通过省级鉴定。

1993年9月,学校将原《粮食教学与业务》更名为《浙江粮食教育》,由原浙江省粮食局副局长沈惠子题写刊名,本刊为双月刊,内部出版发行,汪洋任主编,徐文良任副主编。

1995年12月,学校发文(浙贸校字〔1995〕第73号),学校调整教育指导委员会,廖志林任主任,张纯汉任副主任。

1996年1月,学校发文(浙贸校字〔1996〕02号),出台《教学成果奖励办法(修订稿)》。

2001年7月,学校发文(浙贸校字〔2001〕第41号)《关于聘任学科带头人的实施意见》,从2001学年起试行。

2001年10月,学校发文(浙贸校字〔2001〕第52号),学校聘任包中文为计算机类学科带头人,黄永祥为化学分析类学科带头人,杨东辉为电工电子储藏类学科带头人,孙黎为政法类学科带头人,屠红卫为财会类学科带头人。

1990年至2003年间,俞一夫、夏琅寅、杨如顺等多名教师分别多次承担了商业部、国内贸易部系统中专学校相关专业教学计划、教学大纲和统编教材、推荐教材的编撰工作;多位领导和教师在商业中专、粮食中专、省中专教育研究会中担任理事等领导职务;学校鼓励教师搞科研,出成果,教师编著或参与编写专著、教材达80余本,正式发表论文360多篇,完成科研课题3项,获奖论文50余篇。

第七节　办学条件

一、经费来源及管理使用

学校人员经费、公用经费等由浙江省粮食局下达当年教育经费预算,省财政厅核拨,基建费用由省粮食局核拨。学校的人员经费、公用经费和基建修缮费用等,基本上做到专款专用。年初制订经费使用预算计划,由学校行政会议讨论通过后执行。

二、图书资料及实验设备

(一)图书资料

1979年,购置图书和专业技术书籍4000多册,利用民房建立了小图书馆和阅览室。同年购买教学仪器22000多元。

1990年,学校图书馆竣工,建筑面积达1862平方米,藏书量达3.9万余册,其中文学类藏书占总藏书量约30%。教师阅览室有期刊196种,报纸34种;学生阅览室有期刊161种,报纸40种。这一年,图书馆引进微机管理系统。

1991年,图书馆藏书达4.3万余册。在金华市图书协会的评估中,学校图书馆以较大的优势名列榜首,被评为金华市先进图书馆。

1993年,图书馆藏书总数达到6.5万余册。

1999年,图书馆藏书近14万册。

表1-2-8　　1991年年底图书馆藏书情况一览表

序号	基本大类	数量(册)
A	马克思主义、列宁主义、毛泽东思想	229

续表

序号	基本大类	数量(册)
B	哲学	1734
C	社会科学总论	515
D	政治、法律	2005
E	军事	43
F	经济	8315
G	文化、科学、教育、体育	2658
H	语言、文字	1710
I	文学	12648
J	艺术	283
K	历史、地理	2455
N	自然科学和化学	88
O	数理科学和化学	1554
P	天文学、地球科学	37
Q	生物科学	520
R	医药、卫生	208
S	农业科学	1039
T	工业技术	2280
U	交通运输	10
V	航空、航天	3
X	环境科学	27
Z	综合性图书	357
	期刊合订本	2500
	合计	43218

（二）实验设备

1985 年，学校实验楼建成启用，建筑面积 2100 平方米，为当时华东、华北两大区粮食学校中最大的实验楼，主要用于粮油储检专业，内有分析化学、粮油品质检验、粮食食品卫生检验、储粮微生物、储粮昆虫、粮仓电器等实训室以及配套的称量室、烘干室、药品仓库、仪器设备仓库、阶梯教室、教师办公室等。

学校还先后建立了计算机房、财会模拟实验室、语音实验室、电子商务实验室、多媒体教室等。

至 2003 年，学校共有实验实训仪器设备总值 800 余万元。

三、基本建设

1978 年，学校开办初期,借用距金华城西约 15 公里处的古方和后杜两个粮库，作为教室和学生寝室,租用附近农民房子作为教工宿舍。

1979年,在市郊东关一处叫雅儿山的山坡上首期征地2.4万平方米,用于建造教学楼、学生宿舍、食堂等基本设施。1981年4月,学校从古方、后杜两地迁入市郊东关新校舍。

为了满足学校办学规模扩大的需要,1987年1月21日,浙江省粮食局下发文件,同意扩建浙江粮食学校。1988年3月1日,浙江省粮食局下发《关于浙江粮食学校扩建工程扩初设计的方案》,在该扩初方案中,提出扩改建工程总建筑面积为9342平方米,征地3.8万平方米,投资总概算核定为275万元。

1994年底,学校占地面积已由1982年的2.4万平方米扩大到6.2万平方米,建筑面积由1982年的1.01万平方米扩大到2.7万多平方米,建成了实验楼、图书楼、教学综合楼、行政办公楼、学生食堂、大礼堂、体育馆、400米跑道的田径场等。学校又先后筹建了微机房、电教室、语音室、商贸模拟实验室,开办了幼儿园、小卖部、小吃部、浴室、理发室等。同时,将东关粮库并入学校,先后新建了青春路2号和28号、金龙小区、东关等四幢教工宿舍楼;校园内先后建造了南、北、中3个花园景区,培植了草坪、花木等,校园环境得到改善。

1996年以来,在省粮食局和有关部门的大力支持下,学校进一步加大了硬件建设的投资力度,新建了2400平方米的1号学生公寓和1000平方米的学生第二食堂,改造了2号学生公寓,相继完成了教学楼的加层、外墙装修和实验楼的改扩建工程,所有旧建筑进行了内外装修改造,校园道路路面得到修复。

1997年5月,学校开通了北边新大门,扩建了北花园,建造了六角亭和不锈钢雕塑;完善了第一微机室,开辟了第二微机室,电脑由64台增至近210台;创办了实验中心和商贸模拟中心,更新了电教设备;增加了图书近7万册,图书馆藏书达13.3万册,实现了微机化管理;购换了四台车辆,完成了水电增容;安装了教职工住宅电话,教职工办公基本实现电脑化,食堂管理实现了金龙卡售饭系统。

截止到2012年12月底,学校共有东关和北山路(原金华市粮食干校)两个校区,共占地面积8万平方米,总建筑面积3.5万多平方米。

第八节　校园文化

一、校训

1985年,学校提出了"严谨、求实、团结、奋进"的八字校训。

1992年5月,浙江省粮食局原局长张兴钱到校调研工作,并题写了校训。

二、校标

三、文化活动

为弘扬校园文化,丰富学生的课外生活,加强学生的实践能力,从1983年起,学校先后组织开展珠算、财会、写作、信息等第二课堂活动。1988年起,学校先后成立了各种学生社团,如未来管理者学会、理财家学会、食品工程学会、邮递小组、园艺小组、逸趣书社、摄影小组等。

1989 年 11 月，学校文工团、广播站成立。

1992 年 4 月 7 日，学校第一届校园文化艺术周活动开幕，这在全省中专学校中首次推出每年为期一周的校园文化艺术周活动。

四、校庆活动

1988 年 10 月 22 日，学校举行建校十周年庆祝大会，浙江省粮食局有关领导、原金华地区财办领导、教委、粮食局领导以及历届校领导班子成员等出席了大会。为了贯彻勤俭节约的原则，庆祝仪式力求简易，除校庆之日组织本校师生开展相关活动外，还编辑《粮食教学与业务》校庆专刊奉赠领导和校友作为纪念。

1998 年 2 月，学校发文（浙贸校字〔1998〕第 8 号），学校成立申报国家级重点中专及二十年校庆筹备委员会。因我国遭受了历史上罕见的特大洪水灾害，国务院办公厅发出了关于增收节支，制止浪费，支援抗洪救灾工作的通知，学校对原定的二十周年校庆活动计划作出相应调整，取消大型庆典活动，举行一个简朴的庆祝仪式，不再邀请嘉宾和校友庆贺，将节省资金的一部分用于支援灾区建设，另一部分用于建立“帮困基金”，资助贫困学生完成学业。校庆日，只举行一个由在校师生和离退休教职工参加的简朴仪式。

2008 年 11 月 8 日，学校举行建校 30 周年庆祝大会。浙江省粮食局、省教育厅、浙江师范大学、浙江广播电视大学、金华市有关领导和兄弟院校相关领导，以及来自省内外的嘉宾、离退休职工、校友及师生员工共 3000 多人参加了庆祝大会。

第九节　国际交流

1988 年 7 月，学校珠算教师张昭和财会专业学生徐群峰，参加了中日两国珠算学术交流活动。

2001 年 11 月 6 日–25 日，受中国农垦（集团）总公司海外部和省农业厅的委托，学校承办国家外经贸部援外司的援外项目——尼日利亚粮食仓储管理技术人员培训。尼日利亚农村农业发展部派遣 10 名技术人员到校进行为期 20 天的粮食仓储技术和管理培训。

2001 年 12 月 29 日，尼日利亚联邦农业农村发展部战略粮食储备局局长塔拉比一行 3 人访问学校，金华市副市长严高文会见并宴请。

2002 年 9 月，学校首次聘请了两位加拿大教师艾薇、布鲁斯和伊凡、藤乔夫到校任教。

第十节　函授教育与社会培训

一、函授教育

为提高社会效益，扩大学校知名度，学校于 1985 年成立了中专函授部，并在金华、宁波、嘉兴等地设立了函授站。开设财务会计专业，学制三年，面向全省招生，招生对象为具有初中毕业文化程度的在职职工。

1985 年，招收粮食财务会计专业学员 107 人，1986 年招收学员 52 人。

1989 年，学校函授部开设“粮食经营与管理”班，在嘉兴市粮食系统范围招生，经省教委组织统一考试，择优录取40名，招收年龄在45岁以下的粮管所所长(厂长、经理)。

1990年，举办经营与管理专业函授班，招收粮食系统具有初中毕业文化程度或具有同等学历的在职购销业务人员，学制三年，自学为主，面授为辅。

考虑到函授生生源不足，集中面授工学矛盾较为突出，中专函授部停止招生，同时尝试以自学考试的形式予以替代。

二、社会培训

表 1-2-9　　1980年—1990年学校培训情况一览表　　单位：人

序号	时间	培训内容	委托单位	人数	培训期限
1	1980.9	粮油工业统计	浙江省粮食局	45	一个月
2	1981.9	粮食商业会计	金华地区粮食局	100	一年
3	1982.9	粮食商业会计	金华地区粮食局	100	一年
4	1982.9	粮油害虫防治培训	浙江省粮食局	49	半年
5	1983.8	全国粮校储检专业实验员培训	粮食部	55	两个月
6	1983.8	种子保管培训(一期)	浙江省农业厅	45	两个月
7	1983.9	粮食商业会计	金华地区粮食局	100	一年
8	1984.7	粮食商业会计	浙江省粮食局	70	半年
9	1984.8	种子保管培训(二期)	浙江省农业厅	45	两个月
10	1984.9	粮油食品工艺	金华地区粮食局	50	半年
11	1985.6	粮食工业会计	浙江省粮食局	64	三个月
12	1987.6	粮食商业会计	浙江省粮食局	106	三个月
13	1987.8	全省粮食保管员中级技能师资培训	浙江省粮食局	30	一个月
14	1988.3	粮食商业会计	绍兴、丽水粮食局	65	两个月
15	1988.9	饲料工业统计	浙江省饲料公司	51	三个月
16	1988.9	粮食系统经济系列职称评审辅导(一期)	浙江省粮食局	85	一个月
17	1988.10	粮食系统经济系列职称评审辅导(二期)	浙江省粮食局	76	一个月
18	1989.10	粮食商业会计	丽水地区粮食局	31	两个月
19	1990.2	绍兴市粮食保管员培训	绍兴市粮食局	54	三个月
20	1990.5	粮食商业统计	丽水地区粮食局	37	三个月
21	1990.9	粮食内部审计	浙江省粮食局	60	一个月

1986至2003年间，学校受省粮食局委托，承担全省粮油保管员、营业员中级职业技能培训、考核任务。在省粮食局的指导下，学校负责制订粮食保管员、粮食商业营业员的培训计划和培训课程教学大纲，培训各地市粮食保管员、营业员中级技能培训师资，并对为全省各地市县的中级职业技能鉴定统一命题和印制。俞一夫、杨如顺分别牵头负责粮油保管员、营业员中级技能培训的相关工作。

第十一节　大专教育

1989年，学校与南京粮食经济学院合作，开办南京粮食经济学院浙江函授站，开设“粮油储检”和“财务会计”等专业大专函授站，为全省粮食系统培养了一大批中高级专业人才。南京粮院大专函授班89、90、91级三年年级共有学生109人。

1993年，学校与北京商学院函授学院达成意向，设立“北京商学院浙江函授站”，面向全省粮、供、商系统分别招收“市场营销”“外贸会计”大专函授生各40名。

1993年，南京粮院函授站继续招收“财务会计”专业大专函授生40名。

1999年，学校与浙江广播电视大学合作，开设了“粮油储藏与检验”全日制普通大专班，共招收、毕业35名学生。

第十二节　金华粮食技工学校

浙江省革委会浙革〔1979〕53号文件批准成立“金华粮食技工学校”，与浙江省金华粮食学校合署办学。1979年招收保化、汽修两个班，共100人。办学地点在后杜粮库。以后没有再招生。

第十三节　校办企业和幼儿园

一、浙江粮校印刷厂

该厂属学校集体经济，总投资12万元，主要任务为教学服务，承担本校教材、资料、刊物等印刷任务。同时，承接部分外来印刷业务，厂址设在厂址设在学校东关仓库内，包玉林负责筹建工作，配备厂管理人员和生产工人16人。首批购进设备有TPB440小方箱机一台，P801大方箱机一台，TZ401型四开机一台，DQ201切纸机一台，TD102型订书机一台。1986年7月正式投产。

1987年为解决因征土地而造成的人员严重超编的矛盾，同时适当解决教职工子女的就业困难，省粮食局下文（浙粮发〔87〕167号批复），同意学校印刷厂为独立核算的集体所有制企业，单独经营，照章纳税，自负盈亏，职工人数按照1986年年底学生数的3%定编。1989年，实行“利润基数包干、超基数分成、减基数赔偿”的承包责任制。1995年9月，印刷厂停办。

汪发生、王旭忠、李鹏强、周曼坚等曾先后任该厂厂长。

二、浙江华林高能电池厂

1992年，经浙江省粮食局批准，学校与桂林广联计算机产业集团公司合资兴办浙江华林高能电池厂，生产碱性锌锰高能电池产品，主营生产LR6型5号碱性锌锰高能电池产品。厂址设在学校东关仓库，企业性质为全民所有制企业，注册资金80万元，工厂从业人员40人。法人代表许金伙，汪发生任副厂长。

1994年，电池厂停办。

三、粮油综合经营部

1992年,学校利用金华市青春路28号粮校宿舍一楼门市部专用房的便利条件,开设粮油综合经营部。徐王冠任经理。

四、学校幼儿园

1987年至1990年,学校为解决教职工子女“入园难”的问题,先后在学校东关仓库、校内后勤用房开办幼儿园,有教师3人,胡行书为幼儿园负责人。

第三章　浙江省金华商业学校
（1978—2012）

第一节　历史沿革

1978年8月23日，浙江省革命委员会下发《关于同意恢复新建21所商业技工学校的批复》，批准建立“金华商业技工学校”，校址暂设于金华市婺江中路。于9月初成立筹建小组，借用金华地区食品公司和地区糖烟公司600平方米的库房作为临时校舍，借用金华县农资公司的房子作为食堂。11月，正式组建学校领导班子。

1979年3月，学校首次招收烹饪专业学生43名。

1981年6月11日，浙江省金华地区行政公署〔1981〕63号文批准建立浙江省金华地区商业干部学校，与金华商业技工学校实行“两块牌子、一套班子”运作，担负该地区商业系统在职干部培训任务。同年7月，在金华双龙举办第一期县（市）公司经理轮训班。

1984年5月7日，浙江省人民政府浙政发〔1984〕101号文件批复同意举办金华商业职工中等专业学校，规模为600人，设置“商业企业管理”和“食品经营”两个专业。同年9月，开办商业企业管理专业，招收3个班164名学生。

1985年3月11日，浙江省计经委、教育厅浙计经文〔1985〕144号、浙教职字〔85〕第21号文批复同意建立“浙江省金华商业学校”，校址设在芙苑路255号，由浙江省商业厅主管，总规模为在校生1000人，不包括职工中专和进修生，设置商业企业管理、食品经营与管理、食品卫生检验三个专业，招收初中毕业生。同年9月，首次招收商业企业管理专业2个班102名学生。

从1985年开始，学校形成以浙江省金华商业学校为主，金华商业技工学校、浙江省金华商业职工中等专业学校、浙江省金华地区商业干部学校并存的四位一体的综合性商业中等专业学校。

1988年9月，经金华市教委批准，开办职高班。

1992年，金华市商业局承担本市商业系统干部培训任务，将浙江省金华地区商业干部学校牌子移至金华市气象巷新校址，更名为“金华市商业干部学校”。

1998年1月至2006年6月，金华市商业局委托浙江省金华商业学校管理金华市商业干部学校。

2000年6月28日，根据省政府浙政发〔2000〕103号《关于省属普通中等专业学校体制调整问题的批复》，浙江省教育厅浙教计〔2000〕54号、浙江省发展计划委员会、浙江省财政厅浙财行〔2000〕89号《关于省属普通中等专业学校体制调整有关问题的通知》联合发文，浙江省金华商业学校由浙江省商业集团公司主管划转给金华市人民政府，由金华市教育局主管。

2002年4月，学校招收第一届综合高中班。

2002年6月13日，根据《关于浙江省金华商业学校国有资产移交协议书》，学校下放金华市。2002年9月16日，根据中共金华市委办公室第30号抄告单《两所原省属中专学校有关管理问题的协调意见》，学校归口金华市教育局管理，学校所有人事、工资、档案、教职工组织关系等移交金华市教育局管理。

2004年4月，浙江省教育厅下发《浙江省教育厅关于批准慈溪市浒山中学等9所学校为省一级重点学校的通知》，批准金华商业学校为“省一级重点中等职业学校”。

2012年7月,学校与浙江贸易学校合并,成立“浙江商贸学校”。

第二节　管理体制和组织机构

一、管理体制

1978年8月,浙江省革命委员会下发《关于同意恢复新建21所商业技工学校的批复》,批准建立金华商业技工学校,由浙江省商业厅领导,金华地区商业局管理。

1981年6月,浙江省金华地区行政公署批准建立浙江省金华地区商业干部学校,同金华商业技工学校实行“两块牌子,一套班子”。

1985年3月,浙江省计经委、教育厅批复同意建立浙江省金华商业学校,由省商业厅主管。

1992年,金华地区商业干部学校划归金华市商业局主管。

2000年6月28日,浙江省人民政府、省教育厅、省发展计划委员会、省财政厅联合发文,金华商业学校由浙江省商业集团公司主管划转给金华市人民政府,由金华市教育局主管。

2002年6月,学校下放金华市。同年9月归口金华市教育局管理,学校人事、工资、档案、教职工组织关系等移交金华市教育局管理。

二、组织机构

(一)行政机构和行政领导

1.行政领导

学校历任行政领导名单见表1–3–1。

表1–3–1　　1978–2012年学校历任行政领导名单一览表

姓　名	性 别	职　务	任　期
宋宗谦	男	副校长	1978年11月至1982年
戴敦庭	男	副校长	1981年12月至1983年1月
戴敦庭	男	校长	1983年1月至1984年1月
蒋荷荆	男	校长	1984年1月至1985年4月
汪金林	男	副校长	1984年1月至1992年6月
丁丰局	男	副校长	1984年1月至1986年7月
戴敦庭	男	副校长	1986年7月至1988年8月
张秉汉	男	副校长	1986年7月至1988年8月
周树根	男	校长	1988年8月–1994年1月
傅宾升	男	副校长	1992年6月至1997年1月
陈培均	男	校长	1994年1月至2006年3月
汪金林	男	副校长	1996年1月至2006年8月
吴金康	男	副校长	1997年1月至2006年8月

续表

姓　名	性　别	职　务	任　期
黄　俊	男	副校长	2003年8月至2006年7月
黄　俊	男	校长	2006年8月至2012年7月
张文富	男	副校长	2006年8月至2012年7月
俞一夫	男	副校长	2006年8月至2012年7月

2.中层机构和领导

1981年7月，学校行政机构是“一办二处”，即校办公室、教导处和总务处。戴敦庭为校办主任，华坤为校办副主任，汪金林为教导处副主任，方如朗为总务处副主任，后调离，由钱如秀任总务处副主任。

1983年7月，学校行政机构原“一办二处”改设人事秘书、教务、行政“三科”，华坤为人秘科副科长，汪金林、蒋荷荆为教务科副科长，俞龙光为行政科科长，钱如秀为行政科副科长。

1984年1月，学校行政机构由原“三科”改为“四科一室”，即校办公室、教务科、总务科，增设干训科、学生科同时设立基建办公室。华坤为办公室副主任，李发新为教务科副科长，汪荣生、钱如秀为总务科副科长，俞龙光为干训科科长兼基建办公室负责人。

1986年7月，学校行政机构由“四科一室”调整为“七科一室”，增设人事保卫、财务和图书电教三个科，基建办改为基建科，撤销干训科，丁丰局为校办公室主任，蔡永铭为人事保卫科科长，楼永梁为财务科副科长，张文富为学生科副科长，吴能棣为图书电教科副科长，李育霖、李发新、芮文学为教务科副科长。11月，李育霖辞职，蔡永铭调任教务科科长，免去其人事保卫科科长职务。

1988年10月，调整校内机构为办公室、教务科、学生科、总务科、财务科、图书电教科“五科一室”，蔡永铭为办公室主任，李发新为教务科科长，张文富为学生科科长，汪荣生为总务科科长，林发梅、高昌生为副科长，楼永梁为财务科科长，吴能棣为图书电教科科长。

1989年，学校成立商业企业经营管理教研室和食品工艺教研室，沈祖德任商业企业经营管理教研室主任，李发新兼任食品工艺教研室主任，邵海华为教务科副科长。

1990年3月，学校任命何依铭为学生科副科长。1992年6月，学校任命胡业生为人事保卫科科长。1993年9月，学校任命邵海华为教务科科长，何依铭为商经教研室主任，陈平为食品工艺教研室主任，顾向军为文化基础教研室主任，沈祖德为教育研究室主任，林发梅为基建办公室主任(副科级)。

1994年7月，调整校内机构设置为“四科一室一馆”，任命张文富为校办主任，胡业生为人保科长，邵海华为教务科科长，俞校明为教务科副科长，鲍世英为学生科科长，王宏高为学生科副科长，汪荣生为总务科科长，高昌生为副科长，林发梅为基建办公室主任(副科级)，李育霖为图书馆馆长，何依铭为商经教研室主任，陈平为食品教研室主任，顾向军为基础教研室主任，唐爱英为财会室负责人。同年12月，郭宏建任基础教研室主任。

1995年7月，学校机构设办公室、人保科、教务科、学生科、总务科、财会室、图书馆、商经教研室、财会教研室、食品教研室、基础教研室。聘任张文富为办公室主任，胡业生为人保科长；何依铭为教务科长，俞校明为副科长；鲍世英为学生科长，王宏高为副科长；程学东为总务科长，林发梅、高昌生为副科长；贾爱贞为财会室主任(副科级)；方倪法为图书馆馆长(副科级)；朱恒斌为商经教研室主任；楼永梁为财会教研室主任；陈平为食品教研室主任；郭宏建为基础教研室主任。1996年1月，苗勤为图书馆馆长(副科级)。

1997年7月,学校增设膳食科和家用电器教研室,聘任张文富为办公室主任;胡业生为人保科长;何依铭为教务处主任,俞校明为副主任;鲍世英为学生科长,王宏高为副科长;郭宏建为总务科长,俞良华为副科长;高昌生为膳食科长;贾爱贞为财会室主任(副科级);苗勤为图书馆馆长(副科级);楼永梁为财会与计算机教研室主任;陈平为食品工艺教研室主任;章剑影为基础教研室主任;卢秀峰为家用电器教研室主任;吕龙邦为市场营销教研室主任。

1999年1月,学校聘任俞校明为教务处主任,王凤秀为教务处副主任,罗跃进为教务处副主任兼自考办主任。

1999年9月,学校聘任张文富为校办公室主任,胡业生为人保科科长,俞校明为教务科科长,鲍世英为学生科科长,郭宏建为总务科科长,高昌生为膳食科科长,贾爱贞为财会室主任(副科级),苗勤为图书馆长,罗跃进为教务科副科长,王凤秀为教务科副科长,王宏高为学生科副科长兼招生与就业指导办公室主任,章剑影为学生科副科长,楼永梁为财会教研室主任,陈平为食品工艺教研室主任,陈红香为基础教研室主任,卢秀峰为家用电器与计算机教研室主任,吕龙邦为市场营销教研室主任。

2000年9月,学校聘任王高坚为办公室主任,汪荣生为旅游、烹饪教研室主任。

2001年9月,学校聘任王高坚办公室主任;胡业生为人保科科长;俞校明为教务科科长;鲍世英为学生科科长;郭宏建为总务科科长;高昌生为膳食科科长;苗勤为图书馆长(副科级);罗跃进为教务科副科长兼任自考办主任;王凤秀教务科副科长;王宏高为学生科副科长兼招生与就业指导办公室主任;章剑影为学生科副科长;韦旭源为财会室主任(副科级);楼永良为财会教研室主任兼财会组长;陈平为食品工艺教研室主任;陈红香为基础教研室主任;卢秀峰为家用电器与计算机教研室主任;吕龙邦为市场营销教研室主任;汪荣生为烹饪、旅游教研室主任。

2002年9月,学校聘任王高坚为办公室主任;胡业生为人保科长;俞校明为教务科长;鲍世英杰为学生科长;郭宏建为总务科长;高昌生为膳食科长;苗勤为图书馆长(副科级);罗跃进为教务科副科长兼自考办主任;王凤秀为教务科副科长;王宏高为学生科副科长兼招生与就业报导办公室主任;章剑影为学生科副科长;韦旭源为财会室主任(副科级)。

2003年2月,学校聘任王高坚为办公室主任;胡业生为人保科长;韦旭源为财会室主任(副科级);俞校明为教务科长;王凤秀为教务科副科长;罗跃进为教务科副科长兼自考办主任;鲍世英为学生科长;章剑影为学生科副科长;苗勤为学生科副科长;王宏高为招生与就业办公室主任(副科级);郭宏建为总务科长;高昌生为膳食科长;汪笑飞为图书馆长(副科级)。

2004年2月,学校聘任王高坚为办公室主任;胡业生为人保科长;俞校明为教务科长;鲍世英为学生科长;郭宏建为总务科长;高昌生为膳食科长;罗跃进为教务科副科长兼自考办主任;王凤秀为教务科副科长;王宏高为招生与就业指导办公室主任(副科级);苗勤为学生科副科长;章剑影为学生科副科长;韦旭源为财会室主任(副科级);汪笑飞为图书馆长(副科级)。

2005年2月,学校聘任王高坚为办公室主任;胡业生为人保科长;鲍世英杰为学生科长;郭宏建为总务科长;高昌生为膳食科长;王凤秀为教务科副科长;罗跃进为教务科副科长兼自考办主任;苗勤为学生科副科长;章剑影为学生科副科长;韦旭源为财会室主任(副科级);汪笑飞为图书馆长(副科级)。王宏高为招生就业办公室主任(副科级)。

2005年9月,学校聘任卢秀峰为教务科长:陈红香为教务科副科长。

2006年2月,学校聘任王高坚为办公室主任,胡业生为人保科长,卢秀峰为教务科长,鲍世英为学生科长,郭宏建为总务科长,高昌生为膳食科长,陈红香为教务科副科长,罗跃进为教务科副科长兼自考办主任，王宏高为学生科副科长兼任招生与就业指导办公室主任，章剑影为学生科副科长，苗勤为学生科副科长，韦旭源为财会室主任（副科级），汪笑飞为图书馆长（副科级）。2006 年 4 月，聘任韦峰、李敏为招生就业办公室副主任。

2006 年 10 月，行政处室调整为“一办五处”，即办公室、教务处、学生处、总务处、招生就业处、培训处。王高坚为办公室（党办）主任；卢秀峰为教务处处长，陈红香为副处长；徐建为学生处处长，童永通为副处长，李晓峰为副处长兼保卫科长；郭宏建为总务处处长，罗跃进为副处长；韦峰为招生就业处处长，李敏为副处长；鲍世英为培训处处长；陈平为理工教研室主任；王慧为商贸教研室主任；王凤秀为公共教研室主任。

2007 年 1 月，聘任汪笑飞为学校基建办公室主任。

2008 年 7 月，学校行政处室调整为“一办四处”，即校（党）办、教务处、学生处、实习处，总务处。王高坚为校（党）办主任；童永通为教务处处长，陈红香为教务处副处长兼教科室主任；王慧为教务处副处长，徐建为学生处处长，李晓峰为学生处副处长兼保卫科长；李敏为学生处副处长兼招生办主任，朱艺为学生处副处长，徐学辉为实习处副处长，韦峰为总务处处长，罗跃进为总务处副处长。王秀凤为公共教研室主任，赵千骏为理工教研室主任；朱恒斌为财贸教研室主任；朱政为商外教研室主任。

2010 年 7 月，学校行政处室调整为“一办四处三部”，即校（党）办、教务处、学生处、招生就业处、总务处、理工部、财经部、外贸部。胡燮南为校办主任；卢秀峰为教务处处长，赵千骏为副处长；童永通为学生处处长，朱印华为副处长；徐建为招生就业处处长；韦峰为总务处处长，汪晓飞为副处长。陈平为理工部主任，曹春雷为副主任；朱恒斌为财经部主任，王凤秀为副主任；王慧为外贸部主任，朱政为副主任。

（二）党群组织

1.共产党组织

1978 年 11 月，学校建立党支部。

1985 年 3 月，建立中共浙江省金华商业学校委员会。

1986 年 7 月，党委下设三个党支部：行政党支部、教务党支部、学生党支部。

1988 年 1 月，建立老干部党支部。同年 3 月，学生支部并入教务支部。

1998 年，学校成立业余党校。

2003 年 4 月，学校成立退离休教工管委会。

表 1-3-2　　1978-2012 年历任校党组织领导名单一览表

姓名	性别	职务	任期
宋宗谦	男	党支部副书记	1978 年 11 月至 1982 年初
戴敦庭	男	党支部副书记	1982 年 3 月至 1984 年 1 月
戴敦庭	男	党支部书记	1984 年 1 月至 1985 年 12 月
虞逸泉	男	党委副书记	1986 年 7 月至 1990 年 6 月
陈培均	男	党委副书记	1990 年 2 月至 1991 年 2 月
陈培均	男	党委书记	1991 年 2 月至 2006 年 3 月
周树根	男	党委副书记	1992 年 12 月至 1994 年 1 月

续表

姓名	性别	职务	任期
张文富	男	党委副书记	2000 年 5 月至 2006 年 8 月
黄　俊	男	党委副书记	2006 年 8 月至 2012 年 7 月
钱建忠	男	党委副书记	2006 年 8 月至 2009 年 9 月
陈益伟	男	党委书记	2010 年 7 月至 2012 年 6 月
王高坚	男	党委副书记	2009 年 9 月至 2012 年 7 月

2.群众团体

(1)共青团组织

1979 年 10 月,学校成立金华商业技工学校团支部。

1980 年 4 月,共青团金华地委(80)15 号文批准建立共青团金华商业技工学校总支委员会,下设 3 个支部。

1984 年 10 月,共青团金华地委(84)49 号文批准成立共青团金华商业职工中等专业学校委员会。

1998 年 5 月,金华市委宣传部批复同意建立"浙江省金华商业学校业余党校"。

表 1-3-3　　1979-2012 年历届校共青团组织领导名单一览表

姓名	性别	职务	任期
郑继清	男	团支部书记	1979 年 10 月至 1980 年 4 月
侯高潮	男	团总支书记	1980 年 4 月至 1982 年 12 月
郑继清	男	团总支副书记	1980 年 4 月至 1982 年 12 月
郑继清	男	团总支书记	1982 年 12 月至 1983 年 11 月
顾向军	男	团总支书记	1983 年 11 月至 1984 年 11 月
郭宏建	男	团委书记	1984 年 11 月至 1987 年 3 月
王一文	男	团委副书记,	1984 年 11 月至 1987 年 3 月
张文富	男	团委书记	1987 年 3 月至 1991 年
刘晓青	女	团委副书记	1987 年 3 月至 1989 年
李关麟		团委副书记	1987 年 3 月至 1989 年
王高坚	男	团委副书记	1989 年至 1991 年
潘财富	男	团委副书记	1989 年至 1991 年
王高坚	男	团委书记	1991 年至 1998 年 2 月
赵千骏	女	团委副书记	1991 年至 1992 年 12 月
沈水波	女	团委副书记	1991 年至 1992 年 12 月

续表

姓名	性别	职务	任期
俞校明	男	团委副书记	1992 年 12 月至 1998 年 2 月
林　敏		团委副书记	1992 年 12 月至 1994 年 11 月
吴大星	男	团委副书记	1994 年 11 月至 1996 年 11 月
郑敏君	女	团委副书记	1996 年 11 月至 1998 年 2 月
俞校明	男	团委书记	1998 年 2 月至 2000 年 12 月
节苗儿	女	团委副书记	1998 年 2 月至 2000 年 12 月
韦　峰	男	团委书记	2000 年 12 月至 2004 年 4 月
童永通	男	团委书记(代理)	2004 年 4 月至 2004 年 12 月
童永通	男	团委副书记	2004 年 12 月至 2006 年 12 月
金雪萍	女	团委副书记	2004 年 12 月至 2006 年 12 月
童永通	男	团委书记	2006 年 12 月至 2009 年 6 月
王晟兆	男	团委副书记	2006 年 12 月至 2009 年 6 月
卢筱悠	女	团委副书记	2006 年 12 月至 2009 年 6 月
朱　艺	女	团委副书记	2009 年 6 月–2011 年 5 月
王晟兆	男	团委副书记	2011 年 5 月至 2012 年 7 月
朱印华	男	团委副书记	2011 年 5 月至 2012 年 7 月
余　华	女	团委副书记	2011 年 5 月至 2012 年 7 月

⑵工会组织

1980 年 7 月，成立学校工会。至 2011 年，学校共选举产生十届工会委员会。

表 1–3–4　　1980–2012 年历届校工会组织领导名单一览表

姓名	性别	职务	任　期
华　坤	男	主席	1980 年 7 月至 1985 年 5 月
汪金林	男	副主席	1980 年 7 月至 1985 年 5 月
丁丰局	男	主席	1985 年 5 月至 1989 年 5 月
李发新	男	副主席	1985 年 5 月至 1989 年 5 月
胡业生	男	主席	1989 年 5 月至 1995 年 5 月
汪金林	男	主席	1995 年 5 月至 1999 年 1 月
郭宏建	男	副主席	1995 年 5 月至 1999 年 1 月
鲍世英	女	主席	1999 年 1 月至 2007 年 1 月
徐　建	男	主席	2007 年 1 月至 2012 年 7 月

第三节　学生

一、招生与就业

1.招生

1979年3月,学校开设烹饪技工专业,招收社会知识青年和高、初中毕业生,学制两年,招收学生43名,同年9月招收学生35名。1980年烹饪专业停止招生。

1981年6月,学校担负金华地区商业系统在职干部培训任务。7月在金华双龙举办第一期县(市)公司经理轮训班。

1982年,浙江省商业厅批准开设技工肉食品腌腊加工专业(1985年更名为肉食品加工专业),招收高中毕业生,学制两年。同年9月招收1个班40名学生。1983年和1985年各招收1个班共75名学生。

1984年5月,学校开设职工中专,规模为600人,设置商业企业管理和食品经营两个专业,学制三年,招收初中以上文化程度、工作三年以上的在职职工。同年9月招收商业企业管理专业3个班,学生164名。1985年改学制为两年半,于同年和次年分别招收了1个班计90名学生。此后职工中专停招,职工中专共计毕业生243名。

1985年3月,建立浙江省金华商业学校,总规模为在校生1000人,不包括职工中专和进修生。设置商业企业管理、食品经营与管理、食品卫生检验三个专业,招收初中毕业生。同年9月招收商业企业管理专业2个班,102名学生。至1989年共计招收563名学生。

1990年,商业企业管理专业改称商业经营专业,1993年商业经营专业改称市场营销专业,1994年市场营销专业改为经济贸易专业。1995年以后定为市场营销专业,成为学校的重点专业,为国家输送了1148名毕业生。

1986年,举办一届审计专业电大班,招生67名,学制两年。

1986年,开设食品工艺专业,学制四年,招收初中毕业生。同年,招收1个班40名学生。此后每年招收1个班。1992年该专业改称食品工艺与检验专业,并于1996年兼招高中中专,学制两年,当年招收1个班52名学生,该专业至今为国家输送毕业生452名。1997年初被省商业集团公司确定为重点专业。

1988年,开设财会专业,学制两年,当年招收计划外高中专自费生43名。除1991年和1992年未招生外,每年招收1个班。1996年专业名称改为财会电算化,并兼招初中中专,学制四年。同年开办职业高中班。

1991年,开设商品储运专业,招收高中毕业生,学制两年,当年招生47名,1992年兼招初中毕业生,学制四年,当年招生42名。该专业共招了四届学生,计毕业生222人。

1992年,开设技工仓储保管专业,学制一年,该专业只招收过1个班40名学生,1993年毕业。

1994年,开设经贸外语专业,招收初中毕业生,学制三年,当年招生91名,1995年继续招生89名。1996年和1997年该专业未招生,1998年招生45名。

1995年,开设电子计算机及应用专业,招收初中毕业生,学制四年,1996年至1998年分别招生45、54、46名学生。

1996年,开设对外贸易业务专业,招收初中毕业生,学制三年,当年和1998年分别招生42名和45名。

1998 年，开设食品营养与保健专业，招收初中毕业生，学制四年，同年招两个班，共 89 名学生。

1998 年，技工开设食品工艺与检验、家用电器、机电 3 个专业，烹饪专业恢复招生，4 个专业共招生 71 名。

1999 年，开设食品工艺、市场营销、财会电算化、对外贸易业务、计算机应用、经贸外语、家用电器 7 个专业。在校生 2023 人，是学校创办以来在校生最多的一年。

2000 年，增设电子商务、旅游管理 2 个专业。

2002 年，学校增设生物工艺、产品质量、电子电器 3 个专业。

2002 年，与金华电大联合办学，举办电大大专班，招收工商管理专业。

2003 年，增设电大管理专业；与金华市第八中学联合举办第一届综合高中班（共招收 3 届）。

2004 年，学校与金华市工商银行、苏宁电器公司、蒙牛乳业公司签订合作办学协议，开设工行班（会计专业）、苏宁班（家用电器专业）、蒙牛班(食品工艺专业)，共招收 159 名新生；同年，与电大联办工商管理专业。

2005 年，食品营养与保健、生物工艺、产品质量 3 个专业停招，新增机电、烹饪、美术装璜与设计、电子应用（3+2）和食品药品监督管理（3+2）5 个专业。12 月，学校与北京经贸职业技术学院航空学院签订联合办学协议，开办航空乘务专业。

2006 年，新增饭店服务与管理。经金华市教育局审定发文，食品生物工艺专业、商贸类专业为市级示范专业。省教育厅审定发文，食品生物工艺专业为省级示范专业。同年 12 月，省教育厅于发文公布，食品加工技术基地成为浙江省先进制造示范实训基地。

2007 年，新增商务韩语专业，招生 46 名；新增国际海乘专业，招生 47 名；新增国际贸易（3+4）本科专业，招生 113 人；与浙江工商职业技术学院联合办学：新增会计（函授大专）专业。

2008 年，招收新生 744 人，学校办学规模 8 年来首次恢复到 1800 人以上。

2009 年，学校招生近 600 人。

2010 年，普通中专招生 586 名，远程教育招生 85 名，成人大专招生 94 名。

2011 年，普通中专招生 630 名，远程教育招生 100 名，成人大专招生 108 名。

表 1-3-5　　1979 年-2011 年学校招生人数一览表

年份	招生人数(人)
1979	78
1980	0
1981	0
1982	40
1983	40
1984	164
1985	51
1986	248
1987	149
1988	260

续表

年份	招生人数(人)
1989	200
1990	315
1991	237
1992	376
1993	358
1994	532
1995	450
1996	470
1997	553
1998	785
1999	734
2000	411
2001	141
2002	494
2003	376
2004	626
2005	507
2006	427
2007	626
2008	747
2009	568
2010	586
2011	636

2.就业

1981 年，烹饪专业毕业生面向全省统一分配，主要分配到省外事办等省级单位、各地市及金华市本级的各饮服公司和酒店，部分学生分配回原籍工作。

1984 年开始，肉食品加工专业毕业生主要分配到省商业厅所属的各地、市、县食品公司、食品厂、火腿厂等企业。职工中专毕业生绝大多数回原籍原单位工作。其他专业从 1980 年至 1993 年，多数毕业生面向商业系统就业，由国家统一分配。主要分配到省、地、市、县商业局、商业公司、百货公司等单位。

1994 年开始，毕业生不再由国家统一分配，而是通过人才市场实行双向选择，自主就业。

2010 年开始，学校为了落实校外实习就业基地，更好地解决学生实习就业问题。与杭州百城集团、杭州玫隆食品有限公司、金华国贸景澜大酒店、五丰冷食、银泰百货、世贸大饭店、东晶电子、浙江信雅达等单位达成合作协议，为学生的毕业实习和就业创造良好的条件。每年组织全校性就业实习双选会，为学生搭建校园招聘会平台，满足学生实习和就业的需要

至2011年，学校累计为社会输送10255名中等专业人才。其中有的考上大学本科或研究生继续深造，个别学生还攻读了博士学位，有的走上了领导岗位，有的成了劳模，有的成了企业的高管，还有许多毕业生成了自主创业的小老板，大多数毕业生都成了各单位的业务骨干。

三、学生管理机构与制度

1978年，学校根据《浙江省中等商业学校和技工学校学生管理教育工作暂行规定》制定：学生守则7条、学籍管理5条、学生考勤6条、奖励4条、处分3条。

1979年，学生管理工作主要由教导处、教师和班主任一起承担，进行学籍管理、教学管理和思想道德教育。

1980年，学校成立“共青团金华商业技工学校总支委员会”，以《中等专业学生守则》为准则，加强对学生的管理工作。

1983年，改教导处为教务科，负责学生的教学和管理工作。

1984年，增设学生科，成立学生会和学生治保小组。除学生的学业管理和学籍管理等工作仍由教务科承担外，学生的思想政治教育、日常生活管理、奖惩管理等工作主要由学生科负责，学生会协助。

1986年，学校制定《浙江省金华商业学校关于校风建设的规划》和《学生管理制度》，制订“班主任工作职责”条例，贯彻从严治校，健全落实学生管理规章制度。

学校先后修订《学生奖学金制度》《学生思想政治品德考核制度》《早操制度》《晚自修管理制度》《宿舍管理制度》等相关的学生管理规章制度，将《学生管理制度》汇编成册。

四、思想政治教育

1.德育目标

学校注重学生的思想政治工作，通过思想、政治、道德、法纪和心理健康教育，把学生培养成热爱祖国、拥护中国共产党、自觉践行社会主义核心价值观、遵纪守法、具有较高思想道德素质、良好行为习惯和健全人格的公民；成为具有良好职业道德、较强职业发展能力和终身学习能力的高素质技能型人才。

2.德育内容

以《学生守则》为准则，抓好学生的思想教育工作；针对青年学生的特点和兴趣，开展形式多样内容丰富的各项教育活动，如“学雷锋，树新风，争三好”“五讲四美三热爱”“创先进团支部”等活动；在教师当中开展教书育人，服务育人，管理育人，对学生进行专业思想教育和学生守则教育；组织学生参加各种公益活动，增强学生的社会责任感；抓好经常性的四项基本原则教育、“四化”前途教育、艰苦奋斗教育、新道德风尚教育和革命人生观教育；聘请法制副校长，对学生进行法制教育。

3.德育队伍

在学校党委的领导下，学校建立了一支由党、政、工、团、班主任、政治教师、任课教师、教职工组成的德育队伍。要求教师结合教学工作，进行思想政治教育，寓教于学；着力构建班主任队伍，注重调动班主任的积极性、主动性；注重学生干部的培养和使用。倡导全体教职工“为人师表、教学育人、管理育

人、服务育人”。围绕德育核心品牌建设,学校党、政、工、团、学生处、班主任、教职工、学生会通力合作,共同做好学生的德育工作。

第四节　教职工

一、教职工队伍建设

1978 年 8 月,由浙江省革命委员会批准建立金华商业技工学校,建校初期,学校办学规模小,1979 年开班时,教师仅 5 名。到 1983 年、1984 年后,学校发展较快,学生数猛增,以致师资缺乏,为此学校除要求上级分配应届大专毕业生外,积极提倡行政兼课,聘请离退休教师任教,还采取了登报公开招聘的办法调进 11 名教师,扩大教师队伍。到 1983 年底教职工总数 40 人,专职教师 15 名,其中大专及以上学历 7 名。

1988 年,建校 10 周年时学校已初具规模,教职工有 113 人,并基本形成一支年龄结构合理、文化水平较高的教师队伍。59 位教师中,大学本科 35 人,专科 19 人,中专 5 人。职称结构:高级教师 1 人,实验师 1 人,讲师 8 人,助理讲师 35 人,教员 3 人。

1998 年,建校 20 周年时,教师队伍素质有了根本突破。全校 101 名教职工中,有专职教师 57 名,职称结构:高讲 7 名,讲师 39 名,助讲 11 名;学历结构:大学本科 46 名,专科 7 名,中专 3 名。

2008 年,建校 30 周年时,师资实力更进一步。全校 105 名教职工中,有专任教师 76 人,高级讲师 25 名,讲师 33 名,持有硕士学位证书教师 7 名,在读教育硕士 7 名,专业课教师百分之百为双师型。

2011 年,师资队伍建设已卓有成效。教学、科研水平高,各学科都有自己的学科带头人,并以学科建设为龙头,形成了老中青相结合的学术梯队。全校 108 名教职工中,有专任教师 84 人,其中省级以上名师 1 名;全国粮食系统知名专家、浙江省新世纪 151 人才培养工程人选 1 名;高级讲师 31 名,讲师 33 名,持有硕士学位证书教师 12 名,双师型教师 43 人。

二、教职工教育与培训

建校初期,为提高教师的思想和业务水平,学校积极输送有关教师脱产进修、函授、短期培训,参加各种学术活动等,提出中专文化程度教师 5 年内达到大学专科水平;大专文化程度教师 5 年内达到大学本科水平;对师范院校毕业的教师,务必学习《商业方针政策》《商业统计学》《商业企业管理》等课程,以适应学校专业性需求。

1996 年,学校制定 1996–2000 年师资队伍建设规划,继续鼓励大学专科以下学历教师参加函授,有计划地选送教师进修和培训。

进入 21 世纪后,依据省政府提出“教师素质提升工程”,学校确定了“以教科研为先导,向教科研要质量,在教科研中锻炼和提高队伍”的思路,明确教师积极参与听课、说课、评课和集体备课等业务学习和研讨活动,要以课题研究为导向,建立各个层次的科研课题,在时间、精力、政策和资金上给予支持.将教师科研成果纳入年度考核范围,在制度上加以保证。加强骨干教师的培养,重视青年教师队伍建设,发挥老教师在师德和业务上对年青教师的传、帮、带作用。实施教师岗位培训,组织教师以教学研究、提高学术水平为目的的外出调研和进修。实行专业课教师全员培训,重点培养他们的专业技能和实训指导能力,并积极开展技能比武,到企业单位挂职实训,以达到高级工及以上职业资格,成为“双师型”教师。

学校以“修德、强技”为校训,主抓“德育核心品牌”和“专业特色品牌”,把德育作为学校的核心竞争力，确立“成人、成才、成功”的德育目标，培养造就“尚德、笃行、诚信、敬业”的商贸人才。2006年，金华市教育局授予学校“师德群体先进单位”。2009年，由中国教育学会教育管理分会组织的“新中国成立六十周年全国教育管理优秀成果”评比活动中，学校被评为“全国职业教育管理创新学校”。

第五节　人才培养

一、技工教育

1979年，学校开设技工烹饪专业，学制两年，招收社会知识青年和高、初中毕业生。为本地区和丽水地区培养享受三级工待遇的厨师。该专业于1980年停招。

1982年，开设技工肉食品腌腊加工专业（1985年改为肉食品加工专业），学制两年，招收高中毕业生，为全省培养享受二级工待遇的肉食品腌腊技工。该专业共招收10届281名学生，其中93和97两届学制为一年。

1992年，开设技工仓储保管专业，学制一年，该专业只招收过1个班。

1998年，开设技工食品工艺与检验、家用电器、机电三个专业，烹饪专业恢复招生，并于2000年再次停止招生。

2004年，烹饪专业恢复招生。

二、中专教育

1.职工中专

1984年，设置商业企业管理和食品经营两个专业，学制三年，面向全省招收初中以上文化程度、参加工作三年以上的在职职工，1986年职工中专停招。

2.普通中专

1985年，浙江省金华商业学校建立，逐步设立商业企业管理、食品经营管理、食品卫生检验三个专业，学制三年，初中中专，为全省培养商业企业管理和肉食品中级技术人才。其中商业企业管理专业于1990年改为商业经营专业，1993年改为市场营销专业，1994年改为经济贸易专业，1995年以后定为市场营销专业。招生对象也从招收单一的初中毕业生改为初高中毕业生兼收，学制也有所变动，初中中专三年，高中中专两年。

1986年，开设食品工艺专业，学制四年，初中中专。1992年该专业改称食品工艺与检验专业，并于1996年兼招高中中专，学制两年。

1988年，新增财会专业，高中中专，学制两年。该专业1991年和1992年未招生。1996年专业名称改为财会电算化，并兼招初中中专，学制四年。

1991年，新增商品储运专业，高中中专，学制两年，1992年兼招初中中专，学制四年，该专业共招收四届学生。

1994年，新增经贸外语专业，初中中专，学制三年。该专业1996年和1997年未招生。

1996年，新增电子计算机及应用专业，初中中专，学制四年；新增对外贸易业务专业，初中中专，学制三年。

1998年，新增食品营养与保健专业，初中中专，学制四年。

1999年，新增家用电器专业，初中中专，学制三年。

2000 年,新增电子商务、旅游管理两专业,初中中专,学制三年。

2002 年,新增生物工艺、产品质量、电子电器三个专业,初中中专,学制三年。至此学校专业设置达十四个。

2004 年,新增机电专业,首次与金华市工商银行联办会计班,与苏宁电器公司联办家用电器班、与蒙牛乳业公司联办食品工艺班,初中中专,学制三年。

2004 年,食品生物工艺专业成为浙江省示范性专业、金华市示范性专业;商贸专业成为金华市示范性专业。食品加工成为省级示范实训基地。

2005 年,新增食品药品监督管理(3+2)、电子应用技术(3+2)和美术装璜与设计专业。

2005 年,学校与北京经贸职业技术学院航空学院联合开办航空乘务专业。学制三年

2006 年,新增饭店服务与管理专业。

2007 年,新增商务韩语、国际海乘、国际贸易(3+4)、会计(函授大专)三个专业。

2010 年,开设百诚家电连锁店长班、国贸景澜班,学制两年,初中中专。同年,市场营销专业经省人力资源和社会保障厅评估认定为省品牌专业;

2011 年,获得"食品检验专业教学指导方案"省级标准制定权。与今日大酒店合办"今日班"。

三、课堂教学

1.教材

1979 年,烹饪专业除政治、语文、数学、英语等公共课采用统编教材外,专业课采用武汉大学出版的《烹饪学》作为烹饪教材,包含烹饪原料知识、原料加工技术、烹调方法、营养卫生、成本合算、雕刻技术等内容。

1982 年,肉食品加工专业除公共课(政治、语文、数学、英语、体育)采用统编教材外,专业基础课:无机化学、有机化学、分析化学、食品化学、家畜解剖学、营养学、微生物学等采用大学教材;专业课:肉制品加工工艺(包括咸肉制品、腊肉制品、酱肉制品、糟肉熏肉制品、松干制品、南京板鸭、熟制品加工等)、火腿加工工艺等采用本校教师自编教材。

1985 年后,多数教材都采用统编教材,少数采用自编教材。

2.课程

建校初期,学校开设政治(包括政治经济学、哲学、时势政治等)英语、语文、数学、物理、化学等基础课。

烹饪专业开设《烹饪学》,包括烹饪原料知识、原料加工技术、烹调方法、营养卫生、成本合算、雕刻技术等内容。

肉食品加工专业开设肉制品加工工艺(包括咸肉制品、腊肉制品、酱肉制品、糟肉熏肉制品、松干制品、南京板鸭、熟制品加工等)、火腿加工工艺等。

之后随着学校招生专业的增加,开设的课程也不断完善。开设的基础课有:体育、语文、数学、英语、物理、化学、职业道德与职业指导、经济、政治、哲学、音乐、美术、书法、计算机基础课。此外,各专业开设不同的专业基础课和专业课。

食品专业开设:营养卫生学、分析化学、食品生物化学、食品理化检验、食品检验考证、中西式糕点制作、西式面点考证、罐藏工艺微生物检验、食品安全与质量控制、肉禽蛋工艺、肉制品考证、食品营养配餐饮料工艺、绿色食品与保健食品、乳制品工艺、豆制品工艺、食品酶技术与发酵技术、食品营销与企业文化等课程。

财会专业开设：市场营销学、基础会计、企业财务会计、成本会计、财务管理、审计原理、电算化会计、珠算、经济活动分析、经济法、国家税收公共关系学、预算会计、涉外会计、模拟实习、商业会计、企业管理等课程。

市场营销专业开设：市场营销学、企业经营管理、公共关系学、营销调研、广告策划、商务谈判、经济法、推销技巧及考证、进出口实务、商品学、财政金融、电子商务、商业心理学、基础会计、经济地理、计算机网络、基础物流等课程。

计算机及应用专业开设：电子线路、BASIC 语言、数据库、C 语言、网页制作、实用工具软件、网络技术、经济法、计算机维护、多媒体、VB、3DMAX、Photoshop、公共关系学、电脑市场与经营、网站建设、Flash、AutoCAD 等课程。

商贸外语专业开设：经贸英语、听说、外贸函电、外贸制单结汇、进出口实务、经济法、市场营销学、国际贸易、公共关系学、外贸谈判、英文写作、翻译技巧、西方经济学、国际金融、商品学、商业心理学等课程。

旅游服务与管理专业开设：客房服务与管理、餐厅服务与管理、旅游学概论、前厅服务与管理、旅游心理学、政策与法规、礼貌礼节、饭店公共关系、导游基础知识、导游业务、现场模拟、导游市场营销学、公关礼仪、旅游文学作品欣赏、普通话、历史、地理等课程。

电子商务专业开设：市场营销管理、企业经营管理、公共关系学、财政金融、广告策划、商务谈判、经济法、推销技巧及考证、进出口实务、商业心理学、网站建设、电子商务、网页制作三剑客、网络营销、PHOTOSHOP、电子商务、物流配送、外贸函电、电子商务员师考证、网络数据库、电子商务模拟实验等课程。

电子电器专业开设：电工学、电子线路、收录机、常用元器件的识别、电视机、家用电器、制冷技术、通讯技术、仪器仪表、家电市场、电子电器考证、VCD、线路安装、焊接与安装、电工考证、实习劳动、音响技术、家电新技术等课程。

机电专业开设：电工学、机械制图、机械基础、工程力学、电力拖动、钳工工艺学、公差配合与测量、机床电器控制电路、线路安装、机械制造工艺基础、电工考证、公共关系学、钳工考证、CAD 等课程。

美术装潢专业开设：素描、水粉、书法、字体设计、图案基础、平面构成、色彩构成、标志设计、立体构成、包装设计、装饰画.pop、Creldren 软件、Photoshop 软件、专业考证等课程。

烹饪专业开设：食品营养与卫生、厨房管理、中式面点制作、烹饪原料知识、中国烹饪概论、中式烹饪技术（理论）、中式烹饪技术（实践）、烹饪原料加工技术、营养配餐、餐饮成本核算、烹饪英语、经济法、面式面点等课程。

3.课堂教学

1979 年，烹饪专业执行该校自订的教学计划和教学方法。注重实践性教学，理论性教学周与实践性教学周数比例 1:1。

1982 年，肉食品加工专业采用该校教职工经过多方学习和考察，并经多次征求各食品工厂具有实践工作经验的工人意见后所制订的教学计划和教学方法。注重理论联系实际，专业课聘请有实践工作经验的工人作为实验辅导教师，与任课教师共同辅导。理论课和实验课的比例 1:1，理论性教学和实践性教学周数比例 1:1。

1984 年，职工中专执行商业部门下发的教学计划和教学大纲。

从 1985 年开始，各专业全面执行商业部门下发的教学计划和教学大纲，多数课程使用统一教材，没有统一教材的课程使用大专教材，也有少数课程使用自编教材。

1996年,计算机走进课堂,2009年多媒体走进教室,增强了现代教育技术在教学上的应用。

4.实验教学

建校以来,学校特别注重对学生实际动手能力的培养。从1978年建校到2008年,学校共建立了(1)食品基础实验室:微生物实验室、仪器操作实验室、化学(生化、分化)实验室、理化检验实验室;(2)食品专业实验室:焙烤实验室、酿造实验室、罐头实验室、腌腊实验室;(3)家电实验室:电工电子实验室、综合操作实验室、物理实验室、制冷实验室;(4)烹饪实验室:2个;(5)计算机实验室:5个;(6)电子商务实验室;(7)商贸实验室:财会模拟实验室、商品陈列室、语音实验室;(8)多媒体教室:14个。并建有校实验厂,主要生产"侍王牌"香肠等产品。对学生提出"七个一"的基本技能要求,即"一手好算盘、一手好字、一篇好文章、一副好口才、一身好仪表、会一手微机操作、懂一门外语"。

为了增强学生的实践动手能力,学校从2000年开始每年举办学生技能运动会,每届技能运动会都有新项目,参加人数不断递增;每年组织学生参加技能培训、考证,如计算机、电子商务、推销员、会计电算化、餐厅服务员、食品检验、公关员、导游等工种,取得相应技术等级证书。

从2003年开始,学校组织师生参加金华市教育局举办的职业学校师生技能大比武运动会,在第三、四、五届技能运动会上,共获得一等奖16项、二等奖18项,三等奖22项。

2007年,举办首届教师技能比赛,优质课评比活动,提高教师技能水平

2010年,烹饪专业学生在浙江省第六届葡萄园杯烹饪技能竞赛中,获特金奖1人、金奖5人、银奖2人。在商科专业全国技能比赛中,我校选手取得全国所有参赛学校中团体总分银奖第一名,其中一名学生获中文演讲全国第一名。在金华市第七届师生技能比武中获一等奖3项、二等奖5项,三等奖9项。

5.实习

建校以来,学校非常重视学生的实习工作。实习编入教学计划,分为教学实习和生产实习。教学实习由任课教师和实验辅导教师(烹饪和肉食品加工专业还聘请工厂工人)共同指导,生产实习由专业教师带队蹲点,与工厂的工人共同指导。

2008年后,学校把毕业班的实习和就业相结合,邀请大中型企业到学校举办就业招聘会,安排学生的实习和就业岗位。同时把海乘专业的教室搬进星级酒店,在酒店里上课、实习实训,顶岗实习训练。

学校除组织教师对学生进行实习巡回指导外,还把实习生通讯录整理成册,及时刊出《实习简报》。沟通学校与学生、学校与实习单位之间的联系。

2010年,学校与杭州百城集团、杭州玫隆食品有限公司、国贸景澜大酒店、五丰冷食、银泰百货、世贸大饭店、东晶电子、浙江信雅达等达成合作协议,为学生的毕业实习和就业创造良好的条件。组织全校性招聘会,保证毕业班学生有实习和就业岗位。

第六节　科学研究

1978年建校以来,在科学研究方面主要围绕教学工作开展科研活动。建校初期,侧重教学改革研究,各教研室(组)组织教师编写教材一、钻研教材,定期集体备课,开展教学研究,组织观摩课,相互交流教学经验,同时,也进行一些专题理论研究,在各类报纸杂志上发表论文。

广大教师在完成教学任务的同时,积极开展学术和科研活动,取得了一定成果。1983年李发新、陈卫国老师研制冻鲜猪腿加工金华火腿成功,得到省内食品专家的肯定,《浙江日报》一版作了报道。1984

年沈祖德、楼永梁、张加龙等老师研究开发微机企业管理统计汇总程序和零售企业商品进销管理系统，经专家论证，是浙江省商业零售企业首次开发的商品核算和经营计算机软件，达到国内先进水平。

2006年后，学校提出了“人格至上、能力为本、专业实用、就业第一”的办学指导思想，把课程改革作为学校教学改革的核心内容和全面提高教育质量的重要举措。

2009年，根据教育部《关于进一步深化中等职业教育教学改革的若干意见》，学校启动了新一轮课程改革，学校成立了以黄俊为组长，俞一夫等为副组长的课程改革领导小组，并成立了食品类、商贸类、财经类三大专业群和语文、数学、英语、计算机应用基础、德育、体育、礼仪形体造型、素养与职业能力等课程的工作小组。2010年8月，《浙江省金华商业学校专业教学计划》，国际商务、财务会计(金融事务)、商务英语、商务韩语、市场营销与连锁经营、食品生物工艺、烹饪等所有专业的《课程标准》全部完成，标志着学校以工作过程为导向的新一轮课程改革全面实施。与此相配套，学校在教材的开发上也取得了较好的成绩。食品类、商贸类专业两大专业群的骨干教师主编的教材，分别由中国轻工业出版社和中国机械工业出版社的出版，另外还开发了如《素养与情操》《计算机应用能力训练》《硬笔楷书》特色课程，尤其是《素养与情操》特色课程，其内容从文化素养与情操，艺术欣赏与制作，生活健康与理财，沟通交际与就业等内容，给学生以文化素养的提高，艺术情操的陶冶，生活经验的丰富，文明程度的进步。

从1978年到1998年期间，19位老师参加国内贸易部和省商业厅教材编写、教学大纲的制定，18位老师在省级以上刊物发表论文114篇；从1998年到2007年期间，教师发表论文近400篇，市级以上获奖论文75篇，因此2008年学校获得了2008年度“金华市教科研先进集体”荣誉称号；从2008年到2011年，学校教师共正式发表论文92篇，市级以上获奖论文35篇，主编、参编正式出版教材17本。

表1-3-6　　　教师发表部分论文一览表

姓名	论文	报刊(出版社)名称	发表时间
徐专红	梅干菜鸡、鸭、鹅腿和翅的加工工艺	食品科技	1998.3
	食物中的硝酸盐和亚硝酸盐与人体健康	食品科技	1999.4
	绿色早点——营养早点的研制与和探讨	食品科技	2002.1
	绿色食品——花式营养糯米饭的研制与探讨	食品科技	2000.1
	花式营养糯米糕的研制和营养保健功能探讨	食品开发	2002.2
	绿色食品——麦芽糖的研制及营养保健功能的研究和探讨	食品开发	2004.1
	特色发糕的研制及营养保健功能探讨	科技通报	2008.1
巴晓伟	浅谈如何提高中专计算机专业学生的社会竞争力	时代教育	2002.4
楼永梁 朱公月 卢灵美	民营企业创新投资中的问题及措施	陕西行政学院学报	2000.1
鲍世英	对中专女生体育课学习兴趣的调查分析	武汉体院学报	2000.2
	职高体育教学改革探讨	湖北体育科技	2005.4
	试论中专学校对班主任工作的管理	山西财经大学学报	1999.4
蔡宗祥	珠心算加减运算方法的探讨	齐鲁珠坛	2005.5

续表

姓名	论文	报刊(出版社)名称	发表时间
曹春雷	信息技术环境下《电工基础》实验教学模式的实践与研究	今日科苑	2010.2
	浅谈 MULTISIM9 软件在电工教学中的应用	中国新技术新产品	2010.1
	基于 MOODLE 的中职《电工基础》课程教学反馈机制设计	吉林省教育学院学报	2012.6
陈红香	谈谈常量与变量的辩证关系	浙师大学报	2001.6
	关于形如 y=af(x)+bg(x)+c 的值	成人高等教育	2002.6
	浅谈如何进行数学课的启发式教学	浙师大学报	2000.3
	问题探索论证创新—从一个三棱柱体积公式的探索培养同学的创新能力	教育科学研究	2001.5
	谈课堂教学中对数学思想方法教育的落实	成人高等教育	2001.1
	谈谈射影及其作用	数学教学与应用	2001.3
	关于椭圆与双曲线两个统一性质的相关结论	数学通讯	2005.1
	圆锥曲线在任意点出切线做法	中学教研	2006.7
陈培均	强化商业中专实践教学	浙江商业经济	2005.4
陈　平	金华酥饼生产新工艺	中国食品报	2007.2
陈　平 刘晓青	食品专业校企一体、工学结合人才培养模式的研究与实践	职业教育研究	2007.2
陈禧鸿	中职生网络依赖与学业成绩研究	南通纺织职业技术学院学报	2005.10
	中等职业学校学生心理健康调查与分析	职业技术教育	2007.6
	课程网络化学习对学生心理健康的影响研究	现代教育技术	2005.5
方逸帆	谈谈教材《荷塘月色》文本为变化的轨迹	青年文学家	2010.1
	韩非思想浅论	杭师院学报	2005.8
	建国后艾青的诗歌创作	语文学刊	2007.1
郭玲萍	信息技术在“差异教学”中的“任务”设计	科技资讯	2012.9
何　昕	花生乳的稳定性及乳化稳定性的研究	中国食品学报	1998.11
	柠檬酸渣生物转化为酸性蛋白酶饲料的研究	粮食与饲料工业	1999.5
	酶基因工程的研究现关及进展	科技通报	2000.4
	大豆蛋白酶科工艺条件的研究	科技通报	2010.10
胡卫珍	论提高我国劳工标准的必要性——对外贸易的视角	中国商界	2010.11
	德国“双元制”职业教育体制的历史沿革	网络财富	2010.4
	贸易保护主义下的浙江纺织品出口现状与对策	中国对外贸易	2010.11
	国内学者“教育回归生活”研究综述	出国与就业	2011.5
	基于岗位实际的单证教学改革探讨	四川职业技术学院学报	2011.2

续表

姓名	论文	报刊(出版社)名称	发表时间
黄　俊	准确定位,打造特色,培养德技兼备人才	教育交流	2003.8
	试论 ISO 9000 理念下的中等职业教育	东方教育研究	2005.4
	导游专业情境教学的实践	职业技术教育	2005.3
	浅谈导游词创作的意境美	职教论坛	2006.1
	职业学校产教紧密结合型办学模式的创新与实践	中国职业教育实践与探索	1997.9
黄水品	腊鸡加工工艺	肉类研究	2002.4
	溏心皮蛋无铅新工艺	食品工业科技	2006.1
	中职食品专业课题模式的创新与实践	职教论坛	2005.5
黄水品 王红华	食品添加剂与食品安全	食品科技	2010.1
黄兴华	中职学校的网络安全与管理	今日科苑	2011.1
	浅议如何提高中职学校计算机基础课的教学效率	黑河教育	2004.3
金雪萍	林擒叶提取物急性毒性实验研究	食品与机械	2004.4
李育霖	新闻散文法创作之拙见	应用写作	1997.9
	新闻细节作用及种类之我见	应用写作	1998.9
	作文教学三种思维方法探讨	高师教育	2000.5
	“凯旋归来"有语病吗?	语文教学之友	2005.1
	单一化诠释文学形象的弊端	学子	2005.1
	科幻作品何时进入语文教材——从金庸武侠作品入选课本谈起	语文教学之友	2006.1
梁梦霞	和你在一起	心理健康教育	2006.8
	大海与水滴	心理健康教育	1999 增刊
刘晓青	介质与稳定磁场的相互作用能	江西师大学报	2000.1
	接地导体球附近任意电四极子电象	汉中师院学报	1999.3
	论实现物理教育目的的基本途径	浙师大学报	2000.4
	物理学与食品科学的相关性	杭州教育学院学报	2010.2
楼洪亮	酒店厨房实行“包厨”与“单独”管理模式论析	烹调知识	1997.12
楼永梁	代理记账工作中的问题及对策	安徽财会	1998.1
	连锁经营企业若干财会问题探讨	财税与会计	1998.6
	强化商品经营成本管理、提高流通企业经济	商业研究	2004.6
卢灵美	模块教学在《会计电算化》课程中的应用实例	四川职业技术学院学报	2011.5
	网络化会计继续教育的探讨	温州职业技术学院学报	2008.12

续表

姓名	论文	报刊(出版社)名称	发表时间
卢秀峰	彩电视机开关稳压电源故障分析及检验技术	职业技术教育	2003.10
	多媒体多功能演示教室在职业技术教育中的运用	吉林职业师范学院学报	2002.4
	电视机原理与维修技术课程应用多媒体辅助教学实践	宁波大学学报	2004.6
邱振东	浅谈我国民俗旅游资源开发规划	科技创业家	2009. 9
邵　玲	自主计划法提高中职生英语学习内动机的实验研究	西南农业大学学报	1997.6
	利用英语歌曲教学实现原有兴趣的迁移	社会科学论坛	2004.7
	多媒体英语教学效果调查分析	安庆师范学院学报	2004.12
	泛读提高英语学习兴趣的实验	疯狂英语	2005.7
	提高学生英语学习自我效能感的实验	职业教育研究	2005.4
	控制适度焦虑的英语学习对策	石家庄学院学报	2205.4
	泛读提高英语学习兴趣的实验研究	英语辅导	2005.5
	英语教学中实施教唱英文歌曲的实验研究	湖北教育学院学报	2006.3
	Nonverbal Communication and Barriers in Intercucral communicayon	高校外语教学与研究	2007.6
	英语纠错的方法及对策	职业	2008.1
沈祖德	产品市场定位成功实例集锦	管理工程师	1997.4
	推进商业代理,搞活批发经营	浙江商业经济	1998.3
	市场态势分析中人口资料的运用	市场与人口	1998.2
	日本零售业态对我国零售业的启示	商场现代化	1998.3
	贸易统计指标体系改革之我见	浙江统计	1998.5
	论统计调查方法改革的十大关系	广西统计	1998.5
	商场无形资产的特点及运营策略	商场现代化	1998.5
	改进和完善我国股指统计编制方法的思想	统计与预测	1999.3
	加快统计调查方法的途径和方法	江苏统计	1999.4
施加根	提高中职计算机教学效果的策略探讨	今日湖北	2007.5
	局域网作业管理系统的研究	计算机与信息技术	2003.11
	计算机形象化教学设计	教育信息化	2007.3
	虚拟实验的现状分析及应对策略	电脑知识与技术	2012.4
宋炜杨	专家与新手的化学配平问题解决过程及其影响因素的研究	现代阅读	2009. 5
童巧云	糖水桔子罐头浑浊现象探讨	食品工业	2005.7
	火腿鲜笋罐头生产工艺的研究	食品工业科技	2005.5
	南瓜酸奶生产工艺研究	食品工业	2005.5

续表

姓名	论文	报刊(出版社)名称	发表时间
童永通	浅谈中央空调节能的一些措施	中国科技信息	2007.5
	新课改下提高中职生培养质量的措施	大科技	2010.7
王凤秀	对发展私营经济的新的认识与思考	浙江社会科学	1999
	资本论劳动价值论对建立社会主义市场经济体制的启示	求实	2003.10.
	职业学校后进生逆反心理的成因与对策	丽水师专学报	2001.11
	论思想政治课教学必需坚持的原则	社会科学论坛	2002.4
	深化教育改革,推进素质教育	成人高等教育	2002.6
	中等职业学校推进素质教育的思考	求实	2003.10
	关于思想政治网络化的思考	教育论坛	2005.3
	构建实施主体发展性道德教育的运作机制	社会科学论坛	2005.8
	论地方政府在产业结构调整中的作用	浙师大学报	2000.11
	思想政治工作应坚持几项原则	求实	2004.10
	“分苹果”对学校德育的启示	教学世界	2011.2
	谈培养和激发学生学习思想政治课的兴趣	江西行政学院学报	2010.5
王高坚	互动效应在思想政治课教学中的实践	教育交流	2002.6
	加强职业学校学生创新素质的培养	求实	2002.4
	班主任工作需要解决的几个问题	社会科学论坛	1999.5
	关于学校道德教育内化的思考	教育理论研究与试验	2004.5
	思想政治工作应坚持“三结合”	社会科学论坛	2000.2
	新形势下中专学校优化内部管理的构思	中国职业教育实践与探索	2006.1
王高坚 王凤秀	主题发展性道德教育:道德教育和现实需要	金华职业技术学院学报	2005.6
	试论德育中的主体发展性	现代教育科学	2004.5
王红华	谈话法在中专化学教育中的实践	今日科苑	2011.11
	浅谈中专化学教学中的创新教学	职业技术	2006.5
	可持续发展要求下的学校环境教育	职教论坛	2006.1
	饮用水中铝的来源危害与防治	微量元素与健康研究	2007.7
	西地那非合成路线图解	中国医药工业杂志	2005.3
王宏高	关于中等职业学校学生流失状况及去向的调查	职业教育研究	2011.10
	标本制作及革兰氏染色法实验常见问题及教学改进实践	时代青年教育	1997.12
	面包体积偏小的原因及改革措施	中国工业文库	1998.1
	新鲜香肠的研判	肉制品工业	2000.2
	白茅根乌梅饮料的开发研制	广州食品工业科技	2010.1

续表

姓名	论文	报刊(出版社)名称	发表时间
王　慧	基于工作任务的商务英语函电项目教学	中国校外教育	2009.11
	中职国际商务专业项目课程设计	科教导刊	2010.5
	商务英语词汇误译浅析	时代青年	2012.11
	以职业需求为导向推进商务韩语专业课程改革	读与写	2005.10
	中职国际商务英语教学方法的创新	职教通讯	2005.2
	浅谈外贸英语课堂情境性教学	教育与职业	2007.1
王为正	计算机网页制作中几个疑难问题的研究(合作)	金华职业技术学校学报	2003.2
	PHOTOSHOP 教学方法改革	温州职业技术学院学报	2002.7
	人体脸谱的自动检验方法初探	计算机时代	2003.2
	网络资源在 PHOTOSHOP 教学中应用研究	湖州职业技术学院学报	2004.6
	数据托管环境中私有数据的安全性分析	电脑知识	2004.5
	DREAVER MX2004 开发 WEB 应用程序	电子电脑	1998.2
王一文	钢笔书法作品	中国钢笔书法	2009.3
韦旭源	新会计准则对企业所得税会计处理的影响	会计师	2009.2
	教育成本的计算方法	山西财经大学学刊	2007.12
	论会计准则制定模式的制度变迁	河北经贸大学	2002.4
	创新会计专业教学方法	山西财经大学学报	2004.2
	非营利组织会计目标的研究	山西财经大学学报	2006.6
	探索课堂教学改革,培养学生创新素质	社会科学论坛	2008.2
	试论企业财务活动创新	经济师	2008.1
	成本信息供需:基于成本设计的讨论	晋中学院学报	2008.1
	论电子商务环境下的企业成本管理	山西财经大学学报	2007.12
	论会计准则制定模式的制度变迁	河北经贸大学	1998
吴金康	信息化教学设计杂谈	中国教育教学研究	1999
	谈实施中专系统优化工程	珠海出版社	1999
	关于一道管理会计例题的商榷	职业技术教育	1993.9
	编制中专数学习题“四性”说	职业技术教育	1994.2
	数学在市场经济中应用的若干原则	山西高校联合出版社	1994
吴能棣	当事人举证时效之我见	浙师大学报	2000.8
	保证人不应承担连带保证责任	律师与法制	1999.12

续表

姓名	论文	报刊(出版社)名称	发表时间
吴能棣	刑事诉讼补充侦查制度应当废止	浙江法制报	2000.4
	浅折拾遗所产生的几种法律关系	成人高等教育	2000.6
	母子亲情的千古绝唱	浙江师大学报	2008.3
吴耀芳	教育改革背景下的中学音乐欣赏教学之我见	科技信息	2010.1
	如何更有效地在中等职业学校开展音乐教育	今日科苑	2010.10
	音乐教育在中职学校的价值体现	中国新技术新产品	2011.16
徐学辉	中职计算机应用能力训练校本课程开发研究	计算机光盘软件与应用	2012.4
	中职计算机教学体系改革和创新——以校本教材开发为切入点	中国电子商务	2012.5
	基于 ASP 的购物网站设计	计算机光盘软件与应用	2012.7
	浅谈网站建设中相对路径与绝对路径的使用	中国科技信息	2009.8
叶红霞	英语词汇学习的七种精细加工方式	中学课程辅导	2009. 11
	重视情感教学　培养学习兴趣	中学课程辅导	2010. 5
	如果提高中职学生的英语学习信心和兴趣	中国教师	1999.9
叶小君	浅谈旅游业资源中世界遗产的文化路线	城市之光	2005.4
	浅论风景旅游景点的持续发展与环境保护	城市之光	1999
俞一夫	PH3 环流熏蒸可行性探讨	粮食储藏	1997.2
	食品加工过程可能产生的有害有毒物及其防除	食品科技	1997.4
	干燥、通风后期的控温控湿技术	郑州粮食学院学报	1997.3
	生态环境中铁 锰 硫的循环与微生物的关系	浙江师大学报	1997.5
	强化大米的工艺与贮藏	粮食科技与经济	1997.6
	粮油食品的储藏品质和保鲜技术	粮食科技与经济	1998.8
	低温粮仓的控温与管理	粮油仓储科技通讯	1998.8
	国内外粮食 油料脂肪测定方法评析	西部粮油科技	2000.2
	AFB1 的酶联免疫吸附分析(ELISA)法测定	四川粮油科技	2000.2
	磷化氢熏蒸理论与实践再认识	粮油食品科技	2001.7
	储藏稻谷整理调质通风试验	粮油仓储科技通讯	2010. 2
张文富	子路 曾皙 冉有 公西华侍坐——美育思想探析	中学语文教学参考	2004.5
	之字的美学意义	语文学刊	2004.6
	中和之美在学生管理中的作用	职业	2004.7
赵千骏	农村食品安全现状与对策	时代青年	2000.6

续表

姓名	论文	报刊(出版社)名称	发表时间
赵千骏	花生仁乳脂硬糖研制及其返砂控制	食品工业	2005.6
郑　骏	激活的电视机——让它成为你的大屏幕显示器	黑龙江科技信息	2012.4
周　丽	梳理归纳、比较深化、延伸拓广	中学数学	2012.7
	二次曲线的性质及其应用	黑龙江科技信息	2012.2
	浅谈有效改善单亲家庭学生心理健康状态的教育技巧	学生之友	2008.6
朱恒斌	企业内部营销之浅探	管理科学文摘	2009.15
	关于温州民间借贷的若干思考	中国新技术新产品	2009.10
朱　艺	儿童绘画发展的阶段之我见	今日科苑	2010.5
	中职美术教育的创感培养探究	华夏教育	2009.4
朱　政	中职教育师资队伍建设存在的问题和对策	承德民民族师专学报	2010.9
	中职学校商务外语专业建设的实践与探索	职业教育研究	2010.3
	中职生英语自主学习现状及元认知策略使用的调查与对策	长春教育学院学报	2009.10
祝世富	农村经济发展重在扩大投资	经济论坛	2001.1
	贫富差距不断扩大是有效需求不足主要原因	财经理论与实足	2001.4
	努力搞好教育产业管理与教育经营	商业研究	2007.10
	倡导简约舒适　遏制过度包装	现代商贸工业	2007.10

表 1-3-7　　教师正式出版的教材、专著一览表

姓名	编者	名称	出版社	时间
陈　平	主编	焙烤食品加工技术	中国轻工业出版社	2009.7
胡卫珍	主编	会计英语	机械工业出版社	2012.2
黄　俊 赵千骏	主编	食品营养与安全	中国轻工业出版社	2009.8
黄水品	主编	肉类与水产食品加工技术	中国轻工业出版社	2009.1
卢灵美	副主编	会计电算华	上海交通大学出版社	2012.8
	副主编	财务管理	机械工业出版社	2012.9
宋　洁	主编	烹饪英语	中国轻工业出版社	2012.7
王　慧	主编	商务英语函电	机械工业出版社	2008.9
	副主编	英语	立信出版社	2009.3
韦旭源	副主编	会计英语	机械工业出版社	2012.3
	主编	财务管理	机械工业出版社	2012.9
徐专红	副主编	食品分析技术	中国轻工业出版社	2009.7
	副主编	烹饪化学	中国轻工业出版社	2012.2

续表

姓名	编者	名称	出版社	时间
俞一夫	主编	粮油食品检测技术200问	中国食品出版社	1989.7
	主编	粮油食品知识	中国食品出版社	1991.8
	主编	粮油食品分析与检验	中国轻工业出版社	1993.6
	主编	粮油商品知识	中国轻工业出版社	1993.8
	主编	商品学基础	贵州科技出版社	1994.9
	主编	粮油商品知识	中国商业出版社	1995.3
	主编	化学实验操作技术	贵州科技出版社	1995.8
	主编	商品保管员(粮油)国家职业资格鉴定培训教程	浙江人民出版社	2005.4
	副主编	食品化学	中国商业出版社	1996.5
朱恒斌	主编	食品分析技术	中国轻工业出版社	2009.7
朱　政	副主编	商务英语基础教程	机械工业出版社	2012.1

表 1-3-8　　教师论文主要获奖项目一览表

姓名	论文标题	获奖组织	等级	时间
曹春雷	浅谈随机进入教学模式在《电工基础》教学中的应用	金华市教科所	一等奖	2010.12
	基于 Multisim 的桥式整流电容滤波电路分析	浙江省职业技能教学研究所	二等奖	2011.9
	信息技术环境下教学前移+基于问题的学习+教学后续教学模式初探	中国职业技术教育学会商科专业委员会	二等奖	2010.12
陈红香	让数学生活化,让数学活动化	浙江省教育厅	二等奖	2006.3
蔡宗祥	职业学校珠算教学的前景	浙江省珠算心算协会	二等奖	2007.12
陈禧鸿	课程网络化学习对学生心理健康的影响研究	浙江省高师教育研究会	二等奖	2006.12
黄　俊	产教一体,工学结合的人才培养模式的创新与实践	金华市人民政府	一等奖	2008.6
	实践质量管理体系论证，全面提高教育教学质量	金华市教研室	一等奖	2003.9
黄　俊 俞一夫 童永通 卢秀峰 赵千骏	食品类专业课程改革探索与实践	金华市人民政府	一等奖	2012.6
卢秀峰	投影机实用保护开关与保护电路设计	金华市教育学会	一等奖	2004.3
吕红卫	工程制图教学改革的几点建议	职业教育研讨会	二等奖	1999.3
邵　玲	控制适度焦虑的英语学习对策	金华市教育学会	一等奖	2005.12

续表

姓名	论文标题	获奖组织	等级	时间
宋炜杨	全国商科中专学校德育主题班会课件比赛《情绪万花筒》	中国职业技术教育学会商科专业委员会中专研究会	二等奖	2010.12
	专家与新手的化学配平问题解决过程及其影响因素的研究	浙江省教育厅职成教教研室	二等奖	2007.12
童巧云	关于中职班主任对学生责任感培养问题的探讨	浙江省高师教育研究会	二等奖	2009.12
童永通	班级管理的十大策略	浙江省高师教育研究会	二等奖	2007.12
王凤秀	大处着眼　小处着手(浙江省第四届职教班主任工作研讨会暨创新交流活动)	浙江省高师教育研究会	二等奖	2008.11
	加强中职学生求职技巧的训练与指导	金华市教科所	一等奖	2009.3
	问题教学法在思想政治课教学中的运用	中国教育学会教育机制研究分会	一等奖	2009.6
	构建互动和谐课堂环境，提高思想政治课教学实效	金华市教科所	一等奖	2008.5
	中职学生管理应支持“三多三少”	浙江省高师教育研究会 浙江师大班主任工作研究中心	二等奖	2009.11
	中职班主任工作存在的问题及对策	浙江省高师教育研究会 浙江师大班主任工作研究中心	二等奖	2010.6
	中专学校内部管理体制优化的探索	全国学校管理实践与创新	一等奖	2010.12
	关于思想政治教育网络化的思考	金华市教研室	一等奖	2005.5
宋炜杨	学校管理中激励机制的因素分析	中国职业技术教育学会	一等奖	2007.8
王凤秀 王高坚	构建互动和谐课堂环境提高思想政治课教学实效	金华市教科所	一等奖	2008.5
王高坚	实施人本管理,实现育人目标	中国教育学会	一等奖	2005.11
王　慧	浅谈商外外语专业应用型人才的培养	中国职业技术教育学会商科专业委员会	一等奖	2009.12
	浅谈班级舆论的引导	浙江省高师教育研究会	二等奖	2007.12
	发挥“双师型”教师优势,加强专业课实践教学(市“双师型”教师论文评比)	金华市教研室	一等奖	2008.1
徐专红	中专学生现状及管理方法的研究和探讨	金华市教科所	一等奖	2003.7
张丹丹	基于语料库的中职英语词汇自主学习	中国职教学会商科专业委员会	二等奖	2011.12
	中职英语词汇自主学习的研究	金华市教研室	一等奖	2011.12
张　晶	浅谈流行文化和中职语文教学的结合	中国职教学会商科专业委员会	二等奖	2011.12
	浅论让大众文化走进中职语文课堂	中国教育科研学会	二等奖	2011.12
赵千骏	警惕膨化食品中铝的污染	中国教育教学研究会	二等奖	2009.5
朱　政	合作学习在中职英语教学中的应用	国家基础教育实验中心	一等奖	2009.5
	运用元认知策略，培养中职生英语自主学习能力	金华市教育学会	一等奖	2010.1

续表

姓名	论文标题	获奖组织	等级	时间
朱政	中职生英语学习焦虑的调查研究	金华市教科所	一等奖	2010.5
	中职学校英语教师职业倦怠现状及相关因素的研究	中国职业技术教育学会商科专业委员会	一等奖	2010.12
	中国教育学会外语教学专业委员会第16次学术年会	中国教育学会外语教学专业委员会	二等奖	2010.11
	金华市区中职生英语学习动机的调查与分析	中国职教学会商科专业委员会	二等奖	2011.12
	谈赏识教育在中职英语教学中的运用	浙江省职业技能教学研究所	一等奖	2011.9
	中职生英语阅读元认知策略培训实证研究	中国职教学会商科专业委员会	二等奖	2012.11
	元认知策略培训与英语自主阅读能力培养	金华市教育局教研室	一等奖	2012.5

表 1-3-9　教师技能比赛主要奖项一览表

姓名	获奖项目	组织单位	等级	获奖时间
曹春雷	网络教学设计——以伏安法测电阻为案例	中国教育教学研究会	二等奖	2011.5
郭玲萍	第五期中等职业学校专业骨干教师国家级培训班说课比赛	全国重点建设职教师资培训基地江西农业大学	二等奖	2008.10
胡卫珍	市职校经贸专业教师说课比赛	金华市教育局	一等奖	2006.11
	市职校经贸专业教师说课比赛	金华市教育局	一等奖	2006.11
	2009金华市中等职业学校文化课优质课比赛	金华市教研室	一等奖	2009.12
	海运货物保险条款(2009年度课件比赛)	中国职业技术教育学会商科专业委员会中专研究会	二等奖	2009.12
	全国商科中专国际商务专业课件比赛“外贸单证”	中国职业技术教育学会商科专业委员会中专研究会	二等奖	2010.12
	全国商科中专国际商务专业课件比赛“外贸单证”	中国职业技术教育学会商科专业委员会中专研究会	一等奖	2010.12
梁梦霞	做一个负责任的人(2009年度课件比赛)	中国职业技术教育学会商科专业委员会中专研究会	一等奖	2009.12
楼洪亮	市中职烹饪专业教师地方特色菜点制作比赛	金华市教育局	一等奖	2006.9
	浙江省2009年中职学校烹饪专业教师技能基本功热菜项目比赛	浙江省教育厅教研室	二等奖	2009.12
卢灵美	金华市中等职业学校专业课教师优质课评比	金华市教研室	一等奖	2010.11
宋炜杨	全国商科中专学校德育主题班会课件比赛“情绪万花筒”	中国职业技术教育学会商科专业委员会中专研究会	二等奖	2010.12
王凤秀	感恩父母(2009年度课件比赛)	中国职业技术教育学会商科专业委员会中专研究会	二等奖	2009.12

续表

姓名	获奖项目	组织单位	等级	获奖时间
王慧	金华市第五届中等职业学校师生技能比武国际商务单证员比赛	金华市教育局	一等奖	2006.11
	第六届中等职业学校技能比武外贸单证与实务(教师)	金华市教研室	一等奖	2008.11
王晟兆	市第五届中等职业学校师生技能比武食品雕刻比赛	金华市教育局	一等奖	2006.11
	省第四届凯林烹饪技术比赛(热菜)	省餐饮协会	金奖	2006.12
	市第四届申华杯烹饪技术比赛(热菜)	金华市烹饪技术组	金奖	2006.11
	市第四届申华杯烹饪技术比赛(雕刻)	金华市烹饪技术组	金奖	2006.11
韦峰	浙江省技工院校教师说课比赛	浙江省教学研究所	二等奖	2009.11
韦旭源	出纳实训(2009年度课件比赛)	中国职业技术教育学会商科专业委员会中专研究会	二等奖	2009.12
	全国商科中专财会专业课件比赛《原始凭证的填制》	中国职业技术教育学会商科专业委员会中专研究会	二等奖	2010.12
陈平等	金华市四届中等职业学校师生技能比武专业建设成果展项目	金华市教育局	一等奖	2003.11
汪荣生 高昌生等	金华市第五届中等职业学校师生技能比武专业建设成果展项目	金华市教育局	一等奖	2006.11

表1-3-10　　教师指导学生技能比赛主要获奖情况一览表

姓名	内容	组织单位	等级	时间
高昌生	第六届中等职业学校技能比武烹饪(中餐面点)(陈建宝)	金华市教研室	一等奖	2008.11
蔡宗祥	传票翻打(全国商科学校第二届"爱丁数码杯"学生夏令营技能比赛)(范博文)	中国职教商科专业委员会中专研究会	二等奖	2010.7
胡爕南	第五届全国中等职业学校"文明风采"竞赛《我身边的诚信征文》(倪美珠)	全国中等职业学校"文明风采"竞赛组织委员会	一等奖	2008.9
	中文演讲(全国商科学校第二届"爱丁数码杯"学生夏令营技能比赛)(胡嘉铭)	中国职教商科专业委员会中专研究会	一等奖	2010.7
	祖国之歌四幕剧(杜红霞)	金华市教育局关心下一代工作委员会	一等奖	2009.7
黄　俊	浙江省旅游专业学生导游技能比赛(孙云青)	浙江省教育厅	二等奖	2004.11
	金华市中职学生导游技能比赛(李京)	金华市教育局	一等奖	2004.10
	金华市中职学生导游技能比赛(孙云青)	金华市教育局	一等奖	2004.10
黄兴华	中文看打(全国商科学校第二届"爱丁数码杯"学生夏令营技能比赛)(金佳)	中国职教商科专业委员会中专研究会	二等奖	2010.7
	五笔录入(全国商科学校第三届"爱丁数码杯"学生夏令营技能比赛)楼曼云	中国职教商科专业委员会中专研究会	二等奖	2011.7

续表

姓名	内容	组织单位	等级	时间
楼洪亮	金华市中职烹饪专业技能大赛暨省选拔赛(热菜)(毛宇翾)	金华教育局教研室	一等奖	2010.5
	金华市中职烹饪专业技能大赛暨省选拔赛(中餐面点)(马振江)	金华教育局教研室	一等奖	2010.5
	金华市中职学校技能大赛(中餐热菜)(夏炎)	金华市教育局	一等奖	2012.4
	金华市中职学校技能大赛（中式面点）(钟昌友)	金华市教育局	一等奖	2012.4
	市第二届技能运动会中式烹饪比赛(方建)	金华市劳动和社会保障局	一等奖	2007.5
卢　妃	浙江省首届中等职业学校电子电工专业“电子社”杯学生技能竞赛(管斌龚)	浙江省教育厅	一等奖	2006.11
汪金林	市第五届中职师生技能比武线路安装比赛(管斌龚)	金华市教育局	一等奖	2006.11
汪荣生等	金华市第五届中等职业学校师生技能比武专业建设成果展项目	金华市教育局	一等奖	2006.11
王　慧	第六届中等职业学校技能比武外贸单证与实务(张霄奕)	金华市教研室	一等奖	2008.11
	英文演讲(全国商科学校第二届“爱丁数码杯”学生夏令营技能比赛)(冯秀淼)	中国职教商科专业委员会中专研究会	二等奖	2010.7
	金华市第五届中等职业学校师生技能比武国际商务单证员比赛	金华市教育局	一等奖	2006.11
王晟兆	浙江省中等职业学校学生技能大赛(果蔬雕刻)(宋秦伟)	浙江省教育厅局 浙江省人力资源和社会保障厅	二等奖	2010.4
	2010 年金华市中职烹饪专业技能大赛暨省选拔赛(果蔬雕刻)(宋秦伟)	金华教育局教研室	一等奖	2010.5
	浙江省第六届葡萄园杯烹饪技能大赛冷菜(朱　杰)	浙江省商务厅	特金奖	2010.11
	浙江省第六届葡萄园杯烹饪技能大赛冷菜(蒋赵伟)	浙江省商务厅	金奖	2010.11
	浙江省第六届葡萄园杯烹饪技能大赛热菜(毛宇翾)	浙江省商务厅	金奖	2010.11
	浙江省第六届葡萄园杯烹饪技能大赛热菜(徐浩祥)	浙江省商务厅	金奖	2010.11
	浙江省第六届葡萄园杯烹饪技能大赛热菜(张　焕)	浙江省商务厅	银奖	2010.11
	浙江省第六届葡萄园杯烹饪技能大赛果蔬雕刻(宋秦伟)	浙江省商务厅	金奖	2010.11
	浙江省第六届葡萄园杯烹饪技能大赛中式面点（王宽宽)	浙江省商务厅	金奖	2010.11
	浙江省第六届葡萄园杯烹饪技能大赛中式面点(郭慎之)	浙江省商务厅	银奖	2010.11
	金华市中职学校技能大赛(冷菜)(严建)	金华市教育局	一等奖	2012.4

续表

姓名	内容	组织单位	等级	时间
徐　建	指导学生参加金华市中专院校篮球比赛	金华市教育局	冠军	2003.12
	指导学生参加李宁3+1全国中学生篮球联赛	金华市教育局	冠军	2005.11
	指导学生参加金华市大中专院校教工篮球比赛	金华市教育局	一等奖	2007.12
	指导学生参加金华市第五届中等职业学校师生技能比武学生才艺表演项目	金华市教育局	金奖	2006.11
徐学辉	指导学生参加市第四届技能比武“图文混排”	金华市教育局	一等奖	2004.12
	第六届中等职业学校技能比武图形图像处理(童迁)	金华市教研室	一等奖	2008.11
张　晶	中文演讲(全国商科学校第三届“爱丁数码杯”学生夏令营技能比赛)(周传琦)	中国职教商科专业委员会中专研究会	二等奖	2011.7
	指导学生参加2012全国中小学鹏作文大赛作文:采撷一缕真情(毛凤莉)	中国基础教育研究会	二等奖	2012.8
	指导学生参加2012全国中小学鹏作文大赛作文:双生花(周佳慧)	中国基础教育研究会	二等奖	2012.8
朱　艺	第六届中等职业学校技能比武平面广告设计(童迁)	金华市教研室	一等奖	2008.10
朱　政	英文听打(全国商科学校第三届“爱丁数码杯”学生夏令营技能比赛)(陈红霞)	中国职教商科专业委员会中专研究会	一等奖	2011.7

第七节　办学条件

1978年建校初期,学校征用土地约2万平方米,1985年征地1.5万平方米,1986年征地3335平方米,2006年新征土地3068平方米。至2012年学校共占地4.17万平方米。

1980年,建成338平方米的简易仓库,此仓库于1998年拆除,并在原址上建成1420平方米的实验楼。

1981年,建成811平方米的简易教工宿舍楼,并于1990年增加70平方米的卫生间;同年建成703平方米的食堂、986平方米的干训楼、65平方米的车库和226平方米的火腿加工棚,此棚于1996年拆除,并在原址上建成831平方米的实验楼。

1983年,建成3361平方米的教学大楼,,并于1988年在原三层的基础上加了一层,建筑面积800平方米。

1984年,建成1245平方米的学生宿舍(后改为办公楼);同年建成1538平方米的2号教工宿舍。

1985年,建成561平方米的教工食堂、518平方米的火腿实验楼。

1986年,建成2032平方米的1号学生宿舍、2276平方米的3号教工宿舍楼和40平方米的配电房(并于1998年新建34平方米的配电房)。

1987年,建成1284平方米的学生食堂兼礼堂;同年建成锅炉房、浴室。

1988年,建成2090平方米的2号学生宿舍;同年建成传达室。

1994年，建成1669平方米的图书馆。

1997年，在1号学生宿舍东头新建1329平方米的学生宿舍。

2001年6月，建成基于第三层交换的千兆以太网为主干的校园网，总投资200万元。

2008年，建成新配电房并投入使用。

2009年，建成一个新机房、18个多媒体教室。

2010年，建成7461平方米的实训综合楼和办公楼，并投入使用。使学校办学条件得到改善，办学实力跃上一个新的层次。

2011年2月，食堂拆改建工程顺利完工。

至2012年，学校有图书9万册，其中教学参考图书7万册；期刊300种/年，其中教学期刊110种/年；有实验室20个，实验、实习、实训场所10410平方米；学校固定资产总值1718.40万元，其中仪器设备资产总值888.84万元。有建筑面积29339平方米、运动场地14500平方米、300米的环形跑道和田径运动场一个、足球场一个、篮球场4个、排球场2个、体育馆1个。

第八节　校园文化

一、校训

学而不厌，诲人不倦

修德、强技

二、校歌

巍巍北山，潺潺流水，汇聚婺江，滔滔入海，菁菁校园，莘莘学子，为了梦想，商海远航。

商海竞渡，一叶轻盘，游鱼青睐，飞鸟喝彩，呼呼海风，滚滚海浪，英勇搏击，汹涌澎湃。

我们热烈，充满期待，我们果敢，激情豪迈。啊，商校，我为你祝福，啊商校，为你骄傲为你自豪！

三、校风

1986年学校提出“尊师爱生、严谨守纪、求实创新”的校风要求，随着学校不断深化改革，校风的含义不断丰富、充实，倡导全体教职工“为人师表、教书育人、管理育人、服务育人”，爱校敬业，形成优良的师德风尚。

四、校标

五、学生技能运动会

学校重视学生基本技能的培养，提出“七个一”的基本技能要求：即“一手好算盘、一手好字、一篇好文章、一副好口才、一身好仪表、会一手微机操作、懂一门外语”。2000 年学校举办第一届学生技能运动会，到 2011 年共举办了 11 届学生技能运动会。根据学校各专业特点，每届技能运动会都有新项目，参加人数不断递增，技能比武蔚然成风。

六、爱国主义教育活动

每逢“五四”、“七一”、国庆、元旦等节日，学校举行“五四、国庆征文比赛”“青春诗歌比赛”，“五四”演讲比赛、“七一”歌咏比赛、元旦文艺会演；围绕“五心”教育，举行“母亲节”演讲比赛；组织学生观看香港回归图片展，进行书画展、征文比赛等；在纪念“五四”运动 80 周年之际，举办报告会，争做跨世纪主人征文比赛，“五四魂”黑板报比赛，召开纪念“五四”运动 80 周年大会。

在庆祝建校二十周年之际，开展“我为商校添光彩”活动，成立“商校电视台”“读书俱乐部”，开展“支持北京申办 2008 年世界第 29 届奥运会”签名活动。

2001 年，学校创办《金商校报》。

2008 年，配合校庆三十周年，在学生中开展了以爱校为主题的“五个一活动”，即一次征文书画比赛，一次文雅用词的征集活动，一回劳动竞赛，一场校庆大型演出，一个成果展览。

2009 年举办“庆祝建国 60 周年”手抄报比赛，开展以“祖国万岁”为主题的图片展，红歌会等；进行“最温馨寝室”评比活动，通过这些活动激发学生的爱国、爱校热情。

七、精神文明建设活动

学校以“四个学会(学会吃饭、学会走路、学会说话、学会丢垃圾)”为抓手，加强学生文明礼仪养成教育。开展“星级学生、星级班级、星级寝室”评比活动，促进精神文明建设活动深入开展。

通过班旗、班级口号等一系列班级文化建设，形成不同的“班级特色文化”，提高学生的文化素养。学生会及各学生社团积极开展开展校园十佳歌手大赛、主持人大赛、服装设计大赛、班级辩论赛、朗诵比赛、食品营养与安全知识竞赛、我型我秀模特大赛等活动，引导学生社团健康有序地开展工作。

开展感恩系列活动，使学生在活动中受到潜移默化的教育，增强学生的责任感。四川汶川地震发生后，学校提出发扬“众志成城，情系灾区，一方有难，八方支援”的精神，组织全校师生为灾区捐款、捐物。

开展阳光体育活动，建校以来，每年举办学生田径运动会(2009 年后改称体育艺术节)、各种球类比赛、教职工趣味运动会等活动，增强了全校师生的体质和凝聚力。

开设《素养与情操》特色课程，课程涉及文化素养与情操，艺术欣赏与制作，生活健康与理财，沟通交际与就业等内容。

第九节　合作办学与社会培训

一、合作办学

学校坚持“特色化、国际化、多元化”的办学思路，实施特色品牌战略，打造浙江省中等职业特色名校，形成了特色鲜明的以省示范专业——食品工艺与检验专业为龙头的食品烹饪类专业群；以市重点骨干专业——商务外语专业为核心的商务贸易类专业群；以财会专业为基础的财务金融类专业群；以空乘、海乘专业为核心的外事旅游类专业群。学校瞄准国际高端就业市场，走国际化办学之路，积极开展国际交流与合作。按照资源共享、优势互补、合作共赢的原则，积极开展校校联合、校企合作，走多元化办学之路，形成了大专与中专相衔接、学历教育与技能培训并举的多元化办学格局。

2002 年 9 月，学校与金华广播电视大学联合举办电大大专班，招收商业管理专业；2003 年增招财会专业。

2003 年 6 月，学校与金华第八中学联合举办综合高中班。

2004 年，学校与金华市工商银行联合举办会计“工行班”；与苏宁电器公司联合举办家用电器“苏宁班”；与蒙牛乳业公司联合举办食品工艺“蒙牛班”，共招收 159 名新生；继续与电大联办工商管理专业；综合高中班继续招生。

2004 年 6 月，学校与北京对外经济贸易大学联合举办远程教育，设立“对外贸易大学远程金华教育中心”。

2005 年 4 月，学校被中国教育学会学校管理机制分会批准为“学校管理机制实证研究”实验学校；学校与浙江商业职业技术学院、嘉兴职业技术学院联合举办“3+2”大专学历教育，开设电子应用和食品药品监督管理专业。

2005 年 12 月，学校与北京经贸职业技术学院航空学院签订联合办学协议，开设航空乘务专业。

2006 年，经金华市教育局审定发文，食品生物工艺专业、商贸类专业为市级示范专业。省教育厅审定发文：食品生物工艺专业为省级示范专业；公布食品加工技术成为浙江省先进制造业示范实训基地。

2007 年，学校与韩国国立韩巴大学国际交流学院合作，开设“1+X”“2+X”“3+X”等模式，前者招收高中毕业生，后两者招收初中毕业生。

2007 年 4 月，学校与韩国忠清大学签订合作办学协议书，于同年 9 月开设商务韩语专业；与天津圣丰洋船员劳务服务公司签订定向培养“国际海乘专业”人才协议，开设海乘专业；与浙江省商业技师学院联合办学，开设“国际贸易 3+4”本科专业；与浙江工商职业技术学院联合办学，开设会计（函授大专）专业。

2008 年，学校与银泰百货签订联合办学协议，举办市场营销“银泰班”；与四川农业大学网络教育学院合作，设立四川农业大学金华远程教育中心；与浙中建材市场建立长期合作关系，完成了浙中建材市场经营管理人员 80 人次的培训。

2010 年，学校与浙江百诚集团合作，开设“百诚家电连锁店长班”；与国贸景澜饭店联合开办“国贸景澜班”，由企业出学费，学生免费参加学习，按照企业订单培养；为金华市高端餐饮业培训新龙厨员工；与韩国大真大学、又松大学签署合作协议，2018 年年底学校已有多位学生通过学校直接办理学生留学韩国手续，分别赴韩国忠南大学、大真大学、又松大学、忠清大学开始了其留学生活；与浙江工商职业技术学院的合作项目，新增国际贸易专业函授大专学历教育。

2011 年，学校与浙江贸易学校联合申报成功获得“食品检验专业教学指导方案”省级标准制定权，该方案由金华市教育局分管领导牵头，两校相关专业教师作为研发主体，同时吸收高校、行业协会、法定食品检测机构、食品生产企业专家共同参与研发。同年，与今日大酒店合作，开设“今日班”，由企业出资，按照企业订单培养。

二、社会培训

学校于 1981 年建立浙江省金华地区商业干部学校，担负干部和职工培训任务。先后开办经理（厂长)培训班、政工干部轮训班、财会人员轮训班、青工政治轮训班、青工文化双补复习班等。同时还接受社会上各类培训任务,如:厨工培训班、火腿加工技术培训班、电大审计专业班、经济专业技术职称考试辅导班等。

1999年以来,学校先后建立"全国家电维修培训考核站""全国信用管理人员培训考核辅导站""金华商业技工学校培训中心""(食品类)国家职业技能鉴定站""市区农村劳动力培训基地"等,学校被确定为"社会力量办职业技能培训和劳动预备制培训单位",主要担任烹饪、食品加工、家电维修、电工、市场管销、计算机、文秘、食品检验与加工、面点、推销员、营业员、营养配餐、餐旅服务等专业的培训工作。

2007年后,根据社会对劳动力技能需求的变化,学校先后为金华一百、银泰百货进行初级营业员和楼层管理员培训;为中国银行进行从业人员资格认证考试培训辅导;为浙中建材市场进行了经理岗位培训;为金华酒店员工进行餐厅服务与客房服务技能考试培训;为金华冠达名品商厦进行员工入职培训;为金华市婺城区劳动局进行家政人员上岗技能等级和超市员工技能能级考试培训;为社会人员进行计算机技能等级考试培训等。

第十节　国际交流

学校以合作办学为抓手,深化国际合作,努力为学生打造多维度发展平台。

1997年7月,日本枥木商校师生到校访问。同年10月,学校副校长汪金林和会计96高中班学生封海燕访问日本枥木商校。1998年10月,学校校长陈培钧、学生科科长鲍世英和食品工艺班学生李静再次访问日本枥木商校,增强了两校之间的交流和合作。

2007年4月,校长黄俊随浙中教育考察团赴韩国考察,并与韩国忠清大学签订教育合作协议,与韩国国立韩巴大学国际交流学院建立了合作关系。同年9月,学校新设商务韩语专业。

2008年4月,副校长俞一夫率商务韩语专业13名学生赴韩国韩巴大学等学校游学交流。

2009年7月,副校长俞一夫率15名师生前往马来西亚英迪大学云顶国际学院,进行了为期近一个月的西餐西点学习交流;同年9月下旬,马来西亚英迪国际学院访问团16名成员回访我校,并在学校学习中餐烹饪1个月。

2010年4月,副书记王高坚率师生赴韩国交流考察,并代表学校与韩国大真大学、又松大学签署了合作协议。

2012年4月,副校长俞一夫率15名师生赴韩国大真大学、京畿大学和长安大学等高校进行游学访问,并与在大真大学留学的原商校学生进行座谈交流。

通过国际合作,学校有近20位学生分别赴韩国大真大学、忠清大学、又松大学、忠南大学留学。

第十一节　金华商业技工学校

1978年8月23日浙江省革命委员会下发《关于同意恢复新建21所商业技工学校的批复》,批准建立金华商业技工学校,由省商业厅领导,金华地区商业局管理。校址暂设于金华市婺江中路。9月初,成立筹建小组;11月,正式组建学校领导班子。

1979年3月,学校首次招收烹饪专业学生43名,秋季招生35名,共招78名新生,分两个班进行教学管理。

创办初期，学校借用地区食品公司蛋品仓库和地区糖烟酒公司仓库为临时校舍。

1980 年 4 月，共青团金华地委批复成立“共青团金华商业技工学校总支委员会”。

1980 年，烹饪专业停止招生。烹饪专业 78 名学生，分别于 1981 年 2 月和 9 月毕业。

1980 年，学校在新址（河上桥野猫坞）开始建造第一个建筑——简易仓库，于 1981 年投入使用；1981 年开始建造简易宿舍、饭厅伙房和干训楼；1982 年建成汽车库和火腿加工棚；1983 年建成教学大楼；1984 学生宿舍（即后来的办公楼）落成，同年 2 号教工宿舍楼交付使用；1985 年建成教工食堂、冷藏室、火腿实验楼和公厕；1986 年建成 1 号学生宿舍、3 号教工宿舍楼和配电房；1987 年建成学生食堂兼礼堂和锅炉房、浴室。

1982 年夏，学校迁入市区河上桥校址。

1982 年秋，学校新开设肉食品腌腊加工专业，招收高中毕业生，学制两年，当年招生 40 名。

1983 年，招收肉食品加工专业学生 40 名。

1984 年，在校学生有：肉食品加工专业 40 人，职工中专企管专业 160 人；短期政工干部培训学员 30 人，财会培训 63 人，青工文化双补复习班 80 人，青工政治思想轮训班 108 人；火腿加工技术培训班 80 人。

1985 年 3 月，浙江省计经委、教育厅批准建立浙江省金华商业学校，至此学校形成以浙江省金华商业学校为主，金华商业技工学校、金华商业职工中等专业学校、金华地区商业干部学校并存的办学格局。此后，金华商业技工学校的招生专业主要是肉食品加工、烹饪、食品生物工艺、电子电工、仓储保管、家用电器、机电专业等，之后拓展至国际贸易、市场营销等商贸类专业。

2012 年 7 月，金华商业技工学校随同金华商业学校并入金华广播电视大学（浙江商贸学校），但金华商业技工学校校名独立存在。

第十二节　校办企业

建校初期，学校在原金华老县委旁边开设了“无线电修理部”，为广大市民修理家用电器，同时为当时的金华市五交化公司的家电商品进行售后服务；学校与城郊公社合办了“金华商校实验饭店”，作为烹饪专业学生的实践场所，并为社会大众提供餐饮服务。

1985 年，随着火腿实验楼的建成使用，学校建立了“金华商校实验厂”。一方面作为腌腊制品加工专业教学实验用场所，同时每年加工“金华火腿”商标的火腿产品 2000–3000 只供应市场，有“侍王牌”注册商标，加工的主要产品有香肠、腊肉、腊鸡腿、皮蛋、咸鸭蛋等。李发新、汪金林、黄水品等先后任厂长。

第四章　金华经贸职工中等专业学校
（1984—1998）

第一节　历史沿革

金华经贸职工中等专业学校前身是金华市粮食职工中等专业学校(金华粮食干部学校),1984年5月,经浙江省人民政府批准成立,系金华市粮食局所属的差额拨款事业单位,当时校址设在金华市豆芽山(金华市粮食局招待所内),1987年校舍建成后,正式搬迁到位于北山路178号校址。

1987年6月,与金华市粮食干部学校合并,实行"两块牌子、一套班子"。

1994年5月,浙教成字〔1994〕第230号,经省教委批准,同意将"金华市粮食职工中等专业学校"更名为"金华经贸职工中等专业学校"。同时,经金华市教委批准,增挂"金华市经贸职业高级中学"牌子。

1998年5月18日,浙江省粮食局下发《关于浙江贸易学校与金华经贸职工中专合并办学的批复》文件,两校正式合并办学,原北山路金华经贸职工中专成为学校的另一校区,金华经贸职工中专的全部教职员工由浙江贸易学校接收。

第二节　管理体制与组织机构

1984年5月学校成立后,同年9月招收一个班,因办学场地没有,暂时借放在浙江省金华粮食学校办学,1985年2月迁到金华市豆芽山(金华市粮食局招待所内)校址办学。行政管理机构为:办公室、教务科、总务科等机构,配备中层干部4人。郭明皓任副校长主持工作,陈仲达任副校长,孟红英任办公室主任,王广富任教务科科长,王汝启任教务科副科长,杜跃忠任总务科科长。

党内机构为:学校党支部下设立行政、老师、学生等3个党小组。团组织为:在团总支领导下,各班成立了团支部。

学校办学经费系拨款与自筹相结合。教职工的工资和部分福利费,由市粮食局拨款;基建费用是按需要报送预算,经市粮食局批准后拨给;教学行政费和办公费用,则在办班收入中开支。

1986年8月,金市粮〔86〕171号文件,任命曹伟为金华市粮食职工中等专业学校校长,张睛为金华市粮食职工中等专业学校副校长。

1986年9月,金市粮党〔86〕11号发文,曹伟任中共金华市粮食职工中等专业学校党支部书记。

1986年10月,金华市总工会下发《关于市粮食职工中专学校建立工会及其组成人员的批复》,同意金华市粮食职工中专学校工会委员会由郭明皓、郭其林、徐绮霞三人组成,郭明皓任主席。

1988年3月,鲁兴隆任金华市粮食职工中等专业学校正校级协理员。

1989年2月,金市粮〔89〕13号文件,曹伟任金华市粮食职工中专正职协理员,免去金华市粮食职工中专校长职务。

1989年4月,市粮总〔89〕2号文件《关于市粮食职工中专党支部改造选结果的批复中,同意新党支部由赵瑞荣、陈天堂、吴富孝组成,赵瑞荣任党支部书记兼组织委员,陈天堂任宣传委员,吴富孝任纪检委员。

1989年5月，陈天堂任金华市粮食职工中等专业学校副校长。

1989年12月，工会换届选举，新一届工会委员由工会主席曹利民、生活委员雷新华、文体委员刘季锦、财务委员邬铁英组成。

1989年12月30日，金市粮党〔89〕15号《关于赵瑞荣等同志任职的通知》中，赵瑞荣任金华市粮食职工中等专业学校校长，陈加达任金华市粮食职工中等专业学校副校长。

1990年2月20日，学校发文（金粮职〔90〕3号），吴富孝任总务科科长，胡端秀任办公室副主任，郭明皓任教务科副科长，刘季锦任总务科副科长。

1991年10月31日，金市粮〔1991〕179号，免去赵瑞荣金华市粮食职工中等专业学校校长职务。

1992年2月18日，金市粮〔1992〕38号文件，陈加达任金华市粮食职工中等专业学校校长。

1992年3月16日，学校发文（金粮专党〔1992〕第1号）《关于党支部委员分工的通知》中，王景瑜任金华市粮食职工中等专业学校党支部书记，陈加达任宣传委员，赵瑞荣任组织委员，吴富孝任监察委员。

1992年4月，学校发文（金粮专〔1992〕第1号），对学校领导行政分工作了明确：王景瑜负责学校全面工作，并分管全市粮食教育行政管理、学校附营业务和思想政治工作；陈加达负责学校教学业务和行政管理工作；赵瑞荣协助抓学校附营工作。

1992年4月18日，学校下发关于“金华粮食职工中专对科（室、厂）责任制考核制度”的通知。

1992年5月19日，学校发文（金粮专〔1992〕第11号），包玉林任教务科科长，吴富孝任总务科科长，曹利民任校办实验厂厂长，胡端秀任办公室副主任，王汝启任教务科副科长，雷新华任总务科副科长。

1993年5月，学校发文（金粮专党〔93〕1号），周国中任教学部主任，曹利民任附营部经理。

1993年5月29日，金粮专党〔1993〕第1号，经学校党支部研究，周国中任教学部主任，曹利民任附营部经理。任期为1993年4月1日至1995年4月1日。

1994年2月26日，学校聘请周国中为校长助理。

1994年9月，学校聘请刘季锦为教务科科长，吴富孝为总务科科长。

1995年3月1日，经校长提名，聘任周国中为金华经贸职工中等专业学校副校长，聘任期为二年。

1996年9月，学校成立学生科，胡端秀为学生科科长。同月，学校成立学生会，明确学生会归学生科管理。

1997年6月8日，经学校研究，邱强任教务科副科长。

1997年6月11日，党支部换届选举，陈加达任金华经贸职工中等专业学校党支部书记，周国中为宣传委员，曹利民为组织（监察）委员。

第三节　人才培养

1984年学校成立后，设“粮油食品工艺”专业，学制三年，先后招收三届中专生。1984年和1985年，在本地区粮食系统先后招生51人、47人。由于新校舍尚未建成，1984年招收的首届“粮油食品工艺”专业学生51人，暂借用在浙江省金华粮食学校内上课。1987年，向全省粮食系统招生27人，1988

年开始,因生源缺乏,该专业停招。

1992 年 3 月 11 日至 25 日,学校举办第一期金华市粮食系统财会培训班,来自各县市粮管所、粮贸公司、粮库、粮食局等单位财会人员共 50 人参加培训。

1992 年 4 月 16 日至 23 日,学校举办第一期金华市粮食系统工业企业班组长岗位培训班,共有 42 名学员参加培训。

1992 年 4 月 15 日至 24 日,学校举办金华市粮食商业企业全面质量管理培训班,共有 63 名学员参加培训。

1992 年 5 月 12 日至 24 日,学校举办第二期金华市粮食系统财会培训班,来自各县市粮管所、粮贸公司、粮库、粮食局等单位财会人员共 38 人参加培训。

1992 年,经省、市教委对全省成人中专进行了办学水平评估,省教委确定学校为办学合格的成人中专学校。

学校自从 1984 年成立以来,培养了一批中级专业技术人才,开设过"粮油食品工艺""粮食财务会计""市场营销""对外贸易业务"等专业。从 1992 年开始面向全省招生,同时为全省粮食系统干部和职工举办过厂长经理、粮管所所长、文秘、粮油保管员等短期培训班和全省制粉工中级技术岗位培训班。

截止到 1992 年 3 月底, 共为全市粮食系统内培养培训各类人员 1652 余人, 其中学历教育 158 人,非学历教育 1494 人。

1992 年至 1998 年,主要面向全省招收应届初中毕业生,即成人中专普通班和职业技术中专班,共培养毕业生 1000 余人。

第四节　办学条件

学校占地面积 20646 平方米,拥有五层教学综合楼、三层实验和图书楼、食堂和餐厅、田径运动场等,共计建筑面积 4522 平方米。其中教室 5 间,计 350 平方米;实验室 1 间,计 98 平方米;办公用房 9 间,计 216 平方米;学生宿舍 1 幢,34 间,计 1056 平方米,床位 230 个;餐厅 302 平方米,可供 200 余人同时就餐。

截止到 1992 年 3 月,拥有图书资料室 121 平方米,共藏书 1 万余册,其中专业书籍 7000 余册。拥有一个实验工厂。全校有在编教职工 25 人,其中中专教师 14 人,中级职称 5 人。

第五节　校办企业

1989 年 5 月 8 日,金市粮〔89〕75 号文件《关于开办金华市粮食职工中专食品实验厂的批复》中明确,厂址设在学校内,资金自筹解决;财务上单独核算,自负盈亏;人员由校内调剂解决。曹利民任厂长。

第二篇

合并后的金华广播电视大学（浙江商贸学校）

第一章　管理体制与组织机构

第一节　学校沿革

2003年1月7日，金华市政府下发〔2003〕5号文件，正式同意金华广播电视大学与浙江贸易学校合并，实行“两块牌子、一套班子”的运作模式。

2003年11月，《金华市财政局、金华市国资办关于金华广播电视大学习要求划拨房产产权的复函》明确，同意将原浙江贸易学校北山路13号校区的房地产权（合计建筑面积3790.25平方米，账面原值639828.35元），由金华市粮食局移交给金华广播电视大学（浙江贸易学校）。

至此，学校共有东关、北山路和人民东路三个校区。占地面积9.3万多平方米，校舍建筑面积4.8万多平方米，校本部设在东关校区。

2005年1月，经金华市政府批准，学校成立“金华社区大学”。

2012年10月，金华市机构编制委员会办公室下发《关于浙江贸易学校与浙江省金华商业学校合并的批复》文件，同意浙江贸易学校与浙江省金华商业学校合并。两校合并后更名为“浙江商贸学校”，继续与金华广播电视大学合署办公。金华广播电视大学（浙江商贸学校）为相当于正处级全额拨款公益二类事业单位，核定人员编制380人。

由于多校合并后校区增加，为便于管理，2012年8月27日，学校发文要求统一规范校区名称，将原东关校区更名为清照路校区、原商校校区更名为芙苑路校区，人民东路校区、北山路校区名称不变。

学校保留“金华商业技工学校”牌子，仍在芙苑路校区办学。

2017年2月14日，金华市机构编制委员会办公室下发《关于增挂金华老年开放大学牌子的批复》文件，同意在金华广播电视大学增挂“金华老年开放大学”牌子，增加“组织开展全市老年开放教育系统的业务指导、教育示范、师资培训、资源开发、平台建设、理论研究、政策咨询和信息服务”等职责。

第二节　办学体制

一、金华广播电视大学(浙江贸易学校)阶段

2003年1月，金华广播电视大学与浙江贸易学校合并后，学校名称为金华广播电视大学（浙江贸易学校），实行“两块牌子、一套班子”的管理体制。

2003年2月，金华市机构编制委员会下发《关于金华广播电视大学与浙江贸易学校合并后学校内设机构调整及人员编制方案的批复》文件，批复同意内设9个处室、10个系（学院、部、馆）。

9个处室：办公室（党办、校办）、教务处、科研处、后勤处、组宣处、人事处、学生处（招生办、学生就业办）、现代教育技术处、保卫处。

10个系（学院、部、馆）：文学系、理学系、经济系、工学系、法学系、外语系、计算机系、继续教育学院、中专教学部、图书馆。

根据内设机构的调整，两校合并后，暂保留金华广播电视大学（金华电视中专）、浙江贸易学校（金华市粮食职业中专）的原定事业编制306名，其中：校领导职数6名（含党委书记1名，校长1名，副校长3名，党委委员、纪检书记1名）；内设机构领导职数44名。

2003年3月，学校对内部管理机构及人员安排作了相应调整，设立学校办公室（党办、校办）、组宣处、人事处、学生处、教务处、科考处、现代教育技术处、后勤处、经济系、理工系、文学系、继续教育学院、奥鹏远程教育中心等部门。

经济系、理工系全日制学生安排在东关校区；文学系全日制学生安排在人民东路校区；北山路校区设立公共基础部，中专一年级新生安排在北山路校区。

2003年7月，学校制定了双向选择、择优上岗的用人制度，教职工一年一聘，中层干部三年一聘。

为了改变学校建筑设施相对陈旧落后的状态，2003年起，学校先后投资410多万元，完成了东关校区四号楼学生宿舍的建造和教学楼、实验楼、食堂、图书馆等设施的改造工程，使东关校区在校生规模达到2600多名。

2004年6月，学校经过反复调研、酝酿讨论，起草了《结构工资制实施细则》《系、院、处室独立核算方案》和《教职工聘任制实施办法》等制度。同年9月，学校正式印发了《教育教学管理工作考核办法》《教师任职考核办法》《教师聘任实施办法》和《教职工聘任制实施办法》《结构工资制实施细则》《系、院、处室独立核算方案》文件，实现了学校内部管理重心工作的下移。

2006年2月，学校进行内部机构调整，将原经济系、理工系和文学系分别更名为财经学院、理工学院和外贸学院。财经学院安排在东关校区，外贸学院在人民东路校区，理工学院搬迁至北山路校区。

随着办学规模的不断扩大，学校硬件设施与学生需求的矛盾愈来愈突出，加上学校三个校区办学，办学成本居高不下，给学校管理工作带来了许多困难。学校决定在东关校区基础上进行原地扩建。经过学校领导班子多次向金华市委市政府、市教育局请示汇报，2005年9月9日，金华市政府办公室抄告单〔2005〕129号，同意学校在原东关校址扩建方案，并同意将东关初中搬迁后的校园和原规划给东关初中的预留用地等共计3.5万多平方米土地作为扩建用地。该扩建项目总投资19200万元，规划用地面积9.8万多平方米，总建筑面积11.32万平方米，实行一次规划，分期建设。其中一期建筑面积4万平方米，包括三幢学生宿舍1.67万平方米，食堂5100平方米，教学楼7300平方米，实验实习用房8850平方米、单身教师公寓3500平方米。

2005年11月，为多渠道筹措资金，加快学校建设发展，根据浙政发〔2001〕78号文件精神，学校提出组建"金华广播电视大学教育发展有限公司"。

2006年11月，金华市人民政府国有资产监督管理委员会下发《关于组建金华市电大教育发展有限公司的批复》，同意组建国有独资性质的金华市电大教育发展有限公司，注册资本为3000万元人民币，建立健全公司法人治理结构。

在专业建设方面，学校开发和改造了财务会计、电算会计、现代物流、市场营销、餐旅服务与管理、电子商务、工民建专业、食品药品监督管理、产品质量监督检验、计算机应用、国际商务、商务英语、国际贸易等十多个专业。2004年，"计算机应用"和"商务英语"专业被评定为市级示范专业。2006年，"国际商务"专业被评定为省级示范专业，"现代物流"专业被确定为市级示范专业。

针对两校合并后的新情况，学校实行由单一的中专办学模式转向中专与大专相结合的新型办学模式。一方面与其他高校合作开展3+2培养模式，另一方面做到中专与大专接轨，招收五年一贯制学生，鼓励学生就读成专脱产班等，为中专学生继续深造搭建了平台。

2009年9月，学校一期扩建工程教学楼、学生公寓、学生餐厅等项目投入使用后，北山路校区和人民东路校区近1800多名全日制学生全部搬迁至东关校区，实现了全日制学生三校区合一办学的新格局。2010年起北山路校区停用。

二、金华广播电视大学(浙江商贸学校)阶段

2012年8月,浙江贸易学校与浙江省金华商业学校合并后,学校更名为“金华广播电视大学(浙江商贸学校)。由于领导班子成员增加,学校发文《金华广播电视大学(浙江商贸学校)领导班子分工》,对校领导班子分工作了调整。领导班子成员分别是校长、党委副书记黄宏伟,党委副书记黄俊,党委副书记、纪委书记徐骏,党委委员、副校长张兰生,党委委员、副校长胡吉省,党委委员、副校长戴毅群,党委委员张文富,党委委员俞一夫,党委委员王高坚。

2012年10月26日,学校印发《金华广播电视大学岗位设置实施方案》,方案明确事业单位岗位分析为管理岗位、专业技术岗位和工勤技能岗位三种类别。

2012年,继续教育学院更名为“开放教育学院”。

2012年10月29日,原金华市政府秘书长祝伦根召集金东区政府、市教育局、财政局、人社局和浙江商贸学校等部门和单位负责人,专题协调浙江商贸学校有关问题,原金华市政府副秘书长傅关福参加了会议。会议分别就学校二期扩建工程问题、两校合并后的资金缺口问题、两校合并后绩效工资问题和社区大学专项经费问题等统一了意见。金华市市长徐加爱、金华市副市长林丹军分别在《关于浙江商贸学校有关问题协调情况的汇报》上作了批示。

2012年11月1日,金华市人民政府办公室抄告单《关于浙江贸易学校与金华商业学校合并的意见》,同意浙江贸易学校与浙江省金华商业学校合并,继续与金华广播电视大学合署办公。

2012年11月20日,学校以文件形式向市教育局请示,关于要求继续保留“金华商业技工学校”这块牌子,其主要理由:一是在原事业单位法人证书中,金华商业学校中有“金华商业技工学校”这一块牌子;二是金华商业技工学校有在校生300多人,且每年都在正常招生;三是随着地方经济的不断发展,对商贸类技工人才的需求将越来越大。

2015年3月以来,学校党政领导班子成员分别是:党委书记单勇,党委副书记、校长郭航鸣,党委副书记黄俊,党委副书记、纪委书记徐骏,党委委员、副校长张兰生,党委委员、副校长俞一夫,党委委员、副校长王高坚。

2015年7月,学校对内设机构作了调整:一是设立党委(校长)办公室等19个行政管理机构;二是设立专业学院、开放学院、远程学院和培训学院等;三是设立校工会、校团委2个群众团体。三个专业学院分别是财经管理学院、国际商务学院和城市服务学院。清照路校区设财经管理学院、国际商务学院;芙苑路校区设城市服务学院;人民东路校区设开放学院、远程学院、培训学院。

2017年，金华市财政安排了500万元用于人民东路校区进行老年开放大学的教学场所改造和教学设备购置,年底完成了金华老年开放大学改造升级。2018年1月22日正式面向社会招生。

为适应形势发展和学校管理需要,2018年7月，学校对内设机构作了调整，单设了“纪检监察室”;将信息技术中心与图书馆合并更名为“图文信息中心”;撤销“督导处”,将相关职能归并到教务处。同时,完成了37个中层岗位、38个科长和教研室主任岗位、154个专职教师岗位、88个管理服务岗位的聘任工作。

第三节　中国共产党组织

一、中国共产党金华广播电视大学委员会

(一)党委机构的沿革

2003年1月,金华广播电视大学与浙江贸易学校合并,成立金华广播电视大学(浙江贸易学校)党委,实行党委领导下的校长负责制。2003年9月,党委组成人员:张纯汉、方伟中、郑素贞、王顺仁、胡清。张纯汉任党委书记,方伟中任党委副书记。

2004年12月,金华广播电视大学(浙江贸易学校)党委换届,党委组成人员:张纯汉、方伟中、郑素贞、王顺仁、胡清、张兰生、俞一夫。张纯汉任党委书记,方伟中任党委副书记。

2006年8月,金华广播电视大学(浙江贸易学校)党委调整,党委组成人员:张纯汉、方伟中、徐骏、郑素贞、张兰生、刘波。张纯汉任党委书记,方伟中、徐骏任党委副书记。

2012年8月,浙江贸易学校与浙江省金华商业学校合并,并更名为浙江商贸学校,继续与金华广播电视大学合署办公,党委名称改为金华广播电视大学(浙江商贸学校)党委。党委组成人员:黄宏伟、黄俊、徐骏、张兰生、胡吉省、戴毅群、张文富、俞一夫、王高坚。黄宏伟任党委副书记(主持工作),黄俊、徐骏任党委副书记。

2015年3月,由于领导班子调整,新一届党委组成人员:单勇、郭航鸣、黄俊、徐骏、张兰生、俞一夫、王高坚。单勇任党委书记,郭航鸣、黄俊、徐骏任党委副书记。

金华广播电视大学(浙江商贸学校)党委隶属于金华市直机关工作委员会。

(二)党委会工作职责

第一条贯彻执行党的路线、方针、政策和上级的指示、决定,学习传达上级组织重要会议和有关文件精神,制定学校落实方案的具体意见和措施。

第二条讨论决定学校党的思想建设、组织建设、作风建设、制度建设、党风廉政建设中的重大问题。

第三条讨论决定学校安全稳定工作、精神文明建设工作、思想政治工作、统战工作、群团工作、老干部工作、关心教育工作等重大问题。

第三条研究确定学校办学指导思想、发展思路、发展规划。

第四条讨论决定学校年度工作计划和总结。

第五条根据上级规定和校长办公会议建议讨论决定学校行政工作中的重大问题:

1.学校教学、科研、学科专业建设及招生就业工作中的重大问题。

2.学校内部机构设置和调整、人事编制、队伍建设等重大问题。

3.学校年度财务预决算、大额全筹措教育收费等重大问题。

4.学校重大基建项目、重要资产管理等工作的重大问题。

5.学校安全稳定工作中的重大问题。

6.学校重要规章制度、重大改革方案、关系师生利益的重大问题。

7.学校对外合作与交流工作中的重大问题。

8.坚持党管干部的原则,按照干部管理和规定程序,负推、提名、任免干部,负责干部教育、管理和监督。

9.其他需要讨论研究的事项。

(三)党委会议事规则

1.议事范围

主要对学校党的建设、改革发展稳定以及教学、科研、社会服务、行政管理等方面重要事项作出决定。按照干部管理权限和有关程序推荐、提名、决定任免干部。凡讨论研究涉及"三重一大"问题必须提交党委会议讨论决定。具体包括：

(1)学习贯彻执行党的路线、方针、政策和国家法律、法规，研究贯彻落实上级重要会议、重要任务、重要文件和指示精神。

(2)研究确定学校的办学指导思想、办学方向、发展规划、校园建设总体规划、重大基础设施建设和年度经费预决算。

(3)审议确定学校基本管理制度，讨论决定学校改革发展稳定和关系师生员工切身利益的重大问题。

(4)研究加强领导班子建设、干部队伍建设、人才队伍建设。讨论决定学校内部组织机构的设置，并按干部管理权限，负责干部的选拔、教育、培养、考核、监督与调配，按规定程序进行任免或聘任，研究决定干部培训进修、后备干部队伍建设、出国出境等事项；研究决定人才引进、使用、培养与管理的重要政策，讨论决定人事制度改革方案，研究决定各类人才(先进)推荐人选。

(5)研究加强党的思想建设、组织建设、作风建设、制度建设和反腐倡廉建设；研究加强统一战线工作；研究决定学校思想政治工作、德育工作、稳定工作、校园文化建设和精神文明建设的重要事项和重大问题等。

(6)研究决定工会、共青团、妇委会、学生会等有关重要问题的请示。

(7)研究决定学校预算内项目经费超10万元(含)以上项目使用方案，以及超预算资金10%且达到3万元(含)以上项目的资金调整、使用方案；预算外新增项目资金使用超5万元(含)以上的项目。

(8)研究决定重大突发事件和影响学校稳定的重大事件的处理。

(9)研究决定需要提交党委会的其他重大事项。

2.议事原则

(1)坚持"集体领导和个人分工负责相结合"的原则。凡属个人分工负责范围内的事，应主动负责，原则上不提交会议讨论；重大问题、重要事项的决策须提交党委会讨论。

(2)坚持"民主集中制"的原则。按照"集体领导、民主集中、个别酝酿、会议决定"的要求，讨论决定会议的议题，与会人员应积极思考，认真参与决策。

(3)坚持"会前沟通"的原则。党委会在召开前，书记和校长应充分交换意见，提出议题者应向会议主持人报告该议题的相关内容。

(4)坚持"调查研究"的原则。提请会议研究的内容，提出议题者需做好充分的调研、论证和协调工作，形成供选择的方案，并提出明确或倾向性意见，必要时应提供书面材料。

(5)坚持"议题议事"的原则。党委会应严格按照事先确定的会议议题议事，一般不得临时动议。

3.会议制度

(1)党委会议的出席人员为全体党委委员，党办主任列席会议并担任会议记录工作，有关人员视议题可列席会议或列席会议相关内容。

(2)党委会议由党委书记召集并主持，书记因故不能参加时，可由指定的副书记召集并主持。

(3)党委会议根据需要适时召开，如遇紧急事项或特殊情况，可由书记决定提前或延期召开。

(4)党委会议议题由党委办公室负责征求，为保证议题精炼，提高议事效率，提出如下要求：一是会议议题的建议由党委委员提出，于会前1至2天通知办公室，办公室汇总并经书记审定后，于会前通知与会人员。涉及重大问题决策、重要干部选任及部门负责人人选，书记与校长以及领导班子相关成员须事先充分沟通酝酿，无重大分歧后提交党委会议集体讨论研究。二是会议讨论的材料由分管领导和书记审核后，于会前1至2天交办公室，由办公室会前分送与会人员。

(5)党委会议必须有半数以上党委委员到会方能举行，研究确定干部任免或提名等重要问题时需三分之二以上委员到会方能举行，需超过应到会委员的半数以上同意才能做出决定，到会委员应对任免事项明确发表同意、不同意或缓议等意见。有关议题如遇分管领导缺席的，原则上应延期审议。讨论意见分歧较大或有重大问题不清时，应暂缓表决。党委成员因故不能出席会议的，应当事先向会议主持人请假，如请假人对会议议题有意见或建议的，应在会前以口头或书面形式告知会议主持人。

(6)党委会议实行回避制度，在讨论干部任免与调动、重大人事事项、查处违纪违法案件、出国出境审批等问题时，凡涉及本人或夫妻双方直系亲属关系的人员，均应主动回避或主持人提醒其回避。若会议主持人需回避的，可临时委托一位主持人主持会议。

(7)党委会议在决策时，应充分讨论，发扬民主，党委书记“末位表态”。对一般问题不采取表决的形式，对重大问题要按照少数服从多数的原则进行表决。如产生不同意见，且表决双方人数接近，除在紧急情况下按多数人的意见执行外，一般应暂缓作出决定，待进一步调查研究、交换意见，下次再讨论决定或向上级党组织请示。

(8)遇有紧急情况来不及召开党委会时，由党委书记负责解决，事后向党委会通报。

4.会议决定的执行

(1)党委会讨论决定的内容由党委办公室整理，“重大决策、重要项目和大额资金使用”要形成会议纪要。

(2)凡经会议讨论决定的事项，任何个人无权擅自改变。如有不同意见，允许保留，也可向上级组织报告，但行动上必须坚决执行，并以集体的决定对外表态，不得泄漏会议内容。

(3)会议的决定由党委明确的责任人按职责分工组织实施。在重大决策的实施过程中，党委应通过各种渠道向各级党组织、广大党员和群众及时通报情况，明确任务和要求，以便从思想上、组织上保证学校决策的顺利实施。

(4)党委办公室负责对会议决定事项的贯彻落实情况进行督促检查，发现问题及时纠正，确保工作的顺利完成。

二、中国共产党金华广播电视大学纪律检查委员会

1.纪检机构的沿革

2003年1月，金华广播电视大学与浙江贸易学校合并，同年7月，金华市直机关工委下发文件，同意郑素贞任中共金华广播电视大学委员会委员纪委书记。

2004年12月，经全体党员大会选举，市教育局党委批准，金华广播电视大学新一届纪律检查委员会由郑素贞、刘波、王耀辉3人组成，郑素贞任纪委书记。

2009年9月，学校党委研究，增补王国庆为学校纪委委员，兼任纪检监察室主任。

2010年11月，徐骏任学校党委副书记、纪委书记。

2013年6月，因学校机构和人员变动，调整金华广播电视大学纪律检查委员会组成人员，委员由

徐骏、徐文良、胡燮南、斯亚民、朱艺 5 人组成,徐骏任纪委书记。

2015 年,人事处与纪检监察室合署办公。

2017 年 3 月,因学校机构和人员变动,经调整金华广播电视大学纪律检查委员会组成人员,委员由徐骏、胡燮南、朱印华、何静、郑骏 5 人组成,徐骏任纪委书记。

2018 年 1 月,因学校机构调整和工作需要,独立设置纪检监察室。各党支部设 1 名纪检委员,初步形成由校纪委、纪检监察室、纪检委员专兼职结合的纪检监察队伍。

2.领导体制与职责

学校纪委会受上级纪委和学校党委的双重领导。其主要职责是围绕学校中心工作,认真履行纪检工作职能,定期召开党风廉政专题会议、廉情分析会议、纪检工作例会,研究每年的工作计划,分析校内党风状况,传达贯彻上级纪检工作会议精神和布置工作,制定校内有关党风廉政建设的制度规定,听取纪检工作汇报、研究查办案件、讨论党员处分等重大事项。协助党委开展党风廉政教育和党规党纪教育,定期或不定期地对党风廉政建设和作风建设情况进行检查和分析研究,负责监督同级党委及其成员的工作和执行党规党纪情况,参加或列席党委会、校长办公会,参与学校各项重大工作的民主决策和监督工作,受理和查处党组织、中层干部和党员违反党纪政纪的案件,接待党员的来信来访,受理党员的控告申诉和复查工作,做好党员被处理后的"回访"工作,做好本校工作人员行政违纪问题的查处工作等。

3.纪检组织主要工作

(1)党风廉政建设

学校纪委自成立以来,先后建立《纪委(监察)履行监督责任实施办法(试行)》《单位内部审计实施办法(试行)的通知》《党员诫勉谈话制度》《干部廉政谈话实施办法》等系列规章制度,重点做好全校中层以上领导干部的党风廉政教育。通过各种渠道,采取多种形式,将廉政教育渗入日常工作,如利用党风廉政专题会议、纪检工作例会、中层干部会及党委理论中心组(扩大)学习会等场合进行教育。通过举办先进人物报告会,观看反腐倡廉影视教育片、举办廉政专题讲座、发送廉政短信、刊出廉政板报、开展"清廉校园"系列活动,向党员干部鸣警示钟;同时,通过开展廉政文化进校园、廉政课程进课堂、举办廉政活动月等活动,加强学校廉政文化建设。

(2)党内督查

在党内监督方面,除了认真贯彻执行《中国共产党党内监督条例》外,结合本校实际,建立了党内情况通报和"三重一大"决策制度及领导干部述职述廉和财产申报、干部廉政谈话等制度。

在群众监督方面,建立和健全两级双代会制度,努力提高学校办学透明度,全面接受群众的监督。开展党纪教育,组织观看剖析反面典型案件教育录像,参加警示教育报告会,以提醒领导干部自觉遵守党纪党规及廉洁自律的各项规定。

三、组织工作

(一)党委组织机构

1.党组织变迁

2003 年 9 月,学校设立了经济系党支部、理工系党支部、文学系党支部、行政党支部、人民东路校区党支部和离退休党支部。

2006 年 10 月,经济系党支部更名为财经学院党支部,理工系党支部更名为理工学院党支部,文学系党支部更名为外贸学院党支部。

2009 年 10 月,行政党支部调整为行政第一党支部和行政第二党支部。

2013 年 6 月,调整设立行政党支部、学工党支部、人民东路校区党支部、教师第一党支部、教师第二党支部、教师第三党支部、教师第四党支部、离退休党支部。

2015 年 9 月,调整设立行政党支部、国际商务学院党支部、财经管理学院党支部、城市服务学院党支部、人民东路校区党支部和离退休党支部。

2.党组织情况

2018 年 10 月,调整设立行政第一党支部、行政第二党支部、行政第三党支部、国际商务学院党支部、财经管理学院党支部、城市服务学院党支部、离退休党支部,将人民东路校区党支部更名为开放远程学院党支部。各党支部负责人见表 2–1–1。

表 2–1–1　　各党支部负责人一览表

党支部名称	书　记	任职时间
行政第一党支部	朱印华	2018.10.12
行政第二党支部	巴晓伟	2018.10.12
行政第三党支部	曹利民	2018.10.12
国际商务学院党支部	邵德昌	2018.10.12
财经管理学院党支部	姚锡勇	2018.10.12
城市服务学院党支部	王耀辉	2018.10.12
离退休党支部	王顺仁	2016.7.15

(二)党的组织建设工作

1.党员发展情况

表 2–1–2　　2006–2018 年党员发展情况一览表　　单位:人

年份	党员总数	其中:		当年党员发展数	
		在职教工党员	离退休党员	总数	其中:教职工
2006	134	98	36	5	
2007	141	104	37	20	6
2008	215	108	40		
2009	218	118	41		
2010	156	115	41	1	
2011	200	121	43		
2012	216	171	69	26	
2013	337	168	70	9	
2014	234	164	70	17	
2015	261	158	73	25	1

续表　　　　　　　　　　　　　　　　　　　　　　　　　　　　　　　　单位:人

年份	党员总数	其中:		当年党员发展数	
		在职教工党员	离退休党员	总数	其中:教职工
2016	231	158	72	10	1
2017	262	171	76	15	2
2018	252	165	76	12	1

2.党员教育

学校党委十分重视党员的教育管理工作,把“党要管党、从严治党”落实到党建工作中。以坚定党员理想信念为导向,做足“学”字文章,把反复学习马克思列宁主义、毛泽东思想、邓小平理论、“三个代表”重要思想、科学发展观和习近平新时代中国特色社会主义思想以及党章党规作为“基础课”,把学习中共十八大、十九大精神和习近平总书记系列重要讲话精神以及中央、省、市文件精神作为“必修课”。利用党委理论中心组学习会、中层干部会议、党支部大会、党员大会、上党课等,重点抓好专题学习,有针对性地对党员干部进行宗旨观念、理想信念、工作作风和纪律意识教育,强化“四个意识”,提升党员干部队伍素质。

严格党内组织生活制度,认真设计载体,创新党组织活动的方式和内容,积极探索运用互联网、手机等信息化手段和新兴媒体,建立支部党员教育 QQ 群、微信群等,让党员随时随地融入党组织之中,随时随地接受教育培训。

全面强化党员的日常教育和党性教育,引导党员亮身份、做贡献,积极参加党员志愿者服务等活动。充分利用好“三会一课”、组织生活会、民主评议党员等制度,进一步增强党员归属感和凝聚力。

3.党内评优

学校党委在党支部和党员中每年组织开展争先创优活动,并积极参加上级党组织开展的先进基层党组织、优秀党员和优秀党务工作者的推荐评选活动。

(1)优秀基层党组织

2003 年 2 月,学校党委获 2002 年度金华市教育局党委“双争”评比先进党组织和《党支部工作目标管理考核》先进单位。

2004 年 12 月,学校党委获市直机关工委“先进基层党组织”称号。

2005 年 6 月,学校党委获市直机关工委“先进基层党组织”称号。

2006 年 12 月,学校被市教育局党委评为金华市直属学校学习型党组织。

2011 年 6 月,学校党委获中共金华市教育局委员会颁发的“2009–2010 年度先进基层党组织”称号。

2013 年 3 月,学校党委获市直机关工委“五星基层党组织”称号。

2014 年 1 月,学校党委获市直机关工委“学习型党组织”称号。

2015 年 3 月,学校学工党支部被市教育局评为“2013–2014 年度先进基层党组织”。

2015 年,学校招生中心获 2015 年度市直机关工委“共产党员示范岗”称号。

2015 年,财经管理学院党支部“红色成长实践场景”,被评为金华市直 2015 年度机关党建“优秀品牌”。

2016年1月,学校党委以"强服务争创信义先锋党团携手力推学校发展"为主题的创建活动获批"服务民生关爱群众"类型的机关党建示范点。

2017年,财经管理学院党支部"红色成长实践场景"升格为金华市直2016年度机关党建"知名品牌"。

2017,学校党委获金华市直机关工委"五星基层党组织"称号。

2018年,财经管理学院党支部被金华市直机关工委评为"品牌党支部"。

2018年,学校党委获金华市直机关工委"五星基层党组织"称号。

(2)优秀党员

校级优秀共产党员:

2005年:张　捷　陈秀莲　吴黎旦　胡道芳　周国中　王　睿　曹燕华　应巧姿

2008年:王　睿　王汝启　王雪香　汪发生　应巧姿　吴黎旦　姚锡勇　徐玉芳　徐莉亚　黄望列

2009年:丁　雅　方卫建　卢　红　刘冬儿　邵　玲　张淑琴　郑秀峰　麻小龙　曹利民　曹燕华

2010年:王汝启　王雪香　王耀辉　卢　红　应巧姿　吴黎旦　张岸嫔　徐莉亚　麻小龙　黄炜倩　曹利民　曹　楠

2011年:方　蓉　申屠华明　朱丽珍　应巧姿　杜　鹃　沈俊杰　陈秀莲　赵立军　曹利民　麻小龙　黄永祥　黄宏伟

2013年:尹乐丰　吴耀芳　沈巧莲　沈美英　赵越超　姚锡勇　斯亚明

2017年:万　明　王　睿　韦旭源　尹乐丰　杨浪萍　邱振东　应巧姿　沈晓庆　张岸嫔　张　浩　周　丽　郑立平　柳丹辉　钟　芳　徐海红　高蓓蓓　黄兴华

2018年:韦旭源　巴晓伟　王晓凤　刘　杨　陈　斌　吴贝佳　黄剑锋

其他层级优秀共产党员:

2015年3月,斯亚民、姚锡勇、沈美英被评金华市教育局"优秀共产党员"。

2016年,姚锡勇、杨浪萍、金向阳被金华市教育局评为"优秀共产党员"。

2016年6月,姚锡勇被评为金华市直机关工委"优秀共产党员"。

2018年6月,高蓓蓓被评为金华市直机关工委"2017年度优秀共产党员"。

(3)优秀党务工作者

2011年,徐骏被金华市直机关工委评为2009–2010年度"优秀党务工作者"。

2015年,黄俊被金华市教育局评为"优秀党务工作者"。

2017年,郑骏被金华市教育局评为"2017年度优秀党务工作者"。

2018年,姚锡勇被金华市教育局评为"2018年度优秀党务工作者"。

4.业余党校

从2003年以来,学校已举办45期业余党校培训班,培养了积极上进、乐于奉献的入党积极分子1000余人次。

(三)党的干部工作

1.基本情况

2003年以来,学校党委严格执行干部选拔任用制度,积极探索符合学校特点的干部管理办法,形成了"公开平等、竞争择优、能进能出,能上能下"的用人机制,强调干部"双肩挑"、党政管理干部应有

“基础职业”,重视干部的培训、考核等工作,营造了有利于优秀人才脱颖而出、健康成长的良好环境,为学校的改革、发展和稳定提供了组织保证和人才支撑。

学校中层干部聘任工作基本形成了比较规范的工作程序:公布聘任岗位和聘任条件→自荐或组织推荐→资格审查→公布应聘名单→民主测评与推荐→公布入围人员名单→组织考察→党委会讨论决定拟聘人选→任前公示→党委确定。公示期结束后,党委确定聘任人选,并发文任用。

从2003年开始,学校每年对中层干部进行年度工作的民主测评工作,组织全校教职工对中层干部的德、能、勤、绩、廉等方面进行打分,并及时反馈测评结果。学校中层干部队伍的学历、职称、年龄结构逐步优化和改善,整体素质不断提高。

2.理论学习

(1)常规学习

学校党委理论学习中心组学习的方式主要包括集体学习研讨、个人自学、专题调研等,参加人员主要由党委班子成员,适当吸收中层干部参加。原则上每个工作月初学习1次,每学期不少于5次,全年不少于10次。

(2)专题学习

学校党委始终把贯彻执行中央、省委、市委的各项决策部署和深入学习习近平总书记系列重要讲话作为首要政治任务和贯穿全部工作的主线,积极开展各项专题学习教育活动,如深入开展党的群众路线教育实践活动、“三严三实”专题教育活动、“两学一做”学习教育活动、“不忘初心、牢记使命,当好新时代电大(商贸)答卷人”调研活动等,把握学习规律和特点,创新学习方式和方法,推动系列重要讲话精神学习入脑、入心、入行,不断深化、切实推动理论学习成果向实际工作效果转化。各党支部充分利用“三会一课”“主题党日”“党员志愿者活动”等载体,组织党员干部全面系统地学习中共十八大、十九大精神和马克思列宁主义、毛泽东思想、邓小平理论、“三个代表”重要思想、科学发展观、习近平新时代中国特色社会主义思想等理论知识,深学深悟、弄懂弄通党的基本理论、基本路线、基本方略,不断提高党员干部的党性修养和政治素养。

一是坚定树立“一把手”意识。把党委理论中心组学习作为“一把手”工程,建立“一把手”负责制。二是认真规范学习流程,把学习任务和要求真正落到实处,增强学习的针对性。三是不断创新学习方法,在解放思想中开阔视野,在深入交流中形成共识。如利用微信群、QQ群等现代化手段进行学习。四是切实解决现实问题,围绕上级党委的各项重大决策和工作部署,全面推动学校各项工作落实。

3.干部在职进修培训

2003年以来,学校根据“缺什么补什么”的原则,积极为中层干部提升素质创造条件。如学位、学历的提高、出国考察培训,国内短期培训等。2018年印发《教职工因公临时出国(境)学习培训管理规定》的通知,加大经费投入,保证干部及师资队伍的培养和提高。

4.干部考核与测评

学校成立年度考核领导小组,制定《中层干部年度考核办法》。自2015年起,学校不断完善目标责任制考核的实施意见。进一步明确干部考核工作的原则、内容、程序、等级,实行干部年度书面总结和述职报告制度,使干部考核工作客观、公正、准确,加强了对干部的管理与监督。

2003年开始,学校对所有中层干部实行民主测评工作。全校教职员工对干部的思想政治素质、组织领导能力、工作作风、工作实绩、廉洁自律等方面进行打分,对干部现任岗位工作进行评价。

5.干部交流

学校积极选派干部到县、市(区)政府事业单位挂职锻炼。截止到2018年12月,学校先后派出陈怡宏、徐莉亚、曹春雷等三位教师赴金华塔石、武义履坦等乡镇挂职锻炼。

6.后备干部培养

学校党委根据干部队伍"四化"建设的要求,始终把干部及后备干部的教育培养工作摆在党委工作的重要议事日程上。历届党委十分重视党政干部队伍建设的整体规划,注意选拔中、青年后备干部,促使校领导班子和中层干部在结构上形成老、中、青相结合的合理梯队,确保新老干部交接的平稳过渡。同时,积极选派中层干部参加市委组织部组织的中青班培训学习。

四、宣传工作

(一)组织机构

2003年1月,金华广播电视大学与浙江贸易学校合并后,内设机构中设有"组织宣传处"这一部门。后机构多次变动调整,但宣传工作一直归口到党委、校长办公室。2018年机构调整中,党校办下专设宣传科这一岗位,负责全校宣传工作。

(二)工作职责

坚持正确的政治方向和舆论导向,全面贯彻落实习近平新时代中国特色社会主义思想和全国宣传思想工作会议精神,紧紧围绕学校中心工作,充分利用各种宣传媒介,发挥信息宣传的沟通传递、舆论导向作用,加强宣传学校教育教学和改革发展成就,充分展示学校发展进程中所取得的成果,营造持续健康发展的良好舆论氛围。

(三)制度建设

学校相继制定出台了一系列规章制度,如《金华广播电视大学(浙江商贸学校)关于进一步加强信息宣传工作的意见》(金电大党〔2016〕6号)、《中共金华广播电视大学(浙江商贸学校)委员会关于印发进一步加强信息宣传工作的意见的通知》(金电大党〔2018〕60号)等。

(四)省市媒体报道

2017年,在金华教育网以及教育微信录用新闻20余篇,在金华日报、金华晚报等市级新闻媒体宣传39篇,在浙江日报等省级新闻媒体宣传12篇,在中国反邪教网等国家级新闻媒体宣传报道3篇。

2018年,在各级各类媒体上刊发新闻报道330篇,其中中央级的3篇、省级40篇、市级290篇。《月是团圆饼》在中央一台播出;《共赴文化嘉年华,八婺共掀文化热》在人民日报刊登;《牵手同心共筑未来——台湾致理科技大学和树德科技大学来我校友好交流》在浙江卫视播出。

近几年来,学校宣传工作取得了多项荣誉,分别荣获2014年度全省电大系统新闻宣传信息工作先进集体,2016年度全省电大系统"新闻宣传工作先进集体",2018年度全省电大系统宣传工作先进单位,金华市教育系统宣传工作先进单位等荣誉称号。

第四节　行政管理体制

一、学校隶属关系

金华广播电视大学(浙江商贸学校)是一所集学历教育和非学历教育于一身,以开放、远程教育和职业教育为主体,多元办学、多种教育类型协调发展的综合性院校。学校的前身是1979年成立的浙江广播电视大学金华分校、1978年成立的浙江省金华粮食学校和浙江省金华商业学校。发展至今，金华广播电视大学、金华广播电视中等专业学校、浙江贸易学校、金华经贸职工中等专业学校、浙江省金华商业学校、金华商业技工学校相继合并成今天的金华广播电视大学(浙江商贸学校)。

学校是由金华市人民政府举办，并委托金华市教育局管理的非营利性事业单位法人，同时，接受浙江广播电视大学业务指导。

学校名称为金华广播电视大学（浙江商贸学校），英译为Jinhua Radio & Television University (Zhejiang Commerce & Trade School)，简称金华电大(浙江商贸)。

学校地址为金华市清照路18号，设有清照路校区、人民东路校区、芙苑路校区和北山路校区。学校网址 http://www.jhtvu.net。

学校以人才培养为中心，以师生为根本，传承和创新学校"和合"文化。学校主要教育形式包括全日制中专、技工和成人大专脱产的中高职教育，以及开放教育、远程教育、社区教育、老年教育等，同时，开展各种类型的社会培训活动。

学校具有独立法人资格，在法律框架内享有办学自主权，依法享有各项权利，履行法律规定的各项义务。

二、党委领导下的校长负责制

学校实行党委领导下的校长负责制。学校党委主要把握学校发展方向，决定学校重大问题，监督重大决议执行，支持校长依法独立负责地行使职权，保证以人才培养为中心的各项任务完成。

(一)校长工作职责

校长是学校的法定代表人和行政负责人，贯彻党的教育方针，组织实施学校党委有关决议，行使各种教育法律法规等规定的各项职权，全面负责学校的教学、科学研究和其他行政管理工作。其主要职责是：

1.组织拟订和实施学校发展规划、基本管理制度、规章制度、重大教学科研改革措施、重要办学资源配置方案；

2.组织拟订和实施学校内部组织机构的设置方案，推荐副校长人选，任免内部组织机构的负责人；

3.组织拟订和实施学校人才发展规划、政策，组织拟定学科建设和师资队伍建设方案，领导教师及职工的聘任、考核、奖惩、晋升等管理工作；

4.组织拟订和执行学校年度经费预算方案，保护和管理学校资产，领导做好学校安全稳定和后勤保障工作；

5.组织开展学校对外交流与合作，依法代表学校与各级政府、社会各界和境外机构等签署合作协议及接受社会捐赠；

6.向党委报告重大决议执行情况，向教职工代表大会报告工作，组织处理教职工代表大会、学生代表大会、工会会员代表大会和团员代表大会有关行政工作的提案，支持学校各级党组织、民主党派基层组织、群众组织和学术组织开展工作；

7.其他需要校长决定的重大事项。

校长主要通过校长办公会进行行政议事决策。

(二)校长办公会议事规则

为进一步完善学校校长办公会议事决策机制，推进议事决策的科学化、民主化、规范化和制度化，根据上级有关文件精神,结合学校实际,特制定校长办公会议事规则。

1.议事范围

主要研究提出拟由党委会议讨论决定的重要事项方案,具体部署落实党委会议决议的有关措施,研究处理教学、科研、社会服务、行政管理等工作。具体包括:

(1)按照党和政府的方针、政策、法规、上级重要指示和有关会议精神,结合学校实际研究讨论具体贯彻落实意见。

(2)贯彻落实党委会议议定的全校教育事业改革发展稳定等方面的重要决定,拟定学校发展规划;研究制定学校重大改革和发展方案及措施,重大活动实施方案;研究有关招生就业、教师队伍建设、教学科研、学生管理、后勤保障、社会培训、经费安排、项目建设、审计、外事、评优评先等教育行政工作。

(3)完善行政管理、学术管理等规章制度。

(4)研究审定学校教职员工的岗位聘任、培训进修、出国出境、考核奖惩、职称评聘、政纪处分、职工福利等重要事项;研究师生普遍关注的热点问题,讨论处理教代会、工会、团代会等涉及行政的提案。

(5)审定各学院、部门年度工作目标,研究处理行政日常工作中需协调和解决的主要问题;听取校内各单位的行政工作汇报,部署检查全校阶段性行政工作。

(6)审批全校性业务工作会议,研究处理会议的有关问题;审定行政各业务(或专业)委员会(或领导小组)的组织规程和组成人员。

(7)研究学校行政工作需要提交党委会议讨论决定的重大问题。

(8)研究其他需提交校长办公室会议协调和研究处理的事项。

2.议事原则

(1)沟通意见原则。校长办公会议的重要议题,应在会前听取党委书记的意见。意见不一致的议题暂缓上会,待进一步交换意见、取得共识后再提交会议讨论。

(2)校长"末位表态"原则。校长应在广泛听取与会人员意见的基础上,对讨论研究的事项作出决定。与会人员深入讨论,充分发表意见,校长末位表态。

(3)分工落实原则。校长办公会研究决定的事项,根据会议决议或会议纪要由分管领导组织有关部门或人员落实。

(4)主动回避原则。讨论内容如涉及与会人员本人、家属或有直接利害冲突的,有关人员应主动回避。

3.会议制度

(1)校长办公会议出席人员为分管行政工作的学校领导,党委书记、副书记、纪委书记根据议题情况出席会议,校办主任、纪检监察室主任列席会议,并由校办主任做好会议记录工作,有关人员视议题可列席会议或列席会议相关内容。

(2)校长办公会议由校长召集并主持,校长因故不能参加时,由指定的副校长召集并主持。

(3)校长办公会议根据需要适时召开,如遇紧急事项或特殊情况,由校长决定是否提前或延期召开。

(4)校长办公会议议题由校长办公室负责征求。为保证议题精炼,提高议事效率,提出如下要求:一是会议议题的建议,由相关部门负责人与分管领导充分酝酿后提出,办公室汇总并经校长审定后,于会前通知与会人员。涉及人事、财务、资产管理、考核奖惩、政纪处分、职工福利等主要议题,校长与书记以及领导班子相关成员须事先充分沟通酝酿,无重大分歧后提交会议研究。二是提交校长办公会议讨论的议题如涉及几个职能部门的工作,应由首办部门牵头,事先进行协商或会商,并尽量取得较为一致的意见。三是会议讨论的材料由相关单位报分管领导和校长审定后，于会前1至2天交校长办公室，由校长办公室会前分送与会人员。

(5)校长办公会议必须有半数以上应出席成员到会方能举行，在决策时实行校长末位表态制，每个成员有充分发表意见和保留意见的权利。主持人应充分听取会议成员的意见，对所议事项作出决定或确定方案。

(6)校长办公会议应出席人员因特殊情况不能到会的，应在会前向会议主持人请假，会后由校长办公室向其通报会议的内容和决定。

(7)校长办公会议实行回避制度，若会议内容涉及与会者本人或夫妻双方直系亲属关系人员岗位聘任、录用辞退、工资调整、职称聘任、培训进修、出国出境、奖惩分配等问题，有关当事人应予回避。若会议主持人需回避的，可临时委托一位主持人主持会议。

4.会议决定的执行

(1)校长办公会议讨论决定的内容由校长办公室整理，并根据需要形成会议纪要。

(2)凡经会议讨论决定的事项，任何个人无权擅自改变。如有不同意见，允许保留，也可向上级组织报告，但行动上必须坚决执行，并以集体的决定对外表态，不得随意泄漏会议内容。

(3)会议的决定由行政明确的责任人按职责分工组织实施。在重大决策的实施过程中，应通过各种渠道向广大教职工及时通报情况，明确任务和要求，做好的宣传发动工作，以便从思想上、组织上保证学校决策的顺利实施。

(4)校长办公室负责对会议决定事项的贯彻落实情况进行督促检查，发现问题及时纠正，确保工作的顺利完成。

三、专业建设领导小组

专业建设领导小组指导各专业建设指导委员会科学规范地开展专业建设工作，监督专业建设工作的开展，为专业建设工作提供组织保障。

专业建设领导小组由市教研室专家、行业企业专家，学校领导、学校相关部人负责人组成，是学校专业建设工作的领导机构。

专业建设领导小组设顾问1名，组长1名，副组长4名，组员若干名。专业建设领导小组下设各专业建设指导委员会。

专业建设领导小组组员应具备的条件是：热心于学校专业建设，工作认真负责，能领导并指导专业建设指导委员会开展工作。专业建设领导小组组员任期五年。

专业建设领导小组在工作中要全面贯彻党的教育方针，认真执行上级关于教育、教学工作的指示和要求，遵循各专业教育教学规律，确定学校专业建设的指导思想和发展目标。

专业建设领导小组负责审议专业建设重大决策问题。

专业建设领导小组成员进行分工，分别按照分工要求开展工作。专业建设领导小组审批并监督专业建设经费的使用。

专业建设领导小组定期或不定期召开全体成员会议，专题研究专业建设工作的开展。专业建设领导小组定期组织并主持召开专业建设指导委员会会议，研讨专业建设工作。

领导小组经费主要来自项目经费和学校经费。

四、行政管理组织

(一)机构设置

1.内设机构:一是党政管理机构14个,具体包括:党委办公室(校长办公室与其合署)、组织宣传处、人事处(离退休干部处与其合署)、教务处、督导处、科研处、学生处(保卫处与其合署)、招生中心、校企合作与实习就业处、财务处、资产设备处、后勤基建处、图文信息中心、金华社区大学办公室(金华老年开放大学办公室与其合署);二是教学机构6个,具体包括:财经管理学院、国际商务学院、城市服务学院、开放教育学院、远程教育学院(挂浙江省终身教育学分银行金华分中心牌子)、培训学院;三是纪检监察机构按相关文件规定设置,工、青、妇等群团组织按有关章程设置,均不列入学校内设机构数额。

2.领导职数

⑴校级领导职数7名,其中党委书记1名,校长1名(中共党员的校长兼任副书记的,不占副职职数);专职副书记1名,副校长3名,纪委书记1名。

⑵中层领导职数57名,其中党政管理机构(含纪检监察机构、群团机构)正职17名,副职16名;二级学院正职12名(含院长、书记),副职12名。

(二)行政管理

1.体制机制改革

为深化学校内部改革,进一步理顺管理职能,不断提高管理水平,推动学校各项事业科学发展,2015年4月,学校专门成立机内设构调整调研组,调研组分别按照学生线、教学线、开放教育和管理服务线共组织召开了8次座谈会,共有教职工代表86人参加座谈并发表意见,同时以意见建议表的形式向全校教职工征求意见。在征求各学院、处室及各教研室意见的基础上,学校调研组进行了研究讨论,并形成了学校机构调整方案,报学校党委会研究决定。学校机构调整的主要原则意见有:成立专业学院,完善学院设置,加强管理力度;专任教师归属学院;专业学院实行二级管理,明确责权利;梳理整合行政处室;管理服务岗位定职责定系数;党支部按学院、行政处室设置等。

2.教学管理

学校强化素质教育,有组织、有计划地开展教学、科研、生产和服务。学校根据经济社会发展、用人单位需要和办学实际,制订各专业实施性人才培养方案(教学计划),组织教材开发和教学资源建设,组织实施教学教研活动。学校建立了教育质量监控体系,开展教育督导和评估工作,保障人才培养质量,接受举办者和社会各界对学校办学的监督。

学校保证必要的教科研条件,对取得的教科研成果及时组织交流、推广并奖励,对具有应用价值的科研项目,积极组织实践与开发。鼓励教师根据自身条件,自主开展科学研究、技术开发和社会服务。鼓励同兄弟院校、企事业单位、科研单位及其他社会组织,在科学研究、技术开发和成果推广等方面开展多种形式的合作。鼓励将产学研合作成果引入教学活动,鼓励科技成果产业化。

学校建有教师教学考核制度。从2003开始,学校制定并完善了《全日制教学工作基本规范》。该规范主要从教学工作基本要求、教学准备、课堂教学、课程学业评价等方面对全日制教学工作做出了明确的要求。同时,还修订完善了《全日制教师教学工作考核办法》。该办法主要从教师教学工作基本要求、师德考核、教学常规考核、工作量考核、教学效果考核、教学成果考核、考勤等等方面对全日制教师教学工作考核等方面做出了明确的要求。

3.学生管理

学生指被学校依法录取、取得入学资格、具有学校学籍的受教育者。

学生享有下列权利：

(1)接受学校教育，按规定使用学校教育资源；

(2)按规定条件和程序选择专业、选修相应课程，满足学历及学位条件后，取得学历证书及学位证书；

(3)依照法律和学校规定组织或参加学生团体；

(4)按照规定条件和程序申请奖学金、助学金、勤工助学岗位、临时困难补助或学费减免；

(5)在品德、能力和学业等方面获得公正评价，公平获得各种奖励和荣誉称号，就评优评奖、纪律处分和涉及自身利益的相关决定表达异议和提出申诉；

(6)申请退学和依照规定转学；

(7)参与学校民主管理，对学校工作提出意见和建议；

(8)法律、法规和学校规章制度规定的其他权利。

学生应履行下列义务：

(1)珍惜和维护学校声誉，维护学校利益；

(2)遵守学校规章制度和学生行为规范；

(3)努力学习，完成学业，完善人格，提升技能；

(4)尊敬师长，养成良好的思想品德和行为习惯；

(5)按规定缴纳各种费用，履行获得奖学金和各类资助所应承担的相应义务；

(6)爱护并合理使用学校教育设备和生活设施；

(7)法律、法规、规章及学校规定的其他义务；

(8)承担法律、法规规定的应承担的民事等法律责任。

学校为学生全面健康成长成才提供教育和服务，不断完善教育教学体系，提高教育教学质量。

接受学校各项培训活动的学习者按学校培训相关规定进行管理，享有相应的权利，承担相应的义务。

4.人事管理

学校教职工包括教师、其他专业技术人员、管理人员、工勤人员。

学校教师是指履行教育教学职责的专业人员。教师享有下列权利：

(1)按照学校规定和工作需要使用学校的公共资源，进行教育教学活动，开展教育教学改革和实验；

(2)从事科学研究、学术交流，参加专业的学术团体，在学术活动中充分发表意见；

(3)指导学生的学习和发展，评定学生的品行和学业成绩；

(4)按照法律规定和聘用合同约定，享受薪酬、医疗、休假、保险等待遇；

(5)公平获得职业发展的机会和条件；

(6)在品德、能力和业绩等方面获得公正评价，就专业技术职务晋升、福利、评优评奖、处理、处分以及其他涉及自身利益的相关决定表达异议和提出申诉；

(7)参与学校的民主管理，对学校工作提出意见和建议；

(8)法律、法规和学校规章制度规定的以及聘用合同约定的其他权利。

教师应当履行下列义务：

(1)贯彻国家的教育方针，遵守规章制度，执行学校的教学计划，履行教师聘约，完成教育教学工作任务，勤勉工作，互助合作；

(2)维护学术尊严，遵守学术道德规范；

(3)对学生进行宪法所确定的基本原则的教育、爱国主义、民族团结教育,法制教育以及思想品德、文化、科学技术教育,组织、带领学生开展有益的社会活动;

(4)为人师表,尊重和爱护学生,维护学生合法权益;

(5)自觉从事科研活动,接受教师继续教育;

(6)不断提高思想政治觉悟和教育教学业务水平;

(7)遵守法律、法规和学校规章制度以及聘用合同约定的其他义务。

学校其他专业技术人员、管理人员、工勤人员享有和承担与教师相同的权利与义务,但专属教师职责的权利与义务除外。

学校依法对教师实行资格认证和岗位聘任制度,对其他专业技术人员、管理人员、工勤人员实行聘任制度。

学校建立公正的分类考核评价制度,根据教师、其他专业技术人员、管理人员、工勤人员的思想政治表现、职业道德、业务水平和工作实绩进行年度和聘期考核,考核结果作为聘任、解聘、晋升、奖励或处分的依据。

学校引导、鼓励教师认真做好教育教学工作,尊重教师在科学研究领域的创造性劳动,为教师开展教育教学和科研工作提供必要条件。

学校充分发挥教师、其他专业技术人员、管理人员、工勤人员在学校建设发展中的积极作用。

5.资产管理

学校资产是指学校占有或使用的能以货币计量的经济资源,包括固定资产、在建工程、流动资产、无形资产、对外投资以及依法确定为学校所有的其他权益。学校建立资产管理制度管理资产,依法对所拥有的资产进行自主管理和使用。

学校保护并合理利用校名、校标、校誉和其他知识产权。

6.财务管理

学校的经费来源包括财政补助收入、上级补助收入、事业收入、经营收入、社会捐赠和其他合法收入。

学校财务工作贯彻勤俭办学方针,严格执行国家财经制度,实行"统一领导、集中核算"的财务管理体制。学校经费以"科学预算、强化绩效、注重执行"为原则,执行收支两条线和国库集中支付制度。学校各类人员的基本工资和奖励绩效等项开支标准,按国家有关规定执行。学校建立健全内部控制制度,完善经济责任制度和审计监察制度,确保资金安全高效运行。

7.目标责任制考核

每年年终,学校对各部门实行目标责任制考核。

(1)考核工作组织与督查。考核工作实行"统一领导、分类考核"的方法,在学校考核领导小组指导下由考核办负责统一安排,考核办与办公室合署,处理考核日常工作,协调部署校内各学院、部门的目标责任制考核,组织开展各项督查并定期公布督查通报。凡在督查通报中被点名批评的单位或个人,在相应的教风、学风、作风与效能建设考核分中酌情扣分。

(2)创新项目和重点突破工作的推进与评价。各学院创新项目和各部门重点突破工作,向考核办报送工作方案,经学校审核确定。各学院创新项目和部门重点突破工作在年度考核时按照项目难度、内涵、特色、成效及影响力和推广价值,由学院和部门负责人向班子述职评定分值。各部门的主要管理服务工作和绩效目标考核按照考核标准,由考核办对完成情况进行审查(占 70%)和部门负责人向学校领导班子述职并由领导班子集体审核(占30%)两部分组成。

(3)考核信息反馈和结果公布。考核办及时将考核情况反馈给各学院、部门，相关职能部门就各项考核具体情况，特别是扣分情况向各二级学院进行分析说明，并提出针对性的建议或要求，对如何改进和提高进行指导。考核工作结束后，根据考核得分情况进行排名并予以公布。

目标责任制考核结果与学校奖励性绩效工资挂钩，具体按全日制学院、开放远程学院、各职能部门以及考核组织部门四类分别进行考核。根据考核得分，全日制学院从高到低按照1:1:1的比例设优秀、良好、合格三个层次；开放远程学院单列，成绩层次参照全日制学院；各职能部门从高到低按照1:1:1的比例设优秀、良好、合格三个层次；招生中心成绩层次与开放远程学院挂钩，党委会研究决定评定层次。办公室、人事处、工会、纪检监察室从高到低按照1:2:1的比例设优秀、良好、合格三个层次。按绩效工资分配方案予以奖励。

五、民主管理组织与制度

(一)教职工代表大会、

学校教职工代表大会是教职工依法参与学校民主管理和监督的基本形式。教职工代表大会依据规定开展活动，行使职权。

学校教职工代表大会的主要职责是：

1.听取学校章程草案的制定和修订情况报告，提出修改意见和建议；

2.听取学校发展规划、教职工队伍建设、教育教学改革、校园建设以及其他重大改革和重大问题解决方案的报告，提出意见和建议；

3.听取学校年度工作报告、财务工作报告、工会工作报告以及其他专项工作报告，提出意见和建议；

4.讨论通过学校提出的与教职工利益直接相关的福利、校内分配实施方案以及相应的教职工考核、奖惩办法；

5.审议学校上一届(次)教职工代表大会提案的办理情况报告；

6.按照有关工作规定和安排评议学校领导干部和各职能部门的工作；

7.通过多种方式对学校工作提出意见和建议，监督学校章程、规章制度和决策的落实，提出整改意见和建议；

8.讨论学校与教职工代表大会商定的其他事项。

(二)学生代表大会

学校学生代表大会是学生自主管理、参与学校民主管理和监督的基本形式。

学校学生代表大会的职责是：

1.参与学校与学生权利有关的重大事项和重大改革发展问题的决策；

2.参与讨论学校事业发展规划、校园文化建设、学生教育管理和事务服务的有关规章制度修订等事项，维护学生合法权益；

3.讨论和决定校学生会今后的工作方针和任务；

4.制定和修改学校学生代表大会章程，并监督实施；

5.选举产生新的校学生会主席团；

6.征集、汇总提案，递交提案报告并反馈相关提案的处理情况；

7.讨论、决定有关学生会工作的重大事项。

学校教职工代表大会和学校学生代表大会的意见和建议以会议决议的方式作出。学校应充分听取学校教职工代表大会和学生代表大会的意见和建议,并合理吸收采纳。学校工会、共青团、学生会、学生社团组织在学校党委的领导下按照各自章程开展活动,参与学校民主管理和民主监督,维护师生员工的合法权益。

(三)校务公开与信息公开

学校在人才培养、教学科研和社会服务过程中,以一定形式记录、保存的信息。信息公开是指学校根据法律法规和高校规章制度,按照一定的程序,将信息及时、准确地向全校师生员工或社会公众公布。

学校公开信息,不得危及国家安全、公共安全、经济安全、社会稳定和学校安全稳定。

学校发现不利于校园和社会稳定的虚假信息或者不完整信息的,将在职责范围内及时发布准确信息予以澄清。

学校主动公开的信息包括:

1.学校名称、办学地点、办学性质、办学宗旨、办学层次、办学规模,内部管理体制、机构设置、学校领导等基本情况;

2.学校章程以及学校制定的各项规章制度;

3.学校发展规划和年度工作计划;

4.各层次、类型学历教育招生、考试与录取规定,学籍管理及学生申诉途径与处理程序,毕业生就业指导与服务情况等;

5.专业设置,各层次重点建设专业的建设情况,课程与教学计划,实验室、仪器设备配置与图书藏量,教学与科研成果评选,国家组织的教学评估结果等;

6.学生奖学金、助学金、学费减免、助学贷款与勤工俭学的申请与管理规定等;

7.教师和其他专业技术人员数量、专业技术职务等级,岗位设置管理与聘用办法,教师争议解决办法等;

8.收费的项目、依据、标准与投诉方式;

9.财务、资产与财务管理制度,学校经费来源、年度经费预算决算方案,财政性资金,仪器设备、图书、药品等物资设备采购和重大基建工程的招投标;

10.自然灾害等突发事件的应急处理预案、处置情况,涉及学校的重大事件的调查和处理情况;

11.社会公众普遍关心、与师生员工切身利益密切相关的重要事项,以及法律、法规和规章规定需要公开的其他事项。

除已公开的信息外,公民、法人和其他组织还可以根据自身学习、研究、工作等特殊需要,以书面形式(包括数据电文形式)向学校申请获取相关信息。

积极推进电子信息公开建设,学校及各单位网站为信息公开工作的第一平台,另通过校报校刊、校内广播等校内媒体和报刊、杂志、广播、电视等校外媒体等方式予以公开,并在固定场所设置信息公告栏公开学校信息。

学校网站设置信息公开专栏,通过开设信息公开意见箱、公开监督举报电话等方式,畅通渠道,广泛听取师生员工和社会公众的意见和建议。

学校编制、公布学校信息公开指南和信息公开目录,并及时更新。学校信息公开指南包括学校信息的分类、获取方式以及学校信息公开工作机构的名称、办公地址、办公时间、联系电话、传真号码、电子邮箱等内容。学校信息公开目录包括学校信息的名称、内容概述、公开范围、公开形式、生成日期、责任部门等内容。

学校建立信息发布保密审查机制，明确审查的程序和责任，按照“谁主管、谁发布、谁负责”的原则承担保密责任。在公开信息前，由公开信息的单位负责对拟公开的信息进行保密审查，经信息产生工作人员初审，本单位保密机构或单位负责人审定后(重要信息需报分管校领导审核)，确定该信息是否公开。有关信息依照国家有关规定或者根据实际情况需要审批的，学校按照规定程序履行审批手续，未经批准不予公开。

学校不予公开的信息包括：

1.涉及国家秘密的；

2.涉及商业秘密的；

3.涉及个人隐私的；

4.法律、法规和规章以及学校规定的不予公开的其他信息。

其中第(二)项、第(三)项所列的信息，经权利人同意公开或者学校认为不公开可能对公共利益造成重大影响的，可以予以公开。

学校党委加强对信息公开工作的领导和监督检查，并作为一项重要工作纳入各单位及其负责人的年度目标责任制考核。

学校纪检监察部门具体负责组织对学校信息公开工作的监督与检查，并邀请教师、学生和学校其他工作人员代表参加。

第五节　其他组织

一、工会

(一)组织机构

1.校工会委员会

校工会委员会、经审委员会和女工委员会由全校工会会员代表大会选举产生，工会主席、副主席由工会委员会选举产生，报学校党委和金华市总工会同意批复。

2003 年 12 月 20 日，召开金华广播电视大学(浙江贸易学校)第一届一次工会会员大会，选举产生第一届工会委员会，由王顺仁、楼正寿、陈秀莲、龚慧卿、吴黎旦、汪发生、冯鸣 7 名委员组成，王顺仁任主席，楼正寿任常务副主席，陈秀莲任女工委员会主任，王耀辉任经费审查小组组长。

2009 年 1 月，召开金华广播电视大学(浙江贸易学校)第二届一次工会会员大会，选举产生第二届工会委员会，由胡吉省、朱华、任兆武、竹虹、刘冬儿、胡凌、斯亚民 7 名委员组成，胡吉省任主席，朱华任副主席，任兆武任经费审查委员会主任，朱华任女工委员会主任。

2013 年 5 月 27 日，召开金华广播电视大学(浙江商贸学校)第三届一次工会会员大会，选举产生第三届工会委员会，由胡吉省、徐文良、朱恒斌、竹虹、刘冬儿、胡凌、斯亚民 7 名委员组成，胡吉省任主席，徐文良任专职副主席，徐玉芳任女工委员会主任，刘冬儿任经费审查小组组长。

2015 年 9 月 9 日，召开金华广播电视大学(浙江商贸学校)第三届工会委员会全体会议，补选黄俊为工会主席，吴学东为工会副主席。

2016 年 5 月 13 日—14 日，召开金华广播电视大学(浙江商贸学校)第四届一次教代会暨工代会，选举产生第四届工会委员会，由黄俊、吴学东、曹利民、邵德昌、王雪香、姚锡勇、朱艺 7 名委员组成，黄俊任主席，吴学东任专职副主席，王雪香任女工委员会主任，王耀辉任经费审查委员会主任。下设5个分工会：行政后勤分工会、国际商务学院分工会、财经管理学院分工会、城市服务学院分工会、人民东路校区分工会，各分工会委员3名。

2018年1月29日，召开金华广播电视大学(浙江商贸学校)第四届工会委员会全体会议，补选王高坚为工会主席。

2.分工会委员会

分工会委员会由分工会会员大会上选举产生，报校工会批复同意。校工会下设5个分工会：行政后勤分工会、国际商务学院分工会、财经管理学院分工会、城市服务学院分工会、人民东路校区分工会，各分工会委员3名。其主要任务是根据学校工会和本单位党组织的部署，组织各工会小组及全体会员开展各种活动，依法维护教职工的合法权益，按《中国工会章程》发展会员。

(二)工会会员代表大会

1.教职工代表大会和工会会员代表大会是学校教职工行使民主权利、参与学校民主管理、民主监督的基本制度，是促进学校决策科学化、民主化的重要渠道及有效途径。学校自2003年12月召开一届一次工代会、一届一次教代会以来，不定期分别召开工代会、教代会，从2016年起教代会与工代会两会合开，教职工代表大会暨工会会员代表大会，简称“双代会”，教代会代表、工代会代表同时选举产生，每位代表既是教代会代表又是工代会代表，肩负两种代表职责。

2.二级学院教职工暨工会会员代表大会(二级双代会)。二级学院教职工暨工会会员代表大会是学校二级双代会，是二级学院教职工参与学院的民主管理、民主监督、行使民主权利的基本形式。其主要职权包括听取二级学院院长工作报告，讨论和审议该学院的发展规划、改革方案学科建设、教师队伍等重大问题。国际商务学院、财经管理学院、城市服务学院、人民东路校区分工会等都相继建立了二级双代会制度。

表2-1-3　　学校历届教代会和工代会情况一览表

时　间	届　次	代表人数	主要议程
2003.12.20	一届一次工代会		选举工会委员会
2005.12.26	一届二次教代会		1.审议《学校工作报告》 2.审议《财务工作报告》 3.审议《学校发展规划》
2006.6.29	一届三次教代会		1.审议《学校工作报告》 2.审议《财务工作报告》 3.审议《全员聘用与结构工资方案》
2009.1.8	二届一次教代会	正式代表64人	1.审议《学校工作报告》 2.审议《财务工作报告》 3.审议《干部民主评议工作》 4.审议《提案工作报告》
2013.5.27	三届一次工会会员大会	实到会员249人	选举工会委员会
2013.11.15	三届一次教代会	正式代表87人 特邀代表8人 列席代表26人	1.审议《学校工作报告》 2.审议《财务工作报告》 3.审议《浙江商贸学校三年发展规划》 4.审议《学校绩效工资分配方案》

续表

时　间	届　次	代表人数	主要议程
2016.5.13	四届一次教代会暨四届一次工代会	正式代表65人 特邀代表12人 列席代表7人	1.审议《学校工作报告》 2.审议《财务工作报告》 3.审议《学校章程》 4.审议《学校十三五规划》 5.审议《工会工作报告》 6.选举第四届教代会执行委员会委员 7.选举第四届工会委员会委员
2018.4.13	四届二次教代会暨四届二次工代会	正式代表65人 特邀代表8人 列席代表11人	1.审议《学校工作报告》 2.审议《财务工作报告》 3.审议《工会工作报告》 4.审议《专业技术职务聘期管理工作实施方案》 5.审议《社会服务收入管理分配方案》 6.审议《2018年金华广播电视大学民生实事候选项目》
2019.4.12	五届一次教代会暨五届一次工代会	正式代表86人 特邀代表7人 列席代表15人	1.审议《学校工作报告》 2.审议《财务工作报告》 3.审议《工会工作报告》 4.审议《学校一训三风》 5.审议《专业技术职务评聘工作实施办法》 6.审议《2019年金华广播电视大学民生实事候选项目》 7.选举金华广播电视大学第五届工会委员会委员

(三)工会活动

学校十分重视工会工作,注重发挥工会的作用,积极创造条件,开展丰富多彩的工会活动。2011年起,学校工会每年组织召开全市电大系统趣味运动会。2014年至2015年,在举行电大系统趣味运动会的同时,又连续两年举行了全市电大系统“电大好声音”歌唱比赛。举办电大和合杯气排球比赛;创建美丽校园组织文明卫生办公室评比;开展休闲茶艺、蛋糕制作、瑜伽培训、职工疗休养、关爱帮扶服务慰问、节假日走访慰问等活动。同时,补助帮扶困难教职工解决生活困难,为大龄青年婚姻牵线搭桥,利用“心理工作室”缓解教职工心理压力等。

二、民主党派

截至2018年12月,学校有中国民主同盟会、中国民主促进会、中国民主建国会、中国国民党革命委员会等民主党派人士共20人。

(一)中国民主同盟

2005年5月17日,原民盟浙江贸易学校支部委员会更名为民盟金华广播电视大学支部,同时选举产生第四届支部委员会,选举陈勋为主委,王立山为副主委。

2010年11月23日,选举产生民盟浙江贸易学校第五届支部委员会,主委陈勋。

2015 年 11 月 30 日,选举产生民盟浙江贸易学校第六届支部委员会,主委宋寅丰,副主委商滔。

至 2018 年年底,盟员有:熊淑瑛、商滔、邓志娴、宋寅丰、陈勋、单小青、丁珍珍、施加根、应森林、陈玉香、曹春雷、张艳红等 12 人。

(二)其他民主党派

中国民主促进会会员:李葆华、厉胜宝,彭礼安、胡启富;

中国民主建国会会员:张国荣、王晓伟、陆书勤;

中国国民党革命委员会会员:吴根良。

第六节　机构与负责人

一、党委组织机构及负责人

表 2-1-4　　学校党委书记任职情况一览表

姓　名	职　务	任　期
张纯汉	党委书记	2003.5–2007.6
方伟中	党委书记	2010.7–2012.8
单　勇	党委书记	2014.10 至今

表 2-1-5　　学校党委副书记、纪委书记任职情况一览表

姓　名	职　务	任　期
方伟中	党委副书记	2003.5–2010.7
郑素贞	纪委书记	2003.5–2008.7
徐　骏	党委副书记	2006.8 至今
徐　骏	纪委书记	2010.11 至今
黄宏伟	党委副书记	2010.8–2015.2
黄　俊	党委副书记	2012.8 至今
郭航鸣	党委副书记	2015.3 至今

表 2-1-6　　学校党群各处室正副职情况一览表

单位	职务	姓名	任期	职务	姓名	任期
党委办公室	主任	楼正寿	2003.8–2004.7	副主任	刘　波	2003.8–2004.7
		刘　波	2004.7–2007.7	副主任(主持)	斯亚民	2013.1–2014.8
		徐文良	2007.7–2013.1	副主任	朱印华	2013.1–2015.7
		斯亚民	2014.8–2015.7		徐莉亚	2014.8–2018.7
		朱印华	2015.7 至今		方　蓉	2018.7 至今

续表

单位	职务	姓名	任期	职务	姓名	任期
组宣处	处长	徐文良	2003.8–2007.7			
纪检监察室	主任	胡燮南	2015.7–2018.7	副主任	郑　骏	2018.7 至今
工会	主席	王顺仁	2003.12–2009.1	常务副主席	楼正寿	2003.12–2009.1
		胡吉省	2009.1–2015.9	副主席	朱　华	2009.1–2013.5
		黄　俊	2015.9–2018.3	副主席(专职)	徐文良	2013.5–2015.9
		王高坚	2018.3 至今		吴学东	2015.9 至今
团委	书记	王　睿	2010.10–2014.10	副书记	周　丽	2018.9 至今
		巴晓伟	2014.10–2018.9			

二、行政组织机构及负责人

表 2–1–7　　　　学校行政领导任职情况一览表

姓　名	职　务	任　期
方伟中	校长	2003.5–2010.9
黄宏伟	校长	2010.9–2015.3
郭航鸣	校长	2015.3 至今
王顺仁	副校长	2003.5–2006.8
胡　清	副校长	2003.5–2007.7
张兰生	副校长	2003.5 至今
刘　波	副校长	2006.8–2012.12
胡吉省	副校长	2007.7–2015,3
戴毅群	副校长	2007.8–2014.11
俞一夫	副校长	2014.12 至今
王高坚	副校长	2014.12 至今

表 2–1–8　　　　学校行政各处室正副职情况一览表

单位	职务	姓名	任期	职务	姓名	任期
校长办公室	主任	楼正寿	2003.8–2004.7	副主任	刘　波	2003.8–2004.7
		刘　波	2004.7–2007.7		陈怡宏	2007.7–2008.7
		徐文良	2007.7–2013.1		斯亚民	2013.1–2014.8
		斯亚民	2014.8–2015.7 副主任(主持)		朱印华	2013.1–2015.7
		朱印华	2015.7 至今		徐莉亚	2015.7–2018.1
					高蓓蓓	2018.9 至今

续表

单位	职务	姓名	任期	职务	姓名	任期
校友办	主任	朱印华	2016.7–2018.7	副主任	徐莉亚	2016.7–2018.7
外事办	主任	朱印华	2015.7 至今	副主任	高蓓蓓	2018.9 至今
人事处	处长	陈秀莲	2003.8–2007.7			
人事财务处	处长	陈秀莲	2007.7–2010.7			
组织人事处	处长	陈秀莲	2010.7–2013.1			
人事处	处长	胡燮南	2013.1–2015.7	副处长	王耀辉	2013.1–2015.7
干部人事处	处长	胡燮南	2015.7–2018.1 2018.7 至今	副处长	王耀辉	2015.7–2018.7
					姜笑华	2018.7 至今
离退休工作处	处长	胡燮南	2013.1–2018.1 2018.7 至今	副处长	胡崇兵	2013.1–2015.7
					王耀辉	2015.7–2018.7
					姜笑华	2018.7 至今
学生处	处长	郑秀峰	2003.8–2004.7	副处长	王国庆	2003.8–2004.7
				副处长兼招生就业办公室主任	沈 晶	2003.8–2004.7
		周国中	2004.7–2006.2	副处长	沈 捷	2004.7–2006.2
	(兼)	徐文良	2006.2–2007.7		何 静	2007.7–2008.7
	处长	郑秀峰	2007.7–2009.7	副处长(主持)	何 静	2009.7–2010.7
		何 静	2010.7–2013.1	副处长	陈怡宏	2009.7–2010.7
		应巧姿	2013.1–2014.8		王 睿	2010.7–2013.1
		王雪香	2014.8–2015.7		姚锡勇	2013.1–2018.9
		童永通	2015.7–2018.7		巴晓伟	2014.8–2018.7
		巴晓伟	2018.7 至今		李 忠	2018.9 至今
保卫科	科长(兼)	楼正寿	2006.2–2007.7			
保卫处	处长	曹利民	2010.7–2011.6	副处长	姚锡勇	2013.1–2018.9
		应巧姿	2013.1–2014.8		李 忠	2018.9 至今
		王雪香	2014.8–2015.7			
		童永通	2015.7–2018.7			
		巴晓伟	2018.7 至今			
招生就业处	处长	郑秀峰	2004.7–2007.7			

续表

单位	职务	姓名	任期	职务	姓名	任期
招生办	主任	应巧姿	2013.1–2015.7			
招生中心	主任	何　静	2016.7 至今	副主任	陈怡宏	2016.7 至今
招生就业处	处长	何　静	2015.7–2016.7	副主任	张艳红	2015.7–2016.7
教务处	处长	任兆武	2003.8–2013.1	副处长	黄望列	2003.8–2007.7
		王汝启	2013.1–至今		曹燕华	2007.7–2013.1
					黄永祥	2013.1–2016.7
					曹春雷	2013.1–2015.7
					赵千骏	2013.1–2014.8
					楼志良	2016.7 至今
					黄炜倩	2014.8–2017.2
					王　慧	2017.2 至今
公共教育中心				副主任	黄永祥	2013.1–2016.7
教学督导		包云翔	2006.2–2007.7			
教学督导处	处长	黄望列	2009.7–2010.7			
		朱　华	2010.7–2013.1			
督导处	处长	王汝启	2013.1–2016.7	副处长	曹春雷	2013.1–2018.7
课程建设中心	主任	王汝启	2015.7–2018.8	副主任	黄炜倩	2015.7–2017.2
科研考核处	处长	胡锦全	2003.8–2004.7			
		王国庆	2004.7–2009.7			
科学研究处	处长	王国庆	2009.7–2010.7			
科研处	处长	王国庆	2010.7–2013.1	副处长	徐莉亚	2013.1–2014.8
		郑秀峰	2013.1 至今		刘知林	2014.8–2015.7
					朱　政	2015.7–2018.7
职业教育研究中心	主任	郑秀峰	2015.7–2018.7	副主任	王晓伟	2018.7 至今
创建办	主任	郑秀峰	2018.7 至今	副主任	王汝启	2018.7 至今
					王晓伟	2018.7 至今
实训就业处	处长	王　睿	2013.1–2015.7			
校企合作处	处长	盛建荣	2015.7–2016.7			
校企合作与实习就业处	处长	盛建荣	2016.7 至今	副处长	张艳红	2016.7 至今
财务处	处长	徐玉芳	2013.1–2017.2	副处长	徐玉芳	2010.7–2013.1
		黄炜倩	2018.7 至今		黄炜倩	2017.2–2018.7

续表

单位	职务	姓名	任期	职务	姓名	任期
现代教育技术处	处长	吴学东	2003.8–2007.7			
教育技术处	处长	吴学东	2007.7–2010.7			
教技处	处长	吴学东	2010.7–2013.1			
信息管理中心	主任	邵德昌	2013.1–2014.8			
图文信息中心	主任	吕　刚	2018.7 至今	副主任	吕　刚	2016.7–2018.7
					杜利俊	2018.7 至今
信息技术中心				副主任	楼志良	2015.7–2016.7
					杜利俊	2015.7–2018.7
学习资源管理处				副处长	楼志良	2014.8–2015.7
资产设备处	处长	徐玉芳	2015.7–2016.7	副处长（主持）	韦　峰	2013.1–2014.8
		吕　刚	2018.7 至今	副处长	吕　刚	2014.8–2018.7
					杜利俊	2018.7 至今
后勤处	处长	邵德昌	2003.8–2013.1	副处长	张　捷	2003.8–2004.7
后勤基建处	处长	曹利民	2013.1–2015.7	副处长	李　忠	2013.1–2018.9
		韦　峰	2015.7–2018.7		黄兴华	2018.9 至今
		曹利民	2018.7 至今			
继续教育学院	院长	朱　华	2003.8–2007.7	副院长	龚慧卿	2003.8–2004.7
					吴黎旦	2006.2–2007.7
社区大学综合处	处长	黄望列	2010.7–2013.1	副处长	沈　捷	2007.7–2010.7
社区大学办公室	负责人	余红君	2015.7–2016.1	副主任（主持）	曹　楠	2013.1–2014.8
培训学院	负责人	余红君	2015.7–2016.1	副院长	曹　楠	2013.1–2014.8
	院长	余红君	2016.1–2018.7		韦　峰	2014.8–2015.7
社区培训学院	院长	邵　玲	2018.7 至今	副院长	吕　刚	2013.1–2013.6
					余红君	2014.8–2015.7
					黄永祥	2016.7 至今
					曹　楠	2017.8–2018.7
					张国荣	2018.7–至今
老年开放大学办公室	主任	余红君	2016.8–2018.7	副主任	赵千骏	2016.7–2018.7
					黄永祥	2016.7–2018.7
金华市老年教育中心	主任	余红君	2016.7–2017.8	副主任	赵千骏	2016.7–2017.8
					黄永祥	2016.7–2018.7

续表

单位	职务	姓名	任期	职务	姓名	任期
学分银行分中心	主任	邵 玲	2016.7 至今			
经济系	主任	李鹏强	2003.8–2006.2	副主任	吴黎旦	2003.8–2006.2
外贸学院	院长	李鹏强	2006.2–2009.7	副院长	曹燕华	2006.2–2007.7
		郑秀峰	2009.7–2013.1		应巧姿	2007.7–2013.1
理工系	主任	俞一夫	2003.8–2006.2	副主任	王汝启	2003.8–2006.2
理工学院	院长	俞一夫	2006.2–2006.8	副院长	王汝启	2006.2–2007.7
		王汝启	2007.7–2013.1		王 睿	2007.7–2008.7
					陈怡宏	2010.7–2013.1
文学系	主任	包云翔	2003.8–2006.2	副主任	曹燕华	2005.7–2006.7
财经学院	院长	周国中	2006.2–2007.7	副院长	沈 捷	2006.2–2007.7
		黄望列	2007.7–2009.7		曹利民	2007.7–2008.7
		李鹏强	2009.7–2013.1		王雪香	2010.7–2011.6
高职学院	院长	王雪香	2013.1–2014.7	副院长	王 慧	2013.1–2014.7
		应巧姿	2014.8–2015.7	院长助理	余跃琼	2013.1–2015.7
				副院长	盛建荣	2014.8–2015.7
					余跃琼	2014.8–2015.7
中职学院	院长	童永通	2013.1–2015.7	副院长	胡启富	2013.1–2015.7
					杜 鹃	2013.1–2014.8
					王 慧	2014.8–2015.7
技师学院	院长	徐 建	2013.1–2015.7	副院长	张艳红	2013.1–2015.7
国际商务学院	院长	曹利民	2015.7–2018.7	副院长	胡启富	2015.7–2016.1
		童永通	2018.7 至今		邱振东	2015.7 至今
					张岸嫔	2016.1–2018.7
					朱 政	2018.7 至今
财经管理学院	院长	应巧姿	2015.7 至今	副院长	王 慧	2015.7–2017.2
					张国荣	2015.7–2018.7
					杨浪萍	2017.8–2018.7
					卢灵美	2018.7 至今
					周 源	2018.7 至今
城市服务学院	院长	徐 建	2015.7 至今	副院长	余跃琼	2015.7–2017.5
					金向阳	2015.7–2018.7
					赵千骏	2018.7 至今
					柳丹辉	2018.7 至今

续表

单位	职务	姓名	任期	职务	姓名	任期
人民东路校区	主任	周国中	2003.8–2004.7			
开放教育学院	院长	朱　华	2007.7–2010.7	副院长	吴黎旦	2007.7–2010.7
		吴黎旦	2010.7–2011.6		沈　捷	2010.7–2013.1
远程教育中心	主任	王津宁	2007.7–2013.1			
开放学院	院长	吴黎旦	2013.1–2018.7	副院长	余红君	2013.1–2014.8
					盛建荣	2013.1–2014.8
					邵德昌	2014.8–2016.7
					陈怡宏	2015.7–2018.7
开放远程学院	院长	何　静	2018.7 至今	副院长	沈美英	2018.7 至今
					沈晓庆	2018.9 至今
奥鹏远程教育学习中心	主任	王津宁	2004.7–2007.7	常务副主任	王津宁	2003.8–2004.7
远程学院(奥鹏远程教育中心)	院长(主任)	吴黎旦	2013.1–2018.7	副院长(副主任)	邵　玲	2013.1–2018.7

第二章　二级学院及专业设置

第一节　院系沿革

2003年3月，金华广播电视大学与浙江贸易学校合并后，对内部管理机构及人员安排作了相应调整，设立学校办公室(党办、校办)、组织宣传处、人事处、学生处、教务处、科考处、现代教育技术处、后勤处、经济系、理工系、文学系、继续教育学院、奥鹏远程教育中心等部门。

经济系、理工系全日制学生安排在东关校区；文学系全日制学生安排在人民东路校区；北山路校区设立公共基础部，中专一年级新生安排在北山路校区。李鹏强任经济系主任、吴黎旦任经济系副主任，俞一夫任理工系主任、王汝启任理工系副主任，包云翔任文学系主任，曹燕华任文学系副主任。

2003年9月，各系党支部支委分工情况见表2–2–1。

表2–2–1　　各系党支部支委分工情况表

名　称	书　记	组织委员	宣传委员
经济系党支部	李鹏强	沈　晶	徐玉芳
理工系党支部	俞一夫	王国庆	刘冬儿
文学系党支部	郑秀峰	邵　玲	应巧姿

2004年10月，各系党支部支委分工情况见表2–2–2。

表2–2–2　　各系党支部支委分工情况表

名　称	书　记	组织委员	宣传委员
经济系党支部	李鹏强	张淑琴	徐玉芳
理工系党支部	俞一夫	周国中	刘冬儿
文学系党支部	应巧姿	邵　玲	沈　晶

为适应学校办学规模的扩大和实现管理工作重心下移，2006年2月，学校将原经济系、理工系和文学系分别更名为财经学院、理工学院和外贸学院。理工学院全日制学生搬迁至北山路校区。周国中任财经学院院长，沈捷任财经学院副院长；俞一夫任理工学院院长，王汝启任理工学院副院长；李鹏强任外贸学院院长，曹燕华任外贸学院副院长。

2006年3月，各学院党支部支委分工情况见表2–2–3。

表2–2–3　　各系党支部支委分工情况表

名　称	书　记	组织委员	宣传委员
财经学院党支部	周国中	曹利民	何　静
理工学院党支部	俞一夫	王汝启	刘冬儿
外贸学院党支部	应巧姿	邵　玲	李鹏强

2007 年 7 月,黄望列任财经学院院长,曹利民任财经学院副院长;王汝启任理工学院院长,王睿任理工学院副院长;郑秀峰任外贸学院院长,应巧姿任外贸学院副院长。

2008 年 12 月,各学院党支部支委分工情况见表 2-2-4。

表 2-2-4　　各系党支部支委分工情况表

名　称	书　记	副书记	组织委员	宣传委员	群工委员
财经学院党支部	黄望列	曹利民	何　静	金礼正	姚锡勇
理工学院党支部	王汝启		王旭忠	王　睿	刘冬儿
外贸学院党支部	李鹏强	应巧姿	邵　玲	张岸嫔	吴黎旦

2009 年 7 月,李鹏强任财经学院院长。

2009 年 9 月,学校一期工程教学楼、学生公寓、学生餐厅等项目投入使用后,北山路校区和人民东路校区近 1800 多名全日制学生全部搬迁至东关校区,实现了全日制学生三校区合一办学的新格局。

2010 年起北山路校区停用。

2010 年 7 月,各学院党支部支委分工情况见表示 2-2-5。

表 2-2-5　　各系党支部支委分工情况表

名　称	书　记	副书记	组织委员	宣传委员	群工委员
财经学院党支部	李鹏强	王雪香	丁　雅	金礼正	胡　凌
外贸学院党支部	郑秀峰	应巧姿	沈春佳	张岸嫔	陈根芳
理工学院党支部	王汝启	陈怡宏	金志鸳	李　忠	刘冬儿

2010 年 7 月,学校进行中层干部聘任。李鹏强任财经学院院长,王雪香任财经学院副院长;郑秀峰任外贸学院院长,应巧姿任外贸学院副院长;王汝启任理工学院院长,陈怡宏任理工学院副院长。

2012 年 7 月,各学院党支部支委分工情况见表达 2-2-6。

表 2-2-6　　各系党支部支委分工情况表

名　称	书　记	副书记	组织委员	宣传委员	群工委员
财经学院党支部	李鹏强	王雪香	丁　雅	金礼正	胡　凌
外贸学院党支部	郑秀峰	应巧姿	杜　娟	张岸嫔	陈根芳
理工学院党支部	王汝启	陈怡宏	金志鸳	李　忠	刘冬儿

2012 年 8 月 27 日,学校发文将东关校区改名为清照路校区、原浙江省金华商业学校校区改名为芙苑路校区。

2013 年 1 月,学校将按专业设置的二级学院改为中职学院、高职学院和技师学院三个全日制二级学院。清照路校区分设为中职学院、高职学院，芙苑路校区设技师学院。童永通任中职学院院长，胡启富、杜鹃、王慧先后任中职学院副院长；王雪香、应巧姿先后任高职学院院长，王慧、余跃琼、盛建荣先后任高职学院副院长；徐建任技师学院院长，张艳红任技师学院副院长。

2015 年 7 月，学校对内设机构进行调整。学校发文(金电大政〔2015〕37 号)设立财经管理学院、国际商务学院、城市服务学院三个全日制学院和开放学院、远程学院、培训学院三个非全日制学院。清照路校区主要有财经管理学院、国际商务学院；芙苑路校区为城市服务学院；人民东路校区为开放学院、远程学院、培训学院。

第二节　财经管理学院

一、概况

(一)沿革

2003 年 6 月，金华广播电视大学与浙江贸易学校合并后，对内部管理机构及人员安排作了相应调整，设立经济系。

2006 年 2 月，学校将原经济系更名为财经学院，财经学院全日制学生安排在东关校区。

2015 年 7 月，设立财经管理学院。开设会计、金融事务、工商管理、药品食品检验、旅游服务与管理等 5 个专业。其中会计、药品食品检验为省级示范专业。

2016 年 9 月，学院增设学前教育(大专)、休闲体育服务与管理 2 个专业。休闲体育服务与管理专业为浙江省现代学徒制试点专业。

(二)组织机构

1.党政领导

表 2-2-7　　学院历任党政领导名单一览表

行政领导			党组织领导		
姓名	职务	任期	姓名	职务	任期
应巧姿	院长	2015.7 至今	应巧姿	党支部书记	2015.7–2018.9
王　慧	副院长	2015.7–2017.2	刘知林	党支部副书记	2016.9–2018.9
张国荣	副院长	2015.7–2018.7	沈巧莲	纪检委员	2015.7–2018.9
杨浪萍	副院长	2017.3–2018.7	杨浪萍	群工委员	2015.7–2018.9
卢灵美	副院长	2018.8 至今	卢灵美	宣传委员	2015.7–2018.9
周　源	副院长	2018.8 至今	张　浩	组织委员	2015.7 至今
			姚锡勇	党支部书记	2018.9 至今
			应巧姿	党支部副书记	2018.9 至今
			陈　平	纪检委员	2018.9 至今
			周　源	宣传委员	2018.9 至今

2.行政组织

学院设有综合科、学生科,公共教研室一、公共教研室二、财会教研室、食品药品检教研室、金融管理教研组。2016 年 9 月,增设学前教育教研组、休闲体育教研组。2018 年 9 月,学前教育教研组升格为学前教育教研室。

3.党群组织

(1)中国共产党组织

学院成立之初,学校党委审批学院党组织为“金华广播电视大学财经管理学院党支部”,此名沿用至今。党组织关系隶属于中共金华广播电视大学委员会。

表 2-2-8　　教师党员人数一览表

年份	2015	2016	2017	2018
党员数(人)	29	33	34	44

(2)工会

2015 年 12 月,根据(金电大工〔2015〕3 号)文件批复,财经管理学院第一届分工会委员会正式成立。2017 年 3 月,经补选调整了委员会成员。2018 年 10 月,经换届选举成立了第二届分工会委员会。

表 2-2-9　　历任分工会主席一览表

姓名	职务	任期
王　慧	分工会主席	2015.12–2017.2
杨浪萍	分工会主席	2017.3–2018.8
姚锡勇	分工会主席	2018.9 至今

(3)共青团

学院团总支设团总支书记 1 人,团干事 1 人,与学生科合署办公。团总支积极宣传党的路线、方针、政策,认真做好团员青年的思想政治工作,在团员青年中开展增强团员意识教育活动,立足思想道德高标准,充分发挥模范引领作用,保持团员先进性,扎实推动基层团组织的思政工作,使团建质量提升到更高更优的水平。团总支紧紧围绕学校和学院中心工作,认真规范团员发展程序,为学校共青团队伍的充实壮大严格审核把关,并扎实做好学生推优工作,向党组织不断选送优秀共青团员。学院团总支已连续三届荣获学校“聚力团总支”称号。2018 年 12 月,学院团总支共有 30 个团支部,团员 645 人。

(4)学生会

学院学生会每年下半年改选一次,常设部门有秘书处、纪检部、文体部、劳卫部、寝管部、组织部、学习部、宣传部、外联部、保卫部、女生部、广播站、志愿者大队等,负责学生的自我管理和服务,并积极协助团总支组织开展各项文体活动,如组织中专学生每日晨跑、排舞大赛、“一二九”红歌大合唱比赛、经典诵读比赛、创新创业活动、志愿者服务等,丰富多彩的活动为学生提供了锻炼自我的平台,增进了友谊,也提高了学生的组织能力和管理能力。

(三)历年教职工情况

学院现有教职员工 70 人,其中高级职称有 21 人,中级职称以上占 90%,专业课“双师型”教师比例达 98%。有全国优秀教师 1 名,浙江省新世纪 151 人才 2 名,金华市优秀教师 5 名,金华市优秀班主任 1 名,金华市最美教师 1 名,金华市最美教师提名奖 1 名,金华市教坛新秀 1 名,金华市直教坛新秀 8 名。

表 2-2-10　　历年教职工分布及高职称高学历人数一览表　　单位:人

年份	教职工分布			高职与硕士			
	总数	专任教师	行政	教授	副教授	高级讲师	硕士
2015	62	51	11	0	3	16	14
2016	66	51	15	1	3	16	17
2017	64	51	13	1	2	15	19
2018	67	58	13	1	4	15	20

(四)历年招生情况

表 2-2-11　　学院历年学生人数情况一览表　　单位:人

年份	类别	专业	招生数	在校生数	毕业生数
2015	中专	会计	226	340	162
		药品食品检验	86	203	48
		金融事务	41	41	0
	成专	会计	162	658	304
		食品药品监督管理	48	108	41
		工商管理	0	54	34
		旅游服务与管理	0	23	23
2016	中专	会计	220	442	113
		药品食品检验	99	225	117
		金融事务	49	49	38
		休闲体育服务与管理	30	30	0
	成专	会计	160	302	192
		食品药品监督管理	34	78	19
		学前教育	44	44	0
		工商管理	0	20	20
2017	中专	会计	191	408	226
		药品食品检验	93	237	86
		金融事务	44	92	0
		休闲体育服务与管理	38	68	0

续表 单位:人

年份	类别	专业	招生数	在校生数	毕业生数
2017	成专	会计	210	367	142
		食品药品监督管理	36	67	42
		学前教育	18	59	0
2018	中专	会计	137	323	218
		药品食品检验	84	130	59
		金融事务	33	76	49
		休闲体育服务与管理	31	65	30
		学前教育	116	116	0
	成专	会计	192	392	154
		食品药品监督管理	53	89	29
		学前教育	40	58	39
		金融事务	38	38	0

二、教学

(一)专业设置

表 2-2-12 学院各专业设置一览表

序号	专业及研究方向	招生对象
1	会计(中专)	初中应届毕业生
	会计(3+2)	初中应届毕业生
	会计(大专)	普高、中职、中专、技工
2	药品食品检验(中专)	初中应届毕业生
	药品食品检验(3+2)	初中应届毕业生
	粮油储藏与检验	普通高中
	食品药品监督管理(大专)	普高、中职、中专、技工
3	金融事务(中专)	初中应届毕业生
	金融管理(大专)	普高、中职、中专、技工
4	休闲体育服务与管理	初中应届毕业生
5	学前教育(中专)	初中应届毕业生
	学前教育(大专)	普高、中职、中专、技工

表 2-2-13　　　　2018 年学院各专业负责人及专业培养目标一览表

专业名称	专业主任	培养目标
会计(中专)	韦旭源	培养具有相应的职业素养、良好职业道德,能在经营管理第一线从事企业单位收银、出纳、统计、工资核算、仓库管理等会计及其相关岗位的操作性工作的应用型技能人才
会计(大专)		培养具有良好敬业精神、团队意识和职业素养,账务会计学科与金融事务的基本理论和基本知识,同时具备管理、经济、法律等方面的知识和相关能力,能在企事业单位及政府部门从事出纳、税务、会计、成本核算、统计分析、金融事务等复合型专门人才
药品食品检验(中专)	蔡　晶	培养面向食品、医药、日用化工等行业产品的检测、生产、研发、经营方面的专业技能型中级人才,毕业后可在各行各业的检验部门和质检机构从事检验、生产、监督和管理等岗位的工作
食品药品监督管理(大专)		培养具有良好的思想品德和职业素养,具备化学分析、仪器分析、食品药品检验、食品药品质量监督与管理等方面的知识和技术技能,能胜任食品、药品、农产品、化工产品质量检验和水质、大气、土壤等环境检测工作技术技能型人才
金融事务(中专)	朱恒斌	培养面向金融行业,具有与本专业领域相适应的文化水平、良好的职业道德、吃苦耐劳的工作态度、严谨规范的工作作风,能在经营管理第一线中从事金融管理及其相关岗位工作的应用型技能人才
金融管理(大专)		培养掌握现代经济金融基础理论知识,具有较强金融业务操作和管理的实践能力,具有一定的人文和科学素养并具备良好职业素养、自主学习和终身发展能力,能够在银行、保险、证券等金融机构或相关经济部门从事有关财务金融业务的应用型专门人才
休闲体育服务与管理	黄　强	培养具有与本专业领域相适应的文化水平、良好的职业道德、吃苦耐劳的工作态度、严谨规范的工作作风,能从事健身康复指导、户外拓展训练、体育赛事策划与设计工作的应用型技能人才。本专业主要为浙江宏武体育发展有限公司定向培养跆拳道教练
学前教育(中专)	王　磊	培养具有从事学前教育领域相关工作的岗位能力和专业技能,面向城乡各级各类幼儿园、早教机构,培养从事幼儿园保育、教育等工作,德智体美劳全面发展的高素质劳动者和技能型人才
学前教育(大专)		培养德智体美劳全面发展,既有较宽厚的学前教育理论和丰富的专业知识,又有较强的实践能力、达到大学专科学历水平的学前教育工作者。能适应幼儿园教学及管理、社会早教机构教学与管理、社区幼教机构工作人员等岗位要求的高等应用型专门人才

(二)课程建设

表 2-2-14 校本教材一览表

名称	主要完成人(编者)	类别	获批(出版)年份
你身边的财税知识	朱健康、杨浪萍、吴星星、游欣良	全省电大共享教材	2015 年
教你电算化做账	黄炜倩、杨浪萍、李玉华	校本教材	2016 年
英文影片之赏、学、乐、玩	宋　洁、皮　维	校本教材	2016 年
食品鉴别技巧	陈　平	校本教材	2016 年
水中的秘密	沈巧莲	校本教材	2016 年
国饮之茶	韦旭源、王瑞通	校本教材	2016 年
会计技能人人练	杨浪萍、周永琴、许双婷	校本教材	2016 年
走进古诗词	张　晶、杜　俊	校本教材	2016 年
自信训练营迷你课程	骆丽娟、黄正茂	校本教材	2016 年
情景趣味日语学习	黄　珂、洪戊菲	校本教材	2016 年
语文与生活读本	张　晶、杜　俊、丁　雅、左川凤、邓志娴	校本教材	2016 年
缤纷婺剧世界	王慧、吴根蕊	校本教材	2017 年
富美金华	应巧姿、李葆华、张国荣、邱　强、丁　雅、俞笑春	校本教材	2017 年
音标课程	宋　洁	校本教材	2017 年
初级会计实务课堂实训	郁　翔	校本教材	2018 年
成本会计课堂实训	周　萍	校本教材	2018 年
音乐欣赏与治疗	王红华	校本教材	2018 年

表 2-2-15 2018 年各专业核心课程设置一览表

专业名称	核心课程
会计(中专)	会计基本技能、基础会计、企业财务会计、企业成本核算、出纳实务、会计电算化、企业纳税实务、财务管理
会计(大专)	基础会计、企业纳税实务、电算化会计、成本会计、初级会计实务、财务管理、管理会计
食品药品检验(中专)	化学分析操作技术、仪器分析、药物分析、微生物检验、食品检验操作技能、产品质量监督与管理
食品药品监督管理(大专)	无机化学、有机化学、分析化学及实验、仪器分析、微生物学、食品品质检验、食品卫生检验、药物分析
金融事务(中专)	金融基础知识、保险基础知识、金融法规、金融风险管理、出纳实务
金融管理(大专)	金融概论、经济学原理、经济法概论、金融市场、国际金融、证券投资分析、期货原理与实务、商业银行经营管理、

续表

专业名称	核心课程
休闲体育服务与管理	体育健身管理与方法、运动生理学、体育心理学、跆拳道理论基础、跆拳道基本技术训练、跆拳道训练方法与手段、跆拳道竞技规则与裁判法
学前教育(中专)	幼儿园保育、教师口语、学前教育学、美术与幼儿美术创作、钢琴、舞蹈与幼儿舞蹈创编、声乐
学前教育(大专)	学前儿童发展心理学、学前儿童语言教育、学前儿童艺术教育、舞蹈与儿童舞蹈创编、美术、声乐、学前游戏理论与指导、幼儿园课程论

(三)教学改革

1.人才培养模式与课程体系建设

(1)人才培养模式

会计专业是学校重点专业,具有悠久的历史和深厚的底蕴。学院积极探索"课岗证一体、工学结合"的人才培养模式,财会专业学生在省中职会计技能大师何湘娟老师的指导和帮助下,实践动手能力不断增强。

休闲体育服务与管理专业虽是新办专业,但是作为现代学徒制的试点专业,与浙江宏武体育发展有限公司开展校企合作,在人才培养方面积累了经验。在充分考虑宏武跆拳道经营特点的情况下,学院采取长短学期、工学交替、忙闲结合的模式,周一至周五白天校内学习,其他时间根据企业需求进行职业体验、岗位体验、企业跟岗、企业轮岗来安排。

(2)课、岗、证、训、战五位式课程体系

学院一直探索以课程建设为中心,融岗位、证书、实训、实战五位一体的课程体系,充分体现了选择性课程改革的基础上,既解决就业学生的操作技能需要,又满足学生升学要求,还能通过开设考证课程让学生在校期间考取一系列资格证书。

学院以省中职选择性课程改革和省电大成人专科教学要求为指导,整合专业中高职两个阶段的课程,并且进行重新设计和选择,将课程设置为:专业素养课程、专业核心课程、专业实训课程、专业延展课程四大类课程,将职业素养、理论知识、实际操作知识、技能考证知识、专业资格证考证知识、全部融入到四大类课程中,在不同阶段完成不同要求的专业课程,考取相应证书的同时,达到对应的技能操作要求。在教学过程中,通过核心课程、选修课程等课程资源建设和岗位设置、考证安排、技能训练、综合训练、顶岗实习等一系列措施,让学生边学边做,成效明显。

(四)竞赛比赛

表 2-2-16　　2015 年以来教师竞赛主要获奖情况一览表

序号	年份	项目	获奖情况	姓名
1	2015.12	2015 年金华市文化课优质课比赛	一等奖	张　晶
2	2015.1	2014 年金华市心理健康教育优质课(高职组)评比	二等奖	王　磊
3	2015.5	全市电大系统教师说课竞赛	二等奖	周　萍
4	2015.12	2015 年金华市文化课优质课比赛	二等奖	黄　强
5	2016.5	金华市中等职业学校教师信息化教学设计大赛	二等奖	黄　珂

续表

序号	年份	项目	获奖情况	姓名
7	2016.7	全省电大青年教师教学技能竞赛	一等奖	沈美英
8	2016.11	金华市专业课优质课比赛	二等奖	王晓伟
9	2016.11	金华市教学叙事比赛	二等奖	张　晶
10	2016.11	2016年全省电大学生会计技能竞赛(团体)	二等奖	韦旭源、杨浪萍
11	2016.12	全省电大课程教学设计方案竞赛	一等奖	张淑琴
12	2016.12	金华市第十届职业能力大赛教师组"技能教学论坛"	二等奖	杨浪萍
13	2017.1	2016年度全省电大微课程开发活动	二等奖	朱健康、杨浪萍、游欣良、吴星星、杜利俊
14	2017.1	金华市第十届中等职业学校师生职业能力大赛技能教学论坛	二等奖	杨浪萍
15	2017.4	2017年金华市中等职业学校教师信息化教学说课大赛	二等奖	骆丽娟
16	2017.4	2017年金华市中等职业学校教师信息化教学说课大赛	一等奖	宋　洁
17	2017.5	2017年金华全市电大教师说课竞赛	二等奖	蔡　晶
18	2017.6	2017年浙江省中等职业学院教案大赛	二等奖	周　萍
19	2018.6	浙江省电大微课比赛	二等奖	张淑琴
20	2018.11	金华市第十一届中职学校师生职业能力大赛会计电算化项目	二等奖	周　洁
21	2018.11	2018浙江全省电大会计技能竞赛(团体)	二等奖	韦旭源、杨浪萍、卢灵美、游欣良、吴星星
22	2018.9	浙江广播电视大学第七届多媒体学习资源比赛《村官说法》	二等奖	张淑琴
23	2018.11	金华市中职学校专业课教师优质课评比	二等奖	周　萍
24	2018.10	浙江省反邪教微课作品活动真人拍摄组《邪教猛于虎–像抵制毒品一样抵制邪教》	二等奖	张　晶

表2-2-17　　2015年以来学生竞赛主要获奖情况一览表

序号	年份	项目	获奖情况	学生姓名	指导老师
1	2015.5	浙江省高职高专院校工业分析检验大赛	二等奖	罗　婷	沈巧莲
2	2015.5	浙江省高职高专院校工业分析检验大赛	二等奖	刘麒莲	黄永祥
3	2015.7	第十八届全国青少年五好小公民"少年向上真善美伴我行"主题教育活动征文比赛	二等奖	胡琳莉	张国荣

续表

序号	年份	项目	获奖情况	学生姓名	指导老师
4	2015.11	金华市中职创新创业比赛（学生创业项目）《帮帮国际跨境电商创业计划》	二等奖	张聪颖、庄子乐、邱玮炜	宋 洁
5	2016.1	2016年金华市中职学校学生职业素养征文演讲类《中华,我用一生去爱》	一等奖	陈诗洁	应巧姿、邱 强
6	2016.1	2016年金华市中职学校学生职业素养职业规划类《我的未来不是梦——我的会计梦》	一等奖	李春园	王 磊
7	2016.2	2016年金华市中职学校技能大赛企业经营沙盘项目	二等奖	刘梦婷、刘博旦、吴 婷、丰礼霞	游欣良、杨浪萍
8	2016.2	2016年金华市中职学校技能大赛电算化综合项目	二等奖	陈杰鸿	吴星星、周永琴
9	2016.2	2016年金华市中职学校技能大赛电算化综合项目	二等奖	董兰心	吴星星、杨浪萍
10	2016.1	2016年浙江省中职学校学生职业素养职业规划类《我的未来不是梦——我的会计梦》	一等奖	李春园	王 磊
11	2016.4	2016年浙江省高职高专院校技能大赛“工业分析检验”竞赛个人理论单项	一等奖	许亢奕	王红华、蔡 晶
12	2016.4	2016年浙江省高职高专院校技能大赛“工业分析检验”竞赛个人理论单项	二等奖	黄永霖	王红华、蔡 晶
13	2016.4	2016年浙江省高职高专院校技能大赛“工业分析检验”竞赛个人理论单项	二等奖	应龙罡	王红华、蔡 晶
14	2016.4	2016年浙江省高职高专院校技能大赛“工业分析检验”竞赛个人理论单项	二等奖	杨章权	王红华、蔡 晶
15	2016.4	2016年浙江省高职高专院校技能大赛“工业分析检验”竞赛个人实操单项	一等奖	杨章权	王红华、蔡 晶
16	2016.4	2016年浙江省高职高专院校技能大赛“工业分析检验”竞赛个人实操单项	二等奖	黄永霖	王红华、蔡 晶
17	2016.4	2016年浙江省高职高专院校技能大赛“工业分析检验”竞赛团体赛	二等奖	杨章权、应龙罡	王红华、蔡 晶
18	2016.7	全国商科院校第八届“爱丁数码杯”学生夏令营活动中文演讲赛项(中职组)	一等奖	陈诗洁	应巧姿
19	2016.8	第十九届全国青少年五好小公民“老师您好我的好老师”主题教育征文比赛	一等奖	胡琳琳	张国荣
20	2016.8	第十九届全国青少年五好小公民“老师您好我的好老师”主题教育征文比赛	二等奖	廖舒婷	张 晶
21	2016.11	2016全省电大会计技能竞赛—会计知识竞赛	一等奖	金小娇、李路路、傅雨晨	韦旭源、王晓伟
22	2016.11	2016全省电大会计技能竞赛—手工会计操作技能	二等奖	刘雪玲	杨浪萍
23	2017.7	全国商科院校第九届“爱丁杯”学生夏令营活动中文演讲比赛	一等奖	陈诗洁	张 晶
24	2017.7	全国商科院校第九届“爱丁杯”学生夏令营活动中文演讲比赛	二等奖	陈杰鸿	张 晶

续表

序号	年份	项目	获奖情况	学生姓名	指导老师
25	2018.4	2018 年浙江省中等职业学校职业能力大赛网络虚拟项目	二等奖	曹振军、陈 思、王瑜琳	韦旭源、吴星星
26	2018.4	2018 年全国技能大赛金华市选拔赛沙盘模拟项目	一等奖	傅 倩、张辰娥、范正宇、曹振军	游欣良、韦旭源
27	2018.4	2018 年浙江省高职院校“工业分析与检验大赛”理论赛项	一等奖	胡玉婉	蔡 晶、黄 炜
28	2018.4	2018 年浙江省高职院校“工业分析与检验大赛”理论赛项	二等奖	孙晓娟	蔡 晶、黄 炜
29	2018.4	2018 年浙江省高职院校“工业分析与检验大赛”理论赛项	一等奖	叶 蕾	沈巧莲、王红华
30	2018.11	2018 年全省电大会计技能竞赛	一等奖	王 静	韦旭源、杨浪萍、游欣良
31	2018.11	2018 年全省电大会计技能竞赛	二等奖	曹文慧	韦旭源、杨浪萍、游欣良
32	2018.11	2018 年全省电大会计技能竞赛	二等奖	郑 婧	韦旭源、杨浪萍、游欣良
33	2018.11	2018 年全省电大会计技能竞赛	二等奖	高 进	韦旭源、杨浪萍、游欣良
34	2018.11	2018 年全省电大会计技能竞赛	二等奖	王倩茹	韦旭源、杨浪萍、游欣良
35	2018.11	2018 年全省电大会计技能竞赛	二等奖	裴娉婷	韦旭源、卢灵美、吴星星
36	2018.11	2018 年全省电大会计技能竞赛	二等奖	杨华烽	韦旭源、卢灵美、吴星星
37	2018	浙江省第三届“梦想杯”中职学生征文大赛	一等奖	庄 琰	刘知林
38	2018.5	2018 年金华市大中专院校第七届学生女子排球比赛	二等奖	周萍璐、王 悦、傅珍怡等 15 人	黄 强、赵宗林
39	2018.8	全国青少年“五好小公民”主题教育读书活动“红旗飘飘,引我成长”征文指导	二等奖	羊春隆、程俊伟	刘知林
40	2018.8	全国青少年“五好小公民”主题教育读书活动“红旗飘飘,引我成长”征文指导	二等奖	邱佳慧	周 源
41	2018.8	全国青少年“五好小公民”主题教育读书活动“红旗飘飘,引我成长”征文指导	一等奖	李豪杰	张 晶
42	2018.8	全国青少年“五好小公民”主题教育读书活动“红旗飘飘,引我成长”征文指导	三等奖	胡可颖	张 晶

续表

序号	年份	项目	获奖情况	学生姓名	指导老师
43	2018.12	金华市创新创业大赛模拟经营项目	一等奖	鲍梦琦、程　聪、王　帅	吴星星、王彩芳

三、师资队伍建设

(一)名师和名师培养对象

表 2-2-18　　　　学院名师培养人员一览表

序号	姓名	所在专业	性别	职称	学历	毕业院校	毕业时间	备注
1	俞一夫	食品	男	副教授	本科	浙江师范大学	1993.07	浙江省 151 人才 金华市 321 人才
2	刘知林	经济	男	教授	本科	扬州师范学院	1990.6	浙江省 151 人才 金华市 321 人才
3	黄炜倩	会计	女	高级讲师	本科	杭州商学院	1996.7	金华市中职学校会计专业带头人
4	杨浪萍	会计	女	讲师	研究生	五邑大学	2007.7	省电大 312 人才培养对象、校级课程建设型教师
5	蔡　晶	食品	女	讲师	研究生	华东师范大学	2010.07	省电大 312 人才培养对象、校级金牌教练型教师
6	卢灵美	会计	女	中级	本科	浙江师范大学	2005.7	省电大 312 人才培养对象、校级教学能手型教师
7	黄　强	休闲体育	男	讲师	研究生	曲阜师范大学	2011.7	省电大 312 人才培养对象
8	郁　翔	会计	女	高级讲师	本科	浙江师范大学	2003.7	校级教学能手型教师
9	韦旭源	会计	女	高级	本科	杭州商学院	1992.7	校极培训型教师
10	吴耀芳	学前教育	女	讲师	本科	浙江师范大学	2004.7	校级赋能型教师
11	王红华	食品	女	高级讲师	本科	浙江师范大学	1991.7	校级赋能型教师
12	徐莉亚	学前教育	女	副教授	研究生	浙江师范大学	2006.6	校级研究型教师
13	高蓓蓓	商务英语	女	讲师	研究生	西南财经大学	2011.6	校级社团型教师
14	张　晶	语文	女	讲师	本科	上海师范大学	1998.6	校级社团型教师

(二)专业带头人和骨干教师

表 2-2-19　　学院专业带头人一览表

序号	姓名	所在专业	性别	职称	学历	毕业院校	毕业时间
1	黄永祥	食品药品检验	男	副教授	本科	杭州大学	1988.07
2	沈巧莲	食品药品检验	女	副教授	本科	浙江工学院	1989.7
3	郁　翔	会计	女	高级讲师	本科	浙江师范大学	2003.7
4	杨浪萍	会计	女	讲师	研究生	五邑大学	2007.7
5	朱恒斌	金融事务	男	高级讲师	本科	杭州商学院	1987.7
6	黄　强	休闲体育	男	讲师	研究生	曲阜师范大学	2011.7
7	骆丽娟	学前教育	女	讲师	研究生	杭州师范大学	2008.6

表 2-2-20　　学院骨干教师一览表

序号	姓名	所在专业	性别	职称	学历	毕业院校	毕业时间
1	韦旭源	会计	女	高级	本科	杭州商学院	1992.7
2	周永琴	会计	女	中级	本科	杭州电子工业学院	2002.6
3	徐玉芳	会计	女	中级	研究生	浙江师范大学	2016.7
4	卢灵美	会计	女	中级	研究生	浙江师范大学	2005.7
5	朱健康	会计	男	中级	本科	杭州商学院	1996.7
6	周　萍	会计	女	初级	研究生	浙江师范大学	2012.7
7	陈　平	食品	男	高级讲师	本科	杭州商学院	1984.07
8	蔡　晶	食品	女	讲师	研究生	华东师范大学	2010.07
9	张　静	管理	女	讲师	研究生	南京航空航天大学	2009.7
10	何　静	管理	女	高级讲师	本科	东北财经大学	2017.01
11	吴耀芳	学前教育	女	讲师	本科	浙江师范大学	2004.7
12	高中萍	学前教育	女	讲师	本科	温州大学	2011.7

(三)"双师型"教师

表 2-2-21　　学院双师型教师培养一览表

序号	姓名	学科	职称	职业资格
1	吴黎旦	财会	副教授、高级讲师	注册会计师
2	黄望列	财会	高级讲师	注册会计师
3	刘知林	经济	教授	高级经济师

续表

序号	姓名	学科	职称	职业资格
4	郁　翔	财会	讲师	会计师
5	王新南	财会	高级讲师	会计师
6	韦旭源	财会	高级讲师	会计师
7	朱健康	财会	讲师	会计师
8	黄炜倩	财会	高级讲师	会计师
9	杨浪萍	财会	讲师	会计师
10	钱雁华	财会	讲师	经济师
11	周永琴	财会	讲师	一级珠算师
12	俞一夫	食品	副教授、高级讲师	高级技师
13	黄永祥	食品	副教授	高级技师
14	沈巧莲	食品	副教授	工程师
15	金志鸳	食品	讲师	高级技师
16	胡崇兵	食品	讲师	高级技师
17	陈　平	食品	高级讲师	高级技师
18	王红华	食品	高级讲师	高级技师
19	蔡　晶	食品	讲师	中级工
20	吕红卫	食品	讲师	高级技师
21	金雪萍	食品	讲师	高级技师
22	童巧云	食品	高级讲师	高级技师
23	褚玉斐	计算机	讲师	电子商务师
24	杜利俊	计算机	讲师	网络工程师
25	吕龙邦	管理	讲师	物流考证培训师
26	周舒颖	管理	讲师	心理咨询二级
27	骆丽娟	心理	讲师	国家二级心理咨询师
28	王　磊	心理	讲师	国家二级心理咨询师
29	童一萍	数学	讲师	统计师
30	王　慧	英语	高级讲师	高级单证师
31	周　源	英语	助讲	全国职场英语考试(一级)培训师
32	张淑琴	德育	讲师	高级技师

(四)兼职教师

表 2-2-22　　学院兼职教师情况一览表

序号	姓名	性别	所学专业	工作单位	等级	职称	学历
1	张　标	男	社会体育	浙江宏武体育发展有限公司	中级教练员	跆拳道中级教练员	大专
2	廖程敏	男	运动训练	浙江宏武体育发展有限公司	跆拳道一级教练员	中国跆拳道级位晋级考试官	本科
3	熊雅军	男	运动训练	浙江宏武体育发展有限公司	跆拳道一级教练员	中国跆拳道级位晋级考试官	本科
4	许治强	男	社会体育	浙江宏武体育发展有限公司	跆拳道一级教练员	韩国国技院黑带 2 段	大专
5	李　杰	男	跆拳道	浙江宏武体育发展有限公司	跆拳道一级教练员	韩国国技院黑带 2 段	大专
6	吴良友	男	社会体育	浙江宏武体育发展有限公司	跆拳道一级教练员	国家中级跆拳道职业社会体育指导员	高中
7	曾祥涛	男	社会体育	浙江宏武体育发展有限公司	跆拳道一级教练员	国家跆拳道二级裁判员	本科
8	何湘娟	女	会计	金华中健联合会计师事务所	高级	注册会计师	本科
9	滕旭滨	男	会计	浙江金轮机电实业有限公司	高级	高级会计师	本科
10	庄亚琳	女	会计	金华大世界商贸有限公司	高级	高级会计师	本科
11	金雅珊	女	会计	东方教育培训	中级	统计师	本科
12	诸葛鸿雁	女	会计	金华南方水泥有限公司	高级	高级会计师	本科
13	陈　琳	女	会计	金华鑫宇财务咨询有限公司	中级	会计师	本科
14	鲍峰英	女	会计	东方教育培训	中级	会计师	大专
15	何　唯	女	财务管理	金华市婺城公安分局	中级	会计师	大专
16	王晓珍	女	微生物检验	金华市海华乳业	中级		大专
17	杨玉英	女	会计	浙江中健会计师事务所	中级	会计师、注册会计师、税务师	本科
18	郭云卫	男	会计	浙江中健会计师事务所	高级	高级会计师、注册会计师、资产评估师	本科
19	蒋　琦	女	会计	浙江中健会计师事务所	高级	高级会计师、注册会计师、税务师	本科
20	李惠玲	女	会计	广发银行	高级	高级会计师	本科
21	戚佳梅	女	数学	浙江师范大学	–	–	研究生
22	岳朝敏	女	食品检验	浙江师范大学	–	–	本科

四、实训实习基地建设

(一)校内实训基地建设

表 2-2-23　　何湘娟大师工作室情况一览表

序号	实训/实验室名称	主要实训项目	主要设施设备或功能	工位数
1	何湘娟大师工作室	真账代理记账业务、审计业务等实战项目	计算机、打印机、点钞机、电动打孔装订机、塑管热铆装订机、办公桌椅、会计专用纸质办公用品、会计分岗实训软件、多媒体投影机、发票打印机、储物柜	40

表 2-2-24　　实训室、实验室、实习基地情况一览表

序号	实训/实验室名称	主要实训项目	主要设施设备或功能	工位数
1	财经综合实训区	资金(出纳)、往来、薪酬、税务、资产(固定资产)、成本、报表、信息(电算化)、工商行政税务、金融业务	会计核算综合实训区、模拟工商、行政、税务部门业务大厅、模拟银行业务大厅	40
2	出纳实训室	主要用于中职学生会计专业的岗位技能实训,实训项目有:出纳、会计电算化等	计算机、出纳实务软件、用友财务软件、会计电算化考证软件、多媒体投影机等	50
3	会计分岗实训室	主要用于中职学生会计专业的岗位技能实训,实训项目有:会计分岗、会计综合模拟、手工做账等	计算机、打印机、点钞机、电动打孔装订机、塑管热铆装订机、仿真财务室大班台、有隔断的办公桌椅、会计专用办公用品、会计分岗实训软件、多媒体投影机	54
4	纳税申报实训室	主要用于中职学生会计专业的岗位技能实训,实训项目有:模拟企业纳税申报流程等	计算机、发票打印机、六边形桌椅、模拟税务柜台、会计专用办公用、纳税申报系列软件、多媒体投影机等	60
5	沙盘模拟实训室	主要用于中职学生会计专业的岗位技能实训,实训项目有:沙盘模拟企业经营过程等	计算机、沙盘盘面桌、ERP沙盘模拟实训套件、企业经营管理沙盘实物、多媒体投影机等	48
6	收银实训室	构建一系列仿真模拟实训环境,主要用于中职学生会计专业的岗位技能实训,实训项目有:收银、出纳等	教学接收器、储物柜、POS机、教师用POS机、小键盘PAD、多媒体投影机等	30
7	会计电算化实训室	主要用于中职学生会计专业的岗位技能实训,实训项目有:会计电算化操作等	计算机、用友T3财务软件、多媒体投影机、办公桌椅等	50

续表

序号	实训/实验室名称	主要实训项目	主要设施设备或功能	工位数
8	证券实训室	主要集金融市场资讯、证券交易行情、模拟金融投资、模拟外汇投资、模拟期货投资以及教学效果评价为一体，可以为本专业教师提供多功能的教学服务	计算机、六边形桌椅、大型拼接屏、证券外汇报价系统、证券交易模拟系统、期货交易模拟系统等	54
9	分光光度计实训室	KMnO4溶液最大吸收波长测定、标准曲线制作、微量磷、铁、铜、砷、钴、镍、亚硝酸盐等含量测定，浊度的检测，进行总磷总氮测试、重金属测试、农药残留测试、食品安全检测、热力发电金属离子测试等等	T6新悦—可见分光光度计，能够对样品进行定性定量分析，广泛应用于食品、药品、电力、生物研究、教学科研、化学化工、质量监督、水质环保和商检等各大领域。主要实训课程：《仪器分析》《食品分析》《药物分析》	50
10	检验基础实训室	溶液的配制；过滤、重结晶操作；元素及其化合物的性质；醇的性质；阳离子定性分析；容量瓶、移液管、滴定管的使用练习，氢氧化钠、盐酸、硫代硫酸钠、高锰酸钾等标准溶液的配制和标定；氯化钡中钡、食醋、双氧水等含量测定	主要用于教师演示实验的准备和检验基础课程的学生实训，主要包括无机化学和有机化学的性质实验，化学分析基本操作练习及其简单的应用实训项目；实训室配有各种常用的玻璃仪器，如：烧杯、锥形瓶、容量瓶、滴定管、量筒、吸量管、分液漏斗、研钵等	50
11	色谱实训室	食品添加剂分析(合成着色剂测定)；食品药品中农药残留分析(有机磷农药测定)；食品营养成份分析；食品药品中挥发性成份的分析	气、液相色谱仪各一台，总价值近30万元，能满足有机物、无机物及气体进行常量、微量、甚至痕量分析，可应用于环保、农药、医药、酿酒、食品、香精香料、商品检验等	50
12	食品检验实训室	主要用于食品中水分、灰分、粗脂肪、粗蛋白、还原糖测定，液态食品的相对密度、折射率、浊度的测定，食品中重金属等微量元素、食品中添加剂、食品包装材料及容器的检验	主要承担《食品理化检验》《食品卫生检验》等课程的实践教学任务，同时可适用于食品检验中、高级工等工种的职业资格培训、鉴定和社会服务工作	50
13	微生物实训室	开展显微镜检验、细菌染色、形态观察、微生物分离纯化、转种接种、乳酸菌活力测定、食品和药品中微生物测定等实训教学	显微镜、高压灭菌锅、恒温培养箱、干热灭菌箱、高速均质搅拌器、超净工作台、冰箱、紫外线灭菌仪等实训实验设备	50

续表

序号	实训/实验室名称	主要实训项目	主要设施设备或功能	工位数
14	药物检验实训室	药品旋光度和吸收系数测定;薄层色谱的制板与点样;氯化物、硫酸盐、铁盐等杂质检测;VB1、VC、阿司匹林肠溶片的含量测定,烧碱、硫酸、聚合氯化铝、漂白粉等化工产品的测定	主要承担《药物分析》《化工产品质量检验》等课程的实践教学任务,同时可适用于药品检验中、高级工等工种的职业资格培训、鉴定和社会服务工作	50
15	电钢琴实训室	主要用于学前专业学生钢琴、视唱练耳训练,培养学生的基本幼儿音乐教学素养等	电钢琴25架、配套琴凳、一体机、五线谱电教板等	50
16	音乐实训室	主要用于学前专业学生的声乐、合唱教学,培养学生的歌唱合唱技能,以及其他专业合唱指挥选修课等	钢琴一架、合唱架三个、箱鼓一个,非洲鼓一个,彩凳七十个、一体机一套等	60
17	戏曲实训室	主要让学生了解和欣赏戏曲,教学生戏曲演唱、戏曲表演,让学生近距离接触戏曲文化,感受戏曲艺术魅力,激发学生热爱并传承祖国传统文化的美好情感	音响、话筒、空调、一体机、戏曲服装、戏曲道具、戏曲文化书籍、桌椅、木柜、镜子	40
18	创意手工实训室	主要用于学前教育学生、其他专业选修课程、《创意手工》等工艺课程教学实训	该实训室含有先进的多媒体教学设备和多种工艺美术类画材,配备有版画工具、泥塑工具、布艺手工工具及器械可满足工艺课程中装饰画、泥塑、纸工、版画、布艺等教学的需要	40
19	形体舞蹈房	主要实训项目有体型与动作协调训练、舞蹈基本功训练、个人形体训练(站姿,行姿等)、见面仪表礼仪训练、交际礼仪训练、服务礼仪综合训练等	配备有形体礼仪教学所需要的把杆、墙面镜、瑜伽垫等教学设备	45
20	天合青创工场	主要用于创新创业实践	配有计算机、多媒体、专用电脑桌、商品展示架	30
21	宏武跆拳道商贸馆	主要用于休闲体育服务与管理专业学生的实战姿势、手法、腿法、品势、实战技巧等技术训练	配有跆拳道训练专用垫子、跆拳道训练器材(脚靶、手靶、护具、头盔等)、平面镜、更衣室、柜子	40

(二)校外实习基地建设

表 2-2-25　　校外紧密型实习基地一览表

建立年份	基地名称	主要面向专业
2006	浙江中健会计师事务所	会计专业
2010	金华市科海检测有限公司	食品药品检验专业
2010	金华耐司康药业有限公司(现与康恩贝合并)	食品药品检验专业
2013	浙江金轮机电有限公司	会计专业
2013	金华市大世界商贸有限公司	会计专业
2014	金华成泰农商银行	金融事务专业
2015	金华市万象花卉有限公司	会计专业
2015	浙江今飞凯达轮毂股份有限公司	会计专业
2015	金华市疾病预防与控制中心	食品药品检验专业
2015	义乌淘鑫电子商务有限公司	各专业
2016	伟才幼儿园	学前教育专业
2016	浙江宏武体育发展有限公司	休闲体育服务与管理
2017	润禾幼儿园	学前教育专业
2017	金盛软件有限公司	会计专业
2017	浦发银行	金融事务专业
2017	育蕾教育孙盈舞蹈培训中心	学前教育专业
2017	金华博奥社会体育发展中心	各专业(主要学前教育专业)
2018	上海浦东发展银行股份有限公司金华分行	金融事务
2018	金华市黎梦网络科技有限公司	会计
2018	金华盈海冠中商务服务有限公司	会计

五、学生管理

(一)学生管理人员

学院的学生管理人员在学院院长领导下，以 1 位分管学生工作副院长带领学生科长、团总支书记以及 2 位辅导员、3 位学生科干事、1 位团务干事为主要管理力量。

(二)学生管理制度

学生管理制度包括：学生日常行为规范、学生安全管理规定、学生考勤制度、学生寝室管理规范、学生寝室文明公约、违规电器处罚办法、学生违纪处理的有关规定、校服穿着管理规定、奖学金评定办法、“三好学生”评比办法、优秀学生干部评比办法、优秀毕业生评比办法。

(三)学生活动

学院每个年度按月开展主题教育，上半年主要是爱与奉献主题教育月、法制安全健康主题教育月、感恩教育月、职业技能培养月、诚信守纪主题教育月；下半年主要是行为习惯养成月、法制安全健康教育月、和合之光文化月、爱国感恩教育月、诚信守纪教育月等。

六、科学研究

2015年至2018年，学院共获得课题立项80项，其中校级课题22项，市级以上课题58项；公开发表论文35篇；论文、科研成果获奖共49项。详见第二篇第八章。

学院有财经研究所，设立于2006年7月，设立初期名称为会计研究所，主要围绕会计、金融等学科的人才培养开展调查、研究，所长由刘知林担任。

七、文化建设

（一）文化品牌建设

学院以立德树人为根本，围绕学校“和合文化”的核心理念，努力打造和谐财经、美丽财经、活力财经、品质财经为主要内容的“和美财经、传承创新”文化品牌。

“和谐财经”，和在德性与人情。开展“我的寝室我的家、我的班级我的家、我的科室我的家”等系列活动，打造师师、生生、师生和气和雅和谐的充满人情味的大家庭；每年5月举行家长会，建立学校、家庭、社会三位一体的教育体系，共同为同学们营造一个融洽和谐的成长环境。

“美丽财经”，美在文明与健康。学院以全国文明风采大赛为抓手，开展和雅寝室、文明教室、和谐班级评比，每月一评，学期总评，推动文明院风建设。开展晨间阳光跑操，锻炼意志、强健体魄，营造文明健康的校园文化氛围。

“活力财经”，活在歌舞与诵读。每年上半年开展排舞大赛，构筑学院独特的风景线，下半年开展红歌大合唱比赛，教育学生铭记革命历史，培育和践行社会主义核心价值观。开展经典诵读活动，引领学生走近国学，享受艺术，营造积极向上的学院文化氛围。

“品质财经”，品在学科与技能。创新设计科学合理又有特色的学科结构、课程结构、师资结构。通过周赛、月赛、季赛、年赛，提升学生专业技能，引进会计师事务所，建设“何湘娟(会计)大师工作室”，以提升专业品位。

（二）文化活动创新

1.经典诵读

2016年11月，学院启动国学经典诵读活动，举行经典诵读比赛，旨在让学生享受国学艺术的同时，营造演绎国学经典、弘扬传统文化的浓厚氛围，促进各班级文化建设和良好班风、学风的形成，让经典中的仁义礼智信、温良谦恭让在学生身上延续。

2.排舞大赛

学院每年举行排舞大赛。大赛分大众赛与精英赛二部分。从大众赛中评出的“排舞十佳班级”再进行精英赛总决赛。

3.红歌大赛

学院每年举行“一二·九”大合唱比赛，为学校“一二·九”大合唱大赛作选拔，以增强学生的集体荣誉感，提高班级凝聚力。

4.家校共育

2017年5月27日，学院首次举行“技能素养展职教风采,家校携手共建和美校园”教育成果展示暨家长大会，共有400多名家长参加，有700多名学生展示了各类专业技能和职业素养，《浙江日报》《浙江教育报》《金华日报》和金华电视台作了报道。以后每年举办一次。

5.党建品牌

学院党支部建有“红色成长实践场景”党建品牌，2016年顺利升格为金华市党建“知名品牌”。在探索学生党员健康成长的新路子、更好地发挥学生党建工作的功能、推动党支部创先争优活动的深入开展起到了积极作用。

第三节 国际商务学院

一、概况

(一)沿革

2003年3月，金华广播电视大学与浙江贸易学校合并后，对内部管理机构及人员安排作了相应调整，设立文学系，文学系全日制学生安排在人民东路校区。

2006年2月，为适应学校办学规模的扩大和实现管理工作重心下移，学校将原文学系更名为外贸学院，外贸学院全日制学生安排在东关校区。

2015年7月，学校对内设机构进行调整，将原外贸学院有关专业和其他专业组建为国际商务学院。

(二)组织机构(2015年以后)

1.党政领导

表2-2-26　　学院历任党政领导名单一览表

行政领导			党组织领导		
姓 名	职 务	任 期	姓 名	职 务	任 期
曹利民	院长	2015.8-2018.7	曹利民	党支部书记	2015.8-2016.7
童永通	院长	2018.8 至今	邵德昌	党支部书记	2016.8 至今
张岸嫔	副院长	2015.8-2018.7	曹利民	党支部副书记	2016.8-2018.7
朱　政	副院长	2018.8 至今	童永通	党支部副书记	2018.8 至今
邱振东	副院长	2015.8 至今	邱振东	党支部副书记	2015.8-2018.7
			邱振东	纪检委员	2018.8 至今
			吴耀中	纪检委员	2015.8-2018.7
			张岸嫔	宣传委员	2015.8-2018.7
			朱　政	宣传委员	2018.8 至今
			吴微庆	组织委员	2015.8-2018.7
			汪正平	组织委员	2018.8 至今

3.行政组织

学院设有综合科、团总支、学生科、电商教研室、国商教研室，商英教研室，公共教研室(一)、公共教研室(二)，实训办公室等机构。

4.党群组织

(1)中国共产党组织

2015年6月，根据学校党委文件，成立“中共金华广播电视大学(浙江商贸学校)国际商务学院支部委员会”。党组织关系隶属于中共金华广播电视大学党委。

表2-2-27　教师党员人数一览表

年份	2015	2016	2017	2018
党员数(人)	35	35	37	36

(2)工会

2015年12月，根据(金电大工〔2015〕3号)文件批复，国际商务学院第一届分工会委员会正式成立。2017年3月，经补选调整了委员会成员。2018年10月，经换届成立了第二届分工会委员会。

表2-2-28　历任分工会主席一览表

姓名	职务	任期
曹利民	分工会主席	2015.12-2017.2
邵德昌	分工会主席	2017.3至今

(3)共青团

学院团总支设团总支书记1人，团干事1人，与学生科合署办公。截至2018年12月，学院团总支共有27个团支部，团员634人。团总支紧紧围绕学校和学院中心工作，积极做好各班团支部工作，认真规范团员发展程序，为学校共青团队伍的充实壮大严格审核把关，并扎实做好学生推优工作，向党组织不断选送优秀共青团员。

(4)学生会

学院学生会下设秘书处、纪检部、文体部、劳卫部、寝管部、组织部、学习部、宣传部、外联部、保卫部、女生部、广播站、志愿者大队等，负责学生的自我管理和服务，并积极协助团总支组织开展各项学生活动，如励志晨读、红歌大合唱、啦啦操、主持人大赛、歌手大赛、书画大赛、围棋比赛、书画大赛、志愿者活动。学生会每年五月进行换届选举聘任。许多学生在学生会平台和各项活动中锻炼能力、培养兴趣、开拓视野，取得了极大的进步。

二、教学

学院秉持“学以致用，商惠天下”的理念，注重学生职业素养与专业技能并重的人才培养模式，已与金华电子商务创业园共同建立了“金华电子商务青年学生创业基地”，与义乌中国小商品城建立了校企合作关系并建立了学生创业实战基地，学生可以边学边开展跨境电商贸易和国内贸易业务，构建了“学校、行业协会、园区、企业”四位一体的产学合作机制，为金华乃至浙中地区培养和输送了大批创业创新型商贸人才。

学院设有国际商务、电子商务和商务英语3个专业方向，分别是浙江省骨干专业、浙江省示范专业和金华市重点专业，国际贸易实训中心、电子商务实训中心为浙江省示范性实训基地。

1.电子商务专业：主要培养从事网络美工编辑、国际国内业务接单、客户服务管理、网络营销推广等中高级专业人才。在此基础上，2016年新设跨境电子商务和电子商务创业实验班两个方向：

(1)跨境电子商务班,培养跨境电商平台的小额交易、跨境支付结算、跨境物流配送的中高级国际电商人才。

(2)电商创业实验班,培养电商营销总监、电商运营专员及自主创业经营者。

主要课程有网络及应用、商务英语、图像处理、网站建设与维护、商品拍摄、网店装修、商品采购与配送、国际贸易、网络营销、网店运营等。

2. 国际商务专业:主要培养从事商品进出口贸易、网上贸易与服务外贸工作的实用型专门人才。毕业生可从事外贸制单、外贸跟单、外销业务、国际货代操作、跨境电子商务、进出口报关等岗位工作。

主要课程有进出口贸易实务、外贸单证实务、外贸跟单实务、外贸函电、国际货代实务、国际汇兑实务、商务谈判、商品拍摄、图像处理、国际贸易模拟实习、商务英语等。

3. 商务英语专业:主要培养具备流利的英语口语交际和基本的英语翻译技能的实用型人才。毕业生熟悉外贸业务知识和电子商务基本流程,能在经济全球化的商务环境下胜任外贸、电商、外事等企事业单位的工作。本专业在传统商务英语专业基础上,拓展毕业生的就业面向,即在全面提高英语听、说、读、写综合能力的基础上,让学生掌握适用于现代中国儿童的英语教学方法,从授课理论、授课技能、教育心理学等方面打造专业的少儿英语教师人才。

主要课程有综合英语、英语听力、英语口语、英语写作、商务英语阅读、国际贸易概论、外贸英语函电、商务英语谈判等;英语语音、少儿英语教学法、少儿英语课堂活动组织设计、儿童英语心理学、少儿英语授课技能模拟实战教学等。

(一)专业设置

表 2-2-29　　学院专业设置一览表

序号	专业及研究方向	招生对象
1	电子商务(中专)	初中应届毕业生
	电子商务(3+2)	初中应届毕业生
	电子商务(大专)	普高、中职、中专、技工
2	国际商务(中专)	初中应届毕业生
	国际商务(3+2)	初中应届毕业生
	国际商务(大专)	普高、中职、中专、技工
3	商务英语(中专)	初中应届毕业生
	商务英语(大专)	普高、中职、中专、技工

表 2-2-30　　2018 年各专业负责人及专业培养目标一览表

专业名称	负责人	培养目标
电子商务	武　昊	培养从事网络美工编辑、国际国内业务接单、客户服务管理、网络营销推广、跨境电商采购、国内外店铺运营、文案策划、物流通关、客户管理、网络营销和海外代购等工作的复合型跨境电商专门人才
国际商务	王晓凤	培养从事商品进出口贸易、网上贸易与服务外贸工作的实用型专门人才。毕业生可从事外贸制单、外贸跟单、外销业务、国际货代操作、跨境电子商务、进出口报关等岗位工作。

续表

专业名称	负责人	培养目标
商务英语	蔡　叶	培养具备流利的英语口语交际和基本的英语翻译技能的实用型人才。毕业生熟悉外贸业务知识和跨境电子商务基本流程,能在经济全球化的商务环境下胜任外贸、电商、外事等领域的相关工作。

(二)课程建设

表 2-2-31　　课程资源、校本教材一览表

名称	主要完成人(编者)	类别	获批(出版)年份
《外贸制单》	成晓丽	课程资源	2017
《网络营销》	应森林	课程资源	2017
《围棋启蒙》	胡启富	课程资源	2017
《跨境电商网店管理与营销》	徐宏业	课程资源	2017
《国际货运代理》	王晓凤	课程资源	2017
《英语 3》	赵越超	课程资源	2017
《英语 1》	陈　红	课程资源	2017
《英美影视赏析》	陈　勋	课程资源	2017
《校园排舞》	胡　凌	课程资源	2017
《围棋初级》	胡启富	课程资源	2017
《国际贸易综合实训》	张岸嫔	课程资源	2017
《跨境电商交流与沟通》	单小青	课程资源	2017
《商品拍摄》	戴立渊	课程资源	2017
《电商运营》	李鹏强	课程资源	2017
《客服》	吕金芳	课程资源	2017
《店铺装修》	万　明	课程资源	2017
《心理(1)》	方　蓉	课程资源	2017
《基础英语(1)》	盛　倩、丰旭红	课程资源	2017
《英语(4)》	霍飞飞	课程资源	2017
《商品知识》	卢秀峰	课程资源	2017
《美国故事》	商　滔	课程资源	2017
《国际汇兑与结算》	阮婷婷	课程资源	2017
《英语语音》	陈冰寒	课程资源	2017
《食品营养与美食》	何　昕	课程资源	2017
《英语 2》	韩玉洁	课程资源	2017
《 H5 营销》	武　昊	课程资源	2018
《外贸业务协调》	王晓凤	课程资源	2018

续表

名称	主要完成人(编者)	类别	获批(出版)年份
《韩语》	韩玉洁	课程资源	2018
《德育(1)》	曹利民	课程资源	2018
《外贸跟单》	李　娜	课程资源	2018
《体育(1)》	魏　凌	课程资源	2018
《篮球(2)》	罗学艺	课程资源	2018
《排球》	罗学艺	课程资源	2018
《计算机应用基础》	曹　楠	课程资源	2018
《网店美工》	王汝启	课程资源	2018
《商务英语听说课程资源》	陈冰寒	课程资源	2018
《市场营销基础课程资源建设》	吴微庆	课程资源	2018
《商务礼仪》	张　瑜	课程资源	2018
《国际贸易基础》	杜　鹃	课程资源	2018
《中职实用英语口语》	陈　斌	课程资源	2018
《中职实用商务英语口语》	商　滔、蔡　叶、张丹丹、赵越超 陈　斌、高蓓蓓、皮　维、单小青	校本教材	2015
《生活中的数学》	徐　莉	校本教材	2016
《漫步世界看风景》	阮婷婷、王晓凤、李　娜	校本教材	2016
《富美金华》	俞笑春	校本教材	2017
《国际货运代理基础知识》	王晓凤	校本教材	2017
《国际贸易综合实训》	张岸嫔	校本教材	2017
《中外影视欣赏》	陈　勋	校本教材	2017
《商海论剑》	卢秀峰、李　敏、祝世富	校本教材	2018
《流利说韩语》	韩玉洁	校本教材	2018

表 2-2-32　　2018 年各专业核心课程设置一览表

专业名称	核心课程
电子商务(中专)	商品拍摄与图片处理、网页设计与制作、店铺装修、网络营销、移动电子商务运营办公自动化、电商综合实训
电子商务(大专)	电商运营、网店美工、客户关系管理、网络营销、多媒体素材加工、电商综合实训
国际商务(中专)	外贸业务协调、外贸商函、外贸制单、国际货运代理、国际汇兑与结算、跨境电商基础、商务英语听说、国际贸易综合实训
国际商务(大专)	国际贸易原理、国际贸易实务、单证实务、经济学基础、管理学基础、市场营销学、报关实务、外贸函电
商务英语(中专)	综合英语、英语语音、英语听力、英语口语、英语写作、商务英语阅读、国际贸易实务、外贸英语函电、
商务英语(大专)	综合英语、英语听力、英语口语、英语写作、跨境电商英语、国际贸易模拟实习、商务英语谈判

(三)教学改革

1.人才培养模式与课程体系建设

(1)“二元双轨”现代学徒制人才培养模式改革与深化

“二元”是指素养和技能;“双轨”是指学校和企业,校企共建,双师共育。通过学校和企业的综合实训、实操、实战,内化职业素养、职业道德和职业精神,外强创新创业和实战能力,培养学生的基本技能、核心技能和岗位技能。加强专业与企业对接,“教学”与“生产”合一,半工与半读结合,创意与创业交互,双导师协同互助,将专业办在产业链上,校企双方共同制定人才培养方案和教学实施方案。先后在义乌国际商贸城设立基地、成立阿里菜鸟园跨境电商创业学院、义乌宁晟创业创意实验班、一班一企业线上创业平台——百家微店商贸一条街,把课堂设在车间,打造没有围墙的企业课堂和校企共同体,实现“教学”和“生产”“素养和技能”两个目标,真正做到了“理实一体、工学交替”的二元双轨校企一体化培养。

(2)“二元”文化引领的课程体系完善和素养课程开发

学院立足学校课程改革运行机制,加大信息化课程体系建设,校企共同开发校本教材和课程资源,加大实践课程和核心素养课程的改革力度,提升学生核心技能和核心素养。完成《外贸制单》《外贸业务协调》等多门优质课程资源,包含了3D动画、2D动画、微课、练习素材和试题库。以“一带一路”和“二元文”化为引领,从语言、文化素养、专业技能方面开发各种素养课程,编写一带一路系列课程和校本教材,如《走进一带一路》《漫步世界看风情》《婺商文化传承与弘扬》《婺商创业故事》《跨境电商平台》《跨境电商业务交流技巧》,开设《道德实践》课程,并将其融入专业课程体系,提升学生核心素养。

(3)基于实战+创业的“二元三维”实践教学模式改革与实践

“三维”是指结合国际商务专业特点和学生的认知规律,以校企合作为抓手,搭建“三维”(课堂综合实训、企业顶岗实习、孵化园组团创业)综合实训平台。通过各种课堂学习、课堂综合实训、企业顶岗实习、自主创业等深化学生的岗位技能,提升人才培养质量和就业质量。

(四)竞赛比赛

表2-2-33　　2015年以来教师技能比赛主要获奖一览表

序号	日期	比赛项目	奖级	获奖教师
1	2015.11	2015年金华市中学校教师技能比赛“计算机网络管理员”项目	二等奖	彭礼安
2	2015.12	2015年金华市中职学校教师教育教学叙事比赛	一等奖	王晓凤
3	2015.12	2015年金华市中职学校教师教育教学叙事比赛	二等奖	单小青
4	2015.12	2015年金华市文化课优质课比赛	一等奖	徐　莉
5	2015.12	2015年金华市文化课优质课比赛	二等奖	霍飞飞
6	2016.5	金华市中等职业学校教师信息化教学设计大赛	二等奖	左川凤
7	2016.5	金华市中等职业学校教师信息化教学设计大赛	二等奖	黄丽虹
8	2016.5	2016年金华市学校心理健康教育优秀项目教育活动类《励志晨读唤醒自己》	二等奖	胡启富
9	2016.6	2016年金华市中职精品项目课程《跨境电商——速卖通平台实操》	二等奖	单小青、徐宏业

续表

序号	日期	比赛项目	奖级	获奖教师
10	2016.7	《基于职业化培养的成人脱产电子商务专业建设改革与实践》获浙江广播电视大学第三届教学成果奖	二等奖	应森林、曹利民、王妆启、郑秀峰
11	2016.12	省电大课程教学设计方案竞赛	二等奖	黄丽虹
12	2017.1	金华市第十届职业能力大赛教师组“电子商务师”	一等奖	万　明
13	2017.2	中职学校文化课教师优质课评比	一等奖	方　蓉
14	2017.3	浙江省第十一届电子商务大赛——高职组	一等奖	武　昊
15	2017.4	金华市中职学校教师信息化教学说课大赛	一等奖	戴立渊
16	2017.4	2017 年金华市中职学校教师信息化教学说课大赛	二等奖	徐　莉
17	2017.6	全省电大教师说课竞赛	二等奖	戴立渊
18	2017.6	省电大第六届多媒体学习资源比赛	一等奖	戴立渊
19	2017.6	2017 年中等职业学校教案大赛——物流的概念及内涵	一等奖	郑丽宣
20	2017.6	2017 年中等职业学校教案大赛——信用证下汇票的制作	一等奖	王晓凤
21	2017.6	2017 年中等职业学校教案大赛——使用框架布局网页	二等奖	万　明
22	2017.6	2017 年中等职业学校教案大赛——纯白背景的拍摄技巧	二等奖	戴立渊
23	2017.6	2017 年中等职业学校教案大赛——设计与制作机械产品户外广告	二等奖	武　昊
24	2017.6	2017 年中等职业学校教案大赛——联想思维的体验	二等奖	方　蓉
25	2017.6	2017 年中等职业学校教案大赛——UNIT2 WEATHER	二等奖	赵越超
26	2017.11	2017 年高校教师教育技术成果	一等奖	戴立渊、吕　刚、盛建荣、周　玥
27	2017.12	2017 年金华市中职学校文化课教师优质课评比	一等奖	方　蓉
28	2018.5	2018 德育教师信息化说课比赛	二等奖	方　蓉
29	2018.5	2018 商贸教师信息化说课比赛	二等奖	张　瑜
30	2018.6	2018 年全省电大青年教师教学技能竞赛	二等奖	武　昊

表 2-2-34　　2015 年以来学生技能比赛主要获奖一览表

序号	日期	比赛项目	奖级	获奖学生	指导教师
1	2015.11	浙江省中职电子商务创新创业精英赛《艾瑞克跨境电商外包服务创业计划》	二等奖	吴　菁、朱　冉、胡佩杭	徐宏业、应森林
2	2015.12	第五届全国国际贸易职业能力竞赛(助理国际贸易师组)综合技能	一等奖	胡凯琦、汪银珍、李淑君	张岸嫔、曹利民
3	2015.12	第五届全国国际贸易职业能力竞赛(助理国际贸易师组)进出口成本核算业务操作单项技能	一等奖	胡凯琦、汪银珍、李淑君	张岸嫔、曹利民

续表

序号	日期	比赛项目	奖级	获奖学生	指导教师
4	2015.12	第五届全国国际贸易职业能力竞赛(助理国际贸易师组)出口业务操作单项技能	一等奖	胡凯琦、汪银珍、李淑君	张岸嫔、曹利民
5	2016.1	浙江省第十届电子商务大赛创业创新精英赛中职组	一等奖	吴　菁、朱　冉、胡佩杭	徐宏业、应森林
6	2016.1	浙江省第十届电子商务大赛个人赛中职组	一等奖	徐　利、叶雪琪	洪　宇、应森林
7	2016.1	浙江省第十届电子商务大赛个人赛中职组	二等奖	黄　海	洪　宇、应森林
8	2016.1	2016年金华市中职学校学生职业素养职业规划类《My Dream 起航》	一等奖	王利员	方　蓉
9	2016.1	2016年金华市中职学校学生职业素养微视频类《电商女生》	一等奖	叶梦欣	陈　勋、曹利民
10	2016.2	2016年金华市中职学生技能大赛网络营销	一等奖	陈　浩、戴文慧、胡佩杭	徐学辉、应森林
11	2016.2	2016年金华市中职学生技能大赛网上开店	一等奖	盛　榕	徐学辉、吕金芳
12	2016.2	2016年金华市中职学生技能大赛网上开店	一等奖	许辉辉	徐学辉、应森林
13	2016.2	2016年金华市中职学生技能大赛网上开店	二等奖	王利员	应森林、吕金芳
14	2016.2	2016年金华市中职学生技能大赛职业英语(服务类)	二等奖	叶　焱、程佳美	商　滔、陈　斌
15	2016.3	2016年浙江省中职学校学生职业素养职业规划类《My Dream 起航》	一等奖	王利员	方　蓉
16	2016.5	第十二届全国中等职业学校“文明风采”——《My Dream 起航》	一等奖	王利员	方　蓉
17	2016.11	金华市中职学生创新创业比赛《微视传媒微商服务有限公司创业计划书》	一等奖	朱无敌、廖健聪、蒋丰百	阮婷婷、张岸嫔
18	2016.11	金华市中职学生创新创业比赛《“班级通”创业计划书》	二等奖	李　鑫、胡佩杭、陈镜羽	应森林、郑立平
19	2017.3	金华市职业能力大赛学生素养类职业生涯规划类《有一种成功叫创业》	一等奖	凌婷婷	应森林、曹利民
20	2017.3	2017年全国技能比赛金华市选拔赛网络营销	一等奖	凌婷婷、徐宇琛、徐佳乐	应森林、武　昊
21	2017.3	2017年全国技能比赛金华市选拔赛网店建设	一等奖	陈　佳	郑立平、应森林
22	2017.3	2017年全国技能比赛金华市选拔赛网店建设	一等奖	卢智勇	应森林、郑立平

续表

序号	日期	比赛项目	奖级	获奖学生	指导教师
23	2017.3	2017年全国技能比赛金华市选拔赛职业英语技能(其他类)	二等奖	方婷佳、陈向东	赵越超、霍飞飞
24	2017.3	2017年全国技能比赛金华市选拔赛职业英语技能(服务类)	二等奖	方康丽、胡琳钧	商　滔、蔡　叶
25	2017.3	2017年浙江省电子商务团体赛	二等奖	若干学生	洪　宇、应森林
26	2017.4	2017年浙江省中等职业学校职业能力大赛电子商务运营	二等奖	徐佳乐、凌婷婷、徐宇琛、陈佳	应森林、武　昊
27	2017.6	浙江省中职学生创新创业比赛《"班级通"创业计划书》	二等奖	李　鑫、胡佩杭、陈镜羽	应森林、郑立平
28	2017.11	金华市创新创业比赛创业计划书"剪纸工作室"	一等奖	方晓龙、金　晨、徐佳乐、郑　璇、李秀峰	罗学艺、吕金芳
29	2017.11	金华市创新创业比赛创业计划书《"青花慈社群教培"》	二等奖	罗漪婷、万高能、陈新凯、朱龙晓、陈佳毅	武　昊、应森林
30	2017.11	2017年金华市中职师生创新创业大赛创业计划书	二等奖	罗漪婷、万高能、陈新凯、朱龙晓	武　昊、应森林
31	2018.1	2018年金华市中职"文明风采"职业生涯规划	一等奖	陈伟强	应森林
32	2018.1	2018年金华市中职"文明风采"摄影	一等奖	陈佳毅	万　明
33	2018.4	浙江省第十二届电子商务大赛 个人赛高教组	一等奖	胡冬云、林　越	应森林、郭玲萍
34	2018.4	浙江省第十二届电子商务大赛 个人赛高教组	二等奖	叶佳艺、徐心怡、应方轩、苏培峰	应森林、郭玲萍
35	2018.5	浙江省中职"文明风采"征文《酸甜苦辣话网络》	二等奖	罗漪婷	尹乐丰
36	2018.5	浙江省中职创新创业比赛创业计划书"剪纸工作室"	二等奖	方晓龙、金　晨、徐佳乐、郑　璇、李秀峰	罗学艺、吕金芳
37	2018.5	浙江省中职创新创业比赛创业计划书"青花慈教培社群"	二等奖	罗漪婷、万高能、陈新凯、朱龙晓、陈佳毅	武　昊、应森林
38	2018.7	全国商科中职学校第十届爱丁杯学生夏令营 英文演讲	特等奖	陈诗洁	朱　政、皮　维

三、师资队伍建设

学院现有教师69人,中高级职称占90%,专业课“双师型”教师比例达98%。

(一)名师和名师培养

表2-2-35　　学院名师和名师培养人选一览表

序号	姓名	专业	职称	荣誉
1	应森林	电子商务	高讲	浙江省中职名师和名师工作室立项建设,浙江省黄炎培职业教育杰出奖
2	吕　刚	计算机	讲师	金华市“321人才工程”培养对象
3	朱　政	英语	高讲	浙江电大312人才培训工程第二层次
4	张岸嫔	国际贸易	高讲	浙江电大312人才培训工程第二层次
5	王晓凤	国际商务	讲师	浙江电大312人才培训工程第三层次
6	陈　斌	商务英语	讲师	浙江电大312人才培训工程第三层次
7	武　昊	电子商务	助教	浙江电大312人才培训工程第三层次

(二)专业带头人和骨干教师

表2-2-36　　国际商务学院专业带头人一览表

序号	姓名	性别	职称	学历	毕业学校	专业
1	王晓凤	女	讲师	研究生	浙江工商大学	国际贸易
2	张岸嫔	女	高讲	本科	浙江大学	国际贸易
3	武　昊	男	助讲	研究生	杭州电子科技大学	电子商务
4	蔡　叶	女	讲师	研究生	扬州大学	英语
5	商　滔	男	讲师	研究生	江西师范大学	英语

表2-2-37　　国际商务学院骨干教师一览表

序号	姓名	性别	职称	学历	毕业学校	专业
1	杜　鹃	女	高讲	本科	湘潭大学	国际贸易
2	李　娜	女	讲师	研究生	上海理工大学	国际贸易
3	洪　宇	女	讲师	研究生	桂林电子科技大学	电子商务
4	郑丽宣	女	助讲	本科	浙江师范大学	电子商务
5	丰旭红	女	讲师	本科	重庆大学	英语
6	张丹丹	女	讲师	研究生	杭州师范大学	英语

(三)“双师型”教师培养

表 2-2-38　　“双师型”教师一览表

序号	姓名	性别	职称	学历	职业资格	专业
1	邱振东	男	讲师	本科	餐饮服务高级技能证	旅游
2	李　娜	女	讲师	研究生	国际商务跟单员	国际商务
3	武　昊	男	助讲	研究生	电子商务师	电子商务
4	丁珍珍	女	助讲	本科	单证员	英语
5	张丹丹	女	讲师	研究生	国际商务单证员	英语
6	曹　楠	女	讲师	本科	华为网络工程师	计算机
7	成晓丽	女	讲师	本科	外销员、单证员	国际贸易
8	郭　莉	女	讲师	本科	电子商务师	计算机
9	郭玲萍	女	讲师	本科	电子商务师	计算机
10	霍飞飞	女	讲师	本科	外贸单证员	商务英语
11	李鹏强	男	高讲	本科	高级电子商务师	国际贸易
12	吕金芳	女	讲师	本科	电子商务师	计算机
13	施加根	男	高讲	本科	计算机装调员	计算机
14	童永通	男	讲师	本科	电子产品安装技师	电子电工
15	吴伶俐	女	讲师	本科	电子商务师	计算机
16	熊亚军	女	讲师	本科	电子商务师	计算机
17	徐学辉	男	高讲	本科	网络管理高级技师	电子商务
18	姚钦云	男	讲师	本科	实验师	国际商务
19	应森林	男	高讲	本科	电子商务师	电子商务
20	张岸嫔	女	高讲	本科	国际商务单证员	国际商务
21	张　瑜	女	未定级	研究生	国际商务单证员	国际商务
22	朱　政	男	高讲	本科	外贸单证员	商务英语
23	胡依婷	女	未定级	研究生	网络工程师	教育技术学
24	何　昕	女	高讲	本科	高级公共营养师	食品发酵
25	盛　倩	女	讲师	本科	跟单员	商务英语
26	卢秀峰	男	高讲	本科	工程师	国际商务
27	冯跃珍	女	讲师	本科	馆员	化学
28	王晓凤	女	讲师	研究生	国家口语考官	国际商务
29	钟鹏程	男	讲师	本科	计算机高级工网络工程师	计算机
30	徐宏业	男	讲师	本科	全国职场英语考试(一级)培训师	电子商务

续表

序号	姓名	性别	职称	学历	职业资格	专业
31	单小青	女	高讲	本科	外销员	电子商务
32	罗学艺	女	讲师	本科	武术国家一级裁判	体育
33	商　滔	男	讲师	研究生	心理健康师	商务英语
34	洪　宇	女	讲师	研究生	电子商务师三级	电子商务
35	李　敏	男	讲师	本科	商品营业员考评员	管理学
36	胡启富	男	副教授	本科	职业指导师三级	化学
37	阮婷婷	女	讲师	研究生	助理理财规划师	国际商务
38	郑丽宣	女	助讲	本科	助理电子商务师	电子商务
39	陈冰寒	女	讲师	本科	浙江师范大学	英语

(2)兼职教师

表 2-2-39　　兼职教师一览表

序号	姓名	性别	职称资格	学历	现工作单位	专业
1	周希来	男	中级	本科	浙江金轮机电实业有限公司	电子商务
2	文　清	男	中级	本科	金华智酷创意家居有限公司	人力资源管理
3	付丽丽	女	中级	本科	典佳艺日用品有限公司	商务英语
4	仇朝阳	男	中级	专科	义乌宁晟饰品有限公司	电子商务
5	赵旭东	男	中级	专科	义乌宁晟饰品有限公司	美术装潢
6	Remy Kerkez	男	中级	本科	韦伯英语培训机构	美术装潢
7	周　玥	男	中级	本科	金华东讯网络有限公司	计算机
8	陶红月	女		研究生	浙江师范大学	区域经济学
9	孙　超	男		研究生	浙江师范大学	区域经济学
10	王俊超	男		研究生	浙江师范大学	区域经济学
11	明　迪	女		研究生	浙江师范大学	电子商务
12	葛彦鑫	男		本科	金华市篮球协会	体育教育
13	关　雪	女	中级	本科	典佳艺日用品有限公司	英语
14	周国喜	男	中级	本科	义乌宁晟饰品有限公司	教育学
15	宋丽芬	女	中级	本科	浙江金轮机电实业有限公司	电子商务
16	邢小兵	男	中级	本科	金华智酷创意家居有限公司	美术装潢
17	潘晓辉	男		本科		信息与计算机科学

四、实习实训条件建设

(一)校内实训基地建设

1.校内实训室建设

表 2-2-40　　　　实训室情况一览表

序号	实训室名称	责任教师	仿真软件	工位号
1	电商客服实训室	吕金芳	电商客服仿真软件	54
2	移动电商实训室	施加根	移动电商仿真软件	50
3	跨境客服实训室	徐宏业	跨境客服仿真软件	58
4	跨境交易实训室	单小青	跨境交易仿真软件	56
5	美工实训室	郑立平	美工实训室	48
6	运营实训室	郑丽宣	运营实训室	56
7	网络营销实训室	洪　宇	网络营销仿真软件	56
8	报关报检实训室	杜　鹃	报关报检仿真软件	44
9	生产跟单实训室	李　娜	生产跟单仿真软件	52
10	商务英语综合实训室	陈冰寒	商务英语仿真软件	54
11	物流单证实训室	成晓丽	物流单证仿真软件	48
12	英语语音实训室	丰旭红	凌极	50
13	网络应用实训室	徐学辉	网络应用实训室	48
14	商务礼仪实训室	王晓凤		40
15	跨境 B2B 仿真实训中心	汪玲艳	跨境 B2B 综合仿真实训与竞赛平台软件	50
16	跨境 B2C 亚马逊理实一体实训室	蔡　叶	跨境 B2C 亚马逊理实一体化教学平台	50
17	跨境电商视觉营销实训室	戴立渊		50
18	跨境电商网络营销实训室	徐宏业	跨境电商网络营销与运行决策模拟沙盘软件	60

2.校内实习基地建设

(1)应森林名师工作室　2017 年 3 月，经浙江省教育厅立项，应森林名师工作室成为浙江省“中职教育质量提升行动计划”首批三名工程项目，项目以电商岗位二维团队实训为切入点，开展实岗、实操、实战商贸活动。工作室建立了校园“商贸一条街”和“商贸在线课堂”二个小程序平台，建设“移动电商、跨境电商、网络营销”课程资源及电商岗前培训资源，开展‘老师+学生+导师’团队的“学商做商”百家微店运营的实践，开展电商岗位职业教育和“翻转课堂”的信息化教学的探索。

(2)宁晟创业园　借助学校商贸技能人才孵化园平台，吸引义乌宁晟饰品有限公司入驻，设立宁晟创业园，学院与宁晟联合组建宁晟创业创意实验班，探索定制式就业现代学徒制人才培养，在学校和企业资源共享、优势互补的基础上，创建了“双师共育、双轴循环”的培养模式。

(二)校外实训基地建设

表 2-2-41　　　　校外实习基地一览表

建立年份	基地名称	主要面向专业
2015 年	金华市农民大学生创业协会	电子商务
2015 年	浙江樱玫莉雅化妆品有限公司	商务英语
2015 年	金华万得福日用品股份有限公司	电子商务
2016 年	浙江馨之屋工贸有限公司	电子商务
2016 年	金华市剪纸博物馆	电子商务,商务英语,国际商务
2016 年	金华市宜诺网络科技有限公司	电子商务
2016 年	金华市凯元文化艺术有限公司	电子商务,商务英语,国际商务
2016 年	金华联信网络科技有限公司	电子商务
2017 年	浙江万象花卉股份有限公司	电子商务,商务英语,国际商务
2017 年	义乌宁晟饰品有限公司	电子商务,商务英语,国际商务
2017 年	金华云度电子商务有限公司	电子商务,商务英语,国际商务
2017 年	金华市北山家庭农场	电子商务,商务英语,国际商务
2017 年	金华三啸网络科技有限公司	电子商务,商务英语,国际商务
2017 年	金华华绅电子商务有限公司	电子商务,商务英语,国际商务
2018 年	金华信捷网络科技有限公司	国际商务
2018 年	百世物流科技(中国)有限公司	电子商务

五、校企合作与社会服务

学院与义乌中国小商品城集团合作,建立义乌市小商品市场电子商务专业实践教育培训基地,开展“培训、实习、创业”三位一体的实践教学活动。2013 年,学院完成了针对国际商贸城一区、二区经营户的“义乌购”电子商务提升班共 19 期 1600 余人次,以及针对集团中、高层管理人员和员工的电子商务培训与实践操作 1000 余人次;2014 年,完成小商品城二区经营户进行了 25 期 2000 余人的“义乌购”电子商务提升班培训任务;2015 年完成 29 期共计 2300 余人的“义乌购”电子商务提升班培训和进口贸易实务操作共 1952 人培训任务;2016 年完成小商品城二区经营户电商基础班 321 人和进口实务操作班 1138 人的培训任务。2018 年为进一步推动义乌小商品城市场店铺管理型人才的培养,提高广大市场经营户及店长的技能和素质,提升市场店铺商业竞争力,同时也提高学院服务地方经济促进社会发展的能力,学院与中国小商品城集团有限公司采购商服务分公司合作,开展“优秀店长知识培训班”的教育培训,共 18 场,每场 120 人,培训达 2160 人次。

从 2015 年起到 2018 年 6 月,学院和义乌宁晟饰品有限公司开展合作,设立宁晟创业园,组建宁晟创业创意实验班。

2018 年下半年,学院在与金义菜鸟产业园合作,派出部分电商专业学生到园区参与“双 11”专业实践,并酝酿双方合作成立“跨境电商创业学院”,开展现代学徒制教育模式的探索。

六、学生管理

(一)学生管理人员

学院的学生管理人员在学院院长领导下,以1位分管学生工作副院长带领学生科长、团总支书记以及2位辅导员、2位学生科干事、1位保卫干事为主要管理力量。

(二)学生管理制度

学生管理制度主要包括:学生一日常规制度、学生安全管理规定、寝室安全管理制度、商贸学子规范、寝室卫生、纪律检查标准和要求、教室实训室7S管理方案、全员育人晚自习辅导职责与要求、早晚自习检查与评比办法、值周、值日教师职责与要求、班主任例会制度、学生干部考核标准、班主任工作质量评比办法、奖学金评定办法、三好学生评比办法、优秀学生干部评比办法、优秀毕业生评比办法等。

(三)学生考核

学院制订有道德实践考核标准、学生干部管理考核标准、文明班级考核标准等。

(四)学生活动

1. 主题教育活动

学院每年分为10个主题教育月,通过每周二的德育课开展。内容分别为:修养美德主题教育月、法制安全教育月、阳光成长主题教育月、诚信考试主题月、行为习惯养成主题教育月、诚信感恩主题教育月、励志感恩主题教育、法制安全健康主题教育月、感恩爱国主题教育月和诚信守纪主题教育等。

学院团总支积极开展学生会常规活动和特色活动。如阳光跑操、每周志愿者服务、鲜花展真情,温暖女神节、云南班研学、主题演讲比赛、一院一品、商贸文化节、学生素养提升汇演等活动,还有妙"剪"生花、与爱同行活动,国学启迪智慧、围棋演绎人生活动,弘扬雷锋精神、传递非遗文化——剪纸社团进雷锋纪念馆活动等。

表 2-2-42　　学生活动情况一览表

活动内容	时间	活动内容	时间
德育班会活动	每周二	志愿者服务活动	每周五
修养、美德主题教育	3月	云南班研学活动	节假日
法制安全主题教育	4月	学生素养展示活动	5月
"阳光成长"主题教育	5月	励志晨读展示活动	5月
诚信考试主题教育	6月	技能展示活动	5月
行为习惯养成主题教育	9月	和雅寝室评比活动	6月、12月
诚信感恩"主题教育	10月	安全教育活动	5月、10月
法制安全健康主题教育	11月	阳光跑操活动	11月
感恩爱国主题教育	12月	和合之光文化汇演活动	11月
诚信守纪主题教育	1月	"12·9"大合唱活动	12月
学生处分通报、表彰活动	每月初	期末考试动员	6月、1月

2.学院社团

截止 2018 年 12 月，学院共有 Finger Style 吉他社、Cosplay 社团、WT 舞蹈团、炫风空竹社、致远围棋社、风采商务礼仪社、锦瑟年华文学社、墨林轩书法社、木槿韩语社、微拍社、易英语社团、非遗传承剪之韵艺社、Super 啦啦队、民族数学探究社等 14 个专业素养社团，作为学生第二课堂进行思政、专业、素养方面的教育引导，各社团定期开展社团教学活动，也积极开展或参与各类展览展示、竞赛比赛等活动。

3.东西部协作

2018 年 9 月，学校接受教育部东西部协作计划电子商务专业云南班学生。学院为云南学子们量身订制了培养方案，提出了“暖心励志、始业立志、知行笃志”的帮扶模式，并开展了诸多有益的探索。

七、科学研究

2015 年至 2018 年，学院教师共获得课题立项 72 项，其中省级及以上课题 18 项；公开发表论文 38 篇；论文、科研成果获奖共 88 项。详见第二篇第八章。

八、文化活动

1.励志晨读

学院精心编撰了《励志晨读手册》。手册分为事实与心态、纪律规范、传统美德、文明礼貌、成功和选读六个篇章。经过三年的励志晨读活动，如今励志晨读已成为学生每天的“必修课程”。

2.阳光排舞

学院着力推出阳光排舞活动，编排了体现“和合”文化内涵的舞蹈，每年开展排舞大赛。截至 2018 年年底，已相继编排了《酷力欧》《舞动中国》《最炫民族风》《快乐牛仔》《移动》《魅影探戈》《苹果白兰地》等排舞，通过老师带动学生、学生带动团队、团队带班级的方式推进阳光排舞蓬勃开展。

3.阳光跑操

从 2014 年 10 月开始，学院开展“阳光跑操”活动，不管严寒还是酷暑，同学们在跑操中燃烧青春激情，磨练了意志，锻炼了身体。

4.寝室文化节

学院每年开展为期 1 个月的“寝室文化节”系列活动。通过活动，寝室环境得到了极大的改善和提升，为创建文明、舒适、高雅、和谐的寝室环境起到了重要的作用。

5.商贸文化节

学院通过举行商贸文化节暨百家微店、学生素养一条街展示活动，展示同学们创新创业的成果，同时锻炼和积累了相关的知识和技能，学习和传承了现代婺商精神。

第四节　城市服务学院

一、概况

（一）沿革

2012 年，原浙江省金华商校与浙江贸易学校合并后，原金华商校校区改称芙苑路校区。

2012 年 8 月至 2015 年 8 月，在芙苑路校区设技师学院，以技工教育为主。

2015年8月更名为城市服务学院,中专教育、技工教育、成人大专教育并存。先后开设的主要专业有烹饪、电子电工、酒店服务与管理、美发与形象设计、建筑施工、工程造价、建筑装饰设计等。

(二)组织机构(2015年后)

1. 党政领导

表2-2-43　　历任党政领导名单一览表

行政领导			党组织领导		
姓名	职务	任期	姓名	职务	任期
徐　建	院长	2012.7至今	王雪香	党支部书记	2015.7–2018.7
张艳红	副院长	2012.7–2015.7	徐　建	党支部副书记	2016.9至今
金向阳	副院长	2015.7–2018.7	郑　骏	组织委员	2015.7–2017.7
余跃琼	副院长	2015.7–2017.2	余跃琼	宣传委员	2015.7–2017.7
柳丹辉	副院长	2018.7至今	郑　骏	纪检委员	2017.7–2018.7
赵千骏	副院长	2018.8至今	柳丹辉	组织委员	2017.7–2018.7
			金向阳	纪检、宣传委员	2015.7–2018.7
			王耀辉	党支部书记	2018.8至今
			柳丹辉	纪检委员	2018.7至今
			赵千骏	宣传委员	2018.7至今
			金雪萍	组织委员	2018.7至今

2.行政组织

学院下设机构有综合科、学生科,公共教研室一、公共教研室二、建筑教研室、烹饪教研室、美容美发教研室,医务室、后勤服务办事处。

3.党群组织

(1)中国共产党组织

学院成立之初,校党委审批学院党组织为"中共金华广播电视大学城市服务学院支部",此名沿用至今。党组织关系隶属于中共金华广播电视大学党委。

表2-2-44　　教师党员人数一览表

年份	2015	2016	2017	2018
党员数(人)	29	36	34	33

(2)工会

2015年12月,根据(金电大工〔2015〕3号)文件批复,城市服务学院第一届分工会委员会正式成立。2017年3月,经补选调整了委员会成员。2018年10月,经换届成立了第二届分工会委员会。

表 2-2-45　　历任分工会主席一览表

行政领导		
姓名	职务	任期
王雪香	分工会主席	2015.10–2018.10
王耀辉	分工会主席	2018.10 至今

⑶共青团

城市服务学院团总支,成立于 2015 年 9 月,设团总支书记 1 人,团干事 1 人,与学生科合署办公。截至 2018 年 12 月,学院团总支共有 24 个团支部,团员 645 人。

⑷学生会

学院学生会,常设部门有主席团、秘书处、纪检部、文体部、劳卫部、寝管部、组织部、学习部、宣传部、外联部、保卫部、女生部、广播站、志愿者大队等,负责学生的自我管理和服务,并积极协助团总支组织开展各项文体活动,如组织中专学生每日晨跑、社团活动、校园“十佳歌手”、红歌大合唱比赛、演讲比赛、创新创业活动、“金手指”志愿者服务等活动,丰富多彩的活动为学生提供了锻炼自我的平台,增进了友谊,也提高了学生的组织能力和管理水平。

(三)历年教职工情况

表 2-2-46　　历年教职工分布及高职称高学历人数一览表　　单位:人

年份	教职工分布			高级职称与硕士			
	总数	专任教师	行政	教授	副教授	高级讲师	硕士
2015	68	57	17	0	3	11	11
2016	69	58	18	0	3	11	12
2017	68	59	18	0	4	11	13
2018	70	61	18	0	4	15	14

(四)历年招生情况

表 2-2-47　　2015–2018 年学院学生人数一览表　　单位:人

年份	类别	专业	招生数	在校生数	毕业生数
2015	中专	工程造价	132	343	167
		建筑工程施工	35	60	25
	技工	烹饪	128	197	69
		美发与形象设计	44	44	0
		电子电工	46	46	0
		酒店管理	33	81	31
	成专	建筑	140	388	248

续表

单位:人

年份	类别	专业	招生数	在校生数	毕业生数
2016	中专	工程造价	82	258	87
		建筑工程施工	38	73	35
	技工	烹饪	178	306	128
		美发与形象设计	86	130	44
	成专	建筑	120	268	148
2017	中专	建筑装饰	50	50	0
		工程造价	36	155	80
		建筑工程施工	28	63	35
	技工	烹饪	118	267	149
		美发与形象设计	64	126	62
	成专	建筑	101	208	107
		烹饪	31	31	0
2018	中专	建筑装饰	86	164	50
		工程造价	71	146	75
	技工	烹饪	96	207	111
		美发与形象设计	59	116	57
	成专	建筑	72	174	102
		烹饪	41	59	18
		美发与形象设计	35	35	0

二、教学

(一)专业设置

表 2-2-48　　学院历年专业设置一览表

专业及方向	招生对象	招生始年
烹饪专业(中专、中级工)	初中应届毕业生	1987
建筑工程施工(中专)	初中应届毕业生	2012
工程造价(3+2)	初中应届毕业生	2013
美发与形像设计专业(中专、中级工)	初中应届毕业生	2015
建筑装饰(中专)	初中应届毕业生	2017
烹饪(高级工、大专)	高中毕业生	2017
形象设计(高级工、大专)	高中毕业生	2018

表 2-2-49　　2018 年学院各专业负责人及专业培养目标一览表

专业名称	负责人	培养目标
烹饪(中级工)	王晟兆	培养掌握烹饪基础理论和专业技能，具有较强的从事餐饮技术和管理能力,具备高尚职业道德,达到中级烹饪师国家职业标准的高素质技能人才
烹饪(高级工、大专)		培养系统掌握烹饪专业理论和技能,了解学科专业发展趋势,具有一定的人文和科学素养并具备良好职业素养、自主学习和终身发展能力,达到高级烹饪师国家职业标准的应用型人才
美发与形象设计(中级工)	桂键坚	培养掌握美容美发基础理论和专业技能，具有较强的从事美发与造形或美容与化妆技术和管理能力,具备高尚职业道德,达到中级美容(美发)师国家职业标准的高素质技能人才
人物形象设计(高级工、大专)		培养系统掌握形像设计专业理论和技能，了解学科专业发展趋势,具有一定的人文和科学素养并具备良好职业素养、自主学习和终身发展能力,达到高级美容(美发)师国家职业标准的应用型人才
工程造价(中专)	金向阳	培养具有相应的职业素养、良好职业道德,掌握工程概预算、工程招投标、工程管理等专业理论和技能,从事房地产、建筑、装饰、城建等单位工作的工程技术人才
建筑工程技术(大专)		培养系统掌握建筑工程技术基础理论和基本技能，了解学科专业发展趋势,具有一定的人文和科学素养并具备良好职业素养、自主学习和终身发展能力的应用型人才
建筑装饰(中专)		培养掌握室内装修、室内陈设、家具设计及项目管理基础理论和技能,具备较强的的技术应用和管理能力,从事装修设计、装修施工、装修概预算(造价)的高素质人才
环境艺术设计(大专)		培养系统掌握环境艺术设计基础理论和基本技能，了解学科专业发展趋势,具有一定的人文和科学素养并具备良好职业素养、自主学习和终身发展能力的应用型人才

(二)课程建设

表 2-2-50　　课程资源、校本教材一览表

课程名称(书名)	主要完成人(编者)	级别(出版社)	获批(出版)年份
硬笔书法基础模块(下)——硬笔行书	王一文	校本教材	2016
生活中的数学	金向阳、徐　莉	校本教材	2017
语文与生活读本	熊淑瑛等	校本教材	2017
常用应用文写作与指导	徐　楠	校本教材	2017
烹饪工艺美术	朱　艺	校本教材	2017
时尚圣经系列我的第一本化妆书	金程莹秀	校本教材	2017
建筑 CAD 实训	方　燕	校本教材	2017
婺式肉制品冷菜加工技艺	黄水品	校本教材	2017
美发与造型	桂键坚	校本教材	2017
健身瑜珈	徐　建	校本教材	2018

续表

课程名称(书名)	主要完成人(编者)	级别(出版社)	获批(出版)年份
形体训练	王慧霞	校本教材	2018
数学(3+2 班)	徐　莉	学校课程资源	2017
建筑工程项目管理	王　睿	学校课程资源	2017
计算机应用基础	黄兴华	学校课程资源	2017
西点	高丹丹	学校课程资源	2017
化妆与造型	金程莹秀	学校课程资源	2017
职业道德与法律	刘　杨	学校课程资源	2017
数学(一年级)	舒美爱	学校课程资源	2017
数学(二年级)	陈红香	学校课程资源	2017
养生美容	陈雨茜	学校课程资源	2017
中职生心理健康教育	宋炜杨	学校课程资源	2017
建筑识图	黄旭玲	学校课程资源	2017
建筑力学	吴嘉逸	学校课程资源	2017
烹饪工艺美术	朱　艺	学校课程资源	2017
语文(5)	吴贝佳	学校课程资源	2017
烹饪原料	叶小君	学校课程资源	2017
烹饪英语	邵　玲	学校课程资源	2017
饮食营养与卫生	黄水品	学校课程资源	2017
古典音乐欣赏入门	王慧霞	学校课程资源	2017
建筑概论	金向阳	学校课程资源	2017
设计素描	吴晓昊	学校课程资源	2018
西餐制作	王晟兆	学校课程资源	2018
中式点心	毛佳儿	学校课程资源	2018
食品雕刻	徐　锋	学校课程资源	2018
建筑构造	王石瑛	学校课程资源	2018
建筑 CAD	方　燕	学校课程资源	2018
建筑施工技术	陈玉香	学校课程资源	2018
哲学与人生	刘　杨	学校课程资源	2018
计算机考证	王为正	学校课程资源	2018
团体心理辅导	周晨旭	学校课程资源	2018
羽毛球	韦　峰	学校课程资源	2018
排球	鲍世英	学校课程资源	2018

续表

课程名称(书名)	主要完成人(编者)	级别(出版社)	获批(出版)年份
成人高考数学复习	舒美爱	学校课程资源	2018
3+2升学数学复习	陈红香	学校课程资源	2018
英语语音与句式	杨晓婷	学校课程资源	2018
演讲与口才	张　文	学校课程资源	2018
建筑材料	赵千骏	学校课程资源	2018
经济政治与社会	潘　雯	学校课程资源	2018

表 2-2-51　　2018 年各专业核心课程设置一览表

专业名称	核心课程
烹饪(中级工)	中式烹饪、中式面点、冷菜与食品雕刻、饮食营养与卫生、西式烹饪、西式糕点
烹饪(高级工)	中餐烹调工艺、西餐烹调工艺、冷拼与食雕工艺、面点制作工艺学、西餐制作工艺学、烹饪原料
美发与形象设计(中级工)	设计色彩、标准烫发、基础染发、面部及身体护理、新娘妆
美发与形象设计(高级工)	平面构成、立体构成、定位与叠砖烫、基础热烫、直线线条吹风、染发造型、基础剪发、男士西装头、化妆设计、戏剧影视造型、人物形象设计
工程造价(中专)	建筑工程测量、建筑施工技术与工艺、建筑工程计量与计价、建筑工程信息化应用、建筑工程技术资料管理、工程造价案例分析
建筑工程技术(大专)	建筑工程识图、建筑材料、建筑力学、建筑施工技术、建筑测量、建筑工程项目管理
建筑装饰(中专)	量房与验房、建筑装饰材料、建筑装饰设计与表现、建筑装饰绘图与表现、建筑装饰施工与管理、建筑装饰计量与计价
环境艺术设计(大专)	设计素描、设计色彩、设计美学、室内设计初步、建筑装饰材料应用、商业空间设计

(三)教学改革

1.人才培养模式与课程体系建设

(1)五年一贯制人才培养模式

烹饪类专业是浙江省教育厅中职教育“三名工程”优势特色立项建设专业，也是浙江省技工院校品牌专业、金华市重点专业，2017 年开始探索五年一贯制(高级工、成专学历)双修的办学模式。形象设计(美容美发)类专业，创办于 2015 年，与上海曼都美发有限公司合作办学，2018 年开始着，探索五年一贯制(高级工、成专学历)双修的办学模式。建筑类专业，积极探索“课岗证一体、工学结合”的人才培养模式，与 10 多家企业建立长期合作关系，实行理学一体化、中高职五年一贯制人才培养。

(2)项目任务引领新课程体系

学院以中级工、高级工岗位技能为核心，以五年一贯制培养课程体系建设为抓手，以现代学徒制和新型学徒制人才培养为目标，积极探索融岗位素养、技能证书和毕业证书(1+X)、专业实训、跟岗实战五位一体的核心素养和核心技能课程体系。以省中职选择性课程改革和省电大成人专科教学要求为指导思想，整合中高职（中级工、高级工）两个阶段专业的课程，进行重新设计，将课程设置为专业素养课程、专业核心课程、专业实训课程、专业延展课程四大类课程，将职业素养、理论知识、实际操作知识、技能考证知识、专业资格证考证融入到四大类课程中。

(3)产教融合，校企双育

烹饪专业通过“校中厂”“厂中校”一体化实训室、校外实习基地及社区活动等途径，实现技能对岗、考核对标；美发与形象设计专业通过实习校内门店、上海曼都美容美发有限公司、大眼睛等企业，实现理实一体、课岗融合、校企共育；建筑专业通过与酷家乐有限公司、金华鹏程装饰等多家企业合作，实现岗位技能与岗位能力对接、教学内容与工作内容对接、学习环境和工作环境对接、校内实战与校外顶岗对接，最终实现毕业就能就业的校企无缝对接培养方式。

(四)竞赛成绩

表 2-2-52　　2015-2018 年教师竞赛主要获奖一览表

序号	日期	比赛项目	奖级	姓名	主办单位
1	2015.6	金华市中职学校“精品教学项目”比赛	二等奖	高丹丹	金华市教育局
2	2015.9	浙江省技工院校电工电子专业业教师微课设计与制作比赛	二等奖	曹春雷	浙江省职业技能教学研究所
3	2015.11	金华市中职创新创业比赛(教师创新项目)《婺式月饼的传承和创新》	二等奖	楼洪亮	金华市教育局
4	2015.11	全省电大网上教学活动竞赛	一等奖	王　睿	金华广播电视大学
5	2015.12	2015 全省电大课程教学方案设计竞赛	一等奖	王　睿	浙江广播电视大学
6	2015.12	2015 年金华市文化课优质课比赛	一等奖	徐　莉	金华市教育局
7	2015.12	2015 年金华市文化课优质课比赛	一等奖	徐　莉	金华市教育局
8	2015.12	2015 年金华市中职学校教师教育教学叙事比赛	二等奖	曹春雷	金华市教育局
9	2016.2	2016 年全省技工院校《计算机应用基础》微课比赛	一等奖	黄兴华	浙江省职业技能教学研究所
10	2016.4	省中职创新创业比赛（教师创新项目）《婺式月饼的传承和创新》	二等奖	楼洪亮	浙江省中等职业学校职业能力大赛组委会
11	2016.5	金华市中等职业学校教师信息化教学设计大赛	一等奖	黄兴华	金华市教育局
12	2016.5	金华市心理健康教育教师专业技能比赛(高中组)	一等奖	宋炜杨	金华市教育科学研究所
13	2016.5	2016 年金华市学校心理健康教育优秀项目课程设计类《你被手机绑架了吗》	二等奖	周晨旭	金华市教育科学研究所
14	2016.9	婺式月饼、果蔬绿豆糕	金奖	楼洪亮	浙江省餐饮业点心专业委员会
15	2016.11	金华市学校心理健康教育教师专业技能大赛(高中组)	一等奖	宋炜杨	金华市教育局

续表

序号	日期	比赛项目	奖级	姓名	主办单位
16	2016.11	金华市专业课优质课比赛	二等奖	方梦霞	金华市教育局
17	2016.12.	金华市第十届职业能力大赛教师组“PPT演示文稿与制作”	二等奖	黄兴华	金华市教育局
18	2017.4	金华市中职学校教师信息化教学说课大赛	二等奖	黄兴华	金华市教育局
19	2017.4	金华市中职学校教师信息化教学说课大赛	二等奖	高丹丹	金华市教育局
20	2017.4	金华市中职学校教师信息化教学说课大赛	二等奖	徐　莉	金华市教育局
21	2017.5	创新创意大赛新产品开发及工艺创新	一等奖	楼洪亮 高丹丹 黄兴华	浙江省技工院校
22	2017.9	体育节形体模特T台走秀比赛	二等奖	鲍世英	浙江省第二届女子体育节组委会
23	2017.11	2017年中国技能大赛全国烹饪及餐厅服务职业技能竞赛（第二阶段比赛)中式烹饪	金奖	毛佳儿	全国烹饪及餐厅服务职业技能组委会
24	2017.11	2017年中国技能大赛全国烹饪及餐厅服务职业技能竞赛（第二阶段比赛)中式烹饪(团体)	银奖	毛佳儿	全国烹饪及餐厅服务职业技能组委会
25	2017.12	金华市文化课优质课比赛	二等奖	徐　楠	金华市教育局
26	2018.4	2018烹饪教师信息化说课比赛	一等奖	王晟兆	金华市教育局
27	2018.4	2018烹饪教师信息化说课比赛	二等奖	楼洪亮	金华市教育局
28	2018.9	浙江省药膳创作大赛	二等奖	徐　锋	浙江省药膳创作大赛组委会
29	2018.9	全省电大教职工书画大赛(画本纷披来野意文辞古怪亦天真)	二等奖	王一文	浙江广播电视大学
30	2018.11	全省技工院校建筑与艺术应用类专业师生技能竞赛(建筑CAD项目)	一等奖	方　燕	浙江省职业技能教学研究所
31	2018.11	金华市第十一届中职学校师生职业能力大赛校企合作论坛	二等奖	俞一夫 王晟兆	金华市教育局
32	2018.11	金华市中职学校专业课优质课比赛	二等奖	吴嘉逸	金华市教育局
33	2018.11	全省技工院校建筑与艺术应用类专业师生技能竞赛(建筑CAD项目)	二等奖	王　睿	浙江省职业技能教学研究所
34	2018.11	全国教育教学信息化交流展示 婺州窑项目	二等奖	金向阳 黄兴华	中央电化教育馆

表 2-2-53　　2015-2018 年教师指导学生竞赛主要获奖一览表

序号	日期	比赛项目	奖级	获奖学生	指导教师	主办单位
1	2015.3	浙江省第七届中等职业学校学生创新创业大赛—启航钢筋加工技术服务公司创业计划	二等奖	林　濛、陈康俊、徐晓松	胡群英、金向阳	浙江省教育厅
2	2015.11	浙江省技工院校烹饪技能大赛——面点项目	金奖	黄晓明	楼洪亮	浙江省职业技能教学研究所
3	2015.11	浙江省技工院校烹饪技能大赛——面点	银奖	陈嘉伟、陈晓彪	楼洪亮	浙江省职业技能教学研究所
4	2015.11	浙江省技工院校烹饪技能大赛——面点	银奖	吴忠涛、舒宏飞	欧阳军、高丹丹	浙江省职业技能教学研究所
5	2015.11	《福权民宿主题创意有限公司创业计划》	一等奖	陈雨欣、王子凤、杨小丽、张钰婷	金向阳、金程莹秀、陈玉香	金华市教育局
6	2015.11	《新月不锈钢树池有限公司创业计划》	一等奖	刘建明、张　城、王志航	曹春雷、金向阳	金华市教育局
7	2016.2	浙江省中职学校技能大赛市选拔赛——工程测量项目竞赛	一等奖	洪佳琪、卢红宝、洪昊杰、曹俊辉	王　睿	金华市教育局
8	2016.2	金华市中职学校烹饪技能大赛——热菜	一等奖	黄译卫	王晟兆	金华市教育局
9	2016.2	金华市中职学校烹饪技能大赛——冷菜	一等奖	陈嘉伟	楼洪亮	金华市教育局
10	2016.2	金华市中职学校烹饪技能大赛——冷菜	一等奖	陈晓彪	楼洪亮	金华市教育局
11	2016.2	金华市中职学校烹饪技能大赛——中点	一等奖	吴忠涛	欧阳军	金华市教育局
12	2016.2	浙江省中职学校技能大赛市选拔赛——工程测量项目竞赛	二等奖	吴佳栋、宋孟龙、王　杨、叶宇鑫	王　睿	金华市教育局
13	2016.2	金华市中职学校烹饪技能大赛——热菜	二等奖	李　鹏	王晟兆	金华市教育局
14	2016.2	金华市中职学校烹饪技能大赛——热菜	二等奖	陈文华	王晟兆	金华市教育局
15	2016.2	金华市中职学校烹饪技能大赛——热菜	二等奖	娄方涛	王晟兆	金华市教育局
16	2016.2	金华市中职学校烹饪技能大赛——冷菜	二等奖	赵子鑫	楼洪亮	金华市教育局
17	2016.2	金华市中职学校烹饪技能大赛——中点	二等奖	黄明晓	欧阳军	金华市教育局
18	2016.2	金华市中职学校烹饪技能大赛——中餐宴会摆台	二等奖	范枫乐	叶小君	金华市教育局

续表

序号	日期	比赛项目	奖级	获奖学生	指导教师	主办单位
19	2016.3	浙江省中职学校职业能力大赛——中西餐面点	二等奖	黄明晓	欧阳军	浙江省中等职业学校职业能力大赛组委会
20	2016.4	省中职创新创业比赛(学生创业项目)《福权民宿主题创意有限公司创业计划》	二等奖	陈雨欣、王子凤、杨小丽、张钰婷	金向阳、金程莹秀、陈玉香	浙江省中等职业学校职业能力大赛组委会
21	2016.4	省中职创新创业比赛(学生创业项目)《新月不锈钢树池有限公司创业计划》	一等奖	刘建明、张　城、王志航	曹春雷、金向阳	浙江省中等职业学校职业能力大赛组委会
22	2016.6	《新月不锈钢树池有限公司创业计划》	二等奖	刘建明、张　城、王志航	曹春雷、金向阳	第十二届全国中等职业学校“文明风采”竞赛活动决赛
23	2016.8	五好小公民“老师您好 我的好老师”主题教育	一等奖	陈　拓	熊淑瑛	教育部关公委全国青少年五好小公民主题教育活动组委会
24	2016.8	“白”饭青刍、溪山清远、白溪度假村项目创业计划书	二等奖	常思捷、王子凤、徐锦芝	金向阳、金程莹秀	教育部、人力资源和社会保障部、共青团中央委员会
25	2016.10	古婺窑韵陶瓷置业创业计划书	一等奖	吴灵凤、吴仁静、李　湘、何灵亚	金向阳、黄兴华	金华市教育局
26	2016.12.	金华市职业能力大赛学生素养类摄影类《爱心之行》	二等奖	吴灵凤	陈红香	金华市教育局
27	2017.1	2017 年全国技能比赛金华市选拔赛西餐	一等奖	杜永香	高丹丹	金华市教育局
28	2017.1	2017 年全国技能比赛金华市选拔赛西餐	一等奖	徐娉婷	王晟兆	金华市教育局
29	2017.1	2017 年全国技能比赛金华市选拔赛冷拼	一等奖	陈嘉伟	楼洪亮	金华市教育局
30	2017.1	2017 年全国技能比赛金华市选拔赛冷拼	一等奖	陈晓彪	楼洪亮	金华市教育局
31	2017.1	2017 年全国技能比赛金华市选拔赛中点	一等奖	李文丽	欧阳军	金华市教育局
32	2017.1	2017 年全国技能比赛金华市选拔赛西餐	二等奖	胡邵俊	王晟兆	金华市教育局
33	2017.1	2017 年全国技能比赛金华市选拔赛西餐	二等奖	郭福安	高丹丹	金华市教育局
34	2017.1	2017 年全国技能比赛金华市选拔赛中餐	二等奖	娄方涛	王晟兆	金华市教育局

续表

序号	日期	比赛项目	奖级	获奖学生	指导教师	主办单位
35	2017.1	2017 年全国技能比赛金华市选拔赛中餐	二等奖	朱宇豪	楼洪亮	金华市教育局
36	2017.1	2017 年全国技能比赛金华市选拔赛冷拼	二等奖	马超强	王晟兆	金华市教育局
37	2017.1	2017 年全国技能比赛金华市选拔赛冷拼	二等奖	罗新亮	王晟兆	金华市教育局
38	2017.1	2017 年全国技能比赛金华市选拔赛中点	二等奖	郑金栋	欧阳军	金华市教育局
39	2017.1	2017 年全国技能比赛金华市选拔赛中点	二等奖	腾崇焕	欧阳军	金华市教育局
40	2017.2	2017 年全国技能比赛金华市选拔赛工程测量	一等奖	王　杨、叶宇鑫、宋孟龙、吴佳栋	王　睿	金华市教育局
41	2017.2	2017 年文明风采职业生涯规划	二等奖	陆文韬	宋炜杨、刘　杨	浙江省职业能力大赛组委会
42	2017.2	2017 年全国技能比赛金华市选拔赛工程测量	二等奖	洪昊杰、常思捷、洪佳琪、曹俊辉	王　睿	金华市教育局
43	2017.4	2017 年浙江省中等职业学校职业能力大赛电子商务运营	二等奖	凌婷婷、徐佳乐、徐宇琛、陈　佳	应森林、武　昊	浙江省职业能力大赛组委会
44	2017.6	古婺窑韵陶瓷置业创业计划书	一等奖	吴灵凤、吴仁静、李　湘、何灵亚	金向阳、黄兴华	浙江省中等职业学校职业能力大赛组委会
45	2017.12	金华市创新创业比赛创业计划书“杜公子蛋糕甜品店”	一等奖	杜永香、吴灵凤	黄兴华、金向阳	金华市教育局
46	2017.12	2018 年文明风采摄影	二等奖	吴灵凤	陈红香	金华市教育局
47	2018.1	2018 年全国技能比赛金华市选拔赛工程测量	二等奖	邱宏泽、夏艺健、周晨辉、周德容	王　睿	金华市教育局
48	2018.1	2018 年全国技能比赛金华市选拔赛建筑 CAD	二等奖	韦　成	方　燕、黄旭玲	金华市教育局
49	2018.4	浙江省创新创业比赛创业计划书“杜公子蛋糕甜品店”	一等奖	杜永香、吴灵凤	黄兴华、金向阳	浙江省职业能力大赛组委会

三、师资队伍建设

(一)名师培养人选

表 2-2-54　　学院名师和名师培养人选一览表

序号	姓名	所在专业	性别	职称	学历	毕业院校	毕业时间	备注
1	黄　俊	旅游	男	中学高级教师	本科	浙江师范大学	1982.7	金华市名师

续表

序号	姓名	所在专业	性别	职称	学历	毕业院校	毕业时间	备注
2	楼洪亮	烹饪	男	讲师	本科	东北师范大学	2009.12	中国烹饪名师、浙江省点心大师、浙江省高技能拔尖人才，“八婺工匠”，婺式点心非物质文化遗产传承人，金华市首席技师
3	王晟兆	烹饪	男	讲师	本科	北京对外贸易经济大学	2006.7	浙江省“百千万”高技能领军人才，校级金牌教练型教师、市教坛新秀
4	王　睿	建筑	男	副教授	本科	国防科大	2003.7	省电大312人才培养对象
5	金向阳	物理	男	副教授	本科	浙江师范大学	1984.7	省电大优秀老师
6	毛佳儿	烹饪	女	助讲	本科	天津理工大学	2017.8	全国青年岗位能手，浙江省“百千万”高技能领军人才
7	桂键坚	美发	男	讲师	研究生	日本广岛文化学园大学	2011.3	浙江省“百千万”高技能领军人才培养工程“优秀技能人才”

(二)专业带头人和骨干教师

表2-2-55　　　　专业带头人一览表

序号	姓名	所在专业	性别	职称/任职	学历	毕业院校	毕业时间	备注
1	王晟兆	烹饪	男	中级	本科	北京对外贸易经济大学	2006.7	
2	楼洪亮	烹饪	男	中级	大专	浙江商职院	2006.7	金华市烹饪教研大组组长
3	金向阳	建筑	男	副教授	本科	浙江师范大学	1984.7	
4	黄兴华	计算机应用	男	高讲	本科	浙江师范大学	2002.7	金华市计算机教研大组副组长
5	王　睿	建筑	男	副教授	本科	国防科技大学	2003.7	金华市建筑教研大组副组长
6	方梦霞	建筑	女	讲师	研究生	昆明理工大学	2003.5	
7	桂键坚	美发	男	讲师	研究生	日本广岛文化学园大学	2011.3	
8	刘　杨	德育	女	讲师	研究生	南京师范大学	2010.6	

续表

序号	姓名	所在专业	性别	职称/任职	学历	毕业院校	毕业时间	备注
9	舒美爱	数学	女	讲师	本科	浙江师范大学	1986.7	
10	陈雨茜	美发	女	讲师	硕士	重庆工商大学	2011.7	
11	王慧霞	音乐	女	高级讲师	本科	浙江师范大学	2002.7	
12	方梦霞	建筑	女	讲师	硕士	昆明理工大学	2003.5	
13	黄兴华	计算机应用	男	高级讲师	本科	浙江师范大学	2002.7	
14	陈红香	数学	女	高级讲师	本科	浙江师范大学	1986.7	
15	柳丹辉	体育	男	讲师	本科	哈尔滨体育学院	2005.6	

表 2-2-56　　城市服务学院骨干教师一览表

序号	姓名	所在专业	性别	职称	学历	毕业院校	毕业时间
1	王晟兆	烹饪	男	讲师	本科	北京对外贸易经济大学	2006.7
2	楼洪亮	烹饪	男	讲师	大专	浙江职业技术学院	2006.7
3	高丹丹	烹饪	女	讲师	本科	扬州大学	2013.8
4	桂键坚	社会调查	男	讲师	硕士研究生	日本广岛文化学园大学	2011.3
5	王一文	书法	男	讲师	本科	杭州商学院	1984.7
6	陈雨茜	亚非语	女	讲师	硕士	重庆工商大学	2011.7
7	金向阳	物理	男	副教授	本科	浙江师范大学	1984.7
8	王　睿	建筑	男	副教授	本科	国防科大	2003.7
9	方梦霞	建筑	女	讲师	硕士	昆明理工大学	2003.5
10	方　燕	桥梁工程	女	高级讲师	本科	长沙交通学院	1990.6
11	陈红香	数学	女	高级讲师	本科	浙江师范大学	1986.7
12	王慧霞	音乐	女	高级讲师	本科	浙江师范大学	2002.7
13	黄兴华	计算机	男	高级讲师	本科	浙江师范大学	2002.7
14	韦　峰	体育	男	高级讲师	本科	杭州大学	1997.7
15	吴嘉逸	建筑	女	讲师	本科	暨南大学	2012.7
16	舒美爱	数学	女	讲师	本科	浙江师范大学	1986.6
17	徐　楠	中文	女	讲师	硕士研究生	江西师范大学	2009.6
18	柳丹辉	体育	男	讲师	本科	哈尔滨体育学院	2005.6
19	刘　杨	德育	女	讲师	硕士	南京师范大学	2010.8
20	宋炜杨	心理	女	讲师	本科	浙江师范大学	2007.7

(三)“双师型”教师

表 2-2-57　　学院“双师型”教师一览表

序号	姓名	学科	职称	职业资格
1	黄　俊	旅游	中学高级教师	导游、前厅高级工、心理健康C证、茶艺师
2	徐　建	体育	讲师	心理健康C证,篮球、田径裁判员
3	赵千骏	食品	高级讲师	食品检验高级技师、公共营养师
4	金向阳	物理	副教授	测量放线员考评员
5	郑　骏	应用电子	高级实验师	维修电工高级工.无线电调试高级工、心理健康C证
6	周晨旭	心理	讲师	心理咨询师二级
7	曹春雷	电子电工	高级讲师	无线电调试工、维修工技师、心理健康C证
8	陈玉香	建筑	副教授	心理健康C证、制图员二级、工程师
9	王　睿	建筑	副教授	造价工程师,建造师,制图员高级工、心理健康C证、招标师、测量放线员考评员、全国建设工程造价员资格证书
10	方梦霞	建筑	讲师	测量放线工、工程测量工二级、咨询工程师、二级建造师、工程师
11	杨东辉	机电工程	讲师	声乐八级
12	单淑琴	储藏检验	高级讲师	食品检验员三级
13	王石瑛	粮食工程	副教授	高级图像制作员三弦月
14	厉胜宝	机械工程	讲师	制图员技师
15	方　燕	桥梁工程	高级讲师	制图员技师、高级图像制作员(三级)
16	吴嘉逸	建筑	讲师	心理健康C证、制图员
17	赵丽军	建筑	讲师	一级建造师、心理健康C证、助理工程师
18	胡群英	建筑	讲师	一级建造师、制图员三级
19	卢　妃	工业自动	讲师	维修电工技师、心理健康C证、西式面点师高级工
20	王晟兆	烹饪	讲师	中式烹调高级技师,中式烹调师一级
21	高丹丹	烹饪	讲师	中式面点师、中式烹调师、三级公共营养师
22	黄水品	生物	高级讲师	火腿加工技师、技师
23	楼洪亮	烹饪	讲师	中式烹调高级技师、心理健康C证、中式面点师
24	胡克俭	计算机应用	讲师	
25	叶小君	食品工程	讲师	餐厅服务员技师、心理健康C证、旅游酒店管理培训师
27	陈雨茜	亚非语	讲师	美容师(二级)、心理健康C证
28	金程莹秀	美容美发	助讲	化妆师(三级)、心理健康C证
29	桂键坚	美容美发	讲师	心理健康C证

续表

序号	姓名	学科	职称	职业资格
30	徐　楠	中文	讲师	国家开放大学答辩主持人、心理健康C证
31	熊淑瑛	中文	讲师	心理健康C证
32	陈红香	数学	高级讲师	心理健康C证
33	杨晓婷	英语	讲师	职业指导员
34	蒋俊青	英语	讲师	心理健康C证
35	鲍世英	体育	高级讲师	社会工作指导员一级
36	柳丹辉	体育	讲师	篮球、田径、速滑国家二级裁判、心理健康C证
37	王慧霞	音乐	高级讲师	心理健康C证
38	刘　杨	德育	讲师	心理健康C证
39	宋炜杨	心理	讲师	浙江省心理健康教育A、B、C证
40	王为正	信息管理	讲师	计算机高级工
41	黄兴华	计算机应用	高级讲师	计算机调试员高级技师、网络工程师、一级建造师、心理健康C证
42	韦　峰	体育	高级讲师	排球裁判员、心理健康C证
43	金雪萍	食品	讲师	食品检验高级技师、心理健康C证
44	沈俊杰	经济	讲师	经济师
45	徐　锋	烹饪		中式烹调技师证,药膳制作初级证书
46	毛佳儿	烹饪		中式面点高级工、西式面点高级工、中式烹饪中级
47	黄旭玲	建筑		工程师

(四)兼职教师队伍建设

表2-2-58　城市服务学院兼职教师情况一览表

序号	姓名	性别	参加工作时间	所学专业	现工作单位	职称	职业资格名称及等级
1	陈安琪	女	2014	美发	上海曼都国际杭州分店	总监	技师
2	朱明结	男	2004	美发	上海曼都国际	副总经理	技师
3	殷　腴	女	2010	美发	上海曼都国际	科长	高级技师
4	吴　英	女	1980	美容	金华大眼睛美容公司	经理	国家级评委
5	朱　杰	男	2012.7	中餐烹饪	金华国贸景澜大饭店	高级厨师	中式烹调师二级
6	陈武昌洲	男	2013.8	中餐烹饪	金华国贸景澜大饭店	高级厨师	中式烹调师二级
7	陈　慧	男	2005.7	中餐烹饪	金华世贸大饭店	高级厨师	中式烹调师三级
8	戴　平	男	1980.1	中餐烹饪	金华世贸大饭店	高级厨师	中式烹调师二级

续表

序号	姓名	性别	参加工作时间	所学专业	现工作单位	职称	职业资格名称及等级
9	芦　杰	男	2004.08	中餐烹饪	金华今日大酒店	高级厨师	中式烹调师二级
10	寿晓红	男	1986.04	中餐烹饪	金华豪森假日酒店	高级厨师	中式烹调师二级

四、实训实习基地建设

(一)校内实训基地建设

1.校内实训室建设

表 2-2-59　　实训室、实验室情况一览表

序号	实训/实验室名称	主要实训项目	主要设施设备或功能	工位数
1	中烹实训室	中餐热菜制作	炉、灶、桌、台	60
2	西烹实训室	西餐制作	炉、灶、桌、台、器具	50
3	面点工艺室	中式面点制作	桌、台、器具、炉	50
4	雕刻室	冷菜冷拼	桌、刀、台、器具	50
5	山山学院	西点制作	桌、烘厢、器具	100
6	美发实训室	发型制作	洗发、吹发、剪发器具和设施	40
7	美容实训室	美容、美体技能训练	美容床、器具	30
8	化妆实训室	化妆、形象设计	化妆镜等器具	40
9	建筑测量实训室	建筑测量	建筑测量,电子经玮仪39台、全站仪14台、自动安平水准仪26台、普通水准仪21台	100
10	建筑制图实训室	建筑制图	建筑制图实训软件,机房	55
11	施工技术实训室	建筑施工技术	施工技术实训软件,机房	50
12	建筑砌筑实训室	建筑构造、砌筑实训场地、模型房、砌筑工具,砌筑实习	砌筑样板屋	50
13	建筑CAD实训室	建筑CAD	建筑CAD实训软件,机房	50
14	室内设计实训室	室内设计	3dmaxs实训软件	55
15	婺州窑制作室	非遗婺州窑制作	烘厢、制作台、制作机	30

2.校内综合实训实习基地建设

(1)楼师傅技能大师工作室

楼洪亮,中式烹调高级技师、金华市烹饪大师称号、浙江省烹饪名师称号。2010年,创设楼师傅技能大师工作室和婺点创新创业实训室,创立楼师傅婺式糕点品牌。

(2)山山学院

山山学院由学校与金华市山山烘焙食品有限公司联合举办,主要功能是面向校内外学生、学员

举西式糕点烘焙培训、实训、实习、考证、西点 DIY 亲子活动等,占地约 1000 平方米,投资 300 余万元。

(二)校外实习基地建设

表 2-2-60　　校外主要实习基地一览表

建立年份	基地名称	主要面向专业
2010 年	永康康廷大酒店	烹饪
2010 年	万达嘉华酒店	烹饪
2010 年	金华国贸景澜大饭店	烹饪
2013 年	金华世贸大饭店	烹饪
2013 年	义乌银都酒店	烹饪
2014 年	义乌开元酒店集团	烹饪
2015 年	义乌众联凯信大酒店	烹饪
2015 年	浙江山山家食品有限公司	烹饪
2016 年	浙江中国小商品城集团有限公司银都酒店	烹饪
2016 年	上海曼都美容美发有限公司	形像设计(美发)
2016 年	金华婺城区大眼睛美容馆	形像设计美容)
2017 年	酷家乐有限公司,	工程造价
2016 年	金华鹏程建筑装饰工程有限公司	建筑装饰专业
2016 年	金华市方鼎建设有限公司	工程造价
2017 年	勤通讯技术有限公司	工程造价、建筑装饰
2018 年	义乌商城宾馆	烹饪
2018 年	义乌众联凯信大酒店	烹饪
2018 年	金华山时山刻餐饮管理有限公司	烹饪

五、学生管理

(一)学生管理机构与人员

学院学生管理机构人员组成为:1 位分管学生工作副院长带领学生科长、团总支书记以及 4 位辅导员、2 位学生科干事、1 位团务干事。

(二)学生管理制度

学生管理制度包括:学生日常行为规范、学生安全管理规定、学生考勤制度、学生寝室管理规范、学生寝室文明公约、违规电器处罚办法、学生违纪处理的有关规定、校服穿着管理规定、校牌管理制度、学生军训管理制度、学生抄告整改管理制度、出入证管理制度、学生违纪抄告反馈制度、奖学金评定办法、三好学生评比办法、优秀学生干部评比办法、优秀毕业生评比办法、忙闲交替勤工俭学学生管理办法、学生手机管理制度等。

(三)学生活动

学院的学生活动年年有安排,月月有主题,天天有行动。包括“温馨杯”寝室活动月、“健将杯”阳光运动月、“团结杯”主题教育月、“天生我才”自我风采展示月、“榜样杯”精神传承月、“守则杯”纪律评比月、“追梦杯”技能展示月、“创安杯”安全教育月等。

(四)学生社团

学院现有天籁社、吉他社、绣娘团、包工头舞团、太极学堂、排球社、篮球社、羽毛球社、书画社、文艺社、婺州窑传承、创意队列、图文处理、配音 APP 等学生社团 14 个。

六、科学研究

近四年,正式出版教材 6 本,开发校本教材 11 本,建设课程资源 37 门。师生获各类奖项 150 项,其中一等奖 40 项,二等奖 50 项,三等奖 60 项。详见第二篇第八章。

第五节　开放远程学院

一、概况

(一)沿革

2003 年 1 月 7 日,金华市人民政府,同意“金华广播电视大学与浙江贸易学校”合并,实行“两块牌子、一套班子”运作和党委领导下的校长负责制。

2003 年 5 月 20 日,浙江省教育厅浙教高教〔2003〕124 号文件,同意金华广播电视大学成立奥鹏远程教育中心。

2003 年 7 月,浙江贸易学校与金华广播电视大学正式合并为金华广播电视大学(浙江贸易学校),同月,成立继续教育学院,朱华任院长、龚慧卿任副院长,系学校的二级学院,下设教学科,专门负责开放教育教学、银行业及会计证继续教育等教学业务。

2004 年 7 月,学校内部进行机构调整,任命吴黎旦为继续教育学院副院长,增设招生培训科。

2006 年 7 月,学校机构调整,继续教育学院改称开放教育学院,同时设置专业负责人,充实了教学力量,同时内设机构增设教学科、学籍科、招生培训科。

2010 年 7 月,学院原院长朱华离任,任命吴黎旦为开放教育学院院长,沈捷为副院长。

2011 年 7 月,学院内设机构增设考试科。

2012 年 7 月 31 日,国家开放大学在人民大会堂正式揭牌成立,中共中央政治局委员、国务委员刘延东为国家开放大学揭牌并发表题为《努力办好中国特色开放大学》的重要讲话。

2013 年 2 月,学校机构调整,学院与远程学院合署办公,设院长一名,副院长三名(其中盛建荣、余红君为开放学院副院长,邵玲为远程学院的副院长),增设综合科、技术服务科,学籍科与考试科合为学籍考试科。

2014 年春季,学校在原中央广播电视大学更名为国家开放大学后,以国家开放大学校名开启招生工作。

2015 年 7 月,原金华广播电视大学(浙江贸易学校)与金华商业学校合并,成立金华广播电视大学(浙江商贸学校)。在校内机构调整过程中,原奥鹏远程教育中心设立远程学院,并入开放学院,更名为开放远程学院,设院长 1 名、副院长 3 名(其中,邵德昌、陈怡宏负责开放教育工作,邵玲负责远程教育工作)，下设综合科、教学助学中心、学籍考试科、招生科、远程助学中心。

2016年1月6日，国家开放大学校长办公室发布《关于国家开放大学毕业证书颁发工作的通知》规定：向2016年1月的2013年秋季入学生颁发“国家开放大学毕业证书”(毕业证书号前6位为511618)，同时规定在2018年1月1日前，凡2013春季及之前入学学生仍颁发“中央广播电视大学毕业证书”(毕业证书号前6位为511615)。

2016年7月，学院所属招生科与学校招生处组建学校招生中心，招生中心与学院合署办公，招生中心主任何静兼任学院书记、副主任陈怡宏兼任学院副院长。

2018年1月1日起停止颁发“中央广播电视大学毕业证书”(毕业证书号前6位为511615)。

2018年7月，校内机构调整中，开放远程学院与学校招生中心合并，原院长吴黎旦离职，任命何静为学院院长、招生中心主任，陈怡宏为副书记(主持)、沈美英为副院长，10月增补沈晓庆为副院长，下设综合科、教学助学中心、学籍科、考试科、招生科。

(二)组织机构

1.行政领导

开放远程学院行政领导(院长、副院长)的任命一般程序是候选人自荐、公开竞选、民主测评、学校党委讨论决定并公示后产生，从行政领导的配置来看，开放远程学院基本施行一正一副或多副的行政管理体制。

表 2-2-61　　学院行政领导一览表

姓名	学院	职务	任职时间
朱　华	继续教育学院	院长	2003.7–2010.7
龚慧卿	继续教育学院	副院长	2003.7–2005.10
吴黎旦	继续教育学院	副院长	2005.10–2010.7
吴黎旦	开放教育学院	院长	2010.8–2018.7
沈　捷	开放教育学院	副院长	2010.8–2013.2
盛建荣	开放教育学院	副院长	2013.2–2015.7
余红君	开放教育学院	副院长	2013.2–2015.7
邵　玲	远程(开放)学院	副院长	2013.2–2018.7
邵德昌	开放远程学院	副院长	2015.8–2017.2
陈怡宏	开放远程学院	副院长	2015.8–2018.7
何　静	开放远程学院	书记	2016.8–2018.7
何　静	开放远程学院、招生中心	院长、主任	2018.8 至今
陈怡宏	开放远程学院、招生中心	副书记(主持)、副主任	2018.8 至今
沈美英	开放远程学院	副院长	2018.8 至今
沈晓庆	开放远程学院	副院长	2018.9 至今

2.行政组织

2003年7月，金华广播电视大学与浙江贸易学校合并为金华广播电视大学(浙江贸易学校)，成立继续教育学院，下设教学科。

2005年7月，学院内设机构增设招生培训科。

2006年7月，学院增设法学、行政管理、会计学、工商管理、计算机信息技术、土木工程管理、英语等七个专业负责人，归属教学科，增设学籍考试科；

2008年7月，学院内设机构为教学管理科、学籍考务科、招生培训科等，

2011年7月，学院内设机构增设考试科；

2013年2月，学校机构调整，新成立的远程学院与开放学院合署办公，学院内设机构同时调整，保留教学科、开放招生科、学籍考试科，增设综合科、技术服务科。

2015年7月，学校机构调整，远程学院并入开放学院，改称开放远程学院，学院内设机构调整，其中，技术服务科调整出开放远程学院，并入学校信息技术中心；学院保留综合科、招生科，考务科与考试科合并设学籍考试科、改教学科为教学与学习服务中心，增设远程助学中心。

2016年7月，校内机构调整，学院所属招生科并入学校招生中心，学校招生中心与学院合署办公，内设机构改学籍考试科为考试科。

2018年7月，学院与学校招生中心合并，下设综合科、教学与学习服务中心、学籍管理科、考试科及招生科。

3.党群组织

(1)共产党组织

2003年9月,中共金华广播电视大学党委批复成立中共金华广播电视大学(浙江贸易学校)人民东路校区支部委员会下设支部书记、组织委员、宣传委员；2007年支部改选，下设支部书记、组织委员、宣传委员、群工委员；2012年支部改选，下设支部书记、副书记、组织委员、宣传委员、纪检委员；2015年9月支部改选，下设支部书记、副书记、组织委员、宣传委员、纪检委员；2018年6月中共金华广播电视大学党委批复成立中共金华广播电视大学(浙江商贸学校)开放远程学院支部委员会，下设支部副书记(主持)、组织委员、宣传委员、纪检委员。

(2)分工会

2003年7月起至2015年11月，学院基本上以工会小组为单位开展各类开会活动。2015年12月，校工会根据学校发展需要和工会管理办法设立五个分工会，其中，人民东路校区分工会由开放学院、远程学院、培训学院、社区大学和信息中心五个部门构成，同月，分工会选举产生第一届分工会委员会，邵德昌担任分工会主席；2017年3月，因部分人员变动，改选吴黎旦为分工会主席。2018年7月，学校新一轮部门调整后，人民东路分工会由开放远程学院和社区培训学院两个学院构成，并于2018年10月进行了分工会委员改选，沈晓庆担任分工会主席。

(3)学生会

为积极推进开放教育校园文化建设、打造开放教育“快乐学习”校园文化品牌、实现学生“自我教育、自我管理、自我服务”，开放教育学生会创建于2013年5月，制定《开放教育学生会单程》，明确该组织以倡导时代先进文化、反映学生心声、维护学生利益，动员并带领学生参与校园文化建设，全心全意为学生学习、成长服务为宗旨；学生会设学生会主席、副主席、学习部、文体部、体育部、社会实践部

及秘书等机构，首届学生会主席为12秋法学专科孔江宁担任，学生会成员由学生自荐、班主任推荐、学院审核与报备学校党委；第二届学生会于2016年9月成立，学生会主席由2015春法学本科生孔江宁连任。

2018年10月，学院启动第三届开放教育学生会(学生联合会)组建工作。设学生会主席1名、副主席2名、秘书长1名，下设社会实践部、文体部、外联部与学习部等四个管理部门。

(三)历年教职工情况

自2003年7月金华广播电视大学与浙江贸易学校合并始，学院教职工主要以每年度学校岗位竞聘双向选择体制在校内选派教职工组成，少部分则是根据岗位与校内相关专业人员缺乏情况，以外聘人员补充。学院教职工由院领导、教师、管理人员等构成，自2006年7月起，学院教师一般由专业负责人(专职教师)与教师身份的管理人员两部分构成，管理人员由分为在编员工与外聘员工。

表2-2-62　　2003-2018开放远程学院教职工情况一览表　　单位：人

年份	院领导	教师		管理人员		总计
		专业负责人	教师兼管理	在编员工	外聘员工	
2003.7	2	0	2	10	1	15
2006.7	2	6	1	10	3	22
2008.7	2	6	1	10	2	21
2009.7	2	6	1	12	2	23
2013.2	5	5	8	11	10	39
2015.7	4	5	11	10	8	38
2016.7	4	5	11	9	8	37
2018.7	4	5	12	5	11	37

(四)历年招生情况

1999年“人才培养模式改革和开放教育试点”启动后，学校开始试点开放教育本科学历教育，首期招收开放教育本科学员177名，2000年春季，开始招收开放教育专科学员(2004年春季开始，原未毕业的现代远程教育学员与开放教育并轨)，首期招收43名学员。

教育部于2004年秋季组织实施“一村一名大学生”计划，学校农民大学生培养项目自2011年秋季开班，首批招收园艺技术20名学生，2012年秋季在全市范围内招收农民大学生，招收120名农民大学生专科段学员，共有农村行政管理、园艺技术两个专业，后增加农业经济管理、观光农业等专业，2014年秋季起将培训项目拓展至电子商务、建筑施工与管理等专业；2014年，学校将农民大学生培训项目扩展至本科段，涉及行政管理、工商管理与土木工程管理三个专业，首期招收100名学员。

至2018年秋开放教育累计招生25945名，其中专科段学员14878名、本科段学员10203名、“一村一名大学生”864名(不含开放教育内享受政府津贴的电子商务与建筑施工管理专业专科段以及本科段各专业学生数)。

表 2-2-63　　2003-2018 年开放教育专科段分专业招生情况一览表　　单位:人

年份	行政管理	行政管理(辅警)	法学	法律事务(辅警)	会计学	工商管理	计算机信息管理	工程造价	英语	学前教育	小学教育	建筑施工与管理	机械制造与自动化	电子商务	数控技术	金融学	旅游及饭店管理	教育管理	合计
2003 秋														51					51
2004 春			85		97	113	18		23		2								338
2004 秋	75		119		212	142	30		14					36				24	652
2005 春	47		83		138	70													338
2005 秋	144		97		197	137	33					43						12	663
2006 春	170		79		191	119					14	49							622
2006 秋	123		135		211	54	34				14	41			24	14			650
2007 春	127		56		177	114	40		16		10	49			9	19	16		633
2007 秋	133		54		180	124	26	19	22			47			8	17			630
2008 春	137		42		161	84	23	14	12			23				13			509
2008 秋	158		30		251	165	37	16	14		5	34			6	36			752
2009 春	125		48		148	113	16		11			52				18			531
2009 秋	123		40		167	110	19	11	16	9		43				25			563
2010 春	151		45		92	68		15	13	10		26				9			429
2010 秋	127		102		152	96	30	13	6	12		55				23			616
2011 春	100		55		107	85	18	6	14	17		47				10	6		465
2011 秋	140		34		179	119	20	24	14	18		75				17	9		649
2012 春	115		33		123	109	17	7	11	7		78				7			507
2012 秋	104		17		136	128	37	15		20		111				15	21		604
2013 春	124		15		116	95	12	24	9	12		95				19	4	0	525
2013 秋	106		24		133	100	25	14	5	15		110				14			546
2014 春	155		17		77	108	10	9		10		99	9			21			515
2014 秋	87		22		83	76	15	19		28		103	14			11			458
2015 春	64		31		50	54	16	10		10		61	7			11			314
2015 秋	49		18		54	40	6			11		31	8	50		4			271
2016 春	66		26		56	38	4	3		17		36	6			18			270
2016 秋	41		13		41	50	14	5		17		72	10	62		7			332
2017 春	61		22		50	72	22	7		16		31	8			18			307
2017 秋	46		24		41	63	5	6		17		95	14	69		7			387

续表　　单位:人

年份	行政管理	行政管理(辅警)	法学	法律事务(辅警)	会计学	工商管理	计算机信息管理	工程造价	英语	学前教育	小学教育	建筑施工与管理	机械制造与自动化	电子商务	数控技术	金融学	旅游及饭店管理	教育管理	合计
2018 春	50	140	13	50	29	24	9	6		14		50		10	3	7			405
2018 秋	77	54	11	10	38	53	7			13		59		5	11	8			346
合计	3025	194	1390	60	3687	2723	543	243	200	273	45	1615	76	283	61	368	56	36	14878

说明:建筑施工与管理专业2003年前为工民建专业

表2-2-64　　2011-2018年"一村一名大学生"专科分专业招生人数一览表　　单位:人

年份	农村行政管理	园林技术	园艺技术	观光农业	农业经济管理	合计
2011 秋			20			20
2012 秋	60		60			120
2013 秋	50		50	45	51	196
2014 秋	47		53	31	46	177
2015 秋	47			43	25	115
2016 秋	46	57				103
2017 秋		51		26		77
2018 秋		56				56
合计	250	164	183	145	122	864

表2-2-65　　2003-2018年开放教育本科段分专业招生情况一览表　　单位:人

年份	行政管理	行政管理(辅警)	法学	法学(辅警)	会计学	工商管理	计算机科学与技术	土木工程	英语	教育管理	机械设计制造与自动化	汉语言文学	金融学	合计
2003 秋	15		45		31		9	20	26	24				170
2004 春			61		46	12				26		6		151
2004 秋	18		70		60	30	10	30		16				234
2005 春			83		70	30				10				193
2005 秋	29		97		92	68	21	45		38				390

续表　　单位:人

年份	行政管理	行政管理(辅警)	法学	法学(辅警)	会计学	工商管理	计算机科学与技术	土木工程	英语	教育管理	机械设计制造与自动化	汉语言文学	金融学	合计
2006春	47		82		85	45		32		22			30	343
2006秋	47		77		98	29	7	20		15	6		20	319
2007春	49		106		74	36	12	25		9	7		13	331
2007秋	56		79		79	39		48		12	11		17	341
2008春	38		66		111	22		20			10		14	281
2008秋	40		72		99	22	4	82		5	11		34	369
2009春	47		59		98	34		26			12		29	305
2009秋	55		59		98	34	20	35			12		50	363
2010春	54		66		73	33		47			14		31	318
2010秋	55		82		110	43	13	69		7	7	7	44	437
2011春	64		71		90	42	18	80		3	6		42	416
2011秋	56		36		136	49	12	101		10	18	3	60	481
2012春	46		49		77	57	6	82		6	5		28	356
2012秋	44		48		100	45	7	85		6	10	6	34	385
2013春	53		67		110	47	15	103		3	15		45	458
2013秋	42		59		90	30	10	126		7	15		35	414
2014春	39		52		82	39	15	138			9		23	397
2014秋	60		38		81	74	9	90		3	5		10	370
2015春	37		19		52	34	13	77		4	6		48	290
2015秋	64		35		42	23	6	103		4	8		24	309
2016春	24		57		53	34	5	51		3	6		22	255
2016秋	88		35		46	31	16	83		4	11		16	330
2017春	36		28		68	38	8	71		6	6		19	280
2017秋	33		40		60	33	20	135			9		24	354
2018春	25	40	33	57	33	26	10	55					17	296
2018秋	25	18	21	20	44	17	14	85			7		16	267
合计	1286	58	1792	77	2388	1096	280	1964	26	243	226	22	745	10203

(五)毕业情况

自2003年秋季到2018年底,学校开放教育毕业学员总计达到23956名,其中本科毕业学员为9261名,专科毕业学员为14129名,“一村一名大学生”毕业学员为566名,为金华地方输送了各行各业的有用之才,也为金华地方经济和社会发展提供了强有力的智力支持。

表2-2-66　　2003—2018年开放教育各类毕业生人数一览表　　单位:人

年份	本科	专科	“一村一名大学生”	合计
2003秋	322	341		663
2004春	281	109		390
2004秋	308	819		1127
2005春	106	332		438
2005秋	206	634		840
2006春	161	309		470
2006秋	224	683		907
2007春	198	392		590
2007秋	366	792		1158
2008春	319	510		829
2008秋	36	134		170
2009春	328	600		928
2009秋	307	600		907
2010春	304	558		862
2010秋	368	429		797
2011春	318	668		986
2011秋	289	507		796
2012春	304	537		841
2012秋	336	386		722
2013春	389	474		863
2013秋	371	404		775
2014春	444	558	18	1020
2014秋	345	424		769
2015春	343	536	74	953
2015秋	435	415	19	869
2016春	398	501	162	1061
2016秋	357	432	13	802

续表　　单位:人

年份	本科	专科	“一村一名大学生”	合计
2017 春	342	391	148	881
2017 秋	249	270	9	528
2018 春	271	147	123	541
2018 秋	236	237		473
合计	9261	14129	566	23956

二、教学

(一)专业设置与发展

金华广播电视大学 1999 年“人才培养模式改革和开放教育试点”启动后,1999 年秋季招收开放教育本科学员,专业为法学与计算机科学与技术;2000 年春季,开始招收开放教育专科学员(2004 年春季开始,原未毕业的现代远程教育学员转入开放教育序列),专业为教育管理;自 2000 年秋季开放教育招生扩大规模,本科新增专业为会计学、工商管理、教育管理与金融学,专科新增专业为小学教育与金融学(金融与财务方向);2002 年秋季,专科新增法学、工商管理、英语、计算机应用(应用软件开发方向)、会计学、汉语言文学等专业,本科新增英语专业;2003 年春季,专科新增专业为建筑施工与管理(工民建)与行政管理;2003 年秋季,本科新增英语、土木建筑工程、行政管理与公共事业管理(教育管理)专业,专科新增专业为电子商务、旅游及饭店管理;2004 年春季,本科新增专业为汉语言文学;2006 年秋季,专科新增专业为数控技术,本科新增专业机械设计制造与自动化;2007 年秋季,专科新增专业为工程造价;2009 年秋季,专科新增专业为学前教育;2014 年春季,专科新增专业为机械制造与自动化;2018 年春季,工商管理专科改为企业管理专科、法学专科改为法律事务专科。

此外,学校“一村一名大学生”农民大学生培养项目自 2011 年秋季开班,首批招收园艺技术专业 20 名学生,2012 年秋季新增农村行政管理专业,2013 年秋季新增加农业经济管理、观光农业等专业;2016 年秋季新增园林技术专业;由金华市农办与学校合作开办的农民大学生培训项目还扩展到非“一村一名大学生”的农民大学生培养项目,2014 年 9 月启动本科层次的农民大学生培养项目,涉及行政管理、工商管理与土木工程管理三个专业,2016 年 9 月启动专科层次的农民大学生培养项目,涉及电子商务专业与建筑施工与管理;2018 年春季,学院与市公安局合作办学,开设行政管理(辅警)、法学(辅警)两个专业的本科班与专科班。

(二)课程教学资源建设

电大系统(国开系统)因其办学的系统性与特殊性,因此,在课程教学资源的构成方面也具有一定的特殊性,即每门课程的教学资源均由中央电大(国开)、省电大(分部)共享性资源与各基层校自建性资源两部分构成;且由于中央电大(国开)的“五统一”(面向全国开设的专科、本科专业教学计划中的统设必修课程的五统一:统一课程名称、统一教学大纲、统一教材、统一命题、统一评分标准)教学管理体制,因此,各专业核心课程及其标准由国开确定。

1.教学资源库

第一部分为国开网发布的各统设课程共享性教学资源,第二部分是本学院聘任的各课程辅导教师收集、整理后形成的课程教学资源(教学辅导、平时作业、期末复习、参考资料),每学期要求更新并发布于学校“专业频道”的相关网络平台上。截至 2018 年秋季学期,共计完成 120 余门开放教育课程的教学资源，形成学院特有的教学资源库。

2.课程题库

学生可用的课程题库，第一部分是国开网发布的各统设课程及省电大形考平台发布的省开课程共享性题库，包含形考任务及自测练习题库，第二部分是由本学院聘任的各课程辅导教师整理并逐年充实与完善而形成的课程题库，主要通过期末复习资料的形式呈现，用于学生自测练习及期末复习的开展，自 2003 年 7 月至 2018 年秋季学期，已实现省开课程的全覆盖及统设课程 95%以上的完成率；2018 年春季学期开始部分课程的题库通过蓝墨云班课平台向全市电大系统发布。

表 2-2-67　　蓝墨云班课平台课程题库一览表

蓝墨云班课号	教研大组	专业类	课程名称
982251	经管	会计、工商、金融	高级财务会计、财务报表分析、人力资源管理、证券投资分析、质量管理、中级会计实务、政府与非盈利组织会计
777526	信工	建筑、计算机、机械	建筑结构、工程经济与管理、房地产估价、结构计算软件、软件工程、网络实用技术基础、《Dreamweaver 网页设计》、photoshop、数据库基础与应用、信息化管理与运作、建筑测量、建筑构造、建筑材料、建筑工程项目管理、建筑制图基础、建筑力学、建筑施工技术、地基基础、工程建设监理概论
590045	文法	法学、行政、思政	合同法学、国际私法、国际公法、法律文书、婚姻法、物权法、法律逻辑学、物权法、刑法学专题、中国法制史、国际贸易法、社会调查研究与方法、公共部门人力资源管理
215522	农学	园林技术、观光农业	园艺基础、绿地规划、设施栽培技术、铁皮石斛高效栽培技术、湖羊高效养殖技术、农村文化产业概论
670945	英语	公共英语	人文英语 3、人文英语 1、理工英语 1、人文英语 2、理工英语 2、理工英语 3

3.微课及课件资源建设

第一部分是通过国家开放大学五分钟课程网、浙江终身学习在线、浙江省终身学习数字化资源库等平台搜集和整理的各专业门类的共享性微课及课件资源，另一部分是由本学院开放教育辅导教师所收集或自建的教学资源。

表 2-2-68　　微课及课件资源搜集情况一览表

序号	微课及课件名称	数量	适用专业类
1	管理学小故事	12 讲	经管
2	经济学的十大效应	10 讲	
3	成本管理会计	40 讲	
4	农产品的电子商务营销	5 讲	
5	基础会计	14 讲	
6	土木力学(本)	41 讲	建筑

续表

序号	微课及课件名称	数量	适用专业类
7	建筑结构	40讲	建筑
8	工程项目管理	30讲	
9	走进建筑材料	20讲	
10	建筑工程CAD技术应用及实例	5讲	
11	生活中的法律	20讲	文法
12	宪法背后的故事	7讲	
13	以案说民法	9讲	
14	民间借贷法律必修课	5讲	
15	电商法律基础	8讲	
16	园艺植物栽培学总论	30讲	农学
17	园艺植物病虫害防治	40讲	
18	花卉栽培技术	40讲	
19	生活中的水果	5讲	
20	创意农业发展的典型模式	5讲	
21	大学英语B	9讲	本科各专业
22	计算机应用基础(本)	147讲	

表2-2-69　　微课及课件资源自建情况一览表

序号	微课及课件名称	年份	负责人
1	国际货代海运出口单证制作(小课件)	2015	汤　俊
2	网店商品创意拍摄技巧(10讲)	2016	戴立渊
3	会计入门——账簿的登记(9讲)	2016	黄炜倩
4	走进建筑材料(10讲)	2016	王　睿
5	如何听歌学英语(10讲)	2016	章　肖
6	寻找那片别样红之金华篇(10讲)	2017	沈美英
7	村官说法(10讲)	2017	张淑琴
8	邮票上的中国民居(20讲)	2017	王　睿
9	玩转智能手机乐享老年生活(10讲)	2017	黄兴华
10	跟我学做增值税纳税员(10讲)	2017	杨浪萍
11	如何在“敏感期”培养孩子的语言能力(10讲)	2018	蔡　晶
12	基于Mulitisim的电工电子技术仿真实验(10讲)	2018	曹春雷
13	多彩的民俗数学(11讲)	2018	黄丽虹
14	走进中国会计名人堂(10讲)	2018	杨浪萍
15	小砼话图(10讲)	2018	黄旭玲

（三）教学改革

1. 人才培养模式与课程体系建设

⑴人才培养模式

1999年学校成为首批参加中央广播电视大学“人才培养模式改革和开放教育试点”项目的地市级电大；2005年4月，省教育厅评估专家组对学校“中央电大人才培养模式改革和开放教育试点”项目进行总结性评估并获得通过；学校最终顺利通过了中央广播电视大学“人才培养模式改革和开放教育试点”项目中期和总结性的教学评估，有力地促进了开放教育的迅速发展。

为满足人民群众多样化学习需求、促进教育公平、克服应试教育弊端和落实素质教育，构建终身教育体系、形成学习型社会，促进教育服务国家发展、提高全民族素质，根据《高等教育法》有关规定和《国家中长期教育改革和发展规划纲要(2010–2020年)》及《国务院办公厅关于开展国家教育体制改革试点的通知》要求，以及专家考察、评议结果，2012年7月31日正式揭牌，在中央广播电视大学基础上建立国家开放大学。

国家开放大学人才培养模式被称为“开放式人才培养模式”，它是“以适应经济和社会发展现实需要为目标，以适合从业人员学习需求的专业和课程为内容，以整合优化的学习资源为基础，以天网、地网、人网合一的学习环境为支撑，以学习者自主学习为主要方式，以严格而有弹性的过程管理为保障，培养留得住、用得上的应用型高级专门人才”。这个模式有四个基本特征：理论实际融合，多方资源整合，多种媒体组合，天地人网结合。

与普通高等教育相比，这个模式是面向校园外的，旨在通过构建遍布全国城乡的学习环境，将学习资源输送到学生的工作和生活场所；与成人函授教育相比，这个模式强调适应学生的不同学习途径与习惯，提供可供选择的多种媒体教学资源，促进师生间多种方式的互动；与普通高校网络教育相比，这个模式强调整合优化多方资源，包括普通高校、行业部委以及社会各界的优质资源，具有更深入更广泛的开放性；与自考相比，这个模式强调教学过程的落实、管理和监控。

⑵主要专业课程体系

截至2018年秋季学期，开放教育课程体系建设已日臻完善，各专业课程可分为公共课程(含思想政治课程、公共英语课程、公共基础课程、通识课程)、专业课程(职业核心课程)、专业基础课程、专业延展课程、综合实践课程及补修课(本科)等大类。

表 2–2–70　　公共课程一览表

	本科	专科
思想政治课	习近平新时代中国特色社会主义思想、中国近现代史纲要、马克思主义基本原理概论	习近平新时代中国特色社会主义思想、思想道德修养与法律基础、毛泽东思想和中国特色社会主义理论体系概论
公共基础课	国家开放大学学习指南、计算机应用基础(本)	国家开放大学学习指南、经济数学基础12、高等数学基础
公共英语课	人文(理工)英语3、人(理工)文英语4、	人文(理工)英语1、人(理工)文英语2、
通识课程	领导科学与艺术、地域文化、经济与生活	实用写作、实用法律基础、个人理财、哲学基础、生活中的数学、家庭教育、信息技术与信息管理

表 2-2-71　　专业基础课程一览表

专业	本科	专科
行政管理	公共部门人力资源管理、公共政策概论、政府经济学	管理学基础、公共行政学、政治学原理
行政管理(辅警)	公共部门人力资源管理、公共政策概论、政府经济学	管理学基础、公共行政学、政治学原理
法学(法律事务)	中国法制史、知识产权法、国际经济法、商法、国际私法、国际公法	法理学、行政法与行政诉讼法、经济法学、宪法学、法律逻辑学、民法学(1)、刑法学(1)、民法学 (2)、刑法学 (2)
法学(法律事务)(辅警)	中国法制史、知识产权法、国际经济法、商法、国际私法、国际公法	法理学、行政法与行政诉讼法、经济法学、宪法学、民法学(1)、刑法学 (1)、民法学(2)、刑法学 (2)
会计学	纳税筹划、西方经济学(本)、现代管理原理、金融学	统计学原理、经济法律基础经、济数学基础 12、纳税基础与实务、会计操作实务、西方经济学
工商管理	组织行为学、现代管理专题、金融学、企业战略管理	经济法律基础、基础会计、品牌管理、统计学原理、管理学基础、西方经济学、市场营销学
学前教育	学前教育科研方法、学前儿童卫生与保健、学前教育原理、幼儿园课程与活动设计	幼儿园课程论、学前儿童发展心理学、学前教育学、人文社会科学基础、教师职业道德、心理学
计算机科学技术(计算机信息管理)	操作系统、计算机组成原理、C 语言程序设计、数据结构(本)、离散数学(本)	网络实用技术基础、管理信息系统、信息化管理与运作
建筑施工管理(土木工程管理)	工程数学(本)、土木工程 CAD、混凝土结构设计原理、工程地质、土木工程力学(本)	建筑力学、建筑构造、建筑制图基础、建筑材料(A)
工程造价		工程经济、建筑构造、建筑构造实训、建筑制图基础、建筑制图基础实训、建筑材料(A)、工程造价基础
金融学	现代货币金融学说、金融学、西方经济学(本)	商业银行经营管理、西方经济学、金融企业会计、政治经济学、会计学概论、金融风险概论
机械设计制造及其自动化(数控技术)	机电控制工程基础、计算机绘图(本)	机械设计基础、Photoshop 图像处理、Dreamweaver 网页设计 Photoshop 图像处理
电子商务		管理学基础、电子商务概论、网络实用技术基础、数据库应用、电子商务法律与法规
观光农业		现代农业概论、观光农业概论、园林设计基础
农村行政管理		农村政策法规、乡村社会学、实用管理基础、乡镇行政管理
园林技术		植物学基础、园艺基础、园林设计基础、园艺设施
园艺技术		园艺基础、园林设计基础、植物学基础、园艺设施

表 2-2-72　　专业课程(职业核心课程)一览表

专业	本科	专科
行政管理	行政法与行政诉讼法、行政领导学、当代中国政治制度、城市管理学、西方行政学说、公共组织绩效管理	行政组织学、办公室管理、监督学、人力资源管理、应用写作(汉语)、社会调查研究与方法、个人与团队管理、公务员制度讲座
行政管理(辅警)	行政法与行政诉讼法、行政领导学、当代中国政治制度、城市管理学、西方行政学说、交通管理学、治安管理学	办公室管理、监督学、社会调查研究与方法、个人与团队管理、应用写作(汉语)、行政组织学、交通管理概论、治安管理概论
法学(法律事务)	律师实务、物权法、刑法学专题研究、劳动与社会保障法、合同法、法律文书	刑事诉讼法学、民事诉讼法学、婚姻家庭法学
法学(法律事务)(辅警)	劳动与社会保障法、合同法、法律文书、治安管理学	刑事诉讼法学、民事诉讼法学、治安管理概论、交通管理概论
会计学	财务案例分析、审计学、中级会计实务、会计制度设计、企业集团财务管理、高级财务会计、税务会计、财务报表分析	中级财务会计(一)、管理会计、电算化会计、中级财务会计(二)、成本会计、财务管理
工商管理	管理案例分析、成本管理、人力资源管理、公司概论、小企业管理、流通概论	企业文化、个人与团队管理、商务谈判实务、项目管理、生产与运作管理、资源与运营管理
学前教育	0–3 岁婴幼儿的保育与教育、儿童家庭教育指导、儿童发展问题的咨询与辅导、幼儿游戏与玩具	学前儿童艺术教育(美术)、学前儿童语言教育、学前儿童艺术教育(音乐)、学前儿童科学教育、学前儿童健康教育、学前儿童社会教育、学前教育政策与法规、学前游戏理论与指导、婴幼儿营养与保育
计算机科学技术(计算机信息管理)	数据库应用、技术软件工程、Java 语言程序设计、计算机网络(本)、管理信息系统	系统开发规范与文档编写、ERP 原理与应用、MySQL 数据库应用、VisualBasic 程序设计程序设计、基础微机系统与维护、Dreamweaver 网页设计
建筑施工管理(土木工程管理)	房屋建筑学、房地产估价、钢结构(本)、工程经济与管理、建设监理	建筑测量、建筑结构、建筑工程技术资料管理、建筑工程质量检验、建筑工程计量与计价、工程建设、监理概论、建筑工程项目管理、建筑施工技术
工程造价		建筑工程项目招投标与合同管理、建筑施工技术、建筑工程项目管理、建筑工程估价、建筑工程估价实训、建筑工程技术资料管理、安装工程估价、安装工程估价实训
金融学	中央银行理论与实务、金融风险管理、公司财务、投资学、金融法规、金融统计分析、证券投资分析	金融基础、金融营销基础、国际金融、金融专题讲座、互联网金融概论、个人理财

续表

专业	本科	专科
机械设计制造及其自动化(数控技术)	控制系统CAD数控原理与应用、数控原理与应用、机械CAD/CAM、机电控制与可编程序控制器技术、液压气动技术传感器与测试技术、传感器与测试技术、电气传动与调速系统	机械制图、机械设计基础、数控机床、电工电子技术、机械制造基础、数控编程技术、数控加工工艺、机电一体化系统、液压与气压传动、数控机床电气控制
电子商务		电子支付与安全、电子商务网站规划与设计、市场营销学、网络营销与策划、Dreamweaver网页设计、国际贸易实务
观光农业		农村文化产业概论、旅游市场营销、旅游资源开发与利用、农业项目投资、客房与餐饮管理
农村行政管理		农业推广、农村文化产业概论、小城镇建设、土地利用规划、财政与金融(农)
园林技术		园林植物病虫害防治、插花艺术、园林树设施栽培技术、花卉栽培技术、绿地规划、园林设计
园艺技术		绿地规划、园林设计、设施栽培技术、园林树木、园林植物病虫害防治

表2-2-73 专业延展课一览表

专业	本科	专科
行政管理	社会保障学、现代管理专题、信息检索与利用	公共关系学、社区治理、中国政治制度史、西方行政制度
行政管理(辅警)	警务技能实训(二)	警务技能实训(一)、公共关系学
法学(法律事务)	法律文书、证据学、物权法、刑法学专题研究	消费者权益保护法
法学(法律事务)(辅警)	警务技能实训(二)	警务技能实训(一)
会计学	国际贸易原理	货币银行学、企业运营与发展
工商管理	证券投资分析	企业运营与发展
学前教育	幼儿园社会教育专题、幼儿园科学教育专题、学前教育史	儿童家庭与社区教育
计算机科学技术(计算机信息管理)	电子商务概论	
建筑施工管理(土木工程管理)	INTETNET网络系统与实践、建设工程项目管理	
工程造价		工程造价基础知识
金融学	市场营销学	职业生涯规划(1)
电子商务		Photoshop图像处理

续表

专业	本科	专科
观光农业		果树栽培技术(南方本)、设施栽培技术
农村行政管理		市场营销原理与实务、市场调查与商情预测、植物生产技术
园林技术		特色野生花卉资源及开发利用
园艺技术		水土保持技术、观光农业概论

表 2-2-74　　综合实践课程一览表

专业	本科	专科
行政管理	毕业作业、社会调查	毕业作业、社会调查
行政管理(辅警)	毕业作业、社会调查	毕业作业、社会调查
法学(法律事务)	毕业论文、法律实践	社会实践、毕业论文
法学(法律事务)(辅警)	毕业论文、法律实践	社会实践、毕业论文
会计学	毕业论文、会计管理模拟实验	会计核算模拟实验、社会实践
工商(企业)管理	社会实践、毕业设计	社会实践、毕业设计
学前教育	毕业论文、教育管理专业实践	教育实习、幼儿园教学活动设计与指导
计算机科学技术(计算机信息管理)	毕业设计	毕业设计
土木工程管理(建筑施工管理)	生产实习、毕业实习、毕业设计	建筑构造实训、建筑结构实训、计算机综合应用能力实训、毕业实践
工程造价		毕业综合实训
金融学	金融模拟交易、毕业论文	社会调查、毕业设计
机械设计制造及其自动化(数控技术)	毕业实习、毕业设计、传感器与测试技术课程设计、数控原理与应用课程设计	机械零件加工与装配实训、数控自动编程实训、综合实训
电子商务		毕业设计、课程设计
观光农业		毕业作业(农)、生产实习(农);客房与餐饮服务实训
农村行政管理		毕业作业(农)、生产实习(农)
园林技术		毕业作业(农)、生产实习(农)
园艺技术		毕业作业(农)、生产实习(农)

表 2-2-75 各专业本科段补修课程一览表

专业	补修课程
行政管理	政治学原理、公共行政学(行政管理学)
法学	刑法学、民法学、法学基础知识
会计学	管理会计、成本会计、中级财务会计
工商管理	财务管理、管理学基础、市场营销学
学前教育	学前教育学、幼儿园课程论、学前儿童发展心理学
计算机科学技术	计算机导论、VisualBasic 程序设计
土木工程管理	建筑力学、建筑构造、建筑结构
金融学	商业银行经营管理、国际金融
机械设计制造及其自动化	电工电子技术、机械制造基础、机械设计基础

(3)教学管理模式

开放教育的本质是人人享有终身接受教育的权利,不仅意味着对教育对象的开放,更重要的教育观念、教育资源和教育过程的开放。

经过十余年的教育实践,开放教育教学模式改革始终围绕着如何处理好远程开放教育中"学与导"的关系这一基本目标,并逐渐完善为较为成型的"学导结合教学模式",即"以开放教育为主体,以教育质量为生命,以持续发展为目标",构建了以"学生自主学习"为主体,以"教师导学、媒体助学、班主任促学"三者相结合的"三维一体"教学管理新模式;其要点是"学习者利用多种媒体资源开展自主学习与协作学习,教师基于教学设计进行多种方式的引导与辅导,学校通过天地人网提供全程学习支持服务";这个教学模式改变了广播电视教育单向传输、封闭面授为主的传统模式,具有三个基本特征:第一,自主性,强调学生的自主学习,教师的引导、辅导要服从、服务于学生的自主学习;第二,针对性,强调教学活动要针对学生的学习特点、能力特点、生活角色多元的特点来进行,强调解决学生学习过程中的难点重点问题,强调突出教学过程的关键环节——互动;第三,多样性,各地各专业、课程都可根据各自特点来形成自己的教学模式。

学院根据开放教育学生实际,在创新教学管理实践,形成具有特色的教学管理体制:

一是周日工作制。即依据开放教育学生的工作特点,学院自 2006 年秋季起施行周日工作制,改周四、周六休息,到 2015 年秋季改为周五、周六休息;

二是开放教育面授辅导教师培训会。每学期在面授辅导教学开始前,由学院组织当学期所有承担开放教育教学任务的教师及导学教师开展培训工作,旨在及时传达国家开放大学及省电大关于课程面授辅导的最新指示精神及教学改革动向,使教师对面授辅导引起高度重视并及时了解和掌握所任课程在教学内容、作业形式及考核方式的新变化;

三是特色化面授辅导教学制度。根据开放教育学生实际,学院在安排面授辅导教学时,确定每周一、二、三晚及周日全天为面授辅导教学时段,以迎合学生实际需要,以便更好地为学生提供教学服务;

四是开放教育教师管理科学聘任制。学校对课程面授辅导教师管理是通过聘任进行管理的,即严格按照程序来进行,依据现有聘任管理办法,主要程序为:新一学期课程汇总与分类、内网公布、全校教师竞聘与录用、未聘教师课程统一安排,体现聘任工作中的公开、公平、公正;

五是专业负责人制度。自2006年秋季开始,为加强开放教育教学管理,提升教学质量,学院实施了专业负责人管理体制,聘任了法学、会计学、工商管理、行政管理、计算机信息技术、土木工程管理等6个专业的负责人;

六是规范面授辅导教学。开放教育面授辅导教学拟规范"三课",即通过"导学课"使学员对课程的性质与任务、课程知识结构与重难点、课程学习方式等作全面了解;通过"作业课"使学员能顺利完成形成性学习的任务与形成性考核任务;通过"复习课"使学员参照课程《教学大纲》与课程期末复习资料做好期末考试复习工作。

⑷教学评价

学院在自2010年起形成了一套较为完整的教学评价体系,一是各管理部门对学院的教学评价。省电大通过每学年上半年的办学质量报告(开放教育部分)及下半年开放教育教学检查等对学院的开放教育教学工作进行监督与检查,并在年底的"县市电大业务考核"给出关于开放教育"教学与教务"的综合评价,学校则将对学院的教学评价融合至"目标考核责任制考核"的工作中开展;二是学院自行开展的"教学评价"。

⑸教学竞赛活动

学院教学竞赛活动,从组织层面看,主要可分为省电大及以上级别和全市电大系统两类,从教师参与的类别上看,主要可分为教师说课、课堂教学设计、教师技能竞赛、网上教学活动比赛及教学创新竞赛等,同时指导学生参与各类竞赛等。2003年–2018年间共计取得地市级及以上20项次各类竞赛优秀成果。

三、师资队伍建设

(一)师资队伍构成与聘任

学院师资队伍除学院管理层外,由以下几部分构成:一是省电大聘任的课程主持教师,2008年秋季,徐文良、吴黎旦、宋寅丰、应巧姿、赵孚健等受聘担任省电大相关课程的责任教师;二是学院专业负责人,2006年秋季开始,学校根据继续教育学院人才培养模式及学员实际,在学院内增设会计学、法学、土木建筑工程、行政管理、工商管理、计算机信息技术六大专业负责人,并在全校范围根据各专业教学需要与教师专业特点进行选聘,至2013年2月,专业负责人固定为会计学、法学、土木建筑、行政管理、工商管理等五个;三是开放教育课程辅导老师,学校对开放教育课程辅导教师聘任是严格按照程序来进行,依据现有聘任管理办法,主要程序为:新一学期课程汇总与分类、内网公布、全校教师竞聘与录用、未聘教师课程统一安排,体现聘任工作中的公开、公平、公正;四是导学教师(专职班主任),2008年秋前,导学教师(专职班主任)基本上是由学院内部教职工兼任,2008年秋季试行专职班主任(导学教师)制(2015年秋季取消),主要负责对开放学员开展助学服务工作;五是教学管理员、学籍考务管理员,教学管理员与学籍考试管理员基本上在"稳定、持续"的原则下,在每年度全校性岗位双向选择的过程选聘;

(二)师资队伍建设

学院师资队伍建设主要由师德建设与业务培训等形式开展。学院在金华市教育局的指导下及学校党委的直接领导下开展对教师的师德建设,以社会主义核心价值观为指针,以社会主义职业道德基本要求为准则,以爱国主义、爱岗敬业、服务学员、清廉从教、开拓创新等为核心内容,使广大教师牢固确立"以生为本,服务至上"的从教观,确保"一切为了学生,为了一切学生"的从教态度;在师资的业务培训方面,主要形式有:每学期固定开展学期开放教育面授辅导教师业务培训,每年度开展全市电大系统分专业教学研讨会、教务培训会及招生培训会、考务培训会，每年度开展全市电大系统说课、微课制作、教学媒体应用等教学技能专题讲座或竞赛，每年度组织参加学校校本培训，每年度派人参加浙江广播电视大学组织的专业教研会、学术沙龙等各类教科研培训或竞赛，每年度派人参加中央广播电视大学(国家开放大学)组织的各类教科研培训。

四、教学条件与校外实践基地建设

(一)教学条件建设

学院教学条件建设方面可以分为两大部分，第一部分系与学校共享，包含校舍建设(教学及辅助用房、行政办公用房等)、资产建设(占地面积、图书资料、计算机拥有量、多媒体教室、语言实验室及网上课程量)、教育资源建设(含录音、录像资料、CAI课件、VOD视频教学资源、网上文本资源等在内的教育软件资源建设以及教育硬件资源建设)和信息化建设(含校园网出口总带宽、上网课程数、电子邮件系统用户数、管理信息系统数据量、数字资源量等)等四块；第二部分则为学院自用各教学条件及建设，主要包括教学硬件配套设施建设与网络技术服务支持等。硬件配套设施方面，学院自成立以来一直在人民东路校区办公，现与社区大学、培训学院(前期为外贸学院)共同使用人民东路校区办公大楼，学院拥有教室20间(其中10间教室配有多媒体设备)、会议室1间、办公室10间(办公室配有空调、计算机及电话等办公设备)、机房4间(共配有200个座位、200台计算机及一套机房控制设备)、其他办公用房9间；网络技术服务方面主要有：学院网页及覆盖校区的无线网络；另外，网络技术支持、图书及其他教学服务由学校统筹提供。

(二)农民大学生教学实践基地

创建农民大学生教学实践基地是进一步深化教学改革、强化实践教学，提高农民大学生教学质量和实践技能的一项有效措施，也是电大培养有文化、懂技术、会经营、讲文明的农村实用人才的重要抓手。自2010年起创建了一批农民大学生教学实践基地，其中包括有金华九峰现代农业实训基地、北山家庭农场、江心岛农场、金东区东前施果树试验站、浙联山庄、绿水田园家庭农场、金华市游山忆水家庭农场、韵川园林、金华新芽苗木专业合作社等9个农民大学生教学实践基地，其中多数为本校农民大学生自有的创业园或基地，在农民大学生培养过程中充分发挥着教学实践的作用；并成为农民大学生提升能力、推进创业创新的重要平台。

五、合作办学

(一)校企合作办学

校企(政)合作办学、为社会提供教育服务是学院的一项基本任务，近年来，共计开设6个合作办学项目，涉及主要有化工行业、银行、李子园牛奶责任有限公司等，累计为社会培养300多名专业技术人才。

表2-2-76　　开放远程学院校企合作办学一览表　　单位：人

时间	合作单位	项目名称	层次	培养学员数
2013.9	山山烘焙食品有限公司	四川农大山山烘焙班	专科	50
2015.3	金华市成泰农商银行	成泰金融本科班	本科	45
2015.9	金华市安监局	“化学工程与工艺”	专科	45

续表 单位:人

时间	合作单位	项目名称	层次	培养学员数
2015.9	金华市安监局	“安全工程”	本科	45
2015.9	浙江省李子园牛奶责任有限公司	开放(远程)教育李子园班	本、专科	82
2017.3	兰溪合作银行	兰溪合行银行班	本科	37

(二)农民大学生培养

2011 年秋季起,与金华市农办合作开办了 12 期农民大学生培养项目,共涉及专科层次的农村行政管理、农业经济、园艺技术、园林技术、观光农业等“一村一名”农民大学生培养项目及电子商务、建筑施工管理专业非“一村一名”农民大学生培养项目,本科层次的行政管理、工商管理及土木工程管理等专业的农民大学生培养项目。

表 2-2-77　　开放远程学院校政合作(农民大学生培养项目)办学一览表

时间	开设专业	层次	人数
2011.9	园艺技术	专科	20
2012.9	农村行政管理、园艺技术	专科	60
2013.9	农村行政管理、观光农业、农业经济管理、园艺技术	专科	196
2014.9	农村行政管理、观光农业、农业经济管理、园艺技术	专科	177
2014.9	行政管理、工商管理	本科	90
2015.9	农村行政管理、观光农业、农业经济管理、园艺技术	专科	146
2015.9	行政管理、土木工程管理	本科	95
2016.9	农村行政管理、电子商务、园林技术、建筑施工管理	专科	201
2016.9	行政管理、土木工程管理	本科	100
2017.9	观光农业、电子商务、园林技术、建筑施工管理	专科	168
2017.9	土木工程管理、行政管理	本科	56
2018.9	园林技术	专科	56

(三)辅警学历提升

2018 年春季起,学校与市公安局合作开办辅警学历提升项目,旨在提高公安系统辅警学历层次及文化素质,首季开设行政管理、法学(法律事务)两个专业的本科与专科班,录取 389 名辅警学员。

表 2-2-78　　开放远程学院校政合作(辅警学历提升项目)办学一览表　　单位:人

层次	专业	年份	人数
本科	法学	2018 春	57
		2018 秋	20
	行政管理	2018 春	40
		2018 秋	18
专科	法律事务	2018 春	50
		2018 秋	10
	行政管理	2018 春	140
		2018 秋	54
合计			389

此外,学院为金华市消防支队开展合作培训项目,致力于提升部队官兵的文化素质;与宏电集团合作办学,为企业员工的专业学历提升提供菜单服务。

六、学生管理

(一)学生管理人员

学生管理队伍的构成:一是全校性的管理层,包含校党政领导、校党办、校教务处与督导处等职能部门人员;二是由校区主管领导、党支部书记及开放远程院长、副院长等组成的学院管理层;三是开放远程学院的四支管理团队,即科室负责人团队、管理工作团队、导学教师团队(班主任)、专任教师团队。通过班级或学习小组活动,以微信、QQ、网络、教学活动等为平台全面开展对学生的思想政治、教务(学籍、考试)及评优等工作的管理。

(二)学生管理制度

学生管理制度主要由国家开放大学、浙江广播电视大学制定的学生管理制度及学校制定的学生管理制度构成。国家开放大学的学生管理制度主要有《国家开放大学学籍管理办法》《关于开展奖学金评选工作的通知》,浙江广播电视大学的学生管理制度主要有《浙江广播电视大学教务管理规定》《浙江广播电视大学学生学籍管理规定》《浙江广播电视大学关于全省电大系统开放教育优秀毕业生评选办法(修订)的通知》《关于开展浙江广播电视大学奖(助)学金评选推荐工作的通知》等;本校制定的制度主要包括:《电大系统建设管理制度》《开放学院任课教师管理办法》《开放教育导学教师(班主任)工作管理及考核办法》《开放教育监考人员职责及考核办法》《教学资源和教学活动的要求及课时计算方法》《开放教育形成性考核实施办法》《开放教育听课评议制度》《开放教育毕业设计(论文)教学工作规范》《开放教育优秀学员、优秀班干部评选办法》《开放学院班级活动经费管理办法》等,全面实施对开放教育学员的入学注册、成绩考核、学籍及转学休学退学、毕业等制度,使学生管理工作规范化。

(三)学生考核

开放教育学员的考核主要分学业考核与评优活动等组成。

1.学业考核

学业考核是开放教育教学评估的重要手段和教学质量的保证措施,包括课程考核与综合性实践教学环节考核两个部分;其中课程考核由形成性考核和期末终结性考试两部分组成,综合性实践教学环节考核则由社会调查与毕业设计(论文)组成,学业考核全部合格方可取得相应毕业证书;

2.学士学位证书

国家开放大学为学业优秀的学员授予学士学位证书(2017 年前各专业学士学位证书由相应合作高校授予),其满足的条件主要有公共英语四级以上、毕业设计(论文)良好以上、核心课程 70 分以上。

3.评优活动

为充分调动开放教育学生学习积极性和主动性,激励学生刻苦学习、努力进取,推进学风和校风建设,促进教学质量提升,国家开放大学整个系统设置了不同层级的奖励种类及各种类别的评优评奖活动,给予获得优秀荣誉的学员以精神鼓励和相应的物质奖励,勉励学员积极进取,营造良好的学风校风。

国家开放大学:每年度上半年固定开展针对开放教育学员的奖学金评选活动、针对“一村一”农民大学生的“希望的田野”奖学金评选活动以及针对当年度全体毕业生的“优秀毕业生”评选活动。

浙江广播电视大学:每年度固定开展的活动包括针对开放教育学员奖学金评选及助学金评定活动、针对农民大学生开展“优秀农民大学生”评选活动、针对毕业生开展春秋两季省级开放教育优秀毕业生评选活动、每学期开展“网上学习之星”评选活动;除外,还有不定期开展的“实践标兵”等其他评优活动。

学院:2013 年春季学期学院出台《开放教育优秀学员、优秀班干部评选办法》(2019 年秋季学期修订),每年度开展优秀学员或优秀班干部的评选活动;2018 年秋季学期学院制定了《开放教育“网上学习之星”评选办法》,每学期开展开放教育“网上学习之星”评选活动。

金华奥鹏学习中心(远程学院):各合作高校每年度组织远程教育学员开展优秀学员、优秀毕业生等评选活动。

(四)学生活动

开放教育学生活动主要有学习小组活动、班级活动及学院活动等组成。

开放教育学习小组活动是为了达到最佳学习效果而组成的小组,要求学生在各自独立学习之后,交换所获取的教学信息,在活动过程中促进相互之间学习知识的增长,开放大学学习小组的组织过程主要包含导学教师分组、学习小组计划、学习小组活动具体组织实施、小组活动的检验等,开展学习小组活动在实现学习资源的最优化组合、创造良好学习氛围等方面具有重要作用,学习小组活动形式灵活多样,主要以学习为主题。

开放教育班级活动在促进良好学风与校风形成、提升学生班级集体荣誉感及归属感、促进学生终身学习理念形成与学习能力提升、提高学生学习成效等方面都具有积极意义。班级活动由导学教师(班主任)组织开展,形式多样,活动主题主要集中在促学、班风与学风建设等方面,每学期一次。

学院活动内容见“校园文化活动”。

(五)学生组织

1.开放教育学生会(学生联合会)

为积极推进开放教育校园文化建设、打造开放教育“快乐学习”校园文化品牌、实现学生“自我教育、自我管理、自我服务”,开放教育学生会创建于 2013 年 5 月,制定《开放教育学生会章程》,明确该组织以倡导时代先进文化、反映学生心声、维护学生利益,动员并带领学生参与校园文化建设,全心全意为学生学习、成长服务为宗旨；学生会设学生会主席、副主席、学习部、文体部、体育部、社会实践部及秘书等机构，首届学生会主席为12秋法学专科孔江宁担任，学生会成员由学生自荐、班主任推荐、学院审核与报备学校党委；第二届学生会于2016年9月成立，学生会主席由2015春法学本科生孔江宁连任；2018年10月，学院启动第三届开放教育学生会[学生联合会]组建工作。

2."市农民大学生创业协会"

"市农民大学生创业协会"创建于2015年10月，由"一村一"农民大学生为主体，其宗旨在于促进金华市农民大学生之间的学习交流、共同谋划创业发展，并出台了《金华电大农民大学生创业协会章程》，就农民大学生创业协会的性质、宗旨、原则、方向、目标等，对提高创业农民大学生生产经营的科技创新水平和创业能力，带领创业农民创办经济实体或经济合作组织，走规模化、集约化、产业化发展的道路中发挥积极作用，为部门积极建言献策，为自己的学员服务，发挥协会的平台作用。

七、科学研究

学院科研工作的开展始终结合开放(远程)教育教学实际，并侧重于对开放(远程)教育教学规律、课程建设(含课件、微课、题库、教学资源库、核心课程标准等)、课堂教学与实践教学、教师专业素养提升、基层电大系统建设研究等；而从科学研究的形式上表现为学术专著、论文、课题立项、学术成果获奖、学习资源立项及获奖等，2003年-2018年间，学院共计取得科研成果多达100项：专著5部；论文30篇，其中核心期刊3篇；各级各类立项课题(含教改、课改)40项，其中地厅级课题10项，市级课题15项，市级以下课题15项；获得各级各类论文成果获奖15项，其中省电大及以上的奖项4项；学习资源立项及获奖10项，其中省电大及以上的奖项2项。

八、文化建设

(一)文化品牌建设

1.开放教育文化品牌创建

(1)开放教育校园文化示范点建设单位

在2011年6月全省电大系统开放教育校园文化建设试点工作会议上，学校被确定为省电大系统首批开放教育校园文化示范点建设单位，并根据开放教育办学实际以及开放教育校园文化建设取得的成果，提出"1234"校园文化品牌建设框架，即"一个理念"引领：一切为了学习者着想；"两个模式"支撑：把教室建设到学生中去、把教育办到社会中去；"三个效益"谋求：争取开放教育社会效益、经济效益与系统效益的全面实现；"四支队伍" 保障：招生团队、研究团队、咨询团队和支持服务团队。

(2)创建开放教育校园文化品牌

2013年11月全省电大系统校园文化品牌评审会议上，学校申报的"快乐学习"开放教育校园文化建设项目被评为全省电大系统校园文化品牌。并在随后的创建活动中，逐渐形成了以"愿学"学习氛围的营造、"乐学"学习环境的优化、"可学"学习平台的创新，"勤学"服务保障的基本框架，并使校园文化建设积极服务于学校的全面发展。

2.管理创新活动

(1)"掌上电大"移动学习创新项目

2013年5月28日，学校与中国联通金华分公司、中国软件与技术服务股份有限公司合作开发的"掌上电大"正式启动，属全省电大乃至全国电大尚属首家。

2013年11月29日，学院申报的《"掌上电大"移动学习项目》在全省电大系统首届管理工作创新联评会上,获管理工作创新奖一等奖。

⑵农民大学生培养项目管理工作创新

2015年12月,学院申报的《"农民大学生培养项目管理工作创新"项目》在全省电大系统第二届管理工作创新联评会上,获管理工作创新二等奖;

(二)校园文化活动

1.始业教育

学院的始业教育也称开学典礼,一般以分专业形式进行,由相应专业负责人与班主任共同组织并实施,专业负责人就开放教育学习的特色与方法、专业特点与学习任务以及学习过程的参与等向学员详细的讲解,班主任则从学员对开放教育认知角度对学员进行思想教育工作、着力培养学员对开放教育正确的学习观与端正的学习态度。

2.金华农民大讲堂

农民大讲堂由金华市农办与学校联合举办,旨在为全面提升农民素质开设的涵盖物质文明、精神文明、政治文明、社会文明和生态文明的短期讲座式培训,内容涉及关于农村政策解读、农村家庭教育、农村创业合同法规及苗木种植技术等方面,也使农民大学生在多样性的教学活动中使自身素养得以提升。

3.文化竞赛活动

2006年9月,参加全省电大第三届文艺汇演暨校园歌手大赛,获得开放成人组一等奖;

2011年4月,"邻居节";

2012年4月,"金华电大学员·金华社区居民2012千人踏春游暨首届旅游摄影大赛";

2013年5月,"放飞梦想"书画摄影比赛和"我心目中的好老师"主题征文、农民大学生"求知、创业、致富"征文活动;

2017年4月,"春意浓"主题摄影竞赛活动;

2017年5月,"金华环江健步跑"等;

2018年5月,省电大首届开放教育学生英语口语大赛,林铖轩获得一等奖、吕婧获得二等奖、叶程颖获得三等奖,学校获得了最佳组织奖。

2018年11月,以"传扬新时代金华精神 争做新时代文明市民"为主题的金华电大学员海塘公园徒步环湖行暨开放教育校园文化系列活动启动仪式;

2018年12月,"寻找金华'那片美'"摄影赛。

4.农民大学生赴台湾考察

2015年9月21–27日,由市农办组织农村实用人才赴台湾培训,学院18名农民大学生随团参加培训。考察了云林古坑华山休闲农业示范区、桃米社区、九品莲花生态教育园区、台东原生植物园、台东县农会东游季农产品展售中心等农业产区,解读台湾农村社区转型、市民农园、民宿与农家乐等。

九、系统建设与联动

(一)系统建设与联动

电大系统是由顶层的国家开放大学、省级分部与基层的市县电大教学点构成的一个相互关联、相互依存的大系统,"统筹规划、分级管理、分级办学、分工协作"的系统办学特色显著,为充分发挥电大系统优势、实现"系统协同,形成合力",必须开展包括全市电大系统内开展教学管理、招生管理、考试管理及校园文化建设等方面的系统建设与联动。为此，学校于2013年出台了《电大系统建设管理制度》，旨在新形势下更好发挥全市电大系统优势与整体优势，谋求“系统效益”最大化并推动电大的教育事业，承载起“适应地方社会经济发展需要，满足广大社会成员多样化的学习需求，促进终身教育体系构建和学习型社会建设”的重任。

开放远程学院承担组织与指导全市电大系统开放教育教学、教务与考务工作的开展；招生中心组织与指导全市电大系统开放教育招生管理工作的开展；学校党校办与开放远程学院组织与指导全市电大系统校园文化建设的开展。

(二)全市电大校长(书记)会议

每学期召开一次全市电大校长(书记)会议，主要就各教学点一学期工作进行总结交流，并就开放教育教学改革、招生工作、考试管理和考风考纪建设工作以及社区教育开展等关系到各自学校发展与全市电大系统建设的相关工作进行商讨。

(三)全市电大联系人制度

为确保全市电大系统各项管理工作的正常、有序，由学院牵头于2013年2月创建了全市电大联系人制度，并由学院综合科负责该制度的运行，其主要职责是经各县(市)电大联系人传递市本级电大发出的各项工作信息、督促县(市)电大落实各项工作任务、汇总并向市本级电大上报本校各项工作数据以及完成其他工作任务。

(四)教学管理

市本级电大担责全市电大系统在教学计划制定、教学资源共建共享、综合性实践教学环节等教学管理工作，同时通过教学研讨会及教学竞赛组织充分提升教师教学业务能力，形成全市电大的教学优势。

1.教学计划

市本级电大在认真学习省电大下发的最新专业规则文件基础上，结合教学实际，在每学期新生开学前制定出切实可行的教学计划，并发放给各县(市)电大，市本级电大不能涵盖的专业，由相关办学单位提交教学科审核。

2.教学资源共建共享

学院在整合全市电大系统教师资源并开展教学资源共建共享工作方面主要开展的有：一是积极开展课程教学建源共建共享工作。课程教学资源主要侧重于整合各课程教学资源与课程辅导资源两大类的共建共享，目前已完成省开课程各资源的全覆盖及95%以上国开课程资源建设；二是共建教学资源的表现形式尽可能多样化。在保持word类教学资源原有质量提升的前提下，尽可能在学习资源的类别上做到word类教学资源与视频类教学资源并重、学习型教学资源与复习型教学并重、课程系统性教学资源与碎片化教学资源并重；三是加强全市电大系统教学资源“库”的共建工作。主要实践基地库、微课资源库、课程辅导资料库、典型学员档案库等各项教学资源“库”的共建共享工作；四是搭建了以蓝墨云班课为主体的全市电大系统共享网络平台，真正实现全市电大系统教学资源的共建与共享。

3.综合实践教学环节

学校专门成立了实践教学指导委员会和实践教学工作小组，负责指导全市电大系统实践环节教学工作，接受并审议学生提出的毕业论文(设计)成绩的审议申请；制定《金华广播电视大学开放教育毕业设计(论文)教学工作规范》，规范全市电大系统综合性实践教学环节的实施；由开放远程学院统一组织与实施本科段论文答辩工作；组织相关人员不定期通过严格审核指导教师资格及管控指导人数、对指导教师指导内容及过程记录管理及论文格式等加强对综合实践教学环节的督查与管理;开展综合实践教学基地建设工作,提升实践教学基地服务于教学的效率。

4.教研大组

为加强全市电大系统教学交流与互动、提高全市电大系统教学质量、积极开展全市电大系统教育教学理论研究及各类教科研活动,由学院牵头于2015年9月成立了全市电大系统英语、经管、文法、信工、农学等五个教研大组,并创建了相应的QQ、微信及蓝墨云班课等平台。

5.教学研讨会

自2015年9月全市电大系统英语、经管、文法、信工、农学等五个教研大组成立后,每年度由学院牵头分别组织召开各专业教学研讨会,以此为平台开展全市电大系统教学资源共建共享及打造强有力教学团队、提升教学质量与开展教学改革创新及促进教师自身发展。

6.教学竞赛

全市电大系统教学竞赛旨在激发教师探索教学业务和教学技能的积极性、丰富学校教育内涵建设,该项竞赛由学院牵头组织实施,并选派优秀者参加省电大组织的教学业务竞赛,主要包含说课竞赛、课堂教学设计竞赛、微课制作竞赛、教师技能竞赛、网上教学活动竞赛等。

表2-2-79　　全市电大系统教学竞赛组织一览表

序号	年份	竞赛项目
1	2015.5	全市电大系统教师说课竞赛
2	2015.10	全市电大系统课程教学方案设计竞赛
3	2016.5	全市电大系统青年教师教学技能竞赛
4	2016.10	全市电大系统课程教学设计方案竞赛
5	2017.5	全市电大系统教师说课竞赛
6	2017.11	全市电大系统课程教学设计方案竞赛
7	2018.5	全市电大系统青年教师教学技能竞赛
8	2018.10	全市电大系统课程教学设计方案竞赛

(五)教务管理

1.学籍管理

市本级电大担负全市电大系统的在学籍注册、课程注册、学籍异动、毕业审核及档案管理等方面学籍管理的组织与指导工作。

学籍注册,在录取工作完毕后,由市本级电大组织县(市)电大认真开展新生信息查核及信息汇总工作,并由市本级电大与省电大联系进行必要的纠错工作,确保每一名学员信息的准确无误;课程注册,市本级电大及时掌握上级电大关于课程注册的相关信息并认真组织及指导县(市)电大开展课程注册工作;学籍异动,市本级电大指导县(市)电大开展学籍异动管理工作,定期汇总全市电大学籍异动数据，并及时、准确处理各类学籍异动；毕业审核，市本级电大指导县(市)电大完成毕业审核工作规范化管理，制定从课程成绩审核、学员信息审核、毕业数据汇总等规范化程序，确保符合毕业条件的学员均能顺利取得毕业资格，每学期统计申报符合申请学位学员的学位申请材料；档案管理，由市电大指导县(市)电大完成学生档案的规范组建和归档工作。

2.考务管理

(1)考试工作培训会

为确保全市电大系统开放教育期末考试质量、严肃考风考纪、及时了解和掌握考试工作进展情况，实现“保证考试平稳有序，杜绝考试违规违纪”期末考试工作的总目标，每学期期末考试前，均由学校组织开展由考试工作领导小组组员及参加巡考(蹲点巡考)工作相关人员等参加的全市电大系统期末考试巡考(蹲点巡考)培训会，以总结过往期末考试工作、传达上级电大关于期末考试工作的最新精神及强化对考试工作纪律与工作流程的遵守等为培训内容，强化主体责任，落实考试细则。

(2)考试工作组织与管理

全市系统考试工作组织与管理主要有如下几项构成：一是成立考试工作领导小组。由校级领导、开放远程学院负责人及各县(市)电大主管领导等为组员，其中，市本级电大党政一把手任组长兼总主考、分管校领导任副组长兼副总主考；二是制定期末考试应急预案。每学期特别制订《开放教育期末考试考点突发事件应急预案》，以确保能及时预防和有效处理期末考试过程中的突发事件；三是签署考试安全责任书。为了充分落实主考责任制，规范考试管理，保证教学质量，促进考点建设，严肃考风考纪，净化考试环境，保障考试安全，每学年由市本级电大校长与各县(市)电大负责人签署考试安全责任书；四是严格试卷保管工作。考试前组织专人专车前往省电大领取当期试卷，并做好试卷分类工作，安全登记、放入专门的试卷库；有序向各县(市)电大发放试卷；考试完毕依照同样程序回收试卷并经整理后送达省电大；五是巡考(蹲点巡考)工作。每学期期末考试进行期间，除市本级电大派驻各县(市)电大考点开展蹲点巡考工作外，考试工作领导小组不定期开展对各县(市)电大考点的巡查与督导工作；此外，市本级电大应根据上级电大的规定整理关于学员课程免修免考管理的指导性文件，并统一开展全市电大免修免考在数据汇总、申报、反馈等管理工作；市本级电大还应根据上级电大的规定整理关于学员成绩管理的指导性文件，指导全市电大开展形成性成绩的录入工作及终考成绩的录入组织工作，确保成绩管理的准确性与及时性。

(六)招生管理

全市电大系统招生管理，主要包括统一申报招生计划、统一编制招生方案、统一招生宣传、统一入学资格审核等方面。根据该地区社会人才培养需求及该地区的实际情况，结合学科专业建设规划，由各县(市)电大拟定每招生季招生招生专业设置、招生规模和办学层次等方面的方案，并报学校招生中心，再由学校招生中心拟定全市电大系统统一的招生计划向省电大申报，获省电大审批后再统一编制全市电大系统招生方案、制作统一的招生宣传资料及开展招生宣传工作，最后对入学资格由市电大招生中心审核。

此外，由市电大对照省电大《关于开展“招生违规自查”专项工作的通知》，对全市电大系统在招生宣传、报名注册、收费等环节进行管理与监控，以积极维护国家开放大学的品牌和办学声誉。

(七)文体活动

校园文化是衡量学校办学水平的一个重要指标，在学校凝聚力与向心力形成、积极向上的氛围及丰富多彩的校园环境等方面都有着积极作用，市本级电大担负组织全市电大系统在师德教育活动、校园文化品牌创设、文体活动等方面工作的开展。

第六节　培训学院

一、概况

(一)沿革

2014 年 7 月以前,各类培训由教务部门或各二级学院自行组织,没有专门机构进行统一管理。

2014 年 7 月,学校专门成立培训学院。

2015 年 7 月,培训学院和社区大学办公室合署办公。

2017 年 7 月,学校机构调整,培训学院与社区大学办公室、老年开放大学办公室合并,成立社区培训学院。

(二)组织机构

1.行政领导

表 2-2-80　　学院历任行政领导一览表

机构名称	负责人		起讫时间
培训学院	韦　峰	院长	2014.7–2015.7
培训学院	赵千骏	副主任	2014.7–2015.7
社区大学办公室培训学院	余红君	主任、院长	2015.7–2017.7
社区大学办公室培训学院	赵千骏	副主任	2015.7–2017.7
社区大学办公室培训学院	黄永祥	副主任	2016.7–2017.7
社区大学办公室	余红君	主任	2017.7–2018.7
社区大学办公室	黄永祥	副主任	2016.7–2017.7
培训学院	曹　楠	院长	2017.7–2018.7
社区大学办公室培训学院	赵千骏	副主任	2017.7–2018.7
社区大学办公室培训学院	邵　玲	主任	2018.1–2018.12
社区大学办公室培训学院	张国荣	副院长	2018.1–2018.12

2.党群组织

(1)党组织

因培训学院党员人数较少,没有单独成立党组织。2014 年 7 月,培训学院教职工党员归口到行政后勤党支部。2015 年 7 月,培训学院教职工党员归口到人民东路校区党支部。2018 年 7 月,培训学院教职工党员归口到行政第一党支部。

(2)分工会

2003 年 7 月起至 2015 年 11 月,学院基本上以工会小组为单位开展各类开会活动。2015 年 12 月,校工会根据学校发展需要和工会管理办法设立五个分工会,其中,人民东路校区分工会由开放学院、远程学院、培训学院、社区大学和信息中心五个部门构成。

2018 年 7 月,学校新一轮机构调整后,人民东路分工会由开放远程学院和社区培训学院构成,同年10月进行了分工会委员改选,沈晓庆任分工会主席、张国荣任群体委员、方青任女工委员。

二、教学

1. 校内考证

2018年年底,学校主要鉴定的职业工种有西式面点师、中式面点师、西式烹调师、中式烹调师、美容师和美发师等。每个职业工种均设五个等级,分别为:初级(国家职业资格五级)、中级(国家职业资格四级)、高级(国家职业资格三级)、技师(国家职业资格二级)、高级技师(国家职业资格一级)。

表2-2-81　　2013-2018年学校考证情况一览表　　单位:人

年份	2013	2014	2015	2016	2017	2018
数量	1451	1641	1109	2339	1390	2196

2. 校外培训

表2-2-82　　2013-2018年校外培训项目一览表

培训项目名称	培训等级	合作单位	年份
农民大学生	学历	金华市农办	2013
义乌购电子商务	初级	义乌小商品城	2015
义乌进出口	初级	义乌小商品城	2015
会计继续教育	初级	金华市财政局	2015
农民大讲堂	初级	金华市农办	2015
金华市直农民培训古村落保护中的木雕修复技艺项目	初级	金华市农办	2016
金华市直农民培训金华酒酿造技艺项目	初级	金华市农办	2016
金华市直农民培训金华酥饼制作技艺项目	初级	金华市农办	2016
金华市直农民培训农家饭店经营实用人才提升班项目	初级	金华市农办	2016
金华市婺城区农民培训微店营销项目	初级	金华市婺城区农办	2016
金华市婺城区农民培训中式糕点烘焙(桂花糕)项目	初级	金华市婺城区农办	2016
金华市婺城区农民培训烘焙蛋糕入门项目	初级	金华市婺城区农办	2016
金华市开发区农民培训西点制作项目	初级	金华市金华市开发区农办	2016
金华市开发区农民培训农产品安全检测项目	初级	金华市金华市开发区农办	2016
插花培训(市总工会、财贸女工)	初级	金华市总工会	2016
金华市直农民培训新农村园林景观设计项目	初级	金华市农办	2017

续表

培训项目名称	培训等级	合作单位	年份
婺城区农民培训实用婺式中点制作项目	初级	金华市婺城区农办	2017
婺城区农民培训西点烘焙入门培训	初级	金华市婺城区农办	2017
婺城区农民培训古民居修缮项目	初级	金华市婺城区农办	2017
婺城区农民培训西点烘焙入门项目	初级	金华市婺城区农办	2017
金东区农民培训传统婺式中点制作项目	初级	金华市金东区农办	2017
金华市导游协会英语A级考证培训	A级	金华市导游协会	2017
金华银行小微业务培训		金华银行	2017
金华市市场发展集团员工培训		金华市市场发展集团	2017
糕点协会食品检验工	初级	金华市糕点行业协会	2017
武警支队官兵中式烹调师培训	初级、中级、高级	武警金华支队	2018
金华市三八活动项目		金华市总工会	2018
金华开发区三八活动项目		金华市开发区机关工会委员会	2018
优秀店长知识培训班		浙江中国小商品集团股份有限公司采购商服务分公司	2018
金华市金东区农办婺式传统中点及地方特色中点制作培训	中级	金华市金东区农办	2018
金华市金华山农办新农村生活污水处理中级技能培训	中级	金华市金华山农办	2018
金东区农办新农村生活污水处理中级技能培训	中级	金华市金东区农办	2018
金华天硕劳动者就业创业培训	初级	金华天硕教育信息咨询有限公司	2018
社会劳动者培训		浙江汇才人力资源有限公司	2018

第三章　学生

第一节　招生

一、招生宣传工作

招生工作主要采取以下措施：

一是加强招生宣传力度。学校充分利用各类媒体宣传，深挖校外资源，主要途径有：分区域派专人到有关中学、企事业单位做招生宣传，利用学校网站、公众微信号、招生微信、班级 QQ 群等发布招生信息和相关招生政策。

二是积极拓宽招生渠道。定期走访招生合作单位；向各重点企业办公室或人事教育部门发函或拜访，建立正常交流渠道，建立长期交流合作机制；注重用人政策、信息的收集整理，准确定位行业和市场对专业学历的需求；通过学校联系社区、乡镇街道、成人文化技术学校设立招生点或张贴招生广告。

三是开展各类招生合作。学校先后与金华市农办、金华市人武部、金华市安监系统、金华市消防支队、浙江成泰银行、横店集团得邦照明股份有限公司、浙江李子园食品有限公司、浙江宏电环保股份有限公司、义乌邮储银行、中国人保金华地区各公司、金华安邦护卫有限公司等单位开展招生合作。

四是落实招生宣传经费，确保年度各类招生任务圆满完成。

二、历年招生情况

表 2-3-1　　2003-2018 年全日制中专、成专招生情况一览表

年度	浙江贸易学校招生数(人)	浙江商贸学校招生数(人)	电大成人专科招生数(人)
2003	910		
2004	757		
2005	645		
2006	879		
2007	949		545
2008	601		932
2009	751		715
2010	974		503
2011	1010		577
2012		1007	888
2013		1100	895

续表

年度	浙江贸易学校招生数(人)	浙江商贸学校招生数(人)	电大成人专科招生数(人)
2014		1009	578
2015		1296	546
2016		1203	603
2017		1029	751
2018		1085	765
合计	7476	7729	8298

表 2-3-2　　金华广播电视大学开放教育本科招生人数一览表

专业	招生人数(人)	专业	招生人数(人)
02 秋教育管理(本)	32	02 秋土木工程(本)	45
03 春法学(本)	61	03 春会计学(本)	45
03 春教育管理(本)	35	03 秋法学(本)	42
03 秋计算机科学与技术(本)	8	03 秋行政管理(本)	11
03 秋教育管理(本)	22	03 秋会计(本)	31
03 秋土木工程(本)	19	04 春汉语言(本)	6
03 秋英语(本)	19	04 春会计(本)	45
04 春工商管理(本)	9	04 秋计算机科学与技术(本)	10
04 春法学(本)	59	04 秋教育管理(本)	16
04 春教育管理(本)	26	04 秋土木工程(本)	30
04 秋法学(本)	70	04 秋行政管理(本)	18
04 秋工商管理(本)	30	04 秋会计学(本)	60
05 春法学(本)	83	05 秋行政管理(本)	29
05 春工商管理(本)	30	05 秋会计学(本)	92
05 春会计(本)	70	05 秋计算机(本)	21
05 春教育管理(本)	10	05 秋教育管理(本)	38
05 秋法学(本)	97	05 秋土木工程(本)	45
05 秋工商管理(本)	68	06 春法学(本)	82
06 春教育管理(本)	22	06 春工商管理(本)	45
06 春金融学(本)	30	06 春行政管理(本)	47
06 春土木工程(本)	32	06 春会计学(本)	85
06 秋法学(本)	77	06 秋计算机(本)	7
06 秋工商管理(本)	29	06 秋教育管理(本)	15

续表

专业	招生人数(人)	专业	招生人数(人)
06 秋行政管理(本)	47	06 秋金融学(本)	20
06 秋会计学(本)	98	06 秋土木工程(本)	20
06 秋机械(本)	6	07 春法学(本)	106
07 春计算机科学与技术(本)	12	07 春工商管理(本)	36
07 春教育管理(本)	9	07 春行政管理(本)	49
07 春金融(本)	13	07 春会计学(本)	74
07 春土木工程(本)	25	07 春机械(本)	7
07 秋教育管理(本)	12	07 秋法学(本)	79
07 秋金融(本)	17	07 秋工商管理(本)	39
07 秋机械(本)	11	07 秋土木工程(本)	48
07 秋会计(本)	79	07 秋行政(本)	56
08 春会计学(本)	111	08 春土木(本)	20
08 春机械(本)	10	08 春法学(本)	66
08 春金融学(本)	14	08 春行政管理(本)	38
08 春工商管理(本)	22	08 秋教育管理(本)	5
08 秋会计(本)	99	08 秋金融(本)	34
08 秋机械(本)	11	08 秋土木工程(本)	82
08 秋计算机(本)	4	08 秋法学(本)	72
08 秋行政管理(本)	40	08 秋工商管理(本)	28
09 春工商管理(本)	34	09 春土木工程(本)	26
09 春会计学(本)	98	09 春法学(本)	59
09 春机械(本)	12	09 春行政管理(本)	47
09 春金融(本)	29	09 秋工商管理(本)	34
09 秋金融学(本)	50	09 秋会计学(本)	98
09 秋土木工程(本)	35	09 秋机械设计(本)	12
09 秋法学(本)	59	09 秋计算机科学(本)	20
09 秋行政管理(本)	55	10 春金融学(专)	9
10 春土木工程(本)	47	10 春金融学(本)	31
10 春法学(本)	66	10 春机械(本)	14
10 春工商管理(本)	33	10 春会计学(本)	73
10 春行政管理(本)	54	10 秋教育管理(本)	7
10 秋会计学(本)	110	10 秋金融学(本)	44

续表

专业	招生人数(人)	专业	招生人数(人)
10秋土木工程(本)	69	10秋机械(本)	7
10秋法学(本)	82	10秋计算机科学与技术(本)	13
10秋工商管理(本)	43	10秋汉语言文学(本)	7
10秋行政管理(本)	55	11春教育管理(本)	3
11春计算机科学与技术(本)	18	11春土木工程(本)	80
11春会计学(本科)	90	11春法学(本)	71
11春工商管理(本)	42	11春机械(本)	6
11春行政管理(本)	64	11秋法学(本)	36
11秋会计学(本)	136	11秋工商管理(本)	49
11秋机械设计制造及其自动化(本)	18	11秋教育管理(本)	10
11秋计算机科学与技术(本)	12	11秋汉语言文学(本)	3
11秋行政管理(本)	56	12春金融学(本)	28
12春法学(本)	49	12春教育管理(本)	6
12春工商管理(本)	57	12春机械设计及其自动化(本)	5
12春会计学(本)	77	12春计算机科学与技术(本)	6
12春行政管理(本)	46	12春土木工程(本)	82
12秋工商管理(本)	45	12秋教育管理(本)	6
12秋汉语言(本)	6	12秋金融学(本)	34
12秋会计学(本)	100	12秋土木工程(本)	85
12秋机械设计及其自动化(本)	10	12秋法学(本)	48
12秋计算机科学与技术(本)	7	12秋行政管理(本)	44
13春法学(本)	67	13春教育管理(本)	3
13春工商管理(本)	47	13春金融学(本)	45
13春会计学(本)	110	13春土木工程(本)	103
13春机械设计制造及其自动化(本)	15	13春行政管理(本)	53
13春计算机科学与技术(本)	15	13秋法学(本)	59
13秋计算机(本)	10	13秋工商管理(本)	30
13秋教育管理(本)	7	13秋会计(本)	90
13秋金融(本)	35	13秋机械(本)	15
13秋土木工程(本)	126	13秋行政管理(本)	42
14春法学(本)	52	14春计算机(本)	15
14春工商管理(本)	39	14春金融(本)	23

续表

专业	招生人数(人)	专业	招生人数(人)
14 春会计(本)	82	14 春土木工程(本)	138
14 春机械(本)	9	14 春行政管理(本)	39
14 秋法学(本)	38	14 秋计算机科学与技术(本)	9
14 秋工商管理(本)	74	14 秋金融学(本)	10
14 秋公共事业管理(教育管理)(本)	3	14 秋土木工程(本)	90
14 秋会计学(本)	81	14 秋行政管理(本)	60
14 秋机械设计制造及其自动化(本)	5	15 春法学(本)	19
15 春机械设计制造及其自动化(本)	6	15 春工商管理(本)	34
15 春计算机科学与技术(本)	13	15 春公共事业管理(本)	4
15 春金融学(本)	48	15 春会计学(本)	52
15 春土木工程(本)	77	15 春行政管理(本)	37
15 秋法学(本)	35	15 秋计算机科学与技术(本)	6
15 秋工商管理(本)	23	15 秋金融学(本)	24
15 秋公共事业管理(教育管理)(本)	4	15 秋土木工程(建筑管理方向)(本)	103
15 秋会计学(本)	42	15 秋行政管理(本)	64
15 秋机械设计制造及其自动化(本)	8	16 春工商管理(本)	34
16 春计算机科学与技术(本)	5	16 春公共事业管理(本)	3
16 春行政管理(本)	24	16 春土木工程(本)	51
16 春金融学(本)	22	16 春法学(本)	57
16 春机械设计制造及其自动化(本)	6	16 春会计学(本)	53
16 秋法学(本)	35	16 秋计算机科学与技术(本)	16
16 秋工商管理(本)	31	16 秋金融学(本)	16
16 秋公共事业管理(教育管理)(本)	4	16 秋土木工程(本)	83
16 秋会计学(本)	46	16 秋行政管理(本)	88
16 秋机械设计制造及其自动化(本)	11	17 春工商管理(本)	38
17 春会计(本)	68	17 春教育管理(本)	6
17 春土木工程(本)	71	17 春法学(本)	28
17 春行政管理(本)	36	17 春金融(本)	19
17 春计算机(本)	8	17 春机械(本)	6
17 秋金融学(本)	24	17 秋计算机科学与技术(本)	20
17 秋法学(本)	40	17 秋机械设计制造(本)	9
17 秋工商管理(本)	33	17 秋行政管理(本)	33

续表

专业	招生人数(人)	专业	招生人数(人)
17秋会计学(本)	60	17秋土木工程(本)	135
18春金融学(本)	15	18春会计学(本)	36
18春法学(本)	91	18春行政管理(本)	65
18春计算机科学与技术(本)	12	18春机械设计制造及其自动化(本)	2
18春工商管理(本)	27	18春土木工程(本)	57
18秋金融学(本)	16	18秋会计学(本)	44
18秋法学(本)	43	18秋行政管理(本)	45
18秋计算机科学与技术(本)	14	18秋机械设计制造及其自动化(本)	7
18秋工商管理(本)	18	18秋土木工程(本)	86

表2-3-3　　金华广播电视大学开放教育专科招生人数一览表

专业	招生人数(人)	专业	招生人数(人)
03春财会(专)	116	03春行政管理(专)	38
03春法律(专)	100	03春计算机(专)	23
03秋财会(专)	150	03秋汉语	13
03秋法律(专)	76	03秋行政管理(专)	57
03秋工民建(专)	23	03秋计算机信息(专)	58
03秋工商管理(专)	47	03秋旅游及饭店管理(专)	11
04春法学(专)	85	04春计算机应用(专)	18
04春工商管理(专)	113	04春小学教育(专)	2
04春会计学(专)	97	04春英语(专)	23
04秋法学(专)	119	04秋计算机应用(专)	30
04秋工商管理(专)	142	04秋教育管理(专)	24
04秋行政管理(专)	75	04秋英语(专)	14
04秋会计学(专)	212	05春法学(专)	83
05春会计学(专)	138	05春工商管理(专)	70
05春行政管理(专)	144	05春行政管理(专)	47
05秋法学(专)	97	05秋计算机应用(专)	33
05秋工商管理(专)	137	05秋建筑施工与管理(专)	43
05秋行政管理(专)	144	05秋教育管理(专)	12
05秋会计学(专)	197	06春法学(专)	79
06春会计学(专)	191	06春工商管理(专)	119

续表

专业	招生人数(人)	专业	招生人数(人)
06春建筑施工与管理(专)	49	06春行政管理(专)	170
06春小学教育(专)	14	06秋法学(专)	54
06秋计算信息(专)	34	06秋工商管理(专)	135
06秋建筑施工与管理(专)	41	06秋行政管理(专)	123
06秋金融学(专)	14	06秋会计学(专)	211
06秋数控(专)	24	06秋小学教育(专)	14
07春法学(专)	56	07春金融学(专)	19
07春工商管理(专)	114	07春旅游(专)	16
07春行政管理(专)	127	07春数控技术(专)	9
07春会计学(专)	177	07春小学教育(专)	10
07春计算信息管理(专)	40	07春英语(专)	16
07春建筑施工与管理(专)	49	07秋法学专科	54
07秋计算机信息专科	26	07秋工程造价	19
07秋建筑专科	47	07秋工商专科	124
07秋金融专科	17	07秋行政专科	133
07秋数控专科	8	07秋会计专科	180
07秋英语专科	22	08春法学(专)	42
08春计算机信息(专)	23	08春工程造价(专)	14
08春建筑(专)	23	08春工商管理(专)	84
08春金融学(专)	13	08春行政(专)	137
08春英语(专)	12	08春会计学(专)	161
08秋法学(专)	30	08秋建筑(专)	34
08秋工程造价(专)	16	08秋金融(专)	36
08秋工商管理(专)	165	08秋数控(专)	6
08秋行政管理(专)	158	08秋小教(专)	5
08秋会计专科	251	08秋英语(专)	14
08秋计算信息(专)	37	09春法学(专)	48
09春计算机信息管理(专)	16	09春工商管理(专)	113
09春建筑施工与管理(专)	52	09春行政管理(专)	125
09春金融学(专)	18	09春会计学(专)	148
09春英语(专)	11	09秋法学(专)	40
09秋计算机信息管理(专)	19	09秋工程造价管理(专)	11

续表

专业	招生人数(人)	专业	招生人数(人)
09秋建筑施工与管理(专)	43	09秋工商管理(专)	110
09秋金融学(专)	25	09秋行政管理(专)	123
09秋学前教育(专)	9	09秋会计学(专)	167
09秋英语(专)	16	10春法学(专)	45
10春计算机信息管理(专)	15	10春工程造价管理(专)	15
10春建筑施工与管理(专)	26	10春工商管理(专)	68
10春学前教育(专)	10	10春行政管理(专)	151
10春英语(专)	13	10春会计学(专)	92
10秋法学(专)	102	10秋计算机信息管理(专)	30
10秋工程造价(专)	13	10秋建筑施工与管理(专)	55
10秋工商管理(专)	96	10秋金融学(专)	23
10秋行政管理(专)	127	10秋学前教育(专)	12
10秋会计学(专)	152	10秋英语(专)	6
11春法学(专)	55	11春金融(专科)	10
11春工程造价管理(专)	6	11春金融学(本科)	42
11春工商管理(专)	85	11春旅游(专科)	6
11春行政管理(专)	100	11春学前教育(专)	17
11春会计学(专)	107	11春英语(专)	14
11春计算机信息管理(专)	18	11春建筑施工与管理(专)	47
11秋法学(专)	34	11秋金融(专科)	17
11秋工程造价管理(专)	24	11秋金融学(本科)	60
11秋工商管理(专)	119	11秋旅游(专科)	9
11秋行政管理(专)	140	11秋土木工程(本)	101
11秋会计学(专)	179	11秋学前教育(专)	18
11秋计算机信息管理(专)	20	11秋英语(专)	14
11秋建筑施工与管理(专)	75	11秋园艺技术(专科)	20
12春法学(专)	33	12春计算机信息管理(专)	17
12春工程造价管理(专)	7	12春建筑施工与管理(专)	78
12春工商管理(专)	109	12春金融(专)	7
12春行政管理(专)	115	12春学前教育(专)	7
12春会计学(专)	123	12春英语(专)	11
12秋法学(专)	17	12秋建筑施工与管理(专)	111

续表

专业	招生人数(人)	专业	招生人数(人)
12秋工程造价管理(专)	15	12秋金融(专)	15
12秋工商管理(专)	128	12秋旅游(专)	21
12秋行政管理(专)	104	12秋农村行政管理(专)	60
12秋会计学(专)	136	12秋学前教育(专)	20
12秋计算机信息管理(专)	37	12秋园艺技术(专)	60
13春法学(专)	15	13春计算机信息管理(专)	12
13春工程造价管理(专)	24	13春建筑施工与管理(专)	95
13春工商管理(专)	95	13春金融(专)	19
13春行政管理(专)	124	13春旅游(专)	4
13春会计学(专)	116	13春学前教育(专)	12
13春英语(专)	9	13秋法学(专)	24
13秋金融(专)	14	13秋工程造价(专)	14
13秋农村行政(一村一)	50	13秋工商管理(专)	100
13秋农业经济管理(一村一)	51	13秋观光农业(一村一)	45
13秋学前教育(专)	15	13秋行政管理(专)	106
13秋英语(专)	5	13秋会计学(专)	133
13秋园艺技术(一村一)	50	13秋计算机信息管理(专)	25
13秋建筑施工(专)	110	14春法学(专)	17
14春机械(专)	9	14春工程造价(专)	9
14春计算机信息管理(专)	10	14春工商管理(专)	108
14春建筑施工(专)	99	14春行政管理(专)	155
14春金融(专)	21	14春会计学(专)	77
14春学前教育(专)	10	14秋法学(专)	22
14秋计算机信息管理(专)	15	14秋工程造价管理(专)	19
14秋建筑施工与管理(专)	103	14秋工商管理(专)	76
14秋金融(专)	11	14秋观光农业(一村一)	31
14秋农村行政管理(一村一)	47	14秋行政管理(专)	87
14秋农业经济管理(一村一)	46	14秋会计学(专)	83
14秋学前教育(专)	28	14秋机械制造与自动化(专)	14
14秋园艺技术(一村一)	53	15春法学(专)	31
15春机械制造与自动化(专)	7	15春工程造价管理(专)	10
15春计算机信息管理(专)	16	15春工商管理(专)	54

续表

专业	招生人数(人)	专业	招生人数(人)
15春建筑施工与管理(专)	61	15春行政管理(专)	64
15春金融(货币银行方向)(专)	11	15春会计学(专)	50
15春学前教育(专)	10	15秋电子商务(专)	50
15秋计算机信息管理(专)	6	15秋法学(专)	18
15秋建筑施工与管理(专)	31	15秋工商管理(专)	40
15秋金融(货币银行方向)(专)	4	15秋观光农业(一村一)	43
15秋农村行政管理(一村一)	47	15秋行政管理(专)	49
15秋农业经济管理(一村一)	25	15秋会计学(专)	54
15秋学前教育(专)	11	15秋机械制造与自动化(专)	8
16春法学(专)	26	16春机械制造与自动化(专)	6
16春工程造价管理(专)	3	16春计算机信息管理(专)	4
16春工商管理(专)	38	16春建筑施工与管理(专)	36
16春行政管理(专)	66	16春金融(专)	18
16春会计学(专)	56	16春学前教育(专)	17
16秋电子商务(专)	62	16秋机械制造与自动化(专)	10
16秋法学(专)	13	16秋计算机信息管理(专)	14
16秋工程造价管理(专)	5	16秋建筑施工与管理(专)	72
16秋工商管理(专)	50	16秋金融(专)	7
16秋行政管理(专)	41	16秋农村行政管理(一村一)	46
16秋会计学(专)	41	16秋学前教育(专)	17
16秋园林技术(一村一)	55	17春法学(专)	22
17春机械(专)	8	17春工程造价(专)	7
17春计算机信息管理(专)	22	17春工商管理(专)	72
17春建筑施工(专)	31	17春行政管理(专)	61
17春金融(专)	18	17春会计学(专)	50
17春学前教育(专)	16	17秋电子商务(专)	69
17秋机制造(专)	14	17秋法学(专)	24
17秋计算机信息管理(专)	11	17秋工程造价管理(专)	6
17秋建筑施工与管理(专)	95	17秋工商管理(专)	63
17秋金融(专)	7	17秋观光农业(一村一)	27
17秋学前教育(专)	17	17秋行政管理(专)	46
17秋园林技术(一村一)	50	17秋会计学(专)	41

续表

专业	招生人数(人)	专业	招生人数(人)
18春电子商务(专)	11	18春会计学(专)	31
18春法律事务(专)	66	18春计算机信息管理(专)	10
18春工程造价(专)	6	18春建筑工程技术(专)	51
18春工商企业管理(专)	26	18春金融管理(专)	10
18春行政管理(专)	206	18春数控技术(专)	3
18春学前教育(专)	14	18秋电子商务(专)	6
18秋建筑工程技术(专)	61	18秋法律事务(专)	24
18秋金融管理(专)	8	18秋工商企业管理(专)	55
18秋数控技术(专)	12	18秋行政管理(专)	144
18秋学前教育(专)	14	18秋会计(专)	40
18秋计算机信息管理(专)	8		

第二节　全日制学生

一、历年在校学生数量

2012年之后，中专、技工、大专在校学生数日趋稳定，截止2018年12月31日，中专在籍学生2735人，技工在籍学生459人，成人大专在籍学生2105人，学校规模基本稳定。

表2-3-4　　2012-2018年在校全日制学生数一览表　　单位：人

年份		2012	2013	2014	2015	2016	2017	2018
人数	中专	3472	3617	2692	2845	2866	2926	2735
	技工	538	436	327	484	500	511	459
	成人大专	1978	2370	2361	2019	1729	1902	2105

二、学生管理机构与制度

(一)学生保卫处(团委)

2003年至2014年，学校学生处、保卫处、团委与招生就业处合署办公，随着学校的发展和办学规模的不断扩大，招生就业处与学生保卫处分离。2016年，学生处增设心理健康辅导站，并配置1名专职老师。2018年7月，学生处成立学生事务服务中心，统筹心理健康辅导站、学生资助、评奖评优等学生相关事务。

学生保卫处(团委)是学校学生管理的综合职能部门，负责学生管理的统筹、指导、协调、督促、检查和评优工作，对全校学生管理及安全工作负责。具体工作职能包括：安全教育管理工作、德育教育管理工作、共青团及学生会社团组织管理工作等。

(二)学生管理制度

2002 年至 2011 年，金华电大(浙江商贸学校)与金华商业学校两校合并前分别使用《浙江贸易学校学生手册》和《金华商业学校、金华商业技工学校学生管理手册》，2012 年两校合并后，经整合并参照浙江省中等职业学校学生学籍管理实施细则，于 2013 年形成第一版《金华广播电视大学(浙江商贸学校)学生手册》，学校每年对相关制度进行梳理、修改与完善，2018 年年底使用 2017 年 9 月《金华广播电视大学(浙江商贸学校)学生手册》版本，共制定和收录了 22 个学生管理制度，包括：金华广播电视大学全日制成人专科学生管理规定、浙江省中等职业学校学生学籍管理实施细则(试行)、道德实践》课程标准(试行稿)、学生违纪处分规定(试行)、学生一日常规要求、双休日(含节假日)学生管理规定、学生安全教育须知、学生考勤制度、学生证校牌管理规定、学生考试管理规定、图书馆(阅览室)管理规定、电子阅览室管理规定、校园环境卫生制度、教室公共财物管理规定、教室卫生管理规定、学生宿舍管理规定、学生早操管理规定、困难学生补助实施办法、文明寝室优秀寝室长评比办法、“三好学生”评比办法、优秀毕业生评比办法、学生奖学金、优秀干部评比奖励办法。

(三)学生管理工作

1.辅导员工作

2016 年，学校首次引进思想政治辅导员(以下简称辅导员)，按师生比配备专职辅导员。2016 年 6 月，学校出台《金华广播电视大学(浙江商贸学校)辅导员培养和管理办法》。2017 年 10 月，学校印《金华广播电视大学(浙江商贸学校)辅导员培养和管理办法(修订)》，加强辅导员“职业化、专业化、专家化”队伍建设。

截至 2018 年 12 月底，学校有辅导员 12 名，其中专职辅导员 6 名，签约辅导员 6 名。

2.学生宿舍管理工作

2012 年后，清照路校区有男女生宿舍楼各两栋，芙苑路校区有男女生宿舍楼各 1 栋。每栋宿舍楼均配生活指导老师两名，以掌握宿舍学生的基本情况，及时掌握宿舍学生动态，及时发现并化解、处理或上报各种矛盾和问题，协助做好宿舍学生的日常教育管理工作

2016 年开始，辅导员进驻学生公寓，负责学生宿舍管理，协助建立学生宿舍区的学生自我管理组织，充分发挥学生的积极性和创造性；组织学生党团组织在宿舍区开展党团工作。同时引进专业机构，外包宿舍卫生与绿化工作。

2016 年，学校举办首届“和雅寝室”评比活动，此后每年定期举办。

三、思想政治(德育)教育

(一)常规思想政治(德育)教育

学校建有一支党委领导下的，由职能部门、学生保卫处(团委)、各全日制学院和后勤处等组成的思想政治教育队伍。围绕学校中心工作，推动思想政治(德育)工作创新，遵循教育规律，构建“六位一体”育人体系，培养德智体美劳全面发展的社会主义建设者和接班人。

1.以价值引领为导向，着力加强思想道德建设。

积极组织开展社会主义核心价值观学习系列活动，开展励志晨读、举办主题书法比赛和主题征文活动；利用业余党(团)校学习学党(团)建知识、听专题讲座、看市政专题片等多种培训方式，加深对社会主义核心价值观的理解，取得较好效果。

利用特殊节日开展特色教育和志愿服务实践活动，引导青年学生爱党爱国爱人民。如“雷锋进社区、服务暖人心”主题志愿者系列活动，“骄子情怀，热血青春”爱心献血活动；“清明祭英烈 共铸中华魂”清明祭扫系列活动，并通过国旗下讲话、文明校园文明城市创建等活动形式，弘扬科学精神，倡导

创新文化，提升学生综合素养。

2.以文化育人为基石，不断提升学生整体素质。

学校深入挖掘"和合文化"，以文化育人为抓手，开展健康向上、丰富多彩的校园文化活动，不断创新，勇于进取，努力培育德才兼备、全面发展的人才。

2012 年以来，开展了多项以优秀传统文化为主题的校内校外活动。腊八节开展"一碗粥温暖一座城"活动，组织学生向环卫工人、空巢老人和广大市民群众分发香浓爱心腊八粥，共度腊八共迎新春；中秋节组织学生志愿者前往社区老人公寓开展"迎中秋 送温暖"慰问活动，为孤寡老人送去陪伴和爱心；重阳节赶赴金东区东藕塘村开展"最美夕阳红，九九情更浓"暨重阳敬老礼活动，现场再现重阳礼仪，为长者们送去贴心问候和节日礼物。在积极的参与中，学生获得对传统节日历史文化精髓的认同，实现优秀传统文化在学校里落地、生根、发芽、开花、结果。

通过每年新生军训，接受军事和国防教育，培养学生纪律严明、团结协作和吃苦耐劳的优良品质。"三江毅行"12 公里拉练活动更是磨练出同学们的坚强意志；一年一度的田径运动会、趣味运动会激发学生的集体意识和团队意识，积极参与体育健身运动，强健体魄、砥砺意志，凝聚和焕发青春力量，促使学生全面发展；"凝心聚力"拔河友谊赛培养学生的团结协作、永不放弃的精神，加强了班级凝聚力和集体向心力，体现"和合文化"内涵——和谐共生，合作共赢。

(二)道德实践

2015 年 9 月至 12 月，学校先后制订完成《道德实践》课程方案，制定课程标准，建立学校对二级学院实施该课程的评价考核体系。

2016 年 3 月起开展试运行，各全日制学院根据建设方案，在学院内组织实施，并针对问题修订完善。2016 年暑期，在班主任培训会上对全体学生管理人员和班主任进行了培训，于 9 月开始全面实施。《道德实践》课程是以培养和提高学生思想道德素质为中心，以实践活动为主要形式，使学生获得思想道德方面的直接经验为目的，以好的行为习惯养成教育为主线，从遵纪守法、文明友善、诚信尽职、崇学进取、责任担当、团队合作六个方面进行考核，不断提升学生思想道德修养。将思想政治教育元素和所承载的思想政治教育功能，融入课堂教学各环节，实现思想政治教育与知识体系教育的有机统一。

(三)信义先锋

2015 年，学校成立"信义先锋"志愿者服务总队。总队以传递爱心、传播文明、促进人与人之间的交往和互助、促进社会进步，在人与人之间、各社会群体之间架起友爱之桥为目的，为学生创造接触社会、奉献社会的机会，倡导积极向上健康活泼的校园文化，推进社会主义精神文明建设，推动"两富""两美"金华建设。

学校"信义先锋"志愿服务工作结合社会热点、社会所需，通过"赛事展会""导医咨询""义务献血""社区助理""绿色环保""敬老助老""交通疏导""8890 爱心服务""清朗网络"九大板块，让志愿者在开展志愿服务的实践过程中锻炼自己，传递爱心、传播文明。

四、心理健康教育

(一)心理健康课教育

1.教学机构与师资

自 2011 年 5 月，学校建立了学校、学院、班级、宿舍"四级"学生心理健康预警防控体系。学校心理健康教育师资队伍强大，目前共有专、兼职心理教师 10 人，其中副教授 1 人，硕士研究生 7 人，具备国家二级心理咨询师证 7 人,具备浙江省中小学心理健康教育教师 A 证 1 人。

2014 年 9 月,宋炜杨和骆丽娟被聘为金华市"8890"快乐成长学生心理热线志愿辅导教师;2015 年 8 月,骆丽娟被聘为金华市计划生育协会市级青春健康教育师资;2018 年 9 月,骆丽娟和王红华特聘为金华市未成年人心理健康教育辅导中心值班师资。

2.课程设置

(1)心理健康教育课

心理健康教育是学校心理健康建设工作的重要方面,自 2005 年以来,中专一年级和大专一年级各班都常态化开设了心理课。中专一年级每周开设一节心理课,开设一学年。大专一年级每周开设两节心理课,开设一学期。

(2)心理健康选修课

为满足不同学生的心理发展需要开设心理健康选修课,目前针对学校中专一、二年级学生开设心理健康选修课有《自信训练营》《情绪与健康》等。

(二)心理健康咨询

自 2008 年以来,每学期安排专、兼职心理老师在心理健康咨询室值班,每周一到周四的中午及下午各开放一小时。

(三)心理健康活动

1.做好心理健康宣传

(1)充分运用学校宣传栏、校园网心理专栏、各班黑板报、每周二下午德育课,宣传普及心理健康相关知识。2010 年 5 月,成立学校"心理社团",安排负责老师指导并开展相关心理活动。

(2)每学期结合学生的阶段性发展需求开展心理健康教育专题讲座,如新学期入学适应、青春期心理卫生、情绪管理、人际交往等。

(3)举办"5•25"心理健康教育文化节。该文化节自 2011 年开办至 2018 年年底,每年举办一次。主题分别为"关注自我、从心开始""微笑•微爱•微成功""我爱我,放飞心中梦想""呵护心灵,爱传你我""我青春、我健康、我快乐""幸福从心开始""我爱我 校园情 快乐心""平和理性,阳光心态"等。

2.建立学生心理档案

2013 年年末,学校购买了"师大易度"心理健康检测软件,自 2014 年起,每年 10 月,对新生进行心理健康状普查,并建立心理档案,及时准确地掌握和了解新生心理健康状况,及时制定应对方案。对发现以及筛查出来的心理问题倾向较严重的学生,将成为本学年心理危机预防与干预的重点关注对象。

3.开发学校心理健康教育资源

目前,学校已经建设的心理相关教学资源有《中职生心理健康教育》等 4 个。

五、国防教育

(一)军训工作

早在上世纪 80 年代初,学校就开始对学生进行军事训练。2003 年,金华广播电视大学与浙江贸易学校两校合并,学校成立了保卫科,在学校军训领导小组直接领导下负责落实具体的学生军训工作。

军训内容包括中国人民解放军三大条令条例学习,军人基本的队列训练,内务卫生的整理,军人作风培养,一日生活制的落实,平时养成与管理、礼节礼貌的教育、军事常识学习、军事技能的培养、世界前沿军事知识的了解以及安全防身能力等综合训练。

从 2007 年起,学校与金华武警支队建军立良好的军政军民关系,邀请金华武警支队对学校 2007

年秋季入校的近1100名新生实施了为期7天的新生军事训练，主要内容包括队列训练、内务整理等，对学生进行国防教育、军事思想、军事理论等军事知识的学习教学。

2009年之后，学校分别邀请驻金空军训练大队和驻金第三旅部队，对新生实施军事训练。

军训已经形成了一个比较完善的工作和管理模式。学校办公室、学生保卫处、团委、教务处、后勤基建处、财务处、各二级学院等单位分工明确、协同配合。通过广泛开展以实际训练、徒步行军、内务整理，同时学唱革命歌曲，观看军事电影、教官讲授革命故事等多种方式，让学生在接受军事训练和国防教育的同时，接受爱国主义、集体主义、社会主义教育。军训期间还穿插新生始业教育、新生纪律教育、各类消防安全演练、心理健康讲座等活动。军训结束举行阅兵总结大会。

(二)双拥工作

学校军民共建工作一直有着良好的优良传统，2011年，驻金空军部部队参与学校军训工作，彼此之间建立了良好的军民共建关系。双方进行军民联欢，营造先进的军营文化和校园文化，学校派出学生慰问小分队到军营对亲人解放军进行“八一”慰问。部队领导大力支持新生军训工作,派出精兵强将做好新生军训.并开展丰富多彩的军民联欢,体育球类、拔河等项目的比赛，融洽了军政军民关系。

2013年，驻金第三旅部队对新生组织了为期一个星期的军事训练，双方领导相互走访，交流新训做法，开展军民共建活动，举办“心连心 军民亲如一家人”文艺演出,加强了军民关系。增加了彼此之间感情。

通过军事和国防教育宣传，学校每年为军队输送优秀兵源。2012年应征入伍大学生10人，2013年14人，2014年15人，2015年17人，2016年19人，2017年21人，2018年24人。

六、学生资助与奖惩

(一)学生资助

从2012年起学校成立了专门的学生资助工作领导小组，由校长担任资助工作的组长，在学生处设“学生资助办公室”，主要负责拟定学生资助的各项具体措施和管理办法，落实学生资助各项政策，做好国家资助政策的宣传工作，不定期地开展家庭经济困难学生资助政策宣传和咨询等工作。

从2012年秋季开始，全国中等职业学校免学费范围正式扩大为：全日制正式学籍一、二、三年级在校生中所有农村(含县镇)学生、城市涉农专业学生和家庭经济困难学生(艺术类相关表演专业学生除外)。根据财教〔2012〕376号文件等有关规定，国家助学金资助对象是具有中等职业学校全日制学历教育正式学籍的一、二年级在校涉农专业学生和非涉农专业家庭经济困难学生。

从2015年秋季学期起，将国家助学金政策覆盖范围调整为一、二年级涉农专业学生和非涉农专业家庭经济困难学生。优先考虑享受居民最低生活保障政策家庭学生、孤残学生、烈士子女，以及家庭成员长期患重病、遭遇自然灾害或突发变故等导致家庭经济困难的学生，受助金额为2000元/年。

2016年6月，学校开展学生资助“精准扶贫”工作，为学生提供生活补助。

2017年12月，学校为家庭特别困难的学生做了“一人一档”，精准扶贫。

2018年4月，学校开展了首届学生资助“最美爱心人物”“最美爱心故事”风采宣讲大赛；9月，学校设立勤工俭学岗位；11月，在金华市学生资助中心的支持下，学校与金华市人民教育基金会联合开展对特殊困难人员的精准帮扶；12月，学校承办了浙江省资助中心主办的2018年学生资助“最美爱心人物”“最美爱心故事”事迹第二场巡回报告会。

2018年8月，学校参与教育部、浙江省教育厅等部门开展的国家职业教育“东西协作”行动，为来自云南的34名学生提供免学费、国家助学金和其他各类补助。

表 2-3-5　　2012-2018 年免学费和享受国家助学金人数一览表

年份	免学费人数(人)	享受国家助学金人数(人)	享受国家助学金金额(万元)
2012 年秋	2854	1194	89.55
2013 年春	3994	1725	129.195
2013 年秋	3617	508	38.10
2014 年春	3519	493	36.93
2014 年秋	3019	462	34.65
2015 年春	2969	501	50.06
2015 年秋	3229	538	53.80
2016 年春	3161	531	53.10
2016 年秋	3366	591	59.10
2017 年春	3271	584	58.40
2017 年秋	3437	289	28.90
2018 年春	3273	283	28.30
2018 年秋	3174	274	27.40

(二)学生奖励

学校的学生手册中,制定有《"三好学生""奖学金""优秀学生干部""优秀毕业生"评选办法》,在全校学生范围内评选"三好学生""奖学金""优秀学生干部"等先进个人荣誉称号,并对评选要求作了比较系统的规定。学校每年在全日制成专脱产学生中评比优秀毕业生,比例为毕业生数的 10%。特别对省市级"三好学生""优秀学生干部"及奖学金、优秀毕业生等评选更是从严把握,好中选优。具体名单如下:

浙江贸易学校 2003 学年金华市优秀学生:

吴冠军

浙江贸易学校 2004 学年金华市三好学生:

江　苗　方　琳　胡丽炜　李英芝

浙江贸易学校 2004 学年金华市优秀学生干部:

傅凤丽

浙江贸易学校 2005 学年金华市三好学生:

谢凤燕　刘纯燕　王丽娜　沈　磊

浙江贸易学校 2005 学年金华市优秀学生干部:

沈友水　何　岚

浙江贸易学校 2009 学年金华市三好学生:

章斐斐　郁梦梅　谢　菁　唐艳琴　陈雅萍　倪箩珍　王超琼　王梦馨

浙江贸易学校 2010 学年金华市三好学生:

周榄榄　李玉华　郑清颖　王　珂

浙江贸易学校2010学年浙江省三好学生：

王婉茹

浙江贸易学校2011学年浙江省三好学生：

吴嘉慧

浙江商贸学校2012学年金华市三好学生：

吴露宇　伊玲玲　施志萍　张清香　方　敏　傅　婷　张　蕾　邵戈蔚　吴怡蕊　应锦铭

浙江商贸学校2013学年金华市三好学生：

金梦蝶　斯晓丽　王海芳　周欣琦　宁青青　王丽晨　丁徐喃　洪　铭　刘　嵌　汪银珍
周俊伟　徐晓松

金华市商业技工学校2013年金华市优秀毕业生：

潘根森　胡婷婷　陈雅甜　郑　哲　董海笑　何　婷　杜辰昊　陈红霞

浙江商贸学校2014学年金华市最美学生：

傅雨晨

浙江商贸学校2014学年金华市三好学生：

张　晨　程佳美　严舒怡　卓涵蓉　段美红　徐颖珠　陈　洁　钱　诚

浙江商贸学校2014年度浙江省优秀学生干部：

宁青青

浙江商贸学校2016学年金华市三好学生：

钟妙妙　钱俊杰　叶佳艺　徐安伟　王宇冰　王　杨　吴佳栋

浙江商贸学校2017学年金华市三好学生：

陈诗洁　叶佳琳　吴心茹　方康丽　徐天龙　凌婷婷　吴孔涛　徐志辉　龚嘉驰

浙江商贸学校2018学年金华市三好学生：

蒋汝宏　胡梦雯　曾佳诚　李　铖　田　东　戚俊霞　朱　颖　诸葛晨妍　罗漪婷

金华广播电视大学2013年省电大奖学金名单：

傅　翔　施　立　胡小珍　崔　鹏　王永斌　王晓东　郝金龙　潜顺超　胡晓东　施　莹
陈丽影　张　倩　徐静婷　曹志鹏　陈秀虹　傅玲娟　李明超　刘健均　邵敏娜　吴春霞
唐和民　洪小明　叶顺君　潘雪芳　王　磊　胡高东　方　婷　杨佩岚　丰凌媛　叶晓敏
马如艳　刘丽萍　舒紫娟　薛文艳　李　芳　虞微欢　孙　杨　欧才凤　童　琳　汪微女
宋晓妙　徐　娜　金贤孝　颜芳芳　费小梅　刘　滨　吕群英　张　丽　张卓君　杨　姗
邹建华　江丽文　余美红　罗　健　韦小芳　林　萌　范启祥　罗艳娜　王勇生　卜海燕
陈忠良　方旭峰　何　玲　廖宗方　蒋蓓蓓　卢丽云　邵　丽　张旭明　张燕娟　蔚咏红
钱学谦　季小芹　吴中原　楼庆华　张晨晨　项　捷　宋伟红　黄国华　章　赛　蔡　航
刘　燕　施怡伟　熊甫红　袁　飞　应燕维　胡江英　邢飘岚　金紫微　郑　莉　何　甜
巫慧娟　熊　文　江巧玲　连明明　严琪程　余璐滢　程苗慧　李思思　祝华清　王　姣

金华广播电视大学2015年度省电大成人专科教育(脱产)奖学金名单：

金晶青　陈　凌　吴　婷　金观浩　严舒怡　喻露敏　游丹妮　段美红　刘梦婷　吴蕾艳
夏寒香　叶郑丽　雷智梅　万　甜　徐　晓　王晴怡　叶郑萍　柴琳楠　王安珍　贾　敏
董　盈　李世德　连姝雅　程佳美　裘洋洋　陈静婷　李　丽　吴国旗　王琛钰　宋文旷
倪永亮　张　晨　宋文闯

金华广播电视大学2016年度省电大成人专科教育(脱产)奖学金名单：

郑雨琪　戴文慧　王晨燕　叶芷涵　羊益倩　舒沛　吴卓颖　张依玲　占伟丽　施惠
曾柳　叶梦欣　叶焱　叶珊珊　贾莉娇　范颖　杨妙　王宏伟　任丽敏　储诚军
陈拓　张城　钟绍平　郑思敏　项志慧　黄钰颖　傅雨晨　傅志伟　汤思娇　刘雪玲
李路路　汪闰琪　李春园　徐一柯　翁钰　应龙罡　汪春磊

金华广播电视大学2017年度省电大成人专科教育(脱产)奖学金名单：

胡佩杭　张奕　朱倩格　樊露婕　应方轩　叶佳艺　洪岳群　徐艳　范白雪　王杨
原盛亚　曹俊辉　徐锦芝　吕雅欣　汪梦真　洪佳　金祖琦　陈育　蓝莹　庄淑丹
邓鸿霞

金华广播电视大学2018年度省电大成人专科教育(脱产)奖学金名单：

凌婷婷　徐珊珊　徐天龙　吴孔涛　陈诗洁　詹泽莹　陈心悦

金华广播电视大学2014年度省电大成人专科教育(脱产)优秀毕业生名单：

欧璐　何雯雯　杨添　徐玉兰　张志成　余凯悦　何冰心　叶蕴　郑清颖　沈郁青
黎萌　王婷婷　胡莹　李玉华　余洪良　李雪娇　金梦婷　章晶怡　姜晓丽　陈紫薇
潘甜　王珂　陈巧芬　郎丽丹　郑珈琦　程霞　郑丽燕　何家瑜　谢梦佳　汪嘉慧
高琳枫　谢月秋　应水乾　杨菊萍　沈吉云　王昕达　张正南　陈俊倩　黄领男　周榄榄
黄晨媛　郑明露　柴亚玲　翁可欣　邵洁洁

金华广播电视大学2016年度省电大成人专科教育(脱产)优秀毕业生名单：

徐洪筱　应锦铭　夏晨婕　孙倩　金瑞　蔡雨君　陶金呵　戴巧芬　姚建龙　钱雅颖
汪洋　章秀婕　方利敏　项淑芳　孙亚　胡菲　王美丽　陈亚妃　梅灿　陈碧巧
谢莹莹　毛艺卫　张拥　江浪　翁佳倩　应欣君　王雨　伊玲玲　叶莎　赖何成
曹宁　李嘉仪　卢子珂　方晓涵　郑慧　张清香　余招娣　许云丽　贾恒冬　陈文婷
李巧萍　蔡菲　钱玉蓉　陈奕　刘丽仙　陈帆　季婷　王妃群　刘宇菲　张蓓
郭若佳　毛前前　曹陈飞　吴超红　毛凤莉　李浩楠　潘晓茜　范佳倩　吴露宇　郭丹
朱碧练　叶卫通　薛慧丹　刘俊杰　张帆萍　黄德清　叶金航　邵鑫　苏叶萍　姜庆
卢凯　罗雅娟　陈正丽　李张悦　方玉强　孔苏娅　杨琳

金华广播电视大学2017年度省电大成人专科教育(脱产)优秀毕业生名单：

周俊伟　徐鑫　柳鹏　周楚　邓婷　王丽晨　钱佳　林有莉　胡晓薇　施晨依
王培珍　李婉媚　丁徐喃　虞攀丽　叶雯丽　戴雪萍　童宁宁　黄佳瑶　陈栎佳　游继虹
朱甜　阮思越　洪铭　王鹭　张洪艳　杨晓华　傅钰玲　傅祝珏　王玮葳　温珍珍
高咪　傅祝瑾　胡佩思　刘燕　吕颖聪　王诗　罗婷　蓝晶滢　季舒柔　洪澜
李淑君　施楠　胡凯琦　宁青青　汪银珍　潘文婷　程斯佳　应昀筱　金捷　包陈东
方美艳　周欣琦　袁文文　陈恬　施梦　黄跃倩　季侠妙　邵媛　杨晓娟　刘嵌
吴瑜珍　朱莹莹　王佳蕾　华俊美　陆美琳　杨曼　金桂兰　金巩千　戴佳敏　毛晓阳
朱峰玮　潘力　张宏　杜祥鑫　朱路　陈俊杰　王晶洋　傅翔　斯王俊　徐晓松

金华广播电视大学2018届成人高等教育优秀毕业生名单：

王晴怡　王慧敏　叶郑萍　邵秀珍　王安珍　蔡琳楠　朱雅琦　董盈　王靖程　贾敏
连姝雅　汪丹　李世德　李之夜　陈静婷　程佳美　李丽　裘洋洋　吴国旗　王琛钰
王珂　陈徐梦婷　倪永亮　张志云　宋文旷　张晨　邱若成　宋文闯　金晶青　吴婷

郑飞凤　陈　凌　严舒怡　周欢乐　贾子璎　吴咪咪　喻露敏　胡　莹　江耀奇　段美红
游丹妮　金玉玲　吴蕾艳　雷智梅　夏寒香　叶郑丽　鲍婷婷　万　甜　徐　晓　祝　铃

金华广播电视大学2019届成人高等教育优秀毕业生名单：

吕娉婧　傅雨晨　李晨洁　项志慧　郑思敏　李路路　刘雪玲　翁　钰　杨章权　许亢奕
戴文慧　章建豪　金黄诚　吴卓颖　占伟丽　曾　柳　叶梦欣　叶　焱　周　笑　王宏伟
杨　妙　王钧耀　储诚军　钟绍平　张　城

(三)学生处分

学生违纪处分是维护学校正常的教育教学和生活秩序、依法治校、规范管理、保障学生身心健康成长的重要手段。对于违纪学生，学校一直坚持批评教育与惩戒相结合的原则，通过重点关注、帮扶谈心等方式，帮助学生提升自我管理意识，给予学生改过自新的机会。

第三节　非全日制学生

一、历年在校学生数量

表2-3-6　　2011-2018年开放教育在籍人数一览表

年度	学生数(人)	年度	学生数(人)
2011	4806	2015	4448
2012	5045	2016	3649
2013	5284	2017	3455
2014	5207	2018	3630

表2-3-7　　2012-2018年开放教育毕业生人数一览表　　单位：人

年份	学期	开放本科(专科起点)	开放专科	一村一名大学生(专科)	小计	毕业生人数
2012	201209	336	382	0	722	1409
	201203	246	440	0	687	
2013	201309	371	404	0	775	1638
	201303	389	472	0	863	
2014	201409	345	424	1	770	1788
	201403	444	558	16	1018	
2015	201509	435	415	19	869	1822
	201503	343	536	74	953	
2016	201609	357	432	13	802	1863
	201603	398	501	162	1061	

续表

单位：人

年份	学期	开放本科(专科起点)	开放专科	一村一名大学生(专科)	小计	毕业生人数
2017	201707	249	270	9	528	1409
	201701	342	391	148	881	
2018	201807	237	239	0	476	1145
	201801	290	249	130	669	

二、学生管理机构与制度

（一）管理机构

1.教学与学习服务中心

负责编制本校分专业实施性教学方案，核查本专业教学计划的执行情况，完成各类课程资源整理工作，组织指导专业助学责任人及辅导教师开展业务学习，聘任各课程辅导教师，负责督查辅导教师任职情况，收集学生对教师的意见和建议，并及时将情况反馈给学校相关部门及有关辅导教师，组织改进教学管理方式，完善教学管理制度，使用 QQ、微信等对班级学生进行管理。

2.考务与学籍管理科

负责做好全市电大学位申请、免修免考、学籍异动材料审核及上报工作，负责全市电大学生基本信息更正及材料审核报省电大工作，负责全市电大毕业审核、学位申请及各类材料报送，负责全市电大毕业生电子信息采集的组织协调工作；负责开放教育各类考试的全市考试材料汇总及订单汇总及上报；组织期末考试阅卷及成绩录入；负责下发上级部门的各类成绩及成绩查询汇总上报；负责开放教育各类考试的考务指导及组织工作；负责网考的考务指导及组织工作。

（二）管理制度

开放教育管理制度，除严格执行《中央广播电视大学毕业设计（论文）教学工作规范》《全国网络教育统考科目与对应试点专业教学计划课程免修免考工作有关事宜的通知》《国家开放大学学籍管理制度》等制度外，学校先后出台了《关于毕业设计(论文)、社会实践等实践性教学环节的管理办法》《开放、远程学院优秀学员、优秀班干部评选办法》等制度。

三、思想政治教育

（一）思政课程

根据教学计划安排，开放教育专科、本科各专业都开设思想政治课程，每门课程都聘任了一位辅导教师进行教学辅导。

2018 年秋季学期之前，专科开设《中国特色社会主义理论体系概论》课程，开放教育本科开设《民族理论与民族政策》课程。

2018 年秋季学期开始，开放教育专科在第一、二学期开设《习近平新时代中国特色社会主义思想》《思想道德修养与法律基础》《毛泽东思想和中国特色社会主义理论体系概论》3 门思想政治课程；开放教育本科在第一、二学期开设《习近平新时代中国特色社会主义思想》《中国近现代史纲要》《马克思主义基本原理概论》3 门思想政治课程。

（二）课程思政

思想政治教育工作，不仅是思政教师、辅导员（班主任）的工作，专业课等其他所有课程也是重要的教育主体。学院根据学校党委有关思政工作的文件精神要求，充分调动专业课教师的思政工作积极性、主动性和创造性，从专业课中挖掘思政元素，要求辅导老师根据课程特点，将思政教育融入课程教学全过程。同时，大力支持教师开展“课程思政”教育研究。

（三）活动思政

根据开放教育学员的特点，通过举行开学典礼活动、在学期间活动、毕业典礼活动等开展思想政治教育。

1.开学典礼活动。每学期开学前，学院精心策划筹备，迎接新学员的到来。开学典礼活动主要目的是引导学员树立正确的学习观念，为后续的学习做好充分的思想准备。同时，进行世界观、人生观、价值观教育，大力弘扬社会主义核心价值观，教育学员在电大学习的同时能够结交一些良师益友，做到提升学历与结交朋友两不误，与“快乐学习”校园文化内涵相吻合。

2.在学期间活动。主要包括学生活动和评优评奖。学院积极开展丰富多彩的班级活动，通过各类学生活动，加深师生之间、学生之间的互动交流，提高学员的集体荣誉感和班级的凝聚力。根据上级电大的有关文件精神，设立优秀学生干部、优秀学员、奖学金等荣誉或奖励，通过评优评奖，对表现优秀、成绩突出的学员是一种肯定，同时也为其他学员树立了学习的榜样。

3.毕业典礼活动。学院组织本期毕业学员参加庄严而隆重的毕业典礼活动，共同庆祝学员顺利毕业。典礼上邀请学校领导参加并对毕业学员提出殷切希望，叮嘱他们继续关心和支持母校的发展，有时间常回来看看。同时邀请毕业生代表发言，与老师、同学们一起分享在电大学习期间的收获与体会。同时，在毕业典礼上，对优秀毕业生进行表彰，对获得学士学位的本科学员进行授予仪式。

（四）诚信考试教育

学校在开放教育学生始业教育时，就开始了对学生的诚信考试的教育，并与学生签订《诚信考试责任书》，让学生在入学时对考试纪律有了初步了解。在期末考试前，通过网站、班级 QQ 群、微信群、短信等途径，发布《致开放教育学员的公开信》，有针对性地对考生进行诚信教育、法制教育和警示教育，使考生树立正确的学习观和考试观，让考生在考试时遵守考场纪律，尊重监考老师，诚信考试。同时，通过学校网站、手机短信发布《期末考试特别提醒》，提醒考生凡出现替考、网上发布考场考试信息，属于严重扰乱考试秩序的违纪行为，一经查实，将受到学籍档案中记录违纪、取消成绩、直至开除学籍的处罚，情节严重的还要追究法律责任，让每位考生知道考试违纪的严重后果。每场考试开考前，监考人员要宣读考场纪律，保证每个考生了解考场纪律中的每一条规定。

四、考试管理

考试工作是学校教学工作的重要组成部分，是保证教学质量的重要环节，直接关系到电大事业的可持续发展和办学声誉，是维护电大教育品牌和社会声誉的重要内容之一。学校非常重视每一次考试的组织管理工作，学校“一把手”作为主考，是考风考纪工作的第一责任人，全程在岗监督指导考试组织和管理工作，分管开放教育的副校长作为副主考，负责考点的考试组织和管理具体工作。每学期考前学校都组织由各县市电大考试负责人及学校中层干部组成的巡考人员召开培训会，强调主考责任，要求各考试组织单位从讲政治的高度对待考试工作，必须加强作风建设，严肃考风考纪。

为了加强对考务人员及监考人员的管理，确保考试的安全顺利进行，学校制定了《金华广播电视大学监考人员职责、纪律》《金华广播电视大学考务人员职责、纪律》等制度，从制度上保障了考试工作的顺利进行，对考试工作人员违规违纪现象的处罚提供了依据。组织全体考务人员和监考人员进行考前动员培训，一是要求全体人员明确“参加国家开放大学考试考务工作，是学校每一位员工的应尽职责”的意识，在思想上高度重视期末考试工作；二是按照各岗位的工作职责和规程，以高度的工作责任心与认真的工作态度参与其中，以确保考试的安全性与严肃性，防止考试中各类违法违纪现象的出现；三是以维护学校良好的社会形象为己任，立足于考试的规范操作程序，向社会展示金华广播电视大学乃至整个电大系统的社会形象和社会公信度。

五、学生奖惩

（一）学生奖励

为充分调动开放教育学生的学习积极性和主动性，激励学生刻苦学习、不断进取，推进学风和校风建设，促进教学质量提升，根据上级电大的有关要求，设置了不同层级的奖励种类及各种类别的评优评奖活动，给予优秀学员以精神鼓励和相应的物质奖励，勉励学员积极进取，营造良好的学风校风。

1.国家开放大学：每年上半年开展开放教育学员的奖学金评选活动、“一村一”农民大学生的“希望的田野”奖学金评选活动以及当年度全体毕业生的“优秀毕业生”评选活动。

2.浙江广播电视大学：每年开展开放教育学员奖学金评选及助学金评定活动、“优秀农民大学生”评选活动、省级开放教育优秀毕业生评选活动。每学期开展“网上学习之星”评选活动，还有不定期开展的“实践标兵”等其他评优活动。

3.金华广播电视大学：2013 年春季学期出台《开放教育优秀学员、优秀班干部评选办法》(2019 年秋季学期修订)，每年度开展优秀学员或优秀班干部的评选活动；2018 年秋季学期制定了《开放教育“网上学习之星”评选办法》，每学期开展开放教育“网上学习之星”评选活动。

4.金华奥鹏学习中心(远程学院)：各合作高校每年度组织远程教育学员开展优秀学员、优秀毕业生等评选活动。

（二）学生处分

在监考过程中，要求监视人员对学生考试过程中出现违规行为零容忍，敢抓、敢管、敢处理，只要在考试期间被查实存在违纪作弊的，根据《国家开放大学全国统一考试考生考试违规处理办法》有关规定，违纪作弊学生将受到学籍档案中记录违纪、取消成绩、直至开除学籍的处分，情节严重的还要追究法律责任。

第四节　共青团组织与学生会

一、共青团

（一）概述

共青团金华电大(浙江商贸)委员会，依据《中国共产主义青年团章程》建立并开展工作，是校党委直接领导下的先进青年群众组织，是校党委联系团员青年、领导青年工作的重要纽带和渠道，担负着团结教育青年学生、执行党的青年工作方针、培养青年共产主义者和优秀学生会骨干队伍、拓展青年学生的综合素质和繁荣校园文化生活的任务。

团员代表大会是校团委的最高权力机构，每 3 至 5 年召开一次。团委委员由团员代表大会选举产生。团委书记由团委会进行选举并报校党委和共青团金华市委批准。校团委发挥学生自我管理功能，下设组织部、宣传部、团委信息中心 3 个部门，负责团委的日常工作，部门负责人均由学生担任。学校各二级学院分别设有团总支，团总支和班级团支部是校团委的基层组织。2018 年，学校有 3 个团总支(财经管理学院团总支、国际商务学院团总支、城市服务学院团总支)，75 个团支部，1591 名团员(含成教学生)，专职团组织干部 6 名。

(二)团员代表大会召开情况

1.第十五次团代会

2010年10月19日,共青团金华电大(浙江商贸)第十五次代表大会召开。团市委副书记马越、学校党委书记方伟中、副书记徐骏、副校长戴毅群等参加大会。大会听取并审议了上一届团委《求真务实,科学发展 全面开创我校共青团工作新局面》的工作报告。大会以无记名投票的方式,选举产生9位第十五届团委委员会。会议选举王睿为新一届团委书记。

2.第十六次团代会

2014年10月21日,共青团金华电大(浙江商贸)第十六次代表大会召开。团市委副书记钱福安、学校党委副书记黄俊,学校工会、团委、学生处等部门负责人及来自各兄弟院校的团委书记出席本次大会。大会听取并审议了上一届团委《立足新起点 塑造新形象 谋求新发展 为把我校建设成全省一流中等职业学校和具有区域特色的现代远程开放大学而努力奋斗》的工作报告。大会以无记名投票的方式,选举产生9位第十六届团委委员会。会议选举巴晓伟为新一届团委书记。

3.第十七次团代会

2018年12月12日,共青团金华电大(浙江商贸)第十七次代表大会召开。团市委学少部部长华勋、学校党委书记单勇、党委副书记黄俊,校党委副书记徐骏,学校工会、团委、学生处等部门负责人及来自各兄弟院校的团委书记出席本次大会。大会听取并审议了上一届团委《不忘初心　砥砺前行--为把我校建设成浙江省中职名校和浙中一流开放大学而努力奋斗》的工作报告。大会以无记名投票的方式,选举产生9位第十七届团委委员会。会议选举周丽为新一届团委副书记(主持工作)。

(三)下属机构

1.学生社团联合会

学生社团联合会(以下简称“学社联”)是在校党委领导下,校团委的直接指导与帮助下,全校学生社团自愿结合的联合组织,是联系学校、社会与广大学生的桥梁与纽带,是建设校园精神文明、发展先进文化的重要力量,是所有社团成员利益的总代表。社团联合会实行团体会员制,设有主席1名,下设办公室、督导部、财务部、策划部、宣传部5个部门,致力于丰富校园文化生活,规范各社团制度,监督及管理社团日常工作,并努力提高社团的各类活动层次,不断扩大社团的影响,从而充分发挥学生社团在校园文化建设和素质教育中的积极作用,为更多的学生社团搭建起展示的舞台。2012年5月23日,学校举行学生社团联合会第一次代表大会,通过了我校《学生社团联合会章程》,选举产生了第一届学生社团联合会组织机构和社联干部。截止2018年底,全校共有学生社团57个,在学社联的监督和管理下,有序开展社团活动。

2.青年志愿者总队

青年志愿者总队是在校党委领导和团委指导下开展工作的,由志愿从事社会公益保障事业的学校青年学生组成的校级学生组织,负责指导和协调学校志愿者的招收管理,校内外志愿活动的统筹,开展暑期社会实践等工作。青年志愿者总队设队长、副队长各1名,下设秘书处、策联部、宣传部3个部门,各二级学院建立青年志愿者大队,负责本学院的各项志愿服务工作。

校青年志愿者总队本着“爱心献社会,真情暖人间”的宗旨,致力于志愿服务活动,既立足本校,为全校师生服务,又面向社会,为弱势群体服务,倡导积极向上健康活泼的校园文化,推进社会主义精神文明建设。校青年志愿者总队得到了社会各界的广泛肯定,多次被共青团金华市委、金华市教育局、金华市学生联合会评为志愿服务优秀集体并有6人获得市级优秀个人,其中金医志愿项目荣获2015年度金华市优秀志愿服务项目,金手指专业志愿服务荣获2019年金华市第四届“志愿八婺 文明金华”志愿服务项目大赛铜奖。

3.团委信息中心

团委信息中心是隶属于共青团金华广播电视大学(浙江商贸学校)委员会,始终以传播校园正能量为己任,在不断完善团学宣传工作体系和制度的基础上,努力强化思想引领、文化传播能力。团委信息中心,下设编辑部、摄影部、报道部三个部门,主要负责学校团委的对外宣传工作,包括团委微信公众号的运营,校团委工作信息的收集、编辑、公布和上报以及面向团员和广大学生的信息化宣传普及工作。

二、学生会

(一)概述

校学生会是在校党委领导、校团委指导下的全校性学生群众组织,是学校党委联系广大青年学生的桥梁和纽带。校学生会以《金华广播电视大学学生会章程》为依据开展工作,秉承全心全意为同学服务的宗旨,以服务、育人、引领为根本,秉承团结、奋进、求实、创新的校风,促进同学德、智、体全面发展,倡导和组织广大同学自我服务、自我管理、自我教育,发挥联系师生的桥梁纽带作用,为广大同学提供自我展示的平台。

每年六月举行学生会换届大会,通过换届,产生新一届学生会。校学生会设主席 1 名、副主席 3 名,下设秘书处、文体部、女生部、外联部、纪检部、劳卫部、保卫部、学习部、宣传部、组织部、寝管部 11 个部门。各二级学院学生会和班委会是校学生会的基层组织,分别由各学院和各班级根据民主集中制的原则选举产生。

校学生会在校园文明监督、校园文化活动开展、推进学风建设、学生自我管理制度建设等多个方面做了大量工作,并形成了校园歌手争霸赛、“三力争创——聚力团总支、活力团支部、魅力团支书”等品牌活动。2017 年,我校学生会被评为“浙江省优秀学生会组织”。

(二)学生会换届

学生会换届一般由校团委组织进行,前期由宣传部进行换届宣传,候选人报名,由主席团、秘书处负责候选人资格审查,并根据审查结果制定学生会干部换届选举次序表。召开大会正式开始学生会换届竞选演讲,采取精选演讲和答辩相结合的方式,以现场评委老师打分结果为主要参考,综合学院和团总支各位领导、老师的意见以及其他各方面因素,决定竞选结果,并公示和评议新一届学生会干部。

2012 年至 2018 年年底,共有 7 届学生会。

表 2-3-8　　历任学生会主席一览表

姓名	任期
徐　颖	2012.9–2013.7
钱玉蓉	2013.9–2014.7
洪　铭	2014.9–2015.7
金观浩	2015.9–2016.7
曾　柳	2016.9–2017.7
袁慧玲	2017.9–2018.7
凌婷婷	2018.9–2018.12

第五节　学生社团

一、概况

学校现有专业技能、志愿服务、兴趣爱好等多种类型社团 57 个，其中专业类社团 15 个，公共类社团 42 个。参加社团的学生占全部在校生的 90%左右。

二、社团建设与发展

学生社团是在校团委领导下，学生基于个人兴趣爱好、为了实现会员共同意愿、自主申请、自发开展活动的群众性学生组织。学生社团肩负着推进学校素质教育、提升学生综合能力、繁荣校园文化生活、践行社会主义核心价值观的重大使命。学生社团已成为该校第二课堂的重要组成部分，是学生发挥自身主观能动性并进行实践活动的基地，是学生开发潜能、展现自我的舞台，也是丰富校园文化，浓厚学术氛围的载体。

自学校社团开办以来，社团数量逐年增加，社团活动质量稳步提升，涌现出一批在校内颇具影响力的优秀社团，如"非遗"传承剪之韵艺社、旋风空竹社等等。为了进一步规范社团管理，2012 年，学校成立社团联合会，挂靠校团委，负责全校社团日常管理工作，对全校社团进行注册登记，并通过该校《学生社团联合会章程》，选举产生了第一届学生社团联合会组织机构和社联干部，开启该校学生社团工作新的里程碑。

表 2-3-9　　学校社团情况一览表

挂靠部门	序号	社团名称	社长	指导教师	成立时间	社团类别
学生处	01001	心理健康教育协会	陈　欣	骆丽娟	201209	公共类
图书馆	01002	子衿图书社	程肖霄	胡崇宾	201209	公共类
教务处	01003	粉墨青春戏剧社	杨玉雁	王　慧	201209	公共类
图文信息中心	01004	青莼时光影视社	付丽梅	周　玥	201709	公共类
校企合作处	01005	KAB 创业俱乐部	廖俊款	董曼玲	201809	公共类
	02001	灵泉乐艺坊	禹建梅	梁梦霞	201209	公共类
	02002	青春排球社	朱雅霜	黄　强	201209	公共类
	02003	小品话剧社	曾佳胜		201309	公共类
财经管理学院	02004	校舞蹈队	沈开心	胡　凛	201509	公共类
	02005	羽毛球社	陈福特	魏　凛	201509	公共类
	02006	冰耀轮滑社	应钰博	姚锡勇	201609	公共类
	02007	悦音堂	张宇翔	吴耀芳	201709	公共类
	02008	格斗防身术社	方　毅	赵宗林	201804	公共类
	03001	cos 社	徐依婷	王晓凤	201209	公共类
国际商务学院	03002	finger style 吉他社	徐淋沣	邱振东	201409	公共类
	03003	电子商务协会	朱龙晓	武　昊	201509	专业实践类

续表

挂靠部门	序号	社团名称	社长	指导教师	成立时间	社团类别
国际商务学院	03004	BASKATBALL 篮球部落	陈　康	张文蒙	201509	公共类
	03005	致远围棋社	曾佳胜	胡启富	201609	公共类
	03006	WT 舞团	李　论	朱诗遥	201809	公共类
	03007	旋风空竹社	朱龙晓	罗学艺	201809	公共类
	03008	非遗传承剪之韵艺社	廖　唯	吴耀中	201811	公共类
	03009	墨林轩(书法社)	周　鋆	王云超	201811	公共类
	03010	易英语	方康丽	丁珍珍	201811	公共类
	03011	锦瑟年华文学社	应雨露	施祎锐	201811	公共类
	03012	微拍社团	黄德琴	胡依婷	201811	公共类
	03013	木槿韩语社	熊文风	韩玉洁	201811	公共类
	03014	super 啦啦队	胡娟娟	吴　娇	201811	公共类
	03015	风采商务礼仪	林钧哲	汪玲艳	201811	公共类
	03016	一陆一海社团	应国威	李　敏	201811	公共类
	03017	民族数学探究社团	罗　丹	黄丽虹	201812	公共类
城市服务学院	04001	篮球社	王　杨	柳丹辉	201603	公共类
	04002	包工头舞团	徐志辉	王慧霞	201609	公共类
	04003	太极学堂	李豪杰	王慧霞	201609	公共类
	04004	创新创业社团	方　哲	金向阳	201609	专业实践类
	04005	面点社团	潘美珍	毛佳儿	201609	专业实践类
	04006	西点社团	邵寒静	高丹丹	201609	专业实践类
	04007	刀工(雕刻)社团	李坚强	徐　锋	201609	专业实践类
	04008	美发社团(技能考证)	崔同爱	桂键坚	201609	专业实践类
	04009	美发社团(技能提高)	楼秦帅	桂键坚	201609	专业实践类
	04010	美容社团	朱嘉盈	陈雨茜	201609	专业实践类
	04011	化妆社团	张佳丽	金程莹秀	201609	专业实践类
	04012	CAD 社团	陈俊喆	方　燕	201609	专业实践类
	04013	工程测理	周晨辉	王　睿	201609	专业实践类
	04014	建筑工程制图与识图	王鹏潮	黄旭玲	201609	专业实践类
	04015	秀娘团	刘　玲	王慧霞	201609	公共类
	04016	商贸形象沙龙	姜明朗	桂键坚	201609	专业实践类
	04017	图文社	秦　梦	王为正	201609	专业实践类
	04018	婺州窑	范龙吉	周义强	201709	公共类

续表

挂靠部门	序号	社团名称	社长	指导教师	成立时间	社团类别
城市服务学院	04019	创意队列	王　杨	柳丹辉	201709	公共类
	04020	城市天籁社	吴艺成	周义强	201809	公共类
	04021	吉他社	周南兵	周义强	201809	公共类
	04022	配音 APP	金梦婷	潘　雯	201809	公共类
	04023	城市书画社	孙可心	杨景翔	201809	公共类
	04024	城市文艺社	黄楚兴	王一文	201809	公共类
	04025	城市排球社	胡杨峰	鲍世英	201809	公共类
	04026	城市羽毛球	陈　哲	韦　峰	201809	公共类
	04027	职业顾问	方梦霞	丁泽恩	201812	专业实践类

第六节　就业创业

一、近年学生就业情况

表 2-3-10　　2017-2018 年毕业生情况一览表　　单位:人

年份＼人数	合计	大专	中专
2017 年	1423	523	900
2018 年	1636	493	1143

表 2-3-11　　2017-2018 年就业人数一览表　　单位:人

年份＼人数	合计		大专		中专		
	毕业生人数	就业人数	毕业生人数	就业人数	毕业生人数	就业人数	升学人数
2017 年	1423	737	523	501	900	236	662
2018 年	1636	768	493	481	1143	287	847

表 2-3-12　　2017-2018 年毕业生流向单位性质一览表　　单位:人

单位性质＼年份	2017	2018
党政机关	9	4
事业单位	8	11
国有企业	24	23
其他企业	672	725

续表

单位:人

单位性质 \ 年份	2017	2018
预征入伍	4	7
待就业	24	14
自主创业	13	5
中专升学	669	847
合计	1423	1636

表 2-3-13　　2017-2018 年毕业生就业流向一览表　　单位:人

就业地 \ 年份	2017		2018	
	大专	中专	大专	中专
金华市区	410	187	359	218
义乌	29	10	23	13
东阳	5	1	3	1
浦江	1	0	4	0
兰溪	6	2	4	2
武义	5	3	9	0
磐安	2	0	1	2
永康	32	17	21	32
金华市外	11	16	57	19
合计	501	236	481	287

二、创业工作

2012 年以来,学校十分重视学生创业工作,在硬件建设上,先后投资 200 多万元,建设了商贸人才孵化园。园区分为四个功能区块:创新创意创业中心、摄影工作室、大师工作室、就业创业服务中心。四个功能区块共同承担起为入园创业团队及入园合作企业提供免费创业空间,水电、电脑设备、宽带接入、文印扫描等基本功能条件具备。同时,对接学校专业人才培养及课程建设,为学生提供技能实训实习平台,为入园创业团队及区域小微企业提供各种技术服务、技能培训、工商咨询等服务。

围绕提高学生综合素质和能力这一重点,通过营造创业文化氛围,不断激发学生的创业意识和心理品质。充分利用广告展板宣传、校园广告宣传、校园网站宣传、微信宣传等途径,大力宣传学校商贸人才孵化园的功能与优势,通过在教学区、师生创业园内悬挂创业名人警句,宣传成功创业人士及园区优秀创业团队,让学生随时耳濡目染,感受浓浓的创业文化气息。通过班会、团队、创新创业比赛等形式,开展丰富多彩的创业主题活动,培育学生的创业兴趣。组织学生参观商贸人才孵化园,实地感受创业环境,体验创业氛围,激发学生成为创客的热情。开展师徒结对、师生组团的创业实践活动,激励学生成为学校创客的一员。

截至 2018 年年底,商贸人才孵化园已初步形成了以就业创业服务中心为窗口,以大师工作室和摄影工作室为学生技能训练平台，以创新创意创业中心为学校课程教学、业务实战平台的创业服务格局。截止到2018年12月，已先后为入园创业团队提供12次共计43款商品的拍摄服务，为义乌国际商贸城集团26家合作商铺提供600余款商品拍摄及义乌购店铺代运营服务，提供小微企业财务咨询及工商咨询服务16次，技能大师培养“小徒弟”100余人，组织师生开展“金钥匙”创业沙龙及培训50余次。

表 2-3-14　　入驻学校孵化园企业一览表

企业名称	负责人	服务内容
商贸摄影工作室	曹燕群	提供网店商品拍摄、证件照、艺术写真、短片拍摄、外景主题拍摄等各种摄影服务
义乌宁晟饰品有限公司	宁青松	与学校共同构建创新创业创意中心，通过绣品、家居装饰品等“创意设计+电商创业”实训、实习和实战，共同培育具有创新创业创意意识和技能的专业人才
浙江中健会计师事务所	何湘娟	与学校共建会计大师工作室，探索会计专业“现代学徒制”人才培养模式改革，共同培育高技能、高素质专业人才
金华天硕教育信息咨询有限公司	黄剑波	为学生提供创业培训，帮助学生树立正确的创业观，同时，为创业学生提供个性化创业指导
义乌千里马人才开发有限公司	方　炜	为学生提供就业指导，开设就业讲座和开展职业体验活动，帮助学生树立正确的择业观、就业观和职业观

第四章 教职工

第一节 教职工人数与结构

一、概况

2003 年 1 月,金华广播电视大学与浙江贸易学校合并后,金华广播电视大学(浙江贸易学校)在册教职工 244 人。

表 2-4-1　　2003-2012 年教职工人数一览表　　单位:人

年份	教职工人数	其中	
		男	女
2003	244	127	117
2004	240	127	113
2005	238	122	116
2006	234	126	108
2007	201	94	107
2008	226	114	112
2009	218	106	112
2010	221	111	110
2011	211	105	106
2012	209	104	105

2012 年 8 月,浙江贸易学校与浙江省金华商业学校合并后,金华广播电视大学(浙江商贸学校)在册教职工 312 人。其中具有正高职称 2 人,副高职称 71 人,中级职称 139 人。截至 2018 年年底,学校共有在册教职工 296 人,其中具有正高职称 2 人,副高职称 77 人,中级职称 140 人。

表 2-4-2　　2012-2018 年教职工情况一览表　　单位:人

<table>
<tr><th rowspan="2">年份</th><th colspan="2" rowspan="2">合计</th><th colspan="4">教职工</th><th rowspan="2">其中:科研机构人员</th></tr>
<tr><th>专任教师</th><th>管理人员</th><th>教辅人员</th><th>工勤人员</th></tr>
<tr><td rowspan="2">2012</td><td>总计</td><td>312</td><td>241</td><td>8</td><td>19</td><td>44</td><td rowspan="2">1</td></tr>
<tr><td>其中:女</td><td>154</td><td>123</td><td>3</td><td>10</td><td>18</td></tr>
<tr><td rowspan="2">2013</td><td>总计</td><td>311</td><td>241</td><td>8</td><td>19</td><td>43</td><td rowspan="2">1</td></tr>
<tr><td>其中:女</td><td>153</td><td>123</td><td>2</td><td>10</td><td>18</td></tr>
<tr><td rowspan="2">2014</td><td>总计</td><td>310</td><td>241</td><td>8</td><td>19</td><td>42</td><td rowspan="2">1</td></tr>
<tr><td>其中:女</td><td>152</td><td>123</td><td>2</td><td>10</td><td>17</td></tr>
<tr><td rowspan="2">2015</td><td>总计</td><td>310</td><td>253</td><td>7</td><td>19</td><td>31</td><td rowspan="2">1</td></tr>
<tr><td>其中:女</td><td>153</td><td>131</td><td>1</td><td>11</td><td>10</td></tr>
</table>

续表　　单位:人

年份	合计		教职工				其中:科研机构人员
			专任教师	管理人员	教辅人员	工勤人员	
2016	总计	309	259	6	16	28	1
	其中:女	155	136	1	9	9	1
2017	总计	309	263	7	15	24	1
	其中:女	156	141	1	8	6	1
2018	总计	296	256	6	17	17	1
	其中:女	153	139	1	8	5	1

表 2-4-3　　2018 年底各学院、部门教师职称情况一览表　　单位:人

名称	合计	专任教师	正高职称	副高职称	中级职称	其他	研究生人数
国际商务学院	62	62	0	14	38	10	27
财经管理学院	65	60	1	16	34	14	26
城市服务学院	52	47	0	12	24	16	14
开放远程学院(招生中心)	25	20	0	5	15	5	10
行政后勤	84	62	1	29	26	28	23
合计	288	251	2	76	137	73	100

二、结构分布

表 2-4-4　　历年来教职工专业技术人员结构分布一览表　　单位:人

年份	正高职称	副高职称	中级职称	初级职称	专业技术人员总数
2012	2	71	139	45	267
2013	2	73	141	38	264
2014	2	77	145	36	267
2015	2	81	141	39	266
2016	2	80	143	35	268
2017	2	73	142	43	271
2018	2	77	140	45	273

表 2-4-5　　历年专任教师学历结构情况一览表　　单位:人

年份	合计		研究生			本科	其他
			合计	其中获硕士学位	其他		
2012	共计	245	85	51	34	158	2
	其中:女	128	55	37	18	72	1

续表 单位:人

年份	合计		研究生			本科	其他
			合计	其中获硕士学位	其他		
2013	共计	242	84	51	33	156	2
	其中:女	124	55	37	18	68	1
2014	共计	245	89	55	34	154	2
	其中:女	127	59	41	18	67	1
2015	共计	245	88	53	35	155	2
	其中:女	129	59	41	18	69	1
2016	共计	249	88	53	35	160	1
	其中:女	132	58	38	20	74	0
2017	共计	253	91	56	35	161	1
	其中:女	135	60	42	18	75	0
2018	共计	256	100	63	37	155	1
	其中:女	141	67	47	20	74	0

表 2-4-6 历年专任教师年龄与性别结构一览表 单位:人

年份	合计		30岁及以下	31-35岁	36-40岁	41-45岁	46-50岁	51-55岁	56-60岁	61岁以上
2012	男	117	10	16	12	8	46	21	4	0
	女	128	38	25	14	16	29	6	0	0
2013	男	118	12	14	13	7	38	28	6	0
	女	124	31	31	13	17	25	7	0	0
2014	男	118	14	12	13	8	21	38	12	0
	女	127	35	30	12	15	27	8	0	0
2015	男	116	8	11	12	12	13	44	16	0
	女	129	27	33	13	19	21	16	0	0
2016	男	117	7	12	11	12	9	47	19	0
	女	132	19	37	19	19	16	22	0	0
2017	男	118	10	9	15	11	8	47	18	0
	女	135	22	33	25	14	17	24	0	0
2018	男	115	12	10	13	12	7	38	23	0
	女	141	23	27	34	13	18	25	1	0

2015 年以来，随着学校教育事业的发展，企业兼职教师数量不断增加，截至 2018 年底，学校有企业兼职教师 80 名，其中高级职称的有 37 位，占近 50%，企业兼职教师队伍的技术技能水平和职业综合素养也在逐年提高。

表 2-4-7　　历年专业技术职务晋升、聘任情况一览表　　单位：人

类别 \ 年份		2012	2013	2014	2015	2016	2017	2018
晋升情况	正高			0	0	0	0	0
	副高	1	4	4	6	3	3	6
	中级	12	9	8	3	4	6	8
聘任情况	正高	2	2	2	2	2	2	2
	副高	71	73	77	81	80	73	77
	中级	139	141	145	141	143	142	140

表 2-4-8　　历年教职工引进、流动与退休情况一览表　　单位：人

年份	引进人才								流动人数	退休人数
	合计	学历			职称					
		硕士研究生	本科	大专及以下	正高	副高	中级	初级及以下		
2012	5	3	2	0	0	0	1	4	0	10
2013	9	0	9	0	0	0	0	9	3	10
2014	6	5	1	0	0	1	0	5	0	5
2015	4	1	3	0	1	0	0	3	1	6
2016	10	3	7	0	0	0	4	5	3	9
2017	14	5	8	1	0	1	1	12	2	13
2018	12	8	4	0	0	0	1	11	1	16

第二节　队伍建设规划与机制

一、队伍建设规划

为了贯彻执行《浙江省中长期教育改革和发展规划纲要(2010–2020 年)》《金华市中等职业教育“十三五”发展规划》和《学校“十三五”事发展规划》等文件精神，进一步深化学校教学改革，提升学校办学质量，努力建设一支规模适度、结构合理、素质优良、特色鲜明的服务地方经济社会发展的高水平专兼职师资队伍，全面实现学校“十三五”发展规划目标，学校制定《金华广播电视大学(浙江商贸学校)“十三五”师资队伍建设五年规划》。按照“内培外引”的人才队伍建设思路，提出实施“群鹰计划”，争取培养省市级名师 4–6 人，建成省市级名师工作室 4–6 个，引进专业带头人、行业企业高技能人才 3–6 人。

二、队伍建设制度

学校根据中共中央、国务院发布了《关于全面深化新时代教师队伍建设改革的意见》，更好适应职业教育形势的发展，紧密结合学校实际，全面系统地做好新时代学校教师专业成长的顶层设计工作，制定了《金华广播电视大学专业技术职务聘期管理工作实施方案》，根据聘期管理要求，制定《金华广播电视大学专业负责人、骨干教师、教学名师选拔和考核办法》《金华广播电视大学访问学者暂行办法》和《金华广播电视大学 1+N 人才培养实施方案》《专业技术职务评聘办法》等相关队伍建设培养制度。

三、队伍建设机制

学校以聘期考核为导向，构建教师职业发展机制。学校《专业技术职务聘期管理工作实施方案》覆盖学校所有教学岗位和非教学岗位，既体现全员、全过程育人的时代发展要求，又是新一轮教师专业技术职务聘任的重要依据，并与职称晋升、表彰奖励、绩效分配等挂钩，从而形成全员激励机制，促进全体教师进步成长。学校《专业技术职务聘期管理工作实施方案》人性化地设置考核等级和考核比例，聘期考核等级分为优秀、合格、不合格三档。按职称等级进行考核分值排序，优秀比例占 15%，合格比例≤85%，使不同类别的教师能够找准赛道，精准自我定位，优化自我职业生涯规划。《专业技术职务聘期管理工作实施方案》体现能上能下的弹性考核方式方法，既能让优秀的教师脱颖而出，优先晋级，又能对不能履行岗位职责、未能完成聘期任务的教师给出鞭策。

第三节　高层次人才培养

一、概况

学校鼓励教师申报高层次人才培养项目，近年来取得一定的成绩，其中 2 人成为浙

江省 151 人才，1 人入选浙江省中职名师和名师工作室建设立项，1 人入选金华市拔尖人才，1 人入选金华市名师，4 人入选金华市 321 人才培养工程，24 人入选浙江广播电视大学 312 人才培养工程，4 人入选金华市浙江省“百千万”高技能人才培养工程。

二、人才培养成效

(一)浙江省 151 人才

俞一夫　刘知林

(二)浙江省中职名师和名师工作室

应森林电子商务名师工作室

(三)金华市拔尖人才

郭航鸣

(四)金华市 321 人才

俞一夫　刘知林　吕　刚　黄宏伟

(五)金华市名师

黄　俊

(六)浙江广播电视大学 312 人才培养

黄宏伟　王　睿　吕　刚　徐莉亚　楼洪亮　蔡　晶　杨浪萍　朱　政　余红君　张岸嫔

徐春媛　丁　雅　高蓓蓓　黄丽虹　庄曼丽　钟　芳　王晓凤　卢灵美　黄　强　汤　俊
肖林炜　陈　斌　武　昊　周　萍

(七)金华市浙江省“百千万”高技能人才培养工程

楼洪亮　王晟兆　桂键坚　毛佳儿

第四节　考核、表彰与奖励

学校每年对全校教职员工进行目标责任制考核。目标责任制考核工作由党校办牵头负责，事业单位工作人员年度考核工作及新进人员的考核鉴定工作由人事处负责。单位工作人员年度考核等级分为优秀、合格、不合格三等，考核结果与教职工的工作晋升、奖金发放、职称评审等挂钩。对年度考核优秀的人员，学校下发通知给予表彰、奖励。

自 2014 年起，学校开展了三“十佳”评选活动，对在教学、管理和班主任工作中取得突出成绩的人进行表彰。

一、考核情况

(一)年度考核

表 2-4-9　　2014-2018 年年度教职工考核优秀名单

年度	优秀名单
2014	曹春雷　吴黎旦　童永通　斯亚民　徐玉芳　曹利民　王汝启　张艳红　董新稳　王朵朵　郑　骏　胡菊央　梁梦霞　庄曼丽　陈　沔　竹　虹　冯　鸣　杜利俊　陈根芳　徐　莉　王晓伟　王立山　沈美英　方　青　杨浪萍　郁　翔　张淑琴　洪　宇　应森林　金向阳　陈玉香　王晟兆　王晓凤　张岸嫔　徐宏业　赵越超　沈巧莲　黄丽虹　舒美爱　黄　强　金礼正　朱　政　杨晓婷　熊淑瑛　朱健康
2015	朱印华　曹利民　邵　玲　应巧姿　余跃琼　钟　芳　姚锡勇　徐玉芳　郑秀峰　吴贝佳　黄丽虹　肖　蜜　张丹丹　贾梅倩　王朵朵　何莉莉　郑森良　彭礼安　章　肖　吴微庆　王立山　沈美英　方　青　商　滔　陈玉香　王晟兆　方　燕　黄兴华　宋炜杨　黄　强　舒美爱　蔡　晶　杨浪萍　沈巧莲　王红华　王晓凤　宋　洁　单小青　吕金芳　张岸嫔　程良英　方　蓉　罗学艺　朱健康
2016	高蓓蓓　金志鸳　贾梅倩　戴立渊　赵丽军　陈　沔　冯　鸣　游欣良　章　肖　周　源　郑　骏　王立山　方　青　吴芝仙　黄永祥　郑秀峰　徐玉芳　应巧姿　曹利民　吴黎旦　朱印华　王雪香　王　睿　黄兴华　陈玉香　楼洪亮　徐　莉　陈红香　张　晶　杨浪萍　骆丽娟　蔡　晶　王　磊　陈禧鸿　王晓凤　商　滔　应森林　徐宏业　单小青　吕金芳　丰旭红　胡启富　朱健康
2017	方　蓉　王立山　王晓伟　王　睿　韦旭源　卢灵美　吕江江　吕金芳　朱诗遥　朱　政　吴贝佳　吴耀芳　应森林　张岸嫔　张淑琴　张　晶　杨浪萍　汪笑飞　沈美英　陈禧鸿　周　丽　罗学艺　郑　骏　柳丹辉　胡群英　赵越超　钟　芳　骆丽娟　徐宏业　徐　莉　贾梅倩　高蓓蓓　商　滔　梁梦霞　章　肖　黄兴华　黄旭玲　游欣良　舒美爱　戴立渊
2018	朱印华　邵　玲　黄炜倩　郑秀峰　柳丹辉　姚锡勇　童永通　何　静　吴贝佳　黄剑锋　张　浩　陈　斌　金雪萍　丁珍珍　魏　凛　游欣良　郑森良　戴立渊　陈　沔　韦旭源　张淑琴　黄　强　吴星星　周　萍　吴耀芳　王晓凤　罗学艺　韩玉洁　李　娜　应森林　杜　鹃　王慧霞　王　睿　舒美爱　方　燕　陈红香　朱健康

(二)表彰情况

从2014年开始,学校每两年举行一次三"十佳"评选活动。到目前,学校共开展了3届评选活动。

表2-4-10　　学校三"十佳"获得者名单

项目	十佳教师	十佳班主任	十佳管理者
2014年	王红华　王晟兆　朱健康 应森林　张　晶　张岸嫔 罗学艺　单小青　黄炜倩 楼志良	王立山　王旭忠　方　青 卢灵美　肖　蜜　吴耀芳 陈禧鸿　郁　翔　黄永祥 魏　凛	王汝启　王雪香　巴晓伟 竹　虹　纪苏梅　吴黎旦 邱振东　陈　沔　徐文良 曹利民
2016年	王　睿　方　蓉　韦旭源 应森林　沈巧莲　沈美英 单小青　杨浪萍　黄兴华 楼洪亮	王为正　王红华　卢灵美 邓志娴　刘雪飞　吕金芳 吴耀中　钱美敏　董新稳 蔡　晶	王晓伟　吕江红　吴贝佳 沈晓庆　邵　玲　郑　骏 郑秀峰　姚锡勇　曹利民 彭礼安
2018年	王　睿　方　蓉　吴星星 吴耀芳　应森林　张　晶 陈红香　胡启富　黄兴华 舒美爱	方梦霞　朱　艺　邱振东 汪正平　宋　洁　陆书勤 陈雨茜　陈禧鸿　徐宏业 唐文姣	万　明　王雪香　卢灵美 朱印华　汤　俊　吴黎旦 何莉莉　郑秀峰　高蓓蓓 曹利民

第五节　职称评审与聘任

一、评审制度和程序

学校专业技术职务评定工作按照"德才兼备,量化考核,择优晋升"的原则,严格执行上级有关部门的职称改革政策。为加快师资队伍建设,逐步建立和完善学校专业技术资格评审制度,结合实际,分中专和高校两个系列开展专业技术职务评聘工作,其中,中专系列专业技术职务参照金华市教育局、金华市人力资源和社会保障局的中小学教师职称评定条件,高校教师专业技术职务参照《浙江广播电视大学高校系列专业技术职务评聘实施办法(试行)》。

2014年高校职称评审权限下放,中级专业技术职务由学校自主评聘,副高以上职称委托浙江广播电视大学评审。2015年学校出台了《教师专业技术职务评聘的有关规定(试行稿)》和《教师专业技术职务评审推荐计分细则及办法》,对专业技术职务申报条件、评审程序、聘用原则等进行了规定。

2018年,金华市职改办和金华市教育局下放中专系列中级专业技术职务评审权限,中级专业技术职务由学校自主评聘。同时,为进一步加强专业技术职务聘用与管理工作,建立科学合理的聘期考核评价机制,2018年出台了《专业技术职务聘期管理工作实施方案》,将专业技术职务聘期管理结果作为新一轮专业技术职务聘任的重要依据,并与职称晋升、表彰奖励、绩效分配等挂钩,逐步形成"能上能下,能进能出"的教师聘任制度和竞争激励机制。

二、职称评审

表 2-4-11　　2012 年以来专业技术职务评审情况　　单位:人

类别＼年份	2012	2013	2014	2015	2016	2017	2018
副高	1	4	4	6	3	3	6
中级	12	9	8	3	4	6	8
初级	9	7	4	3	4	7	10

第六节　收入分配

一、分配制度

2013 年工资收入制度改革后,实行岗位绩效工资制度。分配模式为:国家档案工资+绩效工资+绩效工资上浮+考核奖。

二、教职工收入

表 2-4-12　　历年来教职工收入变化情况表

年度	年人均收入(元)	比上年增长(%)	变化原因
2013	94020		
2014	102136	8.63	调标及考核奖增加 2000 元
2015	104905	2.71	
2016	133824	27.57	调标及考核奖增加 2 万元
2017	140274	4.82	
2018	144291	2.86	

第七节　离退休人员管理

一、概况

截至 2018 年 12 月 31 日,学校离退休人员共计 211 人,其中:离休干部 7 人,退休人员 204 人;男 94 人,女 117 人,高级职称人员 34 人。

1.离休人员

表 2-4-11　　2018 年 12 月底离休干部情况一览表　　单位:人

职务		人数		政治面貌			参加革命时间		
		男	女	中共党员	民族党派	群众	抗战前期	抗战后期	解放战争
离休干部	县处级	1		1					1
	科级	6		5		1			6
	合计	7		6		1			7

2.退休人员

表 2-4-14　　　　历年学校退休教职工情况一览表　　　　单位:人

年份	当年办理退休人数									当年实有退休人数								
	小计	性别		职称		职员		工勤人员		小计	性别		专技人员		职员		工勤人员	
		男	女	高级职称	中级及以下	处级以上(含处级)	处级以下	技师以上(含技师)	技师以下		男	女	高级职称	中级及以下	处级以上(含处级)	处级以下	技师以上(含技师)	技师以下
2013	10	3	7	3	3		1	1	2	163	66	97	24	49	13	23	1	53
2014	5	2	3	1					4	168	68	100	25	49	13	23	1	57
2015	6	2	4	1	1	1			3	172	68	104	25	50	14	23	1	59
2016	9	5	4	2	3		1		3	179	72	107	27	53	13	23	1	62
2017	13	7	6	4	4	1	1		3	190	78	112	31	56	13	24	1	65
2018	16	11	5	3	7			1	5	204	87	117	34	62	12	24	2	70

二、管理机构

2013 年 1 月,学校成立离退休工作处,与人事处合署办公,日常工作以离退休工作处牵头负责,组织开展大型活动、重要工作时离退休工作处与人事处共同合作完成。2015 年 7 月成立离退休服务处与人事处、纪检监察室合署办公,2018 年 7 月成立离退休工作处,与干部人事处合署办公。

三、管理与活动

一直以来,离退休工作处认真学习宣传、贯彻执行党和国家关于离退休工作的方针政策,政治上尊重、思想上关心、生活上照顾老同志,切实做好离退休人员的管理与服务工作。

一是学校成立金华电大(浙江商贸)教育工作者协会退休分会(简称退教协会)。二是认真落实离休干部的“两项待遇”,并积极做好老同志思想政治工作。三是对退休人员主要实行宏观管理,主要是国家退休政策指导,统筹解决全校退休工作中的问题,落实退休教工的政治、生活待遇;四是组织好教师节座谈会、春节团拜会、重阳节外出参观考察活动,及时对生病住院、身体困难的老同志进行走访慰问;五是坚持例会制度,每月 10 日召开离退休人员例会,学习传达上级文件和指示精神、通报学校情况;六是积极组织老同志参与教育系统组织的婺州公园健身走、游园趣味体育活动等大型活动,丰富离退休同志晚年精神文化生活;七是举办老年保健知识、消防安全知识 、心理健康等知识讲座,关心老同志身心健康;八是会同有关部门开展“六个老有”方面的活动,协助做好“关心下一代”工作;

九是组建离退休人员 QQ 群、微信群，发布有关信息，让离退休人员及时了解学校情况，同时方便老同志之间的思想交流、感情沟通。

表 2-4-15　　历届退教协分会组成人员一览表

任期	会长	副会长	理事	理事	理事
2006.10–2009.11	陈加达	楼绍文	刘季锦	崔念芹	胡序芳
2009.12–2013.6	楼正寿	楼绍文	吴富孝	王景瑜	谢素娥
2013.7–2016.6	周树根	许金伙	赵秋林	赵德贝	胡序芳
2016.7–2018.12	周树根	王顺仁	王津宁	徐专红	胡序芳

学校先后荣获金华市离退休服务管理工作先进集体、退教工作先进集体；戴敦庭被评为浙江省离退休先进个人，受到省委领导和中共浙江省委老干部局的表彰。

四、党组织建设

为加强离退休党员的教育和管理，2003 年 9 月，学校党委批复成立了离退休党支部。截止到 2018 年 12 月底，共有离退休党员 76 人。在学校党委领导和关心支持下，离退休党支部取得了优异成绩，先后荣获金华市、浙江省“五好”离退休干部党支部称号。

表 2-4-16　　历届离退休党支部组成人员一览表

任期	书记	副书记	组织委员	宣传委员	群工委员
2003.10–2006.9	吴樟桂		赵瑞荣	楼绍文	
2006.10–2009.11	楼绍文	陈加达	张福隆	贾樟信	胡序芳
2009.12–2013.6	楼绍文	楼正寿	蒋汝初	王景瑜	胡序芳
2013.7–2016.6	许金伙	周树根	谢素娥	胡业生	胡序芳
2016.7–2018.12	王顺仁	周树根	谢素娥	胡业生	胡序芳

第五章　全日制学历教育

第一节　成人大专教育

一、专业设置与发展

2003年金华广播电视大学与浙江贸易学校合并，2003年到2005年继续招收全日制普通专科生，2005年招收开放全日制大专生，从2006年开始招收成人高等专科(脱产)学生至2018年年底。

2005年7月20日，学校会计学被确定为首批金华市级重点学科。

1.专业设置

2003年招生专业(普通大专)有：英语、会计、工商企业管理、营销与策划、国际经济与贸易、电子商务、计算机信息管理、土木工程、机电一体化。

2004年招生专业(普通大专)有：英语、会计、工商企业管理、国际经济与贸易、电子商务、计算机信息管理、土木工程、机电一体化。营销与策划专业停止招生。

2005年招生专业与2004年相同。

2006年英语专停止招生，改招商务英语专业；计算机信息管理专业停止招生；土木工程专业改招建筑工程技术专业；机电一体化专业停止招生；增加物流专业。

2007年在2006年基础上新设食品药品管理专业。

2008年停止工商企业管理专业招生。

2009年招生专业与2008年相同。

2010年在2009年基础上新设旅游服务与管理专业。

2011年物流管理专业停止招生。

2012年恢复物流管理专业招生。

2013年物流管理专业停止招生，恢复工商企业管理专业招生。

2014年旅游服务与管理专业停止招生。

2015年工商企业管理专业停止招生。

2016年新增学前教育专业招生。

2017年招生专与2016年相同。

2018年新增人物形象设计、烹调工艺与营养和金融管理专业。

表 2-5-1　　　　2003-2018 年全日制成人大专招生专业一览表

年份	英语	商务英语	会计	金融管理	工商企业管理	营销与策划	国际经济与贸易	电子商务	计算机信息管理	土木工程	建筑工程技术	机电一体化	物流管理	食品药品监督管理	旅游服务与管理	学前教育	人物形象设计	烹调工艺与营养
2003	√		√		√	√	√	√	√	√		√						
2004	√		√		√		√	√	√	√		√						
2005	√		√		√		√	√	√	√		√						
2006		√	√		√		√	√			√		√					
2007		√	√		√		√	√			√		√	√				
2008		√	√				√	√			√		√	√				
2009		√	√				√	√			√		√	√				
2010		√	√				√	√			√		√	√	√			
2011		√	√				√	√			√			√	√			
2012		√	√				√	√			√		√	√	√			
2013		√	√		√		√	√			√			√	√			
2014		√	√		√		√	√			√			√				
2015		√	√				√	√			√			√				
2016		√	√				√	√			√			√		√		
2017		√	√				√	√			√			√		√		
2018		√	√	√			√	√			√			√		√	√	√

说明:2003-2005 年招收的学生属于普通专科

表 2-5-2　　　　2018 年全日制成人高等专科专业设置一览表

序号	专业名称	设置年份	专业代码
1	会计	2006	630302
2	金融管理	2018	630201
3	国际经济与贸易	2006	630502
4	电子商务	2006	630801
5	商务英语	2006	670202
6	食品药品监督管理	2007	590103
7	建筑工程技术	2006	540301
8	学前教育	2016	670102
9	人物形象设计	2018	650122
10	烹调工艺与营养	2018	640202

2.专业建设

成人高等教育专业人才培养方案构成包括培养目标及规格、培养模式及教学方式、知识能力结构及其支撑课程、课程设置、学制与毕业、培养方案进程表等。其中,课程设置按模块化,每个专业统一设置公共基础课、职业基础课、职业技能课、职业延展课、综合实践等模块。各模块课程分为必修课、选修课和统考课(每个专业中需参加浙江广播电视大学统一考核的课程)。

2014年,根据"浙电大教务函〔2014〕36号关于申报成人高等专科教育共建专业事项的通知",我校电子商务专业经过申报,获浙江省广播电视大学批准,成为浙江省广播电视大学电子商务专业共建责任学校,负责牵头制定《浙江广播电视大学成人专科教育电子商务专业培养方案》。

学校成立了由徐骏副书记为组长,王汝启、曹利民、应森林为副组长的领导小组。应森林为建设工作小组组长,电商教研室及相关老师参加的工作小组。经过三年建设,于2017年年底通过省电大专家组验收。

二、招生情况

见本篇第三章"第一节 招生"。

第二节　中专教育

一、专业设置与发展

1.专业设置

2003年,中专设置法律事务、会计电算化、市场营销、电子商务、国际商务、旅游服务管理、商务英语、计算机应用、电子技术应用、环境监测10个专业。

2004年,增设物流专业、产品质量监督检验专业、工业与民用建筑专业和文秘专业,法律事务专业和电子技术应用专业停止招生。

2005年,文秘专业停止招生。

2006年,增设食品药品检验专业,环境监测、产品质量监督管理专业停止招生。

2007年,产品质量监督管理恢复招生,市场营销专业停止招生。

2008年,招生专业与2007年同。

2009年,增设建筑工程管理专业。

2010年,产品质量监质检专业停止招生。

2011年,增设商务助理、工程造价和建筑工程施工专业,物流、建筑工程管理、计算机和工民建专业停止招生。

2012年,金华广播电视大学(浙江贸易学校)与浙江省金华商业学校合并,中专和技工共设置会计、市场营销、电子商务、国际商务、旅游、商务英语、建筑施工、食品药品检验、烹饪、电工、商务助理专业。

2013年,新设酒店服务管理专业,商务助理和旅游专业停止招生。

2014年,新增金融事务专业,恢复建筑工程管理专业招生。

2015年,新增美发与形象设计专业,电子技术专业恢复招生,建筑工程管理专业停止招生。

2016年,新增休闲体育服务与管理专业。

2017年,新增建筑装饰专业。

2018年,新增学前教育专业。

表 2-5-3　　2003—2018 年中专招生专业一览表

年份	电会	金融	休闲体育	营销	物流	电商	国商	旅游	酒店	美发	商英	建筑施工	工程管理	工程造价	建筑装饰	食品检验	学前教育	电工	商务助理	计算机	电子技术	环测	质检	工民建	文秘	法律
2003	√			√		√	√	√			√									√	√	√				√
2004	√			√	√	√	√	√			√									√		√	√	√	√	
2005	√			√	√	√	√	√			√									√		√	√	√		
2006	√			√	√	√	√	√			√					√				√				√		
2007	√				√	√	√	√			√					√				√			√	√		
2008	√				√	√	√	√			√					√				√			√	√		
2009	√				√	√	√	√			√		√			√				√			√	√		
2010	√				√	√	√	√			√		√			√				√				√		
2011	√					√	√	√			√	√		√		√			√							
2012	√			√		√	√	√			√	√		√		√		√	√							
2013	√			√		√	√		√		√	√		√		√		√								
2014	√	√				√	√		√		√	√	√	√		√										
2015	√	√				√	√			√	√	√		√		√					√					
2016	√	√	√			√	√			√	√	√		√		√										
2017	√	√	√			√	√			√	√	√		√	√	√										
2018	√	√	√			√	√			√	√	√		√	√	√	√									

表 2-5-4　　各中专专业设置情况一览表

序号	专业名称	设置年份	专业代码
1	会计	1978	120100
2	金融事务	2014	120400
3	国际商务	1994	121200
4	电子商务	2003	121100
5	商务英语	2006	121300
6	药品食品检验	2006	102200
7	工程造价	2011	040500
8	建筑工程施工	2011	040100
9	建筑装饰	2017	040200
10	烹饪(中式烹调)	1978	0501(技工类)
11	烹饪(西式烹凋)	2015	0502(技工类)
12	休闲体育服务与管理	2016	150200
13	美发与形象设计	2015	110200
14	学前教育	2018	160100

2.专业建设

表 2-5-5　　省级骨干专业、示范专业、品牌专业等一览表

序号	专业名称	专业荣誉类别	所属学院	立项年份
1	国际商务	省骨干专业	国际商务学院	2012
2	国际商务	省示范专业	国际商务学院	2006
3	国际商务	省品牌专业	国际商务学院	2016
4	会计	省示范专业	财经管理学院	2001
5	食品生物工艺	省示范专业	财经管理学院	2005
6	烹饪	省技工品牌专业	城市服务学院	2015
7	烹饪	省优势特色专业	城市服务学院	2015

表 2-5-6　　省级实训基地一览表

序号	基地名称	所属学院	立项年份
1	省电子商务实训基地	国际商务学院	2015
2	省国际商务实训基地	国际商务学院	2008
3	省食品加工实训基地	财经管理学院	2006

表 2-5-7　　市级重点建设专业一览表

序号	专业名称	所属学院	立项年份
1	电子商务	国际商务学院	2014
2	商务英语	国际商务学院	2006

二、招生情况

见本篇第三章“第一节 招生”。

三、教学改革

1.人才培养模式改革

学校以培养德、智、体、美、劳全面发展，具有较强专业技能水平和较高的职业素养，能适应经济、社会发展需要，胜任基层一线相关工作的技术技能型人才为总目标。

“十三五”期间，学校在不断探索和实践的基础上，形成“三实一体、二元并重”的人才培养模式。“三实”指实岗、实操和实战，强调课程内容和教学过程与岗位标准和生产实践过程的对接；“二元”是指职业技能和职业素养在人才培养过程中并重，在强调技能教学的同时，突出职业品德、职业精神等职业素养的培育。

通过浙江省中职示范校建设，学校的重点建设专业也提出了各自的专业人才培养模式，如：会计专业，提出了“岗证一体，工学结合”人才培养模式，通过岗位技能提升项目和会计相关职业资格证提

升项目来实现人才培养目标；国际商务专业，提出了“教学做，能力递进”三段技能递进式人才培养模式，通过综合实训、顶岗实习、自主创业等方式，提升学生外贸综合实践岗位技能实力，培养职业素质合格、技能过关的外贸技能型人才；电子商务专业实行“做学一体，实战提升”创业式人才培养模式，通过搭建设实战“共同体”平台，将基本技能、岗位技能、创业教育有机地融合在一起，提高学生的就业与创业能力。

2003 年，金华广播电视大学与浙江商贸学校合并，形成“中高职天然衔接”的便利条件，也形成了学校办学的特色之一。即中职学生到第五学期，参加全国成人高考，上线录取的学生升学就读本校的成人高等专科，通过 3 年的大专学习，获取大专毕业证书。

2.课程改革

(1)第一轮过程性课程改革

根据“浙教职成〔2008〕233 号，浙江省教育厅关于印发全面推进中等职业教育课程改革指导意见的通知”精神，浙江省教育厅下发了“浙教职研〔2011〕6 号，关于公布公开征集第四批浙江省中等职业教育优秀专业教学指导方案结果的通知”，当时的浙江贸易学校和金华商业学校在市教育局统一协调下，两校联合申报并获成功，成为《浙江省食品检验专业教学指导方案》和核心课《课程标准》的起草制定学校，标志着该校课程改革走在了全省中职教育的前列。

2011 年 12 月，金华市教育局发文“金市教职成高〔2011〕25 号 关于成立食品检验专业教学指导方案领导小组及工作小组的通知”，成立以市教育局何耀明为组长，黄宏伟、黄俊为副组长，由金华市教育局职成教处、金华市教育局教研室、金华市卫生局相关领导和专家为成员的领导小组；成立由浙江工商大学、浙江师范大学、浙江省教育厅教研室、金华市质量技术监督检测院、金华市疾控中心、五丰食品有限公司等 11 个单位的教授、专家组成的指导专家组；成立以俞一夫为组长，王汝启、童永通为副组长，黄永祥、赵千骏、胡启富、刘冬儿、徐专红、王宏高、王红华、吴晓周、屠建根(桐乡卫生学校)、冯应斌(衢州市技师学院)为成员的技术研发小组。

该项目于 2014 年 4 月 19 日，通过浙江省教育厅职成教教研室的验收。

(2)第二轮选择性课程改革

2014 年 11 月 12 日，浙江省教育厅公布了《浙江省中等职业教育课程改革方案》，启动了新一轮选择性课程改革工作，学校在省市专家的指导下，编制《浙江商贸学校选择性课程改革方案》，经省教育厅评选，该校入围首批浙江省中职选择性课改试点学校。

成立以黄宏伟校长为组长、黄俊、徐骏为副组长、教务处长、科研处长、全日制学院院长、学生处长、后勤处长、信息技术处长、校企合作处长为成员的学校课程改革领导小组。课程改革领导小组下设学生成长导师工作小组、课程管理工作小组、学分认定工作小组，工作小组负责整个课改计划的具体实施、方案落实等工作。

2015 年春，学校以电子商务专业为试点，先行开展选择性课程改革试点，通过电子商务专业的试点，积累选择性课改经验，逐步推进。

2015 年下半年起，全校整校推进“选择性”课程改革。

3.现代学徒制试点

2016 年 2 月 5 日，浙江省教育厅、发改委、省经信委、省财政厅、省人力社保厅、省国资委联合发文《关于开展现代学徒制试点工作的通知》，学校在教务处统筹下开展申报工作，并成功申报为浙江省首批现代学徒制试点学校，并首先在烹饪、休闲体育服务与管理两个专业开展试点。

2016 年初，学校成立了现代学徒制试点工作领导小组，负责对现代学徒制顶层设计，并协调工作小组的工作;同时两个试点专业分别成立了由学校行业企业多方参与的工作小组,负责对两个现代学徒制试点专业的工作实施。

经过几年的探索实践,烹饪专业提炼出了“旺季企业实训,淡季学校学习”的教学模式,每年10月至下一年2月是烹饪行业的旺季,学生到企业跟企业师傅,担任学徒角色,淡季在学校学习;休闲体育服务与管理专业提炼出了“忙时企业实训,闲时学校学习”的教学模式,每天上午及下午2节课在学校学习,下午2节课后至晚自习期间部分学生轮流到企业担任跆拳道助理教练,这样一方面解决了企业旺季的用工问题,学生(学徒)也能学到更多的本领,同时学生也得到了一定的劳动报酬,同时也增强了学习的成就感,提升了学习的信心。

校企共同开发了《西餐之旅——走进西餐》《跆拳道——精编版》精编版等校本教材,建立了《学徒等级标准》《学徒岗位标准》《烹饪学徒等级标准》《休闲体育段位标准》 等多方参与的考核评价机制。

2017年9月,浙江省教育厅对我校现代学徒制进行中期检查,顺利通过,并受到省教育厅检查组的高度评价。

四、教学评价

1.发展性评价

从2010年开始,金华市教育局对市直中职学校开展学校发展性评价,每学年评一次,每三年为一轮。发展性评价指标分为学校基础性评价指标和学校发展性项目,基础性指标含办学条件10分、工作管理状况70分、达标状况20分;学校发展性项目含硬件增量10分、发展规划10分、德育工作10分、课程建设与管理15分、校园文化建5分、教育科研10分、队伍建设10分、信息技术5分、保障机制5分、发展成效5分、自选项目15分。

学校高度重视发展性评价工作,成立了以书记、校长为组长的学校发展性评价工作领导小组,下设工作小组,保证评估工作顺利开展。从2016学年开始,金华市教育局启动第三轮发展性评价,评价一级指标与上一轮相同。2015学年、2016学年、2017学年发展性评价结果均为优秀等级,并且均名列市直中职学校第一。

2.教学诊断与改进

2016年4月7日教育部出台《关于做好中等职业学校教学诊断与改进工作的通知》(教职成司函〔2016〕37号),颁布了《中等职业学校教学工作诊断与改进指导方案》,浙江省和金华市分别印发了《浙江省教育厅关于印发<浙江省中等职业学校教学诊断与改进工作实施方案>的通知》(浙教职成〔2016〕140号)和《金华市中等职业学校教学诊断与改进工作方案》,我校于2017年被金华市教育局确定为金华市中职学校教学诊断与改进工作试点学校,从2017年开始试点工作,并制定出台了《浙江商贸学校教学工作诊断与改进工作制度建设与运行方案》《2017学年学校教学诊断与改进工作规划目标》, 于2018年9月采集并上报2017学年学校教学工作数据,2018年11月完成学校首份自我诊断报告。

3.人才培养质量报告

根据国家教育部、浙江省教育厅相关要求,中职学校每年向应向社会公布学校人才培养质量报告。2018年6月,《浙江商贸学校人才培养质量报告(2017年度》刊印,标志着学校第一份人才培养质量年报问世并向社会公布。年度人才培养质量报告包括前言、学校情况、学生发展、质量保障措施、校企合作、社会服务与贡献、举办者履责、特色创新、主要问题与改进施和展望等内容。之后每年定期编印发布。

五、重要项目创建

1. 浙江省一级中职学校

为全面提升中等职业教育办学水平和综合实力，浙江省教育厅于2011年8月印发了《浙江省等级中等职业学校标准(试行)》。该标准把全省中等职业学校分为3个等级，学校须逐级申报，由浙江省教育厅进行等级评估，评估内容包括办学方向与办学绩效、校企合作与社会服务等6个方面27个子项目。学校每3年接受一轮年审，实行动态管理。

2012年9月25日上午，浙江省人民政府教育督导室以浙江省教育厅副厅级巡视员丁天乐为组长的督导评估组一行7人，对我校申报省一级中职学校进行实地督导评估。金华市副市长林丹军、市教育局局长徐志坚等领导出席评估汇报会。学校领导、金东区人大代表、学生家长代表以及学校相关部门负责人参加了评估汇报会。

评估组专家实地察看了校容校貌和专业实习实训场所，分头检查了实训设备设施和其他教学设施，仔细查阅了近三年涉及27项评估指标的支撑材料。同时，分别了解学生课外活动情况，与部分师生进行个别访谈等。评估组在广泛搜集资料、了解情况的基础上，对照标准进行了全面客观公正的评价。

评估组认为，该校办学思想明确，围绕"经营和合作"的办学理念，遵循"师生为本"和"服务至上"的原则，坚持以校内外实训基地建设为突破口。近几年来，学校加大投入力度，致力基础设施建设，积极改善办学条件；利用多校合并契机，积极探索多元办学路子，多渠道发挥了职业教育服务地方经济和社会功能的作用；在推进校企合作方面，提出"校企合一"的模式，让企业与学校进行零距离对接等。通过几年的努力，学校在改善办学条件、提升办学质量以及教学模式改革、师资队伍建设、校园管理等方面做了大量卓有成效的工作，取得了显著成绩。

2012年底，浙江省教育厅发文公布我校为浙江省一级中等职业学校。

2.浙江省中职示范学校

2012年10月25日，我校顺利通过了省级中等职业教育改革发展示范学校的评审，成为浙江省首批35所中等职业教育改革发展示范学校立项建设学校之一。为此，学校设立了以校长为组长、班子成员为副组长的示范校建设领导小组，下设示范校创建办公室。示范校建设项目共有5个，分别为会计、国际商务、电子商务三个重点建设专业和商贸文化凝炼、商贸人才孵化园建设两个特色项目。

2013年6月4日下午，学校召开省中职示范校建设工作推进会。校领导黄宏伟、黄俊、徐骏、胡吉省、俞一夫等出席会议，科研处(示范办)、教务处、实训处、人事处、后勤处等相关处室负责人以及全体教研室主任参加了会议。会议由俞一夫主持。

2013年8月12日至13日，由我校承办的全省首批中等职业教育改革发展示范学校建设方案论证会在金华举行。

2013年9月11日至12日，浙江省教育厅在金华举行了浙江省首批中职教育改革发展示范学校建设方案反馈会。该校作为省中职示范校协作会副会长单位，承办并主持了此次会议。

2015年4月23日至24日，浙江省第三批中职教育改革发展示范校项目建设工作培训会在宁波象山职业高中举行，该校作为省首批示范校副会长单位，校长郭航鸣应邀出席了会议并作题为"在职教深刻变革背景下以示范校建设统领学校特色发展"的典型发言。副校长俞一夫、示范办主任郑秀峰参加会议。

2015年7月14日,学校召开了省示范校建设验收工作动员部署会。校党政领导单勇、郭航鸣、黄俊、徐骏、俞一夫等出席会议,示范校5个项目负责人、全日制学院院长与分管副院长、人事处、教务处、校企合作处、学生处、培训学院、财务处、资产设备处、后勤处、信息中心、校团委负责人及示范办全体成员参加本次会议。会议由郭航鸣校长主持。

2015年12月3日至4日,学校迎来了由浙江省教育评估院组织的,由省内外职业教育专家组成的浙江省首批中职改革发展示范校验收专家组的实地核查评估。2016年5月,浙江省教育厅发文,学校通过首批浙江省中职教育改革发展示范学校终期验收,并被评为优秀等级,位列第三。

2017年4月27日,"浙江省第三批中职教育改革发展示范学校2017年建设工作会议"在开化县召开,校长郭航鸣、分管副校长俞一夫和创建办主任郑秀峰参加会议。会上,浙江省教育厅教育评估院领导代表省教育厅对第一、二批获得验收优秀的学校进行了表彰和授牌,校长郭航鸣代表学校参加接受了"浙江省中职教育改革发展示范学校"牌匾。

3.浙江省中职名校

2018年1月15日是,浙江省教育厅发文(浙教办职成〔2018〕6号)公布了2017年浙江省"中职教育质量提升行动计划"有关项目立项名单,学校报送的中职名校建设项目获得立项。为此,学校成立省中职名校建设领导小组,单勇、郭航鸣任组长,黄俊、徐骏、张兰生、俞一夫、王高坚为副组长。下设省中职名校创建办公室,郑秀峰任主任,王汝启、王晓伟任副主任。

我校省中职名校建设内容包括:学校治理、专业发展、课程改革、现代学徒制试点、学生核心素养、师资队伍、信息化和社会服务等八大基本建设任务和现代婺商培养、一站式就业创业平台构建等两大特色创新项目建设。朱印华、王汝启、王慧、童永通、胡燮南、吕刚、邵玲、曹利民、盛建荣等分别为相关项目的负责人。项目建设周期为3年。

2018年8月28日,学校在大礼堂隆重举行省中职名校建设启动仪式,在宣读各项目组成员、负责人和项目责任领导后,各项目负责人代表各项目组成员向全校教职工庄严承诺,保证按时优质完成各项建设任务。仪式由分管副校长俞一夫主持。

2018年9月4日,学校召开了省中职"三名工程"项目建设推进会。校长郭航鸣、党委副书记黄俊、副校长张兰生、俞一夫、王高坚,各项目负责人、团队骨干成员及创建办相关人员参加了会议。副校长俞一夫主持会议。

2018年12月26日,学校迎来了浙江省第二批中职名校首轮年度实地核查专家组一行。核查专家组由浙江商业职业技术学院原院长俞吉兴、杭州中策职业技术学校校长高志刚、浙江省职业技能鉴定中心副主任黄国汀、浙江省教育评估院俞寅琳4人组成,俞吉兴任组长。核查专家组对学校一年来的名校建设工作及取得的阶段性成果肯定和赞赏。金华市教育局党委委员叶志林、职成高教处处长金尚昶全程陪同核查。

第三节　技工教育

一、专业设置与发展

2012年,金华广播电视大学(浙江贸易学校)与浙江省金华商业学校(金华商业技工学校)合并,成立金华广播电视大学(浙江商贸学校),合并后保留金华商业技工学校牌子,继续招收技工类学生。

2012年,招生专业有烹饪、市场营销、连锁经营与管理、电子电工。

2013 年，停止连锁经营与管理专业招生。

2014 年，新增建筑工程管理、食品加工与检验、酒店服务与管理专业招生，停止市场营销、电子电工专业招生。

2015 年，停止建筑工程管理、食品加工与检验专业招生，新增电子应用技术专业。

2016 年，只招收烹饪专业。

2017 年，只招收烹饪专业。

2018 年，只招收烹饪、美容美发与造型专业。

表 2-5-8　　2003 年-2018 年技工招生专业一览表

年份	烹饪	市场营销	连锁经营与管理	电子电工	建筑工程管理	食品加工与检验	酒店服务与管理	电子应用技术	美容美发与造型
2012	√	√	√	√					
2013	√	√		√					
2014	√				√	√	√		
2015	√						√	√	
2016	√								
2017	√								
2018	√								√

2018 年开始，烹饪专业、美容美发与造型专业对接浙江省广播电视大学成人高等专科(脱产)，开设烹调工艺、营养和人物形象设计成人大专专业，打通中职校内升学的通道。

二、招生情况

见本篇第三章“第一节 招生”。

第六章　非全日制学历教育

第一节　开放教育

开放教育以学生和学习为中心，取消和突破对学习者的限制和障碍等为基本特征，开放教育对入学者的年龄、职业、地区、学习资历等方面没有太多的限制，凡有志向学习者，具备一定文化基础的，不需参加成人高校入学考试，均可以申请入学；在学习方式、学习进度、时间和地点等方面具有一定灵活性；在教学上采用多种媒体教材和现代信息技术手段等等。

一、专业设置与发展

学校于1999年"人才培养模式改革和开放教育试点"启动后，1999年秋季招收开放教育本科学员，专业为法学与计算机科学与技术；2000年春季，开始招收开放教育专科学员(2004年春季开始，原未毕业的现代远程教育学员转入开放教育序列)，专业为教育管理；自2000年秋季开放教育招生扩大规模，本科新增专业为会计学、工商管理、教育管理与金融学，专科新增专业为小学教育与金融学(金融与财务方向)；2002年秋季，专科新增法学、工商管理、英语、计算机应用(应用软件开发方向)、会计学、汉语言文学等专业，本科新增英语专业；2003年春季，专科新增专业为建筑施工与管理(工民建)与行政管理；2003年秋季，本科新增土木建筑工程、行政管理与公共事业管理(教育管理)专业，专科新增专业为旅游及饭店管理；2004年春季，本科新增专业为汉语言文学；2006年秋季，专科新增专业为数控技术，本科新增专业机械设计制造与自动化；2007年秋季，专科新增专业为工程造价；2009年秋季，专科新增专业为学前教育；2014年春季，专科新增专业为机械制造与自动化；2015年秋季，专科新增专业为电子商务；由金华市农办与学校合作开办的农民大学生培训项目还扩展到非"一村一名大学生"的农民大学生培养项目，2014年9月启动本科层次的农民大学生培养项目，涉及行政管理、工商管理与土木工程管理三个专业，2016年9月启动专科层次的农民大学生培养项目，涉及电子商务专业与建筑施工与管理。

此外，学校"一村一名大学生"农民大学生培养项目自2011年秋季开班，首批招收园艺技术专业20名学生，2012年秋季新增农村行政管理专业，2013年秋季新增加农业经济管理、观光农业等专业；2016年秋季新增园林技术专业。

二、招生情况(见本篇第一章第五节"开放远程学院")

三、毕业情况(见本篇第一章第五节"开放远程学院")

第二节　远程教育

一、概况

网络教育也称为现代远程教育，是成人学历教育的一种；它是一种以利用计算机网络和多媒体技术为标志、现代电子信息技术为传播手段而进行的在时间、空间上分离的教育模式，这种教育模式可以使学生自主灵活地享受一流的师资和接受一流的教学内容。

金华广播电视大学奥鹏学习中心始建于2002年9月，是全国最早的20家授匾学习中心之一。2003年5月20日，浙江省教育厅浙教高教〔2003〕124号文件，同意金华广播电视大学成立奥鹏远程教育中心，通过奥鹏公共服务体系先后与北京航空航天大学、大连理工大学、北京交通大学、山东大学、东北农业大学、东北师范大学、南开大学、中国医药大学、中央音乐学院等多所名牌大学合作，开展远程学历教育，2005年1月又与北京大学、中国人民大学、西安交通大学、西安电子科技大学合作，走出一条"创名牌高校之路，建精品专业之道"，对电大的发展起到了互补作用，也为当地的经济发展和社会进步起着积极的作用，2003年至2018年，各合作高校累计开设专科专业57个，本科专业136个；累计招生8050人，其中专科招生3802人，本科招生4248人；累计毕业生5850人，其中专科毕业生2876人，本科毕业生2974人。2004年4月被评为春季招生先进奥鹏学习中心，2005年起，连续多年被评为中央广播电视大学现代远程教育公共服务体系"招生服务"先进集体，2007年被列为首批奥鹏VIP学习中心。

二、专业设置与发展

表2-6-1 2003-2018年金华奥鹏远程教育中心专业设置与发展一览表

序号	合作高校	起始时间	专业设置	
			专科	本科
1	大连理工大学	2003年5月20日	计算机应用技术、公共事务管理、道路桥梁工程技术、机械制造与自动化、建设工程管理、水利水电建筑工程、电力系统自动化技术、工商企业管理、建筑工程技术	船舶与海洋工程、电气工程及其自动化、物流管理、机械设计制造及其自动化(起重机械方向)、机械设计制造及其自动化、公共事业管理、计算机科学与技术、建筑环境与能源应用工程、土木工程(道桥方向)、水利水电工程、工程管理、工商管理、土木工程、水利水电工程
2	东北师范大学	2003年5月20日	法律事务、汉语、会计、计算机应用技术、心理健康教育、小学教育、学前教育、应用英语、美术教育	法学、思想政治教育、学前教育、小学教育、体育教育、汉语言文学、英语、历史学、数学与应用数学、物理学、化学、地理科学、心理学、计算机科学与技术、会计学、公共事业管理、行政管理、美术学
3	南开大学	2003年5月20日	旅游管理(国际酒店方向)、旅游管理、旅游管理(国际餐饮方向)、人力资源管理、计算机应用技术、电子商务、工商企业管理、会计	信息安全、行政管理、旅游管理(国际酒店方向)、工商管理、法学、会计学、旅游管理(国际餐饮方向)、旅游管理、市场营销、电子商务、计算机科学与技术、市场营销(销售管理方向)、人力资源管理、市场营销(医药营销方向)、财务管理、汉语言文学、计算机科学与技术(数据可视化技术及应用方向)、保险学、广播电视学、国际经济与贸易、金融学、经济学、计算机科学与技术(虚拟现实方向)、物流管理、汉语言文学(高级文秘方向)

续表

序号	合作高校	起始时间	专业设置	
			专科	本科
4	北京外国语大学	2003 年 5 月 20 日	工商企业管理、商务英语、国际经济与贸易	工商管理、会计学、信息管理与信息系统、电子商务、国际经济与贸易、金融学、计算机科学与技术
5	中国医科大学	2003 年 5 月 20 日	药学、护理	公共事业管理、护理学、药学
6	中央音乐学院	2003 年 5 月 20 日	音乐学(艺术管理)、音乐学(音乐教育)	音乐学(艺术管理)、音乐学(音乐教育)
7	对外经济贸易大学	2004 年 6 月 18 日	工商企业管理、会计、电子商务、市场营销	国际经济与贸易、金融学、工商管理、会计学、法学、商务英语、电子商务、物流管理、市场营销、人力资源管理、信息管理与信息系统(计算机应用方向)、保险学、行政管理
8	中国人民大学	2005 年 1 月 19 日	金融管理、会计、工商企业管理、工商管理(物流管理方向)、社会工作、人力资源管理	金融学、会计学、工商管理、国际经济与贸易、人力资源管理、财政学、法学、汉语言文学、市场营销、市场营销(互联网营销方向)、计算机科学与技术、传播学、保险学、公共事业管理、社会工作、财务管理
9	四川农业大学	2008 年 8 月 5 日	畜牧兽医、现代农业技术、药学、应用化工技术、建筑工程技术、工商企业管理、酒店管理、财务管理、水利水电工程管理	农学、动物科学、动物医学、水产养殖学、园林、林学、教育技术学、药学、计算机科学与技术、环境工程、土木工程、水利水电工程、农业电气化、工程造价、工程管理、城市规划、食品科学与工程、经济学、金融学、法学、汉语言文学、工商管理、财务管理、人力资源管理、土地资源管理、市场营销、电子商务、农林经济管理
10	中国地质大学(北京)	2015 年 8 月 1 日	地籍测绘与土地管理、宝玉石鉴定与加工、矿山机电技术、电气自动化技术、计算机应用技术	机械设计制造及其自动化、会计学、计算机科学与技术、土地资源管理、电气工程及其自动化、安全工程、土木工程、法学、工商管理、资源勘查工程

三、招生情况

表 2-6-2　　2004—2018 年金华奥鹏远程教育中心招生情况一览表　　单位：人

合作高校 / 层次 / 年份	北京外国语大学		大连理工大学		东北师范大学		南开大学		中国地质大学(北京)		中国人民大学		对外经济贸易大学		四川农业大学		中央音乐学院		中国医科大学		合计
	专科	本科	专科	本科	专科	本科	专科	本科	专科	本科	专科	本科	专科	本科	专科	本科	专科	本科	专科	本科	
2004			39	21	0	15							14	19			8	10			126
2005			99	59	0	41					18	24	30	23			10	6			310

续表　　单位:人

合作高校	北京外国语大学		大连理工大学		东北师范大学		南开大学		中国地质大学(北京)		中国人民大学		对外经济贸易大学		四川农业大学		中央音乐学院		中国医科大学		合计
年份＼层次	专科	本科	专科	本科	专科	本科	专科	本科	专科	本科	专科	本科	专科	本科	专科	本科	专科	本科	专科	本科	
2006			72	34	0	1					83	71	18	10			6	6			301
2007			39	29	0	5					98	65	23	21			7	16			303
2008			30	53	0	4					129	87	27	12	2	1	3	8	10	14	380
2009			31	18	9	16	3	4			80	90	21	15	10	13	5	16	2	9	342
2010			72	93	5	12	9	8			80	92	14	25	26	35	3	6	14	2	496
2011			119	68	15	14	26	7			97	81	18	15	31	23	1	2	17	10	544
2012	14	7	123	130	22	39	0	6			107	100	15	18	22	19	11	17	29	38	717
2013	59	22	95	165	50	156	1	4			82	107	2	26	58	32	3	13	34	38	947
2014	67	24	52	103	39	47	3	14			37	67	2	24	46	36	5	4	29	24	623
2015	51	25	36	68	41	44	1	1	61	37	39	62	2	7	187	50	6	14	44	85	861
2016	29	26	32	77	56	56	18	13	7	3	48	65	0	6	65	39	11	6	27	48	632
2017	38	22	48	116	36	49	22	25	5	4	39	87	8	29	57	45	26	23	38	39	756
2018	8	16	38	112	24	47	19	53	0	0	47	93	2	13	68	72	0	9	38	53	712
总计	266	142	925	1146	297	546	102	135	73	44	984	1091	196	263	572	365	105	156	282	360	8050

四、毕业情况

表 2-6-3　　2006-2018 年金华奥鹏远程教育中心毕业情况一览表　　单位:人

合作高校	北京外国语大学		大连理工大学		东北师范大学		南开大学		中国地质大学(北京)		中国人民大学		对外经济贸易大学		四川农业大学		中央音乐学院		中国医科大学		合计
年份＼层次	专科	本科	专科	本科	专科	本科	专科	本科	专科	本科	专科	本科	专科	本科	专科	本科	专科	本科	专科	本科	
2006			36	18	0	14							10	13			7	10			108
2007			95	57	0	38					17	22	32	27			10	5			303
2008			66	32	0	1					74	65	18	11			5	4			276
2009			36	29	0	4					86	62	24	20			6	16			283
2010			27	52	0	2					93	85	11	7	2	1	3	7	4	3	297
2011			30	16	9	13	2	4			79	87	19	11	10	12	4	16	7	7	326
2012			66	87	4	12	7	8			77	92	17	11	24	33	3	6	6	6	459
2013			110	65	13	13	20	6			96	78	22	25	31	21	1	1	8	7	517
2014	14	7	111	126	20	33	0	5			102	97	16	14	21	18	9	16	20	17	646
2015	49	19	83	149	35	132	0	3			76	104	12	20	51	28	3	13	23	40	840

续表　　　　单位:人

合作高校 / 层次 / 年份	北京外国语大学		大连理工大学		东北师范大学		南开大学		中国地质大学(北京)		中国人民大学		对外经济贸易大学		四川农业大学		中央音乐学院		中国医科大学		合计
	专科	本科	专科	本科	专科	本科	专科	本科	专科	本科	专科	本科	专科	本科	专科	本科	专科	本科	专科	本科	
2016	54	20	44	84	32	44	3	8			30	58	3	26	43	31	4	4	41	24	553
2017	42	18	32	58	36	36	0	1	51	33	35	54	3	26	175	46	3	14	31	44	738
2018	21	18	23	62	49	45	14	12	6	2	41	41	1	6	61	33	3	1	23	42	504
总计	180	82	759	835	198	387	46	47	57	35	806	845	188	217	418	223	61	113	163	190	5850

第三节　研究生教育

2012 年 8 月,学校与武汉理工大学签订 MBA(工商管理)研究生合作办学协议,并于 2012 年秋季正式启动 MBA 研究生教育项目。学制为 2.5 年。通过课程考试取得规定学分,并通过学位论文答辩的研究生,由武汉理工大学学位评定委员会审核批准授予工商管理硕士学位。本项目自 2012 年启动至 2016 年终止,共招收 5 批次 35 名学员;毕业共五届,有 20 名学员取得武汉理工大学颁发的研究生毕业证书及 MBA 硕士学位证书。

第七章　非学历教育与社会服务

第一节　社区教育

一、概况

（一）沿革

2004 年 10 月 27 日金华电大向金华市教育局提交了“关于筹建金华社区大学构想的报告（金电大政字[2004]63 号）”。

2005 年 1 月 26 日，金华市政府下发“关于建立金华市社区大学的意见”（金华市人民政府办室[2005]15 号）批准建立金华市社区大学。

2007 年 7 月 9 日，学校设立金华市社区大学综合处，作为负责社区教育的专职机构。

2012 年 1 月 11 日，金华市社区大学婺城学院和金东学院挂牌成立。

2003 年 1 月，金华社区大学综合处更名为金华社区大学办公室。

（二）组织机构

1. 领导机构

2005 年 6 月 27 日，金华市人民政府下发“关于成立金华市社区大学校务委员会的通知”（金华市人民政府办公室抄告单[2005]72 号）。金华市社区大学校务委员会名单如下：

主　任：林一心（金华市人民政府副市长）

副主任：严金发（金华市人民政府）

许　璋（金华市教育局）

方伟中（金华广播电视大学）

委　员：徐增其　金华市委宣传部

诸晓东　婺城区政府

张跃进　金东区政府

吴卫平　市民政局

郭全刚　市人事局

李志妙　市劳动保障局

赵少华　市经贸委

金清民　市农业局

钱森元　市旅游局

夏　刚　市开发区管委会

叶秀君　市文明办

贾晓茶　市总工会

蔡　艳　团市委

骆　芳　市妇联

吴海鸥　金华日报

朱连芳　市广电总台

郑素贞　金华电大

胡　清　金华电大

2012 年 9 月 18 日金华市政府下发“金华市人民政府办公室关于成立金华市社区教育工作领导小组的通知”。金华市社区教育工作领导小组名单如下：

组　长：林丹军　金华市人民政府副市长

副组长：郭金仪　金华市人民政府副秘书长

徐志坚　金华市教育局局长

黄宏伟　金华广播电视大学校长

组　员：杨国良　市委宣传部副部长

叶秀君　市文明办主任

杨尚弟　市委农办副主任

叶建平　市经信委党委副书记

何耀明　市教育局副局长

吴卫平　市民政局副局长

徐佩琴　市财政局总会计师

虞争鸣　市人力社保局副局长

黄云来　市农业局纪检组长

黄爱君　市总工会副主席

俞建辉　团市委副书记

张　毅　市妇联副主席

陆品能　市关工委专职副主任

宋旭宝　金华经济技术开发区管委会副主任

童　飚　金华日报社副总编辑

骆利平　市广电总台副台长

胡吉省　金华广播电视大学副校长

领导小组下设办公室(设在市教育局)，徐志坚兼任办公室主任，黄宏伟兼任办公室副主任。

2.社区大学历任领导及相关负责人

表 2–7–1　社区大学历任领导一览表

姓名	职务	起讫时间
方伟中	校长	2005.6–2010.9
郑素贞	副校长	2005.6–2010.9
胡　清	副校长	2005.6–2007.7
胡吉省	副校长	2007.7–2015.3
黄宏伟	校长	2010.10–2015.3
张兰生	副校长	2010.10–2018.12
郭航鸣	校长	2015.3–2018.12

表 2-7-2　　社区大学专职机构负责人一览表

机构名称	负责人姓名	职务	起讫时间
社区大学综合处	沈　捷	副处长(主持工作)	2007.7–2010.7
社区大学综合处	黄望列	处长	2010.7–2013.1
社区大学综合处	徐学辉	副处长	2012.8–2013.1
社区大学办公室培训学院	曹　楠	副主任(主持工作)	2013.1–2014.7
社区大学办公室培训学院	吕　刚	副主任	2013.1–2014.7
社区大学办公室	余红君	副主任(主持工作)	2014.7–2015.7
培训学院	韦　峰	院长	2014.7–2015.7
培训学院	赵千骏	副主任	2014.7–2015.7
社区大学办公室培训学院	余红君	主任　院长	2015.7–2017.7
社区大学办公室培训学院	赵千骏	副主任	2015.7–2017.7
社区大学办公室培训学院	黄永祥	副主任	2016.7–2017.7
社区大学办公室	余红君	主任	2017.7–2018.7
社区大学办公室	黄永祥	副主任	2016.7–2017.7
培训学院	曹　楠	院长	2017.7–2018.7
社区大学办公室培训学院	赵千俊	副主任	2017.7–2018.7
社区大学办公室培训学院	邵　玲	主任	2018.1–2018.12
培训学院	张国荣	副院长	2018.1–2018.12

(三)主要职能

金华社区大学以构建全民终身教育体系，创建学习型社会为目标，以提高市民整体素质、提升城市品位为基本任务，本着“立足社区、服务社区”的原则，促进社区的政治文明、物质文明和精神文明建设，推动创建社会主义和谐社会，具有理论研究、业务指导、示范建设等主要职能。

1. 理论研究

金华社区大学对金华社区教育理论领域及实践路径过程进行研究,探索本区域的社区教育特点和现状，推动本地社区教育发展，提升社区教育内涵。近年来，相关研究数量逐年上升，质量逐年提高。

2016 年立项课题有《金华市社区老年教育问题及对策研究》《老年开放大学课程设计模式研究》《社区老年教育推进策略研究——以浙江省金华市为例》等。

2017 年立项课题有《老年开放大学信息类课程开设研究》《供给侧结构性改革视角下的老年教育探析--以金华市为例》《金华城区老年群体教育需求调查研究》《终身教育背景下农村社区教育课程体系构建研究》《高龄学习者学习需求分析与教学改进策略研究——基于对浙江省部分城市的抽样调查》等。

2.业务指导

金华社区大学充分调动县(市、区)教育单位和街道(乡、镇)、社区(村)及其他社会力量的积极性，逐步形成了市、县(市、区)、街道(乡、镇)、社区(行政村)四级社区教育网络体系。在金华市下辖各县市先后挂牌成立社区学院(或市民大学)的基础上,2012 年 1 月,学校与婺城区和金东区教育行政主管部门协商,成立了"金华市社区大学婺城学院"和"金华市社区大学金东学院"。截至 2012 年底,全市已建成地市级社区大学 1 个、县(市、区)级社区学院 9 个、乡镇(街道)社区学校 138 所、村(社区)教学点 1583 个。同时,金华社区大学承担金华各县(市、区)社区教育指导工作,组织社区教育管理、教师和科研人员分类分层培训,做好社区教育队伍专业化发展工作,引领各地协同发展,达到区域社区教育均衡。

3. 示范建设

指导服务各县(市、区)开展省级及以上现代化成校、成教品牌和学习型城市建设,引导各县(市、区)申报各类社区教育实验区、示范区和省成人继续教育服务工程创建项目。

二、公益教育活动

金华社区大学开展的公益教育活动最重要的载体就是各类公益讲座活动。2008 年 4 月至 2012 年 12 月,金华市文明办、金华市社区大学、金华市社科联和金华晚报社联合主办的金华"市民大讲堂",邀请专家里手、教授学者,深入各街道、社区、学校、企业免费举办各类讲座,共完成 175 次讲座,累计听众约 1.75 万次,实现了进街道、社区、机关、企业、学校开课全覆盖,被评为省级优秀社区教育实验项目。

2017 年,金华社区大学(金华广播电视大学)开启了"十讲百场"系列活动,以讲座形式将正向的思想理论和科学知识送进街道社区,社区、企业、学校,繁荣当地文化生活,助力文明城市发展。2018 年"十讲百场"系列活动被评为省级社区教育优秀工作品牌。

三、社会服务

金华社区大学通过开展各类活动,倡导终身学习理念,建设学习型城市,为金华市民打造形式多样的终身学习载体。

每年,社区大学都参加金华市社会科学普及周活动,是金华市社会科学普及示范基地。2012 年 4 月,金华市社区大学与金华国贸旅行社联合举办的"国贸旅游杯"金华电大学员?金华社区居民千人踏春游暨首届旅游摄影大赛启动仪式。

2016 年开始,金华社区大学每年主办全市的全民终身学习活动周,从市向区、街道、社区层层深入,开展内容丰富多彩,形式多种多样学习活动,为构建完备终身教育体系目标,努力建设学习型金华做出积极的贡献。

第二节　老年开放教育

一、概况

2015 年 10 月,浙江省广播电视大学增挂"浙江老年开放大学"牌子,迈出我省老年教育的关键性步伐。金华电大社区大学紧随其后,积极调研申报,筹备挂牌事宜。

2016 年 4 月,由市教育局副局长叶志林和金华广播电视大学党委书记单勇带队的调研组赴宁波电大,江东区老年教育中心等单位调研,形成老年教育考察报告。

2016 年 5 月 31 日金华广播电视大学成为浙江老年开放大学第二批老年教育试点单位 (浙老教〔2016〕2 号)。金华老年开放大学(金华老年教育中心)围绕"积极,有为,开放,共享"的办学宗旨,在浙江老年开放大学和金华市教育局的批准下，积极整合组织老年教育资源，增加老年教育服务供给，满足广大老年人终身学习的需求，构建“市—县(市、区)—乡镇(街道)—村(居委会)”四级社区老年教育网络。

2016年10月26日，浙江广播电视大学王正东副校长、金华市人民政府林丹军副市长共同为“金华老年开放大学”授牌。

2017年2月14日金华市机构编制委员会下文《关于金华广播电视大学增挂金华老年开放大学牌的批复》(金市编办〔2017〕4号)。

2017年12月，完成金华老年开放大学教学实体的初步改造。主要对我校人民东路校区5号楼进行装修改造，重点是底楼和一楼、二楼，最终调剂出老年教育办学专业教室13个，购置120台台式电脑用于机房及日常教学用，3台便携式投影与5台笔记本电脑主要用于教学走进社区教学用途；普通打印机10台主要用于老年班级教学管理用，网络摄像机主要用于教室监控用，另外还有多媒体配套设施、黑板、钢琴、电子琴、音箱、话筒机柜、课桌椅、空调、窗帘等老年教育专用教学设备，共计500万。

2018年3月19日，金华老年开放大学(金华老年教育中心)揭牌仪式暨开班典礼。

2018年6月13日，金华老年开放大学金东学院授牌仪式暨金华社区大学金东学院揭牌仪式在金都美地社区举行。2018年10月25日，金华老年开放大学傅村学院授牌仪式在傅村镇文化中心举行。2019年3月6日，金华老年开放大学傅村教学点开班典礼在傅村镇文化大礼堂举行。

二、开设课程

金华老年教育坚持实体化办学，不断拓展办学网络体系。通过借鉴省电大及各市县电大的经验，金华老年开放大学于2018年春季开设了楷书、山水画、电子琴、中医保健推拿等12个专业，在此基础上，于2018年秋季增设了民族舞、广场舞、手机摄影、越剧等课程，共计6大类20门课程。

表2-7-3　金华老年开放大学开设主要课程一览表

类别	课程名称	课程内容
数码技术类	手机摄影及图片处理	常见摄影题材的拍摄技法，摄影技术的基本原理和实践技能，美图秀秀等软件进行图片处理
	单反相机摄影	各种题材摄影方法和技巧(人物、纪实、风光、建筑、静物、动物等)
	电脑基础班	简单的电脑操作
手工制作类	茶艺	各类茶的冲泡方法及饮茶与健康知识
书画类	行书	传统书法行书技法
	楷书	传统书法楷书技法
	山水画	素描、色彩等绘画基本知识和技能，石头、树木、山的基本画法
戏曲音乐类	声乐基础班	基本的乐理、唱歌技巧
	越剧唱腔	越剧基础唱段，规范咬字和韵腔
	电钢琴	基础乐理知识，钢琴基础演奏技巧
	电子琴	简谱和五线谱，基础乐理知识，电子琴基础演奏技巧

续表

类别	课程名称	课程内容
体育舞蹈类	木兰班	木兰新拳十八式
	广场舞	广场舞的基础知识和基本训练
	时装模特	身体协调性及柔软性、形体拉伸、模特步的学习,基础定点造型、
	健美操	基本步练习、形体拉伸等练习
	民族舞	民族舞基础知识和基本训练
	太极拳	24式太极
	瑜伽	瑜伽基本训练,瑜伽基本体位、站式
医学保健类	中医经络养生与保健	经络养生基本常识与有效方法
	中医保健推拿	推拿手法技术和疾病治疗

三、学校师资

表 2-7-4　　金华老年开放大学部分师资情况

姓名	职称或职业资格
郑健美	国家高级茶艺技师、国家高级评茶员、国家级茶艺师考评员
盛　雯	戴纳索斯国际钢琴教师
周　玥	国家高级摄影师
张琛璀	戴纳索斯国际钢琴教师,现任专业钢琴教师
吕虎林	曾任全国新闻界书画展评审会秘书长,中国国画家协会理事,荣宝斋画院画家等职
陈少华	金华日报报业传媒集团金华日报摄影部主任、浙江省记协新闻摄影工作委员会副秘书长、中国地市报新闻摄影学会常务理事、中国摄影家协会会员、金华市摄影家协会副主席
张惠珍	音乐高级职称,金华市教育局原音乐教研员
鲍世英	国家二级社会指导员、高级讲师,金华博雅艺术培训中心兼职教师
董正勇	作品为多家收藏,书法宗二王,兼习唐宋元明各名家,旁及秦篆汉隶魏碑,形成了自己中正沉着又不失妩媚的书风。
朱诚木	中国武术段位制指导员,浙江涉外武术一级教练,浙江省传统武术二级裁判,金华市武协“武术先进工作者”称号
胡　凌	全国排舞广场舞推广中心技术委员会委员,导师级教练员,国家级裁判员。金华市健身操舞协会副主席,舞蹈家协会会员。
蓝　巍	金华市人民医院康复医学中心主任,副教授、副主任医师

四、学员数量

每年分春秋两季招生,2018年春季招生388人次,2018年秋季招生762人次。

五、学员奖励

为加强老年教育校园文化建设,在学员中形成弘扬先进、奋发进取、争创一流的良好校风,结合老年大学实际情况，制定优秀学员评定方法，以每班 10%的比例评选优秀学员。2018 年 5 月共评选出 32 名优秀学员，并在 2019 年 3 月开班典礼上进行颁奖。

第三节　社会培训

一、培训项目

为进一步落实国家有关政策，更好适应市场需求，培训学院从各个专业、各个层面及各种需求出发，通过顶岗实习、校企合作、订单培训、进企业进社区送教下企下乡等多样化培训模式，努力做大做强各类培训项目，争创电大培训品牌。

培训项目主要有“义乌购”电子商务、进出口贸易、会计继续教育、古村落保护中的木雕修复技艺、华酒酿造技艺、金华酥饼制作技艺、农家饭店经营、中式糕点烘焙、西点制作、传统婺式中点制作、金华银行小微业务、食品检验、优秀店长、新农村生活污水处理、就业创业等。

二、培训人数

表 2-7-5　　2013-2018 年学校各类培训数量一览表

年份	2013	2014	2015	2016	2017	2018
培训人次	5010	14905	22586	9911	9557	7275

第四节　职业资格鉴定

学校主要鉴定的职业工种有西式面点师、中式面点师、西式烹调师、中式烹调师、美容师和美发师。每个职业工种均设五个等级，分别为：初级(国家职业资格五级)、中级(国家职业资格四级)、高级(国家职业资格三级)、技师(国家职业资格二级)、高级技师(国家职业资格一级)，学校目前主要是中级和高级的鉴定。

通过职业资格鉴定人次见表。

表 2-7-6　　2013-2018 年通过职业资格鉴定人次一览表

年份	2013	2014	2015	2016	2017	2018
数量(人次)	1451	1641	1109	2339	1390	2196

第八章　科学研究

第一节　科研管理与考核

一、概述

2003年2月,金华广播电视大学与浙江贸易学校合并后实行“两块牌子、一套班子”的管理体制,内设9个处室、10个系(学院、部、馆)。9个处室中就设有科研与考核处。

2010年将科考处更名为科研处。科研处是学校组织开展科学研究、学术交流和负责教师科研管理工作的综合性职能部门。主要负责学校发展规划编制和发展性评价验收评估工作,学校科研规划、科研制度的制定和实施工作,科研项目立项、结项及研究过程的管理工作,科研经费、科研成果和科研档案管理工作,校内外学术交流活动的组织和实施工作,金华市现代远程教育学会、金华电大科协、社科联等秘书处工作。

2013年,学校设立省中职示范校建设办公室(简称示范办),与科研处合署办公;2018年示范办更名为省中职名校创建办公室(简称创建办)。截止2018年12月,科研处设有处长1名、副处长1名、科长1名、干事1名。

二、科研管理制度

学校十分重视教师科研工作,出台了一系列管理制度,如《科研项目管理办法》《科研项目经费管理办法》《科研成果奖励办法》等,从制度上保证教师科研工作的正常进行。

三、科研教研成效

从2003年至2018年,学校共有各类立项并结题的课题377项,其中获得各类奖项课题116项;发表各类论文636篇,其中获奖329篇;主编或参加编写各类专著、教材33册。

第二节　教科研项目

一、课题立项与结题

表2-8-1　　2003-2018年教师主要教科研项目一览表

立项年份	项目负责人	项目名称	项目来源	项目类别
2003	楼志良	“Java语言和www技术”助学课件	浙江电大	一般
2003	楼志良	利用电信网络进行实时交互式授课的研究与实践	省远教学会	一般
2003	黄永祥 俞一夫	稀土光导材料的开发与应用	市科技局	重点
2003	郑素贞	培养学生意志品质,提高思想政治工作效率的研究	省远教学会	一般
2003	张兰生	素质教育在开放教育中的衔接与延伸研究	省远教学会	一般

续表

立项年份	项目负责人	项目名称	项目来源	项目类别
2004	刘知林	浙中西地区农村成人开放教育模式设计	市教科规	重点
2004	刘知林	东部较发达农村地区开放教育模式设计	省社科联	一般
2004	方　燕	《结构力学》计算机辅助教学件	省电大	一般
2004	应森林	电子商务应用实践教学系统	省电大	一般
2005	王国庆	现代远程教育模式下模糊综合评判问题和程序设计	省远教学会	一般
2005	郑素贞	现代远程教育条件下学生自主管理之研究	省远教学会	一般
2005	胡启富	广播电视大学远程教育学生学习动机的调查研究	省电大	一般
2005	俞一夫	农村储粮减耗保质应用技术研究	市科技局	重点
2006	刘知林	基于代理制的农村财务调查及政策研究	省社科联	一般
2006	李伟琦	远程教育模式中教学软件应用研究	省远教学会	一般
2006	刘　波	发挥开放教育优势,推动社区大学发展研究	省远教学会	一般
2006	郑素贞	利用 BBS 学习媒体提高学生自主学习积极性研究	省远教学会	一般
2007	刘知林	村级财务监管机制研究	省电大	一般
2007	刘知林	农村财务和谐治理机制研究——基于浙江的证据	省哲学社会科学规划办	一般
2007	应森林	《电子商务概论》实训教学的研究	省电大	一般
2007	张淑琴	农村法制宣传教育研究	省电大	一般
2007	蓝小林	构建和谐社会与风尚犯除罪化趋势研究	省电大	一般
2007	盛建荣	基于网络环境下教师基于技术能力的培训及研究	省电大	一般
2008	邵　玲	远程学习者自我调节学习与学业自我效能感、成就目标定向及英语学业成就的关系研究	省电大	重点
2008	邱　强	余阙在婺州的文化活动研究	市社科联	重点
2008	徐莉亚	县域间基础教育信息化发展研究	省教科规划课题	一般
2008	李伟琦	《纳米稀土抗紫外的研究》	浙江省教育厅	一般
2008	余红君	电大开放教育思想政治课与教学改革	省远教学会	一般
2008	黄炜倩	基于网络环境的会计实践性教学体系的构建与实施	省远教学会	一般
2008	应森林	《电子商务概论》实训教学的研究	省电大	一般
2008	邱　强	余阙在婺州的文化活动研究	市社科联	一般
2008	吴学东	流媒体技术在远程教育中的应用	省远教学会	重点
2008	陈怡宏	国际学生评价项目与远程教育学业评价研究	省远教学会	重点
2009	刘知林	农村财务与债务视角下的民生、民权与民利保障机制研究	浙江省哲学社会规划课题	一般
2009	刘知林	村级公共资产管理对策研究	省电大	一般

续表

立项年份	项目负责人	项目名称	项目来源	项目类别
2009	刘知林	农村集体资产监管对策研究	浙江省财政厅	一般
2009	徐莉亚	小学心理健康教育网络课程的开发研究	浙江省教育规划课题	一般
2009	吴黎旦	管理层收购(MBO)理论及在我国的实践研究	市教规(重点)	重点
2009	郑素贞	农村社区建设与农村居民素质教育问题研究	市教规(重点)	重点
2010	李伟琦	萘氧乙酸配位聚合物的构筑与荧光性能研究	中央广播电视大学	一般
2010	郑素贞	岳麓书院与现代远程教育办学中若干问题的比较研究	省电大	一般
2010	邱　强	唐兀氏诗人余阙与其汉族弟子研究	市社科联	重点
2010	张　静	网络时代经济社会转型的路径与策略选择	市社科联	重点
2010	郁　翔	金华市中小企业融资路径选择	市社科联	重点
2010	应森林	电子商务环境下校企合作实训及创业教育的研究	金华市教科规(重点)	重点
2010	应巧姿	大学语文精品课程建设研究	浙江省教科规(重点)	重点
2011	王立山	开放教育面授辅导学员到课率问题研究	省远教学会	一般
2011	李伟琦	新型含硫稀土配合物的合成	省电大	一般
2011	何　静	开放教育《金融市场学》课程实践性教学研究	省电大	一般
2011	郁　翔	中小企业集群融资优势和障碍分析——以金华市中小企业为视角	浙江省社科联	一般
2011	李伟琦	基于苯二硫乙酸的d10、稀土金属配合物的荧光性能研究	浙江省教育厅	一般
2011	张淑琴	中职学校学生管理层面的人文关怀与心理疏导整合研究	省青少年工作重点研究2012	重点
2012	郑秀峰	支撑商贸类专业工学结合的校企一体三级平台的构建	省教科规	一般
2012	王立山	开放教育面授辅导学员到课率问题研究	省远教学会	一般
2012	李伟琦	新型含硫稀土配合物的合成	省电大	重点
2013	余红君	开放大学教师促进课堂交互的研究	省教育厅	一般
2013	黄炜倩	立足企业,加强中职学校会计专业课程改革	省技工院校	一般
2013	宋　洁	烹饪专业英语特色教材开发	省技工院校	一般
2013	韩玉洁	韩国文化教学中的示正与纠误研究	省电大	一般
2013	周舒颖	农业转移人口继续教育与城镇化发展道路研究——以浙江省永康市为例	省电大	一般

续表

立项年份	项目负责人	项目名称	项目来源	项目类别
2013	李伟琦	“基于苯二硫乙酸的d10、稀土金属配合物的荧光性能研究”	省教育厅	一般
2013	余红君	开放大学教师促进课堂交互理想模式的建构	市社科	市重点
2013	何　静	金华市物流园区物流金融运作模式研究	市社科	市重点
2013	周舒颖	发达县域城镇化进程中新生代农民工继续教育状况调查——以浙江省永康市为例	省规划	一般
2013	徐莉亚	金华市中职专业设置与产业结构适应性研究	省规划	一般
2013	黄炜倩	高职会计专业生产性实训基地运行模式的实践与研究	市教科所	重点
2013	应森林	电子商务校企对接“实训链”构建与实践—以义乌国际商贸城“义乌购”为例	市教科所	重点
2013	吕　刚	新型职业农民培养的时间与探索——以金华市为例	省规划	一般
2013	盛建荣	基于移动学习的成人教育教学方式创新实践研究	省职业教育与成人教育科研课题	一般
2013	黄炜倩	基于职业发展能力的开放教育会计网络课程构建	省职业教育与成人教育科研课题	一般
2013	徐莉亚	职业教育专业设置与区域产业结构适应性研究——以金华市为例	浙江省教育厅高等学校访问学者专业发展项目	一般
2013	盛建荣	机械制图–剖视图(省电大多媒体学习资源建设项目)	省电大	一般
2014	黄炜倩	实训基地建设与效能研究——以会计实训基地为例	浙江省教育厅一般科研项目	一般
2014	蔡　晶	基于多元表征教学设计对高职生化学概念学习的影响研究	浙江省教育厅一般科研项目	一般
2014	张岸嫔	转型背景下中职学校国际商务专业实践教学审视与改革措施研究	省职业技能教学研究所	一般
2014	洪　宇	现代远程开放教育下电子商务校企对接“实训链”研究与构建	省远教学会	一般
2014	应森林	远程环境下实战性电子商务资源建设与实践性教学的研究	国家开放大学	一般
2014	黄　俊	《中高职院校学生积极个性品质研究》	中国职业技术教育学会“十二五”科研课题子课题	一般

续表

立项年份	项目负责人	项目名称	项目来源	项目类别
2014	余红君	开放大学面授课堂中师生教学交互行为研究	省规划	一般
2015	盛建荣	移动学习背景下，电大开放教育教学方式创新实践研究	省教科所	一般
2015	郑秀峰	职业教育与成人教育一体化办学的实践研究	市教科所	重点
2015	王晓凤	义乌新型外贸增长方式审视与构建	市社科联	重点
2015	杨浪萍	“看学做评练”教学模式在技工院校会计专业的应用——以《基础会计为例》	省职业技能教学研究所	一般
2015	单小青	跨境电子商务背景下的中职外贸商函课改--模块教学探索实践研究	省职业技能教学研究所	一般
2015	周舒颖	新生代农民工素质提、升路径研究——以继续教育为视角	浙江省教育厅	一般
2016	徐莉亚	开放教育成人学习动机激发策略研究	浙江省教育考试院	一般
2016	徐宏业	基于跨境电子商务平台下中职学生创业路径实践研究	市教科规	重点
2016	杨浪萍	选择性课程改革下中职学生学习意愿变迁的调查研究	市教科规	重点
2016	王晓凤	中职商贸人才“123”培养模式审视与构建	市教科规	重点
2016	单　勇	金华市社区老年教育问题及对策研究	市社科联	重点
2016	王晓凤	“一带一路”战略下义乌进口贸易促进与结构优化研究	市社科联	重点
2016	杨浪萍	图说百姓须知的财经常识	省社科联	一般
2016	曹利民	双元制下中职电商岗位分级制评价机制的探讨	浙江省成人教育与职业教育协会	一般
2016	杨浪萍	基于SWOT分析的会计终身教育公共服务体系研究——以浙中地区为例	浙江省成人教育与职业教育协会	一般
2016	王　睿	现代职教背景下《建筑测量》教学模式改革研究	浙江省成人教育与职业教育协会	一般
2016	陈玉香	中高职衔接下建筑专业现代学徒制探索	浙江省成人教育与职业教育协会	一般
2016	王晓凤	基于中职商贸人才“二元”职业能力提升的“三维”实训平台构建	浙江省成人教育与职业教育协会	一般
2016	徐　莉	电大成专学生职业能力现状研究及对策	浙江省成人教育与职业教育协会	一般

续表

立项年份	项目负责人	项目名称	项目来源	项目类别
2016	张岸嫔	国际商务专业“1234”融合培养模式及其实践研究	浙江省成人教育与职业教育协会	一般
2016	高蓓蓓	老年开放大学课程设计模式研究	国家开放大学	青年
2016	王　睿	终身教育背景下开放大学课程资源优化研究–以土建专业为例	省远教学会	重点
2016	吴黎旦	基于VR的现代远程职业教育教学与培训平台的构建	省远教学会	重点
2016	高蓓蓓	“互联网+”背景下互动式教学法在开放英语教学中的应用	省远教学会	重点
2016	张淑琴	终身教育背景下农村社区教育课程资源开发研究	省远教学会	重点
2016	何　静	远程教育中社会主义核心价值观建设的研究	省远教学会	重点
2016	刘知林	电大成专生价值观念与人生追求的跟踪调查和数据分析	省远教学会	重点
2016	杨浪萍	开放大学背景下基层电大会计专业发展的新思路——以金华为例	省远教学会	一般
2016	张　静	电商扶贫背景下开放教育农民大学生创学结合培养模式研究	省远教学会	一般
2016	章　肖	TPACK视角下英语翻转课堂教学活动研究	省远教学会	一般
2017	章　肖	高职外语翻转课堂中信息技术应用及成效研究	省教育科学规划课题金华市教育科研精品成果培育工程	一般
2017	单　勇 朱　政	学习型社会视域下的金华社区教育供给侧改革	市社科联课题	重点
2017	张淑琴	泛在学习背景下高职学生思政理论课学习动力机制调查研究	省电大思想政治工作研究课题	重点
2017	黄　俊	党团协同模式下的高校青年志愿服务实践——以金华广播电视大学为例	省电大思想政治工作研究课题	重点
2017	高蓓蓓	“互联网+”背景下高校校园网络文化的思想政治教育功用研究	省电大思想政治工作研究课题	一般
2017	曹利民	构建电大学生思政工作网络互动平台研究	省电大思想政治工作研究课题	一般
2017	曹春雷	“学生讲堂+”教学模式的研究和实践	省成人教育与职业教育协会科研课题	一般

续表

立项年份	项目负责人	项目名称	项目来源	项目类别
2017	钟　芳	金华城区老年群体教育需求调查研究	省成人教育与职业教育协会科研课题	一般
2017	朱　政	新婺商精神视角下学生职业核心素养培养的探索	省成人教育与职业教育协会科研课题	一般
2017	阮婷婷	工匠精神背景下中职院校现代学徒制“261”培养模式及其实践研究	省成人教育与职业教育协会科研课题	一般
2017	张岸嫔	对接区域产业的中职商贸类专业集群化建设策略研究	省成人教育与职业教育协会科研课题	一般
2017	张淑琴	供给侧改革视阈下开放大学资源与职业资格证书课程融合路径分析	省成人教育与职业教育协会科研课题	一般
2017	陈玉香	执业资格制度下开放教育建筑类专业教学体系构建	省成人教育与职业教育协会科研课题	一般
2017	刘知林	财经类大中专学生政治思想跟踪调查、教改实践以及成效分析	省成人教育与职业教育协会科研课题	一般
2017	杨浪萍	大师工作室架构下多主体协同育人模式研究–以会计专业为例	省成人教育与职业教育协会科研课题	一般
2017	张淑琴	终身教育背景下农村社区教育课程体系构建研究	省教育厅一般科研项目	一般
2017	钟　芳	高龄学习者学习需求分析与教学改进策略研究——基于对浙江省部分城市的抽样调查	省电大	重点
2017	朱　政	学习型社会视野下金华电大战略转型发展研究	省电大	规划
2017	汤　俊	后现代主义视角下开放教育《管理学基础》课程教学体系设计研究	省电大	教改
2017	黄丽虹	基于创客教育的开放大学高等数学教学研究	省电大	教改
2017	郑秀峰	职业教育之于金华实现全面小康	市社科联“实现全面小康，加快浙中崛起”主题征文	重点
2017	朱　政	商贸类专业人才培养模式供给侧改革的实证研究	市社科联“实现全面小康，加快浙中崛起”主题征文	重点
2017	吕　刚	基于微信公众平台构建家校融合教育新模式的实证研究	省教育厅高等学校访问学者专业发展项目	一般

续表

立项年份	项目负责人	项目名称	项目来源	项目类别
2017	王晓凤	基于商贸人才“两经”核心技能提升的“三纬”实训平台构建	浙江广播电视大学教学改革项目	一般
2017	汤　俊	成专《国际货代实物》课堂教学改革探索	浙江广播电视大学教学改革项目	一般
2017	单　勇	第八次体育课改革十六年来实施状况与推进策略研究	国家哲学社会科学基金研究项目	一般
2017	黄丽虹	“创客式教育+spoc”模式下的开放教育教学实践研究——以《高等数学》为例	省电大教改项目	一般
2018	单　勇	社区教育供给侧改革研究	省教育科学规划课题	一般
2018	王　睿	开放教育教师信息化教学能力的影响因素及提升策略研究——以J市某电大分校为例	省教育科学规划课题	一般
2018	杨浪萍	技工院校会计类实训室建管用一体化研究	全省技工院校教学业务课题	一般
2018	王慧霞	音乐教育提升技工生核心素养的研究	全省技工院校教学业务课题	一般
2018	章　肖	体验式学习在老年教育课程中的应用研究——以老年剪纸课程为例	省社区教育规划课题	一般
2018	黄丽虹	浙中畲族服饰中的数学课程资源开发研究	省社科联	一般
2018	王　睿	开放大学基层导学教师信息化教学能力提升策略研究——以金华电大为例	中央电化教育馆课题	一般
2018	杨浪萍	基于翻转课堂的混合式教学在《基础会计》课程中的应用	中央电化教育馆课题	一般
2018	黄丽虹	创客教育理念下开放大学课程整合与创新——以高等数学为例	中央电化教育馆课题	一般
2018	郑秀峰	区域职业学校创业实训典型案例研究——以浙江M校商贸类专业为例	中国职业技术教育学会中职分会课题	一般
2018	洪　宇	开放教育下基于二维团队的电子商务人才培养模式探究	省远教学会	重点
2018	肖林炜	社会主义核心价值观融入开放教育校园文化建设研究	省远教学会	重点
2018	朱　政	日韩老年教育发展经验及其启示	省远教学会	一般
2018	余跃琼	王阳明心学思想之于社会主义核心价值观的终生培育	省远教学会	一般
2018	钟　芳	发达国家老年教育服务模式研究	省远教学会	一般
2018	刘知林	新时代背景下，市重点学科建设平台科学普及的实践探索、相应成效及基本经验	市社科联	重点

续表

立项年份	项目负责人	项目名称	项目来源	项目类别
2018	张淑琴	终身教育背景下农村社区教育影响因素及对策研究	国家开放大学	一般
2018	黄　强	“足球工坊”教学微课资源建设的实践研究	国家开放大学	青年

二、主要获奖成果

表 2-8-2　　　　历年来教师科研成果获奖一览表

主要完成人	成果名称	奖项	等级	获奖年份
俞一夫 黄永祥等	《自然科学选论》校本课程开发与实践项目	金华市人民政府金华市第二届职业教育教学成果奖	二等奖	2004
楼志良	《轻轻松松学做 Flash 课件》	市第十届中小学教师自制多媒体教育软件评选	一等奖	2007
郭　莉	多媒体《课件》	市第十届中小学教师自制多媒体教育软件评选	二等奖	2007
应巧姿	大学语文读本	第七届浙江省高校教师教学软件评比	二等奖	2008
李伟琦	萘氧乙酸的铕和钐配合物的水热合成、晶体结构及荧光性质	浙电大第四届科研成果评奖	一等奖	2009
李伟琦	萘氧乙酸及咪构筑配合物的水热合成、晶体结构及荧光性质	中央电大优秀科研成果评奖	二等奖	2009
刘知林	农村财务治理机制及其变迁研究——兼以浙江为例	浙江电大第四届科研成果评奖	二等奖	2009
李伟琦	萘氧乙酸构筑的铕(III)和钐(III)配合物的水热合成、晶体结构及荧光性质	第十二届自然科学科研成果评比	二等奖	2009
郑秀峰	基于校企一体的外贸类专业课程改革实践研究—网上贸易能力本位课程	金华市现代远程教育学会 2011 年度科研成果	一等奖	2012
黄宏伟 郑秀峰等	支撑中职商贸类专业工学结合的校企一体三级平台的构建	金华市第四届职业教育教学成果奖	一等奖	2012
吴黎旦	基于学生个体性差异与碎片时间应用的课程教学评一体化设计	浙江广播电视大学首届教学成果奖	二等奖	2012
骆丽娟	我的情绪我做主	金华市 2012 年学校心理健康教育“三优”论文成果	一等奖	2013
张岸嫔	基于任务引领的成专国际贸易专业课有效教学的实践研究	浙江省成人教育与职业教育优秀教科成果	二等奖	2014

续表

主要完成人	成果名称	奖项	等级	获奖年份
徐莉亚	学校心理健康网络课程的开发与实施	2014年度金华市学校心理健康教育优秀成果评比	一等奖	2015
郑秀峰	职成教一体化办学的探索与实践	金华市现代远程教育学会2014年度科研成果	一等奖	2015
盛建荣	开放大学背景下基层电大移动学习平台构建研究——以金华“掌上电大”平台开发为例	浙江省成人教育与职业教育优秀教科成果	一等奖	2015
郭航鸣	高职院校养成教育的特殊性及策略研究	金华市第二十一届哲学社会科学优秀成果奖	一等奖	2015
朱　政	高职生英语学习倦怠影响因素研究	金华市现代远程教育学会关于公布2015年度科研成果奖	一等奖	2016
钟　芳	浙江省中职选择性课程实施情况分析及优化策略研究--基于某试点学校的调查研究	浙江省职业教育与成人教育协会成果评选	二等奖	2016
张岸嫔	国际商务(跨境电子商务方向)专业人才培养模式改革及四融合模式实践研究	浙江省职业教育与成人教育协会成果评选	二等奖	2016
郭航鸣 郑秀峰 朱　政 俞一夫 钟　芳	商贸类专业“三实一体,二元并重”培养模式及其实践	金华市人民政府2016年金华市职业教育教学成果奖	一等奖	2016
单　勇 余跃琼 郑秀峰 童永通	基于和合文化的“五维”核心素养培育	金华市人民政府2016年金华市职业教育教学成果奖	二等奖	2016
应森林 曹利民 王汝启 郑秀峰	中职电商闭环模型的实践	金华市人民政府2016年金华市职业教育教学成果奖	二等奖	2016
应森林	成专电商闭环模型的实践	2016年省电大教育教学成果奖	二等奖	2016
宋炜杨	中职新生的心理健康水平现状调查及其教育对策	市学校心理健康教育优秀项目评选	一等奖	2016
汤　俊	远程教育导学教师非学术支持服务策略探讨——以金华电大为例	市现代远程教育学会2016年度科研成果奖	一等奖	2017
朱　政	金华电大发展的SWOT分析与对策研究	市现代远程教育学会2017年度科研成果奖	一等奖	2018

第三节　论文

一、主要发表论文

表 2-8-3　　2003-2018 年教师发表部分期刊论文一览表

论文题目	第一作者	发表刊物	发表时间	期刊
英语教师需要适应“以学生为中心”的教学模式	曹燕华	《海南广播电视大学学报》	2003	ISSN:1009-9743
浅论中西文化中“红色”的象征意义	单小青	《职业技术教育》	2003	CN:22-1019
论实施新语文课程中的教师备课	邱　强	《江西教育科研》	2003	ISSN:1005-6459
中专生心理偏差成因及对策	刘冬儿	《职业技术教育》	2003	ISSN:1008-3219
数学习题教学中创造思维的培养	陶立平	《吉林工程技术师范学院学报》	2003	CN:22-5041
网页设计与创意教学的探讨	王汝启	《吉林工程技术师范学院》	2003	ISSN:1009-9042
组合 Kdv 方程的三角函数显式精确解	王石瑛	《温州职业技术学院学报》	2003	ISSN:1671-4326
如何利用 AutoCAD2000 设置建筑图绘制模板	方　燕	《徐州师范大学学报》	2003	ISSN:1007-6573
利用计算机辅助化学教	李伟琦	《徐州师范大学学报》	2003	ISSN:1007-6573
观楚汉战争谈用人之道	赵列韩	《海南广播电视大学学报》	2003	ISSN:1009-9743
浅议教师专业问题	郑素贞	《职业技术教育》	2003	ISSN:1008-3219
浅谈网络文化对图书管理的影响	叶　军	《浙江公安高等专科学校学报》	2003	CN:33-1220/D
我国股票市场发展结构失衡问题研究	何　静	《天水行政学院学报》	2003	ISSN:1009-6566
中国金融业发展模式探析——兼谈当前金融监管体系的建设	何　静	《兰州商学院学报》	2003	ISSN:1004-5465
网络作品著作权归属浅议	张淑琴	《广西政法管理干部学院学报》	2004	ISSN:1002-6479
论财务会计报告的信息披露	黄炜倩	《海南广播电视大学学报》	2004	ISSN:1009-9743
邮政行政执法主体的确认	李晓阳	《广西政法管理干部学院学报》	2004	ISSN:1002-6479
企业内部审计职能及其原则	钱雁华	《企业改革与管理》	2004	ISSN:1007-1210
雇主责任归责原则之比较法研究	钱雁华	《杭州商学院学报》	2004	CN:33-1242/D
加强电大学生思想政治工作推进思想政治理论创新	徐文良	《海南广播电视大学学报》	2004	ISSN:1009-9743
论商业秘密的有效保护	俞笑春	《郑州航空工业管理学院》	2004	ISSN:1009-1750
技术性贸易壁垒对我国出口贸易的影响及应采取的对策	张岸嫔	《郑州航空工业管理学院》	2004	ISSN:1007-9734
今后一段时期的农村成人教育发展思路	刘知林	《河北广播电视大学学报》	2004	ISSN:1008-469X

续表

论文题目	第一作者	发表刊物	发表时间	期刊
如何摆脱英语学习中母语	陈　红	《内蒙古电大学刊》	2004	ISSN:1672-3473
史诗精神与《三国演义》《水浒传》	邱　强	《台州学院学报》	2004	ISSN:1672-3708
以景写人——《猎人笔记》景物描写略论	邱　强	《金华职业技术学院学报》	2004	ISSN:1671-3699
叙述学对传记创作的启示	邱　强	《中共浙江省委党校》	2004	ISSN:1007-9092
学习自主性和教师的作用	邵　玲	《海南广播电视大学学报》	2004	ISSN:1009-9743
磺化酞菁金属的液相色谱荧光检测分析	黄永祥	《浙江师范大学学报》	2004	ISSN:1001-5051
秋冬初春话佛手	廖文书	《食品与生活》	2004	ISSN:1004-5473
厌氧消化——接触氧化法处理乳制品生产废水	沈巧莲	《环境污染与防治》	2004	ISSN:1001-3865
多媒体课件界面设计中美学运用的探讨	王汝启	《海南广播电视大学学报》	2004	ISSN:1009-9743
给电子商务网站加一道防火墙	应森林	《苏州市职业大学学报》	2004	ISSN:1008-5475
现代化之路的反思——略论人的现代化建设	赵列韩	《内蒙古电大学刊》	2004	ISSN:1672-3473
现阶段村民参与村委会选举实践与制度偏离的原因	周舒颖	《甘肃社会科学》	2004	ISSN:1003-3637
会计估计存在的问题及审计对策	黄炜倩	《内蒙古电大学刊》	2004	ISSN:1672-3473
试述外贸企业业务风险识别与防范	张岸嫔	《兰州商学院学报》	2004	ISSN:1004-5465
论物权行为	张淑琴	《海南广播电视大学学报》	2004	ISSN:1009-9743
浅谈成人英语教学中如何提高学员的听说能力	邵　玲	《内蒙古电大学报》	2004	ISSN:1672-3473
晶莹剔透真性情——解读徐志摩的性情之真	应巧姿	《现代人文评论》	2004	ISSN:1729-4797
论《诗经通论》中的艺术性表现	左川凤	《淮北煤炭师范学院学报》	2004	ISSN:1003-2134
AutoCAD2000 中层的活用	方　燕	《徐州师范大学学报》	2004	ISSN:1007-6573
试论国民环境意识和环境行为能力滞后的主要原因	胡崇兵	《理论探讨》	2004	ISSN:1000-8594
盐酸溶液处理对金属污染催化剂性能的影响	胡启富	《中国科技信息》	2004	ISSN:1001-8972
情感因素对物理教学的影响	金向阳	《中等职业教育》	2004	ISSN:1671-783X
冰点下降公式推导的图像解析	李伟琦	《浙江师范大学学报》	2004	ISSN:1001-5051
对制造业信息化与人才培养模式的战略思考	应森林	《职业技术教育》	2004	ISSN:1008-3219
氟化铵溶液对金属污染催化剂性能的影响	胡启富	《内蒙古师范大学学报》	2004	ISSN:1001-8735

续表

论文题目	第一作者	发表刊物	发表时间	期刊
远程教育信息平台安全策略探索	彭礼安	《中国科技信息》	2005	ISSN:1001-8972
团体辅导与团体咨商之我用	廖文书	《河南职业技术师范学院学报》	2005	ISSN:1003-482X
NET 下的本地化编程及应用	吕　刚	《今日科技》	2005	ISSN:1003-7438
酞菁钕配合物的合成与元素分析及紫外分析	黄永祥 俞一夫	《贵州化工》	2005	ISSN:1008-9411
《大学英语》(综合教程)教法初探	徐宏业	《成都大学学报》	2005	ISSN:1004-342X
试论“读、说、写”的整合功能	陈茂庆	《中国科技信息》	2005	ISSN:1001-8972
形式美育在文学教学中的尝试	邱　强	《金华职业技术学院学报》	2005	ISSN:1671-3699
徐志摩诗文的三个艺术境界	应巧姿	《文学教育》	2005	ISSN:1672-5996
张爱玲小说的圆形结构艺术	张兰生	《海南广播电视大学学报》	2005	ISSN:1009-9743
试论《庄子》中的鱼意象	左川凤	《海南广播电视大学学报》	2005	ISSN:1009-9743
浅议钢结构的设计思路	方　燕	《内蒙古电大学报》	2005	ISSN:1672-3473
广义 Kdv 方程的显式精确解	耿新民	《山西师范大学学报》	2005	ISSN:1009-4490
服饰类皮革与纤维防霉、防臭剂产品的安全与防霉除臭试验分析	黄永祥	《杭州化工》	2005	ISSN:1007-2217
Jacobian 椭圆函数新的展开法求解高阶 Schr?dinger 方程	金向阳	《广西师范大学学报》	2005	ISSN:1001-6597
MS SQL SERVER 2000 中的事务机制浅析	吕　刚	《金华职业技术学院学报》	2005	ISSN:1671-3699
Jacobi 椭圆函数新的展开法对非线性耦合标量场方程双周解的求解	王石瑛	《山西师范大学学报》	2005	ISSN:1009-4490
非线性耦合标量场方程的 Jacobi 椭圆函数求解	王石瑛	《金华职业技术学院学报》	2005	ISSN:1671-3699
PH3 熏蒸效果探讨	俞一夫	《粮油食品科技》	2005	ISSN:1007-7561
欧洲文艺复兴与中国新文化运动的比较	赵列韩	《内蒙古电大学刊》	2005	ISSN:1672-3473
论构建我国的政府会计体系	黄炜倩	《山西财经大学学报》	2005	ISSN:1007-9556
诸暨大唐袜业产业群研究	赵孚健	《经济地理》	2005	ISSN:1000-8462
试论新背景下银行会计培训的几点创新	刘知林	《中国职业技术教育》	2005	ISSN:1004-9290
语文课堂教学机智用语偶得	应巧姿	《语文教学与研究》	2005	ISSN:1004-0498
“娜拉现象”与《雷雨》	张兰生	《河北广播电视大学学报》	2005	ISSN:1008-469X
运用电教媒体优化英语教学	单小青	《吉林工程技术师范学院学报》	2005	ISSN:10099042
酞菁铕镨钕配合物的合成及表征	黄永祥	《四川化工》	2005	ISSN:1672-4887
茶叶中砷、铅盐含量的测定	黄永祥	《中国西部周刊》	2005	ISSN:1811-251/X

续表

论文题目	第一作者	发表刊物	发表时间	期刊
社区职业教育“一站式服务”培训模式研究	应森林	《职业技术教育》	2005	ISSN:1008-3219
电子商务技术三位一体化教学系统的分析与实现	应森林	《庆安师范学院学报》	2005	ISSN:1007-4260
真菌蛋白营养成分的分析	刘冬儿	《宁波职业技术学院学报》	2005	ISSN:1671-2153
中等职业学校学生吸烟行为的心理分析和心理治疗	胡启富	《扬州大学学报》	2005	ISSN:1007-7030X
面向制造车间制造执行系统的研究	厉胜宝	《科技创业月刊》	2005	ISSN:1672-2272
内电解还原-高效厌氧反应工艺处理化工生产废水	沈巧莲	《环境工程》	2005	ISSN:1000-8942
浅谈提高《电工基础》教学效果的几点做法与体会	金向阳	《河南职业技术师范学院学报》	2005	ISSN:1003-482X
组合 Kdv 方程新的显式精确解	金向阳	《淮北煤炭师范学院学报》	2005	ISSN:1672-7177
我国房地产市场健康发展对策研究	王　睿	《江西广播电视大学学报》	2005	ISSN:1008-3537
信息不对称下的税收征管问题探讨	吴黎旦	《商业会计》	2006	ISSN:1002-5812
浅谈网络环境下开放教育学生的自主化学习	周伟平	《海南广播电视大学学报》	2006	ISSN:1009-9743
浙江民营企业拓展国际市场策略的思考	张岸嫔	《科技创业》	2006	ISSN:1672-2272
浅析可撤销婚姻的若干问题	李晓阳	《广州市公安管理干部学校学报》	2006	ISSN:1673-6915
关于提高货币政策有效性的对策研究	何　静	《兰州商学院学报》	2006	ISSN:1004-5465
中国现代个性主义文学的一般审美特征	张兰生	《成都大学学报》	2006	ISSN:1004-342X
论西方戏剧对《雷雨》的影响	张兰生	《文学教育》	2006	ISSN:1672-3996
论徐志摩的诗歌创作	应巧姿	《文学教育》	2006	ISSN:1672-5996
论英汉互译中文化层面不可译性的转化	郑秀峰	《文教资料》	2006	ISSN:1004-8359
远程教育英语教师智能结构的构建	郑秀峰	《中国成人教育》	2006	ISSN:1004-6577
浅谈对学生爱的教育	邓志娴	《绍兴文理学院学报》	2006	ISSN:1008-293X
关于英语泛读与写作关系的一项日记研究	徐宏业	《杨州大学学报》	2006	ISSN:1007-8606
班主任在班级管理中的角色	黄永祥	《中等职业教育》	2006	ISSN:1671-783X
CAI 技术在中职化学教学中的作用	黄永祥	《职教通讯》	2006	ISSN:1672-7401
不同晶型的铜酞菁制备与 X 射线衍射仪的测定研究	黄永祥	《化工是刊》	2006	ISSN:1002-154X

续表

论文题目	第一作者	发表刊物	发表时间	期刊
脂肪粉在养猪生产中的应用研究	王石瑛	《畜离业》	2006	ISSN:1008-0414
施工现场变压器、高压线防护	方　燕	《建筑技术》	2006	ISSN:1000-4726
地下室混混凝土外墙裂缝原因分析与处理	方　燕	《长沙电力学院学报》	2006	ISSN:1006-7140
提高《测量学》教学质量初探	胡群英	《内蒙古电大学刊》	2006	ISSN:1672-3473
广义 Kdv 议程新的显式精确解	耿新民	《山东师范大学学报》	2006	ISSN:1001-4748
散装稻谷整仓调质通风的试验	俞一夫	《粮油食品科技》	2006	ISSN:1007-7561
基于 VB 和 EXCEL2003 的报表设计及打印	沈美英	《科技信息》	2006	ISSN:1001-9960
金华市民营企业融资难原因分析与对策研究	徐文良	《内蒙古电大学刊》	2007	ISSN:1672-3473
网络环境下学生自主学习方式初探	郑素贞	《职业技术教育》	2007	ISSN:1008-3219
英语阅读策略与阅读理解的关系	郑秀峰	《基础英语教育》	2007	ISSN:1009-2536
英语阅读策略使用之定量研究	郑秀峰	《金华职业技术学院学报》	2007	ISSN:1671-369
心智建模与英语阅读教学	郑秀峰	《考试周刊》	2007	ISSN:1673-8918
浅谈公允价值计量属性在会计中的运用	黄炜倩	《中国经贸》	2007	ISSN:1009-9972
会计人员继续教育教学模式探讨	黄炜倩	《商业会计》	2007	ISSN:1002-5812
中职教育产学合作模式的探索与实践	张岸嫔	《天水师范学院学报》	2007	ISSN:1671-1351
《不能承受的生命之轻》的性伦理思考	周筱谊	《语文学刊》	2007	ISSN:1672-8610
自定义动态散列算法在电子商务网站中的应用研究	应森林	《金华职业技术学院学报》	2007	ISSN:1671-3699
远程教学中 ChemOffice 的功能和应用研究	李伟琦	《安庆师范学院学报》	2007	ISSN:1007-4260
复合地基在干塔吊基础设计中的应用	方　燕	《岩土工程界》	2007	ISSN:1009-5098
原子发射光谱法对血液中铁铜镁钙的快速测定	黄永祥	《化工时刊》	2007	ISSN:1002-154X
Blog 在现代远程教育中的作用探讨	王汝启	《湖北广播电视大学学报》	2007	ISSN:1008-7427
略探人力资源管理流程体系的构建	余红君	《中国经贸》	2007	ISSN:1009-9972
会计人员继续教育教学模式探讨	吴黎旦	《商业会计》	2007	ISSN:1002-5812
余阙在婺州的文化活动考略	邱　强	《民族文学研究》	2008	ISSN:1002-9559
成人学生英语学习策略调查及启示	郑秀峰	《职业技术教育》	2008	ISSN:1008-3219
萘氧乙酸及咪唑构筑的锌(II)和铜(II)配合物的水热合成、晶体结构及荧光性质(英文)	李伟琦	《无机化学学报》	2008	ISSN:1001-4861

续表

论文题目	第一作者	发表刊物	发表时间	期刊
Syntheis,Crystal Structure Luminescnt Property of [Zn(C12H9O3)2(C10H8N2)]n·nH2O①	李伟琦	《结构化学》	2008	ISSN:0254-5861
负幂次势 B6/r6+B5/B5+B6/r4+B3/r3 +B2/r2 +B1/r1 径向 sheOdinger 方程的解析解	王石瑛	《山西师范大学》学报	2008	ISSN:1009-4490
中国金丹术的局限性	胡启富	《扬州大学学报》	2008	ISSN:1007-7030
岳麓书院教育千年延续传承的原因分析	徐　骏	《吉林工程技术师范学院学报》	2008	ISSN:1009-9042
以需定辅，以辅导需-论心理健康教育活动课评价原则	徐莉亚	《中小学心理健康教育》	2009	ISSN:1671-2684
新教材"三角形"课程难度的比较分析	黄丽虹	《数学教育学报》	2009	ISSN:1004-9894 CN:12-1194
地基工程中组合桩荷载性质试验研究	方　燕	《宁波工程学院学报》	2009	ISSN:1008-7109 CN:33-1332/Z
不均匀地基上基础工程的优化处理措施	方　燕	《河北理工大学学报》	2009	ISSN:1674-0262 CN:13-1382/N
浅谈基于网络环境的会计实践性教学模式的构建	黄炜倩	《中国乡镇企业会计》	2009	ISSN:1004-8480 CN:11-3064
聚众淫乱罪的立法评价及完善	蓝小林	《滁州学院学报》	2009	ISSN:1673-1794
史诗的写成和流传研究述评	徐　骏	《南京师范大学文学院学报》	2009	ISSN:1008-9853
风尚犯除罪化研究	蓝小林	《合肥工业大学学报》	2009	ISSN:1008-3634
基于网络环境的会计实践性教学模式构建	黄炜倩	《财会月刊》	2009	ISSN:1004-0994
谚语翻译的实证分析-基于言语行为理论的视角	皮　维	《洛阳师范学院学报》	2009	ISSN:1009-4970
吹脱—厌氧消化工艺处理养殖场废水	沈巧莲	《化工时刊》	2009	ISSN:1002-154X
图式理论作用于阅读理解的个案研究	郑秀峰	《海外英语》	2010	ISSN:1009-5039
"吕学"之杂的儒学本质	邱　强	《嘉兴学院学报》	2010	ISSN:1008-6781 CN:33-1273/Z
论非智力因素对学生成才的作用	胡启富	《扬州大学学报》	2010	ISSN:1007-7030 CN:32-1465/C
氯铝酞菁化合物光谱行为的研究	黄永祥	《化工时刊》	2010	ISSN:1002-154X CN:32-1320/TQ
乳制品生产废水的处理	沈巧莲	《化工时刊》	2010	ISSN:1002-154X CN:32-1320/TQ
公司治理机制下的财务管理制度探究	吴黎旦	《会计之友》	2010	ISSN:1004-5937 CN:14-1063/F

续表

论文题目	第一作者	发表刊物	发表时间	期刊
新农村法制宣传教育探讨	张淑琴	《法制与经济》	2010	ISSN:1005-0183 CN:45-1188/D
基于作业成本法的X公司会计成本管理研究	黄炜倩	《会计之友》	2010	ISSN:1004-5937 CN:14-1063/F
关于在高职院校会计专业开设《农村专业合作社会计》课程的思考	郁　翔	《中国乡镇企业会计》	2010	ISSN:1004-8480 CN:11-3064
公租房是解决我国住房问题的最佳途径	郭其林	《消费导刊》	2010	ISSN:1672-5719 CN:11-5052/Z
唐兀氏诗人余阙的授徒及其影响	邱　强	《浙江社会科学》	2010	ISSN:1004-2253 CN:33-1149/C
基于神经网络的数字验证码识别研究	吕　刚	《浙江师范大学学报》	2010	ISSN:1006-4303 CN:33-1193
关于乡镇政府买税现象之剖析	郁　翔	《中国乡镇企业会计》	2010	ISSN:1004-8480 CN:11-3064
含铬电镀废水的处理和回收利用研究	沈巧莲	《化工时刊》	2010	ISSN:1002-154X CN:32-1320/TQ
中职校内实践教学基地仿真职业环境建设提升学生素质	张岸嫔	《佳木斯教育学院学报》	2010	ISSN:1000-9795 GN:23-1130/G4
新准则对上司公司盈余管理的影响	吴黎旦	《中国乡镇企业会计》	2010	ISSN:1004-8480 GN:11-3064
一维链状萘氧乙酸镉(II)配位聚合物——荧光性质	李伟琦	《无机化学学报》	2010	ISSN:1001-4861
岳麓书院教育千年延续传承的原因分析	郑素贞	《吉林工程技术师范学院学报》	2010	ISSN:1009-9042
中职学校师生冲突现状及归因分析	应巧姿	《职业教育研究》	2011	CN:12-1358/G4
基于SVR模型的区域公路货物周转量预测	汤　俊	《物流工程与管理》	2011	ISSN:1674-4993 CN:42-1791/TS
强化二次分配才能实现社会公平	郭其林	《消费导刊》	2011	ISSN:1672-5719 CN:11-5052/Z
如何把握高校计算机等级考试中excel内容	池　蕾	《北京电力高等专科学校学报》	2011	ISSN:1009-0118 CN:11-4081/N
基于TSP问题的一种改进遗传算法	徐　莉	《大学数学》	2011	ISSN:1672-1454 CN:34-1221/O1
基于博弈分析的乡政府、村两委和村民各自角色的定位	杨浪萍	《农村经济与科技》	2011	ISSN:1007-7103 CN:42-1374/S
对部分国家高中化学课程标准中技术思想的评述	黄永祥	《职教通讯》	2011	ISSN:1674-7747 CN:32-1806/G4
还原—氧化—碱性沉淀—重捕—铁碳法处理电镀废水	沈巧莲	《化工时刊》	2011	ISSN:1002-154X CN:32-1320/TQ
长江口东南泥质区百年来稀土元素的组成及控制因素	黄永祥	《地球化学》	2011	ISSN:0379-1726

续表

论文题目	第一作者	发表刊物	发表时间	期刊
如何把握高校计算机等级考试中excel内容	褚玉斐	《北京电力高等专科学校学报》	2011	ISSN:1009-0118 CN:11-4081/N
浙江沿海贝类体内重金属元素含量水平与评价	黄永祥	《海洋学研究》	2011	ISSN:1001-909X CN:33-1330/P
生产性服务业助推浙江经济发展促进就业研究	张岸嫔	《商业文化》	2011	ISSN:10064117 CN:11-3456/G0
从高家林人物形象的塑造探寻《人生》中的隐含作者	徐　楠	《武夷学院学报》	2011	ISSN:1674-2109 CN:35-1293/G4
关于中国古代诗歌批评方法理论模式建构的思考	徐　楠	《贵州文史丛刊》	2011	ISSN:1000-8705 CN:52-1004/K
论活动课"以辅导需"的三项策略	徐莉亚	《中小学心理健康教育》	2011	ISSN:1671-2684 CN:11-4699/G4
大学语文精品课程研究综述	应巧姿	《语文学刊》	2012	ISSN:1672-8610 CN:15-1064/H
新农村村庄整治中存在的问题与对策	王立山	《丽水学院学报》	2012	ISSN:2095-3801 CN:33-1333/Z
1,4-苯二硫乙酸配体构筑的锌(Ⅱ)及镉(Ⅱ)配合物的合成、晶体结构及荧光性质(英文)	李伟琦	《无机化学学报》	2012	ISSN:1001-4861 CN:32-1185/O6
基于区域特色的中职商务英语专业实践教学平台的构建	郑秀峰	《职教通讯》	2012	ISSN:1674-7747 CN:32-1806/G4
网络视野下对中学德育课程教学改革和教学思维方式创新的反思	余跃琼	《职教通讯》	2012	ISSN:1674-7747 CN:32-1806/G4
简析人力资源管理与激励	肖　蜜	《中小企业管理与科技》	2012	ISSN:1673-1069 CN:13-1355/F
网络教育大学语文精品课程建设定位探讨	应巧姿	《语文学刊》	2012	ISSN:1672-8610 CN:15-1064/H
企业罚款制度初探	李晓阳	《湖北警官学院学报》	2012	ISSN:1673-2391 CN:42-1743/D
企业对应用型人才的新要求——谈中等职业学生综合职业能力培养	张岸嫔	《管理工程师》	2012	ISSN:1007-1199 CN:41-1247/V
立足小课堂,延伸大世界——浅谈提高中职学生口语交际能力的教学策略	张国荣	《科技创新与应用》	2012	ISSN:2095-2945 CN:23-1581/G3
网络教育大学语文精品课程建设现状及其对策研究	应巧姿	《语文学刊》	2013	ISSN:1672-8610 CN:15-1064/H
基于Multisim的整流滤波电路分析	曹春雷	《中国科技信息》	2013	ISSN:1001-8972 CN:11-2739/N
基于风险管理视角的浙中中小企业内部控制环境的建立	黄炜倩	《中国乡镇企业会计》	2013	ISSN:1004-8480 CN:11-3064/F
电子商务技术与职业岗位对接实训模式及策略的应用研究	应森林	《电子商务》	2013	ISSN:1009-6108 CN:11-4499/TN

续表

论文题目	第一作者	发表刊物	发表时间	期刊
试论中职语文阅读教学资源的有效开发	张国荣	《黑龙江教育学院学报》	2013	ISSN:1001-7836 CN:23-1143/G4
原子吸收光谱法引导—探究实验课的研究	蔡　晶	《职教通讯》	2013	ISSN:1674-7747 CN:32-1806/G4
基于校企一体网上贸易的国际商务专业课程改革校本研究	张岸嫔	《职教通讯》	2013	ISSN:1674-7747 CN:32-1806/G4
从《文心雕龙》看刘勰的作家修养论	徐　楠	《贵州文史丛刊》	2013	ISSN:1000-8705 CN:52-1004/K
对中职物流单证实务课程教学改革的探析	汤　俊	《物流工程与管理》	2013	ISSN:1674-4993 CN:42-1791/TS
开放教育《金融市场学》实践性教学的思考	何　静	《科技信息》	2013	ISSN:1001-9960 CN:37-1021/N
韩国文化教学中的示正与纠误实例分析	韩玉洁	《中国电力教育》	2013	ISSN:1007-0079 CN:11-3776/G4
物流金融业务模式及风险管理研究	何　静	《中国市场》	2013	ISSN:1005-6432 CN:11-3358/F
小波变换和支持向量机相融合的ECG身份识别	吕　刚	《计算机工程与应用》	2013	ISSN:1002-8331 CN:11-2127/TP
英语教师期望对学生英语学习成绩的影响机制研究——基于英语学习自我效能感的中介效应分析	皮　维	《浙江外国语学院学报》	2013	ISSN:2095-2074 CN:33-1376/Z
刍议金华制造企业转型升级的问题——基于机器换人的视角	张岸嫔	《中国商贸》	2013	ISSN:2096-0298 CN:10-1337/F
对偶空间的一些新性质	徐　莉	《数学学习与研究》	2014	ISSN:1007-872X CN:22-1217/O1
韩国文化教学中的示正与纠误研究	韩玉洁	《文教资料》	2014	ISSN:1004-8359 CN:32-1032/C
论房地产价格与金融市场的关系研究	何　静	《佳木斯教育学院学报》	2014	ISSN:2095-9052 CN:23-1590/G4
基于移动学习的成人教育教学方式创新实践研究	盛建荣	《成人教育》	2014	ISSN:1001-8794 CN:23-1067/G4
房地产价格与金融市场的关系研究	何　静	《开封教育学院学报》	2014	ISSN:1008-9640 CN:41-1310/G4
关于加强中职学校会计专业课程改革的探讨——基于浙江中小企业会计人才需求现状的调研	黄炜倩	《中国市场》	2014	ISSN:1005-6432 CN:11-3358/F
义乌国际贸易综合改革背景下义乌外贸企业转型外贸电商创新发展新思路	张岸嫔	《中国市场》	2014	ISSN:1005-6432 CN:11-3358/F
一种改进的深度神经网络在小图像分类中的应用研究	吕　刚	《计算机应用与软件》	2014	ISSN:1000-386X CN:31-1260/TP
高职学校心理健康教育与德育的有效融合	张淑琴	《开封教育学院学报》	2014	ISSN:1008-9640 CN:41-1310/G4

续表

论文题目	第一作者	发表刊物	发表时间	期刊
会计专业生产性实训基地运行模式的实践与研究	黄炜倩	《商业会计》	2014	ISSN:1002-5812 CN:11-1475/F
远程教育学生德育工作对策探讨	张淑琴	《科教导刊(中旬刊)》	2014	ISSN:1674-6813 CN:42-1795/N
新形势下人力资源培养与开发的途径研究	余红君	《中国商贸》	2014	ISSN:2096-0298 CN:10-1337/F
酒店员工高流失率影响因素及对策分析	肖　蜜	《旅游纵览(下半月)》	2014	ISSN:1004-3292 CN:13-1138/K
金华市农民培训:现状、问题及对策	吕　刚	《中国农业教育》	2014	ISSN:1009-1173 CN:32-1572/G4
基于因子分析的民营快递企业核心竞争力研究——以义乌快递业为例	余红君	《物流技术》	2014	ISSN:1005-152X CN:42-1307/TB
开放教育中诊所法律教育探究	李晓阳	《开封教育学院学报》	2014	ISSN:1008-9640 CN:41-1310/G4
简论基层开放大学问答服务平台的构建	盛建荣	《湖北广播电视大学学报》	2014	ISSN:1008-7427 CN:42-1556/G4
开放大学背景下基层电大移动学习平台构建研究——以金华“掌上电大”平台开发为例	盛建荣	《中国远程教育》	2014	ISSN:1009-458X CN:11-4089/G4
基于综合法的浙江区域航运物流金融风险测评	何　静	《物流技术》	2014	ISSN:1005-152X CN:42-1307/TB
中小生产企业计算机成本核算系统的实现	盛建荣	《自动化技术与应用》	2014	ISSN:1003-7241 CN:23-1474/TP
基于Multisim的非正弦周期电流电路中有功功率的分析和计算	曹春雷	《哈尔滨师范大学自然科学学报》	2014	ISSN:1000-5617 CN:23-1190/N
电子商务产教深度融合的研究——以义乌中国小商品市场校企合作为例	应森林	《电子商务》	2014	ISSN:1009-6108 CN:11-4499/TN
转型背景下国际商务专业实践教学审视与思考	张岸嫔	《吉林广播电视大学学报》	2014	ISSN:1008-7508 CN:22-1297/G4
建筑专业高等数学按需教学策略探讨	黄丽虹	《职教通讯》	2014	ISSN:1674-7747 CN:32-1806/G4
高职生英语学习焦虑的调查分析	朱　政	《课程教育研究》	2014	ISSN:2095-3089 CN:15-1362/G4
新生代农民工继续教育经费投入不足原因探析——基于浙江省永康市的社会调查	周舒颖	《职教通讯》	2014	ISSN:1674-7747 CN:32-1806/G4
新教材“空间与图形”课程难度的定量比较研究	黄丽虹	《高中数学教与学》	2015	ISSN:1007-1830 CN:32-1398/G4
职校会计专业学生职业能力的模糊综合评价	杨浪萍	《商业会计》	2015	ISSN:1002-5812 CN:11-1475/F

续表

论文题目	第一作者	发表刊物	发表时间	期刊
新兴技术企业研发人员绩效评价体系研究——基于模糊层次分析法	周　萍	《商》	2015	ISSN:1009-9808 CN:51-1019/F
高校德育与心理健康教育融合的重要性及措施	张淑琴	《学理论》	2015	ISSN:1002-2589 CN:23-1106/D
就业导向下"基础会计"教学改革策略探析	郁　翔	《职教通讯》	2015	ISSN:1674-7747 CN:32-1806/G4
论金融市场行为主体心理失调的原因	何　静	《知识经济》	2015	ISSN:1007-3825 CN:50-1058/F
浙江省民营企业组织创新方式的决策研究——基于企业生命周期理论	周　萍	《商场现代化》	2015	ISSN:1006-3102 CN:11-3518/TS
有准备的教育谈话:设计与实施	徐莉亚	《中小学心理健康教育》	2015	ISSN:1671-2684 CN:11-4699/G4
农业转移人口继续教育问题调查研究——以浙江省永康市为例	周舒颖	《中国成人教育》	2015	ISSN:1004-6577 CN:37-1214/G4
浙教版数学教材的适应性调查研究	黄丽虹	《长春教育学院学报》	2015	ISSN:1671-6531 CN:22-1298/G4
咨询与顾问:学校心理健康教育的核心工作	徐莉亚	《中小学心理健康教育》	2015	ISSN:1671-2684 CN:11-4699/G4
养成教育急需突围	郭航鸣	《光明日报》	2015	CN:11-0026
《企业财务会计》课岗证一体化设计研究	杨浪萍	《中国乡镇企业会计》	2015	ISSN:1004-8480 CN:11-3064/F
语文人文视野下高校思想政治教育方法探究	张淑琴	《语文建设》	2015	ISSN:1001-8476 CN:11-1399/H
"微时代"高校思政工作的挑战及对策	张淑琴	《教育教学论坛》	2015	ISSN:1674-9324 CN:13-1399/G4
基于实体市场的电子商务资源建设与融岗位实训的课改研究	应森林	《电子商务》	2015	ISSN:1009-6108 CN:11-4499/TN
情绪工作视角下的教师职业倦怠研究	徐莉亚	《浙江师范大学学报》	2015	ISSN:1001-5035 CN:33-1011/C
基于51单片机多功能报警接收控制器的设计	盛建荣	《微型机与应用》	2015	ISSN:2096-5133 CN:10-1543/TP
论教师职业回归人本属性	徐莉亚	《职教通讯》	2015	ISSN:1674-7747 CN:32-1806/G4
会计生产性实训基地建设与效能研究	吴黎旦	《商业会计》	2015	ISSN:1002-5812 CN:11-1475/F
职业学校德育"开放式"三级平台的建构	余跃琼	《齐齐哈尔师范高等专科学校学报》	2015	ISSN:1009-3958 CN:23-1534/Z
校园自杀预防"守门人"培训课程的开发研究	徐莉亚	《上海教育科研》	2015	ISSN:1007-2020 CN:31-1059/G4
基于跨境电商平台的B2B2B创业模式实践研究	徐宏业	《现代职业教育》	2016	ISSN:2096-0603 CN:141381/G4

续表

论文题目	第一作者	发表刊物	发表时间	期刊
多元智能理论在高职商务英语口语教学中的应用研究	陈冰寒	《校园英语》	2016	ISSN:1009-6426 CN:13-1298/G4
体育教育改革及对学生终生体育锻炼意识的培养研究	魏　凛	《中华少年》	2016	ISSN:1004-2377 CN:11-5674/C
计算机三维技术在影视广告设计中的应用	徐学辉	《科学中国人》	2016	ISSN:1005-3573 CN:11-3292/G3
职业教育设置与产业结构适应性分析	徐莉亚	《教育与职业》	2016	ISSN:1004-3985 CN:11-1004/G4
校园自杀预防“守门人”培训课程的开发研究	徐莉亚	《上海教育科研》	2016	ISSN:1007-2020 CN:31-1059/G4
开放教育背景下基于义乌购平台的学生创业团队实训研究	洪　宇	《电子商务》	2016	ISSN:1009-6108 CN:11-4499
走在前列 共建金华战略背景下运用“互联网+”思维助推金华党建工作创新研究	张岸嫔	《现代经济信息》	2016	ISSN:1001-828X CN:23-1056/F
基于“趋同进化”理论的微课教学设计研究——以”电工基础”课程教学为例	曹春雷	《职教通讯》	2016	ISSN:1674-7747 CN:32-1806/G4
基于破窗效应的职校学生日常管理	曹春雷	《职业技术教育》	2016	ISSN:1672-0601 CN:23-1509/TU
基础会计教学之“看学做评练”五步合一法	杨浪萍	《商业会计》	2016	ISSN:1002-5812 CN:11-1475/F
我国石化企业内部审计的职业化发展分析	杨浪萍	《审计与理财》	2016	ISSN:1006-5466 CN:36-1264/F
大众创业背景下高职院校思政工作对策研究	张淑琴	《教育现代化》	2016	ISSN:2095-8420 CN:11-9354/G4
国外关于化学概念的多元外在表征的研究述评	蔡　晶	《化学教育》	2016	ISSN:1003-3807 CN:10-1515/O6
基于新生代农民工主体障碍的素质提升研究	周舒颖	《现代职业教育》	2016	ISSN:2096-0603 CN:14-1381/G4
低温对碳纤维加固构件疲劳性能的影响研究	王　睿	《建筑技术》	2016	ISSN:1000-4726 CN:11-2253/TU
中职生父母教养方式对其心理健康水平的作用	宋炜杨	《好家长》	2016	ISSN:1009-8569 CN:32-1616/G0
提高饭店零点餐厅宾客满意度的对策研究	楼洪亮	《知音励志》	2016	ISSN:1671-1483 CN:42-1805/G0
中职学校学生职业规划现状及对策研究	陈禧鸿	《南宁职业技术学院学报》	2016	ISSN:1009-3621 CN:45-1268/C
探讨会计生产性实训基地的建设分析以及效能研究	黄炜倩	《中国乡镇企业会计》	2016	ISSN:1004-8480 CN:11-3064/F
微信运动对大学生体育生活方式影响的现状调查研究	韦　峰	《当代体育科技》	2016	ISSN:2095-2813 CN:23-1579/G8

续表

论文题目	第一作者	发表刊物	发表时间	期刊
Synthesis, Crystal Structure, Luminescent Property and DNA-Binding of a Cadmium Complex with 2,4-Bis-oxyacetate-benzoic Acid	郭航鸣	《结构化学》	2016	ISSN:0254-5861
中职班主任管理工作中的教学艺术	何莉莉	《教学研究》	2016	ISSN:0030-1996 CN:62-0021
行政事业单位固定资产的管理	何莉莉	《商》	2016	ISSN:1009-9808 CN:51-1019/F
基于多元外在表征理论的酸碱中和滴定概念教学设计	蔡　晶	《化学教育》	2017	ISSN:1003-3807
在线动态案例教学法在外贸函电课程中的运用——以一封跨境电子商务询盘邮件为例	单小青	《中小企业家》	2017	ISSN:1000-8772
复掺偏高岭土-钢渣对再生混凝土性能的影响	陈玉香	《混凝土》	2017	ISSN:1002-3550
国际商务专业人才培养四融合模式实践研究——以金华广播电视大学为例	张岸嫔	《对外经贸》	2017	ISSN:2095-3283
形成性评价在中职英语听力教学中的实践研究	徐宏业	《佳木斯职业学院学报》	2017	ISSN:2095-9052
终身教育视角下可持续性课程体系的构建——以会计专业为例	杨浪萍	《继续教育》	2017	ISSN:1006-9720
职业院校社会化人才培养模式研究——以金华电大(浙江商贸学校)为例	王　睿	《教育现代化》	2017	ISSN:2095-8420
微课在中职中专英语教学中的应用分析	陈　勋	《课程教育研究》	2017	ISSN:2095-3089
教育谈话的结束技巧	徐莉亚	《中小学心理健康教育》	2017	ISSN:1671-2684
“岗课一体,师生共导”《建筑测量》教学模式改革优化实践	王　睿	《高教学刊》	2017	ISSN:2096-000X
EDA 技术数字电子技术的应用	童永通	《电子技术与软件工程》	2017	ISSN:2095-5650
机器学习在认知无线电技术中的应用	童永通	《电子制作》	2017	ISSN:1006-5059
电子技术在绿色照明电路中的应用研究	童永通	《电子制作》	2017	ISSN:1006-5059
“供给侧改革”思路下开放教育《建设工程项目管理》网上教学优化研究	王　睿	《教育教学论坛》	2017	ISSN:1674-9324
流媒体转发服务器在远程教育中的实现研究	楼志良	《智能计算机与应用》	2017	ISSN:2095-2163
搭建三纬梯度实训平台 提升两经职业能力	商　滔	《经贸实践》	2017	ISSN:1671-3494

续表

论文题目	第一作者	发表刊物	发表时间	期刊
体验式教学在大学思想政治理论课中的应用研究	桂键坚	《才智》	2017	ISSN:1673-0208
远程教育学生践行核心价值观的动力机制及外化途径	何　静	《课程教育研究》	2017	ISSN:2095-3089
跨文化视角下的婺剧英译策略研究	王　慧	《戏剧之家》	2017	ISSN:1007-0125
现代婺商特质的跨文化商贸人才培养研究--以金华广播电视大学(浙江商贸学校)为例	张岸嫔	《对外经贸》	2017	ISSN:2095-3283
CBI 教学理念融入商务英语教学的有效性研究	陈　勋	《吕梁教育学院学报》	2017	ISSN:1672-2086
中职学校学习环境建设研究	吕　刚	《中国教育技术装备》	2017	ISSN:1671-489X
基于校企合作的中职电子商务专业建设实践探索—以浙江商贸学校与“义乌购”合作为例	万　明	《教育现代化》	2017	ISSN:2095-8420
浅谈中职学校校园文化建设	朱印华	《现代交际》	2017	ISSN:1009-5349
“亏损产品是否停产的决策”头脑风暴教学设计	卢灵美	《财会学习》	2018	ISSN:1673-4734 CN:11-5460/F
基于微信公众号的在线练习与测试	黄兴华	《数码设计》	2018	ISSN:1672-9129 CN:11-5292/TP
社区大学参与群众体育运行机制建设研究	毛东高	《哈尔滨职业技术学院学报》	2018	ISSN:1008-8970 CN:23-1531/Z
静电除尘器工作原理及改造案例	曹春雷	《江苏科技信息》	2018	ISSN:1004-7530 CN:32-1191/T
社会民间体育组织参与健康中国战略的思考——以金华宏武体育发展有限公司现代师徒制教练员培训模式为例	毛东高	《湖北函授大学学报》	2018	ISSN:1671-5918 CN:42-1902/G4
高职学校思政理论课跨界课堂探析	张淑琴	《高教学刊》	2018	ISSN:2096-000X CN:23-1593/G4
提高中职计算机教师教学能力的研究	黄兴华	《黑龙江科学》	2018	ISSN:1674-8646 CN:23-1560/G3
如何利用微课提高中职计算机基础课的授课效率	黄兴华	《当代教育实践与教学研究》	2018	ISSN:2095-6711 CN:13-9000/G
探讨高职美术教育中学生实践能力的培养	朱　艺	《艺术评鉴》	2018	ISSN:1008-3359 CN:52-1165/J
美术教育与学生审美个性的协同发展	朱　艺	《大众文艺》	2018	ISSN:1007-5828 CN:13-1129/I
基于物联网对智能家居远程控制系统设计	郑　骏	《电子技术与软件工程》	2018	ISSN:2095-5650 CN:10-1108/TP
浅谈故障排除在电工维修技能中的重要意义	郑　骏	《电子测试》	2018	ISSN:1000-8519 CN:11-3927/TN

续表

论文题目	第一作者	发表刊物	发表时间	期刊
供给侧改革视域下职业资格证书考试与开放大学资源建设融合研究	张淑琴	《教育现代化》	2018	ISSN:2095-8420 CN:11-9354/G4
高职高专学生英语自主学习能力的关键影响因素分析——基于学生主体性因素的实证调研	皮　维	《宁波教育学院学报》	2018	ISSN:1009-2560 CN:33-1241/G4
基于互联网+的智慧化中职校园建设	黄兴华	《佳木斯职业学院学报》	2018	ISSN:2095-9052 CN:23-1590/G4
浅谈电子技术在智能终端中的应用和发展	郑　骏	《电子制作》	2018	ISSN:1006-5059 CN:11-3571/TN
奏响中职教育班级管理的“四重奏”	王慧霞	《职教通讯》	2018	ISSN:1674-7747 CN:32-1806/G4
思政理论课基于问题导向的多平台融合教学模式探索——以“思想道德修养与法律基础”为例	张淑琴	《职教通讯》	2018	ISSN:1674-7747 CN:32-1806/G4
基于市场导向下企业自建区域性电子云物流平台的路径研究——以J市联运公司为例	肖林炜	《中国市场》	2018	ISSN:1005-6432 CN:11-3358/F
基于VR的现代远程职业教育教学与培训平台的构建	吴黎旦	《宁波广播电视大学学报》	2018	ISSN:1672-3724 CN:33-1300/Z
塑造健康的生活型态:心育对核心素养的回应	徐莉亚	《中小学心理健康教育》	2018	ISSN:1671-2684 CN:11-4699/G4
空竹运动项目在中职校园的传承与发展	罗学艺	《当代体育科技》	2018	ISSN:2095-2813 CN:23-1579/G8
在Excel中用VBA统计补考名单	梁梦霞	《计算机产品与流通》	2018	ISSN:1671-1939 CN:12-1276/TP
英语生态课堂的构建	朱　政	《教育教学论坛》	2018	ISSN:1674-9324 CN:13-1399/G4
基于生态教育理念的高职分析化学教学设计与实践	蔡　晶	《化学教育(中英文)》	2018	ISSN:1003-3807 CN:10-1515/O6
建构教育哲学思想指导下的高校旅游专业教育	邱振东	《旅游纵览》	2018	ISSN:1004-3292 CN:13-1138/K
浅谈县市级电大农民教育体系的构建	徐春媛	《南方农业》	2018	ISSN:1673-890X CN:50-1186/S
学习型社会视域下的社区教育供给侧改革	朱　政	《教育教学论坛》	2018	ISSN:1674-9324 CN:13-1399/G4
终身教育背景下高职院校继续教育模式思路构建分析	沈美英	《黑河学院学报》	2018	ISSN:1674-9499 CN:23-1565/Z
基于免疫网络学习机制的中文网络短文本聚类算法	沈美英	《自动化与仪器仪表》	2018	ISSN:1001-9227 CN:50-1066/TP
新婺商精神视角下学生职业核心素养培养探析	朱　政	《职教通讯》	2018	ISSN:1674-7747 CN:32-1806/G4

续表

论文题目	第一作者	发表刊物	发表时间	期刊
“一带一路”生态文化旅游产业发展模式与对策	邱振东	《旅游纵览》	2018	ISSN:1004-3292 CN:13-1138/K
不同金属酞菁化合物对肿瘤细胞的光动力学疗法的研究	黄　炜	《化工时刊》	2018	ISSN:1002-154X CN:32-1320/TQ

二、主要获奖论文

表 2-8-4　　2003-2018 年教师论文获奖一览表

作者	论文题目	奖项	等级	获奖年份
应巧姿	师生冲突的归因分析与对应策略	金华教育科学研究会	一等奖	2003
郑素贞	培养电大远程教育学生意志品质，提高思想政治工作效率的研究	金华市教育学会	一等奖	2003
应巧姿	论教师言语对学生思维的遮蔽	浙江大学语文研究会高职分会	二等奖	2003
应巧姿	师生冲突的归因分析与对应策略	金华市教育科学研究所	一等奖	2003
李伟琦	分子内氢键对化合物性质的影响	市教育局教研室	一等奖	2004
郑素贞	培养电大远程教育学生意志品质 提高思想政治工作效率的研究	金华市教育学会	一等奖	2004
李伟琦	冰点下降公式推导的图像解析	浙江电大	二等奖	2005
王立山	浅析新形势下中职学校学生思想政治工作	金华市教育教研室	一等奖	2005
应巧姿	率性天然化诗文——论徐志摩的艺术之真	浙江省大学语文研究会高职分会	二等奖	2005
刘知林	对职业教育发展路径的再思考	金华市教育科学研究所	一等奖	2005
刘知林	探析农村成人教育发展趋势及其思路	中国职业技术教育学会	一等奖	2005
刘知林	关于农民教育培训工程的调查及其经验	教育部职业技术教育中心研究所	一等奖	2005
刘知林	浙中西农民开放教育发展模式设想	中央教科所	二等奖	2005
蓝小林	安乐死的刑事立法与司法理论探讨	浙江电大	二等奖	2005
蓝小林	论赌博犯罪	浙江省律师协会	二等奖	2005
周舒颖	村委会选举中村民消极参与心态分析	浙江电大	二等奖	2005
方伟中	创新教育目标下的数学教学对策研究	浙江电大	二等奖	2005
张兰生	中国现代个性主义文学的一般审美特征	金华市教育局	一等奖	2006
徐莉亚	当前衡量区域教育发展的指标体系	金华市教育科学研究所	一等奖	2006
邱　强	成考考前语文复习的思考和启示	金华市教育科学研究所	一等奖	2007
刘知林	我国农村财务治理机制的历史变迁及其启示(1949-2008)	中央广播电视大学	一等奖	2008

续表

作者	论文题目	奖项	等级	获奖年份
彭礼安	中职计算机教学改革中实用性教学探索	全国商业职业院校计算机教学与应用研究会评奖	二等奖	2008
沈美英	项目教学法在中职计算机专业程序设计课程中的应用	全国商业职业院校计算机教学与应用研究会评奖	一等奖	2008
杜利俊	浅谈中职学校校园网安全控制策略	全国商业职业院校计算机教学与应用研究会评奖	二等奖	2008
吴学东	中职学校网站建设应用研究	全国商业职业院校计算机教学与应用研究会评奖	一等奖	2008
应森林	电子商务实践教学体系架构的思考	全国商业职业院校计算机教学与应用研究会评奖	二等奖	2008
蓝小林	风尚犯罪化:刑法伦理的新表述	金华市律师协会	一等奖	2008
章　肖	加强家校合作 共创和谐教育	金华市德育研究会	一等奖	2009
黄炜倩	关于在我国建立反倾销会计预警机制的探究	省电大经济管理学院论文评比	一等奖	2009
刘知林	改革开放以来我国农村财务治理机制及其变迁	浙江省会计学会	二等奖	2009
刘知林	村级财务治理机制的有益探索	中国农村合作经济管理学会	一等奖	2009
盛　倩	成人学习者英语学习动机特点	金华市现代远程教育学会	一等奖	2009
罗学艺	体育课教学中实施分层自主协助学习的实践研究	浙江省体育科学学会	二等奖	2010
郑秀峰	成人高等教育大专生英语学习动机研究	2010年金华市职业教育与成人教育教科研论文评选	一等奖	2010
王立山	开放教育面授辅导学员到课率问题研究	金华市现代远程教育学会	一等奖	2010
郑素贞	农村社区居民素质教育策略研究	浙江省成人教育与职业教育协会	二等奖	2010
郑秀峰	区域特色的商务英语专业实践教学平台的构建	金华市职成教科研论文评比	一等奖	2011
徐莉亚	中等职校职业心理教育课程开发与实验	金华市2011年度教育科研优秀论文评比	一等奖	2012
邵　玲	中职学生主观幸福感的现状及影响因素的探究	金华市第六届教育科研专题论文评选	一等奖	2012
朱　政	中职生英语阅读元认知策略培训的实证研究	中国职教学会商科专业委员会	二等奖	2012
朱　政	中职生英语学习倦怠调查及英语教学的启示	金华市第十一届(2012)课程改革征文大赛	一等奖	2012
朱印华	浅谈班主任师德建设中的“五个幸福感”	省高师教育研究会、浙师大班主任工作研究中心	一等奖	2012

续表

作者	论文题目	奖项	等级	获奖年份
陈慧英	浅谈班主任工作	省高师教育研究会、浙师大班主任工作研究中心	二等奖	2012
黄炜倩	立足企业，加强中职学校会计专业课程改革	金华市第十一届(2012)课程改革征文大赛	一等奖	2012
曹利民	开设法制教育相关课程　培育中职学生法制意识	2013年度金华市教育教学优秀论文	一等奖	2013
郑秀峰	构建实践教学平台,创新人才培养模式	金华市2012年度教育科研优秀论文	一等奖	2013
曹利民	网络时代中职学生健康成长的思考	金华市第七届教育科研专题论文(德育类)	一等奖	2013
陈红香	给数学作业一个“场”——以商贸类学校为例	中国商科委员会论文	二等奖	2013
曹利民	关于搭建“三位一体”中职安全教育网络的探讨	中国职教学会商科委员会论文	二等奖	2013
曹春雷	基于破窗效应的中职学生日常管理	中国职教学会商科委员会论文	二等奖	2013
商　滔	探究五星教学模式在中职课堂的运用	中国职教学会商科委员会论文	一等奖	2013
汤　俊	对中职物流单证实务课程教学改革的探析	2013年浙江省技工院校教学论文评选	二等奖	2013
宋　洁	针对烹饪旅游专业英语教学的研究	2013年浙江省技工院校教学论文评选	二等奖	2013
黄丽虹	浙教版数学教材的适应性调查研究	金华市第十二届(2013)课程改革征文大赛	一等奖	2013
黄炜倩	高职会计专业生产性实训基地运行模式的实践与研究—以金华广播电视大学会计专业实训基地的建设为例	金华市第十二届(2013)课程改革征文大赛	一等奖	2013
徐莉亚	做一个“正心、善行、有形”的追梦者	“师德提高年”师德征文	一等奖	2013
李伟琦	1,4-苯二硫乙酸配体构筑的锌(II)及镉(II)配合物的合成、晶体结构及荧光性质	第十四届金华市自然科学优秀论文奖评选	一等奖	2013
沈巧莲	还原-氧化-碱性沉淀-重捕-铁碳法处理电镀废水	第十四届金华市自然科学优秀论文奖评选	一等奖	2013
宋　洁	针对烹饪旅游专业英语教学的研究	2013年金华市中职第十四届教学论文评比	一等奖	2013
黄丽虹	建筑专业高等数学按需教学的探索	金华市教育学会2014年度教育教学优秀论文	一等奖	2014
张岸嫔	基于任务引领的国际商务专业核心课程有效教学的实践研究	金华市2013年度教育科研优秀论文	一等奖	2014
黄炜倩	面向浙中中小企业的会计人才实训基地建设的研究	金华市2013年度教育科研优秀论文	一等奖	2014
张岸嫔	转型背景下国际商务专业实践教学审视与思考	中国职业技术教育学会商科委2014年度优秀论文	一等奖	2014

续表

作者	论文题目	奖项	等级	获奖年份
应森林	融于市场的电子商务多平台分级制实训创业教育的研究	中国职业技术教育学会商科委	二等奖	2014
黄丽虹	数学文化融入中职课堂探索与实践——以数列的概念教学设计为例	中国职业技术教育学会商科委 2014 年度优秀论文	二等奖	2014
朱　政	高职院校英语分层教学的实践与思考	金华市第十三届(2014)课程改革征文大赛	一等奖	2014
曹春雷	基于“趋同进化”理论的微课教学设计研究	中国职业技术教育商科专业委员会	二等奖	2015
陈红香	谈职业学校数学课堂中的实践性教学	中国职业技术教育商科专业委员会	二等奖	2015
杨浪萍	项目导学单在《基础会计》教学中的应用	中国职业技术教育商科专业委员会	二等奖	2015
郑秀峰	职成教一体化办学的学校策略	中国职业技术教育商科专业委员会	一等奖	2015
余跃琼	职业学校德育“开放式”三级平台的建构	中国职业技术教育商科专业委员会	二等奖	2015
朱　政	中职英语分层教学初探	中国职业技术教育商科专业委员会	二等奖	2015
王　睿	中职院校社会化人才培养模式研究	中国职业技术教育商科专业委员会	一等奖	2015
单小青	在线动态案例教学在外贸函电中的运行	金华市 2014 年度教育科研优秀论文	一等奖	2015
徐莉亚	职业教育专业设置与产业结构适应性分析	金华市 2014 年度教育科研优秀论文	一等奖	2015
杨浪萍	“看学做评练”让中职课堂走出困境	金华市中职第十六届教学论文评比	一等奖	2015
徐学辉	精诚所至,金石为开——心理健康教育在中职班主任工作中的实践应用	2016 年金华市学校心理健康教育优秀项目评选	一等奖	2016
骆丽娟	不一样的他成长记	2016 年金华市学校心理健康教育优秀项目评选	一等奖	2016
章　肖	开放大学英语教师 TPACK 特点及其对教师专业发展的启示	金华市 2015 年度教育科研优秀论文	一等奖	2016
陈红香	动手操作，由“鱼”到“渔”	金华市第十七届中职教育教学论文	一等奖	2016
王晓凤	构建平台,提升能力	金华市第十七届中职教育教学论文	一等奖	2016
童永通	“五创五育”推动学生思政工作内涵发展	金华市 2016 年度教育科研优秀论文	一等奖	2017
王晓凤	搭建“三维”梯度实训平台,提升“二元”层阶岗位能力	金华市 2016 年度教育科研优秀论文	一等奖	2017

续表

作者	论文题目	奖项	等级	获奖年份
单　勇	自媒体时代开放大学思想政治教育的探索	“新形势下思想政治教育理论与实践研究”征文	一等奖	2017
巴晓伟	学生志愿服务在电大思想政治教育中的作用及路径研究——以金华广播电视大学为例	“新形势下思想政治教育理论与实践研究”征文	一等奖	2017
陈红香	谈职业学校的数学课堂文化实践活动	中国职教学会商科委2017年度论文评审	一等奖	2017
王　慧	中职学校开设戏曲选修课的实践与探索	中国职教学会商科委2017年度论文评审	一等奖	2017
张岸嫔	基于国际视野婺商特质的商贸类人才培养质量提升工程研究	中国职教学会商科委2017年度论文评审	二等奖	2017
朱　政	大学英语课堂生态失衡现象及对策	中国职教学会商科委2017年度论文评审	二等奖	2017
王　睿	“岗课一体，师生共导”《建筑测量》教学模式改革优化实践	2017年全省技工院校教学论文评选	一等奖	2017
方　蓉	任务驱动教学法在创新创业教育课程新体系中的研究	2017年全省技工院校教学论文评选	二等奖	2017
卢灵美	以知育情　以情育情–“亏损产品是否停产的决策”课程头脑风暴教学设计	第18届金华市中职教育教学论文评比	一等奖	2017
童永通	选择性课改背景下中职生核心素养培育的实践研究	金华市2017年度优秀教科研论文	一等奖	2018
刘知林	大中专会计专业学生政治思想的舆情分析、提升实践与初步成效	金华市教育会计学会	一等奖	2018
王慧霞	奏响中职教育班级管理的“四重奏”	金华市2017年度优秀教科研论文	一等奖	2018
刘知林	村务监督组织及其制度变迁的历史动因、演进路径与基本经验	浙江省经济学会2018年学术年会优秀论文	二等奖	2018
郑秀峰	刍议新时代区域中职教育质量提升路径	金华市第十二届专题论文获奖	一等奖	2018
钟　芳	试行专技职务聘期制　助力教师个性化发展——师资队伍建设典型案例	市现代远程教育学会典型案例评比	一等奖	2018
盛建荣	线上线下，构建“一站式”就业创业服务平台	市现代远程教育学会典型案例评比	一等奖	2018
郑秀峰	商贸类专业创业实训模式构建与实践	市现代远程教育学会典型案例评比	一等奖	2018
邵　玲	“十讲百场”进社区，和美金华添动力	市现代远程教育学会典型案例评比	一等奖	2018
吕　刚	基于阿里钉钉构建教育管理服务平台研究与实践	市现代远程教育学会典型案例评比	一等奖	2018
王汝启	“2+3”中高职五年一体化人才培养模式构建	市现代远程教育学会典型案例评比	一等奖	2018

第四节　书籍

2003年以来，广大教师在完成正常教学任务以外，积极主编或参编各类教材和专著，取得了一定的成果，为推进教学改革，提高人才培养质量作出了积极贡献。

表 2-8-5　2003以来学校教师主编或参编部分专著(教材)出版情况一览表

姓 名	著作(教材)	出版时间	出版社
俞一夫 程良英 单淑琴 褚玉斐	《商品保管员(粮油)国家职业资格鉴定培训教程》	2004	浙江人民出版社
胡道芳	《现代财务管理》	2004	中国金融出版社
黄炜倩	《会计电算化实务》	2004	中国商业出版社
俞一夫	《粮油保管员》	2006	中国农业出版社
褚玉斐	《办公自动化案例教程》	2008	立信会计出版社
张兰生	《经济应用文写作》	2008	立信会计出版社
陈　勋 陈　红	《英语》(第一册)	2008	立信会计出版社
吕金芳	《办公自动化案例教程》	2008	立信会计出版社
黄炜倩 钱雁华 郁　翔	《基础会计》	2008	立信会计出版社
成晓丽 杜　鹃	《进出口贸易实务》	2008	立信会计出版社
王汝启 应森林 褚玉斐	《计算机基础》	2008	立信会计出版社
俞一夫 徐专红 黄永祥	《食品分析技术》	2009	中国轻工业出版社
应森林	《电子商务应用基础》	2009	立信会计出版社
吴黎旦	《会计准则专题》	2010	北京大学出版社
李鹏强	《国际贸易概论》	2010	中国水利水电出版社
金向阳	《数学(一)》	2010	立信会计出版社
舒美爱	《数学(二)》	2011	立信会计出版社
王汝启	《数学(三)》	2010	立信会计出版社
骆丽娟	《心理咨询的原理与方法》	2010	浙江大学出版社
王雪香	《统计方法与应用》	2010	中国水利水电出版社

续表

姓 名	著作(教材)	出版时间	出版社
黄炜倩	《基础会计》	2011	中国水利水电出版社
胡吉省	《中华人文经典与汉语文化教育》	2011	学苑出版社
俞一夫 徐专红	《烹饪化学》	2012	中国轻工业出版社
徐莉亚	《区域教育可持续发展指标体系研究》	2012	教育科学出版社
皮　维	《南部非洲文学中的跨国主义》	2015	民主与建设出版社
郭航鸣	《职业生涯规划》	2015	高等教育出版社
黄水品	《金华火腿》	2016	浙江科学技术出版社
陈　平	《焙烤食品加工技术》	2017	中国轻工业出版社
杨浪萍	《中小企业会计模拟实训》	2017	科学出版社

第五节　校级学会

一、金华市现代远程教育学会

1.概述

金华市现代远程教育学会(Jinhua Society of Modern Distance Education),于2002年1月经金华市民政局批准成立,是由热心现代远程教育科学研究的个人和单位自愿组成,具有法人资格,非营利性的地方学术团体。

学会设会长、副会长若干人,秘书长1人,常务理事、理事若干人。

首届会长方伟中,第二届会长方伟中,副会长胡吉省、何巧玲、厉鸿斌,秘书长王国庆。第三届、第四届理事以上人员名单见表2-6-6和表2-6-7。

截至2018年12月,共有金华电大和各县市电大单位会员8个,个人会员419人。

表2-8-6　　金华市现代远程教育学会第三届理事会成员一览表

序号	姓 名	性别	单 位	职务/职称	学会职务
1	黄宏伟	男	金华电大	校长/教授	会长
2	张兰生	男	金华电大	副校长/副教授	副会长
3	朱　斌	男	浙江电大义乌学院	院长/中学高级	副会长
4	周俊辉	男	浙江电大东阳学院	院长/讲师	副会长
5	陈成楼	男	浙江电大永康学院	院长/中学高级	副会长
6	郑秀峰	男	金华电大	科研处处长/高讲	秘书长
7	朱燕红	女	浙江电大东阳学院	副院长/讲师	常务理事
8	郑　劼	女	浙江电大浦江分校	校长/中学高级	常务理事

续表

序号	姓　名	性别	单　位	职务/职称	学会职务
9	唐友芳	男	浙江电大兰溪分校	校长 /高讲	常务理事
10	傅　伟	男	浙江电大武义分校	校长/教授级中高	常务理事
11	厉显畈	男	浙江电大磐安分校	校长/中学高级	常务理事
12	王国庆	男	金华电大	副教授	常务理事
13	贾恭惠	男	浙江电大东阳学院	书记/教授	理事
14	方丽君	女	浙江电大义乌学院	副校长/高讲	理事
15	黄浩清	男	浙江电大永康学院	副院长/中学高级	理事
16	项明坚	男	浙江电大浦江电大	副书记/中学一级	理事
17	李增满	男	浙江电大兰溪电大	副校长/中学高级	理事
18	童立鸣	男	浙江电大武义分校	副校长/中学高级	理事
19	黄福根	男	浙江电大磐安分校	副校长/中级	理事
20	陈旭平	男	浙江电大义乌学院	工会主席/中学一级	理事
21	沈慧鸿	男	浙江电大永康学院	继教处主任/中学高级	理事
22	斯亚民	男	金华电大	党办校办副主任/讲师	理事
23	吴黎旦	男	金华电大	开放学院院长/副教授	理事
24	曹　楠	女	金华电大	培训学院副院长/讲师	理事
25	邵　玲	女	金华电大	远教学院副院长/讲师	理事

表 2-8-7　　金华市现代远程教育学会第四届理事会成员一览表

姓 名	单位及职务	学会职务
郭航鸣	金华电大校长	会长
张兰生	金华电大副校长	常务副会长
俞一夫	金华电大副校长	副会长
朱　斌	浙江电大义乌学院院长	副会长
周俊辉	浙江电大东阳学院院长	副会长
黄浩清	浙江电大永康学院副院长(主持工作)	副会长
郑秀峰	金华电大科研处处长	秘书长
单庞君	浙江电大东阳学院常务副院长	常务理事
傅雄伟	浙江电大浦江分校校长	常务理事
陈兆平	浙江电大兰溪分校校长	常务理事

续表

姓 名	单位及职务	学会职务
潘建忠	浙江电大武义分校主任	常务理事
张生红	浙江电大磐安分校校长	常务理事
何　静	金华电大远教学院院长、招生中心主任	常务理事
王晓伟	金华电大科研处副处长、创建办副主任	常务副秘书长
杜德龙	浙江电大东阳学院总支副书记	理事
陈旭平	浙江电大义乌学院工会主席	理事
方　磊	浙江电大浦江分校副校长	理事
施志寅	浙江电大兰溪分校副校长	理事
王宝生	浙江电大武义分校副主任	理事
黄福根	浙江电大磐安分校副校长	理事
何晓瑜	浙江电大义乌学院社区教育处副主任	理事
沈慧鸿	浙江电大永康学院教学管理部主任	理事
朱印华	金华电大党校办主任	理事
邵　玲	金华电大社区培训学院院长	理事
曹利民	金华电大后勤基建处处长	理事
童永通	金华电大国际商务学院院长	理事
应巧姿	金华电大财经管理学院院长	理事
徐　建	金华电大城市服务学院院长	理事
谢锐兵	浙江电大东阳学院副院长	理事
厉显畈	浙江电大磐安分校书记	理事
骆正法	浙江电大义乌学院	理事
俞勍姝	浙江电大东阳学院教学教务处主任	理事
廉立民	浙江电大永康学院	理事
董欢胜	浙江电大浦江分校校办主任	理事
叶建均	浙江电大兰溪分校校办主任	理事
李松永	浙江电大武义分校招生办主任	理事
卢勇敢	浙江电大磐安分校开放教育主任	理事
朱　政	金华电大国际商务学院副院长	理事
吴黎旦	金华电大	理事
余红君	金华电大	理事

2.宗旨

遵守宪法、法律、法规和国家政策，遵守社会道德风尚，在马克思主义、毛泽东思想、邓小平理论、“三个代表”重要思想、科学发展观和习近平新时代中国特色社会主义思想的指导下，遵循党的教育方针，团结和组织全市远程教育工作者，坚持理论联系实际和“百花齐放，百家争鸣”的方针，开展远程教育科学的研究，探索远程教育的发展规律，促进我市远程开放教育的改革和发展，为经济建设和社会发展服务。

3.工作内容

⑴研究和探索现代远程开放教育的发展规律，为现代远程开放教育工作的改革和发展提供理论指导。每年学会立项课题有20余项，同时积极申报浙江省远程教育学会相关课题。2018年，学会开设思政专项课题并立项22项。

⑵针对我市远程开放教育工作的新情况和新问题，组织进行调查研究，并提出改革和发展远程开放教育的建议和报告。

⑶有计划地开展各种形式的学术活动，定期或不定期召开学术讨论会，交流科研成果;举办学术讲座和业务培训，开展咨询服务活动，活跃学术空气。

⑷收集、积累研究资料，提供研究信息，介绍国内外和省内外的研究动态，建立校际间联系与合作。

⑸编辑、出版会刊和学术论文集。

二、金华广播电视大学社会科学联合会

1.概述

金华广播电视大学社会科学联合会，简称金华电大社科联，成立于2011年，是金华广播电视大学社会科学学术性社会团体的联合组织，是学校党委领导下的人民团体，是联系广大社会科学工作者的桥梁和纽带，是繁荣发展哲学社会的重要社会力量。秘书处设在学校科研处。业务上接受省电大和金华市社会科学联合会的指导，是金华市社会科学联合会团体会员之一。现任学校社科联主席单勇，副主席徐骏、王高坚，秘书长郑秀峰。

社科联的宗旨是:团结、组织本会会员和广大社会科学工作者，高举中国特色社会主义伟大旗帜，以邓小平理论和“三个代表”重要思想为指导，以科学发展观为统领，坚持党的基本路线，遵守国家的法律、法规，坚持“为人民服务、为社会主义服务”的方向，坚持理论联系实际的学风，坚持“百花齐放，百家争鸣”的方针，解放思想、实事求是、与时俱进、开拓创新，积极开展社会科学普及、学术研究和学术交流活动，为促进学校社会科学事业的繁荣发展和围绕“发展城市群，共建大金华”提供服务。

2.主要工作

⑴领导、指导、组织、管理、协调本会团体会员的工作。

⑵组织开展和指导学校的社会科学学术研究活动，促进校内外的学术交流。

⑶开展社会科学知识的咨询和普及工作，协调社会科学成果的出版、宣传和推广，促进社会科学研究成果的转化与应用。

⑷组织学校的社会科学研究成果评奖活动，组织参与省市社会科学优秀成果评奖活动，奖励和表彰学校社会科学界先进单位和个人。

⑸促进学校社会科学各学术团体之间、社会科学界与自然科学界之间以及本会与校内各人民

团体的联系和协作;加强与校外学术团体的交流与合作。

⑹贯彻党的路线、方针、政策和国家的法律、法规,积极反映社会科学工作者的建议和要求,维护社会科学界学术团体和社会科学工作者的合法权益。

⑺组织和推动社会科学工作者为金华的建设和发展献计献策;积极参与制定学

校社会科学发展规划和重点社会科学课题的攻关。

⑻承担学校党委、行政交办的其他工作任务。

三、金华广播电视大学科学技术协会

1.概述

金华广播电视大学科学技术协会(Jinhua Radioand Television University Associaion for science and Technology),简称金华电大科协,于2008年申请成立,是学校科技工作者的群众组织,是学校党委领导下的人民团体,是推动科学教育事业发展的重要力量,秘书处设在学校科研处。本会由全校科技工作者组成,是金华市科学技术协会的组成部分,受金华市科学技术协会的业务指导。现任学校科协主席郭航鸣,副主席黄俊、俞一夫,秘书长郑秀峰。

协会的宗旨:坚持以马克思列宁主义、毛泽东思想、邓小平理论和"三个代表"重要思想为指导,坚持科学的发展观,团结和动员科技工作者以教学为中心,科研和教学想结合,坚持科学技术是第一生产力的思想,促进科学技术的繁荣和发展,促进科学技术的普及和推广,促进科学技术人才的成长和提高,促进科学技术与经济的结合;为社会主义物质文明和精神文明建设服务;反映广大教师和科技工作者的意见,维护广大教师和科技工作者的合法权益,为广大教师和科技工作者服务。本会贯彻国家科学技术的基本方针、弘扬"尊重知识、尊重人才"的风尚,倡导献身、创新、求实、协作的精神,坚持独立自主、民主办会的原则和"百花齐放、百家争鸣"的方针。

2.主要工作

⑴开展学术交流,活跃学术思想,促进学科发展。

⑵弘扬科学精神,普及科学知识,传播科学思想和科学方法,捍卫科学尊严,开展青少年科技教育活动,提高全民族科学文化素质。

⑶反映科技工作者的意见和要求,维护科技工作者的合法权益,组织科技工作者参与科技政策、法规制定和社会事务的政治协商、科学决策,民主监督。

⑷表彰奖励优秀科技工作者,举荐人才。

⑸开展科学论证,提出政策建议,接受委托承担项目评估等任务。

⑹推广先进技术,开展技术咨询和其它中介服务,促进科技成果的转化。

⑺开展民间国际科技交流与合作,发展同国外科技团体和科技工作者的友好往来。

⑻开展远程、开放教育和培训工作,促进与其它社会团体的联系和合作。

⑼完成市科协布置的其他任务。

第九章 合作与交流

第一节 校企合作

随着职业教育对学生职业能力及操作技能水平要求的不断提高，学校为强化校企合作，更好适应形势发展的需要，2015年7月，专门成立校企合作处，具体负责学校与企业对接及合作相关事宜，通过跟岗实习、顶岗实习、联合培养、订单班等多种形式让学生提前熟悉企业的实习岗位要求及工作流程。自2008年以来，学校先后与81家企业签订校企合作协议。2016年2月，学校与金东区东孝街道签订校政(地)合作协议。

表 2-9-1 历年来校企合作单位一览表

签订合作时间	合作单位
2008年8月3日	义乌海之星进出口有限公司
2008年8月3日	杭州银亚进出口有限公司
2008年8月3日	金华海成进出口有限公司
2008年8月3日	义乌市腾彩进出口有限公司
2008年8月20日	金华东讯网络科技有限公司
2009年3月25日	浙江四方集团公司
2009年4月8日	金华市现代物流协会
2009年4月30日	金华梦娜纺织有限责任公司
2009年5月5日	金华市旅游协会旅行社分会
2009年5月18日	浙江福泰隆控股集团有限公司
2009年6月1日	金华市曙光印务有限公司
2009年6月1日	金华市嘉航信息技术有限公司
2009年9月8日	金华市博毅商贸有限公司
2009年9月1日	金华市世贸大饭店有限公司
2010年4月17日	浙江金华康恩贝生物制药有限公司
2011年3月1日	浙江尖峰集团股份有限公司
2012年6月8日	义乌国际商贸城集团
2013年5月1日	浙江浙江金轮机电股份有限公司
2013年8月1日	金华市立盛房地产估价公司

续表

签订合作时间	合作单位
2013 年 12 月 31 日	金华市中健联合会计师事务所
2014 年 9 月 1 日	金华鑫宇广告传媒
2014 年 11 月 18 日	浙江海河环境科技有限公司
2014 年 12 月 31 日	金华鑫宇财务咨询有限公司
2015 年 9 月 1 日	金华博奥社会体育发展中心
2015 年 9 月 1 日	浙江恒天控股集团有限公司
2015 年 9 月 1 日	横店集团得邦照明股份有限公司
2015 年 9 月 1 日	金华国贸景澜大饭店有限公司
2015 年 9 月 1 日	上海曼都美容美发有限公司
2015 年 9 月 18 日	金华市农民大学生创业协会
2015 年 11 月 5 日	浙江樱玫莉雅化妆品有限公司
2015 年 11 月 11 日	金华市金东区明望根雕家具艺术馆
2015 年 9 月 1 日	义乌淘鑫电子商务有限公司
2015 年 11 月 18 日	天硕企业管理有限公司
2015 年 11 月 18 日	万得福日用品股份有限公司
2015 年 12 月 28 日	浙江山山家食品有限公司
2016 年 1 月 4 日	浙江康廷大酒店有限公司
2016 年 5 月 18 日	浙江馨之屋工贸有限公司
2016 年 6 月 6 日	金华市剪纸博物馆
2016 年 7 月 1 日	金华市宜诺网络科技有限公司
2016 年 9 月 1 日	金华宏武跆拳道俱乐部
2016 年 9 月 1 日	金华鹏程建筑装饰工程有限公司
2016 年 9 月 1 日	金华市方鼎建设有限公司
2016 年 9 月 1 日	金华国贸景澜大饭店有限公司
2016 年 9 月 1 日	浙江中国小商品城集团有限公司银都酒店
2016 年 9 月 26 日	金华市中健财经培训中心
2016 年 9 月 26 日	金华纳智捷商贸有限公司
2016 年 9 月 26 日	金东区东孝街道润禾幼儿园
2016 年 10 月 1 日	金华市凯元文化艺术有限公司
2016 年 10 月 7 日	金华联信网络科技有限公司

续表

签订合作时间	合作单位
2016年10月27日	温州聚焦极至企业管理有限公司
2016年11月10日	十八力集团股份有限公司
2017年1月2日	义乌万达嘉华酒店
2017年3月15日	金华市金东区东关社区幼儿园
2017年3月15日	金华市东方税务师事务所有限公司
2017年6月5日	金华云度电子商务有限公司
2017年6月19日	浙江大华智联有限公司
2017年6月20日	金盛软件有限公司
2017年6月24日	义乌宁晟饰品有限公司
2017年6月29日	今飞控股集团有限公司
2017年6月29日	浙江万象花卉股份有限公司
2017年7月1日	和勤通信技术有限公司
2017年9月1日	金华市金东区孙盈舞蹈培训部
2017年9月1日	金华市北山家庭农场
2017年10月11日	金华三啸网络科技有限公司
2017年10月12日	金华华绅电子商务有限公司
2018年1月1日	上海浦东发展银行股份有限公司金华分行
2018年1月1日	金华盈海冠中商务服务有限公司
2018年1月4日	金华婺景生态园酒店
2018年1月4日	义乌商城宾馆
2018年1月4日	义乌众联凯信大酒店
2018年1月4日	金华山时山刻餐饮管理有限公司
2018年1月4日	浙师大国际交流中心
2018年3月11日	金华信捷网络科技有限公司
2018年3月15日	金华市黎梦网络科技有限公司
2018年6月1日	义乌千里马人才开发有限公司
2018年6月19日	金华市申华商务酒店
2018年7月1日	金华市育蕾教育咨询有限公司
2018年7月1日	金华天硕教育信息咨询有限公司
2018年11月10日	百世物流科技(中国)有限公司
2018年12月28日	杭州群核信息技术有限公司

第二节　校际交流与合作

自2011年以来，学校积极开展与中职、高职、高中、高校等层次学校的交流与合作，先后与金华及周边地区多所学校签订合作协议。学校本着“示范引领、辐射带动、联合互动、资源共享”的方针，与合作学校共同努力，通过领导互访、专业结对、经验共享、学生交流、招生互助等多种形式，开展了多方面的合作，带动了学校教育教学水平、师资队伍建设、社会服务能力等方面的提升。2011年以来，学校分别与18所各层次学校签订了合作协议。

表2-9-2　　历年来校际合作单位一览表

签订合作时间	合作单位	合作内容
2011.11.9	浙江金华九峰职业学校	合作办学
2013.1.28	金华市孝顺高级中学	合作办学
2014.5.14	浙江工业大学继续教育学院	合作办学
2015.3.10	广西右江民族商业学校	合作办学
2015.5.20	浙江交通技师学院	合作办学
2015.12.30	兰溪市江南职业技术学校	合作办学
2016.1.20	台州铂时职业培训学校	专本连读衔接班
2016.4.1	金华市青春东区幼儿园(电大伟才幼儿园)	联合办学
2016.4.12	金华市曙光学校	普职融通战略合作
2016.4.19	永康市第六中学	普职融通战略合作
2016.4.19	永康丽州中学	普职融通战略合作
2016.4.19	磐安县第二中学	普职融通战略合作
2016.5.3	磐安县职业教育中心	普职融通战略合作
2016.9.7	台湾亚太创意技术学院	师资培训
2017.9.20	金华职业技术学院	合作办学
2017.10.25	浙江师范大学	共建全日制教育硕士实践基地
2018.8.7	四川农业大学	远程教育联合办学
2018.10.30	嘉兴职业技术学院	中高职贯通人才培养衔接

第三节　国际交流与海外交流

2015年6月，学校成立外事办，与学校党委、行政办公室合署办公。主要负责全校的涉外规章、国际交流与合作工作；统筹安排国外校级来访人员的接待和学校的出访活动；组织协调校际交流合作项目，引进国外智力、国际合作项目的开展；根据外事专办的原则，为学校出国人员办理相关准出手续；为国外来宾办理邀请函等准入手续。

一、校际交流与合作

近几年来,学校主要开展与台湾学校的友好交流与合作。

2016 年 9 月,学校选派 9 名骨干教师到台湾亚太创意技术学院进行培训学习,考察了台湾地区职业教育的先进经验。

2016 年 11 月 10 日,台湾亚太创意技术学院两岸教育交流中心项目主任黄桂勋、观光餐旅专业教授王丽惠来校考察交流并洽谈两校合作相关事宜,并签订友好姊妹校合作协议。

2017 年 2 月 23 日至 7 月 7 日,学校选派朱亭静、夏一鸣 2 名学生作为交流生赴亚太创意技术学院进行为期一个学期的交流学习。

2017 年 9 月 19 日至 9 月 27 日,学校派出 9 名骨干教师赴亚太创意技术学院参加职业教育培训学习,学习对方在校企合作、实训基地建设等方面的先进经验。

2018 年 11 月 27 日,第九届"青春飞扬 书香两岸"浙台大学生文化交流活动召开,由我校与金华职业技术学院共同承办。致理科技大学和树德科技大学师生来学校进行交流活动,并签订了友好姊妹校合作交流协议。

二、出国(境)考察访问

2016 年 9 月,副校长俞一夫赴德国参加省中职校长"双元制"研修班,学习德国"双元制"职业教育制度及教学管理的先进经验。

2016 年 10 月,校长郭航鸣参加省电大组织的远程教育交流团赴巴西、秘鲁考察学习,学习巴西、秘鲁在开放教育、远程教育方面的先进经验。

2017 年 8 月 20 日至 27 日,党委书记单勇参加了省电大组织的赴英国、瑞典省电大远程教育交流团,对英国、瑞典的开放教育、职业教育等进行了考察访问。

2017 年 12 月 3 日至 23 日,党委副书记徐骏参加了由省教育厅组织的中职业务骨干 TAFE 学院运行模式培训团赴澳大利亚培训,学习澳大利亚职业教育的先进做法和经验。

2018 年 6 月 18 日至 25 日,副校长张兰生参加省电大组织的赴英国、法国开放教育交流团,学习英国、法国开放教育、远程教育的先进经验。

2018 年 9 月,学校教师郁翔被市教育局选派赴荷兰参加基础教育培训,结合新课改,在学校课程建设、教育质量、科目体系以及教师素养和教学能力等方面进行研究探索。

三、来访外宾

2016 年 12 月至 2017 年 6 月,学校与韩国灵山大学进行合作方面的洽谈,两校在教师培训、学生交流方面进行合作。

2017 年 4 月,金华市教育局提供了"千校结好"的教育合作项目资源,学校提交了"千校结好"意向书,被市教育局选为重点推荐单位。11 月 20 日,美国都柏林市的叁壹教育集团来学校交流洽谈合作项目。

第十章　办学条件与服务保障

第一节　经费与财务管理

一、概述

学校紧紧围绕办学目标和任务，统筹兼顾，突出重点，财务状况保持良好势头，为改善办学条件，创建省级示范校打下了良好基础。财务处统一负责管理全校各项财务工作，具体负责学校财务预算收支的执行，财务业务的报销，学校食堂、工会的会计核算及学费的收缴等财务事项。

二、财务制度建设

学校实行统一领导，集中核算的财务管理体制。学校财务制度实行国库集中收付制度，设置单一账户体系，国库集中统一收入的收缴与支付的拨付。学校将所收学费等收入集中汇缴入预算外资金财政专户，所需支出财政部门根据批准的学校预算支出安排，将款项拨付给学校。在国库集中收付制度下，采用“集中收支，集中核算”会计核算方法，学校不单独设立会计核算部门，由财政部门会计核算中心统一核算，单位收支业务由核算中心集中支付，以会计核算中心为单位，集中办理会计核算事项，实行统一的会计监督。学校行政账的核算不单独设置会计岗位，学校财务账由市教育局计财处下会计核算中心统一做账，单位实行报账。

学校先后制定和修订了《学校财务管理暂行办法》《学校财务审批制度》《学校收费管理规定》《学校差旅费管理办法》《学校公务卡消费报销制度》《学校会议费管理规定》《学校公务接待费管理规定》《学校培训费管理规定》《学校招投标管理办法》《浙江商贸学校省级中职示范校建设项目实施管理办法》等系列财务管理制度，并与相关部门协作，制定了学校经费管理办法、教职工业务报销流程、项目经费审核审批流程、“三公”经费审核审批流程、学生入学缴费工作流程、收费范围及票据结算方式说明等。

三、财务管理与服务

1.预算管理。学校贯彻“建立全面规范透明、标准科学、约束有力的预算制度，全面实施绩效管理”的精神，根据预算编制要求，采用零基和综合预算方法编制年度预算。优先保障基本支出预算，强化项目支出绩效管理。预算按照“上报、审核、批复”的程序编制。“上报”：各预算单位按照市财政局下发的预算编制要求，结合上一年度预算执行情况和下一年度学校事业发展需求及收支预测情况编制收支预算申报表。“审核”：财政对单位上报的部门预算方案进行审核，预算单位按照财政审核环节查询预算编审情况，进一步复核以审定的基本支出、项目支出预算，明细的预算指标类型、功能科目和经济分类科目等，并及时到财政部门调整修改。“批复”：单位年度预算经市人代会审议批准后，由市财政局批复到各部门，由各部门在一定时间内批复到各单位。

2.教育收费工作。学校严格落实收费政策，及时转发物价部门的文件，认真执行学校各项收费项目和标准，并报省物价局备案。在日常收费工作中，严格执行教育收费公示制度，实行阳光收费。积极改进收费方式，推行网上缴费平台建设。2010 年至 2017 年春季，学校采用银校通系统组织收费工作，做到平台收费、分类统计、实时查询的收费功能，为学生提供网银、POS 机、银行柜台等多渠道的缴费方式。2017 年秋季开始统一采用财政非税收入征管信息系统实施收费工作，学生可用手机通过支付宝或浙江政务网直接缴费，费用直接缴入财政专户，每学年学生缴费率达到 95.6%。

学校实施财政非税收入征管信息系统，制定和完善学校票据使用管理工作，建立健全了收费票据的购买、领用、核销制度。定期核查票据的使用情况，核对库存票据，及时进行核销。加强对票据管理人员和使用人员的业务培训工作，取消了手工开票业务，所有业务采用电子开票，完善了增值税开票系统，将社会服务收入、老年教育、社会培训业务进入增值税开票系统。通过一系列的措施，实行全年票据管理业务无差错，学校教育收费工作步入规范化、科学化轨道。

3.提供会计服务。严格遵守国家有关法律法规，执行学校各项财经制度，做好学校事业财务、基建财务、电大教育发展公司财务、东方教育培训中心财务、校工会财务、校食堂财务的会计核算工作。规范学校行政账及下属核算单位(工会、食堂、电大教育发展公司、东方教育培训中心)的会计核算流程，引入两个会计云平台进行下单位会计核算，加强对经济活动的核算和监督。定期进行财务分析，准确完整的编制各类会计报表。

按照金华市财政局和省教育厅的财务信息公开要求，建立健全财务信息公开制度，扩大了公开范围，细化了公开内容，完善了公开机制，夯实财务信息公开制度基础。学校在年度内及时公开了部门预算、部门决算、“三公经费和会议费、培训费等信息。进一步提高财务信息公开的主动性、透明性和规范性。

4.财会人员培养

学校财务处负责财务人员的管理、继续教育、业务培训、岗位分工等管理工作。学校定期组织财务人员学习上级财政、教育等部门下发的制度要求，以及学校制定的相关规章制度。积极参加上级有关部门组织的各项财务工作业务培训。鼓励财务人员通过其他各种渠道学习业务知识，提高财务工作专业水平。通过各方面的学习和努力，财务人员具备良好的业务素质和丰富的业务能力，以熟练的业务技能，文明的服务态度，高效的办事效率服务于广大师生。

四、经费收支情况

1.经费收入

近几年，学校经费投入逐年加大，2018 年度学校总收入 14574.02 万元，相比 2013 年增长了 102%。其中财政拨款收入 11503.31 万元，占总收入的 78.93%；学费等非税收入(财政核拨回非税收入)2033.89 万元，占总收入的 13.96%；其他收入(结余资金部门上缴后拨回)1036.82 万元，占总收入 7.11%。

表 2-10-1　　2013-2018 年经费收入情况　　单位：万元

年份	财政拨款收入	事业收入	其他收入	收入合计
2013	4833.67	2100.96	376.67	7311.3
2014	7248.86	2941.64	475.22	10665.72
2015	6490.6	1909.71	1269.52	9669.83
2016	5318	2392.35	2582.58	10292.93
2017	8692.25	2454.4	2186.53	13333.18
2018	11503.31	2033.89	1036.82	14574.02

2.经费支出

2018年度学校总支出14037.74万元,其中基本支出6996.88万元;行政事业类项目支出1838.12万元;政府投资项目支出4473.69万元。

表2-10-2　　2013-2018年经费支出情况　　单位:万元

年份	基本支出	行政事业性项目支出	政府投资性项目支出	支出合计
2013	4327.52	2489.86		6817.38
2014	4826.14	5116.58		9942.72
2015	6096.67	2869.74		8966.41
2016	5805.2	1693.59	491.26	7990.05
2017	6996.88	1902.34	3505.47	12404.69
2018	7725.93	1838.12	4473.69	14037.74

学校建立健全财务管理制度,加强资金管理和科学调度,确保学校预算收支平衡。财务处积极贯彻学校党委和行政工作要点精神,认真统筹学校办学经费,科学运筹学校财力,统筹兼顾,突出重点,为学校事业发展和重点建设项目提供资金保障,努力提高经费使用效益,提高科学理财能力,更好地服务和助推学校的发展。

3.基建投资

随着学校办学规模的扩大,学校先后实施扩建一期、二期工程,建造了教学楼、实训楼、实验楼、信息综合楼、运动场、学生宿舍、学生食堂、老年教育中心、实训室以及环境建设改造工程等。

表2-10-3　　2008-2018年学校基建投资情况　　单位:万元

序号	项目名称	投资额	项目支出	项目建设情况说明
1	电大扩建一期工程	7354.68	7354.68	完工
2	电大扩建二期工程	15906	9618.94	续建
3	电大校园环境提升工程	304.21	289.72	续建
4	电大校园环境建设优化工程二期	642.7	594.75	续建
5	老年教育专业教室改造	252	245	续建
6	电大商贸财经公共实训基地维修提升改造工程	268.73	268.73	完工

扩建一期工程项目已完成编制竣工财务决算进行了审核，并形成资产交付使用。项目总投资额为7354.68万元,实际交付使用面积44239.38平方米。其中3#教学楼7259.07平方米,投资额892.03万元;实验楼6920.77平方米,投资额1015.52万元;学生食堂6486.65平方米,投资额724.37万元;学生宿舍(含实训楼)19704.16平方米,投资额2713.55万元;门卫(含临时用房)233.73平方米,投资额25.75万元;停车

场2495平方米,投资额91.61万元;篮球场1140平方米,投资额41.86万元;一期土地价值1850万元。

扩建二期工程建设包括二幢学生宿舍及一幢信息综合楼(总建设面积为36111平方米)及水电安装、弱电和绿化等配套工程,工程总投资概算为15904.85万元,项目尚未完工正在建设期,截止2018年底,已完成总项目的60%。

第二节 校园与校园建设

一、校园概况

学校共有清照路、人民东路、芙苑路、北山路四个校区。

1.清照路校区。地处金华市婺江之畔(金瓯路189号),校园临江而建,风景秀丽。校园前身是浙江省金华粮食学校,校区占地面积9.4万平方米。

校园交通便捷,主入口有南大门和北大门,北大门正对东阳江畔建筑艺术公园。截至2018年底,共有10余条公交线路在学校设点或经过。

校园内有风雨操场1个,体育馆1个,400米8道塑胶面层田径运动场1个,室外篮球场6个,排球场3个,羽毛球场3个。

校园已经建成使用的房屋面积10.72万平方米,二期扩建工程预计2019年底投入使用,新增建筑面积3.6万平方米。

2.人民东路校区。地处金华市人民东路1071号,校园前身为金华广播电视大学,校园占地1.3万多平方米。

3.芙苑路校区。地处金华市芙苑路255号,校园前身为金华商业学校(金华商业技工学校),校园占地面积3.9万多平方米。

4.北山路校区。地处金华市北山路,校园前身为金华市粮食职工中专,待金华市政府正式收回。

二、校园建设

随着办学规模的不断扩大,学校硬件设施与学生需求的矛盾愈来愈突出,学校决定在清照路校区基础上进行原地扩建。2005年9月9日,金华市政府办公室抄告单〔2005〕129号,同意学校在原东关校址扩建方案,并同意将东关初中搬迁后的校园和原规划给东关初中的预留用地等共计53亩土地作为扩建用地。该扩建项目总投资19200万元,规划用地面积148.2亩,总建筑面积113200多平方米,实行一次规划,分期建设。其中一期建筑面积40000平方米,包括三幢学生宿舍16750平方米,食堂5100平方米,教学楼7300平方米,实验实习用房8850平方米、单身教师公寓3500平方米。

学校扩建一期工程项目立项时间为2007年5月(金发改社〔2007〕158号文件批复),该项目总建筑面积45111.53平方米(包括架空层2198.54平方米)。其中,学生宿舍18931.67平方米,食堂6768.54平方米,教学楼7478.64平方米,实验楼7419.51平方米,实训商场2314.62平方米。本项目总投资14178万元,建设实施期限42个月,分为三个阶段。第一阶段:前期准备、勘察设计、施工准备(2006年6月至2007年12月),第二阶段:建设实施(2008年1月至2009年10月),第三阶段:竣工验收(2009年11月至2009年12月)

学校扩建二期工程项目立项时间为2016年4月(金发改社〔2016〕110号文件批复),该项目总建筑面积30770平方米(不包括架空层面积2000平方米),其中学生宿舍15110平方米(不包括架空层2000平方米),信息综合用房15660平方米(不包括地下室3500平方米),本项目总投资15906万元,建设工期为三年,自 2016 年 9 月起至 2019 年 9 月止。

为确保各项工作正常运转,学校每年投资 200 万元左右,利用假期对学生宿舍楼、教学楼、道路、食堂、水电设施等进行修缮改造。

第三节　实训中心与金华市公共实训基地

一、实训中心

1.概况

从 2003 年起,学校每年投入大量资金建设实训基地,购置教学设备与仪器,完善实训设施,经过十多年的建设,已建成财经、商贸、烹饪、美发与形象设计、食品药品检验、建筑等六大综合性实训基地,65 个公共、专业、职业素养实训室,其中省级实训基地 3 个:电子商务省级实训基地、国际商贸省级实训基地、食品加工省级实训基地。市级公共实训基地 1 个:金华市财经商贸公共实训基地。市级实训基地 4 个:财经实训基地、商贸实训基地、烹饪实训基地、美发与形象设计实训基地。在清照路校区内有专门的实训楼和职业素养发展中心,芙苑路校区内有两幢实训楼,人民东路校区内有 4 个计算机实训室。校内实训基地用房建筑面积达 19321 平方米,设备资产达 2354 万元,计算机 1703 台,多媒体座位数 5150 个。专职管理员 9 个,兼职管理员 36 个,开设实训项目课程 131 门。

2.实训室建设

表 2-10-4　　2018 年校内实训基地设置一览表

序号	实训室	学院	开设课程 1	开设课程 2	开设课程 3	开设课程 4	开设课程 5	开设课程 6	开设课程 7	开设课程 8
1	气相色谱	财经管理	仪器分析	仪器维护与使用	职业技能考证					
2	液相色谱	财经管理	仪器分析	仪器维护与使用	职业技能考证					
3	食品检验	财经管理	食品理化检验	食品卫生检验	职业技能考证					
4	分析化学	财经管理	无机化学	有机化学	化学分析					
5	药物分析	财经管理	药物分析	化工产品质量检验	职业技能考证					
6	分析天平	财经管理	化学分析	仪器分析	食品理化检验	食品卫生检验	职业技能考证	药物分析	化工产品质量检验	
7	分光光度计	财经管理	仪器分析	食品理化检验	食品卫生检验	职业技能考证	药物分析	化工产品质量检验		
8	烘箱	财经管理	化学分析	仪器分析	食品理化检验	食品卫生检验	职业技能考证	药物分析	化工产品质量检验	微生物检验

续表

序号	实训室	学院	开设课程1	开设课程2	开设课程3	开设课程4	开设课程5	开设课程6	开设课程7	开设课程8
9	微生物	财经管理	微生物检验	职业技能考证	食品卫生检验					
10	财经综合实训	财经管理	会计模拟实训	会计分岗操作	企业沙盘操作					
11	电商综合实训	国际商务	毕业设计	仿真实训	大学信息技术应用基础	微机系统与维护	数据库基础与应用	商品采购		
12	摄影摄像实训	国际商务	生活摄影—商品拍摄	广告摄影	商品拍摄—服饰大件类	商品拍摄—珠宝小件类		摄影(初级)		
13	电商客服	国际商务	图像处理软件—平面设计	广告摄影	电商客服	客户关系管理	客户服务	商品保管与配送	客服(中级)	
14	移动电商	国际商务	电子商务系统安全	网络信息编辑	企业网站建设与管理	移动商务基础	视频编辑	动画编辑	移动商务(微店)	移动商务(营销)
15	跨境电商	国际商务	跨境电商运营	跨境电商	外贸函电	跨境电商—跨境电商平台综合实训1	跨境电商—跨境电商平台综合实训2	跨境网店管理与营销		
16	电商综合实训	国际商务	跨境电商店铺装修	电商运营(电商师认证)	网店装修	现代物流管理专题	办公自动化(word、Excel)	办公自动化(Excel、PPT)		
17	会计电算化	财经管理	会计电算化	出纳实务	电算化考证					
18	会计分岗	财经管理	小企业会计模拟实训	单项模拟实训	会计分岗实训					
19	纳税申报	财经管理	纳税申报	出纳实务	财经法规与会计职业道德(职业资格证书)	会计基础(职业资格证书)				
20	会计沙盘	财经管理	会计沙盘实训	技能竞赛	资格考证					
21	收银	财经管理	收银员技能	收银考证	会计基本技能					

续表

序号	实训室	学院	开设课程1	开设课程2	开设课程3	开设课程4	开设课程5	开设课程6	开设课程7	开设课程8
22	电算化会计	财经管理	会计电算化(中专)	计算机应用	计算机考证					
23	何湘娟大师工作室	财经管理	会计职业技能	会计顶岗实习	会计职业道德讲堂					
24	录播教室	实训中心	财经商贸类理论课							
25	网店美工	国际商务	图像处理	网络多媒体素材加工(PR+FL)	网站建设与维护	店铺装修	美工(初级)	美工(中级)		
26	电商运营	国际商务	图片处理—网店美工	企业网站建设与管理	店铺装修	图像处理软件—平面设计				
27	网络营销	国际商务	生活摄影—商品拍摄	电子商务法律与法规	网络营销	营销专员(初级)	运营专员(初级)			
28	电商技能交易实训	国际商务	电商技能交易实训	网店美工(中级)/美工(初级)	Office办公自动化	技能实训(考证)				
29	业务洽谈室	国际商务	外贸业务协调	基础英语	美国故事					
30	报关报检实训室	国际商务	杜鹃	英语听力	英语口语	信息技术基础	公共英语笔试	商务礼仪	图像处理	
31	生产跟单实训室	国际商务	李娜	国际结算与汇兑	外贸业务协调	商品采购	跨境电商运用	外贸跟单与生产跟单		
32	商务英语听说实训室	国际商务	商务英语听说	中职实用商务英语口语	外贸商函	跨境电子商务	速卖通			
33	物流单证	国际商务	外贸制单	外贸商函	商品拍摄	货运代理实务				
34	英语语音实训室	国际商务	英语语音	PETS英语听力	英美影视赏析					
35	剪纸实训室	国际商务	剪纸							
36	围棋实训室	国际商务	围棋							
37	书法实训室	国际商务	书法							

续表

序号	实训室	学院	开设课程1	开设课程2	开设课程3	开设课程4	开设课程5	开设课程6	开设课程7	开设课程8
38	电钢实训室	财经管理	钢琴	电钢琴	学前教学技能					
39	声乐教室	财经管理	声乐	合唱与指挥	乐器					
40	戏曲实训室	财经管理	婺剧	越剧	戏曲欣赏					
41	手工操作室	财经管理	手工制作	布艺手工	工艺欣赏					
42	跆拳道	财经管理	跆拳道基础	跆拳道基本训练	跆拳道战技术					
43	婺州窑	城市服务	婺州窑制作							
44	产教融合中心（一）	国际商务	电子商务实战（一）							
45	产教融合中心（二）	国际商务	电子商务实战（二）							
46	师生创业园	国际商务	国际商务实战							
47	摄影大师工作室	国际商务	摄影实战							
48	商贸流通企业服务中心	国际商务	商贸流通实战							
49	美术教室	城市服务	美术	素描						
50	师生缘书吧	城市服务	书法	创业						
51	婺州窑	城市服务	婺州窑制作							
52	西餐实训室	城市服务	西餐实训1	西餐实训2	西餐实训3	西餐实训4	菜肴装饰			
53	中餐实训室1	城市服务	中餐实训1	中餐实训2	中餐实训3	中餐实训4				
54	中点实训室2	城市服务	中点实训1	中点实训2	中点实训3	中点实训4	西点实训			
55	中餐实训室3	城市服务	中餐实训	烹饪基本功大专	食品雕刻1	食品雕刻2				
56	山山学院实训室	城市服务	西点实训1	西点实训2	烹饪原料知识2					

续表

序号	实训室	学院	开设课程 1	开设课程 2	开设课程 3	开设课程 4	开设课程 5	开设课程 6	开设课程 7	开设课程 8
57	建筑 CAD 实训室	城市服务	建筑 CAD	计算机绘图	建筑识图					
58	建筑砌筑实训室	城市服务	建筑施工技术	砌体结构	建筑结构	建筑构造				
59	施工技术仿真虚拟实训室	城市服务学院	建筑施工技术	建筑结构	建筑构造					
60	建筑测量	城市服务学院	建筑测量(1)	建筑测量(2)	测量实训					
61	美发实训室 1	城市服务学院	美发与造型(1)	美发与造型(2)	美发与造型(3)	水洗				
62	美发实训室 2	城市服务学院	中级美发师考证	发式修剪	吹风技巧					
63	美容美体实训室	城市服务学院	经络调理	皮肤学认识						
64	化妆美甲实训室	城市服务学院	新娘妆	晚宴妆	美甲基础	整体形象设计				
65	新星屋创新创业教育实验室	城市服务学院	美发实践	美容实践	化妆实践	摄影基础				

3.实训室管理

2003 年两校合并之初，原浙江贸易学校有一幢专用的实训楼(现称 9 号楼)。学校成立实训中心负责对实训工作的管理，主要是食品检验实训中心，计算机实训中心，配备专门的实训室管理员，有部分实训课时较少的专用实训室由任课老师代为管理，给予一定的课时补贴。2013 年，学校成立实训就业处，负责对校内实训基地的管理，从 2015 年 7 月起，校内实训基地由学院负责管理、教务处统筹、信息中心负责技术支持。配备实训室管理员，没有配备在职在编实验员，从 2018 年 9 月开始，学校设有 1 名食品检验在职在编实验员。

从 2015 年起，学校陆续制定了《实训室项目建设和管理制度》《实训教学及实训管理规定》《实训教学体系建设方案》《多媒体投影设备使用规定(试行)》《实训室 7S 管理制度》等。

二、金华市公共实训基地

(一)概述

根据金华市财政局、金华市教育局2013年12月17日印发的《市本级财政扶持中等职业教育发展专项资金管理办法》金市财教〔2013〕346号文件的精神，市级公共实训基地重点建设与现代农业、汽车产业、装备制造业、电子信息产业、建筑产业、现代商贸产业、信息服务产业、旅游文化等产业相关的公共实训基地。将公共实训基地建设成设施完善、设备一流、具有学生实训与综合素质养成、社会培训、产品研发等多项功能的产、学、研中心。重点扶持市级公共实训基地8个左右，每类公共实训基地重点扶持1个。

通过学校申请，经金华市财政局、教育局专家组评审，学校申报成功“金华市财经商贸公共实训基地”等建设项目，启动了为期5年的项目建设工作。

（二）基地建设

财经商贸公共实训基地建设，金华市财政每年给予200万元资金，到2018年底，共投入资金1000多万元，初步建设完成全市一流、全省领先的财经商贸实训基地。

基地位于清照路校区新的实训大楼(5号楼)，整幢大楼除一楼的药品食品实训基地外，从一楼大厅开始到六楼，共计面积5000多平方米，建有财经商贸类专业实训室26个、电子商务专业综合实训室1个、会计专业综合实训室1个、国际商务综合实训室1个、名师工作室1个、大师工作室1个，可供1300名学生同时参加专业课程实训和专业综合实训。

二楼的专业综合实训室分南北二个区域，南区为商贸综合实训，建有财经商贸展示区、名师工作室、网商展示区、客服网岗位实战区、摄影美工岗位实战区、网店店长岗位实战区、网络营销专业岗位实战区、微商岗位实战区、跨境电商客服岗位实战区、跨境电商运营岗位实战区、外贸业务助理岗位实战区、跟单员岗位实战区、单证员岗位实战区、报关员岗位实战区、报检岗位实战区、货代岗位实战区。

北区为财会金融综合实训，建有学生休读区、会计展区、沙盘展示区、大师工作室、成本核算岗位实战区、往来核算岗位实战区、薪酬核算岗位实战区、固定资产核算岗位实战区、电算化核算岗位实战区、出纳核算岗位实战区、税务岗位实战区、总账报表核算区、模拟金华银行、模拟工商税务、会议室。

三楼、五楼是电子商务专业实训中心，建有商品拍摄实训室、电商客服实训室、移动电商实训室、跨境客服实训室、跨境交易实室、录播室、课件制作室、美工实训室、运营实训室、网络营销实训室、电商交易实训室。

四楼是会计金融实训中心，建有出纳实训室、会计分岗实训室、纳税申报实训室、沙盘实训室、收银实训室、会计电算化实训室、证券实训室。

六楼是国际商务和商务英语实训中心，建有业务洽谈实训室、报关报检实训室、生产跟单实训室、商务英语综合实训室、物流单证实训室、英语语音实训室。

第四节　实习就业创业基地

一、概况

学校十分重视学生实习就业创业基地建设，先后与78家区域经济内的骨干企业建立了合作关系，其中示范性基地8家，紧密型基地26家，一般基地44家。校企双方在学生指导、学生创业、教师实践、科研服务等领域的合作不断深化，有效带动了学校各专业的内涵建设和人才培养模式创新，为提高人才培养质量奠定基础。

二、基地建设

表 2-10-5　　校外示范性基地一览表

建立年份	基地名称	主要面向专业
2013	浙江中健会计师事务所	会计
2016	上海曼都美容美发有限公司	美容美发
	浙江康廷大酒店有限公司	中餐烹饪与营养膳食
2017	义乌宁晟饰品有限公司	电子商务、商务英语、国际商务
	和勤通信技术有限公司	建筑工程施工
2018	金华山时山刻餐饮管理有限公司	中餐烹饪与营养膳食
	金华市育蕾教育咨询有限公司	学前教育
2019	浙江宏武体育发展有限公司	休闲体育

表 2-10-6　　校外紧密型基地一览表

建立年份	基地名称	主要面向专业
2009	金华市世贸大饭店有限公司	酒店服务与管理
2012	义乌国际商贸城集团	电子商务、国际贸易
2013	浙江浙江金轮机电股份有限公司	会计
2015	金华国贸景澜大饭店有限公司	高星级饭店运营与管理、烹饪
	浙江恒天控股集团有限公司	食品药品检验
	横店集团得邦照明股份有限公司	电子电工
	义乌淘鑫电子商务有限公司	会计
2016	义乌万达嘉华酒店	酒店服务
	金华鹏程建筑装饰工程有限公司	建筑工程施工
	金华市方鼎建设有限公司	建筑工程施工、工程造价
	金华国贸景澜大饭店有限公司	高星级饭店运营与管理、烹饪
2017	浙江大华智联有限公司	电子技术应用
	今飞控股集团有限公司	会计
	浙江万象花卉股份有限公司	电子商务、商务英语、国际商务
	金华市金东区东关社区幼儿园	学前教育
	金华市东方税务师事务所有限公司	会计
	金盛软件有限公司	会计

续表

建立年份	基地名称	主要面向专业
2018	义乌众联凯信大酒店	中餐烹饪与营养膳食
	金华市金东区孙盈舞蹈培训部	学前教育
	浙师大国际交流中心	中餐烹饪与营养膳食
	金华盈海冠中商务服务有限公司	会计
	义乌商城宾馆	烹饪
	义乌千里马人才开发有限公司	各个专业
	金华天硕教育信息咨询有限公司	各个专业
	百世物流科技(中国)有限公司	电子商务
	杭州群核信息技术有限公司	建筑工程施工、工程造价

第五节　图书馆与档案室

一、图书馆

(一)概述

2003 年金华广播电视大学与浙江贸易学校合并后,在学校二期扩建工程规划中建设图文信息大楼。2004 年,由于学校办学需要,学校清照路校区图书楼被拆除,在原址建设教学楼。但由于征地等原因,二期扩建工程进展缓慢,图书阅览室先后搬迁到学校礼堂和 12 号学生宿舍的架空层,条件简陋。新建图文信息大楼于 2017 年动工,将于 2020 年前建成使用。

2018 年底,图书馆藏书量 266539 册,生均图书 80.77 册,各类报刊杂志 185 种;图书馆内含教师资料室、学生阅览室等座位 385 个;现有 2 名专职图书管理人员;每班设有流动读书角、配有学生图书管理员;教学楼门厅设有 3 个多媒体电子图书阅读机,实训楼有 4 个学生开放书吧,各学院教学楼均建有开放书吧。目前图书馆能基本满足全校师生的借阅需求,图书借阅率高,学生年均借阅 22 册。

(二)图书借阅

中专新生,以班级为单位将需办理借阅证的同学统计在班级花名册上,统一报送到学校图书馆,并附每人一吋证件照一张,照片背面写上班级、姓名和学号;成专新生,如属本校中专升学的并已办理过借阅证的学生,则须将原借阅证归还图书馆,再与其他新生一起参照中专新生的办法办理借阅证。

教师每人可借 30 本,学生每人可借 3 本。借期,教师专业书籍为半年,文艺小说为 1 个月;学生,专业书籍为 1 个月,文艺小说为 15 天。可续借。

毕业或其他原因离校时,将借阅证交回图书馆,若有遗失的则按每证一元交纳成本费。

(三)服务工作

每年新生入校,图书馆都会安排人员到各学院、班级进行宣传,介绍学校图书馆概况及如何利用现有馆藏文献资料,发放《借阅证的办理和使用管理规定》等有关资料。

利用学生社团“图书协会”这一平台,不定期地向全校师生宣传推荐图书,鼓励大家多读书,读好书，努力在师生中营造良好的阅读氛围。

努力改善借阅环境，提高服务质量。教学楼门厅设有3个多媒体电子图书阅读机，学生可以自由、方便地把自己喜欢的图书下载到手机，使阅读不受时间和空间的限制；实训楼有4个开放书吧，各学院教学楼都建有开放书吧，为广大师生提供了安静舒适的阅读环境。

2017年，在全校开展"图书角"活动。在各班级设立流动图书角，配备学生图书管理员，图书馆统一向各班出借一定数量的图书，存放于班级图书角，由各班负责管理，学生可以随时借阅，再定期由班级统一归还图书馆，并借出另一批图书，循环往复。"图书角"方便了学生借阅，提高了图书的利用率。

二、档案室

(一)概况

学校档案室隶属于学校办公室，主要负责学校文书档案的收集整理，室藏档案主要包括党群类、行政类、教学类、科研类、学籍类、基建类、设备类、财会类、电子声像类、实物类等十类资料。档案室现藏有金华广播电视大学(浙江广播电视大学金华分校)、浙江贸易学校(浙江粮食学校、浙江省金华粮食学校)、浙江省金华商业学校(金华商业技工学校)、金华经贸职工中专(金华粮食职工中专)、金华广播电视大学(浙江商贸学校)5个全宗档案，档案室藏档案3392件。

档案室现有工作人员2名，其中主任一名，档案管理员一名。负责接待校内外人员的档案查阅、复印、借用等工作，以及档案安全、保密、管理工作

(二)档案管理制度

依据国家有关法律法规，结合学校实际，制定和完善了档案管理制度，规范档案的收集、整理、保管、开发利用、统计、鉴定工作。

各职能部门、各学院兼职档案员负责做好归档材料的收集、整理工作，学校档案室负责立卷、校对、审核、装订、装盒、编目、归档工作，同时，编写全宗档案检索目录。

全面系统地建立健全学校实体档案。学校实体档案共分为党群类、行政类、教学类、科研类、学籍类、基建类、设备类、财会类、电子声像类、实物类等十类(人事档案由人事处负责管理)。

党群类(DQ)：主要包括学校党群部门在工作中形成的文件材料及相关活动资料等。

行政类(XZ)：主要包括学校行政职能部门(除教务、科研、基建、设备、财务等职能部门外)工作中形成的文件材料等。

教学类(JX)：主要包括教学管理、教学实践和教学研究、培训等活动的文件材料等；

科研类(KY)：主要包括科学研究管理和科研实践活动过程中形成的文件材料等。

学籍类(XJ)：主要包括学校培养的学历教育学生录取名册、毕业生名册、学籍档案、毕业生登记表、成绩登记表等。

基建类(JJ)：主要包括基本建设管理和项目建设中形成的文件材料。

设备类(SB)：主要包括仪器设备工作管理和仪器设备申请购置、开箱验收、安装调试、管理使用、维修改造、申请报废等各个环节形成的文件材料。

财会类(CK)：主要包括财务工作管理和会计核算活动中形成的文件材料。

电子声像类(DS)：主要包括教学、科研、党政管理以及其它各项活动中直接形成的以数码形式存储的电子文件和照片、录像带、录音带、磁盘、光盘等文件材料。

实物类(SW)：主要包括能够反映学校历史沿革，具有保存价值的特定物品——奖品、印章、字画、礼品、纪念品。

各部门兼职档案员按归档文件范围及时收集各种档案资料，并将筛选后的资料分类，按规定时间上交学校档案室，档案员将资料装订、编制目录，装盒入档。档案盒、档案卷的规格符合上级有关部门统一要求。卷宗注明保存期限，保管期限分为永久、长期(30年)、短期(10年)。

学校各部门档案按规定在次学年5月底前归档；科研类档案在项目完成后两个月内归档；基建类档案在项目完成后三个月内归档；财会类档案在会计年度终了后，由财务处整理立卷，保管一年后移交档案室。

移交时须同时报送一式两份《档案交接登记表》和电子目录，经档案室人员验收后，双方签字，各执一份。

凡归档文件范围细目中未编入，但确有使用、保存价值的其它资料，学校可根据需要自行决定是否留存。

校外人员因公查阅学校档案，一律凭本人身份证及单位正式介绍信，并经校办主任、主管校领导批准，方可办理。校外人员查阅本人学籍档案，须出示本人身份证或其它有效证件方可办理。查阅者不得摘抄档案材料，经同意摘抄的材料须经档案室人员仔细核对签署意见；查阅者不得将档案材料拿出档案室，如需复印的材料须经档案室人员仔细核对并签署意见。

校内人员借阅业务性档案、学生学籍档案须经有关领导同意后方可查阅，并要办理登记手续，在规定期限内完好无损地归还。

档案室库房门窗要加固，保持整洁。要有防光、防盗、防潮、防高温、防火、防尘、防鼠、防虫等设施，及时更换驱虫药物，定期检查电器设备、消防器材等设施，保证档案安全。

档案管理人员做到不外泄档案中的机密，在工作中所用的各种稿纸、废纸等，不得乱扔，应按保密纸处理或销毁。

(三)档案管理与服务

为适应学校档案信息化建设和档案事业发展的要求，进一步提高档案管理工作的现代化水平，更好服务全校师生、服务社会、服务大众，响应浙江省档案事业发展“十三五”规划，依据国家档案局《全国档案信息化建设实施纲要》、《电子文件归档及电子档案管理规范》的有关要求，结合学校档案工作现状，提出档案数字化建设实施方案，准备在三年内完成学校室藏档案的数字化工作，建立全文数据库，通过关键字查询、语义查询，能够检索到基于内容的图像、视频、音频档案，完善档案的服务功能。

表2-10-7　　2003-2018年档案室藏情况一览表

项目 年份	全宗	案卷 累计(卷)	照片 累计(张)	实物 档案 累计(件)	年度 接收 档案(卷)	年度 接收 照片(张)	年度 接收 实物 档案(件)	年度 利用 档案 (人次)	年度 利用 档案 (卷件)
2003	4	2113	4197	46	2113	4197	46	19	35
2004	4	2217	4215	55	104	18	9	18	32
2005	4	2311	4240	64	94	25	9	20	37
2006	4	2414	4302	74	103	62	10	18	34
2007	4	2521	4320	80	107	18	6	21	39

续表

项目年份	全宗	案卷累计(卷)	照片累计(张)	实物档案累计(件)	年度接收档案(卷)	年度接收照片(张)	年度接收实物档案(件)	年度利用档案(人次)	年度利用档案(卷件)
2008	4	2609	4323	91	88	3	11	20	33
2009	4	2709	4355	96	100	32	5	15	35
2010	4	2806	4371	103	97	16	7	17	32
2011	4	2912	4403	119	106	32	16	21	36
2012	5	2995	4415	130	83	12	11	19	37
2013	5	3078	4435	144	83	20	14	21	58
2014	5	3151	4437	153	73	2	9	56	96
2015	5	3210	4438	174	59	1	21	80	90
2016	5	3272	4438	197	62	0	23	38	49
2017	5	3332	4438	225	60	0	28	29	45
2018	5	3392	4452	250	60	44	25	103	116

第六节　体育场馆

截止到2018年12月底，三个校区体育场馆情况如下：

清照路校区：400米8道标准田径场一片；体育馆一幢，内含羽毛球场4片，乒乓球场8个，附属用房中有跆拳道馆一幢，室外篮球场6片，室外排球场3片，室外羽毛球场3片，体育器材室4间，体育舞蹈房2间，体质测试专用房2间。

人民东路校区：室外篮球场1片。

芙苑路校区：体育馆一幢，300米6道非标准田径场1片，室外篮球场3片，室外排球场3片，形体训练房1间，器材室1间，体质测试专用房1间。

表2–10–8　　学校运动场地一览表

运动场所名称	方位或地址	数量
400米田径场	清照路校区	1
300米田径场	芙苑路校区	1
1号篮球场	清照路校区中	6
2号篮球场	清照路校区西(临时停车场)	2
3号篮球场	芙苑路校区	3
4号篮球场	人民东路校区	1

续表

运动场所名称	方位或地址	数量
1号排球场	清照路校区	3
2号排球场	芙苑路校区	3
1号体育馆	清照路校区	1
2号体育馆	芙苑路校区	1
1号羽毛球场	清照路校区	3
1号乒乓球场	清照路体育馆内	8
跆拳道训练场	清照路校区体育馆边	1
体育舞蹈房	清照路校区食堂顶楼	2
形体舞蹈房	芙苑路校区	1
器材室	清照路校区	2
器材室	芙苑路校区	1
体质测试中心	清照路校区	2
体质测试中心	芙苑路校区	1

第七节　校园信息化

一、概况

学校信息化建设按照整体规划、分布实施的建设思路，遵循“软硬件建设同步推进”的原则，在2003年金华广播电视大学和浙江贸易学校合并之后，对两个校区进行统一的信息化规划和建设，推进两个校园网络互通项目的建设。

2004年，2005年学校网站被浙江广播电视大学评比为五星级网站。

2008年，学校推进了省电大专网的接入工作，使得电大系统公文流转、常用系统访问更加便捷。为加快信息化建设的步伐，学校设立信息技术中心，下设技术服务科、学习资源管理科。2009年5月，学校网站改版成功运行。

2010年3月，学校国际商贸实训基地实训软件系统建成，投入使用的软件平台有SimTrade外贸实习平台V3.0、外贸单证教学系统V3.0、外贸实务教学系统、报关报检教学软件、新版第三方物流管理软件、会计出纳实务软件、网络营销教学实验等，这些平台的建成应用，增强了国际商贸实训基地实验室软件环境的能力。

2011年，学校进行了多媒体教室的更新，采用网络中控维护多媒体教室设备。

2012年，对学校网站进行了二次开发，升级了专用频道系统功能模块。同年，学校实训楼建设完成，在实训楼3楼建立中心机房。

2017年，学校对中心机房的设备进行了升级和改造，使得网络的容灾备份能力得以大幅提升，通过与运营商合作，芙苑路校区实现了无线网络全覆盖。

2018年，学校更新了20个教室的交互式一体机设备，改善了学校的信息化教学硬件设备，同时完成了多媒体学习资源平台的建设，全校师生可以便捷的通过多种终端访问学习资源。

二、硬件条件与服务

至2018年底，全校所有大楼实现网络互通，楼宇之间采用光纤互联，全校共布有信息点位1200余个，无线信息点位300余个，千兆出口物理链路一条，学校现有的核心层设备和汇聚层设备均支持IPV6，校园网络基本实现1000M主干到楼宇、楼宇到桌面，有线网络覆盖全校所有建筑，目前学校拥有多媒体教室120余间，素养教室12间，2018年更新了20个教室的多媒体设备，安装了交互式一体机。

学校高度重视网络安全，每年增加网络安全方面的投入，学校网站托管在电信机房，通过了等级保护二级备案，在本地中心机房添置了防火墙、网络监控系统和认证系统。学校制订了《金华广播电视大学信息系统安全管理制度汇编》。为了规范校园网信息安全等级管理，及时有效地处置校园网信息安全方面可能发生的突发事件，制订了《金华广播电视大学网络安全应急预案》，与各个部门、学院负责人签订了《金华广播电视大学网络与信息安全责任书》，对于涉及保密岗位的工作人员签订了《金华广播电视大学关键岗位人员信息安全保密协议》，要求各个部门、学院向学校上报重点系统以及微信群公众号、QQ群等信息；制定了《金华广播电视大学仪器设备资产管理工作规范》等资产管理方面相关制度。

学校信息化建设累计投入2000余万元，一个完整统一、技术先进、安全可靠的信息化校园已经初步形成。

三、软件条件与服务

学校高度重视信息化软件建设，以校园网为基础，加快推进“智美校园”建设，通过教学信息化，全面带动教学质量和管理水平的提高。目前，学校依托阿里巴巴钉钉已经实现多种校园服务，“最多跑一次”改革已初见成效，校园管理服务效率和服务质量得到进一步提升。

学校建设了学习资源管理平台、实习就业跟踪服务平台、学生道德实践管理平台等系统，实现了学校教育教学的信息化管理；学校借助省电大的都读远程图书管理系统，实现了科研论文知网校内应用。

组织教师进行信息化教学的专项培训已经列为图文信息中心的常规工作，2018年学校共获得市级以上微课制作奖项4项，信息化教学奖项7项。在数字化校园建设领域，学校教师在国家级期刊发表论文1篇；在信息化教育教学领域，我校教师发表专业论文6篇。

四、图文信息中心

2018年，学校建立图文信息中心，负责全校多媒体教室、中心机房、实训楼机房、全校网络及电教设备的日常管理与维护，指导教师开展多媒体教学，为信息化教学提供技术保障。

2018年，图文信息中心管理的计算机有2178台，其中平板是脑100台；网络多媒体教室135间。

第八节　校园安全

一、概况

学校安全工作实行“一岗双责”，即学校领导、各处室、学院及岗位负责人既要履行自己的工作职责，也要承担安全工作的职责。校长是学校安全工作的第一责任人，分管领导是学校安全工作的直接责任人,分管安全工作的处室负责人是学校安全工作的具体负责人。各处室、学院及岗位负责人同时也是各自处室、学院及岗位安全工作的负责人。

学校十分重视校园安全工作,根据《金华市治安保卫重点单位安全防范评估实施方案》《全省治安保卫重点单位安全防范评估办法》等有关法律法规,学校制定了一系列安全管理责任制度。

二、安全管理

(一)消防安全管理

1.消防工作是学校工作的重要组成部分,关系到全体师生的生命安全和国家财产的安全,全体师生都必须高度重视,人人都有责任搞好学校消防工作。

2.学校消防工作的指导方针是:预防为主,防消结合。严格遵守《消防法》。

3.学校成立消防工作领导小组,校长担任组长,分管领导担任副组长,各处室主任为组员。消防领导小组的责任是全面负责学校消防工作的领导、组织和宣传,落实逐级消防安全责任制和岗位消防安全责任制,检查和落实消防安全措施,组织和采取应急手段,确保学校消防安全。

4.校长为学校消防安全责任人,校长应履行的消防安全职责是:贯彻消防法规,保障单位消防安全符合规定,掌握本单位的消防安全情况。为本单位的消防安全提供必要的经费和组织保障。确定逐级消防安全责任,批准实施消防安全制度和保障消防安全的操作规程。组织防火检查,督促落实火灾隐患整改,及时处理涉及消防安全的重大问题。

5.分管领导为学校消防安全的管理人,应履行的职责是:为学校消防安全责任人负责。拟定年度消防计划,制定学校消防安全措施,组织实施日常消防安全管理工作。组织防火检查和火灾隐患的整改工作。确保灭火器材完好有效,确保疏散通道和安全出口畅通,确保消防安全标志完好。

6.落实逐级消防安全责任制,主管领导与各处室、教研组、班级签订消防安全责任书,各处室主任、教研组长与教职工签订消防安全责任书,层层落实责任到人。

7.对消防重点部位如实验室、微机室、图书室、主控室、电教室、财务室、配电室等实行岗位消防安全责任制,实行"谁主管、谁负责"的原则,明确各自职责,并按国家有关规定配置消防设施和器材,设置安全标志,定期检查、检验、维修、更新灭火器药品,确保消防设施和器材完好有效,并对有关人员定期进行消防灭火技能的培训,掌握灭火器材的正确操作。

8.坚持每日防火巡查、夜间巡逻制度,落实到人,由总务处负责安排和检查并建立记录。

9.坚持对全校师生进行经常性消防安全知识宣传教育,增强消防安全意识,自觉遵守消防安全法规,严禁学生携带烟花、爆竹、火柴等易燃易爆物品进校,不准在校内随意乱烧旧书本、废纸等。

10.与消防部门保持密切联系,主动接受消防部门的检查和指导,不断完善消防安全制度和消防设施,杜绝火灾隐患,杜绝一切不安全因素。

(二)交通安全管理

为了维护校园道路交通秩序,保障师生员工的人身及财产安全,深化"平安校园"建设,根据《中华人民共和国道路交通安全法》,结合学校实际,制定了《校园交通安全管理规定》。本规定分总则、校园道路交通安全规定、机动车出入校园规定、车辆停放规定、交通事故处置、违规停放处理等共六章内容。

校园交通安全管理工作由保卫处负责组织实施,凡在校园内行驶、停放的各种车辆必须遵守本规定。

(三)食品卫生安全管理

学校成立食品卫生安全工作领导小组，明确分管校领导，定期召开领导小组会议研究工作。积极贯彻上级各项食品卫生安全工作的有关精神和规定，制定学校食品卫生安全监管制度，层层落实安全责任制，责成职能部门加强日常饮食卫生工作的监督与管理，定期组织食品卫生检查和工作考核，实行奖罚。各学院（校区）配合学校做好师生健康、食品卫生安全知识教育，培养师生食品卫生安全意识，使师生均能够识别过期、变质、伪劣或“三无”食品，提高师生自我保护意识与能力。

学校组成由医务室等部门参加的检查组，定期进行日常师生饮食卫生的检查与考核工作。加强对食堂、超市、小卖部工作人员的食品卫生知识培训及职业道德和法制教育，保证持证（健康证）上岗。

学校不允许在校园内出现流动商贩。禁止在校园内蓄养各种家禽（鸟类）。

（四）校园文明督察队

校园文明督察队是在学生处、校团委和保卫处的指导下，学生自我教育、自我管理、自立自律的群众性学生保卫性组织。目前，文明督察队有干事120余人，由护校队、执勤组、文明督察小组等组成，在不同的岗位进行各自的工作。

校园文明督察队的宗旨是：团结协作，服务同学，锻炼自我；队训是：严明纪律，精诚团结，乐于奉献。

三、安全管理目标责任制考核

根据《金华广播电视大学（浙江商贸学校）二级学院、处室安全消防与稳定工作目标管理责任书》的要求，为了增强各二级学院、处室责任意识，提高全校师生的安全意识，维护学校稳定，有效预防各类治安事件和安全事故发生，学校制定了《二级学院、处室安全管理目标责任制考核办法》。

1.指导思想

坚持“安全第一，预防为主，群防群治，综合治理”的方针，以避免或减少各类案件和责任事故发生为目的，以建立健全安全制度、落实安全责任为重点，建立和完善两级监督检查和管理考核制度。

2.考核内容

考核内容为学校与各二级学院、处室负责人签订的《金华广播电视大学（浙江商贸学校）安全消防与稳定工作责任书》和《金华广播电视大学（浙江商贸学校）安全工作责任体系》中所确定要求和目标。

3.考核方法

考核工作在学校安全工作领导小组的领导下，由学校安全工作考核小组组织实施，采取日常安全检查和年终检查考核相结合的方式进行，具体方法为：

(1)年终考核由学校安全考核小组负责对各学院、各部门进行考核，通过定期听汇报、查资料、座谈了解等方法综合评定。

(2)日常安全检查每月一次，根据《金华广播电视大学（浙江商贸学校）安全消防与稳定工作月查方案》进行检查考核，纳入全年考核统计。

(3)各二级学院和处室对下属各班级、科室、教研室、实验实训室等的安全管理工作进行考核。

第九节　后勤服务与资产管理

一、后勤服务

1.概况

后勤基建处承担着全校水、电、暖、房等运行维修、学生公寓管理、绿化卫生保洁管理、节能管理、餐饮服务、师生医疗保健等后勤保障任务。学校现有对外承包食堂2个,座位数2600个,总建筑面积8400余平方米。公寓7幢,床位数5000余个,总建筑面种27000余平方米。其他楼宇15幢,教室160余间,总建面积7.9万平方米,对外出租商业街1处,营业店面10余间,总营业面积约1000平方米。

2.后勤管理制度

学校制定有《后勤服务考核细则》《后勤服务满意度测评制度》等管理办法,对后勤保障的服务质量、服务态度、服务价格等进行监督考核。积极提高后勤信息化水平,利用钉钉开展"最多报一次"故障报修服务,推出《零星物品采购管理规定》《学校周转住房管理规定》等制度,采用钉钉进行物品申报、领用、周转住房申报,规范物品申报、采购、入库、领用流程,加强周转房安排管理,提高信息流转效率、提升后勤服务水平,增加师生满意度。

3.饮食管理

2017年起,学校引入《浙江师大印象餐饮管理有限公司》《金华市御源餐饮服务公司》分别经营清照路校区、芙苑路校区的食堂。学校成立了以校长组长的食品安全工作领导小组,成立了膳管会,加强对校内餐厅的巡查和监管,定期开展满意度、食品卫生情况调查,发现问题,及时记录汇报、及时整改。引入"五常法"管理机制,提升餐厅服务质量。每学期期初、期中、期末和重大节假日及大型会议前期,邀请区卫生监督所专家来校检查和指导。2017年,清照路校区师大印象餐厅被评为A级食堂。

4.物业管理

2017年8月,学校引入师大印象物业服务有限公司,承担学校楼宇、教室、实训楼、体育馆、图书馆、公寓楼的卫生保洁和保安服务;楼宇外围、室外道路的清扫、保洁、垃圾外运及绿化养护。经过近一年的运行,校园整洁有序,卫生状况良好。

二、资产管理

1.概况

2012年12月以前,学校资产管理职能先后由后勤处和信息中心负责。按金华市财政局的要求,对学校资产进行了清查,同时对固定资产粘贴标签;每年上报资产数据和资产统计年报,保证账账相符,账实相符。

2013年1月成立资产设备处,主要负责政府集中采购目录内的货物招投标工作和固定资产管理工作,建立资产管理体系,按"工作优先、学校统筹、部门分配、责任到人"的原则,规范固定资产管理;对新增资产进行验收,建立资产卡片,建帐登记。

2.物资采购

遵循公平、公正、公开和诚实信用的原则,对凡纳入政府集中采购目录的货物、工程和服务类项目或集中采购目录之外且政府采购限额标准(货物、服务类项目,单项累计预算金额10万元,工程类项目预算金额30万元)以上(含本数)的所有项目,向政府采购管理部门办理审批手续,实行依法采购。未纳入政府采购目录且政府采购限额标准以下的项目或市政府分散采购的项目,由学校自行组织招标采购。

3.资产管理

作为职能部门主要做好管理学校资产,维护学校产权完整,优化配置学校资源,接受社会资产捐赠等工作。

使用单位或个人接到资产设备处通知后到资产设备处领取物资并办理相关的交接手续;对全校的所有资产按所需进行调剂,对出借的资产备案。

对无偿调出、出售、报损、报废的固定资产,在完成校内审批手续后,按规定由学校发文向市国有资产管理部门申报核准。

截止 2017 年 12 月 31 日,学校有房屋 103690.47 平米,土地 162891.49 平米,共 11516.70 万元;通用设备 5399(个 台 辆)2279.82 万元,其中:汽车 3 辆,76.06 万元;专用设备 679(个 台)276.35 万元;图书 234141 册,207.40 万元;家具用具 18525(个 套),579.01 万元;固定资产总值 14859.29 万元。

金华广播电视大学(浙江商贸学校)由原金华广播电视大学、浙江贸易学校、金华市粮食职工中等专业学校、浙江省金华商业学校四个学校合并而成,有人民东路、清照路、北山路、芙苑路四个校区,共有土地 162891.49 平米。

截止 2018 年 12 月底,学校在人民东路校区、清照路校区、芙苑路校区共有房产 103690.47 平米。北山路校区房产已全部拆除。具体情况如下:

表 2-10-9 人民东路校区房产情况一览表

资产名称	资产分类	面积(平方米)	价值(元)
人民东路 1# 学生宿舍	学生宿舍	474.00	317,056.00
人民东路 2# 楼	其他教育用房	1,009.47	135,874.00
人民东路 3# 学生宿舍	学生宿舍	2,036.51	265,763.49
人民东路 4# 楼	其他教育用房	2,205.50	1,778,646.92
人民东路 5# 楼	其他教育用房	7,251.39	4,175,472.00
人民东路教工宿舍 13 套	居住用房	742.56	1,424,222.75

表 2-10-10 清照路校区房产情况一览表

资产名称	资产分类	面积(平方米)	价值(元)
清照路传达室	其他教育用房	233.73	257,453.70
清照路校区学生宿舍、实训商场	其他教育用房	19,665.21	27,135,496.64
清照路校区学生食堂	其他教育用房	6,489.63	7,243,702.28
清照路校区实训楼	其他教育用房	7,113.39	10,155,221.44
清照路校区 3 号教学楼	其他教育用房	7,259.07	8,920,322.62
风雨操场	其他教育用房	922.52	514,766.01
金瓯路新大门传达室	其他教育用房	61.09	72,575.00
清照路校区礼堂	其他教育用房	1,536.79	173,991.46
清照路校区 9# 楼	其他教育用房	2,601.25	836,702.00
清照路校区 8# 教学楼	其他教育用房	4,267.73	1,189,472.55
清照路校区 7# 综合楼	其他教育用房	1,175.90	1,186,638.32
清照路校区 6# 行政楼	其他教育用房	806.00	319,715.54
清照路校区 2# 学生宿舍	学生宿舍	1,884.79	867,865.05

续表

资产名称	资产分类	面积(平方米)	价值(元)
清照路校区 1# 学生宿舍	学生宿舍	2,424.97	1,306,780.60
青春路 143 号宿舍	其他教育用房	207.96	38,656.73
金龙小区宿舍 6 套	其他教育用房	415.42	296,728.57
东关仓库	其他教育用房	368.00	85,758.44
金瓯路 47–55 号营业房	其他事业单位用房	696.00	1.00

表 2–10–11　　芙苑路校区房产情况一览表

资产名称	资产分类	面积(平方米)	价值(元)
学生食堂	其他教育用房	1,283.45	314,278.78
芙苑路校区教工宿舍	其他教育用房	834.52	135,926.44
芙苑路校区 1# 学生宿舍扩建	学生宿舍	1,329.08	745,674.00
芙苑路校区食品实训楼	其他教育用房	831.87	407,132.00
芙苑路校区家电实验楼	其他教育用房	1,517.05	813,335.00
芙苑路图书馆扩建	其他教育用房	668.96	440,425.00
芙苑路校区图书馆	其他教育用房	1,700.00	1,401,127.65
芙苑路教学楼	其他教育用房	3,645.99	442,517.67
芙苑路教学楼加层	其他教育用房	1,800.00	1,017,366.00
芙蓉苑路校区体育馆	其他教育用房	976.47	831,271.40
芙苑路校区食堂	其他教育用房	705.09	1,860,583.00
芙苑路校区实训楼	其他教育用房	7,568.14	11,728,353.00
芙苑路校区汽车库	其他教育用房	62.20	6,587.81
芙苑路校区冷藏室	其他教育用房	33.63	37,287.86
芙苑路校区锅炉房浴室	其他教育用房	340.67	79,036.10
芙苑路校区教工食堂	其他教育用房	560.88	141,112.01
芙苑路校区烹饪实验楼	其他教育用房	512.80	67,878.48
芙苑路校区 2# 学生宿舍	学生宿舍	2,035.81	341,677.67
芙苑路校区 1# 学生宿舍	学生宿舍	2,032.32	255,962.67
芙苑路行政办公楼	其他教育用房	1,235.88	116,961.40
芙苑路 2# 学生宿舍	其他教育用房	985.79	229,638.46
芙苑路校区配电房	其他教育用房	68.12	107,185.00
芙苑路校区学生宿舍盥洗室	学生宿舍	128.06	153,110.00

4.资产清查

2016 年 3 月，根据财政部《关于开展 2016 年全国行政事业单位国有资产清查工作的通知》(财资[2016]2 号)文件精神，学校进行了全面的资产清查，是金华广播电视大学(浙江贸易学校)和金华商业学校合并后的第一次全面彻底资产清查。时间跨度大，涉及面广，资产存放及使用情况复杂，工作难度大。

资产清查基准日是 2015 年 12 月 31 日，清查对象为全校的固定资产，涉及包括教学楼、实训楼、实验楼、办公楼、体育馆、图书馆、学生宿舍、食堂、教工宿舍等在内的四个校区全部固定资产。重点对实训设备 办公设备及家具用具进行了逐件清点核对，健全了实训设备台帐和办公设备台帐。

经浙江中健会计事务所审核，查清全校土地房屋建筑物 11763.68 万元；通用设备 1824.23 万元；专用设备 212.54 万元；图书 191.22 万元；家具用具 455.42 万元。

经过 2016 年的全校固定资产清查，盘清了家底，保证了学校固定资产的完整性和安全性，明晰了资产产权关系，实施资产产权管理，推动资产的合理配置和有效使用，并相应修订了《资产管理工作规范》《招投标管理办法》《资产管理办法》等制度。

第十节　医疗卫生与保健

一、概况

学校医务室分设在清照路校区和芙苑路校区，分为诊室、药房、治疗室。共有医护人员 4 人，其中 1 人负责芙苑路校区师生的医疗工作。

二、管理制度

为确保医疗安全，规避医疗风险，提升服务质量，制定了《学校医务室工作制度》、《学校医务室药房管理制度》、《学校因病缺课病因追查与登记制度》、《学校消毒隔离制度》、《学校晨检制度》、《学校传染病疫情报告制度》、《学校医务室医疗废物分类管理制度》，各项制度逐步落实，使医疗工作走上了规范和持续改进的道路。

三、医疗服务

医务室担负全校师生 3000 余人的医疗服务工作，诊疗范围为内科、外科清创换药、意外伤害，以及危急重症的转诊工作。诊疗期间都会面对面提供健康宣教，学生受益匪浅，晚自习期间也安排医师值班。每学期门诊达 1000 余人次。

四、预防与保健

除日常门诊外，医务室还担负着学校和社会团体举办的各种活动以及各类考试的现场医疗保健工作，担负重大疾病、意外伤害、传染病（如艾滋病、流感、禽流感、肠道传染病）的预防宣传工作，组织教职工和学生体检，全校学生健康档案的建立等各项工作。

第十一章　学校文化

第一节　校训与校标

一、"一训三风"

1.校训:求实奋进

由来:原浙江贸易学校于1985年提出了"严谨、求实、团结、奋进"的校训,省电大提出了"求实、创新"的校训,因此,从传承历史和结合现实两方面考虑,提出了"求实奋进"的校训。

诠释:求实就是讲求实际,一切从实际出发。求实是创新的基础,是立身处事的根本。求实要求注重实践,学以致用。我们不仅要让受教育者能掌握技能知识,更要让受教育者具有良好的职业道德,做到知行合一。奋进是一种昂扬的斗志,是一种图强的精神。我们必须具有时代的紧迫感和危机感,做到开拓创新,奋勇向前,为社会培养更多有用人才作出贡献。

2.校风:修德强技

由来:"修德":即修养德行、行善积德之义,它体现了"育人为本、德育为先"的办学理念。"强技":即强化技能、技术、技巧、本领的训练,要提高技艺、增强技能。原金华商业学校也曾提出过"修德强技"的理念。以此作为校风,既体现了职业教育的办学理念,又传承了优良的办学传统。

诠释:修德就是要牢固树立"立德树人"理念,自觉加强道德修养,注重道德实践。全校师生都应重视品德修养,加强道德修炼,培养高尚的道德情操。强技是职业教育发展的主题和生命线,是职业教育的立身之本。教师应具有较强的实践教学能力,学生应把自己培养成为技能型人才,以一技之长谋求生存与发展,以一技之优竞争优势与实力,以一技之能服务社会与国家。

3.教风:立己达人

由来:"立己达人"语出《论语?雍也》。取中国知识分子"独善其身,兼济天下"之意。立己,即自律自强,着眼于增强自我修养;达人,即尽责尽心,侧重于个人的社会责任感。"立己达人"充分体现了学校"和合文化"的丰富内涵。

诠释:"立己达人"重在"立己",作为教育工作者必须做到为人师表,加强修养,不断提高自身素质。以此作为教风,就是要倡导全体教职员工努力学习,勤勉工作,以高尚的道德情操和务实的求真精神,不断追求自我与他人、个人与社会的和谐。

4.学风:向善向上

由来:教育的道德标准就是教人做人,使人为善,使人向上,毛主席就要求青年一代"好好学习,天天向上"。这既包含了学校对学生做人做事的基本要求,也体现了学校职业教育的培养目标。

诠释:向善就是要求学生明德惟馨、择善而从,做到心中有爱,心地善良,仁者爱人;向上就是要求学生奋发向上、不断进步,做到心中有梦,志存高远,追求卓越。要争做"有理想、有追求、有担当、有作为、有品质、有修养"的六有好学生,真正把自己培养成为具有"责任心、真功夫、好习惯"的高素质技能型人才。

二、校标

金华广播电视大学校标

浙江商贸学校校标

（2012 年至 2015 年）　　（2016 年至今）

第二节　办学理念

学校全面贯彻党的教育方针，以服务社会发展为宗旨，以促进学生就业为导向，以育人为中心，以能力为本位，以工学结合为切入点，不断创新人才培养模式，为地方社会经济发展培养高素质技能型人才。

学校坚持“职成一体、教产合作、师生为本、服务至上”的办学理念。根据学校实际，全面推行“二全五有”道德实践体系(二全：全方位、全过程；五有：有理想、有担当、有作为、有品质、有修养)，实施“三实一体、二元并重”育人模式(三实：实岗、实操、实战；二元：技能、素养)，以浙江省中职名校建设为重点，全面深化教育教学改革，强化专业内涵和核心素养提升；结合智美校园、文明校园、清廉校园建设，开展丰富多彩的校园文化活动，积极打造“一院一品”提升活动，校园环境不断美化优化。

学校通过现代学徒制、一岗双证、联合办学、订单班、顶岗实习等人才培养方式，培养学生的首岗胜任、多岗迁移、自主学习、创新创业等职业能力。学校以创新创业能力培养为突破口，建立创新创业实验班，开展创新创业培训讲座，举行创新创业大赛等，不断提高学生的创新意识和创业能力，强化毕业生岗位适应能力的培养，提高学生就业竞争力。学校坚持经营和合作的理念，做到稳中求进，科学发展，朝着建设全省一流的中等职业学校和具有区域特色的现代远程开放大学而努力奋进。

第三节　校园文化

一、文化理念

在近四十年的发展历程中，学校经历了多次合并，具有多校区办学、多层次教育的特点，在融合四所学校原有校园文化的基础上，经历长期的融合、扬弃与升华，逐渐凝炼成以“和而共生、合而共赢”为核心理念的校园文化特色。

“和而共生、合而共赢”的核心理念，是以“和合文化”理念为指导，倡导“和而不同、和谐共生”的精神,着力于打造和谐师生关系、和谐校园,并以此缔结并创造双赢局面。在此基础上,学校通过引进与嫁接、改造与提炼、内化与创新,最终形成了"师生共融、校企共赢、生园共美、和合共生"的具有学校特色的"和合"文化理念,以此推动学校在物质文化、精神文化和制度文化等方面的建设。

二、文化环境

(一)和合文化环境

为了进一步发挥校园文化的育人作用,学校着力建设"和合"文化环境。在校园显著位置,设置体现"和合"主题的文化石,通过环境的衬托,传达和谐共生、合作共赢的文化理念。确立以"和合"文化为主题的视觉识别系统,在学校各类软、硬件上,标示"和合"文化元素,统一文字、标识、颜色,制作了具有"和合"文化内涵的标志、展板、铭牌、导示、墙标,全方位、立体化、多形式地展示"和"与"合"的视觉形象;着力打造"和合"文化的不同功能区,将校园划分为办公区、教学区、实训区、运动区、生活区五个区块,在不同区域、不同区块表现"和合"文化下不同的子文化主题。

通过核心景观、视觉系统、区域文化三方面的建设,学校已经形成了浓厚的校园和合环境氛围。

(二)文化宣传媒体

为打造"和合"校园文化,对学校的所有橱窗进行了统一设计,以此作为宣传"和合文化"的主阵地和重要窗口。橱窗设计实行分级归口负责制,设计体现"和合"文化的时政要闻、思想品德、教育教学、合作共赢、校企合作、招生就业、安全宣传、师生风采等板块,定期更新内容。通过橱窗设计与展示,加深全校师生对"和合"文化的理解与认同。

三、文化品牌

(一)励志晨读

为唤起学生自信、自觉、自强意识,激发学生内在的精神动力和积极、健康、向上的思想情怀,进一步规范学生行为,学校着力推行励志晨读活动,精心编撰了《励志晨读手册》。手册分为事实与心态、纪律规范、传统美德、文明礼貌、成功和选读等六个篇章。

自 2014 年开展励志晨读活动以来,极大地激发了学生内在的精神力量,提高了学生的学习效率,营造了积极向上的校园氛围,提升了校园的整体文化氛围,获得了师生的一致好评。

(二)阳光排舞

针对商贸专业女生多、热爱舞蹈的状况,学校着力推广阳光排舞活动。每年开展全校性排舞大赛和舞艺展示,以吸引学生广泛参与。截至 2018 年年底,学校相继编排了《酷力欧》《舞动中国》《最炫民族风》《快乐牛仔》《移动》《魅影探戈》《苹果白兰地》等排舞,通过老师带动学生、学生带动团队、团队带动班级的方式,推进阳光排舞在校园里蓬勃展开。

阳光排舞活动,营造了健康阳光的校园氛围,也获得了社会的广泛关注和好评。2014 年 9 月,学校排舞舞蹈队参与金华市金东区庆祝建国 65 周年文艺晚会和市总工会职工艺术团下企业巡回演出;2014 年 11 月,赴 73052 部队演出;2014 年 12 月,排舞队应浙江电视台公共频道《流动大舞台》栏目组邀请,参与了《流动大舞台》的摄制。

(三)双溪讲坛

自 2013 年 3 月建立"双溪讲坛"德育平台以来,学校开展 18 期双溪讲坛,先后邀请感动中国年度人物、浙江省学雷锋大使陈斌强,浙江旺盛达农业发展公司董事长,义乌人才网总经理方毅等社会行业精英做客讲坛,讲述他们不平凡的故事。双溪讲坛主要利用全校各个班级每周二下午的德育课堂时间,由学校集中安排、德育教师配合、学生付诸各项德育实践,形成了"开放式"三级平台的德育教学模式。《双溪讲坛》通过学校的系统安排,结合当代学生关心的热点问题和社会现象,有针对性地邀请嘉宾做客讲坛,用最真实的故事启迪和感染全校师生,形成了具有学校特色的德育教育模式。

(四)信义先锋

学校"信义先锋"志愿者总队成立于2015年,脱胎于校青年志愿者协会,现已成为学校最大的师生组织之一。志愿者总队以传递爱心,传播文明,促进人与人之间的交往与互助,促进社会进步,在人与人之间、各社会群体之间架起友爱之桥为目的,开展多样化有特色的志愿服务项目,如赛事展会志愿服务、导医咨询志愿服务、义务献血志愿服务、社区助理志愿服务、绿色环保志愿服务、敬老助老志愿服务、交通疏导志愿服务、金华8890热线爱心服务、清朗网络志愿服务等大型志愿活动。"信义先锋"志愿者总队为学生提供了接触社会、奉献社会的机会,倡导了积极向上健康活泼的校园文化,也得到社会各界的肯定。2015年3月,金华电视台《小马开讲》栏目报道了学校志愿者植树节护绿爱绿行动。2015年5月,学校59名志愿者参与2015年全球跨境电商大会的志愿服务工作。2016年,学校信义先锋志愿者服务总队荣获年度"垃圾分类宣传"优秀组织奖。

(五)心灵港湾

为进一步加强学校心理健康教育工作,宣传普及心理健康知识,培养学生健全的心理素质,学校每年都将心理健康教育列入学年德育工作计划,开展以心理普查—心理课程—心理游戏—心理宣传--心理咨询—心理社团为载体的"六心"活动,并以"5•25大学生心理健康日"为载体,连续多年开展"5•25心理健康教育文化节"。截止2018年年底,已有8届"5•25心理健康教育文化节"成功举办。心理健康工作的持续开展,有效普及了心理健康知识,促进了学生关爱自我、积极向上的健康心态培养,进一步推动了和谐校园建设。

四、文化活动

(一)和合之光

2016年12月28日,学校成功举办"和合之光"首届校园文化建设成果会演。截止2018年底,已举办了三届共八场校园文化建设成果汇演晚会。

(二)"一二•九"大合唱

2018年12月7日,学校第22届"一二•九"大合唱总决赛圆满落幕。截至2018年,学校共举办了22届"一二•九"大合唱比赛。通过大合唱,全面提升了学生的合唱水平,引导广大同学心怀感恩,展现学生文明健康、积极向上的精神风貌,营造和谐的校园文化氛围。

(三)校园歌手争霸赛

自2017年11月举行首届"和合之声"校园歌手争霸赛以来,学校共举办了两届"和合之声"校园歌手争霸赛。校园歌手争霸赛,丰富了校园文化生活,营造了积极向上、健康文明的校园文化氛围,丰富了广大师生的业余文化生活,推动了校园精神文明建设,展示了全校师生团结创新、积极向上的精神风貌,也给同学们提供了锻炼自己、展示自我的机会。

(四)"三力争创"

自2016年举行以"凝心聚力•强基固本"为主题的首届"聚力团总支、活力团支部、魅力团支书"风采展示活动后,截至2018年底,学校已举办了三届"三力争创"风采展示活动,评选出26名"魅力团支书"、26个"活力团支部"、3个"聚力团总支"。"三力争创"活动,激发了基层团支部的活力,充分发挥了团支部和团支书在凝聚青年、服务青年上的重要作用,充分展现了团支部和团支书的风采。

(五)成人礼

2016年12月,学校举行首届十八岁成人礼暨宣誓仪式。成人礼意在强化学生的成人意识,进一步培养学生的社会责任感与主人翁意识,使之更好地融入社会和服务社会。成人礼活动激发了广大学生的爱党、爱国热情,引导学生在学会关心、学会负责、学会参与中把自己培养成为孝敬父母,关心他人,富有爱心和责任心,具有开拓创新精神的社会公民。

(六)学生趣味运动会

截止2018年底,学校已举办了八届学生趣味运动会。趣味运动会集运动性、竞技性和趣味性于一体,共设乒乓球传递、呼啦圈传递、指压板迎地面接力赛、动感颠球、心心相印等集体项目,瓶盖弹弹弹、夹养乐多等多个个人项目。趣味运动会寓教于乐,增强了班级学生之间的集体荣誉感,升华了班级凝聚力,营造了健康快乐向上的良好校园氛围。

(七)主持人大赛

2018年4月,以"聚焦话筒,青春领航"为主题的第三届联通杯主持人大赛在学校报告厅举行。截至2018年底,已举办了三届联通杯主持人大赛,锻炼了学生语言表达能力,提升了学生综合素质,为爱好播音主持的同学搭建了一个舞台。从主持人大赛中涌现出了一批具有较强主持水平和现场表现能力的学生,成为学校活动中的文艺骨干。

(八)演讲比赛

截止2018年底,学校已举办"普法""反邪教""爱国主义教育""文明风采""八婺好家风"等各类主题数十场演讲比赛,丰富了校园文化生活和学生的课余生活,加强了学生之间的学习与交流,提升了学生的语言表达能力。

(九)"十讲百场"进社区

学校于2017年开始开展""十讲百场"进社区活动。该项目以终身学习为理念,围绕十个社区教育主题,以不同领域和形式的讲座及体验活动为载体,为政府机关、乡村、社区、学校和企业等送去多样化活动,满足他们教育与自我发展需求,营造文明向上、融洽和谐、团结友爱的社会环境。

(十)"快乐学习"开放教育品牌

学校围绕开放教育校园文化"1234"(即一个理念、两种模式、三种效益、四支队伍)的建设目标,以"快乐学习、合作共享、师生互动、积极进取"为主题,通过"愿学"文化氛围的营造、"乐学"学习环境的创设、"可学"学习平台的创新、"勤学"服务保障的构建,建立了"快乐学习"校园文化建设品牌。

第十二章 系统办学

第一节 浙江广播电视大学义乌学院

一、历史沿革

1979年2月，根据全省广播电视大学工作联席会议精神，义乌县教育局和县广播事业局共同筹备成立浙江广播电视大学义乌工作站。在既无办学场地、又无师资设备的情况下，义乌电大工作站首任负责人王志明进驻县招待所办公，开启了艰辛的创业历程。首期招收了来自工交、教育、商业、财政、金融等系统的102名学员，在城阳区校、义乌师范、义乌化肥厂、廿三里中学等处设立教学点。学制分为全科3年，单科2年，采用全脱产学习和半脱产学习两种形式。

1982年12月，义乌电大工作站设在义乌县教育局招待所的一间办公室内，所需经费由县政府拨付。

1983年2月，该办公室改成电大工作站的首个专用教室，随后电大工作站搬入义乌县政府两间房子内办公。

1983年11月，县政府拨款49500元，与义乌县教师进修学校一起征用土地5亩余合建教学楼，1984年12月正式投入使用，分配给电大义乌工作站四个教室。

1988年1月，县计委发文批准在城中中路29号县教育局宿舍前空地，建造办公和教学用房。同年12月教学及办公用房落成，分配给电大共计21间房子约600平方米，电大义乌工作站完成了第三次搬迁。

1988年4月，经金华市教委批准，金华电视中专义乌分校成立。

1995年1月，义乌市委决定，义乌市高等教育自学考试办公室并入电大合署办公，实行"一套班子、两块牌子"的方式进行管理。

1999年，为适应电大办学需要，义乌市人民政府向浙江省教委提出申请，要求将工作站升格为分校。经省电大组织专家评估后，2000年2月省教委正式行文，将电大义乌工作站更名为"浙江广播电视大学义乌分校"。

2000年，义乌市政府决定将位于义浦路23号(后改为西城北路11号)，占地面积为2.4万平方米，建筑面积为9542.9平方米的原城镇职校校舍调拨给义乌电大管理使用，义乌电大于2000年底实施了第四次搬迁。

2003年，经浙江省教育厅批准，学校先后建立奥鹏远程教育中心和现代远程教育校外学习中心。

2003年12月，浙江省教委正式行文，批准浙江广播电视大学义乌分校升格为"浙江广播电视大学义乌学院"。

2005年12月，中央电大批准义乌电大为"广播电视大学全国统一考试考点"；2006年3月，市教育局发文批复同意浙江电大义乌学院设立"义乌市远程教育中心"。

2016年10月14日，因义乌电大校址被义乌市政府确定为新世纪外国语学校(民办)地块，义乌电大学院搬迁至城北路J180号义乌国际商贸学校内过渡。

2017年8月，义乌市民大学成编制划入义乌电大。

2017年10月20日，位于机场路与西城路交叉口的浙江广播电视大学义乌学院迁建项目工程举行开工仪式。该项目按在校注册学生1500人的规模建设，教学楼建筑面积为10403.97平方米，预计

2020年建成投入使用。

2018年1月10日,浙江省老年开放大学同意浙江广播电视大学义乌学院增挂"浙江老年开放大学义乌学院"牌子。

二、管理体制与组织机构

浙江广播电视大学义乌学院(简称义乌电大)是一所集远程开放教育、网络教育、高教自考、社区教育、老年教育为一体的成人高等教育公办学校,是义乌市教育局直属单位。其职责为:承担在职高等教育学历和非学历教育的组织管理工作;提供科研、专业培训、学术交流等相关社会服务;负责对市民科学文化、文明礼仪、思想道德、民主法制、健康保健、社会生活等基础知识的教育培训工作;承担指导、评价各镇街社区教育机构工作;配合市委市政府做好全市范围内的各种公益性培训教育工作。

义乌电大设办公室、社区教育处、学历教育处等三个管理机构。办公室负责学院的日常事务的组织管理落实协调;社区教育处对接省市社区教育管理部门,具体开展社区教育、老年开放教育以及学分银行分中心的组织管理与建设;学历教育处对接省市级电大,具体开展电大教育、奥鹏教育以及开放教育、远程教育、函授教育、电视中专网络统考等各类成人学历教育。

表2-12-1　　义乌电大历任党政领导一览表

行政领导			党组织领导		
姓名	职务	任期	姓名	职务	任期
王志明	负责人	1979.2–1982.10	姚家芳	支部书记	1984.10–1986.11
吴亦虎	工作站站长	1982.10–1995.01	朱师荣	支部书记	1986.11–1995.01
何巧玲	工作站站长	1995.1–1999.2	周华照	支部书记	1995.1–2001.5
何巧玲	分校校长	1999.2–2003.12	李顺根	支部书记	2001.5–2008.8
何巧玲	学院院长	2003.12–2008.8	何巧玲	支部书记	2008.8–2013.8
骆国良	学院院长	2008.8–2009.6	吴其荣	支部书记	2013.8–2017.8
朱　斌	学院院长	2009.6至今	傅秀熙	支部书记	2017.8–2017.12
			陈克义	支部书记	2018.10至今

表2-12-2　　义乌电大历任校级领导一览表

姓名	任职时间	职务	兼职人本身职务
吴亦虎	1981.10–1986.10	站长(兼)	市教育局副局长
施纯钱	1981.10–1986.10	副站长(兼)	市广播电视局副局长
王志明	1981.10–1991.1	专职副站长	
姚家芳	1984.8–1985.11	专职副站长、支部书记	

续表

姓名	任职时间	职务	兼职人本身职务
朱师荣	1986.10–1992.12 1986.10–1995.1 1995.1–2001.6	专职副站长 支部书记 正校级调研员	
何巧玲	1992.12–1995.1 1995.1–1999.1 1999.2–2003.12 2003.12–2008.8 2008.8–2013.8	副站长 站长 分校校长 学院院长 支部书记	
周华照	1995.1–2001.5 2001.5–2004.4	支部书记 正校级督学	
李顺根	2001.5–2008.8	支部书记	
骆国良	2008.8–2009.6	学院院长	
朱　斌	2009.6 至今	学院院长	义乌市政协副主席
吴其荣	2013.8–2017.7	支部书记	
季敬文	2004.08–2016.8	学院副院长	
方丽君	2007.3—2016.8	学院副院长	
陈小波	2016.8 至今	学院副院长	
傅秀熙	2017.8–2017.12	支部书记、学院副院长	
王来成	2017.8 至今	支部副书记、学院副院长	

三、学生

表 2–12–3　　义乌电大历年大、中专在校生与毕业生人数一览表　　单位:人

年度	在校生人数									大专毕业生数	本科毕业生数	中专毕业生数
	成人专科	普通专科	自学视听	第二专科	注册视听	成人本科	大专单科	电视中专	合计			
1979	102								102			
1980	243		25						268			
1981	243		25						268			
1982	249		19						268	7		
1983	237		68						305	24		
1984	410		5						415			
1985	347		223						570	74		
1986	368		70						438	139		
1987	458		31						489	86		

续表　　单位:人

年度	在校生人数									大专毕业生数	本科毕业生数	中专毕业生数
	成人专科	普通专科	自学视听	第二专科	注册视听	成人本科	大专单科	电视中专	合计			
1979	102								102			
1980	243		25						268			
1981	243		25						268			
1982	249		19						268	7		
1983	237		68						305	24		
1984	410		5						415			
1985	347		223						570	74		
1986	368		70						438	139		
1987	458		31						489	86		
1988	259		167					113	531	130		
1989	135		406					222	763	104		
1990	356							274	630	23		
1991	228							154	382	120		106
1992	168							71	239	135		105
1993	211							136	347	30		52
1994	373			53			265	131	691	37		37
1995	470			65	105		888	482	2002	77		35
1996	493	36		78	148		660	751	2166	97		103
1997	413	75		27	127		542	657	1841	206		128
1998	279	75		9	225		201	317	1106	114		348
1999	339	75		5	186		128	83	816	187		272
2000	541	76			144	18	52	87	918	172		46
2001	931	64					8	37	1040	187		50
2002	816	21				179		38	1054	244		27
2003	1174					318		36	1528	242	14	12
2004	696					346			1042	791		26
2005	705					315			1020	290	80	7
2006	893					545			1438	52	116	6
2007	865					602			1467	296	173	5
2008	871					635			1506	187	231	18

续表　　　　　　　　　　　　　　　　　　　　　　　　　　　　　　单位:人

年度	在校生人数									大专毕业生数	本科毕业生数	中专毕业生数
	成人专科	普通专科	自学视听	第二专科	注册视听	成人本科	大专单科	电视中专	合计			
2009	922					613			1535	118	118	25
2010	846					481			1327	148	233	
2011	635					361			996	149	88	10
2012	592					324			916	184	120	10
2013	602					298			900	203	139	19
2014	786					350			1136	205	108	15
2015	692					274			966	177	127	10
2016	545					223			768	362	138	8
2017	567					337			904	190	99	
2018	578					226			844	131	53	6
合计	20638	422	1039	237	935	6445	2744	3589	35942	5918	1837	1486

四、教职工

表 2-12-4　　　　义乌电大历年教职工职称情况及党员数一览表　　　　单位:人

年度	合计	其中				党员人数
		高级职称	中级职称		职员	
1979	1	1				1
1980	1	1				1
1981	1	1				1
1982	2	1	1			2
1983	3	1	2			2
1984	4	1	3			4
1985	3	1	2			3
1986	5	1	3	1		4
1987	5	1	3	1		4
1988	8	1	5	1	1	5
1989	7		5	1	1	4
1990	9		7	1	1	4

续表

单位:人

年度	合计	其　中				党员人数
		高级职称	中级职称		职员	
1991	7		6	1	1	4
1992	8		7		1	4
1993	8		7		1	4
1994	8		7		1	4
1995	11		10		1	5
1996	10		9		1	6
1997	11	1	9		1	6
1998	12	1	10		1	7
1999	14	1	10	2	1	7
2000	16	2	10	2	2	7
2001	19	3	8	5	3	11
2002	22	3	11	5	4	11
2003	23	3	11	6	4	11
2004	29	4	11	5	7	11
2005	31	5	13	4	9	11
2006	33	6	12	3	8	11
2007	33	6	12	3	8	12
2008	33	7	14	4	8	15
2009	34	8	12	6	8	14
2010	24	8	11	5		12
2011	24	8	11	5		14
2012	26	9	11	5	1	13
2013	24	9	12	3		15
2014	27	13	11	3		14
2015	25	13	10	2		15
2016	26	13	12	0	1	13
2017	40	19	20	0	1	23
2018	40	20	18	2	0	24

表 2-12-5　　义乌电大教师名录一览表

序号	在职教师	序号	曾任职(含退休)教师
1	何爱群(1990.8-　　)	1	王志明(1979.2-1989.3)
2	方丽君(1998.2-　　)	2	龚慧卿(1982.10-1990.10)
3	何金如(1999.8-　　)	3	骆建华(1983.9-1990.8)
4	何晓君(1999.8-　　)	4	姚家芳(1984.8-1985.11)
5	彭志清(2001.8-　　)	5	王松人(1984.8-1995.6)
6	陈小波(2001.8-　　)	6	楼小明(1986.8-1990.8)
7	陈旭平(2002.8-　　)	7	朱师荣(1986.10-2001.6)
8	季敬文(2004.8-　　)	8	何巧玲(1988.1-2018.12)
9	何晓瑜(2005.8-　　)	9	徐　运(1990.8-2001.10)
10	陈宇雁(2005.8-　　)	10	王联品(1992.8-2017.10)
11	朱　斌(2009.6-　　)	11	郑明文(1992.8-1998.8)
12	吴其荣(2013.8-　　)	12	周华照(1995.1-2004.4)
13	陈克义(2018.10-　　)	13	陈长桁(1995.1-2001.8)
14	楼佳园(2009.8-　　)	14	吴友仙(1995.1-2009.11)
15	吴建旻(2010.8-　　)	15	黄允望(1997.2-2009.2)
16	虞雪莲(2013.8-　　)	16	杨立群(1999.8-2005.3)
17	宋军英(2014.8-　　)	17	罗良龙(2001.8-2018.4)
18	陈方华(2016.8-　　)	18	王　军(2001.8-2018.2)
19	黄亚娟(1988.10-　　)	19	李顺根(2001.5-2010.10)
20	吴福水(2017.8-　　)	20	何芳芳(2001.8-2014.8)
21	许道富(2017.8-　　)	21	方　俊(2002.8-2015.8)
22	金亦生(2017.8-　　)	22	金　娟(2003.8-2014.3)
23	洪幸生(2017.8-　　)	23	杨晓春(2005.8-2015.9)
24	何亚娜(2017.8-　　)	24	沈勇军(2005.8-2008.6)
25	余福生(2017.8-　　)	25	骆国良(2008.8-2009.6)
26	骆正法(2017.8-　　)	26	冯澄源(2012.8-2015.1)
27	傅秀熙(2017.8-　　)	27	楼永良(2017.8-2018.10)
28	王来成(2017.8-　　)	28	方正刚(2017.8-2018.10)
29	毛晓君(2017.8-　　)	29	贾桂庆(2017.8-2018.11)
30	虞雪玲(2017.8-　　)	30	王　灏(2017.8-2017.11)
31	何小春(2017.8-　　)	31	周海英(2009.8- 2018.12)

续表

序号	在职教师	序号	曾任职(含退休)教师
32	陈　跃(2018.08-　　　)		
33	陈小敏(2012.08-　　　)		
34	王云华(2006.08-　　　)		
35	黄丽英(2015.08-　　　)		

五、人才培养

义乌电大是一所集远程开放教育、网络教育、高教自考、社区教育、老年教育为一体的成人高等教育公办学校。一直以来,学院全面贯彻党的教育方针,坚持社会主义办学方向,紧紧围绕义乌市委市政府的战略决策,按照义乌市教育局工作部署,遵从业务主管部门的工作指导,主动适应国家战略和本地经济社会发展需求。学院遵循“以服务促稳定,以创新谋发展,以特色树品牌,以文化添魅力”的办学理念,丰富“远程•多元•开放”的办学特色内涵,致力将义乌电大建设成为“学习菜单更丰富、助学服务更贴心、办学特色更突出”的继续教育平台。

学院秉承为当地经济和社会发展服务的理念,多层次、多形式、多规格培养人才,覆盖文、理、工、医、经、管、法、农、教等九个门类,学科课程门类齐全,为社会培养了10000多名本、专科人才,为促进区域经济社会发展作出了巨大贡献。

六、科研工作

学校十分重视科研工作,鼓励教师积极撰写论文、申报课题等,积极开展教学科研工作。截止2018年底,教师获市级以上论文或课题评比等一等奖10个,二等奖28个,三等奖40个。

七、办学条件

因城市建设发展需要,原校址被市政府征用,新校园将于2020年建成投入使用,2016年10月14日起,浙江广播电视大学义乌学院办公地点暂设在义乌市城北路J180号(义乌市国贸学校内)。

学院现有固定资产总值4024136.66元。其中多媒体教室6个,电脑室3个,基本满足教学需要。

2017年10月20日,位于北苑街道机场路与西城路交叉口西侧浙江广播电视大学义乌学院迁建项目工程举行开工仪式。浙江广播电视大学义乌学院迁建工程审定概算投资34259万元,按在校注册学生1500人的规模超前设计,教学楼、办公楼建筑面积为10403.97平方米,将于2020年1月建成并投入使用。

八、文化建设

1.坚持多元办学。学院紧随时代发展,坚持以开放教育为主体,远程教育、自学考试、社区教育、老年开放教育并举,不断丰富“远程•多元•开放”办学特色内涵,构建起多层次、多形式、多规格的人才培养模式,为电大事业新发展和实现高等教育大众化、构建终身教育体系、建设学习型社会奠定了良好的基础。

2.重视融合发展。新老教师互帮互学,团结合作,在制度建设中成长,在文化建设中升华,在价值追求中完善,不忘初心,牢记使命,在和谐奋发向上的文化氛围中齐心协力,砥砺前行。

3.积极传承创新。突出党建引领作用,凝聚全体教师共识,促进学院跨越发展。注重教师队伍建设,严抓教风学风考风,积极营造良好文化氛围。注重各种社会资源整合,充分运用现代科学技术,强化教师队伍建设,大力开展学历教育与非学历教育品牌建设,培育办学特色,助力电大转型发展。

表 2-12-6　历年来教师获得各类荣誉一览表

姓名	荣誉称号	授予部门	时间
朱师荣	义乌 1989 年度职工教育优秀办学干部	义乌县人民政府	1989 年 2 月
何巧玲	义乌市先进工作者	义乌市委、市政府	1990 年
朱师荣	义乌市 1990 年度职工教育优秀办学干部	义乌市人民政府	1991 年 3 月
朱师荣	义乌市 1991 年度职工教育优秀办学干部	义乌市人民政府	1992 年 5 月
朱师荣	义乌市 1992 年度职工教育先进工作者	义乌市职工教育委员会	1993 年 3 月
朱师荣	优秀电大工作站站长	浙江广播电视大学	1993 年 3 月
何巧玲	金华市电大优秀校长	金华市教委	1995 年
何巧玲	全国广播电视大学优秀教育工作者	中央电大	1999 年
何巧玲	义乌市先进工作者	义乌市委、市政府	2001 年
何巧玲	义乌市巾帼建功标兵	义乌市妇联	2001 年
何巧玲	金华市巾帼建功标兵	金华市妇联	2002 年
方丽君	义乌市优秀教师	义乌市教委	2002 年 6 月
何巧玲	中共义乌市第十一次代表大会代表		2003 年 1 月
罗良龙	义乌市优秀共产党员	中共义乌市委	2003 年 1 月
方　俊	2004 年度教学支持服务十佳个人	中央电大奥鹏远程教育中心	2005 年 3 月
陈旭平	浙江省教育科研先进个人	省远程教育学会	2005 年 12 月
何巧玲	浙江广播电视大学系统优秀教育工作者	浙江广播电视大学	2005 年 12 月
罗良龙	省优秀学会工作者	浙江省现代远程教育学会	2006 年 12 月
王联品	2006 年度浙江广播电视大学系统教材发行管理先进工作者	浙江广播电视大学	2007 年 2 月
方丽君	2005–2006 年度全国高校网络教育统考优秀考务工作者	全国高校网络教育考试委员会	2007 年 3 月
罗良龙	2005–2006 年度全国高校网络教育统考优秀考务工作者	全国高校网络教育考试委员会	2007 年 3 月
陈旭平	优秀教务管理工作者	浙江广播电视大学	2007 年 10 月
王联品	2007 年度浙江广播电视大学系统教材发行管理先进工作者	浙江广播电视大学	2008 年 1 月
罗良龙	浙江广播电视大学系统优秀教师	浙江广播电视大学	2008 年 3 月
陈旭平	浙江广播电视大学系统先进教育工作者	浙江广播电视大学	2008 年 3 月
杨晓春	中央电大现代远程教育公共服务体系先进个人	中央电大奥鹏中心	2009 年 1 月

续表

姓名	荣誉称号	授予部门	时间
王联品	2008 年度浙江广播电视大学系统教材发行管理先进工作者	浙江广播电视大学	2009 年 5 月
方　俊	浙江广播电视大学系统招生工作优秀个人	浙江广播电视大学	2009 年 5 月
方丽君	浙江广播电视大学优秀教务管理工作者	浙江广播电视大学	2009 年 7 月
方丽君	全国电大优秀教务管理工作者	中央广播电视大学	2009 年
罗良龙	2007—2008 年度浙江广播电视大学优秀考务工作者	浙江广播电视大学	2009 年 10 月
罗良龙	2007-2008 年度全国广播电视大学优秀考务工作者	中央广播电视大学	2009 年 11 月
何芳芳	市直机关优秀党员	义乌市	2009 年
杨晓春	义乌优秀教师	义乌市	2010 年
何芳芳	2008-2009 年度浙江广播电视大学开放教育优秀班主任	浙江广播电视大学	2010 年
楼佳园	金华电大说课比赛三等奖	金华电大	2010 年
陈旭平	全国高院网络教育统考工作考点先进个人	中央电大奥鹏中心	2010 年 1 月
杨晓春	教学支持服务先进个人	东北财经大学网络教育学院	2011 年 1 月
方丽君	2010-2011 年浙江广播电视大学系统“育人奖”	浙江广播电视大学	2011 年 12 月
罗良龙	2011 年考务工作先进个人	金华广播电视大学	2011 年 12 月
斯燕萍	2011 年招生工作先进个人	金华广播电视大学	2011 年 12 月
罗良龙	义乌市先进工作者	义乌市	2011 年 2 月
陈小波	市直机关优秀党员	义乌市	2011 年 2 月
何金如	全省电视中专优秀班主任	浙江广播电视大学	2011 年 6 月
王联品	2010 年度浙江广播电视大学系统教材发行管理先进工作者	浙江广播电视大学	2011 年 6 月
吴建旻	金华市优秀共产党员	中共金华市委	2011 年 6 月
方　俊	2010-2011 年度浙江广播电视大学系统优秀教师称号	浙江广播电视大学	2012 年 3 月
王云华	2011 年度浙江广播电视大学系统教材发行管理先进工作者	浙江广播电视大学	2012 年 6 月
何晓君	浙江广播电视大学优秀班主任	浙江广播电视大学	2012 年 11 月
王联品	2011 年度档案工作先进个人	义乌市教育局	2012 年 3 月
何晓瑜	教学服务支持先进个人	东北财经大学网络教育学院	2013 年 12 月
何晓瑜	教材支持服务优秀奖	中央广播电视大学远程教育中心	2013 年 12 月

续表

姓名	荣誉称号	授予部门	时间
杨晓春	全市电大系统教职工首届“电大好声音”歌唱比赛三等奖	金华广播电视大学系统	2013 年 12 月
王联品	义乌市先进工作者	义乌市	2013 年 2 月
季敬文	市直机关优秀党员	义乌市	2013 年 2 月
陈小波	全市电大系统 2012 年优秀教师	金华广播电视大学	2013 年 1 月
方丽君	全市电大系统 2012 年优秀考务工作者	金华广播电视大学	2013 年 1 月
陈旭平	2012–2013 年度浙江广播电视大学系统优秀教师	浙江广播电视大学	2014 年 11 月
陈小波	2013–2014 年度浙江广播电视大学系统先进教育工作者	浙江广播电视大学	2014 年 11 月
何晓瑜	教学支持服务先进个人	东北财经大学网络教育	2014 年 11 月
何晓瑜	教材支持服务优秀奖	中央广播电视大学远程教育中心	2014 年 12 月
杨晓春	个人十年合作贡献奖	东北财经大学网络教育学院	2014 年 4 月
吴其荣	“怎样当一名好老师”“我心目中的好老师”主题征文活动获二等奖	浙江广播电视大学	2014 年 12 月
何爱群	“怎样当一名好老师”“我心目中的好老师”主题征文活动获二等奖	浙江广播电视大学	2014 年 12 月
陈宇雁	先进工作者	浙江广播电视大学	2014 年 3 月
王联品	2013 年度档案工作先进个人	义乌市教育局	2014 年 4 月
何爱群	浙江广播电视大学 2012–2013 年度优秀班主任	浙江广播电视大学	2014 年 5 月
何晓君	浙江奥鹏 2015 年秋季招生工作先进个人	浙江电大奥鹏管理中心	2015 年 11 月
何晓君	电视中专 2015 年度优秀班主任	浙江广播电视中等专业学校	2015 年 11 月
陈小波	2014–2015 年浙江广播电视大学系统学生思想政治教育工作“育人奖”	浙江广播电视大学	2015 年 12 月
周海英	2015 秋教材支持服务奖	奥鹏中心	2015 年 12 月
陈旭平	浙江省现代远程教育学会优秀学会工作者 全浙江广播电视大学系统教科研先进个人(与上同一个,2015.9 月发证)	浙江省现代远程教育学会	2015 年 3 月
何晓君	2014 春学期教材支持服务优秀奖	奥鹏远程教育中心	2015 年 3 月
陈宇雁	金华市电大系统说课比赛三等奖	金华广播电视大学	2015 年 4 月
何晓君	2014 秋学期教材支持服务优秀奖	奥鹏远程教育中心	2015 年 5 月
杨晓春	浙江奥鹏 2015 年春季招生工作先进个人	浙江电大奥鹏管理中心	2015 年 6 月
何晓君	2015 春学期教材支持服务优秀奖	奥鹏远程教育中心	2015 年 7 月

续表

姓名	荣誉称号	授予部门	时间
何晓瑜	2014–2015 年度教学服务支持先进个人	东北财经大学网络教育学院	2015 年 8 月
楼佳园	2014 年度浙江广播电视大学财务工作先进个人	浙江广播电视大学	2015 年 9 月
楼佳园	浙江广播电视大学课程教学方案设计竞赛三等奖	浙江广播电视大学	2015 年 12 月
何晓君	浙江奥鹏 2016 年春季招生工作先进个人	浙江电大奥鹏管理中心	2016 年 6 月
陈小敏	浙江奥鹏 2016 年秋季招生工作先进个人	浙江电大奥鹏管理中心	2016 年 11 月
陈宇雁	2015 学年浙江省教育考试先进工作者	浙江省教育考试院	2016 年 3 月
王联品	2014—2015 年度浙江广播电视大学开放教育优秀班主任	浙江广播电视大学	2016 年 5 月
方丽君	2015 年度浙江广播电视大学教材发行管理先进工作者	浙江广播电视大学	2016 年 9 月
王云华	2015 年度浙江广播电视大学教材发行管理先进工作者	浙江广播电视大学	2016 年 9 月
何晓瑜	东北财经大学网络教育“教学支持服务先进个人”	东北财经大学网络学院	2016 年 8 月
虞雪莲	2016–2017 年全省电大系统“育人奖”	浙江广播电视大学	2017 年 5 月
虞雪莲	金华电大说课比赛三等奖	金华电大	2017 年 5 月
黄丽英	金华电大说课比赛三等奖	金华电大	2017 年 5 月
周海英	奥鹏教育先进个人	省电大奥鹏远程管理中心	2017 年 6 月
何晓瑜	教学支持服务先进个人	东北财经大学网络教育学院	2017 年 7 月
何晓君	2016 年度奥鹏教育招生先进个人	省电大奥鹏远程管理中心	2016 年 11 月
楼佳园	全省电大财务工作优秀工作者	浙江广播电视大学	2017 年 9 月
王云华	2016 年度全省电大教材发行管理先进工作者	浙江广播电视大学	2017 年 10 月
何小春	义乌市优秀普通话水平测试员	义乌市语言文字工作委员会办公室	2018 年 4 月
彭志清	教学支持服务先进个人	东北财经大学网络教育学院	2018 年 8 月
骆正法	2017 年度浙江省职成教系统信息报送先进个人	浙江省成人教育与职业教育协会	2018 年 3 月
宋军英	2017–2018 年度学会工作先进个人	浙江省教育会计学会电大分会	2018 年 11 月
虞雪莲	全省电大系统优秀教师	省电大	2018 年 11 月
黄丽英	全省电大系统优秀青年教师	省电大	2018 年 11 月

第二节　浙江广播电视大学东阳学院

一、历史沿革

1979 年 2 月，浙江广播电视大学东阳工作站（简称电大东阳工作站）创办，与原县文教局合署办公。为全省首批创办的县级电大，站址设在县文教局机关办公室内。

1985 年 5 月，在东阳市新南路南端（新南路 68 号）征用吴宁街道南门大队土地 3.5 亩筹建新校区，同年 10 月，教学楼、食堂、门房等破土动工。1986 年 4 月，基建项目竣工，结束无校舍的历史。校舍，教育、生活等设施齐全，学校占地面积 2300 平方米，校舍建筑面积 1554 平方米。

1988 年 5 月，创办金华广播电视中专东阳分校。

1994 年 10 月，通过“撤站建校”验收，同年 11 月浙江省教委下文（浙教成字[1994]485 号）批准将电大东阳工作站更名为“浙江广播电视大学东阳分校”（简称电大东阳分校）。同年 12 月，举行 15 周年校庆。

1999 年秋季开始，参加中央广播电视大学“人才培养模式改革和开放教育试点”项目，同年 11 月通过省教育厅、省电大联合组织的省示范性电大的评估验收，12 月浙教成[1999]399 号文件批准更名为“浙江广播电视大学东阳学院”（简称电大东阳学院），成为首批全省电大 7 所县级学院之一。

2001 年 6 月，浙政函[2001]第 109 号文件同意与浙江广厦建设职业技术学院联合办学。内部名称为广厦学院成教学院，2005 年内部管理部门名称更名为电大部。

2006 年 10 月，学院老校区由新南路 68 号迁址到新南路 72 号，校舍建筑面积 7808 平方米。

2007 年，获批成立浙江广播电视大学东阳学院奥鹏远程教育学习中心。

2008 年，获批设置东阳市唯一的高校网络教育“全国网考统考”考点。同年，依托浙江广厦建设职业技术学院设立的西南科技大学网络教育东阳学习中心归口到电大东阳学院。

2010 年秋季起，开展招收农民大学生培养项目试点。

2012 年 8 月，电大东阳学院顺利由新南路搬迁到江北广厦学院新校区。

2015 年，广厦学院成教学院工作归口到电大东阳学院，实行一套班子、两块牌子，对内为广厦学院继续教育学院。

2016 年 1 月，电大东阳学院被列为首批全省 24 家老年教育试点单位之一，依托电大东阳学院成立浙江老年开放大学东阳学院（简称东阳老年开放学院）。

2017 年，依托电大东阳学院成立东阳市学分银行东阳分中心。

二、管理体制与组织机构

1.管理体制

1979 年 2 月，学校创办之初行政上隶属东阳县人民政府，归县文教局、广播电视局主管，是地方高等教育事业单位。后隶属于东阳市教育局，系东阳市教育局管辖下的独立法人事业单位。

2001 年，根据《中共东阳市委 东阳市人民政府关于金华市城乡建设学校、浙江电大东阳学院体制改革的实施意见》（市委[2001]33 号文件），浙江广播电视大学与浙江广厦建设职业技术学院联合办学，整体实施改制，学校原由政府主办改由浙江广厦建筑股份有限公司主办主管。改制后继续作为一个独立的办学主体与广厦学院实行紧密型联合办学，与广厦学院实行“两块牌子、一套班子”管理，对内为广厦学院电大部，对外继续保留牌子和独立的法人资格，业务隶属关系不变。

2.组织机构

1979 年 2 月,浙江广播电视大学东阳工作站与原县文教局合署办公,设立办公室一间。

1983 年,学校搬到新南路 68 号新校区,设教务处。

1984 年底,健全领导班子,组建校办公室、教务处,配备相应干部,各处室职责分明,管理有序。

1995 年,增设电教中心,负责全校远程教育设备的管理和教师培训。

1998 年,调整机构,设办公室、教科所、教学处和教务处,试行校长负责制和教师聘任制,实行层次管理,明确岗位责任;办公室负责行政、总务和学生工作,与团委合署办公;教学处和教科所实行两块牌子、一套人马,分管教学、教育科研和教师进修;教务处分管学籍、教材、考务等工作。

2002 年,设立文科教研室和理科教研室,负责学历教育教学组织和教学管理工作,开展教研活动和科研工作。

2006 年,增设招生办公室,负责成人学历教育招生咨询、接待、报名和录取工作。

2016 年,增设培训部,负责建筑行业培训考证咨询、报名、考试组织等工作。

3.历任领导

表 2–12–7　　学院历任党政领导一览表

姓名	职务	任职时间
徐景璠	浙江电大东阳工作站　副站长	1984.11–1992.12
	中共东阳电大工作站支部委员会　书记	1985.1–1992.12
黄文喜	金华电视中专东阳分校　副校长	1990.8–1994.12
	金华电视中专东阳分校　校长	1994.12–2003.7
周晓云	中共浙江电大东阳工作站支部委员会　副书记	1992.12–1996.2
	中共浙江电大东阳分校支部委员会　副书记	1996.2–1997.9
	中共浙江电大东阳分校支部委员会　书记	1997.9–2004.7
卢熙祥	浙江电大东阳工作站　副站长	1994.8–1994.12
	浙江电大东阳分校　副校长	1994.12–1997.9
	浙江电大东阳分校　校长	1997.9–2004.7
包美青	浙江电大东阳分校　教务处副主任	1997.1–2004.7
	浙江电大东阳学院　副院长	2002.7–2002.12
	广厦学院成教学院(电大东阳学院)院长	2002.12–2004.7
	广厦学院成教学院(电大东阳学院)直属支部书记	2003.3–2004.7
黄绍伟	广厦学院成教学院(电大东阳学院)院长	2004.7–2005.7
	广厦学院电大部(电大东阳学院)主任	2005.7–2008.7
王藕娟	广厦学院成教学院(电大东阳学院)副院长	2003.5–2005.7
	广厦学院电大部(电大东阳学院)副主任	2005.7–2007.7
朱燕红	广厦学院电大部(电大东阳学院)主任助理	2005.7–2008.7
	广厦学院成教学院电大部(电大东阳学院)主任	2008.7–2012.3

续表

姓名	职务	任职时间
朱燕红	浙江电大东阳学院　副校长	2012.3–2015.1
	浙江电大东阳学院　副院长	2013.1–2015.1
	浙江电大东阳学院　常务副院长	2015.1–2018.1
	浙江电大东阳学院　总支书记	2018.1–2018.7
单庞君	广厦学院电大部(电大东阳学院)直属支部副书记	2007.2–2014.6
	浙江电大东阳学院　副院长	2014.6–2015.1
	浙江电大东阳学院　副院长	2015.1–2018.1
	浙江电大东阳学院　常务副院长	2018.1–
	浙江电大东阳学院　总支书记	2018.9–
杜德龙	浙江电大东阳学院　总支副书记	2013.1–
贾恭惠	浙江电大东阳学院　书记	2012.03–2016.06
周俊辉	浙江电大东阳学院　院长	2012.3–

三、学生

1.招生

1979 年成立初，首期招收学员 323 人，其中全科生 13 人，单科生 310 人，9 个教学班。

1988 年，开始电视中专教育。

1993 年，开始普通全日制专科教育。

1995 年，开始注册视听生教育。

1999 年，开始开放教育专升本和远程专科教育。

2001 年，停止注册视听生教育。

2003 年，停止普通全日制专科教育。

2004 年，停止远程专科，转为开放教育高起专教育。

2010 年，开始农民大学生培养项目试点。

截止 2018 年，电大东阳学院招生类型包括国家开放大学的开放教育高起专、专升本，“一村一名”大学生培养项目；奥鹏远程教育授权的大连理工大学、福建师范大学、中国医科大学等网络教育高起专、专升本专业。

表 2–12–8　　历年招生、毕业生人数一览表　　单位：人

年份	类别	专业	招生合计	毕业生数	备注
1979 年	成人专科	机械工程、电子工程	13		
	单科	数学、物理、化学、英语	310		
1980 年	单科	数学、物理、化学、英语	94	95	结业
1981 年	单科			82	结业

续表

单位:人

年份	类别	专业	招生合计	毕业生数	备注
1982 年	成人专科	汉语言文学、现代汉语、写作、中国通史、数学、物理、英语	130	14	毕业
	单科		110		
1983 年	成人业余		103		
	成人专科	工业企业经营管理、工业会计、工业统计、商业企业、商业会计、金融、财政	196	2	毕业
	单科			70	结业
	自学视听生		162		
1984 年	成人专科	机械制造及工艺设备、工业电气、工业与民用建筑、党政干部专修	136		
	单科			67	结业
1985 年	成人专科	汉语言文学 、法律、档案、文史	241		
	全科脱产			2	毕业
	全科业余		238	23	毕业
1986 年	脱产	工业与民用建筑	33	19	毕业
	成人专科	商业企业经营管理、审计、英语	67	113	毕业
1987 年	全科业余		2		
	成人专科	工业企业经营管理、财务会计、政史	97		
1988 年	全科业余		33	62	毕业
	电视中专	机电、建筑施工与管理	124		
	电视中专单科		172		
	自学视听生		119		
	成人专科	金融、经济法以、法律等	174	1	毕业
1982–1988 年	成人专科	机械、电气、民用建筑、汉语言、会计统计、法律、文史等		309	毕业
1989 年	电视中专	机电、建筑施工与管理	107		
	成人专科	化轻工工程、财务会计、审计	116	45	毕业
	全科业余		26	34	毕业
	自学视听生		88		
1990 年	电视中专	建筑施工与管理、财务会计	133		
	成人专科	机电工程、土建、财务会计、政史	83		
	全科业余		66	9	毕业
	自学视听生		27		

续表　　单位:人

年份	类别	专业	招生合计	毕业生数	备注
1991年	成人专科	财务会计、金融	32		
	电视中专			184	毕业
1992年	电视中专	会计	79		
	成人专科	机电工程、土建、工业企业、商业企业、财务会计、金融	66		
1993年	电视中专	机电、财会、对外贸易、幼师	147		
	普通专科	计算机应用工程	35		
	成人专科	机电工程、计算机应用工程、土建工程、财务会计、金融、法律	91		
1994年	第二学历	计算机应用、财务会计、财务法律、对外经济贸易	22		
	单科	计算机应用、法律、文秘、新闻、财务会计、金融	316		
	成人专科	计算机应用工程、机电、土建、法律、文秘、金融	70	24	
	普通专科	计算机应用工程	34		
	电视中专	机电设备维修、工民建、对外经济贸易、涉外文秘、幼师	230		
1995年	注册视听生	财务会计	62		
	普通专科	计算机应用工程	36		
	成人专科	财会、机电、工商		36	
1996年	注册视听生	法律、财务会计	125		
	成人专科	工商、金融、财务		9	
	普通专科	计算机、财务会计、外贸英语	94	34	
1997年	普通专科	英语、计算机、财务、土木	134	68	
1998年	普通专科	英语、计算机、财务、土木	126	95	
1999年	成人专科	计算机、法律、财务、文秘、机电、工商		53	
	注册视听生		125		
	普通专科	计算机、财务、土木	103	1	
	开放本科	计算机科学与技术	90		
	远程专科	计算机	45		
2000年	成人专科	工商、财务、金融、法律、英语、土建等		82	
	注册视听生	财务会计、法律、市场营销	162	25	
	普通专科	计算机、土木、秘书、英语、财会、英语	139	119	
	远程专科	小学、教管、金融、法律	158		
	开放本科	计算机、法学、会计学	169		

续表

单位:人

年份	类别	专业	招生合计	毕业生数	备注
2001年	成人专科	计算机、财务、金融		72	
	普通专科	财务、计算机、土建、工业、财务、英语	110	88	
	远程专科	法律、金融、计算机、财务会计	337		
	开放本科	法学、会计学、金融学、汉语言	234		
2002年	普通专科	计算机、土木工程、英语	51		
	远程专科	财务、法律、工业与民用建筑、计算机、汉语言、英语	551		
	开放本科	计算机、法学、会计学、汉语言、土木	280	79	
2003年	远程专科	财务、法律、汉语、计算机、工业与民用建筑、行政、英语	514		
	开放本科	计算机、法学、会计学、汉语言、公共事业管理	298	120	
2004年	注册视听生	财务会计、法律		14	
	开放专科	会计学、法学、小教、工商、英语、计算机	305		
	开放本科	计算机、法学、会计学、金融学、汉语言、土木	212	238	
2005年	注册视听生	财务会计、法律、英语		28	
	远程专科	法学、工商管理、汉语言、会计学、计算机、英语、金融、土木	309		
	开放专科	会计学、法学、小教、工商、英语、建筑、计算机	339		
	开放本科	计算机、法学、会计学、汉语言、土木、公共事业、工商管理	296	266	
2006年	注册视听生	财务会计、法律		7	
	远程专科	会计学、法学、行政、汉语、计算机、英语、土木、工商			
	开放专科	行政、建筑、英语、计算机、汉语言、小教、法学、会计学、工商	253	104	
	开放本科	计算机、法学、会计学、汉语言、公共事业、工商、土木	271	265	
2007年	注册视听生	财务会计		2	
	远程专科	会计、法学、工商、计算机、土木、行政、英语		77	
	开放专科	行政、汉语、工程、会计、法学、小学、工商、英语、建筑、计算机	181	308	
	开放本科	计算机、法学、会计、土木、汉语、公共、工商、行政	175	291	
	奥鹏远程教育	福建师范大学、大连理工学	32		

续表

单位:人

年份	类别	专业	招生合计	毕业生数	备注
2008年	远程专科	会计学、土木、工商、计算机、英语		17	
	开放专科	行政、会计学、法学、计算机、工商、英语、建筑、小教、汉语	209	161	
	开放本科	计算机、法学、会计、汉语、公共、工商、行政、英语、土木、小教	188	238	
	奥鹏远程教育	福建师范大学、大连理工学	50		
2009年	注册视听生	财务会计		1	
	远程专科	会计、工商、土木、行政		9	
	开放专科	汉语言、计算机、行政、小教、建筑、英语、工商、法学、会计、造价、旅游	186	203	
	开放本科	计算机、法学、会计学、土木、汉语、公共事业、工商、广告、小教	155	235	
	奥鹏远程教育	福建师范大学、大连理工学、南开大学	87	15	
2010年	远程专科	会计学		1	
	一村一	园林技术、农村行政管理	26		
	开放专科	汉语言、会计、法学、计算机、工商、英语、建筑、造价、小教、行政、	162	154	
	开放本科	计算机、法学、会计、土木、汉语、公共、工商、行政、小教、金融、英语	174	177	
	奥鹏远程教育	福建师范大学、大连理工学、南开大学、中国医科大学	132	40	
2011年	一村一	园林技术、农村行政管理	21		
	开放专科	汉语言、旅游、法学、工商、会计、行政、建筑、英语、计算机、造价	181	160	
	开放本科	行政、计算机、汉语言、小教、英语、广告学、金融、法学、土木、工商、会计、行政	231	195	
	奥鹏远程教育	福建师范大学、大连理工学、南开大学、中国医科大学	125	24	
2012年	一村一	园林技术	29		
	开放本科	金融学、法学、土木、工商、行政、会计、汉语言、广告学、公共、小教	198	128	
	开放专科	金融学、法学、土木、工商、行政、会计、汉语、广告、公共事业、小教	165	166	
	奥鹏远程教育	福建师范大学、大连理工学、南开大学、中国医科大学	123	124	
2013年	一村一	园林技术、农村行政管理、农业经济管理	78	23	
	开放专科	法学、学前、计算机、建筑、造价、工商、会计、行政	210	149	

续表 单位:人

年份	类别	专业	招生合计	毕业生数	备注
2013 年	开放本科	行政、金融、法学、土木、工商、会计、英语	217	165	
	奥鹏远程教育	福建师范大学、大连理工学、东华大学、中国医科大学	110	137	
2014 年	一村一	园林技术、农业经济管理	94	20	
	开放专科	法学、建筑、造价、工商、会计、行政、计算机、学前、英语	214	154	
	开放本科	金融学、法学、土木、工商、会计、行政	147	200	
	奥鹏远程教育	福建师范大学、大连理工学、中国医科大学	186	90	
2015 年	一村一	园林技术、农业经济管理	91	28	
	开放专科	英语、法学、建筑、造价、工商、会计、行政、学前、计算机	135	181	
	开放本科	行政管理、会计学、土木、工商、法学、金融	118	197	
	奥鹏远程教育	福建师范大学、大连理工学、中国医科大学、南开大学、四川农业大学、东华大学	172	164	
2016 年	一村一	园林技术、农业经济管理	86	112	
	开放专科	学前、法学、建筑、造价、工商、会计、行政、计算机、英语	84	174	
	开放本科	会计、金融、法学、土木、工商、行政管理	104	182	
	奥鹏远程教育	福建师范大学、大连理工学、中国医科大学、南开大学、四川农业大学、东华大学	229	166	
2017 年	一村一	园林技术、农业经济管理	80	105	
	开放专科	学前、行政、会计、工商、造价、建筑、计算机	146	131	
	开放本科	会计学、金融学、法学、土木、工商、行政管理	124	127	
	奥鹏远程教育	福建师范大学、大连理工学、中国医科大学、南开大学、四川农业大学、东华大学	273	135	
2018 年	一村一	园林技术、农业经济管理	50	60	
	开放专科	计算机、学前、英语、行政、会计、工商、造价、建筑、法学	188	66	
	开放本科	行政、工商、土木、法学、金融、会计	177	91	
	奥鹏远程教育	福建师范大学、大连理工学、中国医科大学、南开大学、四川农业大学、东华大学	212	191	

2.学生管理

1994 年，成立校团委、学生会。开展丰富多彩的文体活动，以丰富业余生活，增强集体凝聚力，开展安全教育，加强学生自我管理能力。

2013 年 9 月，成立电大东阳学院开放教育学生会，以健全电大组织建设，构建和谐师生关系，丰富师生学习和文体活动，扩大电大社会影响力。

2014 年以来，每年举办一次电大学生趣味运动会，按照省委教育工委、省教育厅的工作部署，结合全省“剿灭劣 V 类水”行动的目标要求，东阳电大组织党员教师、学生会干部、学生志愿者走近东阳江畔，开展“剿灭劣 V 类水，东阳电大在行动”为主题的志愿活动，为我省“五水共治”工作贡献力量。2018 年 11 月，学院成功举办以“改革开放四十年•东阳电大共发展”为主题的第五届学生趣味运动会暨辅警《警务技能实训》课程考核。通过学生会和各项活动，增强了学生对学校的认同感和归属感，为电大的发展献计献策。

四、教职工

1999 年开始，电大东阳学院从转变观念、优化结构和提高素质等方面入手，加强教学、技术、管理三支队伍建设，重视在“人”的方面提高应用现代教育技术的能力。2004 年提出要加强教学、管理、技术、科研四支队伍建设。

1999 年有专职教师 28 人，兼职教师 25 人。2018 年有专职教师 23 人，兼职教师 38 人。

表 2-12-9　　历年教职工分布及职称、学历人数一览表　　单位：人

	教职工分布					高级职称与硕博			
年份	总数	专任教师	教辅	行政	工勤	教授	副教授	硕博	其中党员人数
1979	2		1	1					
1980	2		1	1					
1981	3		2	1					
1982	3		2	1					
1983	3		2	1					
1984	5	2	1	1	1				2
1985	5	2	1	1	1				2
1986	7	3	2	1	1				2
1987	7	3	2	1	1				2
1988	9	4	3	1	1				3
1989	11	6	3	1	1				4
1990	12	7	3	1	1				5
1991	12	7	3	1	1				5
1992	13	7	3	2	1				5
1993	13	7	3	2	1				5
1994	13	7	3	2	1				6

续表　　单位:人

年份	教职工分布					高级职称与硕博			
	总数	专任教师	教辅	行政	工勤	教授	副教授	硕博	其中党员人数
1995	14	7	4	2	1				7
1996	18	11	4	2	1				8
1997	19	12	4	2	1				8
1998	20	12	5	2	1				9
1999	28	18	7	2	1				11
2000	26	18	5	2	1				11
2001	27	19	5	2	1				12
2002	25	17	5	2	1				7
2003	22	15	4	2	1	1			6
2004	22	14	5	2	1	1			6
2005	24	16	5	2	1	1	2		8
2006	27	18	5	2	2	1	2		7
2007	26	15	6	3	2	1	2		9
2008	27	17	6	2	2	1	2		11
2009	23	12	8	2	1	1	2		11
2010	22	11	8	2	1	1	2		11
2011	21	11	7	2	1	1	2		11
2012	21	13	7	2	1	1	2		11
2013	22	13	6	2	1	1	2		11
2014	22	13	6	2	1	1	2		11
2015	25	14	8	2	1	1	2		11
2016	24	13	8	2	1	1	2		11
2017	24	13	8	2	1	1	3		11
2018	23	11	9	2	1	1	3		10
2019	24	11	10	2	1	1	3		10

五、人才培养

学院以应用型人才为培养目标，坚持“面向社会、面向基层、面向农村”的办学指导思想，以学历教育为主，非学历教育同步进行；以开放教育为主，网络教育并存；以校本部办学为主，联合办学并举。采用“基于网络、导学结合、四维互动”的教学模式，加强“以人为本、过程为主、基于网络、质量监控、协调运作”的管理模式，完善“目标引导、重点推进、协调协作、激励监控、评价反馈”的运行机制，为地方经济和社会发展培养了一大批“留得住、用得上”的应用型人才。

1.学历教育

1979 年，首期招收学员 323 人，其中全科生 13 人，单科生 310 人，九个教学班，分设在东阳化肥厂、东阳二中等单位。

1982 年，首批电子、机械等专业 14 名全科生毕业,成为东阳市自己培养的第一批国家承认学历的大专生。

1983 年，开始招收工业企业管理、工业会计、工业统计、商业企业管理、商业会计、财政、金融等 7 个专业。

1984 年，招收党政、工民建、机械、电气等五个脱产班。

1988 年 5 月，创办金华广播电视中专东阳分校，首批招收机电、建筑施工和管理两个专业共 296 人。

1991 年，电视中专首届 184 名学生毕业。

1993 年，经省教委批准，开办全日制普通班，列入国家普通高校招生计划，从应届高中毕业生中招生，当年招收计算机专业 35 人。

1994 年，经省教委批准，开办本科(第二学历)，当年招收计算机、法律、财会、对外经济贸易等专业 22 名本科生。

1999 年，秋季开始“开放教育试点”项目，首批招收开放教育计算机科学与技术本科专业 90 人。

2007 年，获批成立浙江广播电视大学东阳学院奥鹏远程教育学习中心，首批授权招收大连理工大学、福建师范大学网络教育学生 16 人。

2008 年，依托浙江广厦建设职业技术学院设立的西南科技大学网络教育东阳学习中心与电大合署办公，在网络教育本、专科办学类型基础上，开始招收建筑与土木工程、计算机技术专业的工程硕士班和工商管理硕士班。

2009 年春，奥鹏远程教育授权开展南开大学网络教育。

2010 年春，奥鹏远程教育授权开展中国医科大学网络教育。

2010 年秋季，开始招收农民大学生园林技术农类专科专业，首批招收 20 人，学生学费得到省财政全额补助。

2013 年，开始招收农民大学生农业经济管理专科专业，首批招收 48 人，学生学费得到东阳地方财政部分补助。2013 年春，奥鹏远程教育授权东华大学网络教育。

2015 年秋，奥鹏远程教育授权四川农业大学网络教育。

2016 年春，奥鹏远程教育授权东北大学、北京大学网络教育。

2018 年 6 月，电大东阳学院与东阳市老年龄工作委员办公室、东阳老年电视大学联合共建老年教育讲师团，开展老年教学培训及“送课下乡”活动。

截止 2018 年，东阳电大先后开设成人高等专科(参加成人高招)、普通高等专科(参加普通高招)、高等专科“注册视听生”、开放教育专科和开放教育“专升本”、奥鹏远程教育、高校网络教育；同时开设中等专业教育、项目培训、老年教育等。

2.培训项目

1979 年至 1992 年开展工程师继续教育，结业 1995 人。

1990 年开展食品卫生知识岗位培训 499 人，结业 481 人。

1991 年开展食品卫生知识岗位培训 475 人；工业卫生知识培训 127 人，结业 124 人。

1992 年开办会计电算化实用技术培训，结业 56 人；开展涉外英语培训，结业 34 人。

1993 年，开展涉外人员速成英语培训 34 人，初级涉外英语培训 15 人，会计电算化实用技术培训 4 人，计算机技术培训 28 人，专业技术人员英语培训 38 人。

1994 年开展计算机培训 200 余人，环保培训 171 人。

1995 年开展计算机培训 400 余人，环保培训 174 人，东阳市中小学教师电脑培训 210 人。

1999 年开展会计电算化培训 384 人，计算机操作培训 176 人，教育骨干电脑网络培训 40 人，星级教师现代教育思想与技术培训 170 人。

2011 年，开始东阳市农村实用人才培训工作，截止 2018 年完成 6636 人。

2013 年，开始大学生创业培训工作，截止 2018 年完成 2840 人，开展木雕培训 46 人，古建筑营造技艺传承人培训 33 人，木雕(古民居修缮和保护)22 人。

2014 年，开始电子商务培训，截止 2018 年完成 671 人。

2015 年开始，开始住房和城乡建设领域现场专业人员岗位(简称“中岗”)培训和考试工作，截止 2018 年完成中岗考试 34089 人、三类人员考试 17289 人、建筑类技能鉴定 8682 人。

2016 年，开展老年电脑网络培训 108 人。

2017 年，开展老年智能手机使用培训 221 人。

2018 年开始育婴员培训工作，截止 2018 年 12 月完成 262 人。

六、科学研究

电大东阳学院注重学术研究，以科研为抓手，不断促进教师专业建设。提出“以质立校，科研兴校”口号。1996 年开始，学院提出三个“一”，要求每位教师参加一个课题或撰写一篇论文，学校每学期举办一次教育研讨会，每年编辑一本论文集。

截止 2018 年底，教师公开发表论文 57 篇，完成市级以上各类课题 46 项。获市级以上论文或课题等评比一等奖 3 个，二等奖 4 个，三等奖 7 个。

七、合作与交流

东阳电大办学初期采取系统办班、联合办班、电大东阳工作站独立办班等多种形式。如机械工程、电气工程、化学工程专业班由计经委职校主办，土木建筑工程专业班由基建局和电大东阳工作站联合办班。

1991 年 7 月，与农业银行联合办学，开办“金融班”。

1994 年 10 月，与东阳市人大、环保局联合举办环保法制培训，东阳市人大、市府各部门分管领导，公、检、法有关领导和执法人员，乡镇分管环保工作的领导和工作人员，“三废”排放单位的分管领导和环保工作人员参加了培训，1994 年结业 250 人，1995 年结业 174 人。

1996 年 6 月，经东阳市财税局同意，东阳电大为会计电算化培训定点单位。

1999 年开放教育试点工作开始，至 2018 年 12 月，先后与东阳市财政局、中国农业银行东阳市支行、东阳市人民法院、东阳市广播电视局、东阳日报社、东阳市实验小学、东阳市吴宁镇第一小学、东阳市第二实验小学、广宏建设有限公司、东阳市联宜园林绿化分公司、南马先锋花木园艺公司、城东街道斯村现代农业综合园区、六石“碧得丰”粮食专业合作社等 13 家单位签订协议，组成校外实践基地，保证各专业实践环节顺利开展。其中东阳市南马镇先锋花木园艺场实践基地于 2013 年 1 月被确定为浙江广播电视大学第四批农民大学生教学实践基地。

2011 年，经东阳市农办同意，东阳电大确定为农村实用人才培训定点单位。

2013 年,经东阳市就业管理处同意,东阳电大确定为大学生创业培训定点单位。

2014 年,经东阳市商务局同意,东阳电大确定为电子商务培训定点单位。

2015 年,开始具体承办广厦学院考点的建设行业住房和城乡建设领域现场专业人员培训考证、职业技能鉴定,2016 年开始三类人员培训考证组织工作。

2018 年,经东阳市就业管理处同意,东阳电大确定为育婴员培训定点单位。

八、办学条件

东阳电大初创时期,一无教育场地,二无教育设施,工作站设在原文教局,依托社会办学。1984 年,独立校址建于东阳市新南路 68 号。

1986 年,866 平方米的教学大楼,118 平方米的食堂,80 平方米的门房等相继竣工。同年 9 月搬入新址。

1987 年 12 月开始筹建教工宿舍,购进录像机 1 台,电视机 7 台,收录两用机 4 台。

1989 年 4 月,建立了卫星地面接收系统。

1990 年,350 平方米的教工宿舍竣工使用,教育、生活等设施初具规模,同年 11 月完成闭路电视安装调试。

1992 年 3 月,第二台卫星地面接收系统建立。

1995 年 12 月,东教学楼拆建竣工,西教学楼升级改造完成,校园占地面积 37.72 亩,学校教学用房建筑面积达 5800 平米。

1996 年,建成局域校园网,自行开发完成县级电大计算机办公网络系统,包括教务管理、文书档案管理、图书资料管理、校史资料管理、教研档案管理和电脑记事本六个功能模块,各模块功能基本上覆盖了学校日常工作的各个方面。

1997 年 12 月,计算机办公网络系统通过省电大专家组鉴定。

1998 年 5 月,开始拨号上网。

1999 年 4 月,网络设备更新升级,通过 DDN 专线与中国教科网联结,全校办公电脑和机房电脑可同时上网,为师生开通 E_mail 电子邮箱。至此,东阳电大电化教学设备总值达 126.2 万元。包括电视录播中心下的二个卫星地面接收系统,可同时播出全部有线节目、四套录像节目和自录自编节目,各教室配备 29 英寸彩色电视机;网控中心下的校园网;计算机中心下的三个机房、135 台电脑,一个网络电脑机房、二个单机电脑机房;拥有多媒体教室和语音室。

2000 年,新征关山西路 30 亩,建设新校区。2002 年,新建校区划归东阳市教师进修学校。

2012 年 8 月,由新南路 72 号搬迁到浙江广厦建设职业技术学院江北新校区,场地、师资、教育教学设施实行统筹共享。

九、校园文化

1996 年提出“以质立校”口号,在办学过程中以“开放办学、规范教学”为宗旨,形成了“严、勤、实、活”的良好校风,“校兴我荣、校衰我耻”深入人心。

2013 年,提出“三学”(想学、乐学、会学)校园文化建设目标,通过开展开学典礼、毕业典礼以及奖学金颁奖等系列活动,以充分体现电大教育教学核心价值观。

2018 年春季开始,东阳电大与东阳市公安局合作,首期招收了 196 名辅警进行学历培养。针对辅警项目,学院组织教学团队,认真分析教学计划、专业课程以及公安规章制度,积极探索有利于辅警提升的教学实施方法，提出"三结合"课程教学模式，即教学计划与岗位职责相结合、技能实训与岗位培训相结合、学业成绩与考评奖励相结合。"三结合"教学模式取得初步成果，2018年11月，先后被中国经济导报、人民法制网、新华网、人民网等刊文报道。

2016年，学院提出"不服输、敢拼、敢闯"狼性团队文化，激励电大教职员工团结一致、积极进取、敬业奉献。充分发挥党员先锋模范，积极发挥电大学生会干部作用，不断加强校园文化内涵建设。

十、党工团建设

办学以来，东阳电大学习和贯彻党的路线方针政策，加强党的领导，发挥党团员核心作用，加强学生党建工作，开展形式多样的政治思想教育工作。

1985年1月，中共东阳县委批复了电大东阳工作站党支部选举结果，批准新的中共电大东阳工作站支部委员会组织人事组成(中共东阳县委[1985]10号)。

1985年12月，金华团市委转发了共青团浙江广播电视大学金华分校委员会关于本校团组织管理体制问题的请示通知(金团市委[85]46号)，电大东阳工作站团委开始团员组织关系的管理和团活动。

1994年12月，东阳市委发布关于浙江广播电视大学东阳分校党政正职干部管理权限的通知(市委[1994]48号)，学校党政正职列入市委直接管理。

1995年4月，东阳市委发布关于同意"中共浙江电大东阳工作站支部委员会"更名为"中共浙江电大东阳分校支部委员会"的批复(市委发[1995]30号)。

1995年12月，关于电大首届工会委员会的批复(东教工组字[1995]7号)，黄文喜任工会主席，金天寿任经审委员，黄平娟任女工委员，任期三年。

1996年11月，成立第二届共青团电大东阳分校总支委员会(东团委[1996]04号)。

1997年1月，东阳电大召开首届教代会。

1997年4月，东阳共青团同意成立共青团浙江广播电视大学东阳分校委员会(东团委[1997]02号)。

2001年，浙江广播电视大学东阳学院和浙江广厦建设职业技术学院联合办学后，内部管理为广厦学院成教学院(2005年7月改为"电大部")，于2003年3月成立广厦学院党委直属支部，于2013年1月更名为广厦学院党委电大总支。

2013年9月，成立电大东阳学院开放教育学生会，健全电大组织建设，构建和谐师生关系，丰富师生学习和文体活动，扩大电大社会影响力。

十一、学校荣誉

1991年5月，电大东阳工作站被评为金华市电大食品卫生知识岗位培训先进集体。

1993年1月，电大东阳工作站被评为1992年浙江广播电视大学"先进工作站"。

1994年3月，电大东阳工作站被评为1993年浙江广播电视大学"大专教育先进单位"。

1996年2月，电大东阳分校被评为东阳市文明单位。

1997年2月，电大东阳分校党支部被评为1996年度教育系统优秀党组织。

1997年年1月，电大东阳分校青年志愿者服务队评为东阳市1996年度青年志愿者行动先进集体，95计(普)班团支部获先进团组织。

1997年3月，电大东阳分校被评为"1995-1996年先进电大分校"。

1997年12月，电大东阳分校被评为东阳市教育系统首届艺术节组织工作先进单位。

1998年1月，电大东阳分校评为1997年度东阳市"创安"达标单位。

1998年4月,电大东阳分校评为东阳市文明学校。

1999年,电大东阳学院被浙江广播电视大学评为浙江省示范性电大。

2010年,电大东阳学院被福建师范大学评为优秀校外学习中心

2010年,电大东阳学院被浙江广播电视大学奥鹏远程教育管理中心评为奥鹏远程教育优秀学习中心,浙江奥鹏2010年秋季招生组织工作先进学习中心二等奖。2009-2010年度优秀教材支持服务奖。

2011年,电大东阳学院被中央广播电视大学奥鹏远程教育中心评为2009-2010年度优秀教材支持服务奖。

2011年,电大东阳学院被金华广播电视大学评为金华全市电大系统2011年招生工作先进单位。

2012年,电大东阳学院被中央广播电视大学奥鹏远程教育中心评为2011年春教材支持服务优秀奖。

2013年,电大东阳学院被浙江广播电视大学奥鹏学习中心评为2013年春季招生工作一等奖。

2013年,电大东阳学院被金华广播电视大学评为金华全市电大系统2012年思想政治教育工作先进单位。

2014年,电大东阳学院被浙江广播电视大学授予2013年度教材发行管理先进单位。

2014年,电大东阳学院被浙江广播电视大学评为2013年全省电大系统招生工作进步奖。

2014年,电大东阳学院被浙江奥鹏远程教育中心评为浙江奥鹏2014年春季招生组织工作先进单位。

2014年,电大东阳学院被浙江奥鹏远程教育中心评为浙江奥鹏2014年秋季招生组织工作先进单位。

2014年,电大东阳学院被浙江广播电视大学评为2012-2013年度全省电大系统先进办学单位。

2014年,电大东阳学院被现代远程教育大连理工大学授予2013-2014年度招生组织工作激励奖。

2014年,电大东阳学院被奥鹏远程教育中心授予2014年度招生服务进步奖(二等奖)。

2014年,电大东阳学院被浙江奥鹏远程教育中心授予浙江奥鹏教育招生服务进步奖(二等奖)。

2015年,电大东阳学院被浙江电大奥鹏管理中心评为浙江奥鹏2015年招生先进单位。

2015年,电大东阳学院被浙江广播电视大学评为2014-2015年学生思想政治先进单位。

2015年,电大东阳学院被浙江广播电视大学评为荣获第二届全省电大系统管理工作创新奖三等奖。

2016年,奥鹏东阳学习中心被省电大奥鹏远程教育管理中心评为2016年春季和秋季招生组织工作先进单位。

2016年,西南科技大学东阳学习中心被评为“2015年度优秀学习中心”。

2016年,“农村创业培训”项目被金华市社区教育工作领导小组、金华市教育局评为2016年“金华市终身学习品牌项目”。

2017年,被浙江广播电视大学奥鹏远程教育管理中心评为浙江奥鹏2017年招生组织工作先进单位。

2017年,“浙江省东阳建筑工匠人才培训”被全民终身学习活动周工作小组、中国成人教育协会评为“2017年终身学习品牌项目”。

2017年,电大东阳学院被浙江广播电视大学评为2017年度全省电大教材发行管理先进单位。

2018年,西南科技大学东阳学习中心被评为“2018年度优秀学习中心”。

2018年,“建筑工匠人才培训”项目被浙江省教育厅评为“2018年浙江省成人教育品牌项目”。

2018年,“职业育婴师培训”项目被东阳市教育局评为2018年度东阳市终身学习品牌项目,被金华市教育局评为2018年度金华市终身学习品牌项目。

2018年,电大东阳学院被浙江广播电视大学奥鹏远程教育管理中心评为浙江奥鹏2018年招生组织工作先进单位。

第三节　浙江广播电视大学永康学院

一、历史沿革

1979 年 2 月，浙江广播电视大学永康工作站（简称永康电大工作站）创办，始设于永康县进修学校，为全省首批创办的县级电大。

1984 年，租用城区大司巷房子办公。

1986 年，学校搬至新建校区永康县江城路 6 号。

1988 年 3 月，成立金华广播电视中等职业学校永康分校。

1994 年 7 月，省计委、省教委下文“电大二专科毕业确认为本科毕业”。

1994 年 10 月，经省计委、省教委、省电大批准，浙江广播电视大学永康工作站更名为浙江广播电视大学永康分校。

1995 年 5 月，根据永康市委市政府决定，将浙江电大永康分校（现为浙江电大永康学院）和永康市城镇职业中学合并为永康市成人教育中心，三块牌子，一套班子。后永康市城镇职业中学改为永康市城镇综合高中、永康市综合高级中学，现为永康六中。

1995 年 5 月，金华广播电视中等职业学校永康分校停止招生。

2002 年 10 月，学校搬至永康市委党校。

2003 年 12 月，经浙江省广播电视大学批准，浙江广播电视大学永康分校升格为浙江广播电视大学永康学院。

2004 年 9 月 13 日，学校搬至新校址永康市东城街道学院南路 16 号。

2009 年 10 月，经市人民政府批准，成立永康市社区学院。

2013 年 8 月，根据永康市教育布局调整规划，浙江电大永康学院与永康六中两校分设。

二、管理体制与组织机构

（一）管理体制

学校建校时由永康县政府主办，归属永康县委宣传部管理，人事由县委组织部和宣传部调配，经费由县财政直拨，业务由省电大管理。1995 年 5 月，合并为永康市成人教育中心后，归属永康市教育局管理，系永康市教育局管辖下的独立法人的直属单位。

（二）组织机构

1979 年 2 月，学校设兼职站长和兼职副站长。

1988 年 3 月，学校设兼职站长、兼职副站长、财务室、电视中专部、团委。

1991 年 5 月，学校设专职站长、副站长、教务处、财务室、电视中专部、团委。

1991 年 9 月，学校设专职站长、副站长、教务处、总务处、培训部、财务室、电视中专部、团委。

1995 年 5 月，设校长室、副校长室、办公室、继续教育处、培训部、政教处（高中）、教务处（高中）、总务处、团委（高中）。

2004 年 9 月，设校长室、书记室、副校长室、办公室、继续教育处、培训部、政教处（高中）、教务处（高中）、总务处、团委（高中）。

2007 年 9 月，设校长室、书记室、副校长室、办公室、继续教育处、培训部、招生办、政教处（高中）、教务处（高中）、总务处、团委（高中）。

2009年9月，设校长室、书记室、副校长室、办公室、继续教育处、培训部、社区教育部、招生办、政教处(高中)、教务处(高中)、总务处、团委(高中)。

2013年9月，设院长室、书记室、继续教育处、培训处。

2014年9月，设院长室、书记室、副院长室、综合办公室。

2015年9月，设院长室、书记室、副院长室、综合办公室、教学管理部、教育培训处、招生办公室、后勤保障部。

(三)历任领导

表2-12-10　　历任电大党政领导一览表

姓名	任职时间	职务	备注
应加登	1979.2–1983.4	站长	原县政协主席兼
邵德林	1979.2–1980	副站长	原县文教局副局长兼
吕振挺	1983.4–	站长	原副县长兼
金茂康	1983.6–1993.4	党支部书记	兼副站长
吕文明	1993.4–1994.4	站长	
徐昌汉	1991.5–1995.5	站长	兼党支部书记
王振兴	1995.5–2007.7	校长(院长)	主持党支部工作
厉鸿斌	2007.8–2008.7	副书记、副院长	全面主持学校工作
	2008.8–2010.4	院长	
胡伟年	2008.8–2013.7	书记	主持党支部工作
李永星	2010.8–2013.7	院长	
陈成楼	2013.8–2018.9	院长	
朱佩毓	2013.8–	书记	
黄浩清	2018.8–	主持副院长	全面主持学校工作

三、学生

(一)浙江广播电视大学永康学院学历教育的重点是开放教育专科、本科教育。开放教育单科从1979年春季开始招生，1982年秋先后开设了汉语言文学、财务会计、法学、金融、秘书、机械、工商管理、计算机应用、土木建筑、机电工程、学前教育、小学教育、行政管理、园林技术等20多个专业(其中1984年起办过二届全日制专业，有机械制造、工业电气自动化和工业与民用建筑专业)；1994年10月，招收二专科学历学生，开设计算机应用工程、财务会计、英语、法律专业；本科从2002年秋季开始招生，先后开设了金融学、法学、会计学、学前教育、小学教育、汉语言文学、工商管理、行政管理等10多个专业。总招生人数是13734人，毕业生人数10746人。

(二)浙江大学远程教育学院永康学习中心2002年开始招收本科学生，先后开设汉语言文学、法学、会计学、计算机科学与技术、电气工程及自动化、土木工程、英语(经贸)、人力资源管理、工商管理、公共事业管理、市场营销、金融学等13个专业。总招生人数是717人，毕业生人数523人。

(三)浙江广播电视大学永康分校奥鹏远程教育学习中心2007年开始招收本专科学生，开设数学与应用数学、物理学、英语、小学教育、汉语言文学、法学、教育管理、学前教育、工商管理、财务管理、人力资源管理、房地产与物业管理、土木工程、工程管理、电气工程及其自动化、计算机网络等16个专业。总招生人数是1190人，毕业生人数759人。其中东北师范大学招生人数429人，毕业283人，大连理工大学招生268人，毕业224人，南开大学招生286人，毕业174人，西安交通大学招生207人，毕业78人。

(四)1988年3月，金华广播电视中等专业学校永康分校开始招生，开设财务会计、机电、农机、文秘等专业，至1995年停止招生，毕业学生700多人。

表2-12-11　　永康学院历年招生、毕业生数一览表　　单位：人

年份	大专		本科		中专	
	招生	毕业	招生	毕业	招生	毕业
1979	71					
1980	135					
1981	114					
1982	221	65				
1983	135	128				
1984	45	109				
1985	295	206				
1986	279	128				
1987	186	41				
1988	56	273				
1989	171	259				
1990	292	173				
1991	757	51				
1992	99	156				
1993	162	266				
1994	286	689				
1995	147	90				
1996	135	149				
1997	131	260				
1998	214	193				
1999	231	123				
2000	215	131				
2001	420	142				

续表　　单位：人

年份	大专		本科		中专	
	招生	毕业	招生	毕业	招生	毕业
2002	634	207	96			
2003	427	472	116			
2004	441	671	251			
2005	434	376	249	79		
2006	440	415	318	296		
2007	351	405	223	255		
2008	290	207	268	150		
2009	289	143	203	143		
2010	250	277	220	203		
2011	233	238	212	206		
2012	239	179	168	174		
2013	229	199	167	182		
2014	253	160	297	169		
2015	307	127	130	131		
2016	213	221	137	130		
2017	284	227	168	218		
2018	400	151	227	103		
合计	10511	8307	3223	2439		

四、教职工

(一)教职工队伍

1.任用

1979年–1988年，学校校级领导由永康县委任命，教师和职工由永康县委组织部调派。

1987年，学校首次教师职称评审，职称设岗指标省电大决定，批准讲师1人。

1988年–1995年，学校正校级领导由市委任命，副校级领导由宣传部任命。

1995年至今，学校校级领导由永康市教育局任命，中层干部由学校任命。

2015年，批准高级教师8人，讲师7人，中级教师8人，员级1人。

2.编制

1979年，学校有单科班，教职工2人。

1988年，学校有9班，教职工编制12人，实有7人。

1991年，学校有22个班，教职工编制12人，实有9人，外聘教师17人。

2014年，永康市机构编制委员会办公室核定学校编制40个。

2015年，教职工和专任教师24人，其中高级教师8人，讲师7人，中级教师8人，员级1人。

2017年12月,永康市机构编制委员会办公室核定学校编制30个。

2018年3月,永康市机构编制委员会办公室核定学校编制27个。

2018年12月,教职工和专任教师23人,其中高级教师8人,讲师6人,中级教师8人,员级1人。

(二)教职工选留与引进、流动与退休

学校一贯重视师资队伍建设,根据学校发展规模、充实师资力量,提高师资质量。一方面向重点院校引进专业对口、品学兼优的毕业生(如2014年,学校从浙江农林大学引进农学类研究生一名),或从永康市其他学校调进有德才兼备的教职工充实教师队伍;另一方面,对在职教师,采用派出去和在职进修办法提高其学历和业务水平。

2013年,根据永康市教育布局调整,永康电大与高中部分设。2014年9月,由教育局实行教职工第一次分流,14名教职工归属电大;2015年9月,由教育局调派原高中部10位教师到永康电大,退休教师全部归属永康六中管理。2018年12月,院归属永康六中管理的退休教师中有16名划拨永康电大管理。

(三)分配制度

学校教职工工资参照《教育部关于中小学校教职工工资标准》《国务院关于国家机关、科学文教卫生等部门部分工作人员工资标准》评定。

(四)教职工教育与培训

学校重视教职工进修学习,提升学历层次,学校采用"走出去"或"学校本部学历提升"方式,给予教职工读电大、函授、自考、在职研究生报读等形式培养。

五、人才培养

1979年8月,学校首次招收业余大专班,以教师、企业职工和机关干部为主要培养对象,学制三年。

1984年8月,先后招收全日制大专班,学制两年,主要培养乡镇企业人才为主。

1988年3月,成立金华广播电视中等职业学校永康分校,招收中专生。

1991年8月,学校招收大专班,培养对象范围扩大,有教师、企业职工、机关干部、社会青年和农村高中学历及同等学历的青年。

1993年8月,永康电大在芝英镇建立教学点,从此电大延伸到乡镇办班,属全国首例。

1994年8月,电大永康工作站在西溪、西路两镇开办电大教学班,主要招收镇(乡)、村两级干部,为镇(乡)村两级培养跨世纪人才打基础。

1995年3月,永康电大分校与永康市城镇职业中学开始商讨联合办学,并于同年5月份建立永康市成人教育中心,保留永康电大分校和市城镇职业中学的体制。

2002年9月,参加省电大"人才培养模式改革和现代远程教育试点"工作,浙江大学远程教育学院永康学习中心开始招生,2018年春季停止招生。

2007年,浙江广播电视大学永康分校奥鹏远程教育学习中心开始招收本专科学生,始合作高校有南开大学、大连理工大学、东北师范大学,其中大连理工大学于2013年停止招生,东北师范大学2018年底停止招生;2014年,与西安交通大学合作办学。

2009年9月,开展"一村一名农民大学生"培养项目试点,招收首届农民大学生26人。

学校开设了理、工、经、法、医、农六大类学科20多个专业。学校每年春、秋两季招生。截至2018年底,学校共培养了中专毕业生700多人,大专毕业生8307人,本科毕业生2439人,为地方经济建设和社会发展做出了应有的贡献。

六、科学研究

学校十分重视科研工作，鼓励教师积极撰写论文、申报课题等，积极开展教学科研工作。截止2018年底，教师在省级以上刊物发表论文11篇，获市级以上论文或课题评比一等奖3个，二等奖18个，三等奖16个。

七、合作与交流

1979年-1985年，学校设校于永康县教师进修学校。

1988年-1994年，学校与永康县工会职校合作办学，开设电视中专班。

1994年-1996年，学校与永康市委党校合作办学，开设电视中专班。

1993年-1997年，学校与芝英镇、西溪镇、四路镇合作办学，开设电大永康分校的乡镇教学点。

1995年，学校与永康市城镇职业中学合并成立永康市成人教育中心。

2002年与浙江大学网络教育学院开展合作办学，设立浙江大学远程教育学院永康学习中心

2007年3月成立浙江广播电视大学永康学院奥鹏远程教育学习中心，分别与南开大学、大连理工大学、东北师范大学、西安交通大学开展合作办学。

2009年10月成立永康市社区学院，下设各乡镇街道社区分院16个。

八、办学条件

学校地处五金科技工业园，永康市东城街道学院南路16号，环境幽静，交通便捷。宽带网、校园网、学校网站、地面卫星接收系统、阅览室、多媒体教室等现代化教学设施，功能齐全，教学资源丰富。

经过四十年的努力，学校已拥有浙江广播电视大学永康学院、永康市社区学院、永康市成人教育中心、浙江大学远程教育永康学习中心、奥鹏网络教育永康学习中心五块牌子。形成了以专科、本科主干课程学历教育为主和非学历培训为辅的办学格局，在校生1665人。

九、校园文化

办学理念：以人为本，规范管理，真诚服务，创新发展

办学思路：坚持"一中两翼"即以开放教育为中心，以老年教育和社区教育为两翼的办学思路，服务全民终身学习和学习型社会建设。

文化品牌：学校创办的"永康农民大讲堂"先后被评为"金华市终身学习品牌项目""浙江省成人教育品牌项目""浙江广播电视大学非学历教育培训品牌项目"。

校庆活动：1994年10月，浙江电大永康分校校庆活动在永康市人民大会堂举行，市四套领导班子主要领导参加校庆活动。

第四节　浙江广播电视大学兰溪分校

一、历史沿革

1979年2月，浙江广播电视大学兰溪工作站(简称兰溪电大)成立，校址设在兰溪兰江镇大寺前

78 号(原兰溪教育局教研室内),工作站相关工作由县教育局教研室负责人杨劲足同志兼管,同年开始招生。

1979 年 8 月,学校配备专职人员蒋学耕同志负责教学管理工作,由于没有自己的教室,学校先后向云山小学、兰一中借用教室开展教育教学工作。

1982 年,经县教育局决定,在教工幼儿园三楼上面再加造一层楼房(办公室 2 间,教室 2 间)供学校使用,1983 年上半年学校由教研室搬迁到教工幼儿园四楼进行办公教学, 从而有了自己独立的办公室和教室,后来由于自办班级数的增多,学校还先后租用过中山路小学教室两间、黄龙洞招待所房间两间作为学校教室和办公室。

1985 年,学校决定另选校址,由兰溪市教育委员会从工厂教育集资款(企业捐资)中拨款七万多元,在溪西大桥头溪西村(今兰溪市兰江街道通洲路 15 号) 新建办公楼,占地面积 987 平方米,基建面积 513 平方米,新办公楼于 1986 年底建成(教室 3 间,办公室 11 间)。

1988 年 5 月,经金华市教育委员会批准,建立金华广播电视中等专业学校兰溪分校,管理上实行两块牌子一套班子。

1988 年下半年,学校整体搬迁到溪西新校址办公。

1995 年 10 月,由兰溪市教育局补助 40 余万元,学校自筹 20 余万元在办公楼后新建教学楼 ,新教学楼于 1996 年底建成并投入使用。

1996 年 12 月底, 经浙江省教育委员会批准浙江广播电视大学兰溪工作站更名为浙江广播电视大学兰溪分校(批准文号:浙教成[1996]522 号)。

2002 年 12 月,经浙江省教育委员会备案,学校与浙江大学远程教育学院合作成立浙江大学远程教育学院兰溪学习中心。

2006 年 8 月,经中央广播电视大学批准设立奥鹏远程教育兰溪学习中心(电校奥鹏[2006]32 号)。

2010 年 11 月,经兰溪市机构编制委员会研究同意成立兰溪市社区学院,挂牌浙江广播电视大学兰溪分校。

2017 年 9 月,经兰溪市教育局研究决定,兰溪市社区学院与兰溪市乡镇成人文化技术学校联合成立成人文化技术学校,兰溪市社区学院挂牌于成人文化技术学校总部。

2018 年 1 月,根据浙江大学远程教育学院通知要求,浙江大学远程教育学院兰溪学习中心停止招生。

二、管理体制与组织机构

(一)管理体制

浙江广播电视大学兰溪分校是一所集远程开放教育、网络教育、社区教育为一体的成人高等教育公办学校,是兰溪市教育局直属单位。其主要职责为:为社会成员提供成人在职学历教育和非学历教育培训。自 1979 年 2 月成立以来,是一家独立法人办学全民事业单位,未与其它办学单位合并,主管部门是兰溪市教育体育局,系教体局直属单位,人事归教体局直接领导和管理,后主管部门调整为兰溪市教育局,业务归浙江广播电视大学、金华广播电视大学管理与指导。

(二)组织机构

1、行政机构和学校行政领导

1982 年 2 月,工作站设副站长室。

1986 年 8 月,工作站设站长室、副站长室。

1996 年 10 月,经兰溪市教育与体育委员会批准设立电大兰溪工作站中层机构:办公室、教务处,学校设站长室、副站长室、校办公室、教务处。

1996 年 12 月底，工作站更名为浙江广播电视大学兰溪分校，学校设校长室、副校长室、校办公室，教务处。

2007 年 3 月，经兰溪市教育局委员会批准增设电大兰溪分校中层机构总务处学校设校长室、副校长室、校办公室，教务处、总务处。

表 2–12–12　　学校历任行政领导一览表

姓名	性别	职务	任期
张登岳	男	站长（兰溪教育局局长兼）	1979.2–1983.4
詹廷良	男	副站长(主持)	1982.2–1986.8
詹廷良	男	副站长	1986.8–1987.9
周樟贤	男	站长	1986.8–1988.8
周樟贤	男	正校级协理员	1992.7–1995.11
童兆江	男	副站长(主持)	1988.8–1992.7
童兆江	男	副校级协理员	1992.7–1997.8
王恩惠	男	站长	1992.8–1996.12
王恩惠	男	校长	1996.12–2001.8
王玲琦	男	副校长	2000.8–2001.8
王玲琦	男	副校长（主持）	2001.8–2003.8
王玲琦	男	校长	2003.8–2010.8
王玲琦	男	正校级协理员	2010.8 至今
陈云龙	男	正校级协理员	2005.8–2016.9
唐友芳	男	校长	2010.8–2014.8
唐友芳	男	正校级协理员	2014.8 至今
汪秀清	男	正校级协理员	2014.8 至今
陈兆平	男	校长	2014.8 至今
叶　骏	男	校长助理	2002.8–2005.8
叶　骏	男	副校长	2005.8–2015.8
章旭东	男	校长助理	2006.8–2009.8
章旭东	男	副校长	2009.8–2017.11
李增满	男	副校长	2010.8–2014.8
李增满	男	正校级协理员	2014.8 至今
施志寅	男	副校长	2014.8 至今
倪　勇	男	校长助理	2018.8 至今

2.党群机构

(1)中国共产党组织

1979年2月,浙江广播电视大学兰溪工作站(简称兰溪电大)成立后,由于党员人数不足3人,未建立学校自己的党支部,当时学校与兰溪市教研室、教仪站成立中共教研室(电大工作站)党支部,一同开展党员活动。

1990年7月,学校成立了中共浙江广播电视大学兰溪工作站党支部,由周樟贤任党支部书记,钱瑛、童兆江党员。

1996年9月,党支部名称随学校更名变更为中共浙江广播电视大学兰溪分校党支部,并一直沿用至今。

表2-12-13　　学校历任党组织领导一览表

姓名	性别	职务	任期
周樟贤	男	书记	1990.7–1992.8
王恩惠	男	书记	1992.8–2001.8
王玲琦	男	副书记	2001.8–2010.8
陈云龙	男	书记	2002.5–2005.8
汪秀清	男	书记	2006.8–2014.8
李增满	男	副书记	2010.8–2014.8
叶　骏	男	副书记	2014.8–2015.8
叶　骏	男	书记	2015.8至今

2018年12月学校党支部党员名单:

周樟贤　童兆江　钱　瑛　王恩惠　章旭东　王玲琦　叶　骏　陈云龙　汪秀清　李增满
叶建均　陈兆平　施志寅　潘瑞娟　胡志斌

2017年2月20日,中共兰溪市教育局委员会发文《关于同意中共浙江广播电视大学兰溪分校支部委员会换届选举结果的批复》,叶骏任支部委员会书记,陈兆平任组织委员,潘瑞娟任宣传委员。

(2)工会组织

1988年,学校成立教育工会电大工作站。

1996年9月,工会名称随学校更名变更我为浙江广播电视大学兰溪分校工会,并一直沿用至今。

表2-12-14　　学校历任工会组织领导一览表

姓名	性别	职务	任期
陈廷杰	男	工会主席(第一届)	1988–1990.11
钱瑛	男	工会主席(第二、三、四届)	1990.11–2006.11
章旭东	男	工会主席(第五、六、七届)	2006.11–2017.11
施志寅	男	工会主席(第八届)	2017.11至今

1988 年,教育工会电大工作站成立,陈廷杰任第一届工会主席。

1990 年 11 月 1 日,中国教育工会兰溪市委员会发文《关于兰溪市电大工作站工会换届选举的批复》,钱瑛任第二届工会主席。

2008 年 11 月 28 日,中国教育工会兰溪市委员会发文《关于电大工会换届选举结果的批复》,章旭东任第五届工会主席。

2017 年 12 月 15 日,中国教育工会兰溪市委员会发文《关于同意兰溪电大第八届工会委员会换届选举结果的批复》,施志寅任工会主席,胡志斌兼任经审委员,郑雯兼任女工委员。

三、学生

(一)招生

1979 年,学校开始招收电大成人正式生,在总工会设立教学点,设机械类、电子类两个专业,共招收 25 人。1982 年,学校设立站属自学班,招收汉语言文学专业 11 人。

1979 年到 2002 年,学校先后在外设立教学点共计 14 个(包括总工会、工财办、商业局、供销社、二轻局、经委办、财税局、检察院、档案馆、档案局、工会职校、教师进修学校、市联社、兰冶厂),开设专业 26 个(包括机械类、电子类、汉语言文学、新闻、文史、法律、财政税收、化工、工业会计、工业统计、工业企业管理、商业企业管理、商业会计、档案、审计、金融、财务会计、工业电气、党政、师范英语、土木工程、计算机应用、普通机电、国际贸易、电气自动化、工商企业经营管理),共计招生 2400 余人。

1990 年到 1996 年,学校在电大成人正式生基础上,同时招收单科生,办理单科证 3000 多张。

1996 年,学校在招收电大成人正式生的基础上,开始举办"注册视听生(专科)",首次设立法律、财务会计两个专业,共招学员收 102 名。至到 2001 年结束,注册视听生先后开设法律、财务会计、小学师资教育、乡镇管理、应用电子五个专业,共计招生 1000 余人人。

2001 年,学校参加"浙江广播电视大学人才培养模式改革和现代远程教育试点",首次举办现代远程教育,于秋季招收汉语言文学、法律、计算机应用三个专业,共招收学员 194 名,招收电大开放教育专科学生。

2006 年,学校开始招收电大开放教育本科学生,开设会计本科和行政管理本科两个专业,共招收 7 人。

从 2001 年到 2017 年年底,学校先后开设电大开放教育专科专业 11 个(包括法学、金融、会计学、汉语言文学、行政管理、小学教育、学前教育、电子商务、计算机应用、工商管理、建筑施工与管理),本科专业 5 个(包括法学、会计学、学前教育、行政管理、工商管理),共计招生 4500 余人。

2002 年 12 月,学校与浙江大学远程教育学院设立的兰溪学习中心开始招生,开设法学、公共事业管理、汉语言文学三个本科专业,提升办学层次,共招收本科生 122 人。

2003 年成立"浙江大学远程教育学院兰溪学习中心",为我校首次举办本科,于秋季招收公共事业管理、法学、汉语言文学三个专业学生 84 名。

从 2003 年到 2018 年底浙江大学远程教育学院兰溪学习中心总共开设专升本专业 14 个(包括法学、公共事业管理、汉语言文学、会计学、市场营销、计算机科学与技术、土木工程、人力资源管理、电子商务、金融学、工商管理、学前教育、电气工程及其自动化、信息管理与信息系统),共计招生 1200 余人。2018 年 1 月,停止招生。

2007 年,学校与奥鹏奥鹏远程教育学习中心设立的兰溪学习中心开始招生,招收大连理工高升专、专升本学生共计28人、华中师范专升本学生19人。

2008年，兰溪学习中心开始招收南开大学专升本学生，共计10人。

从2007年到时2018年底，奥鹏远程教育兰溪学习中心共计招收学生700余人。

1988年，金华广播电视中专兰溪分校开始招收电视中专学员，先后开设对外贸易、农村会计、市场营销、财会、会计电算化、建筑、幼儿师范、机电 、共8个专业，其中1990年与市供销职校联办招收电视中专财会66人，1992年与兰荫职校联办招收电视中专对外贸易66人，1994年与兰荫职校联办招收电视中专财会专业53人， 与市供销职校联办招收电视中专对外贸易47人，1995年与兰荫职校联办招收电视中专财会专业65人。

从1988年到2018年底，共计招收电视中专生1000余人。

2011年，学校开始招收成人双证制高中学生，共招收18人。

从2011年到时2018年底，学校共计招收成人双证制高中学生900余人。

（二）学生管理机构与制度

1979年–1996年，由于没有成立教务处，学生管理工作由学校管理教务教学工作人员承担，其中教学点的学生平时教学由各教学点管理人员管理，课程注册、课程考试、成绩档案等由电大教师负责管理。直属班学生由电大教师直接负责管理。

1996年到2017年底，学生管理工作由学校教务处承担，其中教学点的学生平时教学由各教学点管理人员管理，课程注册、课程考试、成绩档案等由教务处负责管理。直属班学生由电大教师直接负责管理。学校先后制定《学生日常规范管理办法》、《学生成绩查询及管理办法》等一系列有关学生管理工作的规章制度。

四、教职工

1.任用

1979年，学校校级领导由县委任命，由教育局局长兼任工作站站长。

1982年，学校校级领导不再由县委任命，直接由教育局任命。

1996年，学校中层干部由学校直接任命，报教育局备案。

2011年，学校实行聘任制，校长由教育局聘任，其他教职员工由学校聘任。

2.编制

2011年编制数没有特别规定，学校与教育局根据学校实际需要安排相应人员，一般不超过15人。

2011年11月，学校按照兰溪市政府及编办、教育局相关文件要求，学校实行聘任制，正式编制数15人，核准职数岗位设置：管理岗位（双肩挑）1人，专业技术岗位15人，高级职称6人，中级职称6人，初级职称3人。实际聘用专业技术岗位15人，高级职称10人，中级职称4人，初级职称1人。

2016年8月，教育局对学校编制数进行调整，正式编制数20人，核准职数岗位设置：专业技术岗位20人，高级职称8人，中级职称9人，初级职称3人。实际聘用专业技术岗位22人，高级职称11人，中级职称5人，初级职称6人。

2018年12月，学校正式编制数20人，实际聘用专业技术岗位20人，高级职称7人，中级职称9人，初级职称3人，员级1人。教育系统借用人员2人，保卫人员2人，食堂工作人员1人。

学校除正式在编人员外，每个学期都会聘请金华电大、兰溪职业中专、法院、会计事务所等机构的专业教师队伍20余人从事学校教学辅导工作。

3.教职工名录

表 2-12-15　　在职教职工一览表

姓名	性别	职务	职称
陈兆平	男	校长	中学高级
叶　骏	男	书记	高级讲师
施志寅	男	副校长	中学高级
倪　勇	男	校长助理	中级
汪秀清	男	正校级协理员	中学高级
唐友芳	男	正校级协理员	中学高级
李增满	男	正校级协理员	中学高级
叶建均	男	办公室主任	讲师
钟晓玲	女	教务处主任	讲师
方勇嘉	男	总务处主任	讲师
胡志斌	男	校监会主任	讲师
周珮玲	女		讲师
蒋　鸥	女		讲师
何友凤	女		中学高级
郑　雯	女		中学二级
潘瑞娟	女		讲师
章玉宸	男		助讲
吴亚玲	女		中学二级
贺　青	女		中学一级
赵美芳	女		中学高级

4.曾在本校工作过的教职工名单

张登岳、詹廷良、杨惠萍(女)、徐念渝、赵炜芳(女、蒋学耕、朱雄昌、吴祺铎、陈加会、陈廷杰、张俊、周樟贤、童兆江、王恩惠、叶屏玉(女)、李根松、胡同宇(女)、钱瑛、诸葛旭(女)、陈云龙、祝晓军(女)、姜庆平(女)、章旭东、王玲琦、郑为民(女)、王新、周灵(女)、施跃进

五、人才培养

(一)成人学历教育

学校自 1979 年 2 月创办以来,紧密结合兰溪经济和社会发展实际,坚持面向社会、面向基层、面向农村的办学方针,以培养“下得去、用得上、留得住”的应用型高等专业人才为目标,举办过多种类型、各种层次的学历教育。

自 1979 年-1995 年举办浙江广播电视大学的大专生(包括成人正式生(专科)、自学视听生),开设财务会计、法律、汉语言文学、工商企业管理、机械、电子等专业,共毕业学员数 2000 余人,单科结业生 500 多人。其中 1986 年、1987 年两年与兰溪教师进修学校联合举办“师范英语”普通专科,为地

方共培养合格英语教师 61 人;学校于 1994 年、1995 年连续二年与浙江铝业集团联合举办“机电”专业普通专科,共培养学员 62 人,得到社会充分肯定。

自 1996 年–2001 年举办中央广播电视大学的“注册视听生(专科)”,开设法律、财务会计、小学师资教育、乡镇管理等专业,共毕业学员数 800 余人。

从 2001 年秋到 2018 年底,学校举办远程开放教育(2003 年秋季从浙江广播电视大学的现代远程教育转为中央广播电视大学的开放教育,后中央广播电视大学更名为国家开放大学)先后开设电大开放教育专科专业 11 个(包括法学、金融、会计学、汉语言文学、行政管理、小学教育、学前教育、电子商务、计算机应用、工商管理、建筑施工与管理),本科专业 5 个(包括法学、会计学、学前教育、行政管理、工商管理),共计毕业学员数 3500 余人。

从 2003 年到 2018 年底,浙江大学远程教育学院兰溪学习中心先后开设法学、公共事业管理、汉语言文学、会计学、市场营销、计算机科学与技术、土木工程、人力资源管理、电子商务、金融学、工商管理、学前教育、电气工程及其自动化、信息管理与信息系统专升本专业共 14 个,共计毕业学员数 1000 余人。

从 2007 年到时 2018 年底,奥鹏远程教育兰溪学习中心分别开设大连理工高起专、专升本,华中师范专升本,南开大学专升本各类专业 10 余个,共计共计毕业学员数 600 余人。

学校自 1988 年成立金华广播电视中专兰溪分校以来,先后开设对外贸易、农村会计、市场营销、财会、会计电算化、建筑、幼儿师范、机电 、共 8 个专业,培养电视中专毕业 850 余人。其中 1990 年与市供销职校联办招收电视中专财会 66 人,1992 年与兰荫职校联办招收电视中专对外贸易 66 人,1994 年与兰荫职校联办招收电视中专财会专业 53 人,与市供销职校联办招收电视中专对外贸易 47 人,1995 年与兰荫职校联办招收电视中专财会专业 65 人。

2011 年到 2018 年底,学校开设成人双证制高中,共计毕业学员数 800 余人。

(二)成人非学历教育

学校自 1979 年 2 月创办以来,特别是 2000 年之前,面向社会及各企事业单位开展多种类型的非学历教育培训工作,先后与总工会学校、技工学校、二轻局等单位组织相关企业人员开展技工人才技能培训,与兰溪党校合作开展农村财务人员财务知识培训等,另外学校还单独多批次面向社会开展相关知识培训。

2000 年之后,随着远程开放教育的快速发展,学历教育学生数的大增长,非学历培训相对减少,但也先后多批次完成全省公安系统与省电大合作禁毒师资培训 2000 余人次,消防系统的消防培训 500 余人次等。

2010 年 11 月,兰溪市社区学院成立后,学校面向兰溪市各社区开展各类社区培训,通过面对面、兰荫大讲堂网络直播等形式开展光场舞、养兰技艺、茶文化与养生、亲子勾通、高考志愿填报等培训 3 万多人次,得到广大学员和上级单位肯定,取得了良好的社会效果。

六、科学研究

1979 年以来,在科学研究方面主要围绕教学工作开展科研。积极参加电大系统及市教育系统开展的各项教学交流活动及各类培训,同时,开展专题理论研究,在报刊杂志上发表论文。截至 2018 年底,教师在各类刊物上发表论文 43 篇,获市级以上论文或课题评比一等奖 4 个,二等奖 2 个。

七、办学条件

学校座落于兰江大桥溪西桥头(通洲路 15 号),交通便捷。拥有先进的现代化远程教育教学设施,宽带网、校园网、卫星接收系统、电子阅览室、多媒体教室等一应俱全,教学资源丰富。

经过四十年的努力,学校已拥有浙江广播电视大学兰溪分校、金华广播电视中等专业学校兰溪分校、浙江大学远程教育兰溪学习中心、奥鹏远程教育兰溪学习中心、兰溪市社区学院五块牌子,形成了以中专、成人双证制高中、大专、本科为主的学历教育和非学历培训为辅的办学格局,在校生 1100 多人。

截至 2018 年底,学校占地面积 987 平方米,建筑面积 1740 平方米,拥有 1 幢办公楼和 1 幢教学楼,学校建有网络中心 1 个,电子阅览室 1 个,会议室 1 个,计算机机房 2 个,多媒体教室 6 间、普通教室 10 间,固定资产 400 余万元。

第五节　浙江广播电视大学浦江分校

一、历史沿革

1979 年 2 月,正式筹建浙江广播电视大学浦江工作站(县电大工作站),在浦江中学、虞宅中学、白马中学、黄宅中学和浦江齿轮厂等地设立五个教学班。

1982 年 7 月,电大工作站办公室迁至浦江中学一间学生宿舍内,面积 28 平方米,后搬迁至县教育局。工作人员 2 人,兼职教师 4 人。

1984 年 7 月,浦江中学收回教室,电大依托总工会职校、浦棉职校、检察院、县经委等单位办班。

1988 年,浦江县电大工作站开设金华电视中专浦江分校。同年,在浦阳镇大桥路南侧征地 2.45 亩,用于创办电大教学基地。

1989 年 12 月,创办轻工机械厂。1991 年 8 月工厂停办,厂房改为教室和学生宿舍。

1991 年 8 月,县电大工作站面积为 400 平方米的简易教室及其辅助用房相继竣工。其中教学楼一期工程建筑面积 196 平方米。自此,电大由分点办学转为工作站直属班,并且首届招收电视中专直属普通班。

1992 年,县电大工作站迁入浦阳镇大桥路 13 号新校址办公。

1994 年 12 月,教工宿舍落成,建筑面积 476 平方米。

1996 年县电大工作站被评为浙江广播电视大学非学历教育先进单位。

1998 年 8 月,投资 130 余万元,建筑面积达 1700 平方米的教学楼竣工,并于同年 9 月正式投入使用。

1999 年 2 月,经省教委批准,“浙江广播电视大学浦江工作站”更名为“浙江广播电视大学浦江分校”(简称“浦江电大”)。

2000 年,学校新建多功能多媒体教室。2001 年开通宽带双向视频教育系统校园网、网上直播课堂。2002 年安装浙江大学远程教育卫星地面接收系统和中央电大在线学习平台。

2002 年 4 月,经浙江省教委备案,在浦江电大成立浙江大学远程教育浦江学习中心。9 月,经省自考办批准,浦江电大成为全国计算机等级考点单位和全国计算机等级考试助学单位。

2005 年,学校实现卫星教育网络、远程教育网络、计算机教育网络的三网合一。

2007 年,经中央电大奥鹏远程教育中心批准,在浦江电大成立奥鹏远程教育学习中心。

2009 年 6 月,经县编委办批准,在浦江电大成立“浦江县社区学院”。

2018年浙江大学远程教育浦江学习中心停招新生。11月,由金华广播电视大学授牌,在浦江电大成立"浙江老年开放大学浦江学院"。

截止到2018年年底,学校有"浙江广播电视大学浦江分校"、"浙江大学远程教育浦江学习中心"、"奥鹏远程教育浦江学习中心"、"金华广播电视中等专业学校浦江分校"、"浦江县社区学院""浙江老年开放大学浦江学院"等六块牌子。

二、管理体制与组织机构

(一)管理体制

学校自创办以来一直隶属浦江县教育局管理,系浦江县教育局管辖下的独立法人的直属单位。

(二)组织机构

1979年2月,正式筹建浙江广播电视大学浦江工作站(县电大工作站),与浦江县教师进修学校合署办公,设工作站办公室1个。在浦江中学、虞宅中学、白马中学、黄宅中学和浦江齿轮厂等地设立五个教学班。

1982年7月,电大工作站办公室迁至浦江中学,设站长一名,副站长若干名,办公室主任一名。

1988年,浦江县电大工作站开设金华电视中专浦江分校,设校长一名,副校长一名。

1999年2月,经省教委批准,"浙江广播电视大学浦江工作站"更名为"浙江广播电视大学浦江分校",设校长一名,副校长一名,教务处、总务处负责人若干名。

2002年4月,经浙江省教委备案,在浦江电大成立浙江大学远程教育浦江学习中心,设浙大远程教育学习中心主任一名。

2002年9月,设中共浙江广播电视大学浦江分校支部书记一名。

2007年,经中央电大奥鹏远程教育中心批准,在浦江电大成立奥鹏远程教育学习中心,设奥鹏学习中心主任一名。

2011年8月,设中共浙江广播电视大学浦江分校支部副书记一名。

三、学生

表2-12-16　　历年来各类招生情况一览表　　单位:人

年份	中专招生		大专、本科招生						合计
			成人生	注册视听生	省远程教育	中央开放教育	浙大远程	奥鹏远程	
1986	秋		65						65
1987	秋		24						24
1988	秋	47	164						211
1989	秋	56	63						119
1990	秋	44	48						92
1991	秋	49	23						72
1992	秋	51	17						68
1993	秋	85	19						104
1994	秋	63	28						91

续表　　　　　　　　　　　　　　　　　　　　　　　　　　　　　　单位:人

年份	中专招生		大专、本科招生						合计
			成人生	注册视听生	省远程教育	中央开放教育	浙大远程	奥鹏远程	
1995	秋	23	35						58
1996	秋	21	28						49
1997	秋	36	101						137
1998	秋	85	24	138					247
1999	秋	95	13	182					290
2000	秋			288					288
2001	秋	17			251				268
2002	春				172				172
	秋	77			160		108		345
2003	春				90				90
	秋				148		235		383
2004	春					113			113
	秋					128	111		239
2005	春					105			105
	秋					119	146		265
2006	春					97	54		151
	秋					87	41		128
2007	春					59	84		143
	秋					77	69		146
2008	春					71	60	4	135
	秋					83	42		125
2009	春					85	44		129
	秋					69	61	4	134
2010	春					53	67		120
	秋					82	45	11	138
2011	春					64	32	1	97
	秋					73	47	10	130
2012	春					68	54	4	126
	秋					89	88	13	190
2013	春					71	33	13	117
	秋					79	109	15	203
2014	春					59	52	13	124
	秋					46	46	14	106

续表

单位:人

年份	中专招生		大专、本科招生						合计
			成人生	注册视听生	省远程教育	中央开放教育	浙大远程	奥鹏远程	
2015	春					87	42	45	174
	秋					53	38	20	111
2016	春					66	35	22	123
	秋					69	59	20	148
2017	春					54	42	25	121
	秋					64	84	20	168
2018	春					39		32	71
	秋					61		22	83
合计		749	652	608	821	2270	1928	308	7336

四、教职工

表 2-12-17　　　　教职工情况一览表

姓名	职务	任职时间	备注
周成高	负责人	1979.2–1980.8	
张有孝	负责人	1980.8–1982.3	
周慧兰	站长	1982.3–1988.4	副县长
张　胜	副站长	1982.3–1986.9	宣传部副部长
蒋敦谋	副站长	1982.3–1987.12	教育局局长
卢香颜		1982.8–1988.4	
黄宝裕		1982.8–1983.8	
黄小刚		1983.8–1988.4	
张承浩		1983.8–1988.4	
张承浩	站长	1988.4–1998.6	退休
卢香颜		1988.4–1998.6	
黄小刚		1988.4–1998.6	
周若琪		1989.5–1998.6	
方燕妮		1990.5–1998.6	
周光法		1995.8–1998.6	
石金堂		1995.8–1996.8	外调
陈京梁	副站长	1997.8–1998.6	

续表

姓名	职务	任职时间	备注
张有孝	校长	1998.6–2006.8	
陈京梁	副校长	1998.6–2002.8	外调
卢香颜		1998.6–1998.12	退休
黄小刚		1998.6–2006.8	
周若琪		1998.6–2002.11	外调
方燕妮		1998.6–2006.8	
周光法		1998.6–2006.8	
傅燕群		1998.8–2006.8	
张孟根		2001.9–2006.8	
徐惠萍		2002.4–2006.8	
潘娇艳		2002.4–2006.8	
郭林土	书记	2002.9–2004.9	外调
贾强青	书记	2004.9–2006.8	
郑　劼	校长	2006.9–2014.8	辞职
贾强青	书记	2006.9–2014.8	外调
黄法真	副校长	2006.9–2012.1	
黄法真	督学	2012.1–2014.8	
张有孝	退二线	2006.9–2014.8	
黄小刚		2006.9–2014.8	
方燕妮		2006.8–2007.7	退休
周光法		2006.9–2014.8	
傅燕群		2006.9–2014.8	
张孟根		2006.9–2014.8	
徐惠萍		2006.9–2014.1	退休
潘娇艳		2006.9–2014.8	
王闰英		2007.9–2014.8	
周必森		2007.9–2013.10	退休
项明坚	副校长	2011.8–2014.8	
傅雄伟	校长、书记	2014.8–2018.12	
黄法真	督学	2014.8–2018.12	
张有孝	退二线	2014.8–2014.10	退休
黄小刚		2014.8–2018.12	

续表

姓名	职务	任职时间	备注
周光法		2014.8–2018.12	
傅燕群		2014.8–2018.12	
张孟根		2014.8–2015.5	退休
潘娇艳		2014.8–2018.12	
王闰英		2014.8–2018.12	
项明坚	副校长	2014.8–2018.8	
项明坚	督学	2018.8–2018.12	
陈加清	副校长	2015.1–2018.8	
陈加清	督学	2018.8–2018.12	
赵霞玲		2014.11–2018.8	退休
董欢胜		2016.8–2018.12	
郑灿珊		2016.8–2018.12	
方　磊	副校长	2018.8–2018.12	
郑修年	副校长	2018.8–2018.12	

五、人才培养

建校以来，共累计毕业大中专学生达7000余人，为培养地方人才和服务地方社会经济发展作出了重要贡献，也涌现出了一大批各行各业的精英。如曾任金华市安全局局长陈庆华、浦江县政协主席朱受明等。

表 2–12–18　　历年来各类学生毕业情况一览表　　单位：人

年份	中专毕业		大专、本科						合计
			成人生	注册视听生	省远程教育	中央开放教育	浙大远程	奥鹏远程	
1986	秋		33						33
1987	秋		36						36
1988	秋		27						27
1989	秋		48						48
1990	秋		22						22
1991	秋	45	131						176
1992	秋	53	46						99
1993	秋	41	37						78
1994	秋	46	17						63
1995	秋	43	13						56

续表　　单位:人

年份	中专毕业		大专、本科						合计
			成人生	注册视听生	省远程教育	中央开放教育	浙大远程	奥鹏远程	
1996	秋	78	12						90
1997	秋	59	15						74
1998	秋	19	36						55
1999	秋	13	34						47
2000	秋	22	19	26					67
2001	秋	68	21	85					174
2002	春		11	34					45
	秋	86	1	115					202
2003	春		2	19					21
	秋	14	4	25	198				241
2004	春			18	146				164
	秋	60				179			239
2005	春					86	106		192
	秋					126			126
2006	春					18	221		239
	秋					100			100
2007	春					115	98		213
	秋					95			95
2008	春					105	125		230
	秋					74			74
2009	春					87	141		228
	秋					58			58
2010	春					72	83	3	158
	秋					57			57
2011	春					63	40		103
	秋					65	42	4	111
2012	春					63	71		134
	秋					54	64	11	129
2013	春					66	34	1	101
	秋					47	37	10	94
2014	春					61	44	4	109

续表 单位:人

年份	中专毕业		大专、本科						合计
			成人生	注册视听生	省远程教育	中央开放教育	浙大远程	奥鹏远程	
2014	秋					48	51	12	111
2015	春					77	75	13	165
	秋					57	21	15	93
2016	春					53	81	13	147
	秋					54	54	14	122
2017	春					45	31	28	104
	秋					70	36	20	126
2018	春					50	38	21	109
	秋					58	29	20	107
合计		647	565	322	344	2103	1522	189	5692

六、科学研究

学校十分重视教职工开展科学研究活动，广大教师积极撰写论文，开展课题研究，在报刊杂志上发表论文。截止2018年底，教师在各类刊物上公开发表论文4篇，完成市级以上课题5个，获市级以上论文或课题评比二等奖3个，三等奖4个。

七、合作与交流

1988年，浦江县电大工作站开设金华电视中专浦江分校。

2002年4月，经浙江省教委备案，在浦江电大成立浙江大学远程教育浦江学习中心。

2007年，经中央电大奥鹏远程教育中心批准，在浦江电大成立奥鹏远程教育学习中心。

2009年6月，经县编委办批准，在浦江电大成立“浦江县社区学院”。

2018年浙江大学远程教育浦江学习中心停招新生。11月，由金华广播电视大学授牌，在浦江电大成立“浙江老年开放大学浦江学院”。

八、办学条件

学校占地面积1499.68平方米，建筑面积1919平方米（其中教学办公综合楼建筑面积1764.84平方米）。拥有固定资产见下表：

表2-12-19 学校主要固定资产情况一览表

项目	数量	单位	项目	数量	单位
建筑面积	1919.84	平方米	配电房	8	平方米
教学楼建筑面积	1764.84	平方米	会议室	20	平方米
使用权面积	1499.68	平方米	运动场地	200	平方米
教室面积	1369	平方米	绿化覆盖率	2%	

续表

项目	数量	单位	项目	数量	单位
绿化面积	60	平方米	投影仪	4	台
普通教室	675	平方米	服务器	3	台
图书室	10	平方米	传真	2	台
微机房	126	平方米	网络设备	1	套
体育活动室	60	平方米	空调	28	台
行政办公房	180	平方米	打印机	10	台
行政办公房	180	平方米	一体机	1	台
厕所	60	平方米	笔记本	8	台
出租房	120	平方米	台式电脑	124	台
车库	20	平方米			

九、校园文化

校训:自强不息　求实创新

校风:团结　勤奋　厚德　笃行

教风:有教无类　循循善诱

学风:勤学　善思　乐学　好问

办学理念:为了一切学习者,一切为了学习者

管理理念:以人为本,服务师生

办学定位:把学校建设成为现代远程开放教育学习中心和社区教育服务中心

办学思路:做强开放教育,扩大合作教育,发展社区教育

第六节　浙江广播电视大学武义分校

一、历史沿革

1979 年 6 月, 创建浙江广播电视大学武义工作站。工作站设在武义县壶山上街县政府大院内,与原县文教局合署办公。

1982 年 10 月,电大武义工作站迁至武义县溪南街 289 号县教育局内办公。

1984 年 12,成人教育拼建楼落成,电大武义工作站迁至拼建楼(武义县溪南街 248 号)内独立办学。

2006 年 1 月,武义县人民政府将电大武义工作站、武义县教师进修学校、武义县教学仪器站三家单位合并,组建了武义县继续教育中心。电大工作站搬迁至武义县北岭新区川北路 1 号继续教育中心内办学。

2006 年 12 月,电大武义工作站经上级电大部门考核批准升格为浙江广播电视大学武义分校。

2009 年 12 月,武义县社区学院成立,设在武义县继续教育中心内。

二、管理体制与组织机构

1979年6月4日,浙江广播电视大学武义工作站成立。武义县革命委员会任命武义县副县长游亦能兼任站长,县教育局副局长刘敏兼任副站长。在县政府大院内与原文教局合署办公(1982年10月迁至溪南街教育局内),设电大办公室,负责日常工作。

1984年9月,电大武义工作站独立建制。武义县人民政府任命吴仲松为站长。同年12月,成人教育拼建楼落成,开始单独办公。内设办公室、教学处、总务处。主要办学职能为大、中专成人学历教育、成人非学历教育、全日制中专学历教育及短期培训。

1988年5月,创建金华广播电视中等专业学校武义分校,与电大武义工作站实行"两块牌子,一套班子"的教学管理体制。

1991年9月,武义县人民政府任命王家淼为浙江电大武义工作站站长。

1993年7月,武义县人民政府任命王富强为浙江电大武义工作站站长,同年10月武义县委宣传部任命胡元通为浙江电大武义工作站副站长,1997年12月,武义县委宣传部任命赵毅为浙江电大武义工作站副站长。

2001年1月,武义县人民政府任命姚平为浙江电大武义工作站站长。

2006年1月,电大武义工作站与武义县教师进修学校、武义县教学仪器站三家单位合并组建武义县继续教育中心,实行"三块牌子,一套班子"管理。武义县人民政府任命陈江鸣为继续教育中心主任,兼浙江电大武义工作站站长,武义县委宣传部任命童立鸣为副主任,分管电大工作。电大内设开放教育科、招生办公室。

2006年12月,浙江广播电视大学武义工作站升格为浙江广播电视大学武义分校。继续教育中心主任陈江鸣兼任浙江广播电视大学武义分校校长,童立鸣副主任任分管副校长。

2009年12月,武义县继续教育中心下属武义县社区学院成立。学院性质为县政府主办的教育部门主管的县社区教育培训服务实体机构。学院设院长一人,常务副院长一人,副院长三人,院务会议成员若干人。院长由分管副县长兼任,常务副院长由教育局局长兼任,其他副院长分别由县政府办分管副主任、教育局分管副局长和继续教育中心主任兼任。学院内设社区教育科,负责日常工作。

2010年8月,武义县人民政府任命傅伟为继续教育中心主任,兼任浙江广播电视大学武义分校校长。

2017年8月,武义县教育局任命潘建忠为继续教育中心主任,兼任浙江广播电视大学武义分校校长,王宝生任副主任,分管电大工作。

三、学生

截至2018年12月底,浙江广播电视大学武义分校共招收中专、大专、本科生人数8911人。历年招生人数及开设专业情况如下表。

表2-12-20　　历年专科招生人数一览表　　单位:人

<table>
<tr><th rowspan="3">年度</th><th rowspan="3">招生专业</th><th colspan="9">招生人数</th></tr>
<tr><th rowspan="2">正式生</th><th rowspan="2">自学生</th><th rowspan="2">注册生</th><th colspan="2">远程生</th><th colspan="2">开放教育</th><th rowspan="2">合计</th><th rowspan="2">总计</th></tr>
<tr><th>春季</th><th>秋季</th><th>春季</th><th>秋季</th></tr>
<tr><td rowspan="2">1979</td><td>机械</td><td>6</td><td></td><td></td><td></td><td></td><td></td><td></td><td>6</td><td rowspan="2">12</td></tr>
<tr><td>电子</td><td>6</td><td></td><td></td><td></td><td></td><td></td><td></td><td>6</td></tr>
<tr><td>1982</td><td>汉语言文学</td><td>57</td><td>64</td><td></td><td></td><td></td><td></td><td></td><td>121</td><td>121</td></tr>
</table>

续表

单位:人

年度	招生专业	招生人数								
		正式生	自学生	注册生	远程生		开放教育		合计	总计
					春季	秋季	春季	秋季		
1979	机械	6							6	12
	电子	6							6	
1982	汉语言文学	57	64						121	121
1983	工业企业管理	55	25						80	143
	商业企业管理	12	10						22	
	工业会计	6	4						10	
	商业会计	12	8						20	
	工业统计	4							4	
	金融	1	6						7	
1985	党政干部专修科	19	35						54	260
	文史基础专修科	37	70						107	
	法律	19	50						69	
	新闻	5	17						22	
	档案	2	6						8	
1986	机械	8							8	90
	财政税收	2	19						21	
	金融	18	19						37	
	英语	9	15						24	
1987	财务会计	3	36						39	39
1988	工业企业管理	6	51						57	216
	财务会计	1	52						53	
	法律	1	44						45	
	汉语言文学		61						61	
1989	商业企业管理	2	35						37	109
	财务会计	3	69						72	
1990	工企管理	3	▲38(单科)						41	76
	财务会计	1	▲34(单科)						35	
1991	工企管理	14	均为90级单科生						14	44
	财务会计	6							6	
	金融	24							24	

续表

单位:人

年度	招生专业	招生人数								
		正式生	自学生	注册生	远程生		开放教育		合计	总计
					春季	秋季	春季	秋季		
1992	行政管理	14							14	29
	财务会计	15							15	
1993	财务会计	16							16	16
1994	财务会计	15							15	29
	金融	13							13	
	法律	1							1	
1995	财会	49		42					91	179
	金融	25							25	
	法律	16		16					32	
	二专	31							31	
1996	财会	22		48					70	145
	金融	25							25	
	法律	4		26					30	
	二专	20							20	
1997	财会	26							26	56
	金融	21							21	
	法律	7							7	
	工商企业管理	2							2	
1998	财会	20		42					62	187
	金融	9							9	
	法律	16		89					105	
	汉语言文学	1							1	
	工企管	1							1	
	应用电子			6					6	
	市场营销			2					2	
	会计与统计核算			1					1	
1999	财会	17		14					31	84
	金融	9							9	
	市场营销	2							2	
	法律	10		28					38	
	秘书	1							1	
	英语			2					2	
	应用电子			1					1	

续表

单位：人

年度	招生专业	招生人数								
		正式生	自学生	注册生	远程生		开放教育		合计	总计
					春季	秋季	春季	秋季		
2000	新闻传播	1							1	56
	财会	7		8					15	
	汉语言文学	1							1	
	市场营销	1							1	
	金融	5							5	
	工企管	1							1	
	法律	10		22					32	
2001	财会	7		11 (春招) 13 (秋招)		53			84	129
	金融	4							4	
	法律	7		21 (春招) 6 (秋招)					34	
	汉语言文学	3							3	
	英语			4					4	
2002	财会	5			94	71			170	492
	法律	1			108	95			204	
	汉语言文学				76	41			117	
	工商企业管理	1							1	
2003	财会					82			82	203
	法律				60	34			94	
	汉语言文学					27			27	
2004	会计						78	51	129	190
	法学							51	51	
2005	会计						63	59	122	219
	法学						54	43	97	
2006	会计						98	85	183	284
	法学						42	53	95	
	工商管理							6	6	
2007	会计						37	65	102	187
	法学						40	29	69	
	工商管理						9	7	16	

续表 单位:人

年度	招生专业	招生人数								
		正式生	自学生	注册生	远程生		开放教育		合计	总计
					春季	秋季	春季	秋季		
2008	会计						64	62	126	191
	法学						29	21	50	
	工商管理						3	12	15	
2009	会计						68	54	122	204
	法学						36	24	60	
	工商管理						15	7	22	
2010	会计						32	71	103	167
	法学						23	24	47	
	工商管理						3	14	17	
2011	会计						30	49	79	134
	法学						20	19	39	
	工商管理						4	12	16	
2012	会计						30	53	83	150
	法学						20	21	41	
	工商管理						4	8	12	
	学前教育							14	14	
2013	会计						39	50	89	188
	法学						14	20	34	
	工商管理						10	11	21	
	学前教育						14	30	44	
2014	会计						31	28	59	129
	法学						17	14	31	
	工商管理						16	6	22	
	学前教育						11	6	17	
2015	会计						23	17	40	84
	法学						8	21	29	
	工商管理						4	6	10	
	学前教育						6	4	10	
	建筑管理						5		5	
2016	会计						26	18	44	137
	法学						22	14	36	
	工商管理						4		4	
	学前教育						42	7	49	
	建筑管理						2	2	4	

续表　　　　单位:人

年度	招生专业	招生人数								
		正式生	自学生	注册生	远程生		开放教育		合计	总计
					春季	秋季	春季	秋季		
2017	会计						15	24	39	126
	法学						18	28	46	
	工商管理						7	0	7	
	学前教育						10	17	27	
	建筑管理						1	6	7	
2018	会计学						15	12	27	151
	法律事务						35	48	83	
	工商企业管理						2		2	
	学前教育						7	19	26	
	建筑工程管理						4	9	13	

表 2-12-21　　历年本科招生人数一览表　　单位:人

年度	招生专业	招生季节		合计	总计
		春季	秋季		
2006	法学		12	12	24
	会计		12	12	
2007	法学	31	17	48	73
	会计	8	17	25	
2008	法学	11	8	19	68
	会计	34	15	49	
2009	法学	24	13	37	66
	会计	21	8	29	
2010	法学	10	18	28	53
	会计	6	19	25	
2011	法学	10	7	17	39
	会计	9	13	22	
2012	法学	5	5	10	36
	会计	6	20	26	
2013	法学	11	7	18	41
	会计	14	9	23	
2014	法学	4		4	27
	会计	9	14	23	

续表

单位:人

年度	招生专业	招生季节		合计	总计
		春季	秋季		
2015	法学	8	13	21	54
	会计	11	22	33	
2016	法学	12	12	24	48
	会计	14	10	24	
2017	法学	8	17	25	50
	会计	3	20	23	
	小教		2	2	
2018	法学	46	34	80	154
	会计	18	21	39	
	小教	2	6	8	
	土建	4	6	10	
	学前	4	13	17	

表 2-12-22　　历年中专招生人数一览表　　单位:人

年度	专业	办班单位	招生人数				
			普通班	业余班		小计	合计
				春季	秋季		
1988	建设施工与管理	直属郭家明	34			34	34
1989	财务会计	壶中郑舍英	54			54	54
1990	财务会计	壶中徐晓伟 二职金菊芳	55			55	103
	机电		48			48	
1992	农村机械	经委王海树	46			46	46
1993	机电	直属应亘瑛	39			39	81
	营销	直属徐有信	42			42	
1994	机电	直属陈宪宇	37			37	65
	建筑	直属郑维明	28			28	
1995	机电	经委				0	230
	财会	经委				0	
	“乡经管”成人中专	桐琴、柳城王宅、武阳			230	230	
1996	“乡经管”成人中专	桐琴、柳城、王宅武阳、泉溪、邵宅西联、陶溪、桃溪滩、履坦			266	266	266
1999	财会电算化				2	2	3
	幼师				1	1	

续表　　　　　　　　　　　　　　　　　　　　　　　　　　　　　　　　　　单位：人

年度	专业	办班单位	招生人数				
			普通班	业余班		小计	合计
				春季	秋季		
2001	幼师				1	1	1
2002	幼师			1		1	9
	文秘与档案			2		2	
	财会电算化			1	5	6	
2003	财会				8	8	11
	财会				1	1	
	幼师				2	2	
2004	会计				13	13	13
2006	财会				20	20	21
	幼师				1	1	
2007	财会				19	19	22
	幼师				1	1	
	文秘与档案				2	2	
2008	会计				25	0	25
2009	会计				54	54	55
	幼师				3	3	
	文秘				1	1	
2010	会计				24	24	26
	幼师				2	2	
	文秘				0	0	
2011	会计				20	20	20
2012	会计				19	19	19
2013	会计				14	14	14
2014	会计				13	13	13

四、教职工

1979年6月，浙江电大武义工作站始建，2006年升级为浙江电大武义分校。1984年配备专职教师3名，1987年办学规模夸大，教职工人数增至5人。截至2018年年底，该校有教职工34人，其中具有高级职称教师15人(含教授级高级教师1人)，硕士研究生学历2人，本科学历24人，专门从事电大工作人员7人。除编制内教职工外，学校还聘用来自机关企事业单位高学历的工程师、经济师和上级电大的教师担任部分专业课兼职教师。

历年来曾在电大工作的教职工人员有：吴仲松、胡元通、胡如城、王晓红、陈秀珍、郭家明、沈美娟、董焕成、赵毅、徐晓、童立鸣、吴晓梅、陈美寅、王宝生。

截至2018年12月底，武义继续教育中心教职工名单如下：

表2-12-23　　武义继续教育中心在编教职工一览表

序号	姓名	性别	学历	政治面貌	参加工作时间	进校时间	职称	岗位
1	陈　明	男	本科		1995.1	1997.1		管理
2	徐　涛	男	高中	党员	1979.12	2003.9		管理
3	潘建忠	男	本科	党员	1985.7	2017.8	高级教师	专业技术
4	姚　平	男	本科	党员	1983.7	2013.9	高级讲师	专业技术
5	傅　伟	男	本科	党员	1980.8	2010.8	教授级高级教师	专业技术
6	丁耀明	男	大专	党员	1976.8	2000.4	高级教师	专业技术
7	陈江鸣	男	本科	党员	1982.8	2006.1	高级教师	专业技术
8	何荣勤	男	本科	党员	1985.8	2006.1	高级教师	专业技术
9	吕子明	男	本科	党员	1981.7	2010.8	高级教师	专业技术
10	胡惠清	女	本科	党员	1986.8	2006.9	高级讲师	专业技术
11	徐　良	男	本科	党员	1985.8	2010.8	高级教师	专业技术
12	叶礼华	男	大学		1991.8	1997.8	高级讲师	专业技术
13	李松永	男	本科		1984.8	1994.9	高级讲师	专业技术
14	董岩芳	女	研究生	党员	2001.8	2001.8	高级讲师	专业技术
15	项志峰	男	研究生	党员	1993.8	2010.8	高级教师	专业技术
16	翁　强	男	本科	党员	1982.8	2002.8	一级教师	专业技术
17	陈叶红	女	大学	党员	1998.8	2003.7	一级教师	专业技术
18	傅秋波	男	大专		1979.12	1986.8	一级教师	专业技术
19	郑建怀	男	本科	党员	1991.8	2010.8	一级教师	专业技术
20	周美茹	女	本科		1994.8	2010.8	一级教师	专业技术
21	吴　伟	男	大专	党员	2002.8	2006.8	一级教师	专业技术
22	张晨皓	女	本科		2003.8	2011.8	一级教师	专业技术
23	金　亮	男	本科	党员	1990.8	2012.8	一级教师	专业技术
24	陈珊珊	女	本科		1999.8	2013.8	一级教师	专业技术
25	伍嫦娟	女	本科		2002.8	2013.8	一级教师	专业技术
26	王燕清	女	本科	团员	2011.8	2011.8	助理讲师	专业技术
27	洪丹英	女	本科		2003.8	2014.8	二级教师	专业技术
28	雷　姗	女	本科	党员	2008.8	2017.8	二级教师	专业技术
29	朱慧姿	女	本科	党员	1992.8	2018.8	高级教师	专业技术

续表

序号	姓名	性别	学历	政治面貌	参加工作时间	进校时间	职称	岗位
30	郑　惠	女	本科	党员	1999.8	2018.8	一级教师	专业技术
31	陈育晰	男	本科	党员	2004.8	2018.8	一级教师	专业技术
32	何晓琴	女	本科		1989.8	2017.8	高级教师	专业技术
33	沈　美	女	本科		2004.8	2017.8	二级教师	专业技术
34	叶新民	男	初中		1983.12	1983.12	高级工	工勤人员

说明:武义继续教育中心由浙江电大武义分校、武义县教师进修学校、武义县教学仪器站三个单位合并。因电大人员难以区分,故列出了武义继续教育中心全部教职工名单

五、人才培养

建校以来,为适应以学生个体自主学习为主的现代远程开放教育的要求,学校十分重视教师队伍建设,要求教师不断加强自身学习,努力转变教学观念,兢兢业业,求实创新,营造了良好的育人氛围。建校四十年来,大中专毕业生总数达6797人,为武义当地培养人才和服务地方社会经济发展作出了重大贡献,也涌现出了一大批各行各业的精英。

表2-12-24　　历年毕业生专科人数一览表　　单位:人

年度	毕业专业	学生类别				毕业人数	合计
		正式	注册	春	秋	小计	
1982年	机械	6				6	10
	电子	4				4	
1983年	电子	2				2	2
1985年	汉语言文学	53				53	53
1986年	汉语言文学	28				28	107
	工业企业管理	42				42	
	工业会计	6				6	
	工业统计	3				3	
	商业企业管理	11				11	
	商业会计	15				15	
	金融	2				2	
1987年	汉语言文学	4				4	26
	工业企业管理	19				19	
	工业会计	1				1	
	商业会计	1				1	
	金融	1				1	

续表 单位:人

年度	毕业专业	学生类别				毕业人数	合计
		正式	注册	春	秋	小计	
1988年	汉语言文学	9				9	182
	工业企业管理	4				4	
	工业会计	1				1	
	商业会计	1				1	
	金融	1				1	
	党政干部管理	38				38	
	法律	44				44	
	新闻	10				10	
	档案	4				4	
	文史基础专修科	70				70	
1989年	法律	4				4	68
	文史基础专修科	1				1	
	师范英语	13				13	
	金融	32				32	
	财政税收	13				13	
	机械	5				5	
1990年	文史基础专修科	2				2	37
	师范英语	1				1	
	财政税收	2				2	
	机械	1				1	
	财务会计	30				30	
	商业企业管理	1				1	
1991年	汉语言文学	42				42	155
	法律	34				34	
	工业企业管理	37				37	
	财务会计	41				41	
	师范英语	1				1	
1992年	商业企业管理	25				25	88
	财务会计	61				61	
	工业企业管理	2				2	
1993年	工业企业管理	5				5	6
	财会	1				1	

续表　　单位:人

年度	毕业专业	学生类别				毕业人数	合计
		正式	注册	春	秋	小计	
1994 年	财务会计	4				4	14
	工业企业管理	10				10	
1995 年	工企管	2				2	41
	行政管理	10				10	
	财务会计	12				12	
	金融	17				17	
1996 年	财务会计	14				14	22
	工企管	4				4	
	金融	1				1	
	行政管理	2				2	
	工企管	1				1	
1997 年	财务会计	14				14	27
	金融	11				11	
	法律	1				1	
	商企管	1				1	
1998 年(9 月发)	金融	25				25	105
	财会	46				46	
	法律	11				11	
	工企管	1				1	
	法律 2	8				8	
	财会 2	9				9	
	外经贸 2	4				4	
	文秘 2	1				1	
1998 年(11 月发)	金融	1				1	5
	财会	2				2	
	法律 2	2				2	
1999 年	财会	21				21	46
	金融	8				8	
	法律	5				5	
	法律 2	7				7	
	财会 2	2				2	
	文秘 2	3				3	

续表 单位：人

年度	毕业专业	学生类别				毕业人数	合计
		正式	注册	春	秋	小计	
2000年正式生 7月毕业 10月证	财会	15				15	42
	法律	7				7	
	金融	19				19	
	工企管	1				1	
2000年注册生 2001年 1月发证	95财会		3			3	23
	96财会		3			3	
	95法律		5			5	
	96法律		8			8	
	98法律		4			4	
2001年 正式生	财会	17				17	42
	法律	16				16	
	金融	8				8	
	汉语言	1				1	
2001年 注册生	财会		13			13	13
2002年9月 正式生	法律	9				9	36
	财会	19				19	
	金融	6				6	
	工商企管	1				1	
	秘书	1				1	
2002年9月 注册视听生	财会		2			2	14
	法律		12			12	
2003年	法律	10	10	48		68	90
	汉语言文学	1				1	
	财务会计	13	3			16	
	工商企管	1				1	
	应用电子		3			3	
	新闻学	1				1	
2004年 (02春入学)	财务会计	14	16	85		115	326
	法律	4	30	99		133	
	汉语言文学	3		75		78	

续表　　　　单位:人

年度	毕业专业	学生类别				毕业人数	合计
		正式	注册	春	秋	小计	
2004年(远程02级秋季学生)	财务会计		7	65		72	201
	法律		1	90		91	
	汉语言文学			38		38	
2005年春季毕业	财务会计			7		7	76
	法律		9	57		66	
	汉语言文学			3		3	
2005年秋季毕业	财务会计	5	1	70		76	141
	法律	1	1	38		40	
	汉语言文学			24		24	
	工商企管	1				1	
2006年春季毕业	财务会计			12	68	80	88
	法律		3	4		7	
	汉语言文学			1		1	
2006年秋季毕业	法律			51		51	103
	财务会计			51		51	
	汉语言文学			1		1	
2007年春季毕业	财务会计			61		61	109
	法律			48		48	
2007年秋季毕业	财务会计				60	60	104
	法律				44	44	
2008年春季毕业	财务会计				91	91	134
	法律				43	43	
2008年秋季毕业	财务会计				2	2	2
2009年毕业	财务会计			84	35	119	219
	法律			46	40	86	
	工商企管			6	8	14	
2010年毕业	财务会计			60	67	127	190
	法律			26	30	56	
	工商企管			3	4	7	
2011年毕业	财务会计				112	112	178
	法律			17	34	51	
	工商企管			7	8	15	

续表　　　　单位：人

年度	毕业专业	学生类别				毕业人数	合计
		正式	注册	春	秋	小计	
2012 年毕业	财务会计			39	29	68	130
	法律			24	25	49	
	工商企管			8	5	13	
2013 年春季	会计			64		64	93
	法学			20		20	
	工商			9		9	
2013 秋季	会计			29		29	47
	法学			13		13	
	工商			5		5	
2014 年春季	会计			49		49	78
	法学			20		20	
	工商			9		9	
2014 年秋季	会计			29		29	47
	法学			8		8	
	工商			10		10	
2015 年春季	会计			49		49	59
	法学			19		19	
	学前			13		13	
2015 年秋季	会计			37		37	74
	法学			11		11	
	学前			9		9	
	工商			17		17	
2016 年春季	会计			42		42	73
	法学			20		20	
	学前			27		27	
	工商			10		10	
2016 年秋季	会计			26		26	57
	法学			14		14	
	学前			8		8	
	工商			9		9	
2017 年春季	会计			28		28	58
	法学			13		13	
	学前			9		9	
	工商			8		8	

续表　　单位:人

年度	毕业专业	学生类别				毕业人数	合计
		正式	注册	春	秋	小计	
2017 年秋	会计			23		23	46
	法学			7		7	
	学前			6		6	
	工商			5		5	
	建筑施工			5		5	
2018 年春	会计			17		17	45
	法学			19		19	
	学前			4		4	
	工商			5		5	
2018 年秋	会计			27		27	93
	法学			21		21	
	学前			40		40	
	工商			5		5	

表 2-12-25　历年毕业生中专人数一览表　　单位:人

年度	专业	毕业生人数	
		小计	合计
1991 年	建筑施工与管理	34	34
1992 年	财务	53	53
1993 年	财务财务会计	54	99
	机电	45	
1995 年	农村机械	45	45
1996 年	机电	38	78
	营销	40	
1997 年	机电	37	65
	建筑	28	
1998 年	乡经管	164	164
1999 年	乡经管	198	198
2001 年	财会电算化	0	1
	幼师	1	
2002 年	财电(99 级)	1	1
2003 年	幼师	1	1

续表

单位:人

年度	专业	毕业生人数	
		小计	合计
2004年	幼师	1	9
	文秘与档案	1	
	财会电算化	7	
2005年	幼师	2	10
	文秘与档案	1	
	财会	7	
2006年	财会	12	12
2008年	财会	19	
	幼师	1	
2009年	财会	20	20
2010年	财会	16	16
2011年	财会	50	50
2012年	财会	22	22
2013年	财会	20	20
2014年	财会	19	19
2015年	财会	10	10
2016年	财会	16	16

表2-12-26　　表2-12-26　历年毕业生本科人数一览表

单位:人

年度	毕业专业	人数	合计
2009年春	会计	10	22
	法学	12	
2009年秋	会计	6	29
	法学	23	
2010年春	会计	14	30
	法学	16	
2010年秋	会计	31	41
	法学	11	
2011年春	会计	6	13
	法学	7	
2011年秋	会计	17	34
	法学	17	

续表　　　　单位:人

年度	毕业专业	人数	合计
2012 年春	会计	16	33
	法学	17	
2012 年秋	会计	5	14
	法学	9	
2013 年春	会计	21	42
	法学	21	
2013 年秋	会计	7	15
	法学	8	
2014 年春	会计	11	18
	法学	7	
2014 年秋	会计	8	13
	法学	5	
2015 年春	会计	1	4
	法学	3	
2015 年秋	会计	32	43
	法学	15	
2016 年春	会计	10	16
	法学	6	
2016 年秋	会计	11	15
	法学	4	
2017 年春	会计	13	13
2017 年秋	法学	6	17
	会计	11	
2018 年春	法学	11	29
	会计	18	
2018 年秋	法学	11	19

六、科学研究

学校在教育教学中,始终坚持以科研为先导,切实提高教学质量。引导教师进一步加强学习与研究,不断更新教育理念,通过多种形式、多个层面的课题研究活动,帮助教师改变传统的教学方式、辅导方式、助学模式,优化学生学习策略,不断提高教学质量。截止 2018 年底,教师在各类刊物上发表论文 14 篇,获市级以上论文或课题评比二等奖 2 个,三等奖 14 个。

七、办学条件

学校占地面积 25251.26 平方米,建筑面积:教学楼 10164.95 平方米,食堂 2545.2 平方米,其他

61.97 平方米，学生宿舍 3857.34 平方米。

PC 服务器 13 台电脑：台式机有 169 台，其中多媒体计算机室 2 间，计算机 100 台，办公机 40 台，其他 29 台，笔记本电脑 6 台。多媒体教室 2 间，多媒体会议室 2 间，图书室 1 间，图书 18173 册。

校内实践基地 2 个，校外实践基地 4 个。

办公设备：打印机 12 台，复印机 5 台，扫描仪 2 台，数码相机 1 台，普通相机 3 台，空调 60 台，校园监控系统 1 套，校园报警系统一套。

八、校园文化

学校始终把校园文化建设作为电大教育教学改革、全面推行素质教育的一项长期工程来抓。开展各项校园文化活动，既丰富学生的业余文化生活，促进身心健康，增强凝聚力，彰显开放教育学生的精神风貌，又培养学生的组织能力、合作意识和实践技能，寓教育于文化活动之中。

2016 年 4 月 7 日，组织 2015 秋全体学生参加“大博金农场”基地实践活动。

2018 年 12 月 15 日，校工会、学生处联合举办了“健康•快乐•合作”为主题的班会活动。班会活动结束后，组织学生一起行走绿道，清理市民锻炼时留在道路上的垃圾，为创建卫生城市贡献一份力量。

第七节　浙江广播电视大学磐安分校

一、历史沿革

1984 年 5 月 17 日，浙江广播电视大学磐安工作站(简称磐安电大工作站)创办，与原教育局合署办公。

1988 年，金华广播电视中等专业学校磐安工作站成立。1993 年更名为金华广播电视中等专业学校磐安分校，电大和电视中专“两块牌子、一套班子”。电视中专下设县职业技术学校、金华行知职高、党校 3 个教学点。

1989 年 5 月，学校与原教研室合署办公。

1996 年 9 月，学校搬至安文镇文溪北路 56 号新校舍。

2002 年，学校与教师进修学校、教科所、教育信息中心等单位组合成立了磐安县成人教育中心。中心成立后电大工作站仍相对独立，保持原来性质不变。

2003 年 11 月，学校顺利通过省电大现代远程教育试点评估验收。同年，学校与西南科技大学网络教育学院开展合作办学，在磐安电大设立西南科技大学网络教育校外学习中心。

2004 年，学校停止远程教育试点招生，经批准加入中央电大“人才培养模式改革和开放教育试点”工作，原来省电大远程教育学生与 2004 年上半年的学生全部归并到中央电大的开放教育。同年 10 月，学校与浙江大学开展联合办学，成立浙江大学远程教育学院磐安学习中心。

2005 年 4 月，学校顺利通过省教育厅对学校开展的开放教育试点工作总结性评估验收。春季浙江大学远程教育学院磐安学习中心开始招生。

2008 年 12 月，学校与浙江师范大学联合举办首届教育管理硕士研究生主要课程进修班。

2009 年 3 月，学校成立浙江广播电视大学磐安工作站奥鹏远程教育学习中心。同年春季开始招生。同年 12 月浙江广播电视大学磐安工作站升格为浙江广播电视大学磐安分校。

2010 年 8 月，经县人民政府批准，成立磐安县社区学院。同年 10 月，浙江广播电视大学磐安工作站奥鹏远程教育学习中心更名为浙江广播电视大学磐安分校奥鹏远程教育学习中心。

2018 年 1 月，根据浙江大学远程教育学院通知要求，浙江大学远程教育学院磐安学习中心停止招生。

二、管理体制与组织机构

(一)管理体制

学校自创办以来一直隶属磐安县教育局管理，系磐安县教育局管辖下的独立法人的直属单位。

(二)组织机构

1984 年 5 月 17 日，浙江广播电视大学磐安工作站与原教育局合署办公，设工作站办公室 1 个。

1989 年 5 月，学校与原教研室合署办公，设站长室、副站长室、教务处、总务处。

2002 年 9 月，学校设站长室、副站长室、教务处、总务处。

2009 年 3 月，学校升格为浙江广播电视大学磐安分校，设校长室、副校长室、教务处、总务处。

2013 年 9 月，设校长室、副校长室、开放教育教务处、远程教育处、总务处、招生培训处。

2017 年 9 月，设书记室、校长室、副校长室、开放教育教务处、远程教育处、总务处、招生培训处。

2018 年 9 月，设书记室、校长室、副校长室、开放教育教务处、远程教育处、总务处、社区教育处。

(三)历任领导

表 2-12-27　　学校历任党政领导名单一览表

行政领导			党组织领导		
姓名	职务	任期	姓名	职务	任期
徐宏泰	站长	1884.5–1986.4	马式中	书记	1996.1–2002.8
孔宝泉	站长	1986.5–1987.10	厉显畈	书记	2002.8 至今
金彩荣	站长	1987.11–1989.7			
马式中	站长	1989.8–2002.8			
厉显畈	站长(校长)	2002.8–2017.8			
周中其	副站长(副校长)	2000.9–2009.8			
张志辉	副校长	2009.8–2011.8			
黄福根	校长助理	2010.8–2011.8			
	副校长	2011.8 至今			
厉显畈	书记	2017.8 至今			
张生红	校长	2017.8 至今			

三、学生

1988 年，金华广播电视中等专业学校磐安分校开始招生，下设县职业技术学校、金华行知职高、党校三个教学点，开设财务会计、机电、土木建筑工程、乡村经济管理、农村家庭经营管理、市场营销、幼儿师范等 7 个专业，至 2003 年毕业学生 777 人。

2003 年学校与西南科技大学网络教育学院开展合作办学,设立西南科技大学网络教育校外学习中心,春季开始本科招生,开设法学、会计学、英语教育、数学教育、汉语言文学等 5 个专业。

浙江大学远程教育学院磐安学习中心 2005 年开始招收本科学生,开设护理学、药学、计算机科学与技术、电气工程及自动化、英语(经贸)、电子商务、人力资源管理、工商管理、公共事业管理、市场营销、信息管理与信息系统等 11 个专业。2010 年开始招收专科学生,开设护理学、药学、工商企业管理 3 个专业。

浙江广播电视大学磐安分校奥鹏远程教育学习中心 2009 年开始招收本科学生,开设体育教育、汉语言文学、数学教育、公共事业管理、物理教育、英语教育、艺术管理、地理教育等 10 多个专业。2012 年开始招生专科学生,开设艺术设计、语文教育等 2 个专业。

浙江广播电视大学磐安分校学历教育的重点是开放教育专科、本科教育。开放教育专科从 1984 年秋季开始招生,先后开设了汉语言文学、会计学、法学、小教、学前、计算机、建筑、观光农业等 20 多个专业;本科从 2007 年秋季开始招生,开设了金融、法学、土木工程、会计学、学前教育、小学教育、汉语言文学等 9 个专业。其中,1996 年开始,参加注册视听生招生试点。开设法律、文史、汉语言文学、档案管理、图书管理、政史、师范英语、文秘、行政管理、财税、财务会计、金融、工业企业经营管理、商业企业经营管理、电子工程、计算机等 16 个专业。 2002 年秋季注册视听生招生停止。

2010—2018 年每年秋季,浙江广播电视大学磐安分校招收"一村一名农民大学生",先后开设了农村行政管理、茶叶生产与加工技术、林业技术、畜牧兽医、园林技术、农业经济管理、观光农业、休闲农业等八个专业。

表 2-12-28　　学校历年招生、毕业生人数一览表　　单位:人

项目	中专		本科		大专	
年份	招生	毕业	招生	毕业	招生	毕业
1986						21
1987						
1988						10
1989						7
1990		58			62	56
1991		50			32	57
1992					35	72
1993					16	46
1994		99			26	16
1995		17			70	37
1996		109			39	21
1997		82			66	14
1998		103			78	17
1999		50			35	27

续表　　　　　　　　　　　　　　　　　　　　　　　单位:人

项目	中专		本科		大专	
年份	招生	毕业	招生	毕业	招生	毕业
2000		50			65	35
2001		34			112	56
2002		88			219	100
2003		37			170	159
2004					179	269
2005			313	194	176	176
2006			149	80	161	164
2007			164	142	122	177
2008			133	182	105	131
2009			168	151	153	135
2010			101	72	151	105
2011			112	169	265	142
2012			153	149	187	107
2013			188	132	224	252
2014			184	129	177	208
2015			180	164	199	157
2016			178	185	178	169
2017			178	99	145	94
2018			219	156	152	168
合计		777	2420	2004	3599	3205

四、教职工

表 2-12-29　　　　　　历年教职工变动情况一览表

姓名	进	出	备注
陈黄花	1983.7	1985.7	调离
曹美芳	1984.1	2004.9	退休
孙忠明	1987.8	1989.10	调离
马式中	1989.8	2007.1	退休
吕连环	1992.8	1994.9	调离
陈淑良	1994.9	1999.9	调离
蔡春芳	1999.8	2001.8	调离

续表

姓名	进	出	备注
周中其	2000.8	2010.6	去世
蔡美菊	2000.8	2004.8	调离
胡余良	2001.8	2014.12	退休
陈新刚	2001.8	2004.8	调离
厉显畈	2002.8		
陈群英	2002.8	2013.8	调离
陈荣训	2004.8	2018.8	退休
卢勇敢	2004.8		
厉叶飞	2004.8		
何梅芳	2005.8	2018.2	退休
杨爱萍	2008.8	2009.8	调离
张志辉	2009.8	2018.8	退休
黄福根	2010.8		
黄慧仙	2011.8		
袁莉钧	2012.8		
卢爱军	2013.8	2015.8	调离
陈玉华	2014.8		
郑忠华	2015.8	2017.8	调离
楼双燕	2016.8		
张生红	2017.8		
陈朝阳	2017.8		
张伟亚	2017.8		
孔凤平	2018.8		
陈美花	2018.8		

五、人才培养

1984 年 8 月,学校首次招收以党政干部为主要对象的党政专业大专班。

1993 年金华广播电视中等专业学校磐安分校,下设县职业技术学校、金华行知职高、党校 3 个教学点。

1996 年开始,参加注册视听生招生试点。

2002 年 9 月,注册视听生停止招生,参加省电大"人才培养模式改革和现代远程教育试点"工作。10 月,开始招收现代远程教育学生。

2005 年春季浙江大学远程教育学院磐安学习中心开始招生。

2008 年 12 月与浙江师范大学联合举办首届教育管理硕士研究生主要课程进修班，招收中小学校长和骨干教师47人，学制两年，主要进修《教育管理学》等六门课程，2010年底全部顺利结业。

2009年3月浙江广播电视大学磐安工作站奥鹏远程教育学习中心开始招生。

2010年9月，开展“一村一名农民大学生”培养项目试点，招收首届农民大学生73人。

学校开设了理、工、经、法、医、农六大类学科20多个专业。学校每年春、秋两季招生。截至2018年底，学校共培养了中专毕业生777人，大专毕业生3205人，本科毕业生2004人，为地方经济建设和社会发展做出了应有的贡献。

六、科学研究

磐安电大十分重视教师科研工作，坚持以科研为先导，引导教师加强学习与研究，不断更新教育理念，切实提高教学质量，科研成果成效显著。截止2018年底，教师在省级以上刊物公开发表论文46篇，获市级以上论文或课题评比一等奖7个，二等奖4个，三等奖13个。

七、合作与交流

2002年与教师进修学校、教科所、教育信息中心等单位组合成立磐安县成人教育中心。

2003年与西南科技大学网络教育学院开展合作办学，设立西南科技大学网络教育校外学习中心。

2004年与浙江大学开展联合办学，成立浙江大学远程教育学院磐安学习中心。

2008年12月与浙江师范大学联合举办首届教育管理硕士研究生主要课程进修班。

2009年3月成立浙江广播电视大学磐安工作站奥鹏远程教育学习中心。

2010年8月成立磐安县社区学院。10月，浙江广播电视大学磐安工作站奥鹏远程教育学习中心更名为浙江广播电视大学磐安分校奥鹏远程教育学习中心。

八、办学条件

学校地处磐安县城文溪之畔(文溪北路56号)，环境幽静，交通便捷。宽带网、校园网、学校网站、地面卫星接收系统、电子阅览室、多媒体教室等现代化教学设施，功能齐全，教学资源丰富。

经过三十多年的努力，学校已拥有浙江广播电视大学磐安分校、金华广播电视中等专业学校磐安分校、浙江大学远程教育磐安学习中心、奥鹏远程教育磐安学习中心和磐安县社区学院五块牌子。形成了以中专、专科、本科、研究生主干课程学历教育为主和非学历培训为辅的办学格局，在校生900多人。

九、校园文化

(一)学校层面的文化建设

校训：开放、开拓、求是、创新

校风：自主、自信、自律、自强

教风：厚德、博学、笃行、善导

学风：愿学、会学、好学、乐学

办学理念：以人为本

管理理念：服务师生

办学定位:把学校建设成为“高等学历教育中心、远程开放教育中心、社区教育服务中心”。

办学思路:“做强开放教育,扩大合作教育,发展社区教育”。

办学举措:2017 年.提出并开展“和谐电大、魅力电大”建设,目标是激发内部活力,坚定电大自信,扩大社会影响,争取队伍建设有新气象,教学工作有新作为,社区教育有新突破。

(二)师生层面的文化建设

1.教师层面

一是开展“五五要求”文化建设。根据省电大提出的“战略的眼光、开放的理念、创新的思路、平和的心态、务实的作风”要求,在教师层面落实“五五要求”的文化建设内容。“五五要求”,即“五高”:做人高品格、生活高品位、学习高要求、服务高水平、工作高效率;“五心”:对事业忠心、对工作尽心、对学生热心、对同事诚心、对待遇平心;“五意识”:树大局意识、倡奉献意识、讲合作意识、强责任意识、怀忧患意识;“五性”:增强主动性、把握规律性、加强计划性、强化时效性、提高实效性;“五不”:不拈轻怕重、不敷衍拖拉、不扯皮推诿、不揽功推责、不埋怨牢骚。

二是开展“读好书好读书”活动。一是举办“周一读书分享”,全校教师轮流主讲。分享主题可涵盖思想教育、教育管理、教学改革、校园文化、健康知识、科普卫生等,要求内容健康而富有新意,立足学校内涵发展而富有启迪,交流内容于事后整理成书面材料,按年度编印成集。二是开设“月论坛”专栏。学校在校园网开设“教师月论坛”专栏,要求每位教师每月至少发表一篇专业论坛文章;三是年有课题或论文获奖。每位教师周分享、月论坛的基础上,总结提高,争取每年有一篇论文发表或一项课题获奖。

三是开展公开承诺服务活动。师德师风承诺语上墙公开,激励教师立足岗位做好服务。“学习领先,工作领头;师生满意,社会认可”、“教管创新,服务创优;热心诚恳,热情周到”……在学校每个教师办公室门口都可以看到一块崭新的公示牌,公示牌上除了教师的照片、姓名、职务(职责)外,不拘一格的承诺语特别引人注目。立足岗位,做好服务,承诺上墙,一诺千金,接受监督,促进工作,每位教师的承诺语分为岗位承诺和服务承诺两部分,均为四句十六个字。前两句是岗位工作的承诺,后两句则侧重于服务工作的承诺。

2.学生层面

一是落实“五五”实践模式,提高学生自主学习效果。开展五项教育(学习重要性、学习目的性、学习自信心、考风考纪、专业思想),让学生愿学;落实五大常规(网络学习、面授听课、小组协作学习、平时作业、实践活动),使学生会学;培养五种能力(信息获取加工和应用、自我识别和自主选择、网络学习、协作学习、自我培养和自我监控),让学生乐学;提供五项服务(学习技术和方法的指导、班主任的助学、任课教师的导学、学习资源支持、场所和设备支持),为学生助学;建立五项制度(形成性考核制度、教学监控和信息反馈制度、奖惩制度、考风考纪督查制度、学习情况通报制度),促学生好学。

二是开展学生社团活动,丰富学生的业余生活。为加强学生社团管理,发挥学生社团在学校精神文明建设和校园文化建设中的积极作用,根据国家教育部关于学生团体管理的有关规定,结合学校实际,学校制定出台了了《学生社团管理条例》,对社团工作进行了规范管理。

(三)制度层面的文化建设

学校编印了《教师工作手册》、《学生手册》、《班主任工作手册》、《学生自主学习笔记》等四本小册子。前两本手册是有关教师和学生两个层面的规章制度,后两本册子是班主任和学生每学期人手一本的工作和学习记录本。班主任工作手册包括:班主任职责、班主任奖惩规定、学生名册、班级工作计划、主题活动方案、工作周记、班级集体活动记录、学期工作总结、班主任考核表等内容,形成了班主任工作管理特色,取得了明显的育人效果。

第三篇

人物与荣誉

第一章　人物录

第一节　部分优秀校友

（按姓氏笔画排序）

丁华明，男，1962 年 8 月出生，浙江绍兴人，省委党校研究生，高级会计师。1984 年 7 月毕业于浙江省金华粮食学校财会专业，同年 8 月参加工作。先后在浙江省粮食局、浙江省财政厅、浙江省机关事务管理局工作。现任浙江省机关事务管理局计划财务处处长。主编《粮食财会知识问答》，牵头编写《浙江省机关事务管理局财务活动内部控制管理手册》，合编《税务会计》（企业管理出版社出版）等。在全国政府采购会上发表《政府采购官员需要具备的综合素质》、《政府采购—民族产业的最后一道防线》等学术论文。《浙江省国有企业现状分析评价》获省优秀课题奖，多次被浙江省财政厅、浙江省机关事务管理局评为优秀公务员、先进工作者等。

丁岳清，男，1964 年 8 月出生，浙江缙云人，农工党党员，大学学历。1984 年 7 月毕业于浙江省金华粮食学校财会专业，同年 8 月参加工作。曾任丽水地区粮食局计划购销科副科长(主持工作)，地区粮油总公司业务科长（兼），丽水地区粮食局办公室主任，浙江利禾粮油贸易公司董事长（兼），市粮食局办公室主任，市发展计划委员会价格调控管理处处长，农工党丽水市委会副主委(驻会)，市政协副秘书长、提案委员会副主任(兼)；市政府行政审批中心副主任，市政协文史资料委员会主任等职。现任丽水市政协副秘书长、农工党丽水市委会主委、政协第四届丽水市委员会副主席。

于　纲，男，1977 年 12 月出生，浙江浦江人，中共党员，大学学历，会计师。2004 年毕业于电大会计学本科。曾先后被共青团浙江省委授予青年岗位能手，金华市人民政府授予金华市创建国家知识产权示范城市化工作先进个人，金华市委组织部、市委宣传部、共青团金华市委等部门联合授予第十二届金华市十大杰出青年，金华市“双争”活动指导委员会授予“青年岗位能手”；获金华市打假治劣工作先进个人、金华市“拼创先锋”等荣誉称号。现任金华市市场监督管理局经济技术开发区分局党委书记、局长，金华经济技术开发区管委会食品安全办公室主任、招商五局局长。

丰群飞，男，1976 年 4 月出生，浙江金华人，2017 年 1 月毕业于电大工商管理专业。现任浙江康食代农业发展有限公司董事长。获第三批金华市婺城区拔尖人才，金华市青年星火带头人协会理事，“创青春”中国青年互联网创业大赛铜奖，婺城区第二届精神文明建设“草根奖”、“个协杯创业自强奖”，金华市十佳农村实用人才，第九届金华市十大杰出青年等称号。

王美君，女，1983 年 8 月出生，浙江东阳人，2016 年 1 月毕业于电大农业经济管理学专业。组建东阳市碧得丰粮食专业合作社，现任理事长，成立东美农场，建立望丰粮食专业合作社联合社。被评为浙江农业农村十大新闻人物，入选浙江省“百名农创客，农村致富带头人。

毛陶然，男，1963 年 9 月出生，浙江江山人，中共党员，大学本科学历，经济师，政工师。1983 年 7 月毕业于浙江省金华粮食学校储检专业，同年 8 月参加工作。曾任江山市长台粮管所防化员、副所长、所长，江山市第二饲料厂厂长、书记，浙江江山国家粮食储备库副主任、主任，浙江江山市粮食收储公司副总经理、总经理，中央储备粮衢州、金华、宁波直属库副主任，现任中央储备粮玉环直属库有限公司总经理、书记。获浙江省人民政府粮食收购“四好优质服务”先进个人，浙江省粮食局、衢州市粮食局仓储工作先进工作者，江山市优秀共产党员，江山市劳动模范等称号。

方　青，女，1970 年 11 月出生，浙江金华人，民革党员，2006 年毕业于电大教育管理本科专业。先后在原金华县含香乡中心小学，金华市金东区赤松乡中心小学，金华市金东区实验小学任教。现任浙江省金华市金东区教育局副局长兼金东区实验小学校长，十一届、十二届全国人大代表，第十三届省人大代表。曾获得全国优秀教师、全国践行社会主义核心价值观先进人物、浙江省杰出教师、浙江省特级教师、长三角地区教育科研标兵等荣誉称号。

石启红，男，1972 年 11 月出生，浙江省天台人，1994 年 7 月毕业于浙江贸易学校计划与统计专业。曾任天台县白鹤镇政府办事处副主任、总支书记，天台县经济和贸易局科长、办公室主任，局党委委员；青海省海西州茫崖行会工作；天台县三合镇政府副镇长，天台县民政局党组成员、副局长，现任天台县经济和信息化局党委委员、副局长。2010 年 7 月–2013 年 7 月，作为浙江省第一批选派的对口援建干部赴青海省海西蒙古族藏族自治州工作；2018 年度荣获台州市委市政府颁发的台州高质量发展风云榜先进个人荣誉称号。

厉志海，男，1954 年 5 月出生，浙江东阳人，中共党员，省委党校研究生学历。1976 年 8 月参加工作，1992 年毕业于电大法律专业。曾任磐安县委常委、常务副县长，金华市人民政府政府经济技术协作办公室党组书记、主任，兰溪市委副书记、市长，金华市人民政府副市长、市经济开发区党工委书记，金华市委常委、义乌市委书记，衢州市委副书记、市长，衢州市委书记，浙江省发展和改革委员会主任、党组书记，浙江省人大常委会副主任、党组成员，省总工会主席，浙江省人大常委会副主任。

申屠正荣，男，1963 年 11 月出生，浙江东阳人，1983 年 7 月毕业于浙江省金华粮食学校会统专业，同年 8 月参加工作。曾任浙江省卫生厅计划财务处副主任科员、主任科员，浙江省卫生信息中心副主任，浙江省联众科技有限公司总经理，浙江省卫生厅规划财务与审计处处长、浙江省卫生和计划生育委员会规划处处长，浙江省卫生经济学会副会长、浙江省医院管理学会常务理事、浙江省卫生信息学会常务理事等职，现任浙江省卫生健康委体改处处长兼任浙江省健康服务业协会副会长。获高级会计师 澳门科技大学《《经济管理》研究生毕业 获硕士学位在《中国卫生经济》、《中国卫生资源》等国内一级杂志发表论文二十余篇。

包金亮，男，1974 年 12 月出生，浙江磐安人，2013 年毕业于电大农村行政管理专科，2015 年毕业于电大法学本科，现任磐安县山之舟生态农业有限公司总经理，高级农艺师。获浙江省十佳农民大学生、浙江省科技示范户、浙江省基层农技骨干、浙江省农业丰收二等奖等荣誉。

邢海华，男，1965 年 3 月出生，浙江桐乡人，大学学历。1983 年 7 月毕业于浙江省金华粮食学校储检专业，同年 8 月参加工作。历任桐乡市粮食局副局长、桐乡市副市长；嘉兴市科技局副局长、局长、嘉兴高新技术产业园区管委会副主任(兼)、市党外知识分子联谊会会长；嘉兴市政协副主席；嘉兴市副市长，民革嘉兴市委会主委。现任浙江省嘉兴市人民政府副市长。

吕春发，男，1969 年 3 月出生，浙江永康人，2018 年 1 月毕业于电大行政管理本科专业，现任永康市华溪农业开发有限公司董事长。公司产品获金华名牌产品，绿色食品证书，金华市著名商标；公司获金华市农业龙头企业，金华市农产品示范基地等荣誉。

吕群伟，男，1960 年 4 月出生，浙江永康人，中共党员，1982 年毕业于电大汉语言文学专业。创办永康市墨云轩文化艺术培训中心。曾获全国诗词大赛二等奖，书法作品入浙江省书法大赛展。曾任永康市青年书画研究会秘书长，永康市关心下一代工作委员会书法工作站秘书长，永康市书法家协会副秘书长，永康市棋类桥牌协会副秘书长。现为中国教育学会书法教育专业委员会会员，中国楹联学会会员，浙江省书法家协会会员，永康市诗词学会副会长。

朱杰成，男，1966 年 3 月出生，浙江舟山人，中共党员，省委党校研究生学历，会计师。1987 年 7

月毕业于浙江粮食学校财会专业，同年8月参加工作。曾任舟山市委党校副校长，舟山市政府副秘书长，现任舟山市委副秘书长，舟山市政府驻杭办主任。

朱钢锋，男，1979年5月出生，浙江金华人，2016年1月毕业于电大园艺技术专业，曾任金华市鹏峰快递有限公司经理，现任浙江管家婆纺织品有限公司总经理。获金华市十大杰出青年电商，浙江省优秀农民大学生，中央电大"希望的田野"奖学金，浙江省电大优秀毕业生，团中央—中国青年电商联盟会员。

任青青，男，1979年1月出生，浙江义乌人。1997年7月毕业于金华经贸职工中等专业学校财会专业。2005年创办浙江光源玩具有限公司，担任公司董事长。公司主营化学发光娱乐玩具，产品主要销往欧美发达地区，是行业龙头企业，目前拥有员工350人，企业总资产1.8亿元。

任潮龙，男，1964年11月出生，浙江义乌人。1987年7月毕业于浙江粮食学校储检专业，同年8月参加工作。曾任义乌苏溪粮管所所长、义乌粮食收储公司总经理、浙江省交通投资集团有限公司办公室主任，浙江省商业集团公司副总经理。现任浙江省国有资本运营有限公司董事、党委副书记。

刘海荣，男，1974年11月出生，浙江青田人，中共党员，在职研究生学历，高级经济师。1994年7月毕业于浙江贸易学校市场营销专业，同年8月参加工作。曾任中央储备粮金华直属库业务科科长，中央储备粮金华直属库综合科科长，中央储备粮玉环直属库主任助理，中央储备粮金华直属库副主任，中央储备粮衢州直属库书记、副主任，中央储备粮衢州直属库书记、主任，中央储备粮衢州直属库有限公司书记、总经理。现任中国储备粮管理集团有限公司浙江分公司购销计划处处长、轮换购销中心主任，浙江中储粮收储经销有限公司书记、董事长兼总经理，中储粮集团浙江分公司纪委委员。

李晓春，男，1963年8月出生，浙江永康人，1988年毕业于电大法律专业。曾任乡团委书记、区团委书记、市直团委书记、团市委常委、市普法办副主任、人事劳动保障局副局长、法制办主任、市府办副主任、金融办主任、政法委副书记、维稳办主任等职。曾获优秀公务员，永康市"十大实干家"，浙江省劳动保障系统先进个人，金华市护航G20维稳安保先进个人，金华市综治维稳工作先进个人等荣誉，永康市第十三、十四届党代表，永康市第十四届政协委员。现任永康市政法委副书记。

李忠华，男，1974年11月生，浙江萧山人。1994年7月毕业于浙江贸易学校计划与统计专业，工程师。曾在萧山粮食系统从事会计工作，曾任徐州通域空间钢结构有限公司副总经理、杭州汉驭网架有限公司董事长。现任四川汉驭空间钢结构集团董事长，四川浙江商会副会长，广安市邻水县政协常委，邻水县工商联副主席，民盟广安市委员会直属邻水支委委员。

李德宝，男，1963年9月出生，浙江临安人，中共党员，大学学历。1981年7月毕业于浙江省金华粮食学校会统专业，同年8月参加工作。先后在临安区（县、市）粮食局、纪律检查委员会、民政局、乡镇、人大任职。2004年至2007年任临安区龙岗镇党委副书记、镇长，2007年7月至2010年任临安区千洪乡党委书记、人大主席，2010年2月任临安区人大常委会委员，教科文卫、民宗侨工委主任（正处级）。

杨强华，男，1959年10月出生，浙江青田人。1981年7月毕业于浙江省金华粮食学校储检专业，现系德籍华人，驻德国柏林。曾任浙江省青田县人民政府办公室秘书、秘书科科长、县政府体改办副主任。1992年初移居德国，现任德国安通贸易有限公司董事长，兼任中华海外联谊会理事、中国侨联海外委员、德国华侨华人公共外交协会创会会长、欧中科学技术协会主席、欧洲华商会　秘书长、全球中华港澳台侨联谊会联盟副主席、全德华人社团联合会常务主席、德国华侨华人中国和平统一促进会执行副会长、中国驻德国大使馆领事保护联络员。2013年2月，他在德国发起成立了全球海外华侨华人第一个公共外交协会--德国华侨华人公共外交协会，并担任会长。2015年9月，他应邀参加中国抗战暨世界反法西斯战争胜利70周年之“93大阅兵”仪式;2016年6月,应邀参加第八届“世界华侨华人社团联谊大会”;2017年9月,出席中国海外交流协会第六次会员大会,当选为理事;2016年12月,应邀列席了由欧洲28个成员国组成的欧洲议会全会。2014年10月,被授予“浙江省首批中华文化青年传播大使”称号。

吴建民,男,1974年3月出生,浙江金东区人,中共党员,工商管理硕士。1994年7月毕业于浙江贸易学校财会专业,同年8月参加工作。曾任中储粮浙江分公司业务处副处长,浙江中储粮收储经销有限公司总经理,中央储备粮杭州直属库主任,中储粮浙江分公司业务处处长兼浙江中储粮收储经销有限公司董事长,中储粮浙江分公司党组成员、副总经理、党组纪检组组长。现任中储粮浙江分公司党委委员、纪委书记,中储粮物流有限公司党委副书记、总经理、董事。

邱爱忠,男,1970年1月出生,浙江嘉兴人,1989年7月毕业于浙江省金华商业学校商业企业管理专业,同年8月参加工作。先后任嘉兴市监察局办公室办事员、市纪委(监察局)办公室科员、办公室副主任、监察综合室主任、办公室主任。2011年10月任嘉兴市委办公室副主任。2017年7月,任嘉兴市委台湾工作办公室(市政府台湾事务办公室)主任。现任嘉兴市委统战部副部长、民族宗局局长。

余仁阳,女,浙江衢州人,1969年3月出生。1990年7月毕业于浙江省金华商业学校企业管理专业,同年8月参加工作。1994年9月,在浙江不老神食品有限公司工作,担任财务部经理、公司副总经理,是浙江不老神食品有限公司的主要创业者之一,是不老神品牌创始人,不老神养生水壶创始人。现任衢州市民建企业家协会会长,衢州市儒商文化促进会副会长,衢州市健康管理协会常务副会长,衢州市女企业家协会副会长,衢州市美容美发协会副会长。

沈益荣,男,1962年12月出生,浙江瑞安人,1981年7月毕业于浙江省金华粮食学校粮油储藏专业,同年8月参加工作。曾担任瑞安市马屿粮管所副所长、瑞安市仙降粮管所所长、瑞安市粮油总公司总经理、中央储备粮温州直属库副主任、中央储备粮玉环直属库主任、中央储备粮浙南板块(温州、玉环、丽水)党总支书记等职务。现任中央储备粮宁波直属库有限公司党总支书记、总经理。

张云峰,男,1972年1月生,浙江平湖人,1994年7月毕业于浙江粮食学校储藏与检验专业,现任浙江省储备粮管理有限公司仓储部经理。荣获全国技术能手、全国粮食行业技术拔尖人才,全国粮食行业技术能手,获得发明专利3项,实用新型专利5项,在国内核心期刊发表论文15篇。

陈仲达,男,1960年1月出生,浙江东阳人,中共党员,1981年7月毕业于浙江金华粮食学校储检专业。曾任金华市粮食局党组书记、局长,金华市人民政府任副秘书长,金华市行政服务中心任党组书记、主任,金华市环境保护局任党组书记、局长,浙江省环境保护厅办公室主任,浙江省环境保护科学设计研究院院长。现任环境保护部辐射环境监测技术中心任党委书记、主任。

陈　林,男,1963年11月出生,浙江瑞安人,1987年7月毕业于浙江粮食学校财会专业,同年8月参加工作。曾任浙江省林业基金管理中心副主任、主任,浙江省世界银行贷款造林项目领导小组办公室主任,浙江省国有林场和森林公园保护总站站长,高级会计师。现任浙江省森林资源监测中心党委副书记。先后获全国、浙江省林业系统优秀财会工作者等荣誉称号。出版专著2部,在国家级、省级刊物上发表论文数十篇。

陈　钢,男,1960年9月出生,浙江金华人,研究生学历,高级会计师。1981年7月毕业于浙江省金华粮食学校会统专业,同年8月参加工作。曾任金华地区粮食局副科长,衢州市粮食局科长、副局长,中央储备粮衢州直属库主任,中国储备粮管理集团有限公司浙江分公司处长、福建分公司副总经理、江西分公司副总经理、党委书记、总经理。现任中国储备粮管理集团有限公司南京分公司党委书记、总经理。

陈峰齐，男，1968年2月出生，浙江磐安人，中共党员，1989年8月参加工作，研究生学历。1995毕业于年电大行政管理专业。曾任共青团磐安县委副书记、书记，磐安县尖山镇党委书记，磐安县委常委、磐安工业园区书记、主任、尖山镇党委书记，磐安县委常委，常务副县长，金华市政府副秘书长、市府办党组成员，金东区委副书记、政法委书记。现任金华市金东区委副书记、区长。

邵利明，男，1979年出生，浙江金华人，1997年7月毕业于浙江金华商业学校财会专业，同年8月参加工作。曾任香港俏货天下美妆集团成本会计、财务经理、财务总监等职务，现任香港俏货天下美妆集团副总经理。

金建德，男，1976年12月生，浙江临海人，中共党员，1996年7月毕业于浙江贸易学校商品储运专业。曾任省油脂公司技术员；省粮食局直属粮油储备库防化员、组长、部门副经理；省粮食局直属粮油储备库主任助理、省级储备库管理中心管理七级职员；省粮食局直属粮油储备库副主任，主持工作副主任、副书记。现任浙江省粮食局直属粮油储备库主任、书记，高级工程师。

周立昶，男，1967年12月出生，浙江江山人，中共党员，高级会计师，硕士研究生。1988年7月毕业于浙江粮食学校财会专业，同年8月参加工作。曾任衢化热电厂财务科会计，热电厂财务科科长，计划财务部生产财务科科长，计划财务部部长助理，计划财务部副部长，浙江衢化股份有限公司董事、总会计师，现任任衢化财务资产部副部长(兼)、浙江菲达环保科技股份有限公司监事会主席。

郑炳林，男，1971年11月出生，浙江衢州人，中共党员。1989年7月毕业于浙江粮食学校经营与管理专业，同年8月参加工作。曾任职于浙江省衢州市直属粮管所、衢州市粮油贸易公司、衢州市粮食局、衢州市人民政府办公室、浙江省人民政府研究室、浙江省人民政府办公厅。现任职于中共中央政策研究室。

项良杰，男，1977年8月出生，浙江永康人，2018年1月毕业于电大法学专业，任永康市红十字应急救援队队长。入选“中国好人榜”，被评为“浙江好人”。获浙江省优秀红十字志愿者，金华优秀青年，金华市“十佳”志愿者，永康市道德模范，永康市优秀青年，永康应急管理工作先进个人，永康电大优秀学员，全省社区教育优秀志愿者，省电大优秀毕业生等荣誉。

赵金勇，男，1955年9月出生，浙江永康人，1978年11月参加工作，中共党员，省委党校研究生学历。1988年毕业于电大党政专业。曾任永康县长城公社党委副书记，永康县长城公社党委书记，永康芝英区委区委书记，永康县委县委常委农工部长，永康县政府、磐安县政府副县长，磐安县政府代县长、县长，磐安县委县委书记，义乌市市委书记、市人大主任，台州市委常委、副市长，浙江省旅游局党组成员、副局长、局长等职。

胡锦全，男，1963年2月出生，浙江安吉人，民盟盟员，在职大学学历。1983年7月毕业于浙江省金华粮食学校会统专业，同年8月参加工作。曾任民盟金华市委会专职秘书长兼办公室主任、副主委，浦江县县长助理(挂职) 、市教育局副局长。现任民盟浙江省委会常委、金华市委会主委、政协第七届金华市委员会副主席。

饶文玖，男，1971年出生，浙江丽水人，在职研究生学历。1989年7月毕业于浙江省金华商业学校商业企业管理专业，同年8月参加工作。2004年参加杭州市党政领导干部公开选拔考试，被公选为杭州市拱墅区区管干部，任拱宸桥街道党工委委员、办事处副主任。先后任拱墅区上塘街道党工委委员、办事处副主任；拱墅区政府办公室副主任；拱墅区政府办公室副主任、区流动人口服务管理办公室主任（正处级）；拱墅区和睦街道党工委副书记、办事处主任。现任拱墅区和睦街道党工委书记。

祝伦根，男，1965年12月出生，浙江衢州人，中共党员，研究生学历。1984年7月毕业于浙江省金华粮食学校储检专业，同年8月参加工作。曾任衢县樟潭粮管所防化员，衢县杜泽粮管所副所长，衢县峡川乡乡党委委员、副书记、书记，共青团浙江衢县县委副书记、书记，衢县机关事务管理局副局长，共青团金华市委副书记，东阳市委常委、组织部长，武义县委副书记，金华市政府副秘书长、市府办党组成员，金华市婺城区委副书记、金华市婺城区政府代区长，金华市婺城区委副书记、金华市婺城区政府区长，金华市人民政府秘书长。现任金华市人民政府副市长。

夏亚红，女，1961 年 10 月出生，浙江舟山人。1981 年 7 月毕业于浙江省金华粮食学校会统专业，同年 8 月参加工作。曾任舟山(鱼粉)饲料厂(公司)财务科长,舟山市粮食局会计、财务科副科长、财务(科)处(科长)处长、局长助理等职，舟山市二轻工业(集团)总公司副总经理、总经理、市手工业合作联社主任等职。现任舟山市人大常委会副主任。

骆安全，男，1967 年 10 月出生，浙江富阳人，中共党员，中央党校大学学历。1990 年 7 月毕业于浙江粮食学校财会专业，同年 8 月参加工作。曾任富阳县常绿镇团干部、团委书记，富阳市委组织部干部科副科长、办公室主任，富阳市委组织部常务副部长，富阳市委办公室主任兼保密局局长，桐庐县委常委、组织部部长，桐庐县委副书记、政法委书记，临安市委副书记、副市长、市长。现任中共杭州市临安区委副书记、区长。

骆建华，男，1958 年 1 月出生，浙江义乌人，1982 年毕业于电大物理专业。上海交通大学生命科学技术学院教授、博士生导师。1995 年获浙江大学生物医学博士学位。1998 年 4 月进入上海交通大学生物医学工程系工作，任教授、博士研究生导师、医学成象和生物信息学研究方向学科带头人、教学系主任等职。曾为澳大利亚新南威尔士大学高级访问学者，法国 INSA 里昂访问教授。与澳大利亚、法国、英国的同行有合作研究关系。目前主要从事磁共振图象重建理论和生物信息学的研究。

顾国芳，男，1962 年 3 月出生，浙江宁波人，中共党员，中央党校大学学历。1981 年 7 月毕业于浙江省金华粮食学校物检专业，同年 8 月参加工作。曾任宁波市镇海区统计局局长、党组书记，庄市镇党委副书记、镇长，庄市街道党工委书记、镇海区高教园区开发建设管委会常务副主任，镇海区委办公室主任，区政府党组成员、区长助理，区委常委、政法委书记，区委常委、常务副区长，区委副书记、政法委书记，镇海新城管委会主任(兼)，宁波市镇海区委副书记、政法委书记。现任宁波市镇海区人大常委会主任。

倪卫云，女，1976 年 11 月出生，浙江金华人，1995 年 7 月毕业于浙江贸易学校,同年 8 月参加工作。1996 年赴乌克兰留学，2007 年获基辅大学教育心理学博士。现为乌克兰国际学联副主席，中方主席。一直从事中乌两国留学生的选拔和管理工作，推动两国留学生的双向交流，推动中国和乌克兰的文化教育交流，新华社曾多次予以报道。同时，负责欧美同学会（中国留学生、学者总会）在乌克兰的具体工作和活动。

徐王冠，男，1960 年出生、中共党员，浙江丽水人，1981 年 7 月毕业于浙江省金华粮食学校储藏专业，同年 8 月留校任教，曾任学校中层干部、课题骨干、主编过教学用书、创办过校办粮食贸易企业；1995 年调入省粮食系统；1997 年以后，专注于个人投资，涉足金融、证券和贸易业务；2003 年创办浙江双冠控股集团有限公司，2008 年更名为“双冠控股集团有限公司”。现为双冠控股集团有限公司董事长。

徐昌福，男，1964 年 3 月出生，浙江台州人，1983 年 7 月毕业于浙江省金华粮食学校会统专业，同年 8 月参加工作。曾任浙江省粮食总公司业务部经理，浙江省粮油物资公司副总经理，浙江省北方粮油收储有限公司总经理，浙江中储粮收储经销有限公司总经理，中储粮金华直属库主任，中储粮宁海直属库主任，中储粮湖州直属库主任等职。现任浙江中储粮收储经销有限公司副总经理(正处级)。

徐建华，男，1960 年 7 月出生，浙江海盐人，中央党校在职研究生学历。1981 年 7 月毕业于浙江省金华粮食学校会统专业，同年8月参加工作。曾任浙江省农业厅经管处副处长、科教处处长、产业处处长、计财处处长等职。现任浙江省农业农村厅副巡视员，兼任浙江农林大学客座教授，硕士导师。《农村合作基金会管理》独著，1997年浙江大学出版社出版；《村经济合作社财务管理》主编，1999年中国农业出版社出版；《农业法规与政策》第一主编，2002年浙江科技出版社出版。1998年，获农业部物价信息工作先进个人；2000年，获浙江省科学技术进步奖三等奖；2007年，获浙江省科学技术进步奖三等奖；2008年 获浙江省人民政府"浙江省农业科技成果转化推广奖"；2017年记三等功一次。

徐俊波，男，1969年12月出生，浙江慈溪人，1990年7月毕业于浙江省金华商业学校食品加工专业。同年8月参加工作。现任宁波新贝客食品有限公司、慈溪市康宝食品商贸有限公司、宁波吉米娜连锁饼店董事长，慈溪市利民大药房、宁波隆鹰食品有限公司总经理。

高利军，男，1962年2月出生，浙江丽水人，1981年7月毕业于浙江省金华粮食学校会统专业，同年8月参加工作。现任中国储备粮管理集团有限公司浙江分公司纪委副书记、纪检监察处处长。

陶国兴，男，1962年8月出生，浙江武义人，中共党员，大学学历。1981年7月毕业于浙江省金华粮食学校储藏专业，同年8月参加工作。曾任武义县委组织部副部长、县机关党委书记，浦江县委常委、纪委书记，浦江县委副书记，纪委书记，省委督查室副主任(挂职)，金华市委组织部副部长、常务副部长，金华市政协党组成员、市委统战部部长、金华市政协副主席等职。2017年12月，当选浙江省第十三届人民代表大会代表。现任金华市人大常委会副主任。

章旭星，男，1985年10月出生，浙江常山人，2003年7月毕业于浙江贸易学校商务英语专业，参加工作后任职外贸公司销售经理。2005年开始创业，同年创办并担任义乌市艾迪克进出口有限公司任董事长，经过近三年的发展，公司年出口额达到2000万美金。2010年进入新能源领域，投资温州索乐新能源科技有限公司并任总经理，同年销售额过亿，2011年公司被评为温州优秀科技企业。2015年投资并担任上海阿芙拉生物科技有限公司董事长，同年创立了天然博士社交电商品牌。2017年创立并担任义乌海猫网络科技有限公司董事长。

黄灵谋，男，1963年1月出生，浙江象山人，1983年7月毕业于浙江粮食学校会统专业，同年8月参加工作。曾任浙江象山粮食局主办会计、浙江象山西周区粮油食品厂厂长、建设银行台州分行信托办事处业务主管、国泰证券/国泰君安证券台州营业部副总经理、总经理、国泰君安证券股份有限公司昆明营业部总经理、国泰君安证券股份有限公司杭州营业部总经理、国泰君安证券股份有限公司浙江总部/浙江分公司总经理、国泰君安证券股份有限公司总裁助理、国泰君安证券股份有限公司营运总监。现任振兴生化股份有限公司董事长、广东双林生物制药有限公司执行董事。

黄　俊，男，1972年10月出生，浙江苍南人，中共党员，中央党校在职研究生。1993年7月毕业于浙江粮食学校财会专业，同年8月参加工作。曾任浙江省粮食局办公室副主任，遂昌县人民政府副县长(挂职)。现任浙江省储备粮管理有限公司总经理。

黄丽巧，女，1982年10月出生，浙江省永康人，中共党员。2000年7月毕业于浙江贸易学校商务秘书专业，同年9月在广东外语外贸大学继续学习，英语本科毕业，先后获得工商管理硕士、总会计师、2018年工信部优秀"领军人才"。2006年至2016担任乌鲁木齐电之助工贸有限公司总经理一职，并于2013年到2017年先后创立新疆玖亿电气安装工程有限公司、新疆丝路六合电气科技有限公司，现任新疆丝路六合电气科技有限公司董事长兼总经理。

曹建平，男，1970年2月出生，浙江桐乡人。1992年7月毕业于浙江粮食学校储检专业，同年8月参加工作。现为中国书法家协会会员，浙江省书协沙孟海研究会副秘书长、创作委员会委员，嘉兴市书协副主席，桐乡市书协主席，中国文联中青十班成员。书法作品曾获第五届浙江省中青年书法篆刻展最高奖“陆维钊奖”、第六届浙江省中青年书法篆刻展金奖、第八届浙江省中青年书法篆刻展优秀作品奖、“沙孟海奖”第七届全浙大展金奖、第十届全浙大展优秀作品奖、第三届中国书坛中青年百强榜第三名、第四届中国书法兰亭奖佳作奖、2012 群星璀璨•全国群众美术书法摄影优秀作品展金奖、中央电视台第四届电视书法大赛三等奖等。曾被评为首批嘉兴市宣传文化系统“四个一批”人才、第四届嘉兴市“十佳文艺工作者”、第五届桐乡市政府文艺最高奖“金凤凰奖”、第二届嘉兴市文化艺术成果奖文艺事业贡献奖。

曹　莺，女，1978 年 7 月出生，浙江金华人，1998 年 7 月毕业于浙江省金华商业学校食品工艺与检验专业，同年 8 月参加工作。现任金温铁路运输部缙云站客运指导，2017 年 12 月当选第十三届浙江省人大代表。荣获中共浙江省国资委颁发的“千名好支书”称号和中共浙江省委颁发的“优秀党务工作者”称号。

龚加铭，男，1965 年 6 月出生，浙江平湖人，1983 年 7 月毕业于浙江省金华粮食学校储检专业，同年 8 月参加工作。曾任嘉兴市王店粮管所化验员、副所长；嘉兴市王店饲料厂厂长；嘉兴市粮油食品供销公司部门经理；嘉兴市粮油供应中心办公室主任、副总经理；中央储备粮嘉兴直属库工作综合科负责人、科长、副主任；中国储备粮管理集团有限公司浙江分公司副处长、处长。现任中国储备粮管理集团有限公司浙江分公司仓储管理处(监督检查处)处长。

童发根，男，1964 年 2 月出生，浙江淳安人，中共党员，中央党校大学学历。1986 年 7 月毕业于浙江粮食学校财会专业，同年 8 月参加工作。曾任省委组织部干部监督室副主任、省委组织部党员电化教育中心副主任、主任等职。现任中共浙江省委巡视组副厅级巡视专员。

蒋国强，男，1971 年 8 月出生，浙江兰溪人，中共党员，省委党校研究生学历。1991 年 7 月毕业于浙江粮食学校储检专业，同年 8 月参加工作。先后担任衢州市委办综合二处副处长、综合二处处长，开化县委常委、副县长、组织部长，衢州市农业和农村工作办公室主任、党组书记。现任浙江省衢州市委副秘书长、市委办公室主任。

蒋振成，男，1959 年 10 月出生，浙江富阳人，中共党员，高级会计师。1981 年 7 月毕业于浙江省金华粮食学校会统专业。同年 8 月参加工作。曾任浙江省会计学会副会长兼秘书长，省总会计师协会副会长，中国民营企业内控研究中心主任，浙江省财政厅会计管理处处长等职。

董巧娟，女，1961 年 1 月生，山西长治人，无党派，1978 年 6 月参加工作，在职大学学历。2004 年毕业于电大会计学本科。曾任金华市审计局行政事业审计科副科长、农林水审计科副科长、农业资源环保审计处处长，市统计局局长助理，市审计局副局长、局长等职。现任金华市人大常委会副主任、民族宗教外事侨务委员会主任委员。

傅　伟，男，1958 年 9 月出生，浙江武义人，1985 年 7 月毕业于电大汉语言文学专业，中共党员，大学本科学历，正高职称。曾任武义县继续教育中心主任(武义县教师进修学校校长、浙江广播电视大学武义分校校长、武义县教学仪器站站长、武义县社区学院副院长)。获浙江省教育科研先进个人，浙江省知识型职工标兵等称号。

傅安民，男，1969 年 10 月出生，浙江磐安人，中共党员。大学学历。1993 年 7 月毕业于浙江粮食学校储检专业，同年 8 月参加工作。曾任浙江省镇海港中转粮库调运科长，浙江省镇海港中转粮库有限公司副总经理、董事长，浙江省粮食集团有限公司总经理助理、副总经理、常务副总经理，现任浙江省农村发展集团有限公司贸易部总经理、浙江省粮食集团有限公司党委副书记、总经理、董事。

舒满夫，男，1964 年 7 月出生，浙江定海人，1984 年 7 月毕业于浙江粮食学校储检专业，同年 8 月参加工作。现任中央储备粮舟山直属库有限公司总经理。

楼洪志，男，1962 年 5 月出生，浙江义乌人，中共党员，中央党校研究生学历，高级会计师。1981 年 7 月毕业于浙江省金华粮食学校会统专业，同年 8 月参加工作。曾任浙江省农业厅计划财务处副处长，浦江县副县长(挂职)，浙江省农村能源办公室主任，浙江省农业厅计划财务处处长，省农业厅党组成员、人事处处长。现任浙江省农业科学院党委委员、纪委书记。

赖海波，男，1975 年 12 月出生，浙江泰顺人，高级职业经理人，高级物业管理师。1996 年 7 月毕业于浙江省金华商业学校食品工艺与检验专业，后学习毕业于清华大学工商管理专业。获河北十大策划风云人物、石家庄市优秀民营企业家、石家庄市优秀党务工作者、优秀共产党员、石家庄市基层组织建设十佳岗位先锋等称号。现任河北天成企业集团总裁兼党委书记、浙江永昌乐地文化旅游发展有限公司总裁、河北省浙江企业联合会常务副会长。

鲍丽霞，女，1960 年 11 月出生，浙江武义人。2016 年 3 月毕业于电大药学本科。现任武义县中医院皮肤科主任中医师，工会主席，金华市名医。获全国卫生系统先进个人、省、市、县劳动模范、浙江省巾帼建功标兵、浙江省岗位建功标兵、浙江省优秀皮肤科医师、金华市优秀医生等称号。

褚汉林，男，1961 年 12 月出生，浙江桐乡人，中共党员。1981 年 7 月毕业于浙江金华粮食学校会统专业，同年 8 月参加工作。曾任浙江省粮食局办公室主任、计划处处长，龙游县副县长(挂职)，中国储备粮管理总公司浙江分公司副总经理、纪检组长，中南区纪检监察特派员、纪检组长，中国储备粮管理总公司贵州分公司党组书记、总经理，中国储备粮管理总公司西安分公司党组书记、纪检组长。现任中国储备粮管理集团公司广州分公司党委副书记、纪委书记。

潘玉友，男，1971 年 7 月出生，浙江温岭人，中共党员，中央党校研究生学历。1991 年 7 月毕业于浙江粮食学校财务与会计专业，同年 8 月参加工作。先后在浙江省粮油食品工业公司、浙江省粮食局人事处工作,曾任科员、副主任科员、主任科员，担任局团委书记。2000 年 11 月任浙江省粮食局人事教育处副处长（期间：2003 年 5 月至 2005 年 6 月下派衢州市贸易与粮食局任党组成员、副局长）；2005 年 6 月起先后任浙江省粮食局管理监督处副处长、浙江省粮油产品质量检验站党总支书记(正站级)兼第一副站长、浙江省粮油产品质量检验中心党总支书记兼第一副主任(期间：2011 年 3 月至 2013 年 2 月参加全省“百人计划”下派舟山市粮食局任党组成员、副局长)。2015 年 6 月选举担任浙江省粮食行业协会秘书长(法定代表人)。现任浙江省粮食干部学校党委书记、校长。

第二节　历任正校级领导

一、各校独立办学时期

1.金华广播电视大学(浙江广播电视大学金华分校，1979-2003)

吴昌夫，男，中共党员。曾任金华地委宣传部副部长。1981 年 5 月至 1984 年 4 月，任浙江广播电视大学金华分校校长。

蒋汝芬(1945.3—2012)，男，浙江永康人，中共党员，1968 年 12 月毕业于浙江师范学院物理系。1982 年 7 月至 1984 年 10 月，任浙江广播电视大学金华分校党支部书记。

钱柏林，男，中共党员。1984 年 4 月至 1985 年 2 月，任浙江广播电视大学金华分校校长。

邵德林(1945.7—2017.9)，男，浙江东阳人，中共党员，1968 年 12 月毕业于杭州大学中文系。1987 年 8 月至 1995 年 5 月，任浙江广播电视大学金华分校党总支书记。1985 年 8 月至 1987 年 9 月，任浙江广播电视大学金华分校校长。

陈智荣,男,中共党员。1988 年 5 月至 1994 年 11 月,任浙江广播电视大学金华分校校长。

方伟中(1955.2-),男,汉族,浙江义乌人,中共党员,本科学历,副教授。1980 年 7 月毕业于浙江师范大学数学系,同年 8 月在金华六中任教。1994 年 8 月任金华五中副校长。1994 年 11 月至 2003 年 5 月,任金华广播电视大学校长;1996 年 11 月至 2003 年 5 月,任金华广播电视大学党委书记。

2.浙江贸易学校(浙江省金华粮食学校,浙江粮食学校,1978-2003)

杨大忠,男,上海市人,中共党员。1978 年 10 月至 1980 年 11 月,任浙江省金华粮食学校校长、党支部副书记。

鲁兴隆(1928.6-2003.12),男,安徽铜陵人,中共党员。1978 年 10 月至 1981 年 7 月,任浙江省金华粮食学校党支部书记。

韩书简(1927.2-2000.3),男,山东安丘人,中共党员。1981 年 7 月至 1983 年 10 月,任浙江省金华粮食学校党支部书记、校长。

武道明(1944.4-2016.12),男,山东肥城人,中共党员。1984 年 3 月至 1994 年 11 月,任浙江粮食学校校长。2004 年 4 月退休。

吴樟桂(1936.5-),男,浙江义乌人,中共党员。1949 年入伍,1970 年调往新疆空军部队,期间因出色完成任务荣获二等功,1984 年转业到浙江省金华粮食学校。1987 年 7 月至 1995 年 3 月,任浙江粮食学校党委书记。1996 年 6 月退休。

廖志林(1964.6-),男,浙江武义人,中共党员。1994 年 11 月至 1999 年 10 月,任浙江贸易学校校长。

张纯汉(1950.12-),男,汉族,浙江建德人,中共党员,1981 年毕业于安徽财贸学院财会专业,大专学历,高级讲师。1968 年 10 月在黑龙江饶河县下乡支边,后在黑龙江粮食学校学习。1973 年 8 月起先后在绥化市粮库、黑龙江粮食学校任职。1980 年 9 月调入浙江省金华粮食学校任教。历任浙江粮食学校、浙江贸易学校教务主任、校办主任、副校长等职。1999 年 10 月至 2003 年 5 月,任浙江贸易学校校长。主编《企业财务管理》、《浙江粮食经济》(副主编)等。曾获浙江省粮食系统优秀工作者等荣誉称号。2011 年 1 月退休。

3.浙江省金华商业学校(金华商业技工学校,1978-2012)

戴敦庭(1927.6-),男,浙江金华人,中共党员。1949 年 5 月起先后在分水县人民政府、华东三野士兵团教务队、江苏生产建设兵团、连云港人武部服役,期间完成学业。1978 年 10 月转业至金华商校工作,1983 年 1 月至 1984 年 1 月,任浙江省金华商业学校校长;1984 年 1 月至 1985 年 12 月任浙江省金华商业学校党支部书记。1988 年 10 月离休。2012 年获浙江省离退休优秀共产党员称号。

蒋荷荆(1947.2-),男,浙江金华人,中共党员。1984 年 1 月至 1985 年 4 月,任浙江省金华商业学校校长。

周树根(1937.12-),男,浙江建德人,中共党员,本科学历,高级讲师。1960 年毕业于金华师院数理专业。同年 7 月参加工作,历任金华教育学院教研部副主任、金华地区教育局普教科长、衢州市教委副主任(主持)、党委副书记、纪委书记、金华师范学校副校长等职。1988 年 8 月至 1994 年 1 月,任浙江省金华商业学校校长。退休后任金华市教育局关工委副主任、常务副主任。曾获金华市"五讲四美"优秀教师、市机关党委优秀党员、市关心下一代工作先进个人等荣誉。

陈培均(1945.12-),男,浙江海宁人,中共党员,高级讲师。1968 年毕业于北京航空工程学院机械专业本科,同年下农场锻炼。1970 年 6 月起先后在浦江鼓风机厂、浦江县经委、浦江县委组织部工作。1991 年 2 月至 2006 年 3 月,任浙江省金华商业学校党委书记、校长;1994 年 1 月至 2006 年 3

月，任浙江省金华商业学校校长。

黄　俊（1964.12-　），男，浙江金华人，中共党员，中学高级教师。1982 年毕业于浙江师范大学数学教育专业。同年 8 月起在金华三中（第一职校）任教，历任团委书记、教导处副主任、实训处主任、校办主任、校长助理、副校长。2003 年 8 月调至浙江省金华商业学校，历任学校副校长、党委副书记等职。2006 年 8 月至 2012 年 8 月任浙江省金华商业学校校长。先后公开发表省级以上论文 11 篇，省市级获奖论文 6 篇；主持和参与课题研究并获省市级奖 6 项，其中课题《食品类专业课程改革探究与实践》获金华市第四届教学成果一等奖；主编《食品营养与安全》并出版教材 2 本。曾获浙江省旅游教育岗位培训先进个人、金华市名教师、市优秀教育工作者、全国百名教育管理杰出人物等荣誉。

陈益伟（1957.12-　），男，浙江东阳人，中共党员，副研究员。1980 年 7 月衢州师范学校毕业，同年 8 月参加工作，先后在金华教育学院、金华市教委、金华市教育局督导处、基教处工作。2010 年 7 月至 2012 年 8 月任浙江省金华商业学校党委书记。

4.金华经贸职工中等专业学校（金华市粮食职工中等专业学校，1984-1998）

曹　伟（1929.10-　），男，浙江乐清人，中共党员。1986 年 8 月至 1989 年 3 月，任金华市粮食职工中等专业学校校长、党支部书记。

鲁兴隆，男，1988 年 3 月至 1998 年 5 月，任金华市粮食职工中等专业学校正校级协理员。详见本节浙江贸易学校（浙江省金华粮食学校，浙江粮食学校，1978-2003）。

赵瑞荣（1933.10-　），男，浙江义乌人，中共党员。1989 年 4 月至 1992 年 2 月，任金华市粮食职工中等专业学校党支部书记；1989 年 12 月至 1991 年 10 月，任金华市粮食职工中等专业学校校长。

王景瑜（1940.3-　）男，贵州人，中共党员。1992 年 3 月至 1997 年 5 月，任金华经贸职工中等专业学校党支部书记。

陈加达（1946.6-　），男，浙江镇海人，中共党员。1992 年 2 月至 1998 年 5 月，任金华经贸职工中等专业学校校长；1997 年 6 月至 1998 年 5 月，任金华经贸职工中等专业学校党支部书记。

5.金华广播电视大学（浙江贸易学校、浙江商贸学校）（2003-　）

张纯汉，男，2003 年 5 月至 2007 年 6 月，任金华广播电视大学（浙江贸易学校）党委书记。详见本节"一、各校独立办学时期"。

方伟中，男，2003 年 5 月至 2010 年 9 月，任金华广播电视大学（浙江贸易学校）校长；2010 年 7 月至 2012 年 8 月，任金华广播电视大学（浙江贸易学校）党委书记。2012 年 8 月任正校级协理员。详见本节"一、各校独立办学时期"。

黄宏伟（1971.11-　）男，浙江金华人，中共党员，博士，教授，浙江师范大学硕士生导师。1996 年 7 月浙江师范大学思想政治教育专业毕业，同年 8 月参加工作。历任金华师范学校老干科副科长、党办副主任，金华职业技术学院办公室主任、党委委员、工会主席。2010 年 9 月至 2015 年 3 月，任金华广播电视大学（浙江贸易学校、浙江商贸学校）校长、党委副书记。曾任金华市政协委员、金东区人大代表；兼任浙江省国家中职改革发展示范校协作会副会长，浙江省成职教协会理事，浙江省成职教协会社区教育分会常务理事，金华市政府研究室特约研究员，金华市"321"人才。承担国家和省市级课题 10 余项，发表学术论文 10 余篇，出版专著 2 部。获国家级教学成果二等 1 项，浙江省、金华市教学成果一等奖各 1 项。

单　勇（1962.3-　）男，河北东光人，中共党员，大学本科学历，副教授，高级政工师。1978 年 8 月至 1979 年 6 月金华五中代课教师，1983 年 7 月毕业于杭州大学体育系。1983 年 9 月至 1984 年 7 月南京陆军步兵学校学员，1984 年起任 83014 部队副连长、指导员，1988 年起先后任 83021 部队政治部组织干事、文化干事、宣传干事、科长等职。1998年转业后任金华市委宣传部科员。曾被评为南京军区文化干部标兵,二次荣立三等功;被评为市做出突出贡献人才,多次荣获市委宣传部及市级"优秀共产党员"称号。1999年7月至2003年2月任金华体育运动学校校长,2003年3月至2008年1月任金华教育学院副院长兼金华体育运动学校校长,2008年2月至2014年9月任金华教育学院党委副书记,2014年10月任金华广播电视大学(浙江商贸学校)党委书记。2014年以来,除做好日常工作外,潜心科学研究,成果丰硕。分别完成2014、2017年国家哲学社会科学基金一般研究项目《我国畲族民间体育文化保护现状与保护措施研究》、《第八次体育课程改革十六年来实施状况与推进策略研究》2个;完成2017年国家哲学社会科学基金重点研究项目《中国近现代体育教育家学校体育观及其对学校体育发展的影响研究》1个;《基于和合文化的"五维"核心素养培育》获金华市人民政府第五届职业教育教学成果奖二等奖;《自媒体时代开放大学思想政治教育的探索》获浙江电大社科联、浙江省远程教育学会"新形势下思想政治教育理论与实践研究"征文一等奖并自动列为重点课题;完成省市级重点课题6个;《社区教育供给侧改革研究》列入2018年浙江省教育科学规划课题等。

郭航鸣(1962.7-　)男,浙江金华人,中共党员,硕士研究生,教授,金华市拔尖人才,金华市人民政府兼职督学。1984年7月毕业于浙江师范学院化学专业,2005年毕业于澳大利亚伊迪斯科文大学教育学硕士研究生班。1984年8月参加工作,任浙江师范大学附中(金华二中)教师、团委副书记、工会主席。1992年6起历任金华职业技术学院医学院(金华卫校)教务处主任、副院长,材料与化工学院党总支书记、副院长(主持),师范学院院长等职。2010年10月起历任金华职业技术学院办公室主任、党委委员、工会主席、纪委书记。2015年3月任金华广播电视大学(浙江商贸学校)党委副书记、校长。主要从事化学教学研究和教育管理工作,主持或主要参与国家自然基金、省自然基金、国家教科规等研究课题10余项,在《无机化学学报》、《结构化学》、《中国高教研究》等刊物发表论文30余篇,SCI收录10余篇。主编国家规划教材2本,获国家级教学成果二等奖2项,国家基础教育课改成果二等奖1项,浙江省教科研优秀成果一、二等奖各1项,金华市科技进步二等奖1项、教学成果一等奖1项、自然科学优秀论文一等奖1项、哲学社会科学优秀成果一等奖1项。

第三节　历任副校级领导

一、各校独立办学时期

1.金华广播电视大学(浙江广播电视大学金华分校,1979-2003)

蒋汝芬(1945.3-2012),男,1979年2月至1980年8月,任浙江广播电视大学金华分校副校长(主持工作)。1980年9月至1988年12月,任浙江广播电视大学金华分校副校长。详见本章第二节。

巫箕魁(1932.1-2018.6),男,浙江江山人,中共党员。1984年10月至1992年3月,任浙江广播电视大学金华分校党总支副书记、党委副书记。1992年3月退休。

汪友竹,男,中共党员。1988年8月至1990年8月,任浙江广播电视大学金华分校副校长。

冯拾松(1949-　),男,浙江义乌人,中共党员,教授,高级经济师,浙江省高校名师。历任金华市教委办公室副主任、主任,嘉兴市粮食局副局长,金华市二轻工业局副局长,金华职业技术学院副院长、学术委员会主任等职。1992年3月至1993年10月,任浙江广播电视大学金华分校副校长。

陈士雷(1943.4-　),男,浙江东阳人,中共党员。1992年8月至2002年2月,任金华广播电视大学党委副书记。1993年9月至2002年2月,任金华广播电视大学副校长。2003年4月退休。

龚明善，男，中共党员。1992年9月至1993年9月，任浙江广播电视大学金华分校副校长。

黄华胜（1945.9–　），男，浙江慈溪人，中共党员，高级讲师，毕业于北京农机学院（现中国农业大学）农电专业本科。曾在开封师专、开封地区教育局、金华六中、金华市电教馆、金华电大工作，分别任教师、副科长、校长、支部书记等职。1993年9月至2003年5月，任金华广播电视大学（浙江广播电视大学金华分校）副校长。2005年10月退休。

郑素贞（1958.8–　），女，浙江金华人，中共党员，副教授。1984年8月起在金华市教委工作，历任副处长、处长。2002年2月至2003年5月，任金华广播电视大学党委副书记。主持省远程教育学会《利用BBS学习媒体 提高学生自主学习积极性研究》、市社科联《社区教育对构建和谐社区的作用与功能研究》等多项课题。曾获市第二届教科研先进工作者、金华情感护理中心优秀心理咨询师、市民大讲堂优秀讲师等荣誉。

2.浙江贸易学校（浙江省金华粮食学校，浙江粮食学校，1978–2003）

高香斋（1917.9–2006.12），男，山东安丘人，中共党员。1978年10月至1984年3月，任浙江金华粮食学校党支部副书记、副校长，离休干部。

刘墨川（1945.9–1986.10），男，河北黄骅人。1979年8月至1984年3月，任浙江省金华粮食学校副校长。

侯雪江（1923.3–2018.3），男，陕西勉县人，中共党员，大学学历。1980年3月至1984年3月，任浙江省金华粮食学校党支部副书记、副校长。1949年毕业于国立政治大学。1947年参加革命，曾任永康县报副总编。1985年5月离休。

陈樟星，男，浙江兰溪人，中共党员。1981年10月至1984年3月，任浙江省金华粮食学校副校长。

周　浓（1924.9–2004.7），男，湖南新化人，中共党员，大学学历。1981年10月至1989年5月，任浙江省金华粮食学校副校长。1988年离休。

吴樟桂，男，1984年3月至1987年7月，任浙江省金华粮食学校党委副书记。详见本章第二节。

王火江（1939.5–　），男，浙江永康人，中共党员，高级讲师。1984年3月至1987年4月，任浙江省金华粮食学校副校长。1962年毕业于杭州大学化学专业，获学士学位。同年8月起先后在金华二中、金华六中、金华五中任教，曾任团支部书记、党支部委员。1984年3月调至浙江省金华粮食学校任教，先后任党委委员、副校长、工会主席等职，1999年6月退休。

张纯汉，男，1987年4月至1999年10月，任浙江粮食学校副校长。详见本章第二节。

廖文书（1945.1–　），男，浙江平阳人，中共党员，高级讲师。1992年1月至1995年4月，任浙江粮食学校副校长。1968年12月毕业于中国农业大学农机专业本科，同年在江西生产建设兵团锻炼。1969年12月起在兵团十一团任教。1985年9月起在学校工作。2005年1月退休。

徐春州（1950.6–　），男，浙江衢州人，中共党员。1995年3月至1996年4月，任浙江贸易学校党委副书记。

胡　清（1958.6–　），男，浙江义乌人，中共党员。1995年5月至2003年5月，任浙江贸易学校副校长。

王顺仁（1950.11–　），男，浙江金华人，中共党员，高级政工师。1996年4月至2003年5月，任浙江贸易学校党委副书记。1982年起先后任金华县雅畈公社党委书记、安地乡党委书记、雅畈区委副书记兼副区长、雅畈镇镇长、镇党委书记、金华市地名办公室主任等职。2010年12月退休。

陈加达（1946.6–　），男，浙江镇海人，中共党员，大学学历，高级讲师。1998年8月至2003年5

月，任浙江贸易学校副校长。1970年7月起先后在陕西军区农场、陕西石泉县委组织部、陕西安康师专、金华经贸职工中专工作。2006年8月退休。

3.浙江省金华商业学校(金华商业技工学校，1978-2012)

宋宗谦(1928.12-2013.8)，男，山东荣阳人，中共党员。1978年11月至1982年1月任浙江省金华商业学校党支部副书记、副校长(主持工作)。1945年10月起先后在胶东军区供给训练大队、华东军械部二总库、长沙第一政治学校、南京军区406仓库、工程兵222团政治处、南京军区江波农场、南京军区429仓库工作。1978年8月调至金华商业技工学校工作，曾任商校调研员。1989年5月离休。

戴敦庭(1927.6-)，男，1981年12月至1983年1月，任浙江省金华商业学校副校长；1982年3月至1984年1月，任浙江省金华商业学校党支部副书记(主持工作)；1986年7月至1988年8月，任浙江省金华商业学校副校长。详见本章第二节。

汪金林(1948.7-)，男，浙江兰溪人，中共党员，讲师。1984年1月至1992年6月，任浙江省金华商业学校副校长；1996年1月至2006年8月，任浙江省金华商业学校副校长。曾获市"五讲四美"为人师表优秀教师称号。

丁丰局(1945.11-)，男，浙江义乌人，中共党员。1984年1月至1986年7月，任浙江省金华商业学校副校长。

张秉汉(1933.1-)，男，浙江金华人，中共党员。1986年7月至1988年8月，任浙江省金华商业学校副校长。

虞逸泉(1933.12-2008.4)，男，浙江东阳人，中共党员。1986年7月至1990年6月任浙江省金华商业学校党委副书记。1949年10月起先后在东阳南马区委、金华地委干校、东阳森工站、遂昌垵口伐木场、金华农林水办公室、金华地区农办、五七干校、金华百货站工作。1990年8月离休。

陈培均(1945.12-)男，1990年2月至1991年2月，任浙江省金华商业学校党委副书记(主持工作)。详见本章第二节。

傅宾昇(1946.10-)，男，浙江金华人，中共党员。1992年6月至1997年1月，任浙江省金华商业学校副校长。

周树根(1937.12-)，男，1992年12月至1994年1月，任浙江省金华商业学校党委副书记。详见本章第二节。

吴金康(1948.2-)，男，浙江永康人，中共党员。1997年1月至2006年8月，任浙江省金华商业学校副校长。

张文富(1962.8-)，男，浙江义乌人，中共党员，高级讲师。2000年5月至2006年8月，任浙江省金华商业学校党委副书记；2006年8月至2012年8月，任浙江省金华商业学校副校长。发表《"之"字的美学意义》、《"子路增洗染有公西华侍坐"美育思想探析》等论文；曾获中国商业教育先进工作者，省教育先进工作者，市商业系统优秀共产党员、优秀班主任等荣誉。

黄　俊(1964.12-)，男，2003年8月至2006年2月，任浙江省金华商业学校副校长；2006年3月至2006年8月，任浙江省金华商业学校副校长(主持工作)；2006年8月至2012年7月，任浙江省金华商业学校党委副书记(主持工作)。详见本章第二节。

俞一夫(1962.3-)男，汉族，浙江省义乌市人，中共党员。1981年8月参加工作，浙江师范大学化学教育专业毕业，大学本科学历，理学学士学位，高级讲师、副教授、食品检验高级技师。1981年8月至2003年5月，在浙江贸易学校(前身浙江省金华粮食学校、浙江粮食学校)任教，历任粮油储检教研室副主任、主任，食品教研室主任，理工专业科科长、理工专业科党支部书记等职；2003年5月至

2006 年 8 月，在金华广播电视大学（浙江贸易学校）任教，任理工系主任、理工系党支部书记，理工学院院长、理工学院党支部书记，2004 年 12 月至 2006 年 8 月，任金华广播电视大学（浙江贸易学校）党委委员；2006 年 8 月至 2012 年 8 月，在浙江省金华商业学校（金华商业技工学校）任副校长、党委委员。专业业务另见本章第四节。

钱建忠（1960.2-　），男，浙江金华人，中共党员，中学高级讲师。2006 年 8 月由金华市教育局教仪站调至浙江省金华商业学校。2006 年 8 月至 2009 年 9 月，任浙江省金华商业学校党委副书记。

王高坚（1965.3-　），男，汉族，浙江三门县人，中共党员，1988 年 7 月毕业于杭州大学政治经济学专业，本科学历，教育硕士，高级讲师。同年 7 月在浙江省金华商业学校工作，历任学校团委副书记、团委书记、办公室主任、金华商业干部学校校长等职。2009 年 9 月至 2012 年 8 月，任浙江省金华商业学校党委副书记。曾获金华市商业系统优秀团干、市优秀团员、市优秀团干、市优秀职教工作者、市教育局优秀共产党员、市技工院校先进个人等荣誉。《企业核心层持股的分析与构想》《对学校管理中激励机制的因素分析》等 20 余篇论文在《浙江学刊》《职业教育研究》等刊物上发表，《中专内部管理机制优化探索》等 10 余篇论文在市级及以上部门评比中获奖。

4.金华经贸职工中等专业学校（金华市粮食职工中等专业学校，1984-1998）

郭明皓（1944.6-　），女，浙江诸暨人。1984 年 5 月至 1986 年 7 月，任金华市粮食职工中等专业学校副校长（主持工作）。

张　晴（1939.4-　），男，浙江浦江人。1985 年 8 月至 1986 年 7 月，任金华市粮食职工中等专业学校副校长。

陈仲达（1959.12-　），男，浙江东阳人。1986 年 8 月至 1989 年 11 月，任金华市粮食职工中等专业学校副校长

陈天堂（1958.7-　），男，浙江东阳人。1989 年 5 月至 1989 年 11 月，任金华市粮食职工中等专业学校副校长。

陈加达（1946.6-　），男，浙江镇海人。1989 年 12 月至 1992 年 1 月，任金华市粮食职工中等专业学校副校长。

周国中（1962.2-　），男，浙江东阳人。1995 年 3 月至 1998 年 5 月，任金华经贸职工中等专业学校副校长。

5.金华广播电视大学（浙江贸易学校、浙江商贸学校）（2003-　）

郑素贞（1958.8-　），女，2003 年 5 月至 2008 年 7 月，任金华广播电视大学（浙江贸易学校）纪委书记。详见本节“各校独立办学时期”。

王顺仁（1950.11-　），男，2003 年 5 月至 2006 年 8 月，任金华广播电视大学（浙江贸易学校）党委委员、副校长。详见本节“各校独立办学时期”。

胡　清（1958.7-　），男，浙江义乌人，中共党员，本科学历、副教授。1995 年 5 月任浙江贸易学校副校长，2003 年 5 月至 2007 年 7 月，任金华广播电视大学（浙江贸易学校）党委委员、副校长。

张兰生（1962.3-　），男，浙江浦江人，中共党员，副教授。1985 年 6 月毕业于浙江师范大学汉语言文学专业，同年 7 月在浙江广播电视大学金华分校工作，先后任校团委副书记、书记、党校办副主任、主任、副校长等职。2003 年 5 月至今，任金华广播电视大学（浙江贸易学校、浙江商贸学校）党委委员、副校长；兼任金华社区大学副校长、浙江省现代远程教育学会理事、金华市现代远程教育学会常务副会长等职。曾获得“浙江省现代远程教育学会 2011-2014 年度优秀学会工作者”、“金华市优秀教师”、“金华市师德先进个人”等荣誉称号。主要从事现当代文学、现代远程教育、职业教育等领域的研

究，公开发表论文十余篇，编著出版教材一册，主持或参与省、市及省电大课题研究十余项，并有多项成果获省、市评比一、二等奖。

徐　骏(1967.1-　)，男，浙江省常山人，中共党员，1988 年 2 月参加工作，浙江师范大学中文专业毕业，本科学历，硕士学位，副教授。先后任职于常山县湖东中学、常山县农业技术学校、常山县成职教中心(常山职业中专)。2006 年 8 月至 2012 年 7 月，任金华广播电视大学(浙江贸易学校)党委副书记；2012 年 8 月至今，任金华广播电视大学(浙江商贸学校)党委副书记、纪委书记。曾被浙江省人民政府授予职业教育先进个人、浙江省人社厅授予优秀教育工作者等荣誉。《经济欠发达地区中等职业学校"国有民办"改制模式探索》被评为 2000 年度浙江省职业教育成果一等奖、浙江省第三届教育科学优秀成果二等奖。

刘　波(1974.11-　)，男，浙江义乌人，中共党员。2006 年 8 月至 2012 年 12 月，任金华广播电视大学(浙江贸易学校)党委委员、副校长。

胡吉省(1960.4-　)，男，浙江金华人，中共党员，教授。1983 年毕业于北京师范大学汉语言文学专业，同年 8 月起在金华教育学院任教，曾任党委委员、副院长等职。2007 年 7 月至 2015 年 3 月，任金华广播电视大学(浙江贸易学校)党委委员、副校长。出版专著《死亡意识与神话》(2007 年)，合作 2010 年国家社科基金重大招标项目《浙东学派编年史及相关文献整理与研究》等国家级项目 3 项，发表《试论史诗艺人原创的迷狂原始性》等论文数十篇，获金华市第十二、十三届社会科学优秀成果奖、二等奖。曾获曾宪梓教育基金会 1999 年高等师范院校教师奖专科类三等奖、省高等学校优秀青年教师、市优秀教师等荣誉。

戴毅群(1959.11-　)，男，安徽芜湖人，中共党员，高级讲师。1982 年 1 月毕业于浙江师范学院数学专业，同年 2 月起在水电部十二工程局中学任教，先后任团委书记、教务主任、副校长、校长等职。1995 年任金华八中副校长、党支部书记；1999 年 7 月任金华第一中等职业学校校长、党总支副书记。2007 年 8 月至 2014 年 11 月，任金华广播电视大学(浙江贸易学校)党委委员、副校长。

黄　俊(1964.12-　)，男，2012 年 8 月至今，任金华广播电视大学(浙江商贸学校)党委副书记。详见本章第二节。

张文富(1962.8-　)，男，2012 年 8 月至 2014 年 12 月，任金华广播电视大学(浙江商贸学校)党委委员。详见本节 3.浙江省金华商业学校(金华商业技工学校)。

俞一夫(1962.3-　)，男，2012 年 8 月至 2014 年 12 月，任金华广播电视大学(浙江商贸学校)党委委员；2014 年 12 月至今，任金华广播电视大学(浙江商贸学校)党委委员、副校长。详见本节 3 和本章第四节。

王高坚(1965.3-　)，男，2012 年 8 月至 2014 年 12 月，任金华广播电视大学(浙江商贸学校)党委委员；2014 年 12 月至今，任金华广播电视大学(浙江商贸学校)党委委员、副校长。详见本节 3.浙江省金华商业学校(金华商业技工学校)。

第四节　副高以上职称教职工

(按姓氏笔画排序)

1.方　燕(1966.4-　)，女，浙江金华人，高级讲师。1990 年毕业于长沙交通学院港口及航道工程专业，获工学学士学位。同年 8 月起在金华电大[2012 年 8 月合并更名为金华电大(浙江商贸学校)]任教。主持浙江电大课题《结构力学》计算机辅助教学课件，获第八届省高校教师教学软件大赛三等奖；参与长沙理工大学《洞庭湖区风浪观测及风浪计算研究》等课题两项；论文多次在市级评比中获奖，其中《不均匀地基上基础工程的优化处理措施》获市自然科学优秀论文三等奖。

2.方伟中(1955.2–　)，男，浙江义乌人，中共党员，本科学历，副教授。1970年11月在金华铸锻厂参加工作。1980年7月浙江师范大学数学系毕业，同年8月起在金华六中任教。1994年8月任金华五中副校长，同年11月调入金华电大(浙江贸易学校)工作，曾任校长、党委书记等职，2012年8月任正校级协理员。2015年3月退休。

3.方逸帆(1958.1–　)，男，浙江永康人，高级讲师。1984年毕业于浙江师范大学汉语言文学专业，获文学士学位。同年8月起在永康市教育局教研室工作。1988年10月调入金华商校任教。发表论文若干篇。2018年2月退休。

4.王　睿(1979.12–　)，男，湖南郴州人，中共党员，副教授。2003年毕业于国防科技大学建筑工程专业，获工学学士学位。同年8月分配至金华电大(浙江贸易学校)任教。先后获全省技工院校教学论文评选一等奖，省电大第六届、第七届多媒体资源比赛三等奖，金华市第十六届自然科学优秀论文三等奖；指导的学生连续两年获浙江省中职学生职业能力大赛工程测量赛项三等奖，金华市中职学生职业能力大赛工程测量赛项2017年一等奖、2018年二等奖。

5.王　慧(1966.7–　)，女，浙江金华人，高级讲师。1988年毕业于浙江大学英语专业，获学士学位，同年8月起在五矿宁波贸易公司工作。2000年8月调入金华商校[2012年8月合并更名为金华电大(浙江商贸学校)]任教，2011年9月任商校商贸部主任。先后在《教育与职业》等刊物发表论文10多篇，主编出版《商务英语函电》等教材2本，获市中职学校第五、第六届技能比武教师组一等奖。曾获市技工院校优秀教师、教研之星，市中职学校双师型优秀教师、专业带头人等荣誉。

6.王　鳌(1959.6–　)，男，浙江义乌人，大专学历，副研究馆员。1976年12月起为义乌田心下放知青。1980年12月起在金华电大(浙江贸易学校)工作。1988年7月函授毕业于北京大学图书馆学专业。2000年9月任学校图书馆馆长。2009年获中央广播电视大学图书馆先进个人荣誉。

7.王石瑛(1964.11–　)，女，浙江江山人，中共党员，副教授。1986年毕业于郑州粮食学院粮食工程专业，获工学学士学位。同年8月起在浙江粮食学校、浙江贸易学校[2012年8月合并更名为金华电大(浙江商贸学校)]任教。发表《专用粉生产中几个问题的探讨》《饲用酶制剂的合理利用》等论文数篇；曾被评为学校先进工作者。

8.王立山(1963.9–　)，男，浙江桐庐人，高级讲师。1985年毕业于浙江师范大学历史专业本科，同年8月起先后在浙江粮食学校、浙江贸易学校[2012年8月合并更名为金华电大(浙江商贸学校)]任教。2000年5月出版《邓小平经济改革理论与实践》(副主编)，曾获省电大2008年度优秀班主任、省电大2011年先进教育工作者等荣誉。

9.王凤秀(1964.11–　)，女，浙江诸暨人，中共党员，高级讲师。1986年毕业于浙江师范大学思想政治教育专业，获哲学学士学位。同年8月分配至金华商校[2012年8月合并更名为金华电大(浙江商贸学校)]任教，先后任教务处副处长、公共教研室主任、财经部副主任。正式发表《反思性教学辨析》等论文23篇，市级以上获奖论文19篇，其中《学校管理中激励机制的因素分析》获中国职业技术教育学会一等奖，《中职班主任工作的思考》获中国教育学会一等奖；曾获省商业厅先进个人、省中职学校德育工作先进个人、市优秀教师等荣誉。

10.王火江(1939.5–　)，男，浙江永康人，中共党员，高级讲师。1962年毕业于杭州大学化学专业，获学士学位。同年8月起先后在金华二中、金华六中、金华五中任教，曾任团支部书记、党支部委员。1984年3月调至浙江粮食学校(浙江贸易学校)任教,先后任党委委员、副校长、工会主席等职。合编出版《化学和化学实验》,曾获市工会积极分子、校先进工作者等荣誉。1999年6月退休。

11.王汝启(1963.11-),男,浙江金华人,中共党员,高级讲师。1984年毕业于杭州大学数学专业,获理学学士学位。同年8月起先后在浙江金华粮校、金华粮食职工中专、金华电大(浙江贸易学校)]任教,曾担任学校理工学院院长兼党支部书记,主编出版教材2本、发表论文多篇、主持或参与国家开放大学等课题多个,获金华市职业教育教学成果二等奖、省电大教学成果二等奖、省中职课改选修课程教材三等、省电子商务大赛一等奖等。现担任学校省三名项程子项目—“学校专业发展”、“中职课改”负责人,现任学校教务处处长、课程建设中心主任。

12.王国庆(1961.11-),男,江苏兴化人,中共党员,副教授。1982年1月毕业于杭州大学数学专业,获学士学位,同年分配至金华电大(浙江贸易学校)任教。发表论文数篇,曾在省电大论文评比中获奖;参与省科技厅智能控制装置项目。曾获金华电大、省电大、市社科联先进工作者和科研先进工作者。

13.王红华(1968.8-),女,浙江淳安人,高级讲师、食品检验高级技师、国家二级心理咨询师。1991年毕业于浙江师范大学化学专业,获学士学位,同年8月分配至金华商校[2012年8月合并更名为金华电大(浙江商贸学校)]任教。发表《饮用水中铝的来源、危害及防治》、《选择性合成天然产物trichonine》等论文数篇,参与浙江省教育厅教研室《浙江省食品检验专业教学指导方案》编写,曾获金华市技工院校优秀教师、金华市优秀班主任等荣誉。

14.王宏高(1957.11-),男,浙江义乌人,民盟盟员,高级讲师,食品检验高级技师。1980年2月毕业于杭州商学院食品检验专业,毕业分配至金华商校[2012年8月合并更名为金华电大(浙江商贸学校)]任教,曾任学生科副科长兼招生办主任。1995年6月获浙江师范大学生物专业函授本科文凭。编写《食品酿造》部分章节,参与浙江省教育厅教研室《浙江省食品检验专业教学指导方案》编写,发表《标本制作及革兰氏染色法实验常见问题及教学改进实践》《关于中等职业学校学生流失状况及去向的调查》(获市一等奖)等论文十数篇。曾获省商业厅优秀教育工作者,八次校先进工作者、优秀班主任等荣誉。2017年11月退休。

15.王高坚(1965.3-),男,浙江三门人,中共党员,教育硕士,高级讲师。1988年毕业于杭州大学经济学专业,获经济学学士学位,同年7月分配至金华商校[2012年8月合并更名为金华电大(浙江商贸学校)]任教。历任校团委副书记、团委书记,金华市商干校校长,金华商校办公室主任、党委副书记,金华电大(浙江商贸学校)党委委员。发表《企业核心层持股的分析与构想》等论文27篇,市级以上获奖论文11篇,其中《实施人本管理 实现育人目标》等两篇论文获中国教育学会教育机制分会一等奖。曾获金华市优秀团员、市优秀团干、市优秀职教工作者、市教育局优秀共产党员、市教育信息工作先进、市技工院校先进个人等荣誉。

16.王顺仁(1950.11-),男,浙江金华人,中共党员,大专学历,高级政工师。1982年起先后任金华县雅畈公社党委书记、安地乡党委书记、雅畈区委副书记兼副区长、雅畈镇镇长、镇党委书记。1993年4月任金华市地名办主任。1996年4月起任浙江贸易学校党委副书记、金华电大(浙江贸易学校)副校长。2010年12月退休。

17.王萃镛(1923.2–2011.3),男,浙江义乌人,大学学历,高级讲师。1949年毕业于浙江大学。同年起先后在杭州市军管会公安部、杭州市贸易公司、省粮食公司、省粮食厅、三门下洋镇、杭州种猪场工作。1979年6月调至金华粮校[后合并更名为金华电大(浙江贸易学校)]任教。1989年7月离休。

18.王雪香(1966.4-),女,浙江金华人,中共党员,高级讲师。1986年毕业于杭州大学数学专业，获理学学士学位，同年8月分配至浙江贸易学校[2012年8月合并更名为金华电大(浙江商贸学校)]任教。参编教材《统计方法与应用》。曾获省电大系统先进教育工作者、校优秀共产党员、校优秀教育工作者等荣誉。

19.王新南(1965.11-　)，男，浙江金华人，高级讲师。1986年毕业于杭州商学院会计专业，获学士学位。同年8月分配至浙江粮食学校[2012年8月合并更名为金华电大(浙江商贸学校)]任教。

20.王慧霞(1969.6-　)女，浙江武义人，高级讲师，金东区音乐家协会副主席。1990年8月自浙江师范大学音乐专业毕业起先后在武义二中、武义教师进修学校、金东实验中学任教。2002年3月调入浙江贸易学校[2012年8月合并更名为金华电大(浙江商贸学校)]任教。2002年6月获浙师大音乐教育专业函授本科文凭。主持省市课题研究2项，发表或获奖论文10余篇；指导学生获得包括第九届全国中职学校文明风采竞赛展演类一等奖在内的多个奖项；曾获武义县中小学教师优质课一等奖、县首届青年卡拉OK大赛一等奖，金华市直教职工卡拉OK比赛一等奖；获评县教坛新秀、省电大优秀班主任、校十佳社团指导老师等荣誉。

21.韦　峰(1975.11-　)，男，浙江东阳人，中共党员，高级讲师。1996年毕业于杭州大学体育专业，获学士学位，同年8月分配至金华商校[2012年8月合并更名为金华电大(浙江商贸学校)]任教，2008年7月任总务处处长。出版《体育与健康》(副主编)，曾获2009年度市直机关优秀党员称号。

22.韦旭源(1972.4-　)，女，浙江东阳人，中共党员，高级讲师。1992年在金华市乳品厂参加工作，曾任成本会计、内部银行主任。1995年2月调金华商校[2012年8月合并更名为金华电大(浙江商贸学校)]任教，曾任会计室主任。2002年获浙江财经大学会计学专业函授本科学历。主编、参编并出版《财务管理》等教材6部，发表论文若干篇，课件《出纳实训》获全国商科中专财会专业比赛二等奖。曾获市教育局优秀共产党员、市教育工会家庭事业兼顾型先进个人等荣誉。

23.包云翔(1946.2-　)，男，浙江金华人，民盟盟员，正科，副教授。1968年毕业于解放军技术工程学院本科。同年起先后在昆明军区三局、金华农机修造厂、金华一中、浙师院金华分校、金华师范学校工作。1981年调至金华电大(浙江贸易学校)任教。2006年3月退休。

24.卢秀峰(1964.4-　)，男，浙江东阳人，中共党员，高级讲师。1985年1月毕业于宁波商校电视机维修专业，同年2月起在金华商校[2012年8月合并更名为金华电大(浙江商贸学校)]任教。1993年7月获浙江师范大学电化教育专业函授本科学历。2005年10月任商校教务处处长。曾获金华市优秀教育工作者称号。

25.卢梅芳(1936.3-　)，女，浙江东阳人，中共党员，大专学历，高级讲师。1954年起先后在杭州女中、杭十一中、紫金中学、笕桥中学、金华让长初中、城南初中、金华六中任教。1984年调至浙江粮食学校任教，1991年4月退休。

26.刘知林(1965.9-　)，男，浙江义乌人，中共党员，本科学历，硕士学位，高级经济师，教授。1990年7月毕业于扬州师范学院商业经济专业。同年8月起在金华广播电视大学[2012年8月合并更名为金华电大(浙江商贸学校)]任教。2000年9月至2003年7月被任命、聘任为学校首任经济教研组组长，2003年9月至2006年7月被聘为学校财会教研室主任，2006年9月起聘为会计研究所所长。系中国会计学会高级会员，浙江师范大学兼职研究员，金华市高校第一批市级重点学科(会计学)负责人与学科带头人。主持省级、市级课题多项，发表核心期刊调研学术论文多篇，主编、合编教材2部，合著著作3部；调研成果多次入选并应邀参加中国会计学会学术年会、中国会计学会会计史年会、中国会计学会会计信息化年会、中国新农村建设路径、模式与典型经验交流会、浙东学派与浙江精神学术研讨会、浙江省经济学会年会等。调研成果先后被财政部、农业部部门等全文转载；调研成果先后被评为全国建国六十周年农经征文一等奖、全国广播电视大学经济管理论文一等奖、全国第七届优秀职教论文一等奖、全国第八届优秀职教论文三等奖、浙江省会计学会论文二等奖（共3项）、金华市人民政府哲学社会科学优秀成果二、三等奖、2007年金华市区年度文化精品奖、金华市区2009年度文化精品奖等奖项。指导学生参赛并获得由教育部关工委举办的全国青少年“五好小公民”主题征文一等奖1项、二等奖2项。指导学生参赛并获得浙江省第三届梦想杯中职学生征文一等奖1项。先后被授予金华市新世纪321人才工程第二层次人选、浙江省新世纪151人才工程第三层次人才、金华市直优秀教师、浙江省电大系统第一届、第二届优秀教师、浙江省电大系统首届教学名师、省现代远程教育科研先进个人、省委组织部新时代万名好党员等荣誉称号。

27.刘冬儿(1962.1-)，女，浙江永康人，中共党员，高级讲师。1993年毕业于浙江师范大学化学专业，获理学学士学位。同年8月起先后在浙江粮校、浙江贸易学校[2012年8月合并更名为金华电大(浙江商贸学校)]任教。先后发表论文十数篇，主持或参与省市级科研课题五项。曾获市优秀班主任、校优秀共产党员等荣誉。2017年2月退休。

28.刘晓青(1962.10-)，女，浙江金华人，中共党员，高级讲师。1984年7月毕业于浙江师范大学物理专业，获学士学位，同年8月分配至浙江省金华商业学校[2012年8月合并更名为金华电大(浙江商贸学校)]任教。先后发表论文7篇，曾获学校先进工作者、优秀共产党员等荣誉。2017年10月退休。

29.吕　刚(1978.6-)，男，浙江东阳人，中共党员，本科学历，副教授，金华市321人才第二层次人才。2000年8月自浙江师范大学计算机专业毕业起在金华电大(浙江贸易学校)任教。2009年1月在职获浙江工业大学计算机应用专业工程硕士学位。主持完成省厅级课题3项，完成校本教材1本，在《计算机应用与软件》等刊物发表论文10余篇，论文《Recognition of multi - fontstyle characters based on convolutional neural network》(2011.10发表)被EI收录，2012年1月《基于神经网络的数字验证码识别研究》获第十三届金华市自然科学优秀论文二等奖。现任学校图文信息中心主任。

30.朱小平(1962.6-)，男，浙江义乌人，高级讲师。1986年7月毕业于杭州大学哲学专业，获学士学位，同年8月分配至浙江贸易学校[2012年8月合并更名为金华电大(浙江商贸学校)]任教。出版《思想道德教育》(副主编)，发表《解放思想 实事求是——邓小平理论精髓》等论文。曾获学校先进工作者、优秀班主任等荣誉。

31.朱　政(1975.12-)，男，浙江永康人，中共党员，高级讲师。1996年8月自浙江师范大学英语专业毕业起在金华十四中任教。2006年6月在职获浙师大英语教育专业硕士学位，同年8月起在金华商校[合并更名为金华电大(浙江商贸学校)]任教，先后任商贸部副主任、党支部书记、外专委会员、市英语教研大组副组长；曾任技工教育和教学成果评选省级专家。发表论文7篇，多篇论文在各级获奖，其中《合作学习在中职英语教学中的应用》获中国教育学会一等奖、《谈赏识教育在中职英语教学中的运用》获省一等奖、《中职学校英语教师职业倦怠现状及相关因素的研究》获职教学会商科委一等奖；出版《商务英语基础教程》(副主编)；主持课题《高中生与教师交往的行为困扰研究》。曾获省技工院校教研之星、市技工院校优秀教师、市优秀双师型教师、市直教坛新秀、市直优秀教师等荣誉。

32.朱恒斌(1966.6-)，男，浙江义乌人，高级讲师。1987年毕业于杭州商学院企业管理专业，获学士学位，同年分配至金华商校[2012年8月合并更名为金华电大(浙江商贸学校)]任教，2011年8月任财经部主任。2008年编写教材《财税金融基础知识》(副主编)，发表《企业内部营销之浅探》等论文数篇。曾获学校先进工作者、校优秀班主任等荣誉。

33.许金伙（1944.5- ），男，浙江金华人，中共党员，正科，高级讲师。1970年毕业于西北电讯工程学院电子元件专业本科。1991年9月由郑州高炮学院转业至浙江贸易学校[后合并更名为金华电大（浙江贸易学校）]工作。曾由南京军区授予预备役陆军上校，任浙江粮食学校党委委员、获市级优秀共产党员称号。2004年6月退休。

34.何 昕（1965.2- ），女，浙江诸暨人，高级讲师。1987年毕业于浙江工业大学发酵工程专业，获工学士学位，同年分配至金华商校[2012年8月合并更名为金华电大（浙江商贸学校）]任教。发表《大豆蛋白酶解工艺条件的研究》等论文近十篇，其中《啤酒酵母自溶条件的抉择及其影响因素的研究》（合作）获浙江省自然科学优秀论文二等奖。曾多次获省商业厅先进教育工作者、学校优秀班主任等荣誉。

35.何 静（1971.6- ），女，浙江金华人，中共党员，高级讲师。1991年毕业于浙江师范大学政教系，同年8月起在浙江贸易学校[2012年8月合并更名为金华电大（浙江商贸学校）]任教。2000年8月获浙师大政教专业函授本科学历。先后在国家各种学术刊物上发表学术论文10余篇，主持金华市社科联重点课题1项，浙江省远程教育学会重点课题1项，金华市教科规课题1项，浙江省广播电视大学课改课题1项，应邀参加浙江省教研室组织的"中职金融事务专业核心课程"教材开发工作，并担任《走进金融》课程的执行主编工作。多次荣获"金华市优秀班主任"、"浙江省优秀共青团干部"、全省电大"育人奖"、市直"师德标兵"等荣誉称号。现任金华广播电视大学开放远程学院院长、招生中心主任。

36.何依铭（1938.10-2015.12），男，浙江东阳人，民盟盟员，高级讲师。1963年毕业于杭州大学地理专业本科。同年8月起在省工作队工作。1965年1月开始先后在永嘉渠口中学、义乌合作中学、义乌中学任教。1986年4月调入金华商校任教，1998年11月退休。出版教材《中国经济地理》（副主编）、《中国经济地理学习指导》《浙江经济地理》（编委），曾获省商业教育优秀教师等荣誉。

37.吴能棣（1957.10- ），男，浙江义乌人，民盟盟员，研究生学历，高级讲师。1980年3月起在金华商校[2012年8月合并更名为金华电大（浙江商贸学校）]任教。2004年函授毕业于浙江师范大学法学专业。参编《经济法律知识》《经济法案例选》等教材三部，发表《补充侦察制度应当废止》《拾遗所产生的几个法律关系》等论文数篇。2017年11月退休。

38.吴金康（1948.1- ），男，浙江永康人，中共党员，高级讲师。1974年8月起先后在十里坪农场子弟学校、永康五七高中任教。1980年毕业于杭州大学数学专业本科，同年8月起在丽水商校任教。1997年2月调入浙江省金华商业学校工作，曾任学校副校长。获省优秀商业教育工作者等荣誉。2008年3月退休。

39.吴黎旦（1964.1- ），男，浙江义乌人，中共党员，副教授。1989年毕业于浙江工商大学，获经济学学士学位。同年8月起在浙江贸易学校[2012年8月合并更名为金华电大（浙江商贸学校）]任教，历任经济类专业副科长、经济系副院长、开放教育学院副院长、院长。著有《基础会计》《新编审计学》等数部教材，课题《新形势下会计人员继续教育现状与对策研究》等6项，论文数十篇。曾获市直优秀教师、优秀教育工作者、2009年度优秀共产党员等荣誉。

40.宋寅丰（1962.10- ），男，浙江衢州人，民盟盟员，高级讲师。1985年毕业于杭州商学院商业企业管理专业，获学士学位，同年8月分配至浙江粮食学校[2012年8月合并更名为金华电大（浙江商贸学校）]任教。出版《商品期货交易》（副主编）、教材《粮食经济》（参编）；发表《对中等专业学校实践性教学的初步探讨》（获市职教论文二等奖）、《职教新课程应具备的教学观》等论文数篇。

41.应巧姿（1964.11- ），女，浙江永康人，中共党员，高级讲师，副教授。1988年7月毕业于江西师范大学汉语言文学专业，获学士学位。2005 年获浙江师范大学教育硕士学位。1988 年 7 月起，一直任教于浙江贸易学校(原浙江粮食学校)、金华广播电视大学。历任文学系党支部书记、理工学院院长助理、外贸学院副院长、学生保卫处处长、招生办主任、高职学院院长、财经管理学院院长兼书记等职。担任浙江广播电视大学《大学语文 1》本科课程主持教师，金华广播电视大学汉语言文学、教育管理、小学教育等专业本科毕业论文答辩主持教师。先后多次荣获校、市级优秀共产党员称号，金华市最美教师提名奖。主编、参编出版教材 5 部，在《教育探索》等杂志发表研究论文近 20 篇，主持省市以上科研课题 9 项，并有 10 余篇论文及课题获省市级一、二等奖。

42.应森林(1962.11-　)，男，浙江永康人，民盟盟员，高级讲师。1987 年 7 月起先后在浙江粮食学校、浙江贸易学校[2012 年 8 月合并更名为金华电大(浙江商贸学校)]任教。1992 年 11 月函授毕业于浙江大学工业管理专业，获工学学士学位。2005 年 9 月起任电子商务教研室主任。出版《计算机应用基础》等教材两部，发表《校企合作下网商人才培养研究》等论文数篇。曾获省高校多媒体比赛三等奖、市网页设计比赛一等奖、省市创新创业电子商务优秀辅导教师等荣誉。

43.张如茆(1924.11–2015.01)，男，浙江金华人，高级讲师。1948 年毕业于国立英士大学法学院经济系，获法学学士学位。同年 9 月起先后在江苏溧阳中学、杭州市财粮干校、哈尔滨东北森林工业总局、沈阳第一(第二)工业局、金华县琅琊供销社等工作。1979 年 7 月调至浙江粮食学校任教。

44.张文富(1962.8-　)，男，浙江义乌人，中共党员，高级讲师。1981 年 8 月起在金华商校[2012 年 8 月合并更名为金华电大(浙江商贸学校)]任教，1984 年函授毕业于温州师范学院专科中文专业。历任学生科长、团委书记、办公室主任、副校长、党委副书记。著有《"之"字的美学意义》《"子路增洗染有公西华侍坐"美育思想探析》等论文；曾获中国商业教育先进工作者，省教育先进工作者，市商业系统优秀共产党员、优秀班主任等荣誉。

45.张兰生(1962.3-　)，男，浙江浦江人，中共党员，副教授。1985 年毕业于浙江师范大学汉语言文学专业本科。同年 9 月起在金华电大(浙江贸易学校)任教，历任团委副书记、书记、校办副主任、校党办主任、副校长、党委委员。主编出版教材《经济应用文写作》，发表《论西方戏剧对<雷雨>的影响》等论文数篇。曾获市优秀团干部、市直优秀教师、校师德先进个人等荣誉。

46.张纯汉(1950.12-　)，男，浙江建德人，中共党员，大专学历，高级讲师。1968 年 10 月在黑龙江饶河县下乡支边，后在黑龙江粮校学习。1973 年 8 月起先后在绥化市粮库、黑龙江粮校任职。1980 年 9 月调至浙江粮食学校(后合并更名为金华电大(浙江商贸学校)]任教。1981 年毕业于安徽财贸学校财会专业。历任学校教务主任、校办主任、副校长、校长、党委书记等职，2011 年 1 月退休。编著出版《企业财务管理》《浙江粮食经济》(副主编)。曾获省"为人师表"优秀教师、省粮食系统优秀工作者等荣誉。2011 年 1 月退休。

47.张国荣(1970.2-　)，男，浙江兰溪人，民建会员，高级讲师。1989 年毕业于义乌师范学校，同年 8 月起先后在兰溪登胜初中、永昌初中、兰溪第二中等职业学校、兰溪职业中专任教。2000 年 7 月获浙江师范大学汉语言文学专业函授本科学历。2009 年 8 月调至金华商校[2012 年 8 月合并更名为金华电大(浙江商贸学校)]任教。发表论文数篇，其中《生活处处有语文——浅谈中职语文教学改革的尝试》获省职教论文三等奖；主持课题《优化职高生语文学习方式的策略探究》获兰溪科研成果二等奖。曾获兰溪市第七届教坛新秀、先进教育工作者等荣誉。

48.张淑琴(1973.3-　)女，浙江金华人，中共党员，副教授。1996 年毕业于浙江师范大学政教专业，获法学学士学位，同年 8 月分配至金华电大(浙江贸易学校)任教。主持《新农村法制宣传教育研究》《中职学校学生管理层面的人文关怀与心理疏导研究》等课题，发表论文多篇。曾获校优秀共产党员等荣誉。

49.张岸嫔（1974.4–　），女，浙江浦江人，中共党员，本科学历，高级讲师。1995 年起在浙江贸易学校[2012 年 8 月合并更名为金华电大（浙江商贸学校）]任教。2007 年 12 月在职毕业于武汉理工大学产业经济学专业，获硕士学位。先后在国家各种学术刊物上发表学术论文 20 余篇，主持或参与省市级课题 10 余项，主编规划教材 2 部，参编教材 3 部，科研成果获省市以上 20 余项。指导学生参加全国、省、市国际贸易职业能力竞赛、国际商务单证、创新创业等项目比赛中获一等奖多项。曾多次获校优秀教师、市优秀党员、市优秀双师型教师、市专业课骨干教师评课一等奖等荣誉。

50.李伟琦（1961.10–　），女，河北人，副教授。1982 年毕业于浙江师范大学化学专业，获理学学士学位，同年 8 月分配至金华一中任教。1985 年 8 月调至浙江贸易学校[2012 年 8 月合并更名为金华电大（浙江商贸学校）]任教。完成省教育厅、中央电大、浙江电大等课题 5 项（其中省厅课题被评为浙江电大理工科示范课题），发表 SCI 收录论文 6 篇。曾获浙江现代远程教育先进个人、浙江电大科研先进个人等荣誉。2016 年 11 月退休。

51.李育霖（1949.4–　），男，福建福州人，高级讲师。1980 年 8 月毕业于黔南师专中文专业本科。1973 年 11 月起在贵州惠水师范、惠水断杉中学、金华卫生防疫站工作。1985 年 2 月调至金华商校任教，曾任教务科副科长。2009 年 5 月退休。曾获省商业教育优秀教师等荣誉。

52.李鹏强（1960.6–　），男，浙江永康人，中共党员，高级讲师。1983 年毕业于杭州大学政治经济学专业，获经济学学士学位，同年 8 月分配至浙江粮食学校[2012 年 8 月合并更名为金华电大（浙江商贸学校）]任教，历任政治教研组长、马列主义教研室主任、经济科科长、经济系主任、外贸学院院长、财经学院院长。主编、参编《国际贸易原理》、《经济学基础》等 5 部教材；主持省社科联重点课题《模块教学理论与实践探索》、市社科联重点课题《中等职业学校学分制研究》等；发表《完善德育机制 不断提高教育质量》（获全国中职政思会二等奖）等论文 20 余篇。曾多次获校先进工作者、优秀教师、优秀共产党员等荣誉。

53.邱　强（1958.12–　），男，浙江衢州人，高级讲师。1983 年毕业于浙江师范大学中文专业，获学士学位。1997 年 1 月调至金华电大（浙江贸易学校）任教。2018 年 12 月退休。

54.杨浪萍（1982.5–　），女，浙江义乌人，中共党员，研究生学历，副教授。2007 年毕业于五邑大学管理科学与工程专业，获硕士学位。同年 8 月录用为金华电大（浙江贸易学校）教师。浙江省浙派名师学员、浙江师范大学教育硕士实践导师、浙江电大优秀指导教师、浙江电大“312”人才培养工程第二层次培养对象、金华市直教坛新秀、金华市优秀共产党员。先后在国家各种学术刊物上发表学术论文 10 余篇；公开出版教材 1 本；主持省市课题 20 余项；完成校本教材 4 本；各类论文评比获奖 11 项；指导技能竞赛获奖 17 项；个人参赛省市获奖 9 项。

55.杨如顺（1940.11–2010.8），男，浙江淳安人，民盟盟员，大专学历，高级讲师。1963 年 12 月在金华军分区服役。1964 年 12 月起在金华新狮乡、金华二中、金华地区粮食局工作。1978 年 12 月调至金华粮校[后合并更名为金华电大（浙江贸易学校）]任教。

56.汪发生（1953.12–　），男，浙江开化人，中共党员，高级讲师。1979 年 1 月毕业于杭州大学体育专业本科，同年分配至金华粮校[2012 年 8 月合并更名为金华电大（浙江商贸学校）]任教。曾获省粮食系统先进工作者称号。2014 年 1 月退休。

57.沈巧莲（1965.6–　），女，浙江金华人，中共党员，副教授。1989 年毕业于浙江工学院工业分析专业，获学士学位。同年 8 月起先后在金华县矿业公司浮选厂、金华市化工原料批发公司开发区化工总厂工作。2003 年 4 月调至浙江贸易学校[2012 年 8 月合并更名为金华电大（浙江商贸学校）]任教。

发表《乳制品废水的处理》(获市政府第十三届自然科学论文三等奖)等论文数篇，参与市科技局课题1项。曾获金华电大师德标兵、优秀班主任等荣誉。

58.沈祖德(1940.8–)，男，浙江嘉兴人，高级讲师。1959年毕业于杭州商业学校，同年7月起先后在江山县土特产公司、供销社、县商业局、五金公司工作。1985年1月调至金华商校任教，2000年9月退休。发表《TFP法在我省工业经济效益分析中的应用》等论文数篇；曾获省商业教育优秀教师、省商业厅“商业工作三十年”等荣誉。

59.沈倪英(1943.12–)，女，浙江湖州人，中共党员，高级讲师。1965年毕业于杭州大学生物专业本科，同年分配至湖州双林中学任教。1985年调至浙江粮食学校(浙江贸易学校)任教，1998年1月退休。

60.邵　玲(1962.4–)，女，浙江金华人，中共党员，本科学历，高级讲师。1987年毕业于浙江师范大学外语系，同年8月留校在外语系工作。1993年8月调至金华商校[2012年8月合并更名为金华电大(浙江商贸学校)]任教。2005年10月在职毕业于浙师大英语专业，获教育硕士学位。曾在省级以上刊物发表学术论文数篇。2017年4月退休。

61.邹士芬(1930.2–2010.8)，男，江苏青浦人，民盟盟员，高级讲师。1952年毕业于上海复旦大学本科新闻专业。1953年起先后在北京新华社、浙江人民广播电台工作，长兴菱湖中学、湖州职工学校、湖州双林中学任教。1985年3月调至浙江粮食学校[后合并更名为金华电大(浙江贸易学校)]任教。

62.余红君(1972.12–)，女，浙江金华人，副教授。1996年8月自浙江师范大学政教专业毕业起在浙江贸易学校[2012年8月合并更名为金华电大(浙江商贸学校)]任教。2008年在职获浙江工商大学企业管理专业硕士学位。发表论文《新形势下电大思想政治教学创新思考》，完成课题《开放教育思想政治教学的创新研究》；曾获优秀班主任等荣誉。

63.陈　平(1963.9–)，男，浙江义乌人，中共党员，高级讲师。1984年毕业于浙江工商大学食品卫生专业，获学士学位，同年秋分配至金华商校[2012年8月合并更名为金华电大(浙江商贸学校)]任教。主编出版《焙烤食品加工技术》，发表《食品专业校企一体，工学结合人才培养模式的研究与实践》等论文数篇。曾带领团队两度获得金华市中职师生技能比武“专业建设成果展示”项目一等奖。

64.陈玉香(1970.12–)，女，浙江金华人，民盟盟员，本科学历，副教授。1995年毕业于浙江工业大学建筑工程教育专业，后获取工学硕士学位。同年8月起先后在金华市第一建筑设计事务所、金华教育学院工作。2012年9月调至金华电大(浙江商贸学校)任教。发表《桐柏电站混凝土基础水化热温度场有限元分析》(EI收录)等论文数篇，曾获市教育学会2012年度教学论文三等奖。

65.陈加达(1946.6–)，男，浙江镇海人，中共党员，大学学历，高级讲师。1970年7月起先后在陕西军区农场、陕西石泉县委组织部、陕西安康师专、金华经贸职工中专(曾任校长、书记)工作。1998年6月调任浙江贸易学校副校长、党委委员，2006年7月退休。

66.陈茂庆(1948.4–)，男，浙江金华人，民进会员，高级讲师。1965年9月作为知青下放琅琊大岩公社。1971年起先后在大岩公社学校、罗店中学任教。1979年2月调至浙江粮食学校[后合并更名为金华电大(浙江贸易学校)]任教。1989年获浙师大中文专业函授本科学历。2008年5月退休。

67.陈红香(1965.9–)，女，浙江诸暨人，中共党员，本科学历，高级讲师。1986年8月起在金华商校[2012年8月合并更名为金华电大(浙江商贸学校)]任教。2005年6月在职获浙江师范大学数学教育专业教育硕士学位。发表《让数学生活化，让数学活动化》(获省中职专业课优秀论文二等奖)等论文21篇；承担《数学校本教材的开发研究与实践》等市教育规划课题2项。曾获市第二届职教数学创新试题设计二等奖、省第十八届春蚕奖、全国商业优秀教师、市教育局优秀共产党员等荣誉。

68.陈秀莲(1960.3–　)，女，浙江义乌人，中共党员，高级讲师。1983年毕业于杭州大学化学专业，获学士学位，同年秋分配至浙江粮食学校[2012年8月合并更名为金华电大(浙江商贸学校)]任教。历任教务处副主任、主任、学生处处长、团委书记，2003年7月任学校人事处处长。出版《化学实验操作技术》(副主编)等教材4部，主持省市级课题两项，发表论文十余篇。曾获省粮食系统优秀教师、南京粮食学院优秀函授教师等荣誉，多次被评为市粮食局优秀党员。2015年4月退休。

69.陈益伟(1957.12–　)，男，浙江东阳人，中共党员，副研究员。1980年7月衢州师范学校毕业，先后在金华教育学院、市教委、市教育局督导处、基教处工作。2005年1月获北京师范大学教育管理专业函授本科学历。2010年10月由金华教育学院调至金华商校［2012年8月合并更名为金华电大(浙江商贸学校)]任职，曾任学校党委书记。2017年12月退休。

70.陈培均(1945.12–　)，男，浙江海宁人，中共党员，高级讲师。1968年毕业于北京航空工程学院机械专业本科，同年下农场锻炼。1970年6月起先后在浦江鼓风机厂、浦江县经委、浦江县委组织部(任部长)工作。1990年2月调至金华商校任教，曾任党委书记、校长。2006年1月退休。

71.单小青(1971.1–　)，女，江苏无锡人，民盟盟员，高级讲师。1990年毕业于浙江师范大学外语系。1995年9月起在金华经贸职工中专、浙江贸易学校[2012年8月合并更名为金华电大(浙江商贸学校)]任教。主持市教科规课题1项，省技工院校教学业务调研课题1项，发表论文10余篇，主编、参编校本教材3本，主持省电大优质课程建设1项。获2016年浙江省中职学校“最美教师”、2016年金华市中职“精品项目课程”二等奖、2015年首届金华市中职学校“精品教学项目”二等奖、2015年金华市中职学校教师教育教学叙事二等奖、2014年首届中国外语微课(中职组)浙江省一等奖。

72.单　勇(1962.3–　)男，河北东光人，中共党员，本科学历，副教授，高级政工师。详见本章第二节。

73.单淑琴(1964.2–　)，女，浙江东阳人，高级讲师。1986年毕业于郑州粮食学院粮油贮藏专业，获工学学士学位。同年8月起先后在浙江粮食学校、浙江贸易学校[2012年8月合并更名为金华电大(浙江商贸学校)]任教。

74.周伟平(1963.10–　)，男，浙江义乌人，中共党员，高级讲师。1984年毕业于浙江师院体育专业，获学士学位，同年秋分配至金华粮食学校[2012年8月合并更名为金华电大(浙江商贸学校)]任教。发表《中等专业学校体育课改革之我见》(获省教委论文评比二等奖)等论文数篇。1986年获评排球国家一级裁判。曾获校先进工作者、优秀共产党员等荣誉。

75.周树根(1937.12–　)，男，浙江建德人，中共党员，本科学历，高级讲师。1960年毕业于金华师院数理专业。同年7月任教以来，历任金华教育学院教研部副主任、金华地区教育局普教科长、衢州市教委副主任(主持)、党委副书记、纪委书记、金华师院副校长、金华商校校长兼党委副书记、正校级协理员。1998年1月退休，退休后任市教育局关工委副主任、常务副主任。曾获市“五讲四美”优秀教师、市机关党委优秀党员、市关心下一代工作先进个人等荣誉。

76.武道明(1944.4–2016.12)，男，山东肥城人，中共党员，本科学历，高级讲师。毕业于杭州大学教育系。1984年3月至1994年11月，任浙江粮食学校、浙江贸易学校校长。2004年4月退休。

77.郑秀峰(1969.5–　)，男，浙江武义人，中共党员，教育硕士，高级讲师，金华市人民政府兼职督学。1989年毕业于浙江师范大学外语系，同年8月起先后在武义二中(曾任英语教研组长、校团委书记、县政协委员)、武义实验中学任教。1995年8月调至浙江贸易学校[2012年8月合并更名为金华电大(浙江商贸学校)]任教。2007年在职获得浙江师范大学学科教学(英语专业)教育硕士。历任学校团委书记、学生处处长、招生就业处处长、外贸学院院长，现任学校科研处处长、名校创建办主任。主持或主要参与省市课题研究10余项,发表或获奖论文20余篇;执笔金华市教学成果一等奖2项;曾获省电大奖教金、省远教科研先进个人、市科协优秀工作者、校优秀教师、优秀党员、师德先进个人、十佳管理者等荣誉。

78.郑　骏(1978.12–　),男,浙江兰溪人,高级实验师。2000年毕业于杭州商学院家用电器专业,同年8月起在金华商校[2012年8月合并更名为金华电大(浙江商贸学校)]担任班主任、实验员、任课教师等工作。2005年7月获浙江师范大学应用电子专业函授本科学历。

79.郑素贞(1958.8–　),女,浙江金华人,中共党员,副教授。1984年8月起在金华市教委工作,历任副处长、处长。1988年7月获浙江师范大学政教专业函授本科学历。2002年2月调任金华电大(浙江贸易学校)党委副书记、纪委书记。主持省远程教育学会《利用BBS学习媒体 提高学生自主学习积极性研究》、市社科联《社区教育对构建和谐社区的作用与功能研究》等多项课题。曾获市第二届教科研先进工作者、金华情感护理中心优秀心理咨询师、市民大讲堂优秀讲师等荣誉。2013年9月退休。

80.郁　翔(1973.8–　),女,浙江萧山人,高级讲师。1995年起在金华经贸职工中专[2012年8月合并更名为金华电大(浙江商贸学校)]任教。2003年获浙江师范大学财会专业函授本科文凭、管理学学士学位。主持省、市社科联等课题多项,在《教育与职业》、《中国乡镇企业会计》等杂志发表论文数篇。曾获省电大育人奖、省电大奖教金,金华市教坛新秀、市优质课评比一等奖,金华电大优秀教师、优秀班主任等荣誉。

81. 金礼正(1965.9–　),男,浙江永康人,中共党员,高级讲师。1986年毕业于杭州大学体育系,获学士学位,同年8月起在浙江贸易学校[2012年8月合并更名为金华电大(浙江商贸学校)]任教。历任体育教研室主任,行政后勤处副处长、处长、膳食科主任等职。曾多次荣获校级优秀教育工作者、优秀党员等称号。发表论文数篇。

82.金向阳(1963.8–　),男,浙江东阳人,中共党员,副教授。1984年毕业于浙江师范大学物理专业,获理学学士学位。同年7月起在金华教育学院任教。1987年12月调至金华电大(浙江贸易学校)任教,2009年8月任工学教研室主任。发表《试谈中学物理实验教学系统的结构及功能》等论文数篇。曾获省电大优秀教师、省电大奖教金、校优秀教师、校优秀班主任等荣誉。

83.俞一夫(1962.3–　),男,浙江义乌人,中共党员,副教授、高级讲师、食品检验高级技师。1981年8月参加工作,浙江师范大学化学教育专业毕业,大学本科学历,理学学士学位。主编并正式出版专著、教材10册;发表各类专业、教学论文近50篇;先后7次参加国家商业部、国内贸易部、国家粮食局相关专业教学计划、教学大纲的制订、教材的编写、职业标准和鉴定题库的开发;参与或主持国家、省、市课题12项。曾先后获得金华市优秀教师、金华市青年科技奖、金华市职业教育教学成果奖、金华市科技进步奖、金华市自然科学优秀论文奖等奖项。先后任中国粮油学会储藏分会第三、四、五届理事,全国粮油储检专业教育教学指导委员会第一、二届委员,金华市食品安全咨询委员会第一、二届专家,金华市现代远程教育学会第四届理事会副会长。是浙江省"新世纪151人才"、金华市"新世纪321人才"。工作简历详见本章第三节。

84.俞笑春(1965.12–　),女,浙江永康人,中共党员,高级讲师。1989年毕业于四川大学哲学文秘专业,获哲学学士学位,同年秋分配至浙江贸易学校[2012年8月合并更名为金华电大(浙江商贸学校)]任教。主编或参编《文书与档案管理基础》《企业秘书学》等教材两部,撰写《建议的艺术》等论文9篇。曾获省优秀教师、校先进教师等荣誉。

85.胡行书(1949.5–　),女,浙江平阳人,初中毕业,高级幼教。1965年作为知青下放农场。1975

年起先后在江西生产建设兵团十一团余丰大队幼儿园、十一团河西学校任教。1985 年调至浙江粮食学校[2003 年合并更名为金华电大(浙江贸易学校)]任教。曾多次获校先进工作者、优秀教师等荣誉。2004 年 6 月退休。

86.施加根(1970.8-),男,浙江金华人,民盟盟员,高级讲师。1993 年毕业于浙江师范大学数学专业,获学士学位,同年秋分配至金华曹宅高中任教。1998 年 8 月调至金华商校[2012 年 8 月合并更名为金华电大(浙江商贸学校)]任教。主持市规划课题《计算机中级考证系统研究》,发表《虚拟实验的现状分析及应对策略》《局域网作业管理系统的研究实论》等论文数篇。

87.祝世富(1967.3-),浙江江山人,高级讲师。1987 年 8 月起在金华商校[2012 年 8 月合并更名为金华电大(浙江商贸学校)]任教。1993 年获安徽财经学院经济管理专业函授本科学历、学士学位。发表《努力搞好教育产业管理与教育经营》《运用 DMAIC 模型提升我国第三方物流服务质量》等论文数篇。

88.胡启富(1963.6-),男,浙江金华人,民进会员,副教授。1988 年毕业于吉林大学无机化学专业,获学士学位,同年 8 月起在浙江贸易学校[2012 年 8 月合并更名为金华电大(浙江商贸学校)]任教。发表论文十数篇,曾获省电大奖教金、市优秀班主任、校师德先进个人等荣誉。

89.胡道芳(1950.1–2007.3),女,广东中山人,中共党员,高级讲师。1968 年起先后在黑龙江密山县 857 农场、黑龙江粮食学校、黑龙江粮食局工作。1980 年调至浙江贸易学校任教,历任学生科副科长、团委书记、教师党支部书记、工会主席等职。1991 年获安徽财贸学院商业会计专业函授本科学历。2005 年 2 月退休。

90.胡燮南(1972.1-),男,浙江永康人,中共党员,高级讲师。1994 年毕业于杭州大学汉语言文学教育专业,获文学学士学位,同年 8 月起在金华三中任教。2007 年 8 月调至金华商校[2012 年 8 月合并更名为金华电大(浙江商贸学校)]任教,2011 年 7 月任办公室主任。发表《对探究性教学的几点认识》《反思文言文教学》等论文数篇,多次获市教育信息先进个人等荣誉。

91.赵千骏(1966.11-),女,浙江义乌人,中共党员,高级讲师。1989 年毕业于浙江工商大学食品工程专业,获工学学士学位,同年秋分配至金华商校[2012 年 8 月合并更名为金华电大(浙江商贸学校)]任教,2011 年 6 月任商校教务处副处长。主编出版中职规划教材《食品营养与安全》,主持或参与《食品类专业课程改革探索与实践》(获市职教教学成果一等奖)等课题两项,发表《花生仁乳脂硬糖研制及返砂控制》等论文近 10 篇。曾获市优秀党员、校优秀班主任、校先进个人等荣誉。

92.赵孚健(1961.5-),男,浙江东阳人,高级讲师。1984 年毕业于杭州大学地理专业,获学士学位,同年 7 月起在金华教育学院任教。1987 年 10 月调至浙江贸易学校[2012 年 8 月合并更名为金华电大(浙江商贸学校)]任教。发表《浅谈我国粮食分布及流向》、《浅谈我国金融市场分布》等论文数篇,曾获校师德先进个人、优秀班主任等荣誉。

93.顾 瑞(1925.7-),男,浙江武义人,高级讲师。1949 年 8 月参加工作,曾任金华粮食分公司工会主席等职,1978 年至 1979 年 9 月在武义中学教书,1979 年 10 月调至浙江省金华粮食学校任教,曾任经管教研室主任等职。1990 年离休。

94.夏琅寅(1937.1-),男,浙江金华人,民进会员,大学学历,副教授。1957 年起先后在贵州省绥阳中学、绥阳师范、遵义师范专科学校(曾任工会主席)、贵州计划管理干部学院(曾任副处)任教。1988 年调至浙江贸易学校任教,1997 年 3 月退休。曾获贵州省教育先进工作者。

95.徐专红(1958.6-),女,浙江永康人,高级讲师。1982 年毕业于浙江农业大学兽医专业,获学士学位,后在职获生物教育硕士学位。1982 年 1 月起在金华商校[2012 年 8 月合并更名为金华电大

(浙江商贸学校)]任教。出版专著《乡村风味特色小吃配方与制作》、教材《食品分析技术》(副主编)、《烹饪化学》(副主编);发表《绿色食品——麦芽糖制作以及营养保健功能的研究和探讨》等论文数篇。曾获市优秀教师、省属商技校优秀教师、市千名优秀班主任培养工程优秀学员等荣誉。2013 年 7 月退休。

96.徐　骏(1967.1–　),男,浙江常山人,中共党员,本科学历,副教授。曾被浙江省人民政府授予职业教育先进个人、浙江省人社厅授予优秀教育工作者等称号。详见本章第三节。

97.徐文良(1958.12–　),男,浙江上虞人,中共党员,副教授,高级统计师。1981 年毕业于浙江金华粮食学校会统专业,同年 8 月留校 [2012 年 8 月合并更名为金华电大(浙江商贸学校)]任教。2007 年 7 月任党办校办主任。主编出版《市场调查与预测教程》;主持《非统计专业学生统计技能培养及统计课程设置研究》(获中国统计学会优秀奖)、《金华市民营企业融资问题研究》(市社科联重点课题优秀奖)等多项课题;公开发表《浅谈新形势下改革对统计教育的影响及思考》等论文 10 余篇。1995 年获全国"优秀教师"称号,2000 年被国家统计局聘为统计职业教育教学指导委员会专家组成员。2018 年 12 月退休。

98.徐学辉(1978.10–　),男,湖北通山人,中共党员,本科学历,高级讲师。2001 年毕业于华中科技大学计算机应用专业,同年 8 月分配至金华商校[2012 年 8 月合并更名为金华电大(浙江商贸学校)]任教,2011 年 7 月任招生就业处副处长。2011 年 12 月在职获浙江师范大学现代教育技术专业教育硕士学位。主编校本教材《计算机应用能力训练》,发表《基于 ASP 购物网站设计》等论文数篇,课题《计算机应用能力训练校本课程开发研究》获市教科研成果三等奖。曾获市技工学校优秀教师、市技工院校优秀指导教师称号。

99.徐莉亚(1981.1–　),女,浙江金华人,中共党员,副教授。2006 年毕业于浙江师范大学教育管理专业,获管理学硕士学位(毕业论文为省优秀硕士论文)。同年 7 月起在金华电大(浙江贸易学校)任教,2010 年 7 月任秘书宣传科科长。其中 2011 年 7 月至 2012 年 7 月借用至金华市纪委。曾两度获市教育论文一等奖,在《教师教育研究》等刊发表论文 5 篇,《新华文摘》收录论文 1 篇,参与全国教育科学"十五"规划《区域教育可持续指标体系研究》课题,主持省规划课题 2 项,市社科联、省电大网络课程 2 项。曾获市教育局优秀共产党员、信息宣传先进个人,省电大系统新闻宣传优秀个人等荣誉。

100.钱建忠(1960.2–　),男,浙江金华人,中共党员,中学高级讲师。1996 年获浙江教育学院教育管理专业函授本科学历。2006 年 8 月由市教育局教仪站调至金华商校[2012 年 8 月合并更名为金华电大(浙江商贸学校)]工作,曾任浙江省金华商业学校党委副书记。

101.耿新民(1951.12–　),男,山东人,中共党员,本科学历,高级讲师。1968 年 10 月下放在金华孝顺大垅大队,1969 年 5 月到黑龙江宝山公社支边。1975 年考入杭州大学数学专业,1978 年毕业后在金华粮食学校任教,2012 年 1 月退休。

102.郭其林(1953.5–　),男,浙江东阳人,高级讲师。1974 年至 1978 年在上海警备区船运大队服役。1981 年毕业于浙江师范大学政教系,同年 9 月起在金华雅畈中学任教。1984 年获浙师大政教专业函授本科学历,同年 5 月调至金华电大(浙江贸易学校)任教。出版《经济法基础知识》(主编)、《国际贸易实务》(副主编)等教材两部;发表《公租房是解决我国住房问题的最佳途径》《强化二次分配才能真正实现社会公平》等论文十数篇。2013 年 6 月退休。

103.郭安善(1937.12–　),男,浙江诸暨人,高级讲师。1962 年毕业于浙江师范学院数学专业本科。同年 8 月起先后在浦江中学、义乌文教局、义乌上溪中学、义乌吴店中学、义乌中学、金华湖镇中学、让长中学任教。1984 年 10 月调至金华商校任教,1998 年 1 月退休。曾发表《数学直觉思维新探》

《简论发散思维》等论文。1998年1月退休。

104.郭航鸣（1962.7–　）男，浙江金华人，中共党员，硕士研究生，教授，金华市拔尖人才，金华市人民政府兼职督学。详见本章第二节。

105.陶立平（1962.3–　），男，浙江武义人，中共党员，高级讲师。1985年7月毕业于浙江师范大学数学专业本科，同年8月分配至武义二中任教。1996年9月调至金华电大（浙江贸易学校）任教。

106.梁麟祥（1924.9–2008.4），男，浙江黄岩人，大学学历，高级讲师。1946年毕业于国立英士大学。1942年7月起先后在临海县政府、黄岩水利局、上海、安徽、新昌、淳安等地工作。1979年9月调至浙江省金华粮食学校任教，曾任财会教研室主任等职。

107.章福荣（1933.7–　），女，浙江乐清人，中共党员，副教授。1961年毕业于北京师范大学中文专业，获学士学位，同年秋分配至新疆和田地区第二中学任教。1970年起先后在和田地区文教处、新疆电大和田分校（任教务处主任）工作。1988年10月调至浙江电大金华分校（任办公室主任），1993年退休。后在金华市离退休教师协会工作。曾获全国电大先进工作者、和田地区直属机关优秀党员、金华电大先进工作者、离退休教师协会积极分子等荣誉。

108.黄水品（1959.10–　），男，浙江兰溪人，中共党员，高级讲师。1980年2月自浙江商校兽医卫生检验专业毕业起在金华商业技工学校［2012年8月合并更名为金华电大（浙江商贸学校）］任教。1995年8月获浙江师范大学生物教育专业函授本科学历。1995年11月起兼任商校实验厂负责人。主编中职教育规划教材《肉类与水产食品加工技术》（中国轻工业出版社）和职业技能培训丛书《金华火腿》（浙江科学技术出版社），发表《溏心皮蛋无铅新工艺》、《中职食品专业课程模式的创新与实践》等论文20多篇。曾数次被评为校先进工作者。

109.黄　俊（1964.12–　），男，浙江金华人，中共党员，中学高级教师。1982年毕业于浙江师范大学数学教育专业。曾获浙江省旅游教育岗位培训先进个人、金华市名教师、市优秀教育工作者、全国百名教育管理杰出人物等荣誉。详见本章第二节。

110.黄永祥（1963.8–　），男，浙江浦江人，中共党员，副教授。1988年毕业于杭州大学分析化学专业，获理学学士学位，同年秋分配至浙江贸易学校[2012年8月合并更名为金华电大（浙江商贸学校）]任教。发表《服饰类皮革与纤维防霉、防臭剂产品试验分析》《不同晶型铜酞菁制备与X射线衍射测定研究》等论文数篇。曾获省电大奖教金、校优秀党员、校师德先进个人、校优秀班主任等荣誉。

111.黄兴华（1974.1–　），男，浙江金华人，中共党员，高级讲师。1996年8月自杭州大学计算机应用专业毕业起在金华商校[2012年8月合并更名为金华电大（浙江商贸学校）]任教。2002年获浙江师范大学计算机科学技术与应用专业函授本科文凭、学士学位。发表《中职学校的网络安全与管理》《浅议如何提高中职学校计算机基础课的教学效率》等论文数篇。荣获学校"十佳教师"两次，2017年度学校优秀共产党员，曾多次在市中职师生技能比武中获奖。

112.黄华胜（1945.9–　），男，浙江慈溪人，中共党员，大学文化，高级讲师，毕业于北京农机学院（现中国农业大学）农电专业本科。曾在开封师专、开封地区教育局、金华六中、金华市电教馆工作，分别任教师、副科长、校长、支部书记等职。1994年调至金华电大[后合并更名为金华电大（浙江贸易学校）]，2005年10月退休。

113.黄炜倩（1973.1–　），女，浙江浦江人，中共党员，高级讲师。1995年毕业于浙江工商大学会计专业，获学士学位，同年秋分配至浙江贸易学校[2012年8月合并更名为金华电大（浙江商贸学校）]任教。主持省远程教育学会《基于网络环境的会计实践性教学体系的构建与实施》、市教科规《关于在出口企业建立反倾销会计保护机制的探究》等课题3项。曾获市优秀教师、市优秀双师型教师、市"八婺青年先锋”、市中职学校专业负责人、省电大奖教金等荣誉。

114.黄望列(1960.4–)，男，浙江慈溪人，中共党员，高级讲师。1981 年毕业于浙江金华粮食学校会统专业，同年 8 月留校 [2012 年 8 月合并更名为金华电大(浙江商贸学校)]任教。1990 年获安徽财贸学院财务与会计专业函授本科学历，经济学学士学位。主编出版《财会专业教学辅导与习题》(第三分册)、《现代财务会计》等教材，发表论文数篇；曾获市优秀工会积极分子、省电大优秀教育管理工作者、学校先进工作者、校优秀共产党员等荣誉。

115.曹利民(1963.2–)，男，浙江东阳人，中共党员，高级讲师。1985 年毕业于浙江师范大学化学专业，同年 8 月起先后在金华经贸职工中专、浙江贸易学校[2012 年 8 月合并更名为金华电大(浙江商贸学校)]任教。2003 年 7 月获浙师大政教专业函授本科文凭。发表《大众文化对中职德育工作的消极影响及应对》等论文数篇，曾获市教育局优秀党员、省电大系统育人奖等荣誉。现任学校后勤基建处处、行政第三党支部书记。

116.曹春雷(1978.3–)，女，浙江磐安人，高级讲师。2000 年毕业于郑州轻工业学院电机电器及其控制专业，获工学学士学位，同年 8 月起在金华商校[2012 年 8 月合并更名为金华电大(浙江商贸学校)]任教。2011 年 1 月在职获浙江师范大学现代教育技术专业教育硕士学位。2011 年 7 月任理工部副主任。发表《信息技术环境下教学前移+基于问题的学习+教学后续教学模式初探》(获中国职教协会商科委论文二等奖)、《基于 Multisim 的桥式整流电容滤波电路分析》(获省技工院校教学论文二等奖)、《浅谈随机进入教学模式在<电工基础>教学中的应用》(获市课改论文一等奖)等论文 6 篇，完成省级课题一项。曾获市教师 PLC 比赛三等奖、校先进个人等荣誉。

117.盛建荣(1973.11–)，男，浙江金华人，中共党员，本科学历，副教授。1997 年 8 月浙江师范大学物理专业毕业起在浙江贸易学校[2012 年 8 月合并更名为金华电大(浙江商贸学校)]任教。曾获浙江省电大系统优秀教师、浙江电大首届奖教金、浙江省电大系统优秀班主任、金华电大优秀青年教师和优秀班主任等荣誉称号。主要从事远程开放教育和职业教育研究，先后在《中国远程教育》等学术刊物上发表论文 10 余篇，参编教材 1 本，主持完成了浙江省教科规、省职成教、省远教学会、省电大、市教科规等多项研究课题，主持完成了省电大多媒体学习资源建设项目 1 项。曾获浙江省职业教育与成人教育优秀教科研成果评选一等奖、省电大多媒体学习资源评比一等奖、金华市教育教学优秀论文评比二等奖、金华市现代远程教育学会科研成果评比一等奖等。现任学校校企合作与实习就业处处长。

118.傅宾昇(1945.10–)，男，浙江金华人，中共党员，本科学历，高级讲师。1968 年毕业于解放军南京外语学院英语专业。同年 9 月起在西藏林芝 7959 部队、五十二师、一五五团等部队服役。1981 年 3 月转业至金华市总工会职校任教。1992 年 6 月调至金华商校，2005 年 11 月退休。发表《浅谈中专英语对话教学》等论文，曾获市先进教育工作者称号。

119.童巧云(1964.10–)，女，浙江永康人，本科学历，高级讲师。1984 年毕业于浙江农业大学畜牧专业，获农学学士学位，同年 8 月分配至金华商校[2012 年 8 月合并更名为金华电大(浙江商贸学校)]任教。课题《食品专业校企一体，融入市场教学效果的实践与研究》获市政府职教成果一等奖，发表《南瓜酸牛奶生产工艺研究》《关于职业学校女生问题探讨》等论文近十篇。曾获省商业厅优秀班主任，省、市劳动保障厅(局)优秀教师等荣誉。

120.童永通(1976.7–)，男，浙江龙游人，中共党员，高级讲师。1997 年 8 月自杭州电子科技大学应用电子技术专业毕业起在金华商校[2012 年 8 月合并更名为金华电大(浙江商贸学校)]任教，期间在金华蒋堂镇任农村工作指导员 5 个月。2003 年 7 月获浙江师范大学计算机专业函授本科学历。

先后在国家各种学术刊物上发表学术论文10余篇，主持市级课题2项，曾获金华市职业教育成果一等奖1项、二等奖1项。曾获省技工院校优秀教育工作者、市优秀团干、市直优秀党员等荣誉。现任学校国际商务学院院长。

121.谢公毅（1941.3-　），男，浙江绍兴人，中共党员，副教授，正科。1965年毕业于浙江师范学院数学专业本科。同年秋起先后在天台教育局、余姚四清工作队、天台三合中学、永康二中任教。1981年调至金华电大任教，曾任学校教务处主任、市政协委员。2001年4月退休。

122.楼永梁（1956.9-　），男，浙江东阳人，高级讲师，会计师。1980年2月起在金华地区糖烟酒公司工作。1985年6月调至金华商校[2012年8月合并更名为金华电大（浙江商贸学校）]任教。1990年获安徽财贸学院财会专业函授本科学历，学士学位。出版教材《企业财会综合模拟实习》，发表《强化商品成本管理，提高流通企业经济效益》等论文数篇。曾两度获省商业集团公司优秀教师称号。2016年10月退休。

123.楼绍文（1938.5-　），男，浙江东阳人，中共党员，高级讲师。1958年起在金华师范学校任教，历任团委书记、教导主任、办公室主任、工会主席、党支部委员，曾任县团委常委、市教育工会常委。1982年7月调至金华电大工作，先后担任学生处处长、办公室主任、电视中专副校长、党委委员、工会主席等职。1988年获浙江师范大学政教专业函授本科学历。曾多次获学校先进工作者称号。1998年6月退休。

124.蓝小林（1974.8-　），男，畲族，浙江龙游人，中共党员，副教授。1996年毕业于浙江师范大学思政专业，获法学士学位，同年秋分配至金华电大（浙江贸易学校）任教。主持《司法程序欺诈行为研究》等课题两项，发表《记赌博犯罪》等论文多篇。

125.虞元仙（1940.2-2010.6），女，浙江义乌人，高级讲师。1963年毕业于宁波师范学校中文专业。同年9月起在义乌廿三里中学、华溪中学任教。1985年3月调至金华商校任教。

126.鲍世英（1963.5-　），女，浙江义乌人，高级讲师。1985年毕业于浙江师范大学体育教育专业本科，同年秋分配至金华商校[2012年8月合并更名为金华电大（浙江商贸学校）]任教。发表《职高体育教学改革探讨》、《对中专女生体育课学习兴趣的调查与分析》等论文数篇；1986年获市第一届运动会铁饼第一名，1990年获省第九届运动会铁饼第三名；曾获市优秀教师、市优秀共产党员、省商业厅优秀教育工作者等荣誉。

127.廖文书（1945.1-　），男，浙江平阳人，中共党员，高级讲师。1968年12月毕业于中国农大农机专业本科，同年在江西生产建设兵团锻炼。1969年12月起在兵团十一团任教。1985年9月调入浙江粮食学校，曾任党委委员、副校长，2005年1月退休。发表《浅论学校的质量精神、精品意识和精品服务》《大中专课余活动联姻纪实》（获市教育局三等奖）等论文多篇；曾获校优秀党员、校优秀班主任等荣誉。2005年2月退休。

128.戴毅群（1959.11-　），男，安徽芜湖人，中共党员，中学高级讲师。1982年1月毕业于浙江师范学院数学专业，获学士学位，同年起在水电十二工程局中学任教，先后任学校团委书记、教务主任、副校长、校长、党支部委员等职。1995年调任金华八中，先后任副校长、党支部书记等职；1999年7月任金华第一中等职业学校校长、党总支副书记。2007年8月起任金华电大（浙江贸易学校）党委委员、副校长等职。

第二章　教职工名录

第一节　金华广播电视大学教职工名录

方伟中　郑素贞　张兰生　黄华胜　刘　波　戴立婵　周建胜　陈　沔　饶建敏　任兆武
黄云娥　张　玲　吴爱芝　沈晓庆　王国庆　张　恒　姚锡勇　张淑琴　朱　华　龚慧卿
陈怡宏　唐文姣　曾执微　方　青　吕珊珊　吴学东　彭礼安　曹　楠　郑小妹　王津宁
邵德昌　方思英　薛樟宝　赵列韩　刘知林　朱健康　徐玉芳　张颖　蓝小林　李晓阳
方　燕　厉胜宝　胡群英　楼志良　池　蕾　钟鹏程　吕　刚　沈美英　李伟琦　金向阳
王　青　包云翔　曹燕华　邵　玲　徐宏业　盛　倩　周筱谊　李葆华　王秀芬　周彩花
邵德林　陈根生　陈有名　胡捷华　马爱华　吴根良　王亚龙　吴晓明　陈士雷　朱国新
厉秀英　吴雪飞　张　慰　董永荣　李佑国　王冬敏

说明:上述教职工名单截止到 2003 年 1 月

第二节　浙江贸易学校教职工名录

张纯汉　王顺仁　胡　清　陈加达　周曼坚　周小芳　朱雪莉　王耀辉　蒋巧玲　竹　虹
林晓华　李文忠　黄望列　王　鳌　叶　军　李素娥　金雪满　卢　红　贾梅倩　谢素娥
沈向东　陈竹娟　张　越　贾梅芬　楼正寿　徐文良　姚钦云　周培红　陈秀莲　吴芝仙
郑秀峰　沈　晶　王朵朵　陆　群　张玉萍　陈根芳　王　丽　褚春龙　张艳红　郭跃娟
胡菊央　殷山鹰　应月生　尹秀权　杨必乐　张　捷　陈定坤　冯　鸣　王援朝　邵艳荣
王立星　丁建平　郑秋萍　周国中　周永琴　王旭忠　雷新华　王立山　吴耀中　钱美敏
李鹏强　吴黎旦　钱雁华　纪苏梅　胡道芳　王新南　王雪香　黄炜倩　郁　翔　宋寅丰
赵孚健　俞笑春　张岸嫔　李笑银　沈　捷　郭其林　何　静　邹元元　孙　黎　朱小平
余红君　周舒颖　刘文胜　俞一夫　王汝启　沈巧莲　郑燕青　廖文书　金志鸳　刘冬儿
王石瑛　单淑琴　程良英　胡崇兵　杨东辉　吴晓周　包中文　应森林　褚玉斐　熊亚军
盛建荣　赵铭法　胡克俭　杨　炯　郭　莉　万　明　吕金芳　黄永祥　胡启富　陶立平
耿新民　舒美爱　童一萍　冯跃珍　曹利民　汪发生　胡　凌　周伟平　金礼正　毛东高
蒋路平　罗学艺　魏　凛　王慧霞　赵德贝　陈　勋　陈　红　杨晓婷　陈冰寒　单小青
杜　鹃　赵越超　丰旭红　邱　强　陈茂庆　应巧姿　尹乐丰　邓志娴　熊淑瑛　卢伟华
林碧霞　韦务平　金爱芳　金建芬　游顺华　倪淑萍　倪淑菲　章佩芳　郑森良　吴富孝
黄和平　陈振登　王广富　丁增荣　戴欣梅　金秋元　曹彩云　蒋桂莲　陆桂仙　李萍芳
李建生　朱　勋　戴立渊　成晓丽　霍飞飞　许凌鸣　吕林枝

说明:上述教职工名单截止到 2003 年 1 月

第三节　浙江省金华商业学校教职工名录

一、在编教职工名单

黄　俊　陈益伟　张文富　俞一夫　王高坚　钱建忠　胡燮南　卢秀峰　童永通　徐　建
韦　峰　徐学辉　陈　平　曹春雷　朱恒斌　朱印华　朱　艺　王　慧　朱　政　巴晓伟
蔡　晶　陈红香　何　昕　黄　珂　黄水品　黄兴华　刘晓青　楼洪亮　卢　妃　罗跃进
施加根　童巧云　汪荣生　王红华　王宏高　王晟兆　王为正　王一文　徐专红　周　丽
郭玲萍　吕红卫　庄德金　蔡宗祥　陈慧英　方逸帆　刘　杨　楼永梁　卢灵美　吕龙邦
王　进　韦旭源　吴伶俐　吴能棣　谢道宣　张　晶　张国荣　朱公月　祝世富　宋炜杨
鲍世英　郭宏建　韩玉洁　胡卫珍　蒋俊青　李　敏　柳丹辉　邱振东　邵　玲　宋　洁
吴耀芳　叶红霞　叶小君　张丹丹　吴贝佳　何莉莉　吕江红　俞良华　刘苏华　赵千骏
陈禧鸿　刘美红　郑　骏　金雪萍　杨建民　吴莉萍　俞　艳　沈小静　黄哲生　王凤秀
施祖清　苗　勤　梁梦霞　李晓峰　刘雪飞　汪笑飞　项凤燕　江建国　吴建中　王秀丽
王建跃　俞祖明　王学军　王有春　叶桂凤

二、外聘人员名单

俞琴燕　管淑娥　郭闪闪　陈雨茜　尹　燕　刘金木　洪　俊　朱永通　苗　华　陈莉萍

说明：上述人员名单截止到 2012 年 8 月

第四节　金华经贸职工中等专业学校教职工名录

一、在编教职工名单

陈加达　周国中　吴富孝　胡端秀　吕梅秋　邬铁英　雷新华　陈根芳　郭跃娟　曹利民
郁　翔　邱　强　单小青　余红君　龚小苏　盛建荣　周舒颖　王景瑜　王广富　章佩芳
倪淑萍　倪淑菲

二、外聘人员名单

张　勤　吴　端

说明：上述人员名单截止到 1998 年 5 月

第五节　金华广播电视大学(浙江商贸学校)教职工名录

一、在编教职工名单

巴晓伟　鲍世英　蔡　晶　蔡　叶　蔡宗祥　曹春雷　曹利民　曹　楠　曹燕华　陈　斌
陈冰寒　陈　红　陈红香　陈慧英　陈灵娅　陈　沔　陈　平　陈　飒　陈禧鸿　陈　勋
陈怡宏　陈雨茜　陈玉香　成晓丽　褚玉斐　戴立渊　戴毅群　单淑琴　单小青　单　勇
邓志娴　丁　雅　丁珍珍　杜　鹃　杜利俊　方梦霞　方　青　方　蓉　方　燕　丰旭红

冯跃珍 高蓓蓓 高丹丹 高中萍 桂键坚 郭航鸣 郭　莉 郭玲萍 郭跃娟 韩玉洁
韩　钰 何　静 何莉莉 何　昕 洪　宇 胡崇兵 胡克俭 胡　凌 胡启富 胡群英
胡卫珍 胡燮南 黄剑锋 黄　俊 黄　珂 黄丽虹 黄　强 黄水品 黄望列 黄炜倩
黄兴华 黄旭玲 黄永祥 霍飞飞 贾梅倩 江建国 蒋俊青 金程莹秀 金礼正 金向阳
金雪萍 金志鸳 蓝小林 李葆华 李　敏 李　娜 李鹏强 李晓峰 李晓阳 李　忠
厉胜宝 梁梦霞 刘　婷 刘雪飞 刘　杨 刘知林 柳丹辉 楼洪亮 楼志良 卢　妃
卢灵美 卢秀峰 陆书勤 吕　刚 吕红卫 吕江红 吕金芳 吕龙邦 罗学艺 罗跃进
骆丽娟 毛东高 苗　勤 倪淑菲 潘　雯 彭礼安 皮　维 钱建忠 钱美敏 钱雁华
邱　骏 邱　强 邱振东 任兆武 阮婷婷 商　滔 邵德昌 邵　玲 邵艳荣 沈美英
沈巧莲 沈向东 沈晓庆 盛建荣 盛　倩 施加根 施祖清 舒美爱 宋　洁 宋炜杨
宋寅丰 汤　俊 唐文姣 陶立平 童巧云 童一萍 童永通 万　明 汪笑飞 汪正平
王　鳌 王朵朵 王凤秀 王高坚 王国庆 王红华 王　慧 王慧霞 王建跃 王　磊
王立山 王立星 王汝启 王　睿 王晟兆 王石瑛 王为正 王晓凤 王晓伟 王新南
王学军 王雪香 王亚龙 王耀辉 王一文 韦　峰 韦旭源 魏　凛 吴贝佳 吴根良
吴嘉逸 吴建中 吴莉萍 吴黎旦 吴伶俐 吴微庆 吴晓华 吴晓周 吴星星 吴学东
吴耀芳 吴耀中 武　昊 项凤燕 项思倩 肖林炜 肖　蜜 谢道宣 熊淑瑛 熊亚军
徐宏业 徐　建 徐　骏 徐　莉 徐莉亚 徐　楠 徐学辉 薛樟宝 杨必乐 杨东辉
杨浪萍 杨晓婷 姚钦云 姚锡勇 叶红霞 叶　军 叶小君 尹乐丰 应巧姿 应森林
游顺华 游欣良 余红君 余跃琼 俞一夫 俞良华 俞笑春 俞　艳 俞祖明 郁　翔
张岸嫔 张丹丹 张国荣 张　捷 张　晶 张　静 张兰生 张淑琴 张文富 张艳红
章　肖 赵孚健 赵丽军 赵千骏 赵越超 郑　骏 郑立平 郑丽宣 郑森良 郑秀峰
钟　芳 钟鹏程 周晨旭 周　洁 周　丽 周　萍 周舒颖 周伟平 周永琴 周　源
朱公月 朱恒斌 朱健康 朱诗遥 朱小平 朱　艺 朱印华 朱　政 祝世富 庄德金
左川凤 陈嘉萍 施祎锐 吴晓昊 徐　锋 赵宗林 黄　炜 毛佳儿 王云超 杨景翔
张　瑜 周　密 张　浩 王玉艳 姜笑华 周义强 吴　姣 张　文 胡依婷 张徐昕
沈俊杰 张文蒙 祝伟民 王彩芳 汪玲艳 沈立芳 郑晓燕 徐春媛

二、合同制聘用人员名单

项钟云 毛　伟 鲍峰英 吴　端 施苗苗 朱美玉 金晓君 张　莉 刘金木 王绍楠
肖茵芝 麻小龙 关　雪 朱承开 金黄诚 方　璇 傅祝珏 李路路 金观浩 张　雨
周　玥 洪　俊 姜文红 董曼玲 余旭阳 施献华 任祝镇 吴海英 方惠家 洪燕萍

三、外聘教师名单

章旭东 罗　晗 邢　蓉 杜　真 明　迪 孙　超 陶红月 王俊超 赵东方 葛彦鑫
白利杰 周　莹 鲁熠轩 刘　毛 吴秀萍 郑婷婷 徐富南 龚游祥 姚孝凯 徐　放
龚游翔 侯鸿哲 张永壮

四、离退休教职工名单

(一)离休人员

徐家瑾　戴敦廷　顾　瑞　张福隆　曹　伟　钱如秀　俞龙光

（二）退休人员

吴自立　李根松　杨景文　贾樟信　张秉汉　龚顺海　章福荣　赵瑞荣　朱文炳　杨　军
卢梅芳　宋鸾凤　吴樟桂　范彩兰　夏琅寅　徐绮霞　林发梅　郑爱凤　郭安善　周树根
楼绍文　徐超仙　胡维体　王景瑜　金佩珍　沈祖德　应兰芬　徐仁兴　陈春泉　谢公毅
盛廷赞　徐云英　蔡永铭　陈士雷　崔念芹　罗文英　朱国新　沈倪英　胡序芳　许金伙
程立竹　王火江　廖文书　何云初　黄华胜　陈培均　包云翔　陈加达　姜春爱　傅宾升
蒋汝初　徐志仙　王菊香　刘季锦　毛雪华　王广富　吴金康　殷山鹰　张婉如　杨根有
蔡兰英　陈茂庆　楼正寿　胡端秀　汪金林　陈根生　楼根建　吴富孝　胡行书　黄桂芝
陈有名　张淑庆　李育霖　王淑仙　曹洪钱　曾执微　王海妹　王秋华　王顺仁　张纯汉
丁增荣　吴晓明　施志春　高昌生　曹福苏　胡业生　贾爱贞　吕梅秋　耿新民　戴立婵
方新飞　陆　群　胡捷华　王援朝　厉秀英　冯惠民　李素娥　郭其林　龚小苏　陈定坤
沈　晶　邬铁瑛　龚慧卿　王美燕　汪荣生　汪发生　叶艳芬　卢惠华　赵秋林　戴欣梅
金秋元　马爱华　俞利华　曹彩云　方伟中　方思英　林碧霞　钱燕芳　雷新华　周晓红
王津宁　李萍芳　尹秀权　黄云娥　张　玲　杨建民　王秀芬　丁建平　楼永梁　张　恒
叶桂凤　陈根芳　周建胜　王　青　黄哲生　金雪满　吴能棣　朱　华　郭宏建　王宏高
陈益伟　李建生　王有春　方逸帆　冯　鸣　刘苏华　赵列韩　周曼坚　陆桂仙　王旭忠
王　进　徐专红　鲍　兰　周筱谊　董永荣　郑素贞　谢素娥　陈晓明　陈竹娟　王　丽
郑燕青　唐爱英　周彩花　赵德贝　周小芳　陈秀莲　王秀丽　贾梅芬　张　越　张玉萍
周培红　竹　虹　章佩芳　胡菊央　李伟琦　刘美红　饶建敏　刘冬儿　金爱芳　蒋巧玲
卢　红　沈小静　倪淑萍　刘晓青　程良英　池　蕾　纪苏梅　应月生　吕珊珊　朱雪莉
林晓华　郑小妹　王奇睿　韦务平　蒋桂莲　金建芬　吴爱芝　吴芝仙　郑秋萍　李安民
俞　艳　郭跃娟　徐文良　邱　强

说明：上述人员名单截止到 2018 年 12 月底

第六节　曾在学校工作过的人员名录

吴昌夫　钱柏林　龚明善　冯拾松　陈智荣　汪友竹　王彩云　朱汝韩　刘金海　何　桐
何理坚　陈天堂　金德良　范家进　曹　熙　路　红　谢道庭　王雪瑛　宋　雅　曾建华
应海广　赵光贤　王一薇　章建玲　严碧琴　邵惠芳　周朝霞　郭　玕　陈启云　马跃芳
杨大忠　冯　波　汪志明　祝德辉　刘文静　孙　皎　蔡新华　谢月昆　杨春华　李翅展
严云华　朱松萌　王德明　朱良琪　胡著法　李水龙　潘海深　王　震　章旭平　林祖建
王永明　丁生旺　庞孝菽　陈樟星　毛应芳　张大洲　翁本忠　方照金　骆朱宝　章寿眉
刘启乾　廖　寅　陈增加　何联平　王公昊　郭明皓　陈玉明　刘亚萍　黄亚芳　楼向民
章彩云　包玉林　寿鲁刚　陈宝仙　金良秀　王荣铨　余宝成　林前福　赵爱英　葛向华
秦伟民　李忠伟　嵇路亮　江　菱　孙素珍　郭召军　陈　燕　崔　蓉　杨振农　余耀和
童　硌　吴怀川　蒋　夏　沈　逵　冯林祥　韦肖鸿　邵军霞　郭能飞　周象君　庄兴根
金晓月　谈　琳　伍峥嵘　朱美芳　徐春洲　徐王冠　童珊双　吴彩萍　廖志林　林　鸿

胡锦全	屠红卫	林 云	李笑银	葛红瑛	王水嫩	包中文	赵铭法	杨 炯	周 丽
邹 冰	俞继雄	胡 清	周国中	王冬敏	张 颖	杨炜华	刘光英	叶 芬	邹元元
朱 勋	沈 捷	刘文胜	彭春燕	嵇成刚	许凌鸣	陈 捷	张荣清	方如郎	高跃跟
邵国忠	唐梓桑	朱维正	邵文进	郑继清	陈运化	濮建忠	许建逸	信 真	卢中欣
徐月仙	侯高潮	孙明泉	成丸兰	于金灶	宋建华	蒋荷荆	王建平	孙 亮	祝 梅
贾新其	徐跟达	徐秀玲	丁丰局	吴惠春	芮文学	陈卫国	蒋晓燕	黄益良	王翠英
张加龙	杨少军	孔献华	吴诚棋	王巧娟	徐源来	徐旭霞	程春娇	陈日友	章晓伟
顾向军	周金华	程学东	李发新	潘经天	朱铮铮	邵海华	俞校明	楼洪峰	虞笑慧
朱霄鹏	丁立纯	方贤军	刘 芳	黄亚芳	刘娅萍	胡胜洪	孟红英	楼向明	汪 波
商英俊	王丽霞	黄梓桢	林 艳	庄曼丽	沈春佳	吕林枝	朱鸯鸯	陈 晨	刘 波
徐小勇	徐海红	黄和平	胡吉省	黄宏伟	斯亚民	董新稳	徐玉芳		

说明:上述人员名单截止到2018年12月底

第七节 已故人员名录

洪其伟	虞瑞元	鲁兴隆	韩书简	刘墨川	周 浓	马彩范	董 凌	张 昭	姜 刚
祝如坤	石立基	王力生	李德昌	汪 洋	王萃镛	徐根洪	高香斋	胡道芳	梁麟祥
何宜孙	苏静霞	刘维清	王顺辛	蒋路平	邹士芬	杨如顺	臧惠华	宋宗谦	华 坤
虞元仙	章剑影	叶乃含	吴广义	何依铭	苏静霞	武道明	邵德林	李飞霞	侯雪江
巫箕魁	斯大楚	蒋汝芬	陈怀瑾	虞逸泉	张如茆				

说明:上述人员名单截止到2018年12月底

第三章　荣誉

第一节　集体荣誉

一、金华广播电视大学(1979–2003)时期

表 3–3–1　　1979–2003 年学校所获荣誉一览表

获奖年月	荣誉名称	授奖部门
1991.4	先进职工之家	金华市总工会
1999.12	1999 年社会治安综合治理先进集体	金华市教育局
2000.1	1999 年度单科教育先进单位、计算机文字录入员双证教育先进单位	浙江广播电视大学

二、浙江贸易学校(1978–2003)时期

表 3–3–2　　1978–2003 年学校所获荣誉一览表

获奖年月	荣誉名称	授奖部门
1981.4	华东、华北两大区粮校珠算竞赛团体冠军	浙江省珠算协会
1984.4	金华地区系统第二次珠算比赛团体冠军	金华市财办
1984.11	金华市教工排球锦标赛第一名	金华市教委
1985.1	1984 年浙江省粮食系统先进单位	浙江省粮食局
1985.4	1979~1985 年珠算活动先进集体	浙江省珠算协会
1986.12	金华市教工排球比赛中技组第一名	金华市教育工会
1987.12	金华市职工“金棉杯”排球赛冠军	金华市总工会
1988.6	浙江省第九届珠算比赛团体第三名	浙江省珠算协会
1989.1	1987~1988 年度“先进职工之家”称号	金华市总工会
1989.6	浙江省第十届珠算技术比赛中专学生组第一名	浙江省珠算协会
1989.7	全国学生珠算通信赛加、减、乘第一名	浙江省珠算协会
1990.6	浙江省第十一届珠算比赛团体冠军	浙江省珠算协会
1991.5	浙江省第十二届珠算比赛团体第一名	浙江省珠算协会
1991.5	金华市直学校“五四”青年教师文艺汇演一等奖	金华市教委

续表

获奖年月	荣誉名称	授奖部门
1991.6	浙江省粮食系统首届文艺调演演出一等奖	浙江省粮食局
1992.9	浙江省绿化先进单位	浙江省绿化办
1993.7	省部级重点中等专业学校	浙江省计经委
1993.12	金华市校园治安安全单位	金华市公安局
1994.11	国家内贸部系统重点中专学校	国内贸易部
1995.12	创建卫生城市先进单位	金华市创建办
1996.5	花园式单位	金华市创建办
1996.10	文明达标单位	金华市文明委
1997.2	1996年度治安安全单位	金华市综治委
1997.5	金华市文明单位	中共金华市委
1997.7	浙江省卫生先进单位	浙江爱卫会
1997.9	《国家体育锻炼标准》先进学校	金华市体委
1998.11	1997年金华市先进团组织	共青团金华市委
1998.11	市中专学校教职工混合排球赛冠军	金华市教委
1998.12	军警民共建活动先进单位	金华市创建办
1999.1	1998年度市先进团组织	共青团金华市委
1999.2	1997~1998年度市先进党组织	金华市机关工委
1999.2	1998年度省级治安安全单位	浙江省公安厅
1999.10	浙江省文明单位	中共浙江省委
2000.3	浙江省体育达标先进学校	浙江省教委
2000.5	第二批国家级重点中等职业学校	教育部职成司
2000.12	国家级重点中等专业学校	教育部
2001.2	2000年度金华市先进团组织	共青团金华市委
2002.8	2001年度金华市军警民共建活动先进单位	金华市创建办
2003.1	金华市教育系统先进职工之家	金华市教育工会
2003.1	2002年度金华市级先进团组织	共青团金华市委
2003.2	金华市创建文明城市先进集体	金华市委市政府
2003.4	2002年度关心下一代工作先进单位	金华市教育局关工委
2003.7	2002年金华市校园治安综合治理先进单位	金华市教育局

三、浙江省金华商业学校(1978–2012 时期

表 3–3–3　　1978–2012 年学校所获荣誉一览表

获奖年月	荣誉名称	授奖部门
1998.12	金华市军(警)民共建活动先进单位	金华市双拥领导小组、金华市创建文明城市办公室
1998.12	平安校园	金华市教育局、金华市社会治安综合治理委员会办公室
1998.12	浙江省合格中等专业学校	浙江省教育委员会、浙江省计划经济委员会
1998.12	绿化达标单位	金华市人民政府
1998.12	青年文明号	共青团金华市委、金华市教育局
1998.12	金华市文明单位	中共金华市委、金华市人民政府
1998.12	全国教育科学规划“十五”立项课题项目学校	《“情境—达标”式教学模式研究与实验》课题组
2000.4	市机关事业单位党支部与困难职工结对帮困工作先进党支部	中共金华市委组织部、金华市直机关工委、金华市总工会
2003.12	金华市教育收费规范单位	金华市教育局
2003.12	合格退离休教工之家	金华市教育局
2004	“十五”科研规划课题《学校管理机制实证研究》实验学校(2004–2006)	中国教育学会教育机制研究分会
2004.1	2003 年度五四红旗团委	共青团金华市委
2004.2	金华市关心下一代工作先进集体	金华市关工委
2004.3	省一级重点中等职业学校	浙江省教育厅
2004.3	再就业培训基地	浙江省劳动和社会保障厅
2004.4	金华市教育局“商校杯”庆“五·一”老年乐游园活动贡献奖	金华市教育局
2005.1	2004 年度青年志愿者服务先进集体	共青团金华市委、金华市青年志愿者协会
2005.2	离退休管理工作先进集体	金华市教育局
2006.12	金华市群体师德创优	金华市教育局、金华市教育工会
2008	中国教育学会十一五重点课题《学校心理健康教育研究》实验基地学校(2008–2011)	中国教育学会
2008.10	中国西部教育顾问单位	中国高等教育学会、中国职业技术教育学会等
2008.12	金华市“全民健身与奥运同行·全国亿万老年人健步走向北京奥运会”活动先进单位	金华市老年人体育协会
2009.4	金华市中小学生校本培训示范学校	金华市教育局
2009.5	全国职业教育管理创新学校	中国教育学会教育管理分会

续表

获奖年月	荣誉名称	授奖部门
2010.7	国家职业核心能力项目试点单位(201007-201207)	国家职业核心能力培训认证推广中心
2010.10	浙江省技工院校品牌专业(市场营销)	浙江省人力资源和社会保障厅、浙江省财政厅
2011	全国青少年道德培养实验基地(2011-2013)	中国关心下一代工作委员会教育发展中心
2011.5	技工人才输送基地	浙江省人力资源和社会保障厅
2012.4	金华市思想政治工作先进单位	金华市委宣传部、市政研会

四、金华广播电视大学(浙江贸易学校)时期

表 3-3-4　　2003-2011 年学校所获荣誉一览表

省级:

获奖年月	荣誉名称	获奖单位	授奖部门
2004.5	庆祝建校二十五周年文艺汇演三等奖	金华广播电视大学(浙江贸易学校)	浙江广播电视大学
2005.12	2004—2005 年度教育科研先进单位	金华广播电视大学(浙江贸易学校)	浙江省现代远程教育学会
2005.12	浙江广播电视大学学生思想政治工作先进单位	金华广播电视大学(浙江贸易学校)	中共浙江广播电视大学委员会、浙江广播电视大学
2006.6	浙江省第十三届运动会武术木兰拳(剑、扇)表演大会集体木兰单扇三等奖	金华广播电视大学(浙江贸易学校)	浙江省第十三届运动会组委会
2006.6	浙江省第十三届运动会武术木兰拳(剑、扇)表演大会集体木兰单剑二等奖	金华广播电视大学(浙江贸易学校)	浙江省第十三届运动会组委会
2006.8	浙江省第十三届运动会武术木兰拳(剑、扇)总团体第三名	金华广播电视大学(浙江贸易学校)	浙江省第十三届运动会组委会
2006.9	全省电大第三次文艺演出暨校园歌手大赛组织奖	金华广播电视大学(浙江贸易学校)	浙江广播电视大学
2006.12	第一届学会工作先进集体	金华广播电视大学(浙江贸易学校)	浙江省教育会计学会电大分会
2006.12	2006 年先进集体	浙江贸易学校	浙江省成人教育与职业教育协会
2007.10	2007 全省电大乒乓球比赛道德风尚奖	金华广播电视大学(浙江贸易学校)	浙江广播电视大学
2007.12	2006-2007 年全省电大学生思想政治教育工作先进集体	金华广播电视大学(浙江贸易学校)	浙江广播电视大学
2010.3	浙江省现代远程教育科学研究先进单位	金华广播电视大学(浙江贸易学校)	浙江省现代远程教育学会

续表

获奖年月	荣誉名称	获奖单位	授奖部门
2011.5	全省电大系统纪念中国共产党成立90周年文艺汇演三等奖	金华广播电视大学（浙江贸易学校）	浙江广播电视大学
2011.5	全省电大系统纪念中国共产党成立90周年文艺汇演一等奖	金华广播电视大学（浙江贸易学校）	浙江广播电视大学
2011.6	浙江省“五好”离退休干部党支部	金华广播电视大学（浙江贸易学校）	中共浙江省委老干部局
2011.10	2008—2012年度科学研究先进单位	金华广播电视大学（浙江贸易学校）	浙江广播电视大学
2011.12	2010—2011年全省电大学生思想政治教育工作	金华广播电视大学（浙江贸易学校）	浙江广播电视大学
2011.12	奥鹏远程教育2011年秋季组织招生工作一等奖	浙江金华奥鹏学习中心	浙江广播电视大学奥鹏远程教育管理中心

市级：

年月	荣誉名称	授奖部门
2003.1	金华市教育系统先进职工之家	金华市教育工会
2003.1	2002年度先进团组织	共青团金华市委、金华市教育局
2003.2	金华市创建文明城市先进集体	金华市委市政府
2003.4	2002年度关心下一代工作先进单位	金华市教育局关工委
2003.7	2002年金华市校园治安综合治理先进单位	金华市教育局
2003.10	金华市教育局第三届(电大杯)老年趣味运动会贡献奖	金华市教育局
2003.12	合格退离休教工之家	金华市教育局
2004.4	2003年度金华市思想政治工作优秀单位	金华市委宣传部、金华市委组织部
2004.4	“商校杯”庆五一老年乐游园活动组织奖	金华市教育局
2004.12	2004年度先进基层党组织	金华市教育局党委
2005.6	金华市大中专院校永康职业技术学校杯篮球赛体育道德风尚奖	金华市教育局、金华市文体局
2005.7	2004年校园治安综合治理先进单位	金华市教育局
2005.9	金华市区高中新说军训内务整理男子组比赛一等奖	金华市教育局
2005.9	金华市区高中新生军训内务整理比赛团体总评二等奖	金华市教育局
2005.10	金东区治安保卫重点单位	金东区人民政府
2005.12	2005年金华市优秀学生社团	共青团金华市委、金华市教育局
2006.1	2005社会科学普及活动先进单位	金华市委宣传部、市社科联
2006.2	金华市教育系统关心下一代工作先进集体	金华市教育局关工委

续表

年月	荣誉名称	授奖部门
2006.5	“一职校”杯老年乐游园活动组织奖	金华市教育局
2006.9	2006年度金华市电子商务协会会员单位	金华市电子商务协会
2006.12	学习型党组织	中共金华市教育局委员会
2007.1	金华市2006社会科学普及周活动先进单位	金华市委宣传部、 金华市社会科学联合会
2007.3	金华市“创建学习型组织 争做知识型职工”活动先进班组	金华市“创争”活动领导小组
2007.3	2006年度社区共建先进单位	金华市发展和改革委员会、 金东区东关社区共建委
2007.9	金华市直属学校高一新生(内务整理)竞赛精神文明奖	金华市教育局
2007.12	金华市大中专院校首届教工乒乓球赛男子团体第一名	金华市教育局、金华市体育局
2008.1	金华市教育局直属学校2006-2007年度关心下一代工作先进集体	金华市教育局
2008.1	情系残疾人 关爱残疾人	金华市金东区残疾人联合会、 金东区东孝街道金东村委会
2008.3	2007年度社会共建先进单位	金华市发展和改革委员会、 金东区东关社区共建委
2008.3	先进职工之家	金华市委组织部、 金华市总工会
2008.6	金华市中等职业学校先进专业组(会计)	金华市教育局教研室
2008.11	金华市第六届中职学校师生技能比武县(市、区)代表队团体总分第五名	金华市教育局
2008.11	金华市第六届中职学校师生技能比武学校团体二等奖	金华市教育局
2008.12	金华市绿化先进单位	金华市建设局
2009.1	金华市2008社会科学普及周活动先进单位	中共金华市委宣传部、 金华市社会科学联合会
2009.2	社区共建先进单位	金华市发展和改革委员会、 金东区东关社区共建委
2009.12	金华市绿化先进单位	金华市建设局
2010.3	社区共建先进单位	金华市发展和改革委员会、 金东区东关社区共建委
2010.4	金华市大中专院校第三届教工乒乓球比赛（男子团体）第六名	金华市大中专院校体育卫生协会
2010.6	金华市教育局直属单位“电大杯”迎“七一”老同志游园活动贡献奖	金华市教育局
2010.12	金华市绿化先进单位	金华市建设局
2011.1	2010年度金华市社会治安综合治理工作	中共金华市委、 金华市人民政府
2011.1	2010年度市直机关党建工作品牌(红色成长实践场景)	中共金华市直机关工作委员会

续表

年月	荣誉名称	授奖部门
2011.2	金华市2010年社会科学普及周活动先进单位	中共金华市委宣传部、金华市社会科学联合会
2011.3	退教工作先进集体	金华市退离休教育工作者协会
2011.3	离退休服务管理工作先进集体	金华市教育局
2011.6	2009–2010年度先进基层党组织	中共金华市教育局委员会
2011.12	金华市绿化先进单位	金华市建设局
2011.12	广厦职业教育集团成员单位	广厦职业教育集团

五、金华广播电视大学(浙江商贸学校)时期

表3-3-5　　2012–2018年学校所获荣誉一览

国家级:

年月	荣誉名称	获奖单位	授奖部门
2014.3	中国商业企业管理协会2013年度先进单位	金华广播电视大学(浙江商贸学校)	中国商业企业管理协会教育委员会
2014.7	中国职业教育协会会员	金华广播电视大学(浙江商贸学校)	中国职业教育协会
2015.12	2015年度论文评审优秀组织奖	金华广播电视大学(浙江商贸学校)	中国职业技术教育学会商科专业委员会
2015.12	奥鹏教育2015年度支持服务特别奖	金华广播电视大学(浙江商贸学校)	中央广播电视大学奥鹏远程教育中心
2015.12	第五届全国国际贸易职业能力竞赛综合技能一等奖(学生)	金华广播电视大学(浙江商贸学校)	中国对外贸易经济合作企业协会、中国职业技术教育学会商科委员会
2017.4	2016年全民终身学习活动周成功组织奖	金华社区大学	中国成人教育协会
2017.9	第二十届全国青少年“五好小公民”主题教育活动示范学校	金华广播电视大学	教育部关工委全国青少年主题教育活动组委会
2017.11	商科委员会2017年度论文评审优秀组织奖	金华广播电视大学(浙江商贸学校)	中国职业技术教育学会商科专业委员会
2017.11	中国技能大赛中式烹调项目团体银奖(毛佳儿参加)	浙江省代表队	全国餐厅及餐厅服务职业技能竞赛组委会
2017.11	奥鹏现代远程教育公共服务体系2017年度“一路一起”贡献奖	金华奥鹏远程中心	中央电大奥鹏远程教育中心
2018.11	第二十一届全国青少年“五好小公民”主题教育活动示范学校	金华广播电视大学(浙江商贸学校)	教育部关心下一代工作委员会

省级：

年月	荣誉名称	获奖单位	授奖部门
2012.1	2012 年全省电大乒乓球比赛团体第七名	金华广播电视大学(浙江商贸学校)	浙江广播电视大学
2012.3	2010–2011 年度全省电大系统先进办学单位	金华广播电视大学(浙江商贸学校)	浙江广播电视大学
2012.4	年全省电大系统新闻宣传信息工作先进集体	金华广播电视大学(浙江商贸学校)	浙江广播电视大学
2012.10	浙江省一级中等职业学校	浙江商贸学校	浙江省教育厅
2013.1	省级骨干专业(国际商务)	金华广播电视大学(浙江商贸学校)	浙江省教育厅、省财政厅
2013.12	2012–2013 年全省学生思想政治教育工作先进单位	金华广播电视大学(浙江商贸学校)	浙江广播电视大学
2013.12	雅安地震捐赠单位	浙江商贸学校	四川省慈善总会
2014.4	2013 年全省电大系统新闻宣传信息工作先进集体	金华广播电视大学(浙江商贸学校)	浙江广播电视大学
2014.11	2014 年全省电大羽毛球混合团体赛优秀组织奖	金华广播电视大学(浙江商贸学校)	浙江广播电视大学
2015.4	2014 年度全省电大系统新闻宣传信息工作先进集体	金华广播电视大学(浙江商贸学校)	浙江广播电视大学
2015.9	2014 年度全省电大财务工作先进单位	浙江商贸学校	浙江广播电视大学
2015.11	全省电大系统学生思想政治工作先进单位	金华广播电视大学(浙江商贸学校)	浙江省广播电视大学党委
2015.11	全省技工院校品牌专业建设(烹饪)	金华广播电视大学(浙江商贸学校)	浙江省人社厅 省财政厅
2015.12	浙江奥鹏 2015 年秋季招生组织工作先进单位	金华广播电视大学(浙江商贸学校)	浙江广播电视大学奥鹏远程教育管理中心
2015.12	大中专暑期社会实践优秀团队(8890 便民服务队)	金华广播电视大学(浙江商贸学校)	浙江省学生联合会
2015.12	全省电大系统第二届管理工作创新奖二等奖(农民大学生培养项目)	金华广播电视大学(浙江商贸学校)	浙江广播电视大学
2015.12	全省电大系统第二批校园文化品牌(和合文化)	浙江商贸学校	浙江广播电视大学
2015.12	浙江省现代远程教育学会科研先进单位	金华广播电视大学(浙江商贸学校)	浙江省现代远程教育学会
2016.5	全省电大系统 2015 年度新闻宣传工作先进集体	金华广播电视大学(浙江商贸学校)	浙江广播电视大学
2016.5	全省电大 2015 年度招生工作先进单位	金华广播电视大学	浙江广播电视大学
2016.5	浙江省中职教育改革发展示范学校优秀等级	浙江商贸学校	浙江省教育厅
2016.7	金华市老年开放大学	金华广播电视大学	浙江老年开放大学

续表

年月	荣誉名称	获奖单位	授奖部门
2016.7	现代学徒制试点单位	浙江商贸学校	省国资委办公室
2016.12	新闻宣传工作先进集体	金华广播电视大学	浙江广播电视大学
2017.3	2016年中职教育质量提升行动计划(品牌专业)	国际商务	浙江省教育厅
2017.3	2016年中职教育质量提升行动计划(特色专业)	中餐烹饪	浙江省教育厅
2017.3	2016年中职教育质量提升行动计划(职教名师)	应森林电子商务名师工作室	浙江省教育厅
2017.3	2016年中职教育质量提升行动计划(企业大师)	何湘娟会计专业大师工作室	浙江省教育厅
2017.5	浙江省无偿献血促进奖单位	学校	浙江省卫计委、省红十字会
2017.5	全省电大2016年度招生工作先进单位	金华广播电视大学	浙江广播电视大学
2017.5	2016–2017全省电大系统思想政治工作先进单位	金华广播电视大学	浙江广播电视大学
2017.9	浙江省青春健康知识竞赛第一名	金华广播电视大学	省卫计委药具管理中心、市计生协、市妇幼保健院等
2017.9	2016年度全省电大财务工作先进单位	金华广播电视大学	浙江广播电视大学
2017.11	2017年反邪教暑期社会实践活动三等奖	金华电大反邪教实践队	省高校思政研究会、省学生会、省反邪教协会
2017.11	创新创业示范工作室(食育文化传承工坊)	金华商业技工学校	浙江省职业技能教学研究所
2018.1	浙江省“中等职业教育质量提升行动计划”(浙江省中职名校项目、校企合作共同体项目、创新创业实验室项目	浙江商贸学校(金华商业技工学校)	浙江省教育厅
2018.4	省第十二届电子商务大赛团体赛二等奖	金华广播电视大学	浙江省经信委
2018.5	2015–2017年度科学研究先进单位	金华广播电视大学	浙江广播电视大学
2018.10	创新创业教育实验室联盟副理事长单位	浙江商贸学校	浙江省教育厅职成教教研室
2018.10	2018年高校反邪教暑期社会实践团队三等奖	金华广播电视大学	浙江省反邪教协会
2018.11	省中职创新创业教育实验室联盟副理事长单位	浙江商贸学校	浙江省中职创新创业教育实验室联盟
2018.11	2017–2018年度学会工作先进集体	金华广播电视大学	浙江省教育学会电大分会
2018.11	2018年度奥鹏教育招生组织工作先进单位	奥鹏学习中心	浙江广播电视大学
2018.11	全省电大教务工作先进集体	金华电大开放远程学院	浙江广播电视大学
2018.12	浙江职教集团“一带一路”国际应用型人才培养协作联盟副理事长单位	金华广播电视大学	浙江省职业教育集团

市级：

年月	荣誉名称	获奖单位	授奖部门
2012.1	金华市2011社会科学普及周活动先进单位	金华广播电视大学(浙江商贸学校)	中共金华市委宣传部、金华市社会科学联合会
2012.2	2011年度金华市中小学幼儿园安全工作目标考核优秀单位	金华广播电视大学(浙江商贸学校)	金华市教育局
2012.3	金华市老干部工作先进集体	金华广播电视大学(浙江商贸学校)	中共金华市委组织部、老干部局
2013.12	中高职衔接合作办学先进集体	浙江商贸学校	湖州职业技术学院
2013.12	2012–2013年度金华市关心下一代工作先进集体	金华广播电视大学(浙江商贸学校)	金华市关心下一代工作委员会
2014.1	市级治安先进单位	金华广播电视大学(浙江商贸学校)	金华市公安局、市社会管理综合治理办公室
2014.1	金华市直机关学习型党组织	金华广播电视大学(浙江商贸学校)	中共金华市直属机关工作委员会
2014.9	全国五好小公民主题教育活动金华市级先进集体	金华广播电视大学(浙江商贸学校)	金华市教育局关心下一代工作委员会
2014.12	金华市直学校教职工乒乓球比赛男子团体第三名	金华广播电视大学(浙江商贸学校)	金华市教育工会
2015.3	2014年度金华市校园安全工作考核优秀单位	金华广播电视大学(浙江商贸学校)	金华市教育局
2015.3	2013–2014年度先进基层党组织	学工党支部	金华市教育局党委
2015.3	2014年度教育局直属单位考核	金华广播电视大学(浙江商贸学校)	金华市教育局
2015.4	金华市绿化先进单位	金华广播电视大学(浙江商贸学校)	金华市住房和城乡建设局
2015.5	无偿献血先进单位	金华广播电视大学(浙江商贸学校)	金华市献血领导小组
2015.11	金华市“信义金华”大学生演讲比赛组织奖	金华广播电视大学(浙江商贸学校)	市委宣传部、市社科联
2015.11	金华市直学校教职工气排球比赛二等奖(女子组)	金华广播电视大学(浙江商贸学校)	金华市教育工会
2015.11	金华市直学校教职工气排球比赛三等奖(男子组)	金华广播电视大学(浙江商贸学校)	金华市教育工会
2015.12	“青春红丝带，健康进校园”大学生艾滋病防治知识竞赛三等奖	金华广播电视大学(浙江商贸学校)	金华市卫生和计划生育委员会、市教育局
2016.1	5A级平安校园	金华广播电视大学	金华市教育局
2016.1	2015年度教育信息宣传工作先进集体	金华广播电视大学	金华市教育局
2016.1	2015年度市直机关党建优秀品牌(红色成长实践场景)	财经学院党支部	金华市直机关工委
2016.1	2015年度市直机关共产党员示范岗	学校招生中心	金华市直机关工委
2016.1	机关党建示范点	金华广播电视大学党委	金华市直机关工委

续表

年月	荣誉名称	获奖单位	授奖部门
2016.1	2015 金华市教育信息宣传先进集体	金华广播电视大学	金华市教育局
2016.2	2015 年金华市大中学生志愿者优秀团队	电大 8890 便民服务实践	金华团市委、教育局、市学联
2016.3	2015 年度市级治安安全单位	金华广播电视大学	金华市公安局、市综治办
2016.3	2015 年度金华市优秀志愿服务项目	团委	金华团市委、金华市志愿者协会
2016.5	金华市第三批非物质文化遗产传承教学基地(传统糕点制作技艺)	浙江商贸学校	金华市文广局、市教育局
2016.8	金华市教育系统“六五”普法教育先进学校	金华广播电视大学	金华市教育局
2016.9	全国青少年“五好小公民”主题教育活动先进集体	金华广播电视大学	金华市教育局关工委
2016.12	学助伴我行 荣获市直属学校组优秀组织奖	浙江商贸学校	金华市教育局学生资助管理中心
2016.12	5A 级平安校园	金华广播电视大学(浙江商贸学校)	金华市教育局
2016.12	模范教工之家	金华广播电视大学	金华市教育工会
2016.12	省电大开放教育微信宣传创意大赛最佳人气奖	金华广播电视大学	浙江省电大学生处
2017.1	“一对一”精准育人工程获 2016 年度市直机关党建工作“工作品牌”	行政党支部	金华市直机关工委
2017.1	共学共创讲堂获 2016 年度市直机关党建工作“工作品牌”	国际商务学院支部	金华市直机关工委
2017.1	红色成长实践场景获 2016 年度市直机关党建工作“知名品牌”	财经管理学院支部	金华市直机关工委
2017.1	2016 年度等级平安校园建设 5A 平安校园	金华广播电视大学(浙江商贸学校)	金华市教育局
2017.3	五星基层党组织	金华广播电视大学(浙江商贸学校)	中共金华市委组织部
2017.4	2016 年度先进团组织	金华广播电视大学(浙江商贸学校)	共青团金华市委
2017.4	金华市文明单位(复评通过)	金华广播电视大学(浙江商贸学校)	金华市精神文明建设委员会
2017.5	金华市大中专院校第七届学生男子篮球赛(中专组)第二名	浙江商贸学校	金华市教育局
2017.9	2016 年度志愿服务优秀集体	金华广播电视大学(浙江商贸学校)	共青团金华市委
2018.1	2017 年度餐饮服务食品安全监督量化分级管理 A 级单位	学校食堂	金华市市场监督管理局
2018.1	2017 年度市直机关党建工作品牌(凝心聚力 和美家园)	城市服务学院党支部	金华市直属机关工委

续表

年月	荣誉名称	获奖单位	授奖部门
2018.1	2017年度反映社情民意信息工作先进集体二等奖	民盟金华电大支部	民盟金华市委
2018.3	全市组织参加2017年全国青少年禁毒知识竞赛成绩突出学校	金华广播电视大学(浙江商贸学校)	金华市禁毒委员会办公室、金华市教育局
2018.11	浙江广厦职业教育集团副理事长单位	浙江商贸学校	浙江广厦职业教育集团
2018.11	弘扬和践行新时代金华精神 大学生主题演讲比赛组织奖	金华广播电视大学	金华市教育工会
2018.11	市直教职工气排球比赛女子组一等奖	金华广播电视大学(浙江商贸学校)	金华市教育工会
2018.11	市直教职工气排球比赛男子组一等奖	金华广播电视大学(浙江商贸学校)	金华市教育工会
2018.11	2018年度市科协星级学会(四星级)	金华电大科协	金华市科学技术协会

第二节 教职工荣誉

表3-3-6　　2003-2018年教师获市级以上荣誉一览表

获奖时间	姓名	荣誉称号	授奖部门
2003	郁　翔	金华市教坛新秀	金华市教育局
	郑秀峰	2002年度市级优秀团干	共青团金华市委
	胡业生	校园治安综合治理先进工作者	金华市教育局
	李　敏	金华市技工学校优秀教师	金华市劳动和社会保障局
	张国荣	全国千名优秀社会体育指导员	国家体育总局
	金雪萍	金华市优秀团干部	共青团金华市委
2004	韦旭源	金华市教育系统“事业家庭兼顾型”先进个人	金华市总工会
2005	王高坚	优秀共产党员	中共金华市教育局委员会
	刘知林	浙江省电大系统优秀教师	浙江广播电视大学
	刘知林	金华市属高校首批重点学科——会计学学科负责人与学术带头人	金华市教育局、科技局、财政局
	陈红香	全国商业优秀教师	中国商业联合会
	黄　俊	金华市教育科研先进工作者	金华市教育局
	胡业生	校园治安综合治理先进工作者	金华市教育局
	张文富	全国商业优秀工作者	中国商业联合会
	陈红香	浙江省春蚕奖	浙江省人民教育基金会
	金向阳	全省电大系统优秀教师	浙江广播电视大学
2006	徐　骏	浙江省职业教育先进个人	浙江省人民政府

续表

获奖时间	姓名	荣誉称号	授奖部门
2006	徐学辉	金华市技工学校优秀教师	金华市劳动和社会保障局
	鲍世英	金华市优秀工会工作者	金华市委组织部、市总工会
	卢灵美	金华市技工学校优秀班主任	金华市劳动和社会保障局
	王红华	金华市技工学校优秀教师	金华市劳动和社会保障局
2007	王雪香	优秀共产党员	中共金华市教育局委员会
	童永通	优秀教育工作者	金华市劳动和社会保障局
	黄　俊	优秀教育工作者	金华市劳动和社会保障局
	王　慧	金华市技工学校优秀教师	金华市劳动和社会保障局
	童巧云	全省技工院校优秀教师	浙江省劳动和社会保障厅
	韦旭源	非税资金管理先进个人	金华市财税局
2008	应巧姿	优秀共产党员	中共金华市教育局委员会
	徐　建	金华市学校体育工作先进个人	金华市教育局
	王　慧	教研之星	浙江省职业技能教学研究所
	刘知林	浙江省电大系统第二届优秀教师	浙江广播电视大学
	盛建荣	全省电大系统优秀教师	浙江广播电视大学
	卢　妃	优秀班主任	金华市教育局
2009	王高坚	技工院校市级优秀教育工作者	金华市劳动和社会保障局
	王　慧	优秀“双师型”教师	金华市教育局
	郁　翔	全省电大系统“育人奖”	浙江广播电视大学
	黄炜倩	优秀“双师型”教师	金华市教育局
	王　鳌	图书馆工作先进个人	中央广播电视大学
	徐　建	技工院校德育先进工作者	浙江省人社厅
2010	王立山	开放教育优秀班主任	浙江广播电视大学
	朱　艺	金华市优秀团干部	共青团金华市委
	王　慧	金华市中等职业学校专业带头人	金华市教育局
	王雪香	优秀辅导员	浙江广播电视大学
	黄炜倩	金华市中等职业学校会计专业带头人	金华市教育局
	刘知林	浙江省现代远程教育科研先进个人	浙江省现代远程教育学会
	应森林	团省委优秀社团辅导员	共青团浙江省委
	王凤秀	浙江省中职德育工作先进个人	浙江省教育厅
2011	童永通	省技工院校优秀教育工作者	浙江省人社厅
	胡卫珍	优秀共产党员	中共金华市教育局委员会

续表

获奖时间	姓名	荣誉称号	授奖部门
2011	张岸嫔	优秀共产党员	中共金华市教育局委员会
	黄炜倩	八婺青年先锋	金华市教育局、共青团金华市委
	赵千骏	优秀共产党员	中共金华市教育局委员会
	王红华	优秀班主任	金华市教育局
	曹利民	优秀共产党员	金华市教育局
	吴耀中	优秀班主任	金华市教育局
	张岸嫔	优秀“双师型”教师	金华市教育局
2012	张国荣	金华市优秀会员	中共民主建国会金华市委员会
	单小青	先进盟员	民盟金华市委会
	刘知林	全省电大系统第一届教学名师	浙江广播电视大学
	王立山	全省电大系统先进教育工作者	浙江广播电视大学
	盛建荣	全省电大系统优秀教师	浙江广播电视大学
	盛建荣	开放教育优秀班主任	浙江广播电视大学
2013	应森林	省技工院校优秀教师	浙江省人社厅
	黄永祥	优秀共产党员	中共金华市教育局委员会
	郁　翔	全省电大系统学生思想政治教育工作优秀辅导员	浙江广播电视大学
	徐　骏	省技工院校优秀教育工作者	浙江省人社厅
	王汝启	优秀教师	金华市教育局
	曹利民	金华市师德先进个人	金华市教育工会
	曹春雷	优秀教师	金华市人力资源和社会保障局
	胡　凌	优秀教师	金华市人力资源和社会保障局
	应森林	优秀教师	金华市人力资源和社会保障局
	王晟兆	优秀教师	金华市人力资源和社会保障局
2014	陈禧红	优秀班主任	金华市教育局
	应巧姿	金华市最美教师提名奖	金华市教育局
	骆丽娟	市学校心理健康教育先进个人	金华市教育科学研究所
	张岸嫔	金华市中等职业学校专业带头人	金华市教育局
	沈美英	优秀共产党员	中共金华市教育局委员会
	罗学艺	优秀班主任	金华市教育局
	沈美英	优秀班主任	浙江广播电视大学
2015	卢灵美	全省电大系统优秀辅导员	浙江广播电视大学
	万　明	优秀“双师型”教师	金华市教育局

续表

获奖时间	姓名	荣誉称号	授奖部门
2015	郑秀峰	科研先进个人	浙江省远程教育协会
	张国荣	优秀会员	中共民主建国会浙江省委员会
	骆丽娟	8890 快乐成长学生热线优秀志愿辅导教师	金华市教育局
2016	单小青	浙江省中职学校“最美教师”	浙江省成人教育与职业教育协会
	金向阳	优秀共产党员	中共金华市教育局委员会
	巴晓伟	第十九届全国五好小公民主题教育活动“先进个人”	金华市教育局关工委
	巴晓伟	金华市优秀团干部	共青团金华市委
	姚锡勇	优秀共产党员	中共金华市教育局委员会
	应森林	浙江省黄炎培职业教育奖杰出教师奖	浙江省成人教育与职业教育协会
	金向阳	优秀共产党员	中共金华市教育局委员会
	楼洪亮	浙江烹饪大师	浙江省餐饮行业协会
	楼洪亮	中国烹饪名师	中国饭店协会
	肖林炜	优秀班主任	浙江广播电视大学
	商　滔	先进盟员	中国民主同盟金华市委员会
2017	刘知林	党建“引领先锋”	金华市直属机关工委
	王晟兆	金华市教坛新秀	金华市教育局
	郑　骏	优秀党务工作者	金华市教育局
	郑　骏	奥鹏招生先进个	浙江广播电视大学
	巴晓伟	第二十届全国五好小公民主题教育活动“先进个人”	教育部关工委
	姚锡勇	金华市校园安全管理先进个人	金华市教育局
	郑秀峰	优秀学会干部	金华市科学技术协会
	张岸嫔	金华市师德先进个人	金华市教育总工会
	王立山	全省电大系统育人奖	浙江广播电视大学
2018	吴耀芳	优秀班主任	金华市教育局
	刘知林	新时代浙江省万名好党员	中共浙江省委组织部
	吕江红	先进个人	浙江省教育会计学会电大分会
	郑　骏	成人高等教育(脱产)优秀班主任	浙江广播电视大学
	巴晓伟	全国五好小公民主题教育活动先进个人	教育部关工委
	姚锡勇	全国青少年毒品预防教育“6.27”工程优秀教师	国家禁毒委员会办公室、中国禁毒基金会
	王雪香	事业家庭兼顾型先进个人	浙江省教育工会
	王雪香	事业家庭兼顾型先进个人	金华市教育工会

续表

获奖时间	姓名	荣誉称号	授奖部门
2018	张岸嫔	优秀共产党员	中共金华市教育局委员会
	毛佳儿	全国青年岗位能手	国家人社部、共青团中央
	曹春雷	“民盟·同心”助推全国文明城市创建先进个人	中国民主同盟金华市委员会
	郁　翔	金华市最美教师	金华市教育局
	朱诗遥	金华市优秀团干部	共青团金华市委
	郑秀峰	优秀学会工作者	金华市科学技术协会
	张国荣	优秀会员	中共民主建国会金华市委员会

第三节　学生荣誉

表 3-3-7　　2013-2018 年学生集体获奖一览表

时间	获奖项目	颁奖单位	获奖名单
2013.1	五星活力团组织	共青团金华市委	团体
2014.12	全省电大系统第五届篮球友谊赛中荣获第三名	浙江广播电视大学	篮球队
2015.1	全省电大“践行核心价值观,喜迎党的十八大”组织奖	浙江广播电视大学团委	校团委
2015.1	全省电大“践行核心价值观,喜迎党的十八大”十佳团日活动	浙江广播电视大学团委	工商 141 班团支部
2015.11	金华市“信义金华”大学生演讲比赛喜获组织奖	金华市委宣传部、市社会科学联合会	团体
2016.3	金华市大中学生志愿者暑期文化科技卫生“三下乡”社会实践活动获优秀组织工作奖	共青团金华市委、金华市教育局、金华市学生联合会	学校
2016.3	金华市大中学生志愿者暑期文化科技卫生“三下乡”社会实践活动获优秀团队	共青团金华市委、金华市教育局、金华市学生联合会	8890 便民服务实践小分队
2016.3	金华市大中学生志愿者暑期文化科技卫生“三下乡”社会实践活动获优秀团队	共青团金华市委、金华市教育局、金华市学生联合会	城市服务学院小分队
2016.3	2015 年度金华市优秀志愿服务项目	共青团金华市委、金华市志愿者协会	“金医志愿服务”项目
2016.11	“八婺好家风 引我走前列” 大学生主题演讲决赛获组织奖	金华市委宣传部、市社会科学联合会	学校
2016.11	2016 年高校反邪教暑期社会实践活动获实践团队三等奖	浙江省高等学校思想政治教研会、浙江省学生联合会和省反邪教协会	学校
2017.3	浙江省优秀学生会组织	浙江省学生联合会	学生会
2017.4	2016 年度市级“先进团组织”	共青团金华市委	团委

续表

时间	获奖项目	颁奖单位	获奖名单
2017.9	“志愿八婺 文明金华”第二届金华市志愿服务项目大赛优秀奖	共青团金华市委、市文明办	“节水护水进社区 青春聚力治水行”项目
2017.9	“志愿八婺 文明金华”第二届金华市志愿服务项目大赛优秀奖	共青团金华市委、市文明办	“志愿驻南站 温暖回家路”项目
2017.9	第二十届全国青少年“五好小公民”主题教育活动示范学校	教育部关工委	学校
2017.9	2016年度志愿服务优秀集体	共青团金华市委	青年志愿者总队
2017.11	浙江省“学子喜迎十九大 反邪实践谱华章”高校反邪教暑期社会实践团队	浙江省高等学校思想政治教研会、浙江省学生联合会和省反邪教协会	反邪教协会
2017.11	金东区“三禁三防三自”暨平安金东知识竞赛二等奖	共青团金东区委、金东区平安办	团体
2018.11	金华市“弘扬和践行新时代金华精神”大学生主题演讲比赛组织奖	金华市宣传部、市社科联	学校
2018.11	第二十一届全国青少年“五好小公民”主题教育活动示范学校	教育部关工委	团体
2018.12	志愿者服务优秀组织奖	金医联盟	学校

表 3-3-8　　2012-2018 年学生个人获奖一览表

时间	获奖项目	颁奖单位	获奖名单
2012.5	金华市“三好学生”	金华市教育局	吴露宇、伊玲玲、施志萍、张清香、方　敏、傅　婷、张　蕾、邵戈蔚、吴怡蕊、应锦铭
2013.5	金华市“三好学生”	金华市教育局	金梦蝶、斯晓丽、王海芳、周欣琦、宁青青、丁徐喃、洪　铭、刘　嵌、汪银珍、周俊伟、徐晓松、王丽晨
2014.5	金华市“三好学生”	金华市教育局	张　晨、程佳美、严舒怡、卓涵蓉、段美红、徐颖珠、陈　洁、钱　诚
2014.11	第十五批优秀大学生社区居委会助理	共青团金华市委、金华市精神文明办公室、金华市学生联合会	连姝雅、李乐乐
2014.12	2014年度金华市优秀志愿者	团市委、市志愿者协会	洪　琴
2014.12	暑期社会实践先进个人	共青团金华市委、金华市教育局、金华市学生联合会	洪　铭

续表

时间	获奖项目	颁奖单位	获奖名单
2015.3	2014 年度金华市“身边好学子”	市委宣传部、共青团金华市委	傅雨晨、陈　洁、柳　鹏、章　慧、张帆萍、蒋雅婷
2015.3	金华市优秀团员	共青团金华市委	黄云帆、赵　胜
2015.5	浙江省优秀学生干部	浙江省学生联合会	宁青青
2015.11	金华市“信义金华”大学生演讲比赛二等奖	金华市委宣传部、市社会科学联合会	姚　雯
2015.11	金华市“信义金华”大学生演讲比赛三等奖	市委宣传部、市社会科学联合会	应玲倩
2015.12	“少年向上、真善美伴我行”主题教育活动征文比赛一等奖	教育部关工委	吴　菁、李羽馨、陈　育
2015.12	“少年向上、真善美伴我行”主题教育活动征文比赛二等奖	教育部关工委	陈　育、洪朝阳、刘　敏、贾莉娇
2015.12	“少年向上、真善美伴我行”主题教育活动征文比赛三等奖	教育部关工委	程佳美、王　倩、傅海鹰
2016.3	金华市优秀团员	共青团金华市委	金观浩、叶梦欣
2016.3	金华市大中学生志愿者暑期文化科技卫生“三下乡”社会实践活动获先进个人	共青团金华市委、金华市教育局、金华市学生联合会	傅祝瑾、徐晓松、周凯星、王　珂、吴　菁
2016.5	金华市“普法杯”校园法治演讲比赛三等奖	市司法局、团市委、市普法办	陈诗洁
2016.5	金华市“三好学生”	金华市教育局	钟妙妙、钱俊杰、叶佳艺、徐安伟、王宇冰、王　杨、吴佳栋
2016.11	第十九届全国青少年五好小公民“老师您好,我的好老师”主题教育读书征文活动一等奖	教育部关工委	胡琳琍、陈　拓、方　霞
2016.11	第十九届全国青少年五好小公民“老师您好,我的好老师”主题教育读书征文活动二等奖	教育部关工委	廖舒婷、程琳琳
2016.11	第十九届全国青少年五好小公民“老师您好,我的好老师”主题教育读书征文活动三等奖	教育部关工委	吴许奕、郑诗音、王　昕、赵晨玥、王　芮
2016.11	金华市“八婺好家风、引我走前列”大学生主题演讲比赛二等奖	金华市委宣传部、市社科学联	陈诗洁
2016.11	金华市“八婺好家风、引我走前列”大学生主题演讲比赛三等奖	金华市委宣传部、市社科联	罗漪婷
2016.11	2016 年高校反邪教暑期社会实践活动获先进个人	浙江省高等学校思想政治教研会、浙江省学生联合会和省反邪教协会	翁　钰

续表

时间	获奖项目	颁奖单位	获奖名单
2016.11	2016年高校反邪教暑期社会实践活动获优秀学会干部	浙江省高等学校思想政治教研会、浙江省学生联合会和省反邪教协会	许亢奕
2017.1	“喜迎党的十九大，我为现代化都市区建设添光彩”大学生演讲比赛二等奖	金华市委宣传部、市社科联	罗漪婷
2017.1	“喜迎党的十九大，我为现代化都市区建设添光彩”大学生演讲比赛三等奖	金华市委宣传部、市社科联	陈诗洁
2017.5	金华市“三好学生”	金华市教育局	陈诗洁、叶佳琳、吴心茹、方康丽、徐天龙、凌婷婷、吴孔涛、徐志辉、龚嘉驰
2017.7	“阳光校园、我们是好伙伴”征文比赛一等奖	教育部关工委	沈晓涵、金俊楠、乐心怡、胡佳丽、吕雯静、李　倩、陈梦怡
2017.7	“阳光校园、我们是好伙伴”征文比赛二等奖	教育部关工委	吴　双、周南兵、乐心怡、胡佳丽、吕雯静、罗漪婷
2017.7	“阳光校园、我们是好伙伴”征文比赛三等奖	教育部关工委	贺林苹、韩　俊、俞双千、廖舒婷、胡文倩、唐诗文、陈　川、朱嘉慧、蒋汝宏、陈远慧、方哲萱
2017.9	第十六批优秀大学生社区居委会助理	金华团市委、市文明办	姚迩昕、蒋璐怡
2017.9	浙江省青春健康知识竞赛第一名	浙江省卫计委、市计生协	陈　鑫、陈　川、俞晓巧
2017.11	第十六批优秀大学生社区居委会助理	共青团金华市委、金华市精神文明办公室、金华市学生联合会	姚迩昕、蒋璐怡
2017.11	浙江省“学子喜迎十九大 反邪实践谱华章”高校反邪教暑期社会实践获先进个人	浙江省高等学校思想政治教研会、浙江省学生联合会和省反邪教协会	邵瑜雯
2017.11	浙江省“学子喜迎十九大 反邪实践谱华章”高校反邪教暑期社会实践获优秀学生干部	浙江省高等学校思想政治教研会、浙江省学生联合会和省反邪教协会	张　雨
2017.12	“心无邪、爱相随”全省“反邪教志愿者讲好故事”演讲比赛中获一等奖	浙江省反邪教、浙江法制报社	陈诗洁
2017.12	“读通、弄懂、做实十九大精神”演讲比赛一等奖	金华雷锋事迹馆	罗漪婷
2018.1	全省电大“治水实践活动标兵”	浙江广播电视大学	张　雨
2018.4	金华市“优秀团员”	共青团金华市委	邵瑜雯

续表

时间	获奖项目	颁奖单位	获奖名单
2018.5	金华市“三好学生”	金华市教育局	蒋汝宏、胡梦雯、曾佳诚、李　铖、田　东、戚俊霞、朱　颖、诸葛晨妍、罗漪婷
2018.11	金华市“弘扬和践行新时代金华精神”大学生主题演讲比赛二等奖	金华市宣传部、市社科联	罗漪婷
2018.11	金华市“弘扬和践行新时代金华精神”大学生主题演讲比赛三等奖	金华市宣传部、市社科联	方　哲
2018.11	“阳光校园、我们是好伙伴”征文比赛一等奖	教育部关工委	罗漪婷、李豪杰、史娟娅、陈自力
2018.11	“阳光校园、我们是好伙伴”征文比赛二等奖	教育部关工委	胡琳蔼、曹　程、程俊伟、羊春隆、邱佳慧
2018.11	“阳光校园、我们是好伙伴”征文比赛三等奖	教育部关工委	高雨珊、程佳贝、李　湘、倪文彬、沈宁宇、潘勇斌、王　鸽、蔡璐妍、刘明慧、程　聪、吕鸿涛、张　晶、章南月

《金华广播电视大学(浙江商贸学校)志》责任人、撰稿人

内容	责任人	撰稿人
大事记	朱印华	刘　婷　吴贝佳

第一篇　各校独立办学时期

章节	责任人	撰稿人
金华广播电视大学(1979—2003)	朱印华	王立山　徐文良
浙江贸易学校(1978—2003)	朱印华	丁　雅　徐文良
浙江省金华商业学校(1978—2012)	朱印华	徐专红　陈红香
金华经贸职工中等专业学校(1984—1998)	曹利民	郁　翔　徐文良

第二篇　合并后的金华广播电视大学(浙江商贸学校)

章节		责任人	撰稿人
管理体制与组织机构	学校沿革	朱印华	徐文良
	办学体制		徐文良
	中国共产党组织		方　蓉　郑　骏
	行政管理体制		高蓓蓓
	其他组织		吴学东　方　蓉
	机构与负责人		吴贝佳
二级学院及专业设置	院(系)改革		徐文良
	财经管理学院	应巧姿	卢灵美
	国际商务学院	童永通	朱　政
	城市服务学院	徐　建	赵千骏
	开放远程学院	何　静	王立山
	社区培训学院	邵　玲	黄永祥
学生	招生	何　静	梁梦霞
	全日制学生	巴晓伟	肖　蜜
	非全日制学生	何　静	陈怡宏
	共青团组织与学生会	巴晓伟	周　丽
	学生社团	巴晓伟	周　丽
	就业创业	盛建荣	吴微庆

续表

章节		责任人	撰稿人
教职工	教职工人数与结构	胡燮南	黄丽虹
	队伍建设规划与机制		
	高层次人才培养		
	考核表彰与奖励		
	职称评审与聘任		姜笑华
	收入分配		黄剑锋
	离退休人员管理		
全日制学历教育	成人大专教育	王汝启	楼志良
	中专教育		
	技工教育		
非全日制教育	开放教育	何　静	王立山
	远程教育		
	研究生教育		
非学历教育与社会服务	社区教育	邵　玲	黄永祥
	老年开放教育		
	社会培训		张国荣
	职业资格鉴定		
科学研究	科学管理与考核	郑秀峰	王晓伟
	教科研项目		
	论文		
	书籍		
	校级学会		
合作与交流	校企合作	盛建荣	戴立渊
	校际交流与合作		
	国际交流与海外交流	朱印华	蒿蓓蓓
办学条件与服务保障	经费与财务管理	黄炜倩	何莉莉
	校园与校园建设	曹利民	黄兴华
	实训中心与金华市公共实训基地	王汝启	楼志良
	实习就业创业基地	盛建荣	吴微庆

续表

章节		责任人	撰稿人
办学条件与服务保障	图书馆与档案室	吕　刚　朱印华	胡崇兵　王朵朵
	体育场馆	王汝启	楼志良
	校园信息化	吕　刚	杜利俊
	校园安全	李　忠	肖　蜜
	后勤服务与资产管理	曹利民　吕　刚	黄兴华　游欣良
	医疗卫生与保健	曹利民	黄兴华
学校文化	校训与校标	朱印华	吴贝佳
	办学理念		刘　婷
	校园文化	巴晓伟	周　丽
系统办学	浙江广播电视大学义乌学院	何　静	楼佳园
	浙江广播电视大学东阳学院		包俊亚
	浙江广播电视大学永康学院		卢巧娟
	浙江广播电视大学兰溪分校		叶建均
	浙江广播电视大学浦江分校		董欢胜
	浙江广播电视大学武义分校		金　亮
	浙江广播电视大学磐安分校		黄福根　张伟亚

第三篇　人物与荣誉

章节		责任人	撰稿人
人物录	部分优秀校友	朱印华	王朵朵　徐文良
	历任正校级领导		高蓓蓓　吴贝佳
	历任副校级领导		高蓓蓓　吴贝佳
	副高以上职称教职工	胡燮南	姜笑华
教职工名录	金华广播电视大学教职工名录	胡燮南	姜笑华
	浙江贸易学校教职工名录		
	浙江省金华商业学校教职工名录		
	金华经贸职工中等专业学校教职工名录		
	金华广播电视大学(浙江商贸学校)教职工名录		

续表

章节		责任人	撰稿人
教职工名录	曾在学校工作过的人员名录	胡夑南	姜笑华
	已故人员名录		
荣誉	集体荣誉	朱印华	郑立平
	教职工荣誉	胡夑南	黄丽虹
	学生荣誉	巴晓伟	周　丽

后 记

为纪念金华广播电视大学(浙江商贸学校)建校40周年,学校决定编纂《金华广播电视大学(浙江商贸学校)志》。党委书记单勇、校长郭航鸣担任校志编委会主任,副校长俞一夫任主编,学校校友联络办公室具体负责相关事务。

《金华广播电视大学(浙江商贸学校)志》分"各校独立办学时期""合并后金华广播电视大学(浙江商贸学校)""人物与荣誉"三篇共十九章,总计近80余万字,从学校沿革、组织机构、党政管理、教师队伍、各类教育、基本建设、人物荣誉等方面,比较完整、集中、清晰地记载了学校40年的办学史实,秉笔勾勒了学校教育发展的真实轨迹,重点记述了多校合并后金华广播电视大学(浙江商贸学校)的建设、改革与发展概况。

本志自2017年9月启动编纂到如今编纂完成,付梓出版,离不开学校历任领导和广大教职员工(包括离退休教职员工)、历届校友和相关单位的支持帮助,离不开全体编纂人员尽心尽力、不辞辛劳、精益求精的工作态度。其中朱艺、戴立渊老师分别对本志中沿革图和有关图片作了设计处理。为此,本志编委会谨向为本志书编纂出版付出辛勤劳动和提供无私帮助的各位领导、广大教职工、离退休教职工和各位同仁,表示衷心感谢!

由于各种原因,第一篇各校独立办学时期,对各学校的表述或有失衡;第三篇人物录,所记细节恐不能完全,搜集的优秀校友信息未能齐全,所及各类荣誉亦难尽全;建校40周年,教师的著述、获奖众多,限于篇幅,仅载其要。如此一一,敬请见谅。

各篇章初稿完成后,经徐文良统稿、俞一夫初审,形成了近100万字的送审稿,经广泛征求各方面意见并进一步修改完善后,经本志编委会终审定稿。

由于编者水平有限,加之史实材料欠全,虽几经修改、多次校勘,疏漏以至谬误在所难免,恳请各级读者不吝赐正。

金华广播电视大学(浙江商贸学校)志编纂委员会

2019年11月

图书在版编目(CIP)数据

金华广播电视大学（浙江商贸学校）志 /《金华广播电视大学（浙江商贸学校）志》编纂委员会编. --北京：方志出版社，2020.8

ISBN 978-7-5144-4288-5

Ⅰ.①金… Ⅱ.①金… Ⅲ.①金华广播电视大学-校史 Ⅳ.①G729.285.53

中国版本图书馆 CIP 数据核字(2020)第 163922 号

金华广播电视大学(浙江商贸学校)志

编　　者:《金华广播电视大学(浙江商贸学校)志》编纂委员会
责任编辑:顾　洁

出 版 者:方志出版社
地　　址:北京市朝阳区潘家园东里 9 号(国家方志馆 4 层)
邮　　编:100021
网　　址:http://www.fzph.org
发　　行:方志出版社图书经销中心
　　　　　电话(010)67110500
经　　销:各地新华书店
排　　版:韩红萍
印　　刷:浙江方正印务有限公司

开　　本:889×1194　　1/16
印　　张:32
字　　数:854 千字
版　　次:2020 年 8 月第 1 版　2020 年 8 月第 1 次印刷
印　　数:0001~1000 册

ISBN 978-7-5144-4288-5　　定价:260.00 元